IDIOMS
Englisch – Deutsch

IDIOMS

Englisch – Deutsch

NEU ÜBERARBEITET VON

ROSITA BUCHTER

MELZER VERLAG

Satz & Layout: Bernhard Heun, Rüssingen
Umschlagentwurf: Publikations Atelier, Dreieich
Gesamtherstellung: GGP Media GmbH, Pößneck

ISBN 3-937389-46-6

Printed in Germany

Vorwort

Vorliegendes Nachschlagewerk wendet sich an Schüler und Studenten, Sekretärinnen und Sachbearbeiter, Lehrer und Dozenten, Reisende und Geschäftsleute und überhaupt an alle, die beruflich oder privat Kontakt mit der englischen Sprache haben.

Jede Sprache lebt von ihren Redewendungen und idiomatischen Ausdrücken. Sie geben ihr die Färbung und sorgen für ihren Ausdrucksreichtum. Erst durch sie wird eine Sprache wirklich lebendig. Und gerade das Englische ist besonders reich an „Idioms“. Für den Sprachlernenden ist es außerordentlich wichtig, sich gerade mit ihnen vertraut zu machen.

Jeder, der die ersten Schritte in der englischen Sprache gemacht hat, sollte darauf bedacht sein, ein Repertoire gängiger Redensarten und Ausdrucksweisen zu erwerben.

Hilfestellung dazu leistet das vorliegende Buch. Wie ein englisches Wort im sprachlichen Zusammenhang gebraucht wird, kann hier zuverlässig ermittelt werden. Dabei führt das durchgängige Generalalphabet schnell und sicher zum gesuchten Ausdruck.

Unser Buch versteht sich als notwendige und sinnvolle Ergänzung zu einem „normalen“ Wörterbuch, das lediglich die Bedeutung einzelner Wörter verzeichnet, und soll es keinesfalls ersetzen. Aber bei vielen idiomatischen Wendungen erschließt sich die Bedeutung nicht durch die Übersetzung der einzelnen Teile, man muß sie einfach kennen.

Darüber hinaus soll dieses Buch den Ratsuchenden aber auch bei der Suche nach dem richtigen, dem treffenden Ausdruck schnell zum Ziel führen und seine sprachliche Sicherheit verbessern.

Allen, die mit der englischen Sprache zu tun haben, und das ist heutzutage fast jeder, allen, die ihr Englisch über das Schulenglisch hinaus verbessern wollen, wird unser Buch ein willkommenes Arbeitsmittel sein.

Der Verlag

Abkürzungsverzeichnis

colloq.	*colloquial*, umgangssprachlich
comm.	*commercial*, geschäftlich
eccl.	*ecclesiastical*, kirchlich
fig.	*figuratively*, bildlich
i.ü.S.	im übertragenen Sinn
joc.	*jocular*, scherzhaft
leg.	*legal*, juristisch
lit.	*literary*, literatursprachlich
mech.	*mechanical*, mechanisch
med.	*medical*, medizinisch
milit.	*military*, militärisch
naut.	*nautical*, seemannssprachlich
pej.	*pejorative*, herabsetzend
phys.	*physical*, physikalisch
poet.	*poetic*, dichterisch
pop.	*popular*, volkstümlich
prov.	*proverbial*, sprichwörtlich
s.b.	*somebody*, jemand
s.th.	*something*, etwas
sl.	*Slang*, niedere Umgangssprache
wirt.	wirtschaftlich
z.B.	zum Beispiel

A

abandon To abandon an attempt, a claim, a project: *Einen Versuch aufgeben, auf einen Anspruch verzichten, ein Projekt aufgeben.* They abandoned all hope: *Sie gaben alle Hoffnung auf.* To abandon one's family, one's post: *Seine Familie verlassen, seinen Posten verlassen.* He abandoned the match (sport): *Er gab das Spiel, das Match auf.* Abandon ship! *Alle Mann von Bord!* She abandoned herself to despair: *Sie gab sich der Verzweiflung hin.*

abate To abate an action (leg.): *Eine Klage zurücknehmen; eine Verfügung aufheben.* It abated the pain: *Es milderte den Schmerz.* To abate prices: *Preise herabsetzen, ermäßigen.*

abide To abide by s.b.'s advice: *Sich an einer Person Rat halten.* To abide by a contract, a promise, a statement: *Sich an einen Vertrag, ein Versprechen halten; an einer Aussage festhalten.* To abide by the law: *Dem Gesetz treu bleiben; das Gesetz respektieren.*

about He is about to leave: *Er ist gerade dabei zu gehen (wegzugehen).* I'm about to lose my patience: *Ich verliere gleich die Geduld.* It is about time we went home: *Es wird allmählich Zeit, dass wir heimgehen.* About here: *Ungefähr hier.* About face, about turn! (mil.): *(Ganze Abteilung) kehrt!*

above Above all, above all things: *Vor allem.* He is above ground: *Er lebt noch.* He is above himself: *Er ist außer sich (vor Freude).* He isn't above playing childish jokes: *Er scheut sich nicht, kindische Witze zu reißen.* It is above my reach, my understanding: *Es ist mir zu hoch. Es ist jenseits meiner Verständnisfähigkeit.* Above reproach: *Perfekt, makellos, tadellos.* Above rubies: *Unbezahlbar.* Above sea-level: *Über dem Meeresspiegel.* He is above suspicion: *Er ist über jeden Verdacht erhaben.* Above the weather: *Fern des Unwetters.*

abreast Abreast with: *(Seite an Seite) nebeneinander; auf gleicher Höhe.*

absent He is absent from school: *Er fehlt in der Schule.*

absolve To absolve s.b. from a promise: *Jemanden eines Versprechens entbinden.*

abstain To abstain from drinking, from wine: *Sich des Trinkens enthalten, sich des Weines enthalten.*

abstract To abstract money from a safe: *Geld aus einem Safe entwenden.*

accede To accede to a proposal, to a request: *Einem Vorschlag beipflichten, in eine Forderung einwilligen.*

accept To accept a bill: *Einen Wechsel akzeptieren (wirt.).* Accept my best compliments! *Nehmen Sie meine Glückwünsche entgegen!* He accepted the inevitable: *Er ergab sich in sein Schicksal; er akzeptierte das Unausweichliche.*

accommodate To accommodate s.b. with lodgings: *Jemandem Unterkunft gewähren.* I accommodated him with a loan: *Ich half ihm mit einem Kredit aus.* To accommodate oneself to circumstances: *Sich an äußere Umstände gewöhnen.*

accord He accorded permission to his son: *Er gab seinem Sohn die Erlaubnis.* This accords with what I said yesterday: *Dies stimmt mit dem überein, was ich gestern gesagt habe.*

according According to nature: *Der Natur gemäß; naturgemäß.* According to schedule: *Nach Plan (z.B. Flugplan), pünktlich.*

account To account for a crime: *Für ein Verbrechen zahlen, büßen.* This accounts for everything, for it, for the milk in the coconut: *Dies erklärt wohl alles!* She accounts for the money she spends: *Sie gibt über das von ihr ausgegebene Geld Rechenschaft ab.*

account The account does not balance: *Das Konto ist nicht ausgeglichen.*

accustom To accustom oneself to cold climate: *Sich an kaltes Klima gewöhnen.* He is accustomed to going to bed very late: *Er ist daran gewöht, sehr spät zu Bett zu gehen.*

ache To ache for s.th.(colloq.): *Sich nach etwas sehnen, für etwas „sterben".* I'm aching all over: *Alles tut mir weh.*

achieve To achieve an end: *Ein Ziel erreichen.* To achieve a good result: *Ein gutes Resultat erbringen.* To achieve the hightest degree of perfection: *Das höchstmögliche Maß an Perfektion erreichen.*

acknowledge To acknowledge a debt, a son, one's guilt: *Schulden, einen Sohn, die eigene Schuld anerkennen.* To acknowledge a deed: *Eine Urkunde, ein Dokument anerkennen.* To acknowledge that you are right: *Ich erkenne an, dass du Recht hast.* To acknowledge receipt of (comm.): *Den Empfang bestätigen (wirt.).*

acquaint To acquaint s.b. with s.th.: *Jemanden mit einer Sache vertraut machen.* He is acquainted with that man: *Er ist mit diesem Mann bekannt.*

acquiesce To acquiesce in a proposal: *Einem Vorschlag unwillig, stillschweigend, hinnehmend zustimmen.*

acquire To acquire a bad habit: *Eine schlechte Gewohnheit annehmen.* To acquire a taste for s.th.: *Geschmack an einer Sache entwickeln.*

acquit To acquit s.b. of a charge: *Jemanden von einer Anklage freisprechen.* To acquit s.b. from (of) a duty, an obligation: *Jemanden einer Pflicht, einer Verpflichtung entbinden.* To acquit a debt: *Eine Verbindlichkeit erfüllen; eine Schuld tilgen.* To acquit oneself well (ill, poor): *Seine Sache gut (schlecht) machen.*

act To act accordingly: *(Den Umständen) entsprechend, angemessen handeln.* To act amiss: *Irren; falsch handeln.* To act as a friend towards s.b.: *Sich jemandem gegenüber als Freund verhalten.* To act as foil to a comedian: *Einem Schauspieler als*

Hintergrund dienen. To act as a guide, as an interpreter, as a witness: *Als Führer, Dolmetscher, Zeuge fungieren.* To act as a fool: *Sich wie ein Narr benehmen.* To act for the best: *Zum Besten handeln.* To act for s.b.: *Für jemanden, im Namen einer Person handeln.* To act from conviction: *Aus Überzeugung handeln.* To act in the capacity of a legal adviser: *In der Funktion eines Rechtsberaters auftreten, agieren.* To act in defiance of orders: *Entgegen der Anordnungen, Vorschriften handeln.* To act in good faith: *Nach bestem Wissen und Gewissen handeln; im guten Glauben handeln.* To act in an underhand way: *Auf hinterlistige, verstohlene Weise handeln.* To act on s.b.'s behalf: *Im Namen einer Person handeln.* To act on one's own account: *In eigener Verantwortung handeln.* To act on impulse, on instinct: *Impulsiv, instinktiv handeln.* To act on the offensive: *Offensiv handeln.* To act on principle: *Aufgrund von Prinzipien handeln.* To act on the square: *Dem Gesetz gemäß handeln; sich fair, ordentlich benehmen.* To act contrary to the rules: *Regelwidrig handeln.* To act to no purpose: *Grundlos, sinnlos handeln.* To act to one's opinions, principles: *Den eigenen Überzeugungen, Grundsätzen gemäß handeln.* Act your age (colloq.): *Benimm dich deinem Alter entsprechend.* To act the child: *Sich kindisch benehmen.* To act the lord: *Den großen Herren spielen.* He acted his part well: *Er spielte seine (Theater-) Rolle gut.* He acts a secondary part: *Er spielt eine Nebenrolle.* To act (in the part of) Othello: *Die Rolle des Othello spielen.* To act one's part: *Seine Pflicht tun.*

acts Acts of God excepted: *Ausgenommen höhere Gewalt.*

actions Actions speak louder than words (prov.): *Taten zählen mehr als Worte.*

add To add fuel to the flames (to the fire): *Öl ins Feuer gießen.* To add a stone to s.b.'s cairn: *Einen Verstorbenen in angemessener Weise ehren.* To add wings to s.b.: *Jemandem Flügel verschaffen; jemandem vorwärts helfen.* To add zest to a story: *Eine Geschichte interessant machen, raffiniert erzählen.* She added to her husband's credit: *Sie stärkte die Glaubwürdigkeit ihres Mannes.* To add to someone's salary: *Das Gehalt erhöhen.* To add up: *Sinn ergeben; logisch sein.* To add up the bill: *Die Rechnung aufaddieren.* To add up the totales: *Die Summe bilden.* To add up two numbers: *Zwei Zahlen summieren.*

address To address the ball (golf): *Den Ball richten, zielen (Golfspiel).* We address each other as „Sir": *Wir sprechen uns mit „Sir" an.*

adjust To adjust one's aim: *Das Ziel neu ausrichten, (den Gegebenheiten) anpassen.*

administer To administer s.b.'s affairs, an estate : *Die Angelegenheiten, den Landbesitz einer Person verwalten.* I administered him a blow: *Ich verpasste ihm einen Stoß.* To administer the laws: *Die Gesetze anwenden.* To administer a medicine, a sacrament: *Eine Medizin geben, die Sakramente zuteil werden lassen.*

admit I admit it is true: *Ich gebe zu, dass es wahr ist.* It admits of no doubt: *Es läßt keinen Zweifel zu.* They admitted him to the examinations: *Sie ließen ihn zu den Prüfungen zu.* He admitted the truth: *Er gab die Wahrheit zu.* I admit no excuses: *Ich lasse keine Entschuldigungen gelten.* To admit s.b. into hospital: *Jemanden im Krankenhaus aufnehmen.*

adulterate To adulterate milk with water: *Milch mit Wasser verschneiden, verfälschen.*

advance To advance by leaps and bounds: *Sich sprunghaft entwickeln.* To advance by degrees: *Langsam vorwärtskommen.*

advertise To advertise a product: *Für eine Ware, ein Produkt werben.* To advertise a competition: *Einen Wettbewerb ausschreiben.* To advertise for a clerk, for a job: *Ein Stellenangebot (in der Zeitung) aufgeben.* To advertise on a large scale: *Einen großangelegten Werbefeldzug durchführen.* Advertising is the soul of commerce: *Werbung ist das A und O des Verkaufens.*

advise To advise s.b. to do his duty: *Jemandem raten, seine Pflicht zu tun.* To advise against smoke: *Vor Rauch warnen.* I advise you to consult your pillow (prov.): *Schlafen Sie mal darüber!*

affect To affect the nerves: *Folgen für die Nerven haben.* He affects indifference: *Er stellt Gleichgültigkeit zur Schau.* He affects the lady-killer: *Er spielt sich als Frauenheld auf.*

affirm To affirm a contract: *Einen Vertrag bestätigen.*

affix To affix the seal, one's signature: *Das Siegel anbringen, die Unterschrift anfügen.*

afraid He is afraid of dying, to die: *Er hat Angst vor dem Sterben.* I am afraid of him: *Er macht mir Angst.* I am afraid I can't come: *Ich fürchte, dass ich nicht kommen kann.* I was afraid lest he should see me: *Ich hatte Angst, er würde mich sehen.* He is afraid of his own shadow: *Er hat Angst vor seinem eigenen Schatten.* I am afraid so: *Ich fürchte ja.* I am afraid not: *Ich fürchte nein.* I am afraid my brother is not in: *Es tut mir leid, aber mein Bruder ist nicht zu Hause.*

after After all: *Unterm Strich; insgesamt betrachtet; was nicht vergessen werden sollte.* After the English fashion: *Der englischen Mode folgend; auf englische Art.* He is after that girl: *Er ist hinter diesem Mädchen her.* After one's own heart: *(Etwas ist)So, wie man es liebt.* After the manner of: *Auf Art und Weise von.*

afterwit Afterwit is everybody's wit (prov.): *Hinterher weiß es jeder besser.*

again Again and again: *Immer wieder.*

against He is against leaving now: *Er ist dagegen jetzt zu gehen.* Against the grain: *Gegen* *den Strich.* Against the hair: *(Es geht mir) gegen den Strich; notgedrungen.*

age To age wine: *Wein altern lassen.*

agree (It's) Agreed! *Einverstanden, die Sache ist beschlossen!* To agree to a proposal: *Einem Vorschlag zustimmen.* We agree together: *Wir sind einer Meinung.* They agreed upon the price: *Sie einigten sich über den Preis.* To agree upon a compromise: *Einen Kompromiss finden.* As agreed upon: *Wie vereinbart wurde; vereinbarungsgemäß.* This agrees with what I said: *Dies stimmt mit dem überein, was ich sagte.* I agree with you: *Ich bin deiner Meinung.* To agree with s.b.: *Mit jemandem einer Meinung sein.*

agreeable I'm agreeable (colloq.): *Ich bin einverstanden.*

ahead Ahead of time: *Im voraus; vorzeitig.* He is ahead of his time: *Er ist seiner Zeit voraus.*

aid To aid and abet s.b.(leg.): *Jemandem Beistand, Vorschub leisten.*

aim To aim a gun, a revolver at s.b.: *Mit einer Pistole auf jemanden zielen.* To aim at perfection, at success: *Nach Vollkommenheit, nach Perfektion streben.* He aimed at the lion and fired: *Er zielte auf den Löwen und schoß.* To aim high: *Große Pläne haben.* To aim wrong: *Das Ziel verfehlen.*

air To air a dress: *Ein Kleid lüften.* To air a room: *Ein Zimmer lüften.* To air the beds: *Die Betten lüften.*

alight To alight at a hotel, at a station: *In einem Hotel absteigen, Unterkunft finden.* To alight from the train: *Aus dem Zug steigen.* To alight on water: *Vor Anker gehen.* To alight on one's feet: *Auf die Füße fallen (fig.).*

alive He is alive and kicking: *Er ist quicklebendig.*

all That's all: *Das ist alles.* He is all abroad: *Er irrt sich völlig; er hat ganz und gar Unrecht.* All alone: *Ganz allein.* All along the line: *Auf der ganzen Linie.* All along: *Die ganze Zeit.* All at once: *Alles auf einmal.* All the best (colloq.): *Viel Glück!* All the better: *Umso besser.* It is all but complete: *Es ist alles andere als fertig! Es ist ganz und gar noch nicht fertig.* All clear: *Die Luft ist rein, alles in Ordnung.* All day (long): *Den ganzen Tag.* I'm all ears: *Ich bin ganz Ohr.* All ends up: *Insgesamt.* All fares, please! *Die Ausweise, Eintrittskarten, bitte!* All is fair in love and war (prov.): *In der Liebe und im Krieg ist alles erlaubt.* It's all FEE-FAW-FUM: *Es ist alles erfunden; es ist alles ein Märchen.* All is fish that comes to his net (prov.): *Er gibt sich mit allem zufrieden, er nimmt alles, was er kriegt.* All his geese are swans: *Er sieht die Welt durch rosa Brillengläser.* All that glitters is not gold (prov.): *Nicht alles was glänzt ist Gold.* It is all the go: *Es ist große Mode.* All is grist that comes to his mill (prov.): *Er ist nicht wählerisch; er nimmt alles, was er kriegt.* All hands on deck (naut.): *Alle Mann auf Deck!* All in: *Alles mit* *eingeschlossen; alles inbegriffen.* I'm all in: *Ich bin ganz bei der Sache; ich bin ganz mit dabei.* All in all: *Alles in allem.* It's all in a day's work: *Es ist lediglich Routine.* All in good time (prov.): *Alles zu seiner Zeit.* All in one breath: *Alles auf einmal.* All the more: *Um so mehr.* It's all my eye (and Betty Martin): *Unsinn, Quatsch!* All of a shake: *Alles bebte.* All of a sudden: *Plötzlich.* We are all one: *Wir sind alle einer Meinung. Wir gehören alle zusammen.* It's all one to me: *Mir ist das alles gleich; für mich macht es keinen Unterschied.* All out: *Mit voller Kraft.* All sails out: *Mit vollen Segeln.* All over: *Überall.* You are all over mud! *Du bist ganz und gar mit Schlamm bedeckt.* All over the earth, the world: *Überall auf der Welt.* All over the place (colloq.): *Überall; an jeder Ecke.* All over the shop (colloq.): *Überall, an jeder Ecke.* It's all over with him: *Für ihn ist Schluß; er ist am Ende.* He is all over with that woman (pop.): *Er ist hoffnungslos in diese Frau verliebt.* That's all pretence: *Das ist alles Vorwand; das sind alles Ausreden.* It is all the rage: *Es ist der letzte Schrei.* I'm all right: *Ich bin in Ordnung, mir geht es gut.* All right! *Einverstanden; super, fantastisch, prima!* That's all right: *Das macht nichts, keine Ursache.* It`s all right saying that now: *Jetzt ist es leicht, das zu behaupten.* All's right with the world: *Es steht mit der Welt alles zum Besten.* All roads lead to Rome (prov.): *Alle Wege führen nach Rom.* It's all the same to me: *Das ist mir alles gleich, das macht keinen Unterschied für mich.* All the same: *Trotzdem, wie dem auch sei.* All taken in: *Alles berücksichtigt; alles mit einbezogen.* All that sort of thing: *Dieser ganze Kram. All das.* He isn't all there (colloq.): *Er ist nicht ganz bei sich.* All things considered: *Alles genau betrachtet; alles mit einbezogen.* All through the night: *Die ganze Nacht durch.* All the time: *Ständig, immer.* It's all to the good: *Es ist alles zum besten.* All told: *Insgesamt.* All too short: *Gar zu klein. Doch etwas zu klein.* It's all up with him: *Er ist geliefert.* It's all very well for you to talk: *Du hast gut reden!* It's all very well to talk about remaining calm: *Es ist leicht darüber zu reden, ruhig zu bleiben.* All the way: *Bis zum Ende; bis ganz zum Schluß.* All is well: *Alles klar.* All well and good: *Halt dich gesund!* All is well that ends well (prov.): *Ende gut – alles gut.* All will be for the best: *Es wird alles gut enden.* All the worse: *Um so schlimmer.* All the year round: *Das ganze Jahr über.*

allow To allow a discount: *Ein Skonto gewähren; Prozente gewähren.* To allow a free hand: *Freie Hand lassen.* To allow full play to one's exuberance: *Jemandem freien Spielraum lassen, jemanden tolerieren.* They allowed for him being inexperienced. *Sie berücksichtigten seine Unerfahrenheit.* To allow for a possible margin of error: *Dem Irrtum einen gewissen Toleranz-*

bereich einräumen. He allowed himself to be convinced: *Er ließ sich überzeugen.* We were allowed in (out): *Wir wurden hereingelassen, herausgelassen.*

along Along here, along there: *In diese Richtung, in jene Richtung.* Along the whole line: *Auf der ganzen Linie.* Along with: *Gemeinsam mit, zusammen mit.* I'll be along in a minute: *Ich komme sofort, bin gleich da.*

alter He altered the facts: *Er verfälschte die Fakten.*

ambition Ambition often overlaps itself: *Wer zuviel will, erreicht oft nur wenig.*

amend To amend one's ways: *Sich bessern.*

among Among other things: *Unter anderem.*

amount It amounts to saying that he is a liar: *Es ist als ob man ihn als Lügner bezeichnen würde.*

ancient That ancient history: *Diese aufgewärmte Geschichte.*

and And all (that): *Und der ganze Rest, und was sonst noch ist.* And a half (colloq.): *Großartig (-er Vorschlag).* And how! *Und wie!* And I am left holding the baby: *Und ich bin der Angeschmierte.* And the like, and such: *Und ähnliches.* And the rest (of it), and so forth, and so on: *Und so weiter und so fort.* And that's flat! *Ohne jeden Zweifel, das ist völlig klar.* And yet: *Und doch ...; und dennoch.*

angle To angle for compliments: *Nach Komplimenten angeln, Komplimente suchen.*

angry I am angry with him, at (about) his behaviour: *Ich bin ihm böse, ich bin böse über sein Verhalten.*

announce To announce s.b.'s birth, death: *Die Geburt, den Tod einer Person mitteilen.*

annul To annul a contract, a marriage: *Einen Vertrag, eine Heirat annullieren.*

answer To answer one's purpose: *Seinen Zweck erfüllen.* Answer my question: *Beantworte meine Frage.* To answer the telephone: *Ans Telephon gehen. Einen Anruf beantworten.* Answer the door, please: *Öffne bitte die Tür, (jemand hat geklingelt)!* To answer the helm: *Dem Steuer gehorchen.* To answer a fine: *Eine Gebühr bezahlen; eine Strafe bezahlen.* To answer back: *Widerworte geben.* To answer for one's actions: *Für die eigenen Handlungen geradestehen.* To answer in the affirmative, in the negative: *Bejahend, verneinend antworten.* This answers (to) his description: *Es stimmt mit seiner Beschreibung überein.* He answers to the name of PETER: *Er hört auf den Namen „Peter".* It answered to his needs: *Es entsprach seinen Bedürfnissen.* To answer up: *Sofort, umgehend antworten.*

antedate To antedate a letter, a document: *Einen Brief, ein Dokument vordatieren.*

any Any old thing: *Welche alte Sache auch immer.* Any port in a storm: *Im Sturm ist jeder Hafen gut genug.* Any stick is good to beat a dog: *Wenn man jemandem Böses will, ist einem jede Ausrede recht.*

anything Anything to declare? *Haben sie etwas zu verzollen?* He is anything but intelligent: *Er ist alles andere als intelligent.*

apart Apart from that: *Abgesehen davon.*

apologize To apologize to s.b. for s.th.: *Sich bei jemandem für etwas entschuldigen.* I apologize for being late: *Ich bitte meine Verspätung zu entschuldigen.*

appeal It appeals to me: *Es gefällt mir.* I'm appealing to your sense of justice: *Ich appelliere an deinen Gerechtigkeitssinn.* To appeal to the supreme court: *Beim Verfassungsgericht Berufung einlegen.* To appeal to force: *In der Gewalt Zuflucht suchen.* To appeal s.b. of treason: *Jemanden des Verrates anklagen.*

appear To appear at the bar, before the court (leg): *Vor Gericht erscheinen.* To appear in print: *Im Druck erscheinen, als Buch erscheinen.*

appearances Appearances are deceptive: *Der Schein kann trügen.*

appease To appease one's anger, one's hunger: *Jemandes Zorn besänftigen, jemandes Hunger stillen.*

appetite Appetite comes with eating: *Der Appetit kommt beim Essen.*

apple She is the apple of discord: *Sie ist der Zankapfel.* She is the apple of his eye: *Sie ist sein größter Schatz.*

apply To apply for a job: *Sich für eine Arbeit bewerben.* To apply for sick-leave: *Krankenurlaub beantragen.* To apply for a divorce: *Die Scheidung einreichen.* To apply at a school: *Sich bei einer Schule bewerben.* To apply the brakes: *Bremsen, die Bremsen betätigen.* To apply one's energies to a task: *Sich einer Aufgabe widmen.* To apply one's skill: *Seine Geschicklichkeit aufbieten.* Applied to modern conditions: *Auf moderne Verhältnisse angewandt.*

approach We are approaching Bonn: *Wir nähern uns Bonn.*

approve To approve a declaration, a sentence: *Eine Erklärung, eine Strafe sanktionieren, d.h. ihr zustimmen.* I approve of what he has done: *Ich bin mit dem, was er getan hat, voll einverstanden.*

arch To arch one's back: *Einen Buckel machen, buckeln.*

are Are you telling me porkies? *Führst du mich an der Nase herum?*

argue To argue political issues with s.b.: *Politische Fragen mit jemandem diskutieren.* To argue away a doubt: *Zweifel im Gespräch ausräumen.* To argue s.b. down: *Jemanden an die Wand diskutieren.* To argue in circles: *Sich (im Rahmen eines Gesprächs) im Kreise bewegen.* To argue s.b. into (out of) doing s.th.: *Jemanden zu etwas überreden; jemandem etwas ausreden.* We argued it out: *Wir diskutierten es aus; wir sprachen uns darüber aus.*

arm Arm in arm: *Arm in Arm, eingehakt.*

arm He armed himself with patience: *Er wappnete sich mit Geduld.* Armed to the teeth: *Bis an die Zähne bewaffnet.*

arouse To arouse s.b.'s anger, indignation: *Den Zorn, Unwillen einer Person erwecken.* To arouse s.b.'s suspicions: *Den Verdacht einer Person erregen.*

arrange To arrange a marriage: *Eine Heirat arrangieren.* To arrange a musical composition: *Eine Musik-Komposition bearbeiten.* He arranged the names in alphabetical order: *Er ordnete die Namen in alphabetischer Reihenfolge.* To arrange new elections: *Neuwahlen vorbereiten.* To arrange a quarrel: *Einen Streit beilegen, schlichten.* She arranged for the party: *Sie gab Anweisungen bezüglich des Festes.* To arrange for payment, for shipment: *Die Bezahlung, den Versand veranlassen.*

arrive He arrived first: *Er kam als erster an.* He arrived safe and sound at his destination: *Er erreichte sicher und wohlbehalten sein Ziel.* They arrived at an agreement: *Sie kamen zu einer Übereinkunft.* They arrived back at Bristol by nine: *Sie kamen um neun Uhr wieder in Bristol an.* To arrive in (on) time: *Pünktlich ankommen.* To arrive on the dot: *Hundertprozentig pünktlich kommen.* To arrive the day before the fair, after the fair: *Zu früh, zu spät ankommen.*

art Art for art's sake: *Kunst um der Kunst willen.*

as As before: *Wie schon einmal.* As dead as a doornail: *Mausetot sein.* As happy as a pig in muck: *Sich sauwohl fühlen.* As the case stands: *Wie die Dinge stehen.* As like as two peas in a pod: *Sich wie ein Ei dem anderen gleichen.* As sparks fly upwards: *Mit allergrößter Sicherheit.* As sure as ten dimes buy a dollar (Am): *So sicher wie das Amen in der Kirche.* As thick as two short planks: *Dumm wie Bohnenstroh.* As to the manner born: *Für etwas wie geschaffen sein.*

ask To ask the price: *Den Preis erfragen.* To ask him his (full) name: *Seinen (vollen) Namen erfragen.* He asked her permission to smoke: *Er bat um ihre Erlaubnis, rauchen zu dürfen.* He asked me to stay for dinner: *Er bat mich, zum Abendessen zu bleiben.* You ask! *Frag du doch!* I asked myself what I was to do: *Ich fragte mich, was ich tun sollte.* I asked him here: *Ich bat ihn herzukommen.* To ask the way, one's way: *Nach dem Weg fragen, sich nach dem Weg erkundigen.* To ask a question: *Eine Frage stellen.* To ask about a matter: *Sich über eine Sache informieren.* To ask after s.b.: *Sich nach jemandem erkundigen.* To ask a book back: *Ein Buch wieder zurückfordern; um die Rückgabe eines Buches bitten.* I asked him back: *Ich bat ihn zurückzukommen.* To ask s.b. down: *Jemanden bitten, herunterzukommen.* To ask for advice, for information: *Um Rat fragen; um Auskunft bitten.* To ask for the loan of a book: *Jemanden um die Ausleihe eines Buches bitten.* He asked for you: *Er fragte nach dir.* I asked him for an explanation: *Ich bat ihn um eine Erklärung.* To ask for one's cards: *Kündigen.* To ask for free rides: *Per Anhalter fahren.* He asked for it (colloq.): *Er hat es so gewollt!* To ask for trouble: *Ärger heraufbeschwören, Ärger provozieren.;* I asked him in: *Ich bat ihn einzutreten.* To ask a woman in marriage: *Um die Hand einer Frau anhalten; eine Frau um die Heirat bitten.* To ask a favour of s.b.: *Jemanden um einen Gefallen bitten.* I asked him out: *Ich lud ihn ein, mit mir auszugehen.* I asked him round: *Ich lud ihn ein, mich zu besuchen.* He asked me to his house: *Er lud mich in sein Haus ein.* To ask s.b. up: *Jemanden bitten zu gehen.*

aspire To aspire to (after, at) s.th.: *Nach etwas streben.*

assail To assail a woman's honour: *Die Ehre einer Frau antasten.* They assailed him with questions: *Sie bestürmten ihn mit Fragen.*

assemble He assembled his pupils in the passage: *Er versammelte seine Schüler im Gang.* To assemble a machine, a watch: *Eine Maschine aufbauen, eine Uhr zusammenbauen.*

assert To assert one's rights: *Seine Rechte geltend machen.* He asserted himself: *Er behauptete sich; er machte seine Interessen geltend.*

assess To assess damages: *Den Schaden abschätzen, bestimmen.* To assess a fine: *Eine Geldstrafe auferlegen.* To assess a tax: *Eine Steuer festlegen.* To assess s.b.'s annual income. *Jemandes Jahreseinkommen ermitteln.*

assign They assigned him to another office: *Sie wiesen ihn einem anderen Büro zu.* They have assigned a day for the meeting: *Sie haben einen Tag für das Treffen festgelegt.*

assist To assist digestion: *Die Verdauung unterstützen.* To assist in a murder: *Bei einem Mord mitwirken.*

associate To associate with s.b.: *Sich mit jemandem treffen; jemanden häufig sehen; sich jemandem anschließen.*

assume To assume command, an office: *Den Befehl übernehmen, ein Amt antreten.* To assume an air of superiority: *Sich den Anschein von Überlegenheit geben.* To assume the offensive: *Zur Offensive übergehen.* To assume the black cap: *Sich das schwarze Barett aufsetzen (früher bei Richtern, die eine Todesstrafe verkündeten).*

assure I assured him that I would go there: *Ich versicherte ihm, dass ich dorthin gehen würde.* He assured her of his sincerity: *Er beteuerte ihr seine Ernsthaftigkeit.*

at At all: *Ganz und gar (oft als „ganz und gar nicht" in Verneinungssätzen).* At all costs: *Um jeden Preis.* At all events: *In jedem Fall.* At all times: *Immer, jederzeit.* At any cost: *Um jeden Preis.* At any rate: *Auf jeden Fall.* To keep s.b. at arm's length: *Sich jemanden vom Leib halten; von jemandem Abstand halten.* At my back: *Hinter meinem Rücken.* At best: *Bestenfalls; im besten Fall.* At one's best: *In Bestform.* At a (one) blow: *Auf einen Schlag.* At bottom: *Im*

Grunde. At (the) break of day: *Im Morgengrauen; am Tagesanfang.* At call: *Zur ständigen Verfügung stehend.* At one's own charge: *Auf eigene Kosten.* At choice: *Zur Wahl stehend; nach Belieben.* At the core: *Im Innersten der Seele; im Grunde des Herzens.* At the cost of one's life: *Unter Aufopferung des eigenen Lebens.* At a dash: *Mit einem Zug; mit einem Schlag; im Nu.* He is at a dead end: *Er ist in einer Sackgasse.* At dead of night: *Mitten in tiefster Nacht.* At a distance: *In einiger Entfernung.* At the double, at double quick: *Im Laufschritt, sehr schnell.* At the drop of a hat: *Sofort! Gerne! Ohne zu zögern.* At ease! (milit.): *Rührt euch!* At one's ease: *Ungezwungen.* At the ebb: *Bei Ebbe.* At one's elbow: *Bei der Hand; in der Nähe.* At the eleventh hour: *Im letzten Moment.* At the end: *Am Ende.* At every turn: *Ständig; immerzu.* At the expense of: *Auf Kosten von.* At a few minutes' walk: *Nur wenige Minuten zu Fuß (von hier).* At one's finger ends (tips): *Am Schnürchen (haben); etwas an den Fingern hersagen können.* At first: *Zunächst.* At first glance (sight, view): *Auf den ersten Blick; im ersten Augenblick.* At first hand: *Aus erster Hand; direkt.* At the flood: *Bei Flut.* At the foot of the page, of the mountain: *Am unteren Rand der Seite, am Fuß des Berges.* At full gallop: *Im vollen Gallop.* At full length: *In voller Länge; sehr ausführlich.* At full speed: *Bei voller Geschwindigkeit.* At full steam: *Mit Volldampf.* At a gallop: *Im Galopp.* At a great risk: *Mit großem Risiko.* At grips: *Im Kampf.* At ground level: *Am Boden; auf Bodenhöhe.* At hand: *Zur Verfügung stehend.* At the hands of: *Von (einer Person); eigenhändig von.* At the head of the page, of the table: *Oben auf der Seite, am Kopfende des Tisches.* At heart: *In Wahrheit; im tiefsten Herzen.* At heat: *Heiß sein (bei Tieren).* At a high speed: *Bei hoher Geschwindigkeit.* At home: *Zu Hause.* At the instance of: *Auf Gesuch von; auf Anfrage von.* At issue: *Im Gespräch; im Streit.* He is at it again: *Er ist wieder dabei (es zu tun).* At this juncture: *In diesem Augenblick; an dieser Stelle.* At (long) last: *Endlich; am Ende.* At the last moment: *Im letzten Moment.* At the latest: *Zum letztmöglichen Termin.* At (the) least: *Mindestens; im mindesten.* At leisure: *Ohne Beschäftigung; müßiggehend.* At length: *Sorgfältig; bis ins Detail.* At (the) longest: *Längstens; höchstens (Zeit).* At a loss: *Mit Verlust.* She is at his mercy: *Sie ist seiner Gnade ausgeliefert.* At (the) most: *Höchstens.* At need: *Im Bedarfsfalle.* Not at all: *Überhaupt nicht.* At once: *Sofort.* At one time: *Einst; einmal; einstmals.* At one time or the other: *Irgendwann.* I am at one with him: *Ich bin ganz seiner Meinung.* At one fell swoop (poet.): *Mit einem wilden Griff. (Macbeth).* At outs: *In Zwietracht.* At the outside: *Draußen.* At a pinch: *Im Falle des Bedarfs.* He is at the point of death: *Er ringt mit dem Tod.* At present: *Zur Zeit; im Moment.* At (the) press: *In der Presse; im Druck.* At random: *Zufällig.* At the rate of knots (colloq.): *Sehr rasch; sehr schnell.* At this rate: *Bei diesem Stand der Dinge.* At ready: *Betriebsbereit.* At his request: *Aufgrund seiner Forderung.* At rest: *Ruhend; sich ausruhend.* At the right time: *Zur rechten Zeit.* At the risk of one's life: *Unter Lebensgefahr.* At a rough estimate (guess): *Ungefähr.* At the same time: *Zur gleichen Zeit.* At sea: *Zur See.* At short notice: *Kurzfristig.* At the sight of: *Beim Anblick von.* At sight: *In Sicht.* At a sign from his father the child stopped: *Beim Zeichen des Vaters hielt das Kind an.* At six(es) and seven(s): *In Unordnung.* At the soonest: *Sobald wie möglich.* At stake: *Auf dem Spiel (stehen).* At the start: *Am Start; am Anfang.* At a stroke: *Mit einem Schlag.* At sunset: *Bei Sonnenuntergang.* They are at swords points: *Sie sind drauf und dran sich zu schlagen.* At a time: *Zu einer bestimmten Zeit; zu seiner Zeit.* At times: *Manchmal.* At the utmost: *Im äußersten.* He is at variance with his partner: *Er stimmt mit seinem Partner nicht überein.* At a venture: *Aufs Geratewohl; auf gut Glück.* At a walk: *Im Schritt; im Gleichschritt.* At (one's) will: *Nach eigenem Wohlgefallen.* At a word: *Sofort; unmittelbar.* At work: *Bei der Arbeit.* At (the) worst: *Schlimmstenfalls.* At one's worst: *In der schlechtesten Form; einen schlechten Tag haben.* At the wrong time: *Zur falschen Zeit.*

atone To atone for an offence: *Für eine Straftat büßen.*

attach He attached the bucket to the rope: *Er befestigte den Eimer am Seil.* To attach importance to s.th.: *Etwas in seiner Wichtigkeit hervorheben.* To attach one's signature to a document: *Ein Dokument unterzeichnen; die eigene Unterschrift hinzufügen.* He is attached to that woman: *Er hängt sehr an dieser Frau.* To attach oneself to a company: *Sich an ein Unternehmen binden; sich einem Unternehmen anschließen.* To attach a property (leg.): *Einen Besitz beschlagnahmen.*

attack To attack s.b. with bare hands: *Jemanden mit bloßen Händen angreifen.*

attain To attain one's aim, one's object: *Den Zweck, die Absicht erreichen.* To attain one's goal: *Das Ziel erreichen.* To attain one's majority: *Eine Mehrheit erzielen.* To attain to old age: *Ein hohes Alter erreichen.*

attempt To attempt at s.b.'s life: *Einen Mordanschlag auf jemanden verüben.*

attend To attend classes: *Die (Schul-) Klasse besuchen.* To attend mass: *Den Gottesdienst besuchen.* To attend a meeting: *Einem Treffen beiwohnen.* To attend on (upon) s.b.: *Jemandem helfen, servieren; sich um einer Person Bedürfnisse kümmern.* To attend to one's work:

Seine Arbeit (sorgfältig) ausüben.

attention Attention! *Vorsicht! Achtung!* To pay attention to s.b.: *Jemandem Beachtung schenken.*

attract To attract s.b.'s attention: *Die Aufmerksamkeit einer Person erregen.* To attract notice: *Ins Auge springen.*

avail To avail oneself of s.th.: *Sich einer Sache bedienen.* It avails nothing: *Es nützt nichts.*

avert To avert one's eyes, one's face: *Die Augen, das Gesicht abwenden.* To avert a danger: *Eine Gefahr abwenden.*

avoid To avoid a danger: *Eine Gefahr vermeiden.* To avoid a sentence (leg.): *Eine Strafe aufheben, ungültig machen, verhindern.*

await To await one's chance: *Die eigene Chance abpassen, abwarten.* To await collection at the post: *Am Postschalter auf Abholung warten (z.B. Brief).* To await the outcome: *Den Ausgang, das Resultat abwarten.* To await s.b.'s pleasure: *Jemandem zur Verfügung stehen; jemanden bedienen.* Awaiting your reply (comm.): *In Erwartung Ihrer Antwort.*

awake To awake to s.th. *Sich einer Sache bewusst werden.*

awake – aware He is awake to (aware of) the risk he is running: *Er ist sich des Risikos voll bewusst.*

award To award a prize, a decoration: *Einen Preis, einen Orden verleihen.*

away He is away from home: *Er ist fort von zu Hause.* Away with it! *Fort damit!* Away with you! *Hinweg mit dir! Fort mit dir! Verschwinde!*

B

baby Be left holding the baby: *Dastehen und die Sache am Hals haben.* Throw out the baby with the bathwater: *Das Kind mit dem Badewasser ausschütten.*

back Back and forth: *Hin und her.* Back to back: *Einer hinter dem anderen.* Back to front: *Falsch; verkehrt.* Behind one's back: *Hinter dem Rücken.* On the back of it: *Außerdem.* The back of beyond: *Das Ende der Welt.* To answer back: *Frech antworten.* To be on one's back: *Von jemandem abhängig sein; jemanden belästigen, reizen, ärgern.* To get off s.b.'s back: *Jemanden in Ruhe lassen.* To put s.b.'s back up: *Jemanden auf die Palme bringen.* To take a back seat: *Sich zurückhalten; heraushalten.* To talk through the back of s.b.'s head (neck): *Völligen Unsinn reden.* To back a bill (comm.): *Einen Wechsel gegenzeichnen.* To back a boat: *Ein Boot schieben, vorantreiben.* To back an enterprise: *Ein Unternehmen finanzieren.* To back the field: *Gegen das favorisierte Pferd wetten.* To back a horse: *Ein Pferd besteigen; auf ein*

Pferd wetten. To back the right horse: *Aufs richtige Pferd setzen.* To back a rope: *Ein Seil, ein Kabel verstärken.* To back water: *Mit Hilfe des Ruders den Kurs eines Schiffes ändern.* To back the wrong horse: *Auf das falsche Pferd setzen (auch figürlich).* To back and fill (USA): *Schwanken, schaukeln.* To back away: *Sich (z.B. vor einer Gefahr) zurückziehen.* To back down: *Sich unterordnen; sich geschlagen geben; einen Konflikt verloren geben.* He backed the car into the courtyard: *Er fuhr mit dem Wagen rückwärts in den Hof hinein.* To back out: *Sich aus einer Sache, einer Verpflichtung zurückziehen.* He backed out of the room: *Er verließ rückwärts gehend den Raum.* He backed out of the enterprise: *Er zog sich aus dem Unternehmen zurück.* To back s.b. up: *Jemanden unterstützen; jemandem Rückhalt geben.* Back up! (pop.): *Nur Mut!*

back-date To back-date a letter, a document: *Einen Brief, ein Dokument zurückdatieren.*

backward(s) Backward(s) and forward(s): *Vorwärts und rückwärts.*

bacon To bring home the bacon: *Die Brötchen verdienen; Erfolg haben.*

bad A bad shot: *Falsch geraten.* Bad luck to him! *Pech für ihn.* From bad to worse: *Vom Regen in die Traufe.* He is a bad lot (colloq.): *Er ist ein übler Bursche.* He is a bad sailor: *Er ist seekrank.* He is bad at it: *Er versteht nichts davon.* He is bad at mathematics: *Er ist schlecht in Mathematik.* He is in a bad way: *Ihm geht es (gesundheitlich) sehr schlecht.* In bad faith: *Wider Treu und Glauben.* Is he as bad as that? *So weit ist es mit ihm gekommen?* Is it as bad as all that? *Ist es wirklich so schlecht? (Auch im moralischen Sinne).* It is a bad job for him: *Es ist eine ernste Sache, eine üble Angelegenheit für ihn.* It is bad for your health: *Es ist schlecht für deine Gesundheit.* It is bad form (manners): *Es gehört sich nicht.* That isn't bad! *Ist doch gar nicht so schlecht! (Oft ironisch).* To go to the bad: *Auf die schiefe Bahn geraten.* Too bad: *So ein Pech, wirklich schade.*

badly It is badly needed: *Es wird dringend benötigt; es herrscht großer Bedarf.* He is badly off: *Er befindet sich in einer (finanziell) schwierigen Situation.* He is badly reported of: *Er hat eine schlechte Reputation.* He is doing badly: *Seine Geschäfte gehen schlecht.*

bag Bag and baggage: *Mit Sack und Pack.* Bags of s.th.: *Wie Heu; massig.* He is a bag of bones: *Er ist nur noch Haut und Knochen.* Let the cat out of the bag: *Die Katze aus dem Sack lassen.* The (whole) bag of tricks: *Der (ganze) Krempel.* To hold the bag: *Mit leeren Händen ausgehen.* To bag game: *Erlegtes Wild einpacken, in die Jagdtasche stecken.* To bag to leeward (naut.): *Sich vor den Wind legen (Seefahrt).*

bail To bail s.b. out: *Jemandem aus Schwierigkeiten helfen; je-*

manden gegen Kaution aus dem Gefängnis holen.

bait To bait the hook: *Jemanden ködern; jemanden verführen.* To bait a horse: *Ein Pferd füttern und tränken.*

balance To balance an account: *Ein Konto ausgleichen.* To balance the accounts: *Etwas begleichen.* To balance a matter: *Eine Angelegenheit bedenken, abwägen.* To balance oneself: *Sein Gleichgewicht finden (seelisch).*

balk To balk a duty: *Sich vor einer Pflicht drücken, scheuen.* To balk at a leap: *Vor einem Hindernis den Sprung verweigern. (Pferd).*

ball The ball is with you: *Du bist dran; du bist an der Reihe.* On the ball: *Auf Draht sein.* To have the ball at one's feet: *Seine große Chance haben.* To have the ball in one's court: *An der Reihe sein; am Zug sein.* To keep the ball rolling: *Das Gespräch in Gang halten, nicht einschlafen lassen; den Stein ins Rollen bringen.*

balloon When the balloon goes up: *Wenn die Bombe platzt.*

ballot To ballot one's members: *Die Mitglieder geheim abstimmen lassen.*

band The band begins to play: *Jetzt wird es ernst.* To band together: *Zusammenbringen.* To beat the band: *Alles übertreffen.*

bandy To bandy a ball: *Einen Ball zurückschlagen.* To bandy words with s.b.: *Einen kurzen, scharfen Wortwechsel mit jemandem führen.* To bandy about: *Eine Nachricht unter die Leute bringen; ein Gerücht verbreiten.*

bang To bang the door: *Die Tür zuschlagen.* To bang the market by heavy sales: *Den Markt durch forcierte Verkäufe in Verwirrung bringen.* To bang after s.b.: *Hinter jemandem die Tür zuschlagen.* To bang in: *Eintreten und dabei die Tür zuschlagen.* To bang off a gun: *Eine Pistole abfeuern.* To bang on the piano: *Auf dem Klavier herumhämmern.* They have banged him up: *Sie haben ihn verprügelt.*

banish To banish all sad thoughts: *Alle traurigen Gedanken verbannen.*

bank To bank a fire: *Ein Feuer unterhalten.* To bank an aeroplane, a car: *Ein Flugzeug schief legen, einen Wagen in eine Kurve legen.* To bank up money: *Geld sparen, anhäufen.* To bank up a river: *Einen Fluß eindämmen.* He is banking on his cousin to lend him some money: *Er baut darauf, dass sein Cousin ihm etwas Geld leiht.*

bar To bar a door: *Eine Tür versperren.* To bar a right: *Ein Recht verwehren.* To bar s.b.'s way: *Jemandem den Weg versperren.* To bar s.b. from doing s.th.: *Jemanden daran hindern, etwas zu tun.* To bar s.b. in (out): *Jemanden ein- bzw. aussperren.* Bar one: *Ohne Ausnahme.*

bare To bare a tree of all its leaves: *Einen Baum entlauben.* To bare one's head: *Den Hut abnehmen; das Haupt entblößen.* To bare one's heart: *Das Herz öffnen.*

bargain It's a bargain! *Abgemacht!* It's a bargain at that price: *Es ist geschenkt für den Preis.* She bargained for that dress: *Sie versuchte, den Preis des Kleides herunterzuhandeln.* To bargain for s.th.: *Um etwas feilschen.* To bargain over the price: *Um den Preis feilschen.*

barge I would not touch him with a barge pole: *Ich kann ihn nicht riechen, ausstehen.* To barge in on s.b. (pop.): *Jemanden zufällig treffen.* To barge into a room (pop.): *In ein Zimmer (herein) stürzen. Ein Zimmer jäh betreten.*

bark Barking dogs seldom bite (prov.): *Bellende Hunde beißen nicht.* To bark a tree: *Einen Baum entrinden.* To bark against (at) the moon: *Den Mond anbellen; aussichtslos auf etwas schimpfen.* To bark at s.b.: *Jemanden anfauchen.* To bark one's shin: *Sich das Schienbein abschürfen.* To bark up the wrong tree: *Sich an den falschen wenden; auf dem falschen Dampfer sein; sich vergebens bemühen.* His bark is worse than his bite (prov.): *Hunde, die bellen, beißen nicht.*

barrel To have s.b. over a barrel: *Jemanden in der Zange haben, völlig in der Hand haben.*

barter To barter a book for (against) a fountain-pen: *Ein Buch gegen einen Füller tauschen.* To barter blows: *Einen Schlagaustausch führen.* To barter s.th. away: *Etwas verschleudern.*

base He bases his teaching method on experience: *Er gründet seine Lehrmethode auf Erfahrung.*

bask To bask in the sun: *Sich wohlig in der Sonne aalen.*

bat As blind as a bat: *Stockblind.* Like a bat out of hell: *Als ob der Teufel hinter einem her wäre.* Off one's own bat: *Auf eigene Faust.* To have bats in the belfry: *Ein bisschen verrückt sein; einen kleinen Vogel haben.* To bat the eyes: *Mit den Augen blinzeln.*

bathe To bathe one's forehead: *Die (verletzte) Stirn waschen.*

batten To batten on food: *Sich mästen.* To batten on s.b.: *Sich auf Kosten eines anderen bereichern.*

batter To batter down a wall: *Eine Wand zu Trümmern schießen.* To batter to pieces: *In Stücke schlagen, schießen.*

battle The battle is to the strong (prov.): *Der Sieg liegt bei den Starken.*

bawl To bawl at s.b.: *Jemanden anschreien.*

bay To bay (at) the moon: *Den Mond anbellen; vergeblich schimpfen.*

be To be a fine figure of a man: *Ein ansehnlicher Mann sein.* Be a good boy! *Sei brav!* Be a man! *Sei ein Mann; sei tapfer; reiß dich zusammen.* To be a party-pooper (Am.): *Ein Spielverderber sein.* To be a stickler for cleanliness: *Ein Sauberkeitsfanatiker sein.* To be able to do s.th.: *In der Lage sein, etwas zu tun.* To be above oneself: *Außer sich sein (vor Freude).* To be after s.th.: *Hinter etwas her sein.* To be ahead of s.b.: *Jemandem gegenüber einen Vorsprung ha-*

ben. To be all over s.b.: *Jemandem schmeicheln.* To be all for the best: *Sich am Ende zum Besten wenden.* To be as dead as a dodo: *Mausetot sein.* To be as drunk as a lord: *Vollgelaufen sein.* To be as fit as a fiddle: *Fit wie ein Turnschuh sein.* To be as mad as a March hare: *Nicht alle beieinander haben.* To be at bay: *Mit dem Rücken zur Wand stehen.* To be at s.b.'s beck and call: *Jemandem stets zu Diensten sein.* To be at one's best: *In Bestform sein.* To be at the boil: *Vor Wut kochen.* To be at the bottom of s.th.: *Hinter einer Sache stecken; die wahre Ursache für etwas sein.* To be at cross purposes: *Aneinander vorbeireden.* To be at daggers drawn with s.b.: *Mit jemandem auf Kriegsfuß stehen.* To be at death's door: *Im Sterben begriffen sein.* To be at dinner: *Beim Essen sein. Zu Abend essen.* To be at a discount: *Ohne großen Wert; billig zu haben.* To be at s.b.'s discretion: *Jemandem ausgeliefert sein.* To be at s.b.'s disposal: *Jemandem zur Verfügung stehen.* To be at one's ease: *Locker sein; ausgespannt sein.* To be at ease: *Ausgespannt sein, sich wohl, wie zu Hause fühlen.* To be at s.b.'s elbow: *Seite an Seite mit jemandem sein.* To be at an end: *Am Ende sein; etwas beendet haben.* To be at the end of one's tether: *Am Ende sein; völlig erschöpft sein.* To be at fault: *Sich irren; Unrecht haben.* To be at grass (coll.): *Arbeitslos sein.* To be at the head of an army: *Einer Armee vorstehen; eine Armee leiten, befehligen.* To be at s.b.'s heels: *Jemandem auf den Fersen sein.* To be at home: *Zu Hause sein.* To be at home with s.b.: *Mit jemandem vertraut sein.* Not to be at home to anyone: *Für niemanden zu erreichen sein.* To be at issue with s.b.: *Mit jemandem in einen Streit verwickelt sein.* To be at large: *Frei sein.* To be at one's last gasp: *Den letzen Atemzug tun.* To be at liberty: *Frei sein (zu tun was man wünscht).* To be at liberty to do something: *Etwas tun dürfen.* To be at a loose end (colloq.): *Beschäftigungslos sein.* To be at a loss for words: *Nicht die richtigen Worte finden.* To be at a low ebb: *Kraftlos, verbraucht, erschöpft.* To be at the mercy of fate: *Dem Schicksal ausgeliefert sein.* To be at a nonplus: *Verwirrt sein.* To be at odds with somebody: *Mit jemandem im Streit liegen.* To be at pains to do s.th.: *Sich große Mühe geben, etwas zu tun.* To be at peace (at war) with s.b.: *Sich mit jemandem im Frieden (im Krieg) befinden.* To be at the receiving end: *Eine unangenehme Aufgabe bewältigen; den unangenehmen Teil erledigen.* To be at rest: *Pausieren; sich ausruhen.* To be at sixes and sevens: *Unorganisiert sein.* To be at table: *Zu Tisch sein.* To be at one's wits' end: *Mit seinem Latein am Ende sein.* To be at work: *Bei der Arbeit sein, arbeiten.* To be at the zenith of one's career: *Auf dem Höhepunkt seiner Karriere stehen.* To be back to the drawing-board (colloq.): *Wieder am Aus-*

gangspunkt, am Anfang sein. To be beside oneself (with glee): *Außer sich sein (vor Freude).* To be beyond the pale: *Unakzeptable Manieren an den Tag legen.* To be bright eyed bushy tailed: *Strahlend aussehen und gut gelaunt sein.* To be broad-minded: *Tolerant sein.* Be careful with your words: *Sei vorsichtig mit dem, was du sagst.* To be caught in the act: *Auf frischer Tat erwischt werden.* To be clued up on something: *Über etwas im Bilde sein.* To be completely at a loss: *Total in Verlegenheit sein.* To be continued: *Fortsetzung folgt.* To be cruising for a bruising (Am): *Auf eine Abreibung zusteuern.* To be dead from the neck up: *Dumm sein.* To be down: *Fertig sein; am Ende sein.* To be down in the dumps: *Trübsal blasen.* To be due: *Erwartet werden; eigentlich ankommen müssen (Zug).* To be fed up to the back teeth: *Die Nase gestrichen voll haben.* To be few and far between: *Dünn gesät sein.* It'll be for another time: *Ein anderes Mal.* To be for going: *Die Absicht haben zu gehen.* To be for London: *Nach London fahren, reisen.* To be fraught with: *Voller … sein.* To be frightened of one's own shadow: *Überängstlich sein.* To be fully stretched: *Voll ausgelastet sein.* I'll be going (colloq.): *Ich mach mich auf (ugs.).* Be gone: *Hau ab!* To be grounded (Am.): *Ausgehverbot haben.* To be hand in glove with … *Unter einer Decke stecken mit …* To be head and shoulders above: *Weit überlegen sein.* To be henpecked: *Unter dem Pantoffel stehen.* To be ill-at-ease: *Unbehaglich fühlen.* To be incumbent upon one: *Es als seine Pflicht sehen.* To be in: *Drinnen sein (Haus); in Mode sein.* To be in a blaze: *Wütend, zornig sein.* To be in a (blue) funk: *Angst haben; ein Angsthase sein.* To be in a class by oneself: *Eine Klasse für sich sein; besonders sein.* To be in a cleft stick: *In einem Dilemma stecken; keinen ausreichenden Platz haben, um sich zu bewegen.* To be in a cold sweat: *Den kalten Schweiß auf dem Rücken spüren.* To be in a daze: *Benommen sein, dösen; nicht ganz bei sich sein.* To be in a dead faint: *In tiefer Ohnmacht sein.* To be in a deuced hurry: *Es sehr eilig haben.* To be in a devil of a hole: *Sich in einer furchtbaren Lage befinden.* To be in a fidget (flap, fluster, flutter): *Aufgeregt, erregt sein.* To be in a fine mess, in a (bad) fix: *Sich in ganz hübschen Schwierigkeiten befinden.* To be (all) in a fog: *Sich über etwas nicht im klaren sein.* To be in a flat spin: *Verwirrt sein; verstört sein.* To be in a fool's paradise: *Die Augen vor der Realität verschließen.* To be in a fret: *Irritiert, verwirrt sein.* To be in a fume: *Verwirrt sein.* To be in a happy frame (of mind): *Gut gelaunt sein.* To be in a huff: *Aufgebracht, in übler Laune sein.* To be in a hurry: *In Eile sein.* To be in a joking mood: *Spielerischer, witzelnder Laune sein.* To be in a merry pin: *Bei bester Laune sein.* To be in a quandary: *In Verlegenheit sein.* To be in a sorry (sad) plight (pickle): *In einer traurigen Lage sein.* To be in a spot (colloq.): *Pech haben; in der Patsche sitzen.* To be in a state (colloq.): *Erregt sein; durcheinander sein.* To be in a stew (colloq.): *In Verlegenheit sein; nervös sein.* To be in a sweat: *Schweißgebadet sein.* To be in a temper with s.b.: *Mit jemandem böse sein.* To be in a tight box (corner, spot): *In einer schwierigen Lage sein; in der Klemme sitzen.* To be in a tight squeeze: *In der Klemme sitzen.* To be in a wax (pop.): *Aufgebracht, böse, zornig sein.* To be in Abraham's bosom: *In Abrahams Schoß sein.* To be in an interesting condition: *In interessanter Verfassung sein.* To be in apple-pie order: *In perfekter Ordnung sein.* To be in arms: *Bewaffnet sein; bereit sein zu kämpfen.* To be in authority: *An der Macht sein; die Autorität besitzen.* To be in awe of s.b.: *Große Achtung (Furcht) vor jemandem haben.* To be in bad circumstances: *Sich finanziell in einer prekären Lage befinden.* To be in one's bare skin: *Im Adamskostüm sein.* To be in bath of perspiration: *Schweißgebadet sein.* To be in beer: *Betrunken sein.* To be in blues (pop.): *Matrose sein; einen Matrosenanzug tragen.* To be in (the) buff: *Nackt sein.* To be in calf: *Trächtig sein.* To be in case for, to: *Zur Verfügung stehen.* To be in cash: *Flüssig sein; Geld haben.* To be in chafe of impatience: *Ungeduldig sein.* To be in chancery: *Im Schwitzkasten sein (boxen).* To be in character with s.th.: *Mit jemandem übereinstimmen.* To be in charge (leg.): *Verantwortlich sein.* To be in clover: *Im Überfluss leben.* To be in cold storage: *Im Gefängnis sein.* To be in collar: *Einen Arbeitsplatz haben.* To be in condition: *In Form sein.* To be in conference with the manager: *Mit dem Chef in einer Besprechung sein.* To be in conflict with s.b. *Mit jemandem im Konflikt stehen.* To be in one's cups (colloq.): *Zechen, betrunken sein.* To be in current use: *Allgemein gebräuchlich sein.* To be in custody: *In Gewahrsam sein.* To be in danger: *In Gefahr sein.* To be in dead earnest: *Todernst sein.* To be in debt up to the ears: *Bis zu den Ohren in Schulden stecken.* To be in deep waters: *In Not sein.* To be in demand: *Gefragt sein.* To be in derision: *Völlig lächerlich sein; das Gespött der Leute sein.* To be in discard: *Ausrangiert, abgelegt sein.* To be in disfavour (disgrace) with s.b.: *Bei einer Person in Ungnade gefallen sein.* To be in doubt what to do: *Sich im Unklaren darüber sein, was zu tun ist.* To be in drink: *Betrunken sein.* To be in dutch (pop.): *In Schwierigkeiten sein; Pech haben.* To be in Easy Street: *Den Reichtum genießen.* To be in effect: *Gelten; in Wirkung gegangen sein (z.B. ein Gesetz).* To be in s.b.'s employ: *Von jemandem abhängig sein.* To be in everyday use: *Gebräuchlich sein; ständig verwendet werden.* To be in excellent cue: *Sehr guter Laune sein.* To be in fault: *Irren; Unrecht haben.* To be in favour of s.th.: *Für etwas sein.* To be in favour with s.b.: *Jemandem dankbar sein.* To be in fear of one's life: *Um das eigene Leben fürchten.* To be in fighting trim: *Gefechtsbereit sein.* To be in financial straits: *In finanziellen Schwierigkeiten sein.* To be in fine (good) feather: *In bester Laune, bei bester Gesundheit sein.* To be in fine fettle: *In Form sein.* To be in flesh: *Gut genährt sein.* To be in foal: *Trächtig sein. (Pferdestute, Eselsstute).* To be in for a defeat: *Für eine Niederlage reif sein.* He is in for it (colloq.): *Ihm blüht was (Strafe z.B.).* To be in for a penny, for a pound: *Zu allem bereit sein.* To be in for a race: *Sich für ein Rennen eingetragen haben.* To be in force: *An der Macht sein; in Effekt treten.* To be in full (grand) feather: *Sehr elegant gekleidet sein.* To be in full fig: *In Form sein.* To be in full (great) force: *Bei vollen Kräften sein.* To be in funds: *Gut bei Kasse sein.* To be in s.b.'s good books (good graces): *Bei jemandem einen Stein im Brett haben.* To be in good circumstances: *Finanziell gut dastehen.* To be in good condition: *In guter Verfassung sein.* To be in good form (fig.) *In guter Form sein.* To be in good health: *Gesund sein; kerngesund sein.* To be in good humour: *Gut gelaunt sein.* To be in good keeping: *Gut aufbewahrt sein; in Sicherheit sein.* To be in good (great) spirits: *Gut gelaunt sein.* To be in good train: *Gut laufen (Geschäft, Unternehmungen).* To be in good trim: *In Ordnung sein.* To be in harmony with s.b.: *Mit jemandem gut auskommen.* To be in harness: *Eine geregelte Arbeit haben.* To be in hiding: *Versteckt sein; sich verstecken; untertauchen.* To be in high feather, high spirits: *Gut gelaunt sein.* To be in high repute: *Einen guten Ruf haben.* To be in no humour (not to be in the humour) for work: *Sich außerstande sehen zu arbeiten.* Not to be in it: *Keine Erfolgsaussichten haben.* To be in keeping with: *Übereinstimmen mit.* To be in keeping with s.th.: *Mit etwas übereinstimmen.* To be in labour: *Die Geburtswehen haben.* To be in liquor: *Betrunken sein.* To be (head-over-heels) in love with s.b.: *Bis über beide Ohren in jemanden verliebt sein.* To be in low spirits: *Deprimiert sein; am Boden sein.* To be in low water: *Knapp bei Kasse sein.* To be in luck, in luck's way: *Glück haben.* To be in motion: *In Bewegung sein.* To be in mourning: *Trauern.* To be in neutral (autom.): *Im Leerlauf sein.* To be in office: *An der Macht sein; im Amt sein; einen Posten innehaben.* To be in on it: *Eingeweiht sein.* To be in pain: *Schmerzen haben.* To be in pocket: *An einer Sache gut verdienen.* To be in poor figure: *In schlechter Verfassung, Form sein.* To be in poor spirits: *Schlecht gelaunt, deprimiert sein.* To be in power: *An der Macht sein.* To be in practice: *In*

Übung sein. To be in Queer Street (colloq.): *In finanziellen Schwierigkeiten stecken.* To be in quite a state: *Sehr erregt, erzürnt sein.* To be in receipt of a letter (comm.): *Einen Brief empfangen haben (wirt.).* To be in (business) relations with s.b.: *Mit jemandem geschäftlich in Verbindung stehen.* To be in one's right mind (senses): *Vernünftig sein; einen klaren Kopf haben.* To be in rude health: *Robust, kerngesund sein.* To be in safe keeping: *In Sicherheit sein.* To be in one's shirt (-sleeves): *In Hemdsärmeln sein.* To be in s.b.'s shoes: *An der Stelle einer anderen Person sein; sich in die Lage eines anderen versetzen.* To be in short supply: *Knapp sein.* To be in sight of a place: *In Sichtweite eines Ortes sein.* To be in smooth water: *Sich auf ruhigen Wassern befinden.* To be in stitches (colloq.): *In Gelächter ausbrechen.* To be in sympathy with s.b.: *Sich mit jemandem gut verstehen; gut angeschrieben sein.* To be in the bag: *Sicher sein; eine sichere Sache sein.* To be in the chair: *Die Leitung, die Präsidentschaft innehaben.* To be in the chips (USA): *Reich sein.* To be in the clouds: *Auf den Wolken schweben.* To be in the club: *Schwanger sein.* To be in the depths of despair: *Sich ganz der Verzweiflung hingeben.* To be in the dismals (doldrums, dumps): *Deprimiert sein; schlechter Laune sein.* To be in the dog-house: *Pech haben; in Ungnade sein.* To be in the doldrums: *Eine Flaute haben.* To be in the dust: *Tot sein.* To be in the family way: *Ein Kind erwarten.* To be in the field: *An einem Wettbewerb teilnehmen.* To be in the first (highest) flight: *Erstklassig sein.* To be in the forces: *In der Armee dienen.* To be in the first (etc.) gear: *Im (1., 2., 3.) Gang sein (Auto).* To be in the green (tree): *In exzellenter Verfassung sein.* To be in the grip of: *In den Klauen, im Bann von jemandem sein.* To be in the habit of doing s.th.: *Gewöhnt sein etwas zu tun.* To be in the jaws of death: *In den Fängen des Todes sein.* To be in the know (colloq.): *Auf dem laufenden sein.* To be in the limelight: *Berühmt sein; im Rampenlicht stehen.* To be in the lion's mouth: *In großer Gefahr schweben.* To be in the melting mood: *Drauf und dran sein zu weinen.* To be in the pay of s.b.: *Von jemandem bezahlt werden.* To be in the pink: *In guter Form sein.* To be in the red: *Schulden haben; in den roten Zahlen stecken.* To be in the right: *Recht haben.* To be in the running for something: *Im Rennen für etwas sein.* To be in the saddle: *Im Sattel sitzen; das Sagen haben.* To be in the same boat (box) (fig.): *Im selben Boot sitzen.* Not to be in the same street with s.b.: *Jemandem unterlegen sein.* To be in the soup (colloq.): *In der Patsche, in der Tinte sitzen.* To be in the swim: *Auf dem Laufenden sein.* To be in the thick of the fray: *Im dichtesten Kampfgetümmel sein.* To be in the throes of death: *Furchtbare*

Schmerzen haben; in Agonie sein. To be in the van: *An der Spitze (der Mode, der Zivilisation) stehen; die Avantgarde sein.* To be in the vein: *Lust haben, etwas zu tun.* To be in the wilderness: *Machtlos sein; nicht an der Macht sein (in einer Partei z.B.).* To be in the wrong box: *Sich in einer schwierigen, ärgerlichen Lage befinden.* To be in time to catch the train: *Den Zug noch rechtzeitig erreichen.* To be in top form: *In erstklassiger Form sein.* To be in trim: *Gesund sein; in guter Verfassung sein.* To be in trouble whichever way one looks: *In großen Schwierigkeiten stecken.* To be in tune: *Gestimmt sein (Musikinstrument).* To be in tune with one another: *Mit jemandem übereinstimmen.* To be in two minds: *Unsicher, unentschieden sein.* To be in want of: *Etwas wollen, suchen, benötigen.* To be in s.b.'s way: *Jemandem im Weg stehen (auch figürlich).* To be in wine: *Betrunken sein.* To be in with s.b.: *Zu jemandem in guter Beziehung stehen.* To be kicked into touch: *Mit der Nase auf etwas gestoßen werden.* To be knocked senseless: *Jemandem vergeht Hören und Sehen.* To be left out in the cold: *Links liegen gelassen werden.* To be living in cloud cuckoo land: *Von der Realität weit fern zu sein.* To be looking through rose coloured glasses: *Alles durch die rosarote Brille sehen.* To be more than a match for someone: *Jemanden in die Tasche stecken.* To be mudslinging: *Mit Gemeinheiten um sich werfen.* To be no stranger to s.b.: *Jemanden gut kennen.* To be not one's place to do s.th.: *Jemandem nicht zustehen etwas zu tun.* To be of a mechanical turn: *Technisch begabt sein.* To be of a piece with s.b., s.th.: *Mit jemandem in Eintracht sein.* To be of age: *Volljährig sein.* To be of good appetite: *Einen guten Appetit haben.* To be of good cheer (heart): *Glücklich, fröhlich sein.* To be of humble origin: *Einfacher Herkunft sein.* To be of one mind: *Einverstanden sein mit jemandem.* To be of the same mind: *Dieselben Anschauungen haben.* To be of service: *Nützlich sein.* To be off: *Weggehen.* To be off the air: *Nicht auf Sendung sein (Radio, Fernsehen).* To be off one's balance: *Unausgeglichen, verstört sein.* To be off the beat: *Nicht im Takt sein.* To be off one's guard: *Nicht aufpassen; unvorbereitet sein.* To be off the mark: *Gestartet sein; gerade weggegangen sein.* To be off one's stroke: *Benommen, betäubt sein; durcheinander sein.* To be on: *An sein, angeschaltet sein; dabei sein; auf (einem Schiff) sein.* To be on a friendly footing with s.b.: *Mit jemandem auf gutem Fuß stehen.* To be on a journey: *Auf einer Reise sein.* To be on a person's back: *Von jemandem abhängig sein.* To be on a sticky wicket: *Sich auf schwankendem Boden befinden.* To be on a voyage: *Eine (See-) Reise machen.* To be on a war footing, on the warpath: *Auf dem Kriegsfuß stehen; auf dem Kriegspfad sein.* To be on all fours with s.th.: *Einer Sache entsprechen.* To be on one's back: *Belastet sein; unter Druck stehen.* To be on bad terms with somebody: *Sich mit jemandem schlecht verstehen.* To be on one's beam-ends: *Sich in Gefahr befinden.* To be on one's best behaviour: *Sich so gut wie möglich benehmen.* To be on deck (colloq.): *Bereit sein.* To be on one's ear (pop.): *Verwirrt sein.* To be on edge: *Ungeduldig, nervös sein.* To be on foul (sport): *Ein Foul begehen.* To be on good terms with s.b.: *Eine freundliche Beziehung zu jemandem haben; mit jemandem gut auskommen.* To be on guard: *Wache haben, auf Wache sein.* To be on one's guard: *Wachsam sein; vorsichtig sein.* To be on (upon) s.b.'s heels: *Jemandem auf den Fersen sein.* To be on (a) holiday: *Ferien haben; frei haben.* To be on one's last legs: *Dem Tod nahe sein.* To be on everyone's lips: *In jedermann Munde sein.* To be on parole: *Auf Bewährung frei sein.* To be on point-duty: *Den Verkehr regeln (Schutzmann).* To be on probation: *Auf Probezeit sein.* To be on sentry-go: *Wache schieben.* To be on shore: *Am Ufer sein.* To be on speaking terms with s.b.: *Sich mit jemandem öfters unterhalten; jemanden ein wenig kennen.* To be on s.b.'s tail: *Jemanden verfolgen.* To be on tenterhooks: *Wie auf heißen Kohlen sitzen; voller Erwartung sein.* To be on thin ice (colloq.): *Sich auf dünnem Eis bewegen; sich in Gefahr begeben.* To be on thorns: *Wie auf heißen Kohlen sitzen.* To be on time: *Pünktlich sein.* To be on one's toes: *Vorsichtig sein; alarmiert sein.* To be on velvet (colloq.): *Glänzend dastehen; gegen Verlust gesichert sein.* To be on the air: *Auf Sendung sein.* To be on the ball: *Aufmerksam sein; am Ball sein.* To be on the beat: *Im Takt sein, gehen, fahren.* To be on the bench: *Richter sein; Geschworener sein.* To be on the board of examiners: *Dem Untersuchungsausschuß angehören.* To be on the dole: *Arbeitslos sein.* To be on the down grade: *Sich verschlechtern; auf dem absteigenden Ast sein.* To be on the eve of one's departure: *Sich am Vorabend der Abreise befinden.* To be on the gamble: *Das Risiko annehmen.* To be on the go: *In Bewegung sein; wachsam sein; vorsichtig sein.* To be on the horns of a dilemma: *Zwischen Pest und Cholera wählen müssen.* To be on the level with somebody: *Jemandem gegenüber ehrlich sein.* To be on the loaf: *Bummeln.* To be on the loose: *Frei sein, frei herumlaufen, verwahrlost leben.* To be on the lurk: *Auf der Lauer liegen.* To be on the make (colloq.): *Dabei sein Geld zu machen.* To be on the mat (pop.): *In der Tinte sitzen.* To be on the move: *In Bewegung sein.* To be on the permanent staff: *Dem ständigen Personal angehören.* To be on the phone: *Telefonieren, am Telefon sein.* To be on the police: *Bei der Polizei arbeiten.* To be on the rack: *Gefoltert werden; gespannt sein (auf etwas).* To be on the receiving end: *Die unangenehmen Konsequenzen einer Sache einstecken.* To be on the right tack: *Auf dem richtigen Weg sein.* To be on the safe side: *In Sicherheit sein; auf Nummer sicher gehen.* To be on the sea: *Auf See sein; auf dem Meer sein.* To be on the shady side of forty: *Älter als vierzig sein.* To be on the spot: *Wachsam, der Lage gewachsen sein.* To be on the spree: *Sich amüsieren.* To be on the strain: *Angespannt sein.* To be on the streets: *Auf den Strich gehen (Prostitution).* To be upon the table: *Jedermann bekannt sein.* To be on the telephone: *Telefonieren.* To be on the tiles (pop.): *In Saus und Braus leben; auf Liebesabenteuer ausgehen.* To be on the top of the world: *Sich obenauf fühlen, voll überschwenglicher Freude sein.* To be on the town: *Auf den Strich gehen; den Lebemann spielen.* To be on the trot (colloq.): *Beschäftigt sein; in ständiger Bewegung sein.* To be on the turn: *Im Wechseln begriffen sein; sich ändern, umkehren.* To be on the verge of doing something: *Im Begriff sein etwas zu tun.* To be on the wallaby: *Vagabundieren; ohne festen Wohnsitz herumziehen.* To be on the water-wagon (USA): *Vorübergehend Abstinenzler sein.* To be on the way out: *Dabei sein zu gehen; aus der Mode kommen.* To be on the wires: *Nervlich angespannt sein.* To be overdue: *Überfällig sein; stark verspätet sein.* To be out: *Draußen sein; herausgekommen sein (Buch); aus der Mode gekommen sein; bekannt sein; hervorgekommen sein.* To be out at feed: *Auf der Weide sein.* To be out at the elbows: *Abgetragen, heruntergekommen sein.* To be out of cash: *Abgebrannt sein; nicht flüssig sein.* To be out of character with: *Im Widerspruch sein; unvereinbar sein.* To be out of one's depth: *Den Boden unter den Füßen verlieren.* To be out of harm's way: *Nichts Böses mehr anstellen können.* To be out of keeping with s.b.: *Sich nicht besonders mit jemandem verstehen.* To be out of office: *Nicht mehr an der Macht sein; ein Amt verloren haben.* To be out of pain: *Die Schmerzen überstanden haben.* To be out of sorts: *Sich nicht wohlfühlen; unpässlich sein.* To be out of shape: *Außer Form sein.* To be out of step (milit.): *Aus dem Gleichschritt geraten sein.* To be out of the swim: *Nicht mehr auf dem Laufenden sein.* To be out of sympathy with s.b.: *Mit jemandem nicht übereinstimmen.* To be out of the true: *Fern von der Wahrheit sein.* To be out of the wood: *Überm Berg sein.* To be out of tune: *Ungestimmt sein (Musikinstrumente).* To be out of tune with: *Nicht harmonieren mit.* To be out of work: *Arbeitslos sein.* To be out on bail: *Gegen Kaution freigelassen sein.* To be over the moon about something: *Überglücklich wegen etwas sein.* To be penny-pinching: *Geizig sein.* To be plastered (Am.): *Sternhagelvoll sein.* Be quick and get dressed: *Beeil dich und zieh dich an.* To be quite honest about it: *„Ganz ehrlich ...“; um die Wahrheit zu sagen.* To be resigned to something: *Sich mit etwas abfinden.* To be rolling in dough (Am.): *In Geld schwimmen.* To be ruled with a rod of iron: *Unter der Knute leben.* To be run off one's feet: *Überanspruchct sein.* Be seated, please: *Setzen Sie sich bitte.* Be seeing you: *Mach's gut. Tschüss.* To be slow on the up-take: *Eine lange Leitung haben.* Be so good as to wait a few moments: *Sei so gut und warte für einen Moment.* To be sold down the river: *Verraten und verkauft.* To be straining at the leash: *Kaum erwarten können mit etwas zu beginnen.* To be sure: *Ohne Zweifel; ganz sicher.* Be sure to come: *Komme auf jeden Fall vorbei.* To be one's tail up: *Gut gelaunt sein.* To be tarred with the same brush: *Vom gleichen Schlag sein.* Be that as it may: *Wie dem auch sei.* To be the bee's knees: *Das Allerbeste sein.* To be the cat's pyjamas/the snake's hips: *Das Allerbeste sein.* To be the chip of the old block: *Wie sein Vater sein.* To be the odd man out: *Das fünfte Rad am Wagen sein.* To be the spitting image of: *Das Ebenbild sein von.* To be the very picture of health: *Wie das blühende Leben aussehen.* To be too quick on the trigger: *Unüberlegt, vorschnell handeln.* To be under arms: *Bewaffnet sein, in bewaffnetem Aufruhr stehen.* To be under a ban: *Unter einem Bann stehen; gebannt sein.* To be under a charm, a spell: *Verzaubert sein; unter einem magischen Zauber stehen.* To be under the strain: *Unter Stress stehen; unter großem Druck stehen.* To be under suspicion: *Unter Verdacht stehen.* To be under one's vine and fig-tree: *Fern aller Gefahr; im wohligen Heim sein.* To be under a vow: *Ein Versprechen geleistet, ein Gelübde abgelegt haben.* To be up in arms: *Bewaffnet sein, in bewaffnetem Aufruhr stehen.* To be up in the air: *In der Luft hängen; imminent sein.* To be up shitcreek (Am.): *Im Dreck sitzen.* To be up the gum-tree: *Mit einem Problem stecken bleiben.* To be up to a thing or two: *Listig sein.* To be up to one's eyes in debt: *Bis über die Ohren verschuldet sein.* To be up to strength (milit.) *In voller Kampfkraft sein.* To be upon the books: *Von der Gesellschaft registriert werden.* To be weak in the head: *Ein Schwachkopf sein.* To be with foal: *Trächtig sein (Pferdestute, Eselsstute).* To be with one's tail up: *Gut gelaunt sein.* To be within one's depth: *Gedankenversunken sein; etwas in Gedanken vertieft bedenken.* To be without rhyme or reason: *Weder Hand noch Fuß haben.*

beam To beam light: *Licht ausstrahlen.* He beamed all over: *Er strahlte (wie ein Schneekönig).* He beamed at her: *Es strahlte, lächelte sie an.* Beaming with joy: *Freudestrahlend.*

bear Bear a little to the right: *Rücke ein Stück nach rechts.*

Bear me company: *Leiste mir Gesellschaft.* He bears resemblance to his father: *Er ähnelt seinem Vater.* He bore himself like a man: *Er schlug sich, benahm sich wie ein Mann.* He bore his friend up: *Er machte seinem Freund wieder Mut.* He bore up to the stranger: *Er näherte sich dem Fremden.* He is a born actor: *Er ist der geborene Schauspieler.* He was born lucky, in a caul, with a silver spoon in his mouth: *Er hatte Glück bei der Wahl seiner Eltern; er wurde in beste, vermögende Verhältnisse geboren.* He was born of poor parents: *Er ist ein Kind armer Eltern.* He was born on the wrong side of the blanket: *Er ist ein unehelicher Sohn.* He was born under a lucky star: *Er ist ein Glückspilz.* It bears the date of ... *Es trägt das Datum von ...* That bears on (upon) what I said yesterday: *Dies bezieht sich auf das, was ich gestern sagte.* They bore down on (upon) the enemy: *Sie stürzten sich auf den Feind.* This bears no relation to that problem: *Dies hat nichts mit dem Problem zu tun.* To bear a good character: *Einen guten Ruf haben.* To bear a misfortune with resignation: *Ein Unglück mit Resignation ertragen.* To bear a part in s.th.: *Die Hände im Spiel haben.* To bear a weight: *Eine Last tragen, ertragen.* To bear arms: *Waffen tragen, besitzen.* To bear away a prize (the bell): *Den Sieg, den Preis davontragen.* To bear comparison with s.b., s.th.: *Dem Vergleich mit jemandem standhalten.* To bear down a tyrant: *Einen Tyrannen stürzen.* To bear fruit: *Früchte tragen; fruchtbar sein.* To bear hard on s.b.: *Jemanden unterdrücken.* To bear in (to be borne in) upon s.b.'s mind: *Jemandem etwas klar machen.* To bear off (naut.): *Das offene Meer erreichen.* To bear one's cross: *Sein eigenes Kreuz tragen; die eigenen Schwierigkeiten ertragen.* To bear record (witness) to s.b.'s honesty: *Die Ehrlichkeit einer Person bezeugen.* To bear reference to s.th.: *Sich auf etwas berufen.* To bear s.b. a grudge, a grudge against s.b.: *Jemandem etwas nachtragen.* To bear s.b. a (helping) hand: *Jemandem helfen, zur Hand gehen.* To bear s.b. (s.b.'s words) out: *Die Worte einer Person bestätigen.* To bear s.b. through: *Jemandem über den Berg helfen.* To bear s.th. in mind: *An etwas denken; etwas in Gedanken haben.* To bear the bell: *Den Sieg davontragen.* To bear the blame: *Die Verantwortung übernehmen; die Schelte einstecken.* To bear the brunt of an enterprise: *Die Hauptlast eines Unternehmens tragen.* To bear the marks (signs, traces) of one's wounds. *Die Narben, Spuren der eigenen Wunden tragen.* To bear the signature *Die Unterschrift tragen.* To bear the strain: *Den Stress ertragen; den Druck aushalten.* To bear up a principle: *Einen Grundsatz unterstützen.* To bear up for a place (naut.): *Die Segel für ein bestimmtes Ziel setzen.* To bear up (well): *Sich gut schlagen; nicht verzweifeln.* To bear well: *Gute Frucht tragen (Obstbäume z.B.).* To bear with s.b.: *Mit jemandem Geduld haben.*

beastly He was beastly drunk: *Er war furchtbar betrunken, besoffen.*

beat If you can't beat them, join them: *Mit den Wölfen muss man heulen.* That beats all: *Das schlägt absolut alles; das ist besser als alles andere.* That beats me: *Das ist zu hoch für mich; das übersteigt meine Fähigkeiten.* This beats cock-fighting: *Dies ist eine tolle Sache, ein großer Spaß.* To beat (up) an egg: *Ein Ei aufschlagen.* To beat a path, a track: *Einen Pfad, einen Weg einschlagen, bereiten.* To beat a record: *Einen Rekord schlagen.* To beat a seller down in price: *Den Verkäufer auf einen niedrigeren Preis herunterhandeln.* To beat about the bush: *Um den heißen Brei herumreden.* To beat away: *Immer weiter schlagen.* To beat away the enemy: *Den Feind bis aufs letzte verfolgen.* To beat back the enemy: *Den Feind zurückschlagen.* To beat competition: *Die Konkurrenz ausschalten, besiegen.* To beat down a price: *Einen Preis herunterhandeln.* To beat down an opponent: *Einen Gegner niederschlagen.* To beat it (colloq.): *Abhauen; aufhören; etwas lassen.* To beat one's brains: *Sich den Kopf über etwas zerbrechen.* To beat one' breast, a carpet, the drum: *Sich auf die Brust klopfen; einen Teppich klopfen; die Trommel schlagen.* To beat one's way: *Sich vorwärtskämpfen; sich den Weg freikämpfen; sich durchschlagen.* To beat one's wings: *Mit den Flügeln schlagen.* To beat s.b. black and blue: *Jemanden windelweich, grün und blau schlagen.* To beat s.b. hollow: *Jemanden völlig besiegen; jemanden weit hinter sich lassen.* To beat s.b. by a long chalk, by long chalks: *Jemanden überlegen schlagen.* To beat s.b. into a jelly: *Aus jemandem Hackfleisch machen (scherzhaft).* To beat s.th. into s.b., into his head: *Etwas jemandem eintrichtern.* To beat s.b.'s head off: *Jemanden völlig niedermachen.* To beat s.b.'s brains out: *Jemanden übel zusammenschlagen.* To beat s.b. to a mummy: *Jemanden halb totschlagen.* To beat up s.b.'s quarters (colloq.): *Jemanden überraschend besuchen.* To beat the air: *Unnütze Tätigkeiten ausführen.* To beat the alarm: *Den Alarm auslösen.* To beat the band, the car, the dutch: *Verblüffen; aus der Fassung bringen.* To beat the devil around the bush (colloq.): *Sich heimtückisch, hinterlistig benehmen.* To beat the devil's tattoo: *Mit den Fingern trommeln.* To beat the hoof: *In Bewegung sein.* To beat the iron while it's hot: *Das Eisen schmieden, solange es heiß ist.* To beat the rap (USA): *Vor einer Strafe fliehen.* To beat the (a) tattoo (milit.): *Den Zapfenstreich schlagen.* To beat the time: *Die Zeit unterbieten.* To beat the wind: *Sich unnütz betätigen.*

beauty Beauty is the eye of the

beholder: *Die Schönheit liegt im Auge des Betrachters.* That's the beauty of it: *Gerade darin liegt die Schönheit der Sache.* Beauty is but skin-deep (prov.): *Es ist nicht alles Gold, was glänzt; man sollte nicht nach Äußerlichkeiten urteilen.*

because Because of: *Weil; aufgrund von.*

beckon He beckoned me forward: *Er gab mir ein Zeichen zu kommen.*

become To become a byword: *Sprichwörtlich werden.* To become attached to s.b.: *Jemanden zu mögen beginnen.* To become aware (of s.th.): *Sich klar werden (über etwas).* To become bankrupt: *Bankrott machen.* To become civilized, domesticated: *Zivilisiert werden, häuslich werden.* To become conscious: *Bewusstsein erlangen; sich bewusst werden.* To become (mentally) deranged: *Geistig verwirrt werden.* To become disillusioned: *Disillusioniert werden; die Illusionen verlieren.* To become due (comm.): *Verfallen, ablaufen (wirt.).* To become dumb: *Stumm werden.* To become effective, operative: *In Wirkung treten, gültig werden (Gesetz).* To become engaged to s.b.: *Sich mit jemandem verloben.* To become excited: *Aufgeregt werden; erregt werden.* To become faint: *Matt werden (matter Atem z.B.).* To become heated: *Angeheizt werden (Gespräch z.B.).* To become history: *Geschichte werden; in die Historie eingehen.* To become inflamed (med.): *Sich entzünden.* To become insane: *In Begeisterung für etwas geraten.* To become lyrical over s.th.: *Sich für etwas begeistern.* To become used to s.th.: *Sich an etwas gewöhnen.* It becomes you: *Es steht dir; es passt zu dir.*

bedtime It's bedtime: *Zeit zu Bett zu gehen!*

before Before long: *Lange vorher; vor langer Zeit.* Before then: *Zunächst einmal.* Before you can say Jack Robinson (knife): *Schneller, als du denken kannst; bevor du „papp" sagen kannst.*

beg I begged leave to go: *Ich bat um die Erlaubnis zu gehen.* To beg a lift from a passing motorcar: *Versuchen, von einem vorüberfahrenden Auto mitgenommen zu werden.* I beg your pardon: *Ich bitte um Verzeihung; was sagten Sie gerade?* To beg the question (pop.): *Der Frage ausweichen.* To beg for alms: *Um Almosen betteln.* To beg s.b. for a fool: *Jemanden für einen Narren halten.* To beg for mercy: *Um Gnade bitten.* To beg s.b. off: *Jemanden losbitten.* I beg to differ from you: *Sie gestatten, dass ich anderer Meinung bin.* We beg to inform you that ... (comm.): *Wir teilen Ihnen freundlichst mit, dass ... (wirt.).*

beggar To beggar description: *Der Beschreibung spotten.*

beggars Beggars must be no choosers (prov.): *Wer bettelt, darf nicht wählerisch sein.*

begin To begin a conversation: *Eine Unterhaltung beginnen.* To begin a fresh chapter: *Ein* *neues Kapitel beginnen.* To begin at the beginning: *Von Grund auf neu anfangen.* To begin at the wrong end: *Sich gleich zu Anfang irren; einen schlechten Start haben.* To begin on (upon) a subject: *Damit anfangen, ein Thema zu diskutieren; zunächst ein Thema besprechen.* To begin the world: *Eine Karriere beginnen.*

beguile To beguile s.b. into doing s.th.: *Jemanden verleiten, etwas zu tun.* To beguile s.b. out of his money: *Jemanden um sein Geld betrügen.* To beguile the time: *Sich die Zeit angenehm vertreiben.*

behave To behave arrogantly: *Sich arrogant benehmen.* To behave ill: *Sich schlecht benehmen.* To behave in a strange way: *Sich seltsam aufführen, benehmen.* To behave (oneself) well (decently): *Sich gut (ordentlich, korrekt) benehmen.* Behave prettily! *Sei brav! (zu einem Kind).*

behind Behind s.b.'s back: *Hinter dem Rücken einer Person.* Behind closed doors: *Hinter verschlossenen Türen.* Behind the curtain: *Hinter dem Vorhang (politisch).* Behind the eight ball: *In minderwertiger Verfassung; in minderwertigem Zustand.* Behind the scenes: *Hinter den Kulissen.* Behind time: *Unpünktlich.* He is behind the times: *Er ist altmodisch.* He is behind in his studies: *Er hinkt dem Lernstoff hinterher.* He is behind with his work: *Er ist mit seiner Arbeit im Rückstand.* To put s.th. behind one: *Vergangenes vergangen sein lassen.*

believe I believe his bare word: *Ich glaube ihm aufs Wort.* Make believe: *So tun als ob.* Not to be able to believe one's ears: *Seinen Ohren nicht trauen.* Not to believe one's eyes: *Seinen eigenen Augen nicht trauen.* To believe in God: *An Gott glauben.* To the best of my believe: *Meines Wissens.*

bell As clear as a bell: *Glockenrein.* As sound as a bell: *Tadellos intakt.* It rings a bell: *Das erinnert mich an etwas; das sagt mir etwas.* Saved by the bell: *Gerade noch einmal davongekommen.* To bell the cat: *Freiwillig Schwieriges unternehmen; eine Sache harmlos machen; (wörtlich:) der Katze die Schelle anhängen.*

belong It belongs to him: *Es gehört ihm.* He belongs to the rank and file: *Er ist Angehöriger der Truppe (Armee).* He belongs here: *Er ist hier zu Hause; er gehört hierher.*

below Below the average: *Unterdurchschnittlich.* Below the belt: *Unter der Gürtellinie.* Below one's breath: *Leise, halblaut.* Below deck (naut.): *Unter Deck (Seefahrt).* He is below ground: *Er ist tot; er ist unter der Erde.* He is below the mark: *Er fühlt sich recht schlecht.* Below sample (comm.): *Schlechter als das Muster.* Below strength (mil.): *Nicht stark genug.* Below zero: *Unter Null.*

bend To bend a bow: *Einen Bogen spannen.* To bend a sail (naut.): *Ein Segel an der Segelstange befestigen.* To bend double, forward: *Sich nach vorne* *beugen.* To bend one's back: *Den Rücken krümmen.* To bend one's brows: *Die Augenbrauen (fragend) heben.* To bend one's elbow: *Einen trinken, zechen.* To bend one's head, one's knees: *Den Kopf neigen, die Knie beugen.* To bend (down) over a book: *Sich über ein Buch beugen; ein Buch lesen, studieren.* To bend (lean) over backwards: *Sich ein Bein ausreißen; sich die größte Mühe geben.* To drive s.b. round the bend: *Jemanden wahnsinnig machen.* On one's bended knees: *Auf Knien.* He is bent on finishing that work: *Er will die Arbeit unbedingt zu Ende führen.*

beneath That's beneath you, your dignity: *Dies ist unter deiner Würde.*

benefit To benefit by s.th.: *Von etwas profitieren.* The benefit of the doubt: *Im Zweifelsfall die günstigere Auslegung (vor Gericht z.B.).*

bereave To bereave s.b. of life, of his parents: *Jemanden seines Lebens, seiner Eltern berauben.*

beseem It beseems him to help friends: *Es ziemt sich für ihn, seinen Freunden zu helfen.*

beset To beset s.b. with questions: *Jemanden mit Fragen bedrängen.* He was beset by doubts: *Er wurde von Zweifeln geplagt.*

beside He is beside himself with anger: *Er ist außer sich vor Zorn.* That's beside the mark (the point, the question): *Dies ist nicht die Frage, das Problem.* To be beside oneself: *Außer sich sein.*

besiege To besiege a town: *Eine Stadt belagern.* To besiege s.b. with questions: *Jemanden mit Fragen bestürmen.*

best All the best! *Alles Gute!* For the best: *Am besten.* The best fish are near the bottom (prov.): *Die besten Dinge sind am schwierigsten zu erlangen.* The best man: *Der Heiratszeuge des Bräutigams.* The best part is coming now: *Das Beste kommt jetzt. (Im Gespräch).* The best way (as best) I could: *So gut ich nur konnte.* The best way to get a job done is to do it yourself (prov.): *Die sicherste Art, eine Arbeit erledigt zu bekommen, ist, sie selbst zu erledigen.* To have the best of both worlds: *Eine gute Kompromisslösung finden.*

bestir To bestir oneself: *Sich aufraffen, sich bemühen.*

bestow To bestow a honorary degree on s.b.: *Jemandem einen Ehrentitel verleihen.* To bestow one's hand on s.b.: *Jemandem die Hand fürs Leben reichen.*

bestride To bestride a chair: *Rittlings auf einem Stuhl sitzen.*

bet To bet against s.b.: *Gegen jemanden wetten.* To bet my life: *Meinen Kopf verwetten.* To bet on horses: *Auf Pferde wetten.* To bet on a certainty: *Eine todsichere Wette abschließen.* To bet one's bottom dollar: *Einer Sache ganz sicher sein; sein letztes Hemd verwetten.* You bet (pop.): *Verlaß dich drauf! Na und ob, aber sicher!*

betake To betake oneself to one's heels: *Davonlaufen, weglaufen.*

betray To betray one's feelings, one's emotion: *Die eigenen Gefühle, Emotionen verraten.* To betray oneself: *Sich selbst verraten.* To betray s.b.'s trust: *Das Vertrauen einer Person verraten.*

better Better a living donkey than a dead lion (prov.): *Der Spatz in der Hand ist besser als die Taube auf dem Dach.* Better and better: *Immer besser.* Better be alone than in ill company (prov.): *Besser allein als in schlechter Gesellschaft.* Better late than never (prov.): *Besser spät als gar nicht.* Better to wear out than to rust out (prov.): *Es ist besser abgenutzt zu werden; als ungenutzt zu verrosten.* For better or for worse: *In Freud und Leid.* He was better than his word: *Er war sogar besser, als er versprochen hatte.* It is better to have loved and lost than never to have loved at all (prov.): *Es ist besser, unglücklich verliebt gewesen zu sein, als nie geliebt zu haben.* She is my better half (colloq.): *Sie ist meine bessere Hälfte, meine Ehefrau.* To change for the better: *Sich zu seinem Vorteil ändern.* To have seen better days: *Schon bessere Tage gesehen haben.* We are better off than they are: *Uns geht es besser als ihnen.*

between Between you and me and the bedpost (gatepost), between ourselves: *Unter uns; im Vertrauen.* He is between the devil and the deep (blue) sea, between the upper and nether millstone, between wind and water: *Er ist zwischen zwei Feuern; in großer Verlegenheit; in verzweifelter Lage.* He is between two fires: *Er steht zwischen zwei Feuern.* Between man and man: *Von Mann zu Mann.* Between ourselves: *Ganz im Vertrauen; unter uns gesagt.*

beware Beware of the dog: *Vorsicht vor dem Hund.* Beware what you say: *Paß auf, was du sagst.*

beyond Beyond (all) bearing, endurance: *Unerträglich.* Beyond all hope: *Hoffnungslos.* Beyond all question: *Ohne jeglichen Zweifel.* Beyond belief, compare: *Unglaublich, unvergleichlich.* Beyond (a) doubt: *Ohne den geringsten Zweifel.* Beyond expression (all description): *Unbeschreiblich.* Beyond one's reach: *Zu hoch für jemanden; außer Reichweite.* Beyond reproach: *Makellos, fehlerlos; nicht zu beanstanden.* Beyond seas: *In Übersee.* It's beyond discussion: *Es ist indiskutabel; außer Frage.* That's beyond my comprehension (grasp.): *Dies übersteigt meine Intelligenz.* That's beyond my ken (understanding): *Dies übersteigt meine Verständnisfähigkeit.* That's beyond the pale: *Das ist außerhalb der Grenzen des Anstandes.* To be beyond one's depth: *Die Auffassungsgabe einer Person übersteigen.*

bid To bid against s.b.: *Gegen jemanden bieten.* To bid good morning, good-night, good-bye (farewell) to s.b.: *Jemandem guten Morgen, gute Nacht, auf Wiedersehen sagen.* To bid the banns: *Das Brautpaar kirchlich aufbieten.* To bid defiance to s.b.: *Jemandem trotzen.* To bid fair: *Vielversprechend sein.* To bid s.b. welcome: *Jemanden willkommen heißen.* To bid up: *Den Preis in die Höhe bieten; mehr bieten.*

bide To bide one's time: *Ruhig abwarten.*

big Big fish swallow up little ones (prov.): *Große Fische fressen kleine Fische.* Big-game hunting: *Großwildjagd.* He is a big man (bug, noise, shot, wig): *Er ist ein hohes Tier, eine hohe Persönlichkeit.* He is too big for his boots: *Er ist eingebildet; er übernimmt sich.* To be big with young: *Schwanger sein; in anderen Umständen sein.*

bill To bill and coo: *Schnäbeln; sich verliebt benehmen.* To fill the bill: *Gerade richtig sein.* To foot the bill: *Die – meist hohe – Rechnung bezahlen.*

bind Bound in paper boards: *In Pappe gebunden; als Taschenbuch gebunden.* He is bound to help his friend: *Er ist verpflichtet, seinem Freund zu helfen.* He is bound up with them: *Er ist eng verknüpft mit ihnen; sie nehmen ihn ganz in Anspruch.* They were bound for the station: *Sie befanden sich auf dem Weg zum Bahnhof.* To bind a bargain: *Einen Handel abschließen, perfekt machen.* To bind a book in cloth, in leather: *Ein Buch in Leinen, in Leder binden.* To bind a contract: *Einen Vertrag bestätigen, ratifizieren.* To bind hand and foot: *Hände und Füße binden (auch figürlich).* To bind s.b. over to do s.th.: *Jemanden (rechtlich) dazu verpflichten, etwas zu tun.* To bind up: *Vereinigen, zusammenbinden; verbinden.*

bird A bird in the hand is worth two in the bush (prov.): *Der Spatz in der Hand ist besser als die Taube auf dem Dach.* Bird of ill omen: *Ein Unglücksbote, einer, der schlechte Nachricht bringt.* Birds of a feather flock together (prov.): *Gleich und gleich gesellt sich gern.* The bird has (is) flown: *Der Vogel ist ausgeflogen; die Person, der Häftling ist entkommen.*

bit He is a bit of a fool: *Er ist ein bisschen verrückt; er spinnt ein wenig.* It's a bit thick! (colloq.): *Das reicht aber; jetzt reicht's aber.* Not a bit of it: *Keine Spur; keineswegs.* To do one's bit: *Seinen Teil beitragen.*

bite He was bitten by a stranger: *Er hat sich von einem Fremden übers Ohr hauen lassen.* Once bitten, twice shy: *Gebranntes Kind scheut das Feuer.* To bite a file: *Etwas Unmögliches versuchen.* To bite at the bait: *Den Köder schlucken.* To bite (into) iron, stone: *Auf Stahl beißen.* To bite off more than one can chew (prov.): *Die Augen waren größer als der Magen; sich mehr zutrauen, als man verträgt.* To bite on the bullet: *Die Zähne zusammenbeißen.* To bite on granite: *Auf Granit beißen; gegen eine Wand rennen.* To bite s.b.'s head (nose) off (colloq.): *Jemandem den Kopf waschen.* To bite the dust, the ground: *Ins Gras beißen.*

biter The biter bit: *Der betrogene Betrüger.*

bitter A bitter pill (to swallow): *Eine bittere Pille.* It is as bitter as hell: *Es ist bitter wie die Hölle; es ist sehr bitter.* To the bitter end: *Bis zum bitteren Ende.*

blab To blab out a secret: *Ein Geheimnis ausplaudern.*

black As black as a (my) hat: *Schwarz wie Kohle.* Black out: *Ohnmächtig werden, das Bewusstsein verlieren.* He is the black sheep of his family: *Er ist das schwarze Schaf der Familie.* In black and white: *Schwarz auf weiß.* In the black: *In schwarzen Zahlen.* Someone is not as black as he is painted: *Jemand ist besser als sein Ruf.* The black ox has trod on his foot: *Er ist vom Pech verfolgt.* To be black and blue: *Totenbleich sein, schlecht aussehen.* Two blacks don't make a white: *Eine Redensart, die besagt, dass man die Sache nur schlimmer macht, wenn man zugefügtes Unrecht mit Gleichem vergilt.*

blame Don't blame me! *Gib mir keine Schuld!* He is to blame: *Er ist zur Verantwortung zu ziehen.* To blame s.b. for s.th.: *Jemanden für etwas verantwortlich machen.* To blame s.th. on s.b.: *Etwas jemandem zur Last legen.* The blame lies at your door: *Du bist schuld.*

blanch To blanch over a fact: *Einen Sachverhalt beschönigen.*

blank A blank cheque: *Ein Freibrief; völlig freie Hand.* To draw a blank: *Kein Glück haben.*

blast At full blast: *Mit voller Kraft.* To blast a mine: *Eine Mine sprengen.* To blast off: *Davondüsen. (Raketen z.B.).* Blast it! (pop.): *Zum Teufel damit!*

blaze To blaze a trail: *Eine Bahn brechen.* To blaze away at a thing: *Begeistert an einer Sache arbeiten.* To blaze down on s.b.'s head: *Auf den Kopf hernieder brennen (die Sonne).* To blaze up: *Auflodern; vor Zorn entbrennen.*

blear To blear s.b.'s eyes: *Jemandem die Augen, den Blick trüben.*

bleed To bleed s.b. (white): *Jemanden zur Ader lassen, schröpfen.* To bleed at the nose: *Aus der Nase bluten.* To bleed to death: *Verbluten.*

bless To bless food: *Das Essen segnen.* Bless you! *Gott segne dich, Gott sei mit dir!* Bless me (my soul)! *Mein Gott! Ach du meine Güte!* He is blessed with many accomplishments: *Er besitzt viele Qualitäten.*

blessing It is a blessing in disguise: *Es ist ein Glück im Unglück; eine verkappte Wohltat; eine unerfreuliche, aber heilsame Erfahrung.*

blind As blind as a mole (bat, beetle): *So blind wie ein Maulwurf.* He was blind drunk: *Er war stockbesoffen.* It is her blind side: *Es ist ihre empfindliche Stelle.*

blink To blink at s.b.: *Jemandem zuzwinkern.* To blink one's eyes: *Mit den Augen blinzeln.* To blink one's duty: *Seine Pflicht vernachlässigen.*

block To block in a picture (roughly): *In Umrissen skizzieren, entwerfen.* To block in a road: *Eine Straße blockieren.* To block out a statue: *Eine Skulptur (aus Marmor) heraushauen.* To block the passage, the way: *Den Weg versperren.* To block the traffic: *Den Verkehr lahmlegen.* To block up a road: *Eine Straße absperren.*

blood Blood is thicker than water (prov.): *Blutsverwandschaft bindet stärker als alles andere.* His blood curdled (froze, ran cold) with horror: *Sein Blut erstarrte ihm vor Angst in den Adern.* My blood was boiling with anger: *Ich kochte vor Wut.* In cold blood: *Kaltblütig.* It runs in the blood will: *Es liegt in der Familie.* Like getting blood out of a stone: *So gut wie unmöglich.* To make bad blood between people: *Personen gegeneinander aufbringen.* To make s.b.'s blood boil: *Jemanden zum Kochen bringen.* To make s.b.'s blood run cold: *Jemandem das Blut in den Adern erstarren lassen.*

blooming He is a blooming fool (pop.): *Er ist ein verfluchter Narr.*

blossom To blossom out: *Aufblühen; sich entwickeln.*

blot To blot one's copy-book: *Einen schlechten Eindruck machen; einen Bock schießen.* To blot out a word: *Ein Wort auslöschen, streichen.*

blow Blow the expense! *Koste es, was es wolle!* He blew out his brains: *Er jagte sich eine Kugel durch den Kopf.* He was blown overboard: *Er wurde über Bord geweht.* I am blown: *Ich bin sprachlos; ich bin platt.* It's blowing great guns: *Es stürmt.* It's blowing hard: *Es herrscht ein starker Wind, es stürmt.* To blow a cloud (pop.): *Rauchen.* To blow a hole: *Ein Loch sprengen.* To blow a joint (Am.): *Von einem Ort verschwinden.* To blow a trumpet: *Trompete blasen, spielen.* To blow a whistle on someone: *Jemanden zurückpfeifen.* To blow away the cobwebs from one's brain: *Sich einen klaren Kopf schaffen.* To blow bubbles: *Seifenblasen machen.* To blow hot and cold: *Den Mantel nach dem Wind hängen; unbeständig sein; wetterwendisch sein.* To blow leaves about: *Die Blätter hin- und herwehen.* To blow like a grampus: *Wie eine Lokomotive schnaufen.* To blow off steam: *Dampf ablassen.* To blow one's nose: *Sich die Nase schneuzen.* To blow one's own horn: *Angeben; sein eigenes Lob singen.* To blow one's own trumpet: *Angeben; sein eigenes Lob singen.* To blow out: *Verlöschen; platzen; durchbrennen.* To blow over: *Vorübergehen; nachlassen; vergessen werden.* To blow s.b. a kiss: *Jemandem eine Kußhand zuwerfen.* To blow s.th. to atoms: *Etwas in tausend Stücke sprengen, schießen.* To blow the coals: *Das Feuer anblasen (auch fig.)* To blow the fire: *Das Feuer anblasen (auch fig.)* To blow the gaff: *Die Katze aus dem Sack lassen.* To blow the lid off: *Den Schleier fallen lassen.* To blow up: *Sprengen.* To blow up a child (colloq.): *Ein Kind schwer tadeln.* To blow up a photograph: *Ein*

Photo vergrößern. To blow up the tyres of a car: *Die Reifen eines Wagens platzen lassen.* To blow upon s.b.: *Jemanden verpfeifen, denunzieren.* Blows began to fly: *Handgreiflichkeiten wurden ausgewechselt.*

blunder To blunder s.th. away: *Etwas vergeuden, verschwenden.* To blunder upon s.th.: *Zufällig auf etwas stoßen.*

blurt To blurt out a secret: *Mit einem Geheimnis herausplatzen.*

blush At the first blush: *Auf den ersten Blick.* To blush and pale in turn: *Rot und bleich zur gleichen Zeit werden.* To blush for (with) shame: *Vor Scham erröten.*

bluster To bluster in: *Schimpfend hereinpoltern.*

board Across the board: *Durch die Bank.* Above board: *Offen, ehrlich, einwandfrei.* Board and lodging: *Kost und Logis.* Board on (and) board, board by board: *Seite an Seite.* To be a member of the board: *Mitglied eines Vorstandes sein.* To go by the board: *Zugrunde gehen; zunichte werden.* To sweep the board: *Alles erledigen.* He was boarding with a family: *Er wohnte in einer Familienpension.* To board a ship: *Ein Schiff für eine Reise betreten, sich einschiffen.* To board a train: *Einen Zug besteigen.* To board up a door: *Eine Tür mit Brettern vernageln.*

boast He boasts of (about) his strength: *Er prahlt mit seiner Stärke.*

boat In the same boat: *In der gleichen Lage; im gleichen Boot sitzen.* To boat the oars: *Die Ruder ins Boot einziehen.* To burn one's boats: *Alle Brücken hinter sich abbrechen.* To rock the boat: *Für Unruhe sorgen; die Sache gefährden.*

bob To bob a curtsey: *Einen Knicks machen.* To bob one's head in assent: *Zustimmend mit dem Kopf nicken.* To bob a horse's tail: *Den Schwanz eines Pferdes stutzen.* To bob for an apple: *Einen Apfel mit dem Mund greifen.* To bob up: *(Plötzlich) auftauchen.* To bob up like a cork: *Immer wieder an die Oberfläche kommen; sich nicht unterkriegen lassen.*

bode To bode ill (well): *Unheil verkünden; Gutes versprechen.* To bode s.b.'s ruin: *Einer Person Untergang prophezeien.*

bog To bog down: *Im Sumpf oder Schlamm versinken; sich festfahren.*

boil Boiling hot: *Kochend heiß; sehr heiß.* Come to the boil: *Sich zuspitzen.* It's boiling: *Es ist schrecklich heiß.* Something boils down to s.th.: *Etwas läuft auf etwas anderes hinaus.* That boils down to the same old problem: *Es läuft wieder auf das selbe alte Problem hinaus.* To boil away: *Verdampfen, wegkochen.* To boil down one's ideas: *Die eigenen Ideen auf die essentiellen Punkte reduzieren.* To boil over with anger (rage): *Vor Wut kochen.* To boil the pot: *Den Lebensunterhalt verdienen; die Sache in Gang halten.* To boil up: *Vor Zorn explodieren.*

bolt It is a bolt from the blue: *Wie ein Blitz aus heiterem Him-*

mel. Make a bolt for it: *Losrennen; sich aus dem Staub machen.* My bolt is shot: *Ich habe mein Bestes gegeben, mein Pulver verschossen.* He bolted out of the house: *Er flüchtete eilends aus dem Haus.* To bolt a door: *Eine Tür verriegeln.* To bolt away (off): *Eiligst davonstürzen, durchbrennen, ausreißen.* To bolt down food (colloq.): *Essen hastig herunterschlingen.* To bolt out (forth) a secret: *Ein Geheimnis ausplaudern.* To bolt s.b. in (out): *Jemanden einsperren (aussperren).*

bomb He was bombed out of the house: *Er wurde durch Bombardierungen gezwungen, das Haus zu verlassen.* They bombed the village out of existence: *Sie machten das Dorf mit ihren Bomben dem Erdboden gleich.* To bomb up an aircraft: *Ein Flugzeug mit Bomben beladen.* To go like a bomb: *Abgehen wie eine Rakete; sich extrem gut verkaufen; ein Bombenerfolg sein.* To make a bomb: *Das Geschäft seines Lebens machen.*

book A closed book: *Ein Buch mit sieben Siegeln.* An open book: *Ein offenes Buch.* By the book: *Streng nach Vorschrift.* In my book: *Meiner Meinung nach.* To bring s.b. to book: *Jemanden zur Rechenschaft ziehen.* To get one's books: *Gefeuert werden, rausfliegen.* To read s.b. like a book: *In jemandem lesen können wie in einem Buch.* To suit s.b.'s book: *Gut passen; recht sein.* To throw the book out at s.b.: *Jemanden nach allen Regeln der Kunst fertigmachen.* To book an order (comm.): *Eine Lieferung ordern. (wirt.)* To book in: *Sich an der Rezeption (eines Hotels) anmelden und einschreiben.* We are booked up; we are fully booked. *Wir sind voll belegt; wir sind ausgebucht.*

boot As tough as old boots: *Sehr zäh und robust, „fit wie ein Turnschuh".* Bet your boots: *Verlass dich drauf.* The boot is on the other leg (foot): *Die Sache ist gerade umgekehrt.* To die with one's boots on: *In den Stiefeln, mitten im Kampf, in der Arbeit sterben.* To get the boot: *Rausgeschmissen werden; an die Luft gesetzt werden.* To lick s.b.'s boots: *Vor jemandem kriechen; jemandem die Füße küssen.* To put the boot in: *Kräftig zutreten, zuschlagen (fig.).*

border This borders on (upon) folly: *Dies grenzt an Idiotie.* Within borders: *In Grenzen.*

bore Be bored to tears: *Sich tödlich langweilen.* He bored his way through the crowd: *Er schlug sich, kämpfte sich durch die Menge.* I was bored to death: *Ich habe mich zu Tode gelangweilt.* To bore a hole: *Ein Loch bohren.* To bore for coal: *Nach Kohle schürfen.* To bore through a mountain: *Einen Tunnel durch einen Berg treiben.*

borrow He borrowed some money on his watch: *Er versetzte seine Uhr im Pfandleihhaus.* To borrow a word from French: *Eine französische Vokabel (in einem deutschen/englischen Gespräch) benutzen.* To borrow trouble: *Sich Ärger einhandeln.*

bosom To bosom a secret: *Ein Geheimnis mit sich tragen.*

boss To boss the show: *Eine Sache schmeißen; an der Spitze stehen; eine Sache (Firma) leiten.*

botch To botch (up) verses: *Verse zurechtschustern.*

both Both of them were (they were both) at home: *Beide waren zu Hause.* You can't have it both ways: *Du kannst es nicht einmal so und einmal so haben wollen.*

bother He bothers about his future: *Er macht sich Sorgen um seine Zukunft.*

bottle To bottle (up) wine: *Wein in Flaschen füllen.* To bottle s.b. up: *Jemanden einsperren.* To bottle up one's anger: *Seinen Zorn zurückhalten.* To hit the bottle: *Sich dem Suff ergeben.* Bottle it! *Halt die Schnauze!*

bottle-feed To bottle-feed a baby: *Einen Säugling mit der Flasche ernähren.*

bottom Bottom up: *Auf dem Kopf; verkehrt herum.* From the bottom of my heart: *Im Grunde meines Herzens.* To be at the bottom of: *Dahinterstecken.* To bottom a chair: *Einen Stuhl mit einer (neuen) Sitzfläche versehen.* To get to the bottom of s.th.: *Einer Sache auf den Grund gehen.*

bounce He bounced into the room: *Er stürmte, platzte ins Zimmer.* He bounced out with a curse: *Er explodierte fluchend.* To bounce a ball: *Einen Ball aufspringen lassen.* To bounce s.b. into (doing) s.th.: *Jemanden antreiben, drängen etwas zu tun.* To get the bounce out: *Entlassen, gefeuert werden.*

bound He is bound to be late: *Er muss einfach zu spät kommen. (Aufgrund des Wetters z.B.).* Homeward/Outward bound: *Auf der Heimreise/Ausreise.* By leaps and bounds: *In großer Eile.*

bow To be bowed down with s.th.: *Niedergebeugt vor etwas sein; etwas drückt jemanden nieder.* To bow and scrape: *Kratzfüße machen.* To bow down in the house of Rimmon: *Sich (den allgemeinen Regeln) anpassen.* To bow low: *Sich tief verbeugen.* To bow one's assent: *Seine Zustimmung mit dem Kopf geben.* To bow oneself out: *Sich verabschieden; seinen Hut nehmen.* To bow s.b. in (out): *Jemanden mit einem Kopfnicken zum Eintreten (Herausgehen) auffordern.* To bow to s.b.: *Sich gegenüber jemandem verbeugen.* To bow to the inevitable: *Sich dem Unausweichlichen beugen.* To draw the long bow (fig.): *Aufschneiden; angeben.* To have two strings to one's bow: *Zwei Eisen im Feuer haben.*

bowl To bowl a hoop: *Einen Reifen schlagen, treiben.* To bowl along: *Dahinrollen; dahingondeln.* To bowl s.b. over: *Jemanden umwerfen, aus der Fassung bringen.* To bowl the ball: *Den Ball rollen, werfen. (Cricket).*

box To box about (naut.): *Häufig den Kurs wechseln.* To box (in, up) objects: *Etwas einschließen, einpferchen.* To box s.b.'s ears: *Jemanden ohrfeigen.* To box the compass (naut.): *Alle*

Kompaßpunkte aufzählen (Seefahrt); alle Gesichtspunkte vorbringen.

boy The boys in blue (colloq.): *Die Polizei.* A boy in buttons: *Laufbursche.* Boys will be boys: *Die Männer bleiben doch alle kleine Jungens.*

brace To brace about (naut.): *Saufen; Getränke an die Mannschaft verteilen.* To brace (up) one's nerves: *Sich erholen; die Nerven erholen.* To brace oneself up (to brace one's heart, one's energies): *Seine Kräfte anspannen; sich aufraffen.* To brace the yards in (naut.): *Die Segel einholen.* To brace the yards up: *Die Segel hissen.*

brain The brain drain: *Abwanderung von Wissenschaftlern in andere Länder.* To have s.th. on the brain: *Etwas im Kopf haben.* To pick s.b.'s brains: *Jemanden um Rat fragen.* To rack one's brains: *Sich den Kopf zerbrechen.*

brake To brake up: *Die Bremsen betätigen; langsamer werden.*

branch To branch off (out): *Sich verzweigen.* Rost and branch: *Gründlich.*

brand She branded his bad action: *Sie brandmarkte seine schlechte Tat.* To brand the cattle: *Das Vieh mit Brandmarken kennzeichnen.* To brand s.th. on one's memory: *Etwas sich selbst ins Gedächnis brennen.* A brand from the burning: *Eine im letzten Moment von etwas überzeugte Person.*

brandish To brandish one's sword: *Sein Schwert drohend schwingen.*

brass As bold as brass: *Frech wie Oskar, rotzfrech.* To get down to brass tacks: *Zur Sache kommen.* To have the brass neck to do s.th.: *Die Frechheit besitzen; die Stirn haben etwas zu tun.*

brave To brave danger, death: *Der Gefahr, dem Tod mutig die Stirn bieten.* To put on a brave front (face): *Eine tapfere Haltung zur Schau tragen; sich tapfer geben.*

brazen To brazen it out: *Die Sache „frech wie Oskar“ durchstehen.*

bread One's bread and butter: *Das, womit jemand seinen Lebensunterhalt verdient.* To know which side one's bread is buttered (on): *Sich auf seinen Vorteil verstehen; auf seinen Vorteil bedacht sein.* To like one's bread buttered on both sides: *Große Ansprüche haben; es gerne ganz bequem haben.*

break To break an alibi: *Ein Alibi widerlegen.* To break s.th. asunder: *Etwas auseinander, entzwei, in Stücke brechen.* To break away: *Sich trennen von; sich entfernen; eine Beziehung auflösen.* To break s.b.'s back: *Einer Person den Rücken brechen.* To break the back of a task: *Den schwierigsten Teil einer Aufgabe erledigen.* To break the balls (Billard): *Eine Serie erzielen.* To break a banknote: *Einen Geldschein gegen Kleingeld wechseln.* To break a blow: *Einen Schlag abschwächen.* To break bread with s.b.: *Das Brot mit jemandem teilen; jemandem sehr nahe stehen.* To break a butterfly on the wheel: *Mit Ka-*

nonen nach Spatzen schießen. To break camp: *Das Lager abschlagen, abbrechen.* To break contact (electr.): *Den Stromfluß unterbrechen.* To break a contract: *Einen Vertrag brechen.* To break cover: *Aus dem Lager, aus dem Versteck hervorbrechen.* To break s.b.'s crown: *Jemandem den Schädel brechen.* To break down: *Niederreißen, abbrechen, kaputt gehen; zusammenbrechen.* To break even (USA): *Ohne Gewinn und ohne Verlust abschließen (oft wirt.).* To break forth: *Hervorbrechen; sich erheben (Geschrei).* To break in: *Einschlagen; einbrechen.* To break in a car: *In ein Auto einbrechen.* To break in a horse: *Ein Pferd zurechtreiten.* To break a fall: *Einen Sturz mildern.* To break one's fast: *Die Fastenzeit unterbrechen; den Hungerstreik abbrechen.* To break files, formation (milit.): *Die Linien, die Formation durchbrechen.* To break a flag: *Eine Fahne entfalten.* To break free: *Ausbrechen.* To break fresh ground: *Eine neue Arbeit beginnen; ein neues Gebiet in Angriff nehmen.* To break ground: *Pflügen; den Anker lichten.* To break a horse to the rein, to halter: *Ein Pferd zureiten.* To break jail: *Aus dem Gefängnis ausbrechen.* To break a journey: *Eine Reise abbrechen.* To break a lance with s.b.: *Sich mit jemandem auf ein Wortgefecht einlassen.* To break the law: *Das Gesetz brechen.* To break loose: *Ausbrechen; losbrechen.* To break loose from all restraint: *Völlig ungehemmt losbrechen.* To break the market: *Den Markt zugrunde richten (wirt.)* To break one's neck: *Sich den Hals brechen.* To break the neck of a task: *Den schwierigsten Teil einer Aufgabe erledigen.* To break new ground: *Neuland betreten; sich auf ein neues Gebiet vorwagen.* To break the news to s.b.: *Jemandem eine Neuigkeit erzählen.* To break an oath: *Einen Eid brechen.* To break an officer: *Einen Offizier entlassen.* To break off (from) a tree: *Von einem Baum abbrechen (Äste).* To break out the bubbly (colloq.): *Die Sektflaschen öffnen.* To break Priscian's head: *Grammatische Schnitzer machen.* To break prison: *Aus dem Gefängnis ausbrechen.* To break promise: *Ein Versprechen nicht einhalten.* To break ranks (milit.): *Die Linien durchbrechen.* To break a record: *Einen Rekord brechen.* To break the rule: *Die Regel mißachten, brechen.* To break a seal: *Ein Siegel erbrechen.* To break a set: *Ein Speiseservice teilen.* To break the silence, a spell: *Das Schweigen brechen, den Zauber brechen.* To break s.b.'s spirits: *Jemanden fertig machen.* To break step (milit.): *Aus dem Gleichschritt kommen.* To break stones: *Sich in großen Schwierigkeiten befinden.* To break a strike: *Einen Streik brechen.* To break a trail, a way: *Einen Weg, einen Pfad bahnen.* To break with a vice: *Sich von einer schlechten Gewohnheit, Eigenschaft befreien.* To break one's word: *Sein Wort brechen.* He broke away from his father's influence: *Er befreite sich vom Einfluß des Vaters.* He broke faith: *Er brach sein Wort.* He broke in upon our conversation: *Er mischte sich in unsere Unterhaltung ein.* He broke into English: *Er begann, Englisch zu sprechen.* He broke into the house: *Er brach in das Haus ein.* He is a broken reed: *Auf ihn kann man nicht zählen.* He broke the bank: *Er sprengte die Bank.* They broke for coffee: *Sie machten eine Kaffeepause.* They broke up the crowd: *Sie zerstreuten die Menge.*

breast To breast the waves: *Gegen den Strom schwimmen; Trotz bieten.*

breath To get one's breath back: *Verschnaufen.* To take s.b.'s breath away: *Jemandem den Atem verschlagen.* To waste one's breath: *Seine Worte verschwenden.*

breathe To breathe short: *Kurzen Atem haben; schwach, hektisch atmen.* Not to breathe a word, a syllable: *Den Mund halten; kein Sterbenswörtchen sagen.* To breathe down s.b.'s neck: *Jemandem auf der Pelle liegen.* To breathe life into s.b.: *Leben in jemanden einhauchen.* To breathe one's last (breath): *Den letzten Atemzug tun.* To breathe upon s.b.: *Jemanden anhauchen; jemanden besudeln, beflecken (i.ü.S.).*

breed Bred in the bone: *In Fleisch und Blut übergegangen.* He bred his son to the law: *Er bestimmte seinen Sohn für die Jurisprudenz.* To breed bad (ill) blood: *Böses Blut machen.* To breed in and in: *Verwandtschaftsheiraten abschließen.*

brew To brew beer: *Bier brauen.* To brew mischief: *Übles aushecken.*

bribe To bribe s.b. to do s.th.: *Jemanden bestechen, etwas zu tun.*

brick To be in with the bricks: *Von Anfang an dabei sein.* To come down on s.b. or s.th. like a ton of bricks: *Jemanden fürchterlich fertigmachen.* Something is like trying to make bricks without straw: *Etwas ist ein aussichtsloses Unterfangen; „von nichts kommt nichts".* To brick up a window: *Ein Fenster zumauern.*

bridge Across a bridge when one comes to it: *Nicht den zweiten Schritt vor dem ersten tun; alles zu seiner Zeit.* To bridge a gap: *Einen Spalt, eine Schlucht überbrücken.*

bridle To bridle one's temper: *Sich (seine Leidenschaften) zügeln, im Zaum halten.* To bridle up: *(Verächtlich, stolz) den Kopf zurückwerfen.*

brief To hold a brief for s.b. or s.th.: *Für jemanden oder etwas eintreten.* To brief a pilot: *Einen Piloten genau vorbereiten, instruieren.* To be brief: *Sich kurz fassen.*

bright A bright spark: *Ein heller Kopf; ein aufgewecktes Kerlchen.* Bright and early: *Früh am Morgen.* To look on the bright side: *Zuversichtlich sein; etwas von der positiven Seite betrachten.*

brighten To brighten up: *Sich*

aufhellen (Wetter); wieder gut gelaunt sein.

bring To bring a charge against s.b.: *Jemanden anklagen.* To bring an action (a suit) against s.b.: *Jemanden gerichtlich verfolgen; gegen jemanden Klage erheben.* To bring a nest of hornets (about one's ears): *In ein Wespennest stechen (i.ü.S.).* To bring a profit: *Einen Gewinn einbringen.* To bring about a change: *Veränderungen mit sich bringen.* To bring s.b. about: *Jemanden bekehren, überzeugen.* To bring along death: *Den Tod mit sich bringen (Epidemie, etc.).* I brought him around (round): *(Einen Ohnmächtigen) wieder zu sich bringen; (Patienten) durchbringen.* They brought her around (round): *Sie stimmten sie um.* He brought the talk around (round) to himself: *Er zog die Unterhaltung an sich.* To bring back the past: *Die Vergangenheit wieder heraufbeschwören.* To bring down a plane: *Ein Flugzeug abschießen.* To bring down prices: *Die Preise reduzieren.* To bring s.b. down a peg or two: *Jemanden kleinlaut werden lassen.* To bring down the house: *Das Theater (vor Applaus) erbeben lassen.* To bring forth a child: *Ein Kind gebären; einem Kind das Leben schenken.* To bring disgrace (discredit, shame) on (upon) one's family: *Schande über die eigene Familie bringen.* To bring evidence: *Beweise vorbringen.* To bring home the bacon: *Glück haben; das Gewünschte erhalten.* To bring in a bill: *Einen Gesetzesentwurf vorstellen, ins Plenum einbringen.* To bring s.b. in: *Jemanden einführen; jemanden festnehmen.* To bring in a verdict: *Ein Urteil sprechen.* He brought chicken-pox into his home: *Er steckte das ganze Haus mit Windpocken an.* To bring s.b. into derision: *Jemanden lächerlich machen.* To bring s.b. into line: *Jemanden disziplinieren; jemanden zurückpfeifen.* To bring oneself into notice: *Die Aufmerksamkeit der anderen erregen; von sich reden machen.* To bring s.b. low: *Jemanden demütigen, erniedrigen.* To bring (good) luck: *Glück bringen.* To bring off a shipwrecked person: *Einen Schiffbrüchigen retten.* He brought off a bargain: *Er brachte einen Handel zustande.* I brought it off! *Ich hab's geschafft!* I'll never bring it off: *Ich schaffe es nie.* To bring on a natural sleep: *Einen natürlichen Schlaf herbeiführen.* To bring on sleeplessness: *Schlaflosigkeit zur Folge haben.* To bring on the food: *Das Essen servieren; den Tisch bereiten.* She brought out her daughter: *Sie führte ihre Tochter in die Gesellschaft ein.* To bring s.b. out: *Jemanden gesellschaftsfähig machen; jemandem helfen, seine Schüchternheit zu überwinden.* To bring s.b. over: *Jemanden umstimmen, bekehren.* To bring s.b. to account (to book), to the test: *Jemanden prüfen; von jemandem die Wahrheit fordern.* To bring s.b. to bay: *Jemanden in die Ecke drängen.* To bring s.th.

to the boil: *Etwas zum Kochen bringen.* To bring s.b. to confusion: *Jemanden verwirren.* To bring s.b. to grief: *Jemanden (i.ü.S.) verletzen; jemandem Kummer bereiten.* To bring s.th. to the hammer: *Etwas unter den Hammer bringen; etwas versteigern.* To bring s.th. to a head: *Etwas auf die Spitze treiben.* To bring s.th. home to s.b.: *Etwas jemandem verständlich machen.* To bring s.b. back to life: *Jemanden wiederbeleben, ins Leben zurückrufen.* To bring grist to one's mill: *Jemandem Gewinn bringen.* To bring s.b. to justice: *Jemanden der Justiz überantworten, überlassen.* To bring s.b. to his knees: *Jemanden erniedrigen; jemanden in die Knie zwingen.* To bring s.th. to the light: *Etwas ans Licht bringen.* To bring s.th. to mind: *An etwas erinnern.* To bring one's eggs (hogs, pigs) to a bad (fine, pretty, wrong) market: *An die falsche Tür klopfen; sich für die falsche Sache entscheiden.* To bring to naught (nought): *Konkurs machen; es zu nichts bringen.* To bring s.th. to s.b.'s notice: *Jemanden auf etwas aufmerksam machen.* To bring to pass: *Verursachen; herbeiführen.* To bring s.b. to reason: *Jemanden zur Vernunft bringen.* To bring s.b. to his senses: *Jemanden wieder zu Sinnen, wieder zur Vernunft bringen.* To bring s.b. to shame: *Jemanden bloßstellen, blamieren.* To bring s.b. under: *Jemanden demütigen, erniedrigen.* To bring up the rear: *Die Nachhut bilden; der Letzte sein.* To bring s.b. up short: *Kurz anhalten; jemanden über den Mund fahren.* To bring oneself up to date: *Sich fortbilden; sich auf dem laufenden halten.* To bring up (colloq.): *Erbrechen, sich übergeben.* He brought his authority to bear: *Er brachte seine Autorität zum Tragen.*

bristle To bristle s.b.'s hair: *Jemandem die Haare zu Berge stehen lassen.* To bristle up like a hedgehog: *Die Stacheln wie ein Stachelschwein aufstellen.* To bristle with difficulties: *Vor Schwierigkeiten strotzen.*

broach To broach a cask: *Eine Flasche öffnen.*

broad Broad awake: *Hellwach.* Broad-minded: *Weltoffen, aufgeklärt, aufgeschlossen, großzügig, tolerant.* In broad daylight: *Am hellichten Tag.* It's as broad as it is long: *Es ist gehupft wie gesprungen.*

brood To brood bad (ill) blood: *Böses ausbrüten, aushecken.* To brood interest: *Interesse erwecken.* To brood a project: *Ein Projekt hegen, planen.* To brood on (over) s.th.: *Über etwas brüten; angestrengt nachdenken.* To brood on (over) revenge: *Nach Rache sinnen.* To brood over s.b.: *Über jemandem schweben.*

brown I'm browned off (pop.): *Ich habe die Nase voll.* To be in a brown study: *Gedankenverloren, geistesabwesend sein.*

brush To brush against the nap: *Gegen den Strich bürsten.* To brush aside one's worries: *Die eigenen Bedenken beiseite wischen.* To brush away slavery: *Sklaverei abschaffen, hinwegfe-*

gen. To brush off a tiresome person: *Sich einer lästigen Person entledigen.* To brush s.th. over: *Etwas leicht bemalen.* He brushed past me: *Er sauste an mir vorbei* To brush up one's boots: *Sich die Schuhe abputzen, abtreten.* To brush up one's English: *Die Englischkenntnisse auffrischen.* To give (get) the brush-off: *Jemandem einen Korb geben, eine Abfuhr erteilen (bekommen).*

bubble To bubble over (up) with fun: *Vor Freude übersprudeln; sehr fröhlich sein.*

buck To buck off a rider: *Einen Reiter durch Bocken abwerfen.* Buck up (colloq.): *Kopf hoch!*

buckle To buckle s.th. (on, up): *Etwas an-, zuschnallen.* He buckled (down) to his work: *Er machte sich eifrig an die Arbeit.* He buckled under his misfortune: *Er gab unter der Last seines Unglücks nach.*

budge Not to budge an inch: *Keinen Zentimeter weichen.*

build To build a fire: *Feuerholz aufschichten.* To build a nest: *Sich einnisten; ein Nest bauen.* To build castles in the air, in Spain: *Luftschlösser bauen.* A built-in wardrobe: *Ein eingebauter Schrank.* To build up a fortune: *Ein Vermögen erarbeiten.* To build up one's body, one's health: *Sich fit machen; seinen Körper in Schuß bringen.* It is built up of different parts: *Es ist aus verschiedenen Einzelteilen aufgebaut.* To build up from scratch: *Von Null an beginnen; aus dem Nichts aufbauen.*

bulk To bulk large: *Bedeutungsvoll erscheinen; großes Gewicht haben.* To bulk sardines: *Sardinen aufhäufen (zum Salzen).* To bulk up: *Eine große Summe, Menge bilden.*

bull He is a bull in a china shop: *Er ist wie ein Elephant im Porzellanladen.* To shoot the bull: *Unsinn reden.* To bull stocks (comm.): *Aktienpreise in die Höhe treiben.*

bullet To bite (on) the bullet: *In den sauren Apfel beißen; die Zähne zusammenbeißen.* To get the bullet: *Gefeuert werden; rausfliegen.* To give s.b. the bullet: *Jemanden feuern; jemanden rauswerfen.*

bully To bully s.b. away: *Jemanden vertreiben; jemanden verjagen.* They bullied him into going out: *Sie brachten ihn durch Drohungen dazu zu gehen.*

bump To bump along: *Vorwärtsruckeln (z.B. Auto).* To bump s.b. down: *Jemanden mit einem Stoß zu Boden werfen.* To bump into s.b.: *(Zufällig) gegen jemanden rennen; jemanden zufällig treffen.* I bumped into an old acquaintance: *Ich traf zufällig einen alten Bekannten.*

bundle He is a bundle of nerves: *Er ist sehr nervös; er ist ein einziges Nervenbündel.*

bundle To bundle s.b. away (off): *Jemanden schnell weg-, hinausbefördern.* She bundled the linen into the drawer: *Sie packte die Wäsche in die Schublade.* To bundle oneself up: *Sich gut einhüllen; sich gut (warm) zudecken.*

buoy To buoy up s.b.'s spirits:

Jemandem wieder Hoffnung machen; jemanden wieder ermuntern.

burden He is a burden to his wife: *Er ist seiner Frau eine Last.*

burn To burn (a hole) in s.b.'s pocket: *In der Tasche brennen; etwas besitzen und es loswerden wollen.* To burn one's bridges (one's boats): *Alle Brücken hinter sich abbrechen.* To burn the candle at both ends: *Seine Kräfte unnütz verschwenden.* To burn daylight: *Etwas Unnützes und Unlogisches tun.* To burn the midnight oil: *Bis in die tiefe Nacht hinein arbeiten.* To burn the planks: *Lange Zeit sitzenbleiben; lange Zeit an einem Ort bleiben.* He was burning to do it: *Er war ganz wild darauf, es zu tun.* To burn the water: *Lachse bei Fackelschein stechen.* To burn blue, bright, red: *Auflodern (Feuer, Emotionen).* To burn low: *Mit niedriger Flamme brennen.* To burn away: *Immerfort weiter; zu Ende brennen.* To burn down the house in order to roast the pig: *Weit über das Ziel hinausschießen; mit Kanonen nach Spatzen schießen.* To burn s.th. in s.b.'s mind: *Etwas jemandem ins Gedächnis einprägen.* To burn into a house: *In ein Haus zornig eintreten.* To be burnt out: *Abgebrannt, pleite sein.* To burn s.b. out of house and home: *Jemanden mit Gewalt von Haus und Hof vertreiben.* To burn metals together: *Metalle miteinander verschmieden.* To burn up one's energies: *Die eigenen Energien verbrauchen.* To burn up: *Auflodern, verbrennen.* She burnt him up: *Sie erzürnte ihn.* A burnt child dreads fire (prov.): *Ein gebranntes Kind meidet das Feuer.* To have money to burn: *Geld wie Heu haben.* To have time to burn: *Nicht wissen, was man mit seiner Zeit anfangen soll.* Burns of the third degree: *Verbrennungen dritten Grades.*

burr To burr one's r's: *Das „R“ schnarren, undeutlich sprechen.*

burrow To burrow back into the past: *Sich in der Vergangenheit verkriechen; sich hinter Vergangenem verbergen.*

burst Burst of applause: *Beifallssturm.* To burst a bomb: *Eine Bombe hochgehen lassen.* To burst one's chains: *Die Ketten sprengen.* To burst one's sides with laughing (laughter): *Vor Lachen platzen.* Bursting at the seams: *Aus den Nähten platzend.* To burst into a blaze, into flames: *In Flammen ausbrechen.* To burst into flower: *Aufblühen.* To burst into laughter (into a laugh), into tears: *In Lachen ausbrechen; in Tränen ausbrechen.* To burst up: *Zusammenbrechen; bankrott gehen.* To burst upon s.o.: *Jemandem plötzlich klar werden.* To burst with envy: *Vor Neid platzen.* To burst with health: *Vor Gesundheit strotzen.*

bury To bury a treasure: *Einen Schatz vergraben.* To bury one's parents: *Die Eltern verlieren.* To bury the hatchet: *Das Kriegsbeil vergraben.* To bury one's head in the sand: *Den Kopf in den Sand stecken.* He was buried alive: *Er wurde lebendig begra-*

ben. He was buried in thought: *Er war in Gedanken vertieft.*

bush I am bushed: *Ich bin fix und fertig.* To beat about the bush: *Um den heißen Brei herumreden.*

business Business is business: *Geschäft ist Geschäft.* That's my business: *Das geht nur mich etwas an.* To have no business to: *Kein Recht haben zu.* To send s.b. about his business: *Jemanden hinaus-, wegschicken.* To make it one's business to do s.th.: *Es sich zur Aufgabe machen; sich um etwas kümmern.* To mean business: *Es ernst meinen.* To mind one's own business: *Sich um seinen eigenen Kram kümmern.*

bustle To bustle about: *Geschäftig tun; hasten; sich tummeln; Betrieb machen.* To bustle in: *Im Unterholz verschwinden; sich unauffällig davonmachen.* To bustle up: *Hetzen.*

busy She was busy doing her housework: *Sie war damit beschäftigt, den Haushalt zu machen.* He is a busybody: *Er ist ein Hans Dampf in allen Gassen; er mischt sich in alles ein.* To busy oneself with s.th.: *Sich mit etwas beschäftigen.* To busy one's brains: *Sich den Kopf zerbrechen.*

but But for his (him) lending me some money ...: *Wenn er mir kein Geld geliehen hätte ...* But me no buts: *Komm mir nicht mit deinem Aber.* But still! *Aber dennoch! Und dennoch!* He is but a boy: *Er ist doch nur ein Kind.*

butt To butt against s.th.: *Gegen etwas stoßen.* To be the butt of ridicule: *Zielscheibe des Spottes sein.*

butter Butterfingers: *Ein ungeschickter Mensch, dem ständig etwas herunterfällt; ein Schussel.* To butter a slice of bread: *Eine Scheibe Brot mit Butter bestreichen.* To butter one's bread on both sides: *Gut dran sein; gut gestellt sein.* To butter s.b. up: *Jemandem Honig um den Bart schmieren.* To know on which side one's bread is buttered: *Wissen, wo der Vorteil liegt.* To look as if butter would not melt in one's mouth: *So aussehen, als ob man kein Wässerchen trüben könne.*

button To button (up) one's coat: *Sich den Mantel zuknöpfen.* To button up one's mouth: *Stillschweigen bewahren.* To have all one's buttons: *Alle fünf Sinne beieinander haben.*

buttonhole He buttonholed the stranger: *Er knöpfte sich den Fremden vor.*

buy To buy a car (at) second hand: *Einen Gebrauchtwagen kaufen; einen Wagen aus zweiter Hand kaufen.* To buy s.th. cheap (low): *Etwas billig kaufen.* I bought it for a song, for next to nothing: *Ich erstand es sehr billig; ich kaufte es für einen Appel und ein Ei.* To buy in bulk: *En Block kaufen.* To buy a pig in a poke: *Die Katze im Sack kaufen.* To buy a borough: *Einen Wahlsieg erkaufen (mit Schmiergeld).* I'll buy it (pop.): *Ich glaub's dir.* To buy in: *Sich eindecken mit.* To buy s.b. off: *Jemanden loskaufen, abfinden.*

To buy over a judge: *Einen Richter bestechen.*

buzz To buzz a rumour: *Ein Gerücht verbreiten.* To buzz away, off (pop.): *Abhauen; verduften.*

by By accident: *Zufällig.* By air: *Über den Luftweg.* By all means: *In jedem Fall; wie dem auch sei.* By birth: *Durch Geburt.* By the book: *Den Regeln streng folgend.* By bus: *Mit dem Bus.* By and by: *Später, nachher.* By the by: *Übrigens; apropos.* By candlelight: *Bei Kerzenlicht.* By chance: *Zufällig.* By choice: *Nach eigener Wahl, eigenem Geschmack.* By day: *Tagsüber.* By the day: *Den ganzen Tag lang.* By deputy: *Durch, mit Vollmacht.* By design: *Mit Absicht, absichtlich.* By dint of: *Kraft, vermögens, mittels.* By the dozen: *Dutzendweise.* By the ears with s.b.: *Sich mit jemandem in die Wolle kriegen.* By easy stages: *Mit kleinen Schritten.* By fair means or foul: *Legal oder illegal; auf ehrliche oder unehrliche Weise.* By far: *Bei weitem.* By fits and starts: *Ruckelnd, ruckartig, stoßweise.* By a fluke: *Durch einen glücklichen Zufall.* By force: *Mit Gewalt.* By good fortune (luck): *Durch einen glücklichen Zufall.* By the grace of God: *Bei Gott! Um Himmels willen!* By guess (-work): *Ratend; versuchend, ohne recht zu wissen.* By habit: *Nach Gewohnheit.* By half: *Auf übertriebene Art und Weise.* By head and shoulders: *Weitaus; bei weitem.* By heart: *Auswendig.* By hook or by crook: *So oder so; auf irgendeine Weise.* By hundreds, by the hundred: *Zu Hunderten.* By inches: *Um Haaresbreite; Zentimeter um Zentimeter.* By indirection: *Hintenherum; unehrlich; auf Umwegen.* By instalments: *Auf Raten (bezahlen).* By instinct: *Dem Instinkt folgend; instinktiv.* By land: *Über den Landweg.* By and large: *Im großen und ganzen.* By leaps and bounds: *Mit großen Schritten; mit großen Sprüngen.* By your leave: *Mit Ihrer Erlaubnis.* By a long way (chalk), by long odds: *Weitaus; bei weitem.* By means of: *Durch; mit Hilfe von.* By a miracle: *Durch ein Wunder.* By my faith! *Ach du meine Güte!* By nature: *Normalerweise; natürlich; von der Natur aus.* By night: *Nachts.* By no means: *Auf gar keinen Fall.* By a nose (by a narrow margin): *Um Haaresbreite; eine Nasenspitze (voraus).* By now: *Bis jetzt.* By oneself: *Auf sich allein gestellt, allein; ohne Hilfe.* By oversight: *Mit einem Blick.* By parcel post: *Mit einem Postpaket.* By permission of: *Mit der Erlaubnis von.* By proxy: *In Vertretung.* By rail (way): *Mit dem Zug.* By reason of: *Aufgrund von.* By request: *Auf Anfrage, auf Anforderung.* By return (of mail, of post): *Postwendend.* By right: *Rechtens, rechtmäßig.* By right of: *Aufgrund von (einer Leistung):* By road: *Mit einem Auto; auf dem Straßenweg.* By rule of thumb: *Über den Daumen gepeilt.* By sample (comm.): *Gemäß dem Muster.* By sea: *Über* *den, auf dem Seeweg.* By the seat of one's pants: *Instinktiv.* By the side of: *An der Seite von.* By sight: *Mit einem Blick, betrachtend.* By the skin of one's teeth: *Mit knapper Not.* By snatches: *Ruckweise; unregelmäßig.* By some means or other: *Auf die eine oder andere Art; so oder so.* By the square: *Genau; exakt.* By stealth: *Heimlich.* By this time: *Nun, jetzt; schon, bereits.* By trade: *Von Beruf.* By train: *Mit dem Zug.* By my troth: *Meine Treu! Wahrlich!* By turns: *Abwechselnd.* By underhand methods: *Auf unehrliche Art und Weise.* By (the) virtue of: *Aufgrund von; dank der Leistung von.* By the way: *Übrigens.* By way of Berlin: *Über Berlin (mit dem Zug).*

C

cahoots To be in cahoots with s.b.: *Mit jemandem unter einer Decke stecken.*

cake Cakes and ale: *Eitel Lust und Freude (meist: „Es ist nicht alles …").* You cannot eat your cake and have it: *Man kann nicht gleichzeitig auf zwei Hochzeiten tanzen.* It's a piece of cake: *Es ist kinderleicht; ein Kinderspiel.*

calculate To calculate on s.th.: *Auf etwas zählen.*

call To call again: *Wiederanrufen; nochmal vorbeischauen.* To call the banns: *Das Aufgebot bestellen.* To call s.o.'s bluff: *Jemanden auf die Probe stellen, in die Enge treiben.* To call a halt: *Etwas stoppen; Anhalten anordnen.* To call a meeting: *Ein Treffen einberufen.* He called me names: *Er beleidigte mich, er beschimpfte mich.* To call (over) the roll: *Einen Appell machen.* To call a spade a spade: *Die Dinge beim Namen nennen.* To call a strike: *Einen Streik ausrufen.* To call the tune: *Die Ereignisse unter Kontrolle haben.* To call white black: *Schwarz für weiß vormachen.* To call back an accusation, a confession: *Eine Anschuldigung zurücknehmen; ein Geständnis widerrufen.* To call it a day: *Feierabend machen.* I called him down (pop.): *Ich tadelte ihn.* To call down a calamity: *Ein Unglück hervorrufen, provozieren.* She called down curses upon the murderer: *Sie verfluchte den Mörder.* To call for the doctor: *Den Arzt holen; den Arzt rufen.* To call for trumps: *Trümpfe fordern (Kartenspiel).* This calls for a large sum of money: *Dies erfordert eine große Summe Geld.* To call forth one's courage: *Sich Mut zusprechen; seinen Mut zusammennehmen.* To call forth spirits: *Geister hervorrufen.* To call in a coin: *Eine Münze einziehen, aus dem Umlauf ziehen.* To call in a debt: *Schulden einziehen, zurückfordern.* To call s.th. into being: *Etwas ins Leben rufen.* To call in church: *Das Aufgebot bestellen.* To call s.th.

in doubt: *Etwas bezweifeln.* To call s.b. in evidence: *Jemanden als Zeuge anrufen.* To call s.th. into play: *Etwas ins Spiel bringen.* To call s.b. in question: *Jemanden in Frage stellen.* To call off s.b.'s attention: *Jemanden ablenken.* To call off a meeting: *Ein Treffen absagen.* To call on (upon) God: *Den Himmel anrufen; Gott beschwören.* To call s.b. on the carpet: *Jemanden wieder auf den Teppich holen.* To call a doctor out: *Einen Arzt holen, rufen.* To call out troops: *Truppen aufbieten.* To call workers out: *Arbeiter zum Kampf, zum Streik aufrufen.* To call out a duel: *Zum Duell herausfordern.* He called it out: *Er sprach es laut aus; er rief es laut aus.* To call s.b. over the coals: *Jemandem den Kopf waschen.* To call s.b. to account: *Jemanden zur Rechenschaft ziehen.* To call to arms: *Zu den Waffen rufen; jemanden in die Armee einziehen.* He was called to the bar: *Er wurde als Rechtsanwalt, als Barrister zugelassen.* To call s.b. to his feet (legs): *Jemandem befehlen, aufzustehen.* To call s.b. to order: *Jemanden zur Ordnung rufen.* To call God to witness: *Gott als Zeuge anrufen.* To call s.th. up: *Etwas hervorrufen; etwas heraufbeschwören.* She called him up at seven: *Sie weckte ihn (tel.) um sieben Uhr.* To call up a spirit from the dead: *Den Geist eines Toten heraufbeschwören.* The call of the wild: *Der Lockruf der Wildnis.* At call: *Verfügbar; bereit.* On call: *Auf Abruf.*

calm To calm down, to calm oneself: *Sich beruhigen.*

can (1) To can meat: *Fleisch in Blechdosen verpacken.* To carry the can (for s.th.) (Sl.): *Die Sache ausbaden; etwas ausbaden.*

can (2) It cannot be! *Das kann nicht sein; das ist unmöglich.* Can it be true? *Sollte es stimmen? Sollte es wahr sein?* It can be seen all over your face: *Man sieht es dir im Gesicht an.* It can't be helped: *Da kann man nichts machen; man kann es nicht verhindern.* I can't bear the sight of that man: *Ich ertrage nicht die Gegenwart dieses Mannes.* I can't blame you: *Ich kann es dir nicht verübeln.* He couldn't but admit I was right: *Er hatte keine andere Wahl als zuzugeben, dass ich Recht hatte.* He cannot call his soul his own: *Er wird von anderen dominiert, beeinflusst.* He couldn't contain himself for joy: *Er war vor Freude ganz aus dem Häuschen.* I could do no less: *Ich musste es tun; weniger war nicht zu machen.* He can't do other(wise) than go: *Er hat keine andere Wahl als zu gehen.* I could do with a cup of tea: *Ich könnte eine Tasse Tee vertragen.* Can you do with fish for dinner? *Bist du mit Fisch zum Abendessen zufrieden?* I could do with that money: *Ich könnte das Geld gut gebrauchen.* I can't do with that man: *Ich halte diesen Mann nicht aus; ich kann ihn nicht ausstehen.* I can't go on any more: *Ich kann nicht mehr; ich kann nicht weiter.* He could hardly contain himself: *Er konnte sich* *kaum unter Kontrolle halten (vor Zorn, Freude).* I could have died: *Ich hätte sterben können!* You couldn't have anything better than that: *Etwas besseres hätte dir gar nicht passieren können.* I can't help smoking: *Ich kann gegen das Rauchen einfach nichts machen.* I can make nothing of it: *Ich kann damit nichts anfangen.* He could not make the problem come right: *Er konnte das Problem nicht richtig lösen.* Can you manage (it)? *Schaffst du es?* You can't miss it: *Sie können es nicht verfehlen.* I can't place him: *Ich kann ihn nicht einordnen; ich meine ihn zu kennen, weiß aber nicht woher.* I can't say: *Weiß ich nicht, kann ich nicht sagen.* He can't say „boo" to a goose: *Er hat vor jeder Fliege Angst; er ist ein Angsthase.* This can't say good morning to that: *Dies hält dem Vergleich damit nicht stand.* I can't swallow that: *Das kann ich nicht schlucken; das kann ich nicht hinnehmen.* He can talk a donkey's hind leg off: *Er redet dem Teufel ein Bein aus; er redet einen dumm und dusselig.* I can tell you: *Ich kann dir sagen …; ich versichere dir.* I can well believe it! *Das glaube ich gerne.*

cancel To cancel a figure: *Eine Zahl durchstreichen.* To cancel an order for goods (comm.): *Eine Bestellung rückgängig machen.* To cancel a contract, a deed: *Einen Vertrag ungültig machen; eine Tat rückgängig machen.* To cancel a flight: *Einen Flug annullieren.*

candle To burn the candle at both ends: *Mit seinen Kräften Raubbau treiben.* The game is not worth the candle: *Etwas lohnt den Aufwand nicht.* Not fit to hold a candle to someone: *Jemandem das Wasser nicht reichen können.*

canoe To paddle one's own canoe: *Seinen eigenen Stiefel machen; sein eigenes Süppchen kochen.*

cant To cant a boat (over): *Ein Boot kentern, umkippen.* To cant ballast (overboard): *Ballast über Bord werfen (ins Meer).*

canvass To canvass a subject: *Ein Thema gründlich erörtern, prüfen.* To canvass s.b. for orders: *Jemanden um Befehle ersuchen.*

cap (1) To cap a tyre: *Ein Rad mit einer Schutzkappe versehen.* To cap to s.b.: *Vor jemandem die Mütze ziehen.* To cap all (the climax): *Alles Bisherige übertreffen.* To cap an anecdote, a proverb, a quotation: *Eine Anekdote erzählen, einen Spruch zitieren, ein Zitat vortragen.*

cap (2) Cap in hand: *Demütig; bescheiden.* (come back) cap in hand: *Ganz kleinlaut (wieder angekrochen kommen).* To throw one's cap over the windmill: *Jede Vorsicht außer Acht lassen.* If the cap fits (wear it): *Wem der Schuh passt … (der ziehe ihn sich an).* To set one's cap at s.o.: *Es auf jemanden abgesehen haben.*

capable He is capable of betraying my trust: *Er ist imstande, mein Vertrauen zu verraten, zu enttäuschen.* To be capable of doing s.th.: *In der Lage sein, etwas zu tun.*

capital To make capital out of s.th.: *Kapital aus etwas schlagen; sich etwas zunutze machen.*

capture To capture a thief: *Einen Dieb fangen.* He captured everybody's attention: *Er zog alle Aufmerksamkeit auf sich.* To capture a pawn: *Einen Bauern schlagen (Schachspiel).*

card To get one's cards (colloq.): *Seine Papiere bekommen; entlassen werden.* On the cards (colloq.): *Durchaus möglich, „drin".* To play one's cards close to one's chest: *Sich nicht in die Karten schauen lassen.* To play one's cards right: *Taktisch klug vorgehen; geschickt vorgehen; es richtig anfangen.* To put one's cards on the table: *Die Karten auf den Tisch legen.* The cards are stacked against someone: *Jemandes Chancen stehen schlecht.*

care I care about that very much: *Dies kümmert mich sehr; dies berührt mich sehr; dies interessiert mich sehr persönlich.* To care for s.b.: *Jemanden mögen; um jemanden besorgt sein; an einer Person Anteil nehmen.* To care for s.th.: *Sich etwas aus einer Sache machen; sich um etwas kümmern.* Not to care a button, a pin, a rap, a straw: *Keinen Heller dafür geben; völlig gleichgültig sein.* I (couldn't) care less! *Ist mir doch egal!* Do you care for a cup of tea? *Möchten Sie eine Tasse Tee?* I don't care: *Ist mir egal.* Take care: *Pass auf dich auf.* To take care of oneself: *Auf sich aufpassen; vorsichtig sein.* Care killed the cat (prov.): *Vor Sorge ist die Katze trotz ihres zähen Lebens umgekommen; mach dir nichts draus; sei fröhlich.*

careful He is careful with his money: *Er gibt auf sein Geld acht.* Careful what you say: *Vorsicht mit dem, was du sagst.*

careless He is careless in his dress: *Er kleidet sich schlecht.* He is careless with his money: *Er wirft sein Geld zum Fenster hinaus.*

carpet Someone is/will be on the carpet (colloq.): *Jemand hat oder wird Ärger bekommen.* To have someone on the carpet (colloq.): *Jemanden zu sich zitieren, ins Gebet nehmen.* To sweep s.th. under the carpet: *Etwas unter den Teppich kehren.*

carrot To hold out a carrot: *Jemandem einen Köder vor die Nase halten; jemanden locken.* The stick and the carrot: *Zuckerbrot und Peitsche.*

carry To carry all before one: *Erfolg auf der ganzen Linie haben.* To get carried away (and do s.th.): *Von Gefühlen etc. hinweggerissen werden; den Boden unter den Füßen verlieren; etwas im Überschwung oder vor Begeisterung tun.* To carry money on one's person: *Geld mit sich führen; Geld dabei haben.* He carried the spoon to his mouth: *Er führte den Löffel zu seinem Mund.* To carry coals to Newcastle, owls to Athens (prov.): *Eulen nach Athen tragen.* To carry s.th. to ridiculous extremes: *Etwas maßlos übertreiben.* He carried the audience with him: *Er eroberte, verzauberte die Zuschauer; er riss die Zuschauer mit.* To carry authority: *Autorität haben; Befugnis haben.* To carry the baby: *Etwas ausbaden müssen.* To carry conviction: *Überzeugt sein; überzeugt wirken.* To carry current: *Strom führen.* To carry an election (away): *Einen Wahlsieg davontragen.* To carry food-stuffs (in stock): *Lebensmittel auf Vorrat haben.* To carry a fortress: *Eine Festung erstürmen, einnehmen.* To carry goods by rail: *Waren mit der Eisenbahn transportieren.* To carry good news: *Gute Nachrichten haben, mit sich bringen.* To carry one's head high: *Stolz sein; den Kopf hoch tragen.* She carries herself well: *Sie benimmt sich gut; sie führt sich gut auf.* To carry the house: *Das Publikum, die Zuschauer begeistern, erobern.* To carry it (the day): *Den Sieg erringen.* To carry the joke too far: *Den Spaß zu weit treiben.* To carry a long face: *Schmollen; eingeschnappt sein.* To carry one's point: *Den eigenen Standpunkt, die eigene Ansicht durchsetzen.* To carry very far: *Eine große Reichweite haben. (Kanonen etc.).* To carry the weight of s.b.'s actions: *Die Konsequenzen der Handlungen einer Person tragen.* To carry weight: *Gewicht haben; gewichtig sein; von Bedeutung sein.* She carries her years: *Man sieht ihr ihr Alter nicht an.* To carry money about: *Geld bei sich haben, mit sich herumtragen.* He carries all (everything, the world) before him: *Er hat sehr großen Erfolg.* He was carried away by anger: *Er war vor Ärger ganz hingenommen; er tobte vor Wut.* To carry it away: *Den Sieg davontragen.* To carry away the bell: *Einen Preis erringen.* To carry the can back (pop.): *Die Verantwortung übernehmen.* To carry s.b. back to his youth: *Jemanden an seine Jugend erinnern, in seine Jugend entführen.* To carry the torch: *Trübsal blasen.* To carry an amount forward to the next page: *Einen Betrag überschreiben.* To carry s.th. (in)to effect: *Etwas in Wirkung treten lassen; etwas in Aktion treten lassen.* To carry s.th. off: *Etwas meistern.* To carry off a child: *Ein Kind entführen.* To carry off a prize: *Einen Preis davontragen.* To carry off the palm: *Die Siegespalme erringen; den Sieg davontragen.* To carry off many people: *Viele Menschen dahinraffen (Epidemie).* He carried it off well: *Er hat sich Ehre gemacht.* To carry s.b. off his feet: *Jemanden begeistern.* To carry out one's engagements: *Seine Verpflichtungen einhalten.* To carry s.b. through (difficulties): *Jemanden durchbringen (Schwierigkeiten).* He carried the enterprise through: *Er brachte das Unternehmen über den Berg.*

cart To put the cart before the horse: *Das Pferd beim Schwanz aufzäumen.*

carte To give s.b. carte blanche: *Jemandem eine Blankovollmacht geben, freie Hand lassen.*

carve To carve a chicken: *Ein*

Hähnchen tranchieren. To carve one's way: *Sich seinen Weg bahnen.* To carve in(to) pieces: *In Stücke schneiden.* To carve in two: *In zwei Hälften zerschneiden.*

case A case in point: *Ein Paradebeispiel.* In any case: *Auf jeden Fall.* That is the case: *Das ist so; das ist der Fall.* In case of emergency: *Im Notfall.* To close the case: *Die Beweisaufnahme abschließen.* To come down to cases: *Zur Sache kommen.* Dismissal of a case: *Klageabweisung vor Gericht.* Merits of the case (jur.): *Tatbestandsmerkmale.* Pretty case: *Bagatellsache.*

cash To cash a cheque: *Einen Scheck einlösen.* To cash and carry (comm.): *Bar bezahlen und gleich mitnehmen.* He cashed in on me: *Er machte Geld auf meine Kosten; er nutzte mich aus.* To cash in (colloq.): *Sterben.* To cash in on s.th. (colloq.): *Kapital aus etwas schlagen; etwas ausnutzen.* Cash down, on the nail: *Sofortige (Bar-) Bezahlung.* To be out of cash: *Kein Geld mehr haben.* Cash on delivery: *Per Nachnahme.* Cash with order (comm.): *Bezahlung bei Bestellung.*

cast To cast anchor: *Den Anker werfen; sich eingewöhnen.* To cast a bell: *Eine Glocke gießen.* To cast a calf: *Ein Junges verfrüht gebären (Kühe z.B.).* To cast dice: *Würfeln.* To cast the first stone: *Den ersten Stein werfen (Zitat aus dem Neuen Testament).* To cast the gorge: *Sich stark übergeben.* To cast a horoscope: *Ein Horoskop erstellen.* To cast the line, the net: *Das Seil werfen, das Netz auswerfen.* To cast lots: *Losen, ein Los ziehen.* To cast a play (theater): *Die Rollen eines Theaterstückes verteilen.* To cast a rider: *Einen Reiter abwerfen, aus dem Sattel werfen.* To cast a shadow: *Einen Schatten (auf etwas) werfen.* To cast one's skin: *Sich häuten; die Haut abstreifen (Schlangen z.B.).* To cast a vote: *Eine Stimme abgeben (bei Wahlen).* She cast the gorge at his proposal: *Sie wies seinen Antrag angeekelt zurück (meist Heiratsantrag).* He cast a glance at the girl: *Er warf dem Mädchen einen Blick zu.* To cast sheep's eyes at s.b.: *Jemanden schmachtend, sehnend anblicken.* To cast side glances at s.b.: *Jemanden flüchtig, heimlich betrachten.* To cast pearls before swine: *Perlen vor die Säue werfen.* To cast s.b. for a part: *Jemandem eine Theaterrolle zuweisen.* She cast her eyes heavenwards: *Sie blickte (empört) gen Himmel.* To cast s.th. in s.b.'s teeth: *Jemandem aus etwas einen Vorwurf machen.* To cast s.b. into the shade: *Jemanden in den Schatten stellen (i.ü.S.).* To cast s.b. into prison: *Jemanden ins Gefängnis werfen.* She cast the blame on him: *Sie machte ihn verantwortlich; sie schob ihm die Schuld zu.* He cast a damper on the party: *Er war ein Spielverderber, ein richtiger Miesmacher; er hat die Party verdorben.* To cast discredit on s.b.: *Jemanden in Zweifel, in Frage stellen.* To cast doubts on s.th.: *Etwas in Zweifel stellen.*

To cast light on a matter: *Licht in eine Sache bringen.* To cast oil on the fire: *Öl ins Feuer gießen.* To cast a slur on s.b.: *Jemanden verleumden.* To cast a damp over (into) s.b.'s happiness: *Jemandem die Freude verderben.* To cast a chill over s.b.: *Jemanden frösteln machen.* To cast a glamour, a spell over s.b.: *Jemanden verzaubern.* To cast about: *Suchen nach, sinnen auf etwas; umherlavieren (Seefahrt).* They cast about to solve the problem: *Sie sannen auf eine Lösung des Problems.* To cast aside a project, an old suit: *Ein Projekt verwerfen; eine alte Sache beiseitelegen.* To cast away one's money: *Sein Geld aus dem Fenster werfen.* To be cast away: *Schiffbruch erleiden.* To cast (one's mind) back: *Sich an Vergangenes entsinnen, erinnern.* He cast beyond the moon: *Er stellte kühne Behauptungen auf.* To cast down a wall: *Eine Mauer niederreißen.* To cast down one's eyes: *Die Augen niederschlagen.* I am cast down: *Ich bin entmutigt, bedrückt.* To cast forth smoke: *Rauch ausspucken, ausstoßen.* She cast in her lot with her husband: *Sie teilte das Schicksal, das Los ihres Mannes.* To cast off an old suit: *Einen alten Anzug ablegen; eine alte Affäre beenden.* To cast off a dog: *Einen Hund loswerden, abwimmeln.* They cast him out: *Sie warfen ihn hinaus.* To cast out abuse: *Beleidigungen, Schmähungen ausstoßen.* To cast out the nines: *Neues unter Beweis stellen.* To cast goods overboard: *Waren über Bord werfen.* To cast up an earthwork: *Erdreich ausheben.* To cast up accounts: *Berechnungen ausführen; Konten zusammenrechnen.* To cast (up) a column of figures: *Eine Reihe Zahlen zusammenrechnen.* They are cast in the same mould: *Sie sind aus demselben Holz geschnitzt.*

cat A cat may look at the king (prov.): *Der einfache Mann von der Straße darf seine Meinung frei sagen.* Cat among the pigeons: *Fuchs im Hühnerstall; ungebetener Eindringling.* To put the cat among the pigeons: *Schaden anrichten; Ärger verursachen (meist plötzlich).* Has the cat got your tongue? *Hast du die Sprache verloren? Warum sagst du nichts?* To lead a cat and dog life: *Wie Hund und Katze zusammenleben.* To let the cat out of the bag: *Die Katze aus dem Sack lassen.* To see which way the cat jumps: *Sehen, wo der Hase langläuft.* There is no room to swing a cat. *Man kann sich dort kaum bewegen.* It's raining cats and dogs. *Es regnet in Strömen.* Like a cat on hot bricks: *Wie auf glühenden Kohlen.* Like s.th. the cat has brought in (colloq.): *Wie das Letzte; wie der letzte Mensch.* To play cat-and-mouse with s.b.: *Mit jemandem Katz und Maus spielen.* When the cat's away, the mouse will play: *Ist die Katze aus dem Haus, tanzt die Maus.*

catch He will catch it (colloq.): *Er wird etwas erleben, „sie kriegen" (es setzt was).* To catch one's breath: *Wieder zu Atem kommen.* To catch cold: *Kalt werden.* To catch a cold: *Eine Erkältung bekommen.* To catch a crab (naut.): *Durch einen falschen Schlag das Ruder im Wasser verlieren.* To catch the devil, the dickens: *Schwer bestraft werden.* To catch the drift of s.th.: *Die Bedeutung einer Sache erfassen.* She caught his eye (his attention): *Sie erregte seine Aufmerksamkeit.* To catch s.b.'s fancy: *Das Interesse einer Person einfangen; jemanden faszinieren.* To catch fire: *Feuer fangen.* He caught his foot: *Er stolperte.* To catch a tartar (pop.): *An einer harten Nuß zu nagen haben.* He catches what he can: *Er nimmt (alles), was er bekommt.* They caught him bending: *Sie überraschten ihn unvorbereitet.* To catch s.b. napping: *Jemanden überraschen, unerwartet überwältigen.* To catch s.b. red-handed: *Jemanden auf frischer Tat ertappen.* To catch a weasel asleep (colloq.): *Einen sehr Wachsamen dennoch überrumpeln.* I caught him at it: *Ich erwischte ihn dabei.* To catch at one's chance: *Seine Chance, Gelegenheit ergreifen.* To catch at shadows: *Gespenster verfolgen.* To catch at a straw: *Sich an einen Strohhalm klammern.* To catch the ball before the bound: *Vor kommenden Ereignissen warnen.* We were caught in a storm: *Wir wurden von einem Sturm überrascht und aufgehalten.* I caught him in the very act: *Ich erwischte ihn auf frischer Tat.* To catch s.b. in his words: *Jemanden in Widersprüche verwickeln.* Catch hold of this rope: *Halt' dieses Seil; fang dieses Seil.* To catch sight of s.b.: *Jemanden erspähen, sehen.* To catch s.b. off his guard: *Jemanden in einem unachtsamen Moment überraschen.* To catch the ball on the bounce: *Die Gelegenheit beim Schopf packen.* To catch s.th. on the fly: *Etwas aus der Luft fangen, im Flug fangen.* To catch s.b. on the hop: *Jemanden überraschen und fangen.* To catch on barbed wire, on a nail: *Sich an Stacheldraht verfangen, an einem Nagel verfangen (mit der Kleidung z.B.).* To catch on (colloq.): *Mode werden, Fuß fassen; kapieren, etwas „schnallen".* To catch s.b. out: *Jemanden ertappen.* To catch up a habit: *Eine Gewohnheit annehmen.* They caught up the speaker: *Sie unterbrachen den Redner.* To catch up on s.b.: *Mit jemandem gleichziehen, jemanden überraschen.* To catch up on one's work: *Arbeit aufholen.* He was caught with chaff: *Er ließ sich leicht auf den Leim locken; es war einfach, ihn hereinzulegen.* Catch-as-catch-can: *Freistilringen.*

cause To cause damage: *Schaden verursachen* To cause havoc: *Großen Schaden verursachen.* To cause a disturbance (leg.): *Eine Störung verursachen, Erregung von Ärgernis.* To cause a sensation (a stir): *Eine Sensation verursachen.*

cave To cave in (colloq.): *Einstürzen; klein beigeben; abtrünnig werden.*

caviare Caviare to the general: *Kaviar fürs Volk; Perlen vor die Säue (zu vornehm oder abgehoben für normale Sterbliche).*

cease To cease doing s.th.: *Aufhören, etwas zu tun.* Cease fire! *Feuer einstellen!* To cease payment: *Die Zahlung einstellen.* To cease work: *Die Arbeit niederlegen.*

ceremony To stand on ceremony: *Die Etikette beachten; sehr förmlich sein.*

chafe To chafe one's hands (together): *Sich die Hände aneinanderreiben.* To chafe at the bit, under restraint: *Die Geduld verlieren.* To chafe under an affront: *Eine Beleidigung schlucken.*

chain To chain (up) a dog: *Einen Hund anbinden, anketten.* He is chained to the oar: *Er arbeitet wie ein Tier.* He is a chain-smoker: *Er ist ein Kettenraucher.*

chalk To chalk out a plan: *Ein Projekt kurz erläutern, skizzieren.* To chalk s.th. up to experience: *Etwas als Erfahrung betrachten.* Chalk it up to him: *Auf seine Rechnung setzen.* To chalk up: *Ankreiden.* As like as chalk and cheese: *Grundverschieden; wie Tag und Nacht.* By a long chalk: *Bei weitem.* To walk a chalk line: *Sich vorschriftsmäßig benehmen.*

challenge To challenge s.b. to a duel: *Jemanden zum Duell herausfordern.* To challenge attention: *Beachtung fordern; Aufmerksamkeit verdienen.* I challenged him to do it again: *Ich forderte ihn auf, es nochmals zu tun.* To challenge a stranger: *Einen Fremden auffordern, sich auszuweisen (Wachen z.B.).* I challenge anybody to do that: *Das soll mir mal jemand nachmachen.*

champ To champ (at) the bit: *Mit den Zähnen knirschen.*

chance To chance one's arm (colloq.): *Kopf und Kragen riskieren.* To chance one's luck: *Das Schicksal herausfordern.* I chanced to meet her: *Ich traf sie zufällig.* To chance it (colloq.): *Das Risiko eingehen.* He chanced on (upon) an old friend: *Er traf zufällig seinen Freund.* The chances are against him: *Er hat wenig Chancen.* To stand a fair (good) chance: *Gute Aussichten haben.* To take a chance: *Etwas riskieren.* Chances are against it: *Es spricht alles dagegen.*

change (1) To change one's condition: *Seinen Familienstand ändern, heiraten.* To change one's countenance, one's attitude: *Die Farbe wechseln, die Einstellung ändern.* To change gear (autom.): *Den Gang wechseln, umschalten.* To change hands: *Den Besitzer wechseln.* To change one's mind: *Seine Meinung ändern.* To change one's note (tune): *Den Ton wechseln; kleinlaut werden.* To change sides: *Die Seiten wechseln.* To change one's skin: *Sich vollkommen verändern.* To change the subject: *Das Thema wechseln.* To change tack: *Den Kurs ändern.* To change for the better, for the worse: *Sich verbessern, sich verschlechtern.* To change about: *Eine Kehrtwendung machen.* She has changed beyond recognition: *Sie hat sich sehr stark verändert; sie ist nicht wiederzuerkennen.* To change down (autom.): *In einen niedrigeren Gang schalten.* To change over to poetry: *Zur Poesie übergehen (aus der Prosa kommend).*

change (2) The change was for the better, for the worse: *Die Veränderung war eine Verbesserung, eine Verschlechterung.* Change of calling does not pay (prov.): *Ein ständiger Richtungswechsel (in beruflicher Hinsicht) zahlt sich nicht aus.* To ring the changes: *Alle Kombinationen durchspielen; etwas immer neu kombinieren.*

chant To chant one's horses: *Eine Ware anpreisen.* To chant the praises of s.b.: *Einer Person ein Loblied singen.*

chapter A chapter of accidents: *Eine Serie von Unfällen, Missgeschicken etc.* To (give s.b.) chapter and verse: *Etwas genau belegen.*

charge To charge a battery: *Eine Batterie aufladen.* Charge bayonets! *Bajonette aufstecken!* To charge the enemy: *Den Feind angreifen.* To charge a fault: *Eine Schuld, einen Fehler anlasten.* To charge a gun: *Eine Pistole laden.* I charged him with a difficult task: *Ich überantwortete ihm eine schwierige Aufgabe.* To charge s.b. with murder: *Jemanden des Mordes anklagen.*

charity As cold as charity: *Eiskalt, hart wie Stein, lieblos.* Charity begins at home (prov.): *Jeder ist sich selbst der Nächste.*

charm To charm s.th. away: *Etwas wegzaubern.*

charms Charms strike the sight but merit wins the soul (prov.): *Schönheit gewinnt das Auge, doch Verdienst gewinnt die Seele.*

charter To charter a plane, a ship: *Ein Flugzeug, ein Schiff chartern, anmieten.*

chase To chase an animal, a runaway: *Ein Tier, einen Flüchtling jagen.* To chase pleasure, riches: *Nach Vergnügungen, Reichtümern jagen.* To chase one's gloom away: *Die schlechte Laune vertreiben.* He chased the mouse out of the room: *Er jagte die Maus aus dem Zimmer.*

cheap It is as cheap as dirt: *Es ist spottbillig.*

cheat To cheat the time: *Die Zeit totschlagen.* To cheat at cards, at games: *Beim Kartenspiel schummeln.* To cheat in an examination: *In einem Test abschreiben, betrügen.* He cheated me of my money: *Er betrog mich um mein Geld.* She cheats on her husband (pop.): *Sie hintergeht ihren Mann; sie betrügt ihren Mann.* To cheat on the weight: *Beim Gewicht betrügen.*

check To check one's anger: *Seinen Ärger unter Kontrolle halten.* To check a brace (naut.): *Eine Brasse losmachen (Seefahrt).* To check (mate) the king: *Dem König Schach (-matt) bieten.* To check oneself: *Sich unter Kontrolle haben; sich selbst beobachten.* To check in: *Einbuchen; sich (am Flugzeugschalter, an der Hotelrezeption) registrieren lassen.* To check out: *(Nach Bezahlung) das Hotel verlassen.* To check up: *Nachprüfen.*

cheek Cheek to cheek: *Wange an Wange; eng umschlungen.* Cheek by jowl: *Auf Tuchfühlung; dicht an dicht.* He said that with his tongue in his cheek: *Er hat das nicht ernst gemeint.*

cheer To cheer one's face: *Gut gelaunte Miene machen; ein fröhliches Gesicht machen.* To cheer for the German team: *Begeisterter Anhänger der deutschen Mannschaft sein.* To cheer on one's team: *Das eigene Team anfeuern.* To cheer s.b. to the echo: *Jemandem brausenden Beifall zollen.* Cheer up! *Kopf hoch!* Cheers! *Prost!*

cheese Cheese it! (USA): *Hau ab!* To be cheesed off: *Angeödet sein.* That's the cheese! *Das gefällt mir; so ist's richtig.* To make cheeses: *Sich schnell im Kreis drehen.* Cheese-paring: *Pfennigsfuchserei, Knauserei.*

cherish To cherish hopes, hatred, resentment: *Hoffnungen, Hass, Abneigung hegen.* To cherish one's children: *Für seine Kinder (liebend) sorgen.* To cherish a snake (a viper) in one's bosom: *Eine Schlange im Herzen nähren.*

chest To get s.th. off one's chest (colloq.): *Sich etwas von der Seele reden; etwas loswerden.*

chestnut An old chestnut: *Ein alter Hut.* To pull the chestnuts out of the fire: *Die Kastanien aus dem Feuer holen.*

chew To chew the cud: *Etwas wiederkäuen; überlegen, nachsinnen.* To chew the fat (pop.): *Schimpfen, nörgeln, meckern.* He was chewing on (upon) his misfortunes: *Er sann über sein Unglück nach; er hatte an seinem Unglück (schwer) zu kauen.*

chicken To chicken out (pop.): *Abhauen; ängstlich davonlaufen.* The chicken and the egg / which came first, the chicken or the egg? *Das Huhn und das Ei / was war zuerst, das Huhn oder das Ei?* Chickenfeed (colloq.): *Eine Lapalie; lächerlich wenig.* To work for chickenfeed (colloq.): *Für einen Apfel und ein Ei arbeiten.* To count one's chickens before they are hatched: *Man soll den Tag nicht vor dem Abend loben.* No spring chicken (colloq.): *Nicht mehr der/die Jüngste.*

child The child is father to the man: *Aus dem Knaben wird ein Mann.* It's child's play: *Es ist kinderleicht, ein Kinderspiel.* Child-bearing: *Schwangerschaft, schwanger.*

chill To chill s.b.'s blood, heart: *Jemandem das Blut in den Adern gefrieren lassen.*

chime To chime a bell: *Eine Glocke läuten.* To chime verse: *Verse rezitieren, vortragen.* To chime in with s.b.: *Mit jemandem einer Meinung sein.* They chime together: *In Übereinstimmung sein.*

chin Chin up! *Kopf hoch!* To keep one's chin up: *Den Kopf nicht hängen lassen.* Up to the chin: *Bis über die Ohren.* To chin oneself: *Einen Klimmzug machen.*

chip (1) To chip the edge of a glass: *Den Rand eines Glases abbrechen.* To chip s.b. (pop.): *Jemanden hänseln.* To chip in (colloq.): *Sich einmischen.*

chip (2) He is a chip of (off) the old block (colloq): *Der Apfel fällt nicht weit vom Stamm; ganz der Vater/die Mutter sein.* To have a chip on one's shoulder: *Reizbar sein, geladen sein; sich ständig angegriffen fühlen.* To have had one's chips: *Die letzte Chance verpasst haben.* When the chips are down: *Wenn es darauf ankommt (wenn man gesetzt hat).*

choke To choke s.b. to death: *Jemanden zu Tode ersticken.* To choke with anger: *Vor Ärger kochen, platzen.* To choke back angry words, tears: *Böse Worte verschlucken, die Tränen (mit Anstrengung) zurückhalten.* To choke (down) a sob: *Einen Seufzer zurrückhalten.* To choke off a revolt: *Eine Revolte ersticken, im Keim ersticken.*

choose To choose s.b. by lot: *Jemanden durch Zufall auswählen.* Choose for yourself, choose which you please: *Entscheide dich selbst, entscheide dich wie du willst.* To choose the line of least resistance: *Den Weg des geringsten Widerstandes wählen.*

chop To chop logic: *Haarspaltereien treiben.* To chop wood: *Holz hacken.* To chop down a tree: *Einen Baum umhacken.* To chop in: *Sich einmischen.* To chop to anchor (naut.): *Eilig den Anker werfen.* To chop and change (colloq.): *Sich dauernd ändern; schwankend, unentschlossen sein.*

chuck To chuck a child under the chin: *Einem Kind liebkosend unter das Kinn fassen.* To chuck money away: *Geld aus dem Fenster werfen.* They chucked him out: *Sie schmissen ihn raus.* To chuck up one's job: *Die Arbeit an den Nagel hängen.* To chuck up the sponge: *Die Sache aufgeben, sich für besiegt erklären.* Chuck it! (pop.): *Hör auf damit!* To chuck it all: *Alles im Stich lassen, alles hinschmeißen.* To chuck away: *Gelegenheit verpassen.* To chuck one's weight about: *Sich aufspielen.* To give s.b. the chuck: *Jemanden rauswerfen.*

chuckle He was chuckling to himself over his success: *Er lachte in sich selbst hinein über seinen Erfolg.*

chum To chum with s.b. (colloq.): *Mit jemandem zusammenleben.* To chum in (up) with s.b.: *Mit jemandem Freundschaft schließen.* They chum it (colloq.): *Sie leben zusammen.*

churn To churn out goods: *In schneller Folge Waren herstellen.*

circle Come full circle: *Der Kreis hat sich geschlossen.* To run round in circles: *Herumrennen, sich im Kreis drehen; sich abhetzen (meist vergebens).*

clack To clack one's tongue: *Mit der Zunge schnalzen.*

claim To claim damages (comm.): *Schadenersatz fordern.* To claim a right: *Ein Recht für sich fordern.* He claims to be a great artist: *Er hält sich für einen großen Künstler.* He claimed that he was right: *Er behauptet Recht zu haben.* He claims kindred with the manager: *Er behauptet, mit dem Chef verwandt zu sein.* This claims much attention: *Dies (er)fordert große Aufmerksamkeit.*

clamber To clamber up a wall: *Eine Wand erklimmen, hinaufklettern.*

clamour To clamour against s.th.: *Lautes Geschrei gegen etwas erheben; protestieren.* To clamour s.b. down: *Jemanden niederschreien.* To clamour for s.th.: *Etwas laut fordern; nach etwas schreien.*

clamp To clamp (up) earth: *Erde, Erdreich befestigen.* They clamped down on him: *Sie gingen scharf gegen ihn vor.*

clap To clap (one's hands): *(Mit den Händen) klatschen.* To clap one's wings: *Mit den Flügeln schlagen.* To clap s.b. into prison, by the heels: *Jemanden ins Gefängnis stecken.* To clap on the brake: *Auf die Bremse „steigen", scharf bremsen.* Clapped out (pop.): *Erschöpft, am Ende.* To clap spurs to a horse: *Einem Pferd die Sporen geben.* To clap up a bargain: *Einen Handel abschließen.* Clap of thunder: *Donnerschlag.*

clash To clash with s.b.'s opinion, statement: *Mit einer Person Meinung, Aussage kollidieren, im Widerspruch stehen.* This clashes with my interests: *Dies ist unvereinbar mit meinen Interessen.* To clash with (against) the enemy: *Mit dem Feind zusammentreffen; auf den Feind aufprallen, stoßen.* To clash into someone: *Auf jemanden stoßen.*

clasp To clasp one's hands: *Die Hände falten.* He clasped her in his arms: *Er umarmte sie.* To clasp one's arms to one's breast: *Die Arme (vor der Brust) verschränken.*

clatter To clatter glasses, plates: *Mit Gläsern, Tellern scheppern, klappern.* To clatter down: *Mit lautem Getöse niederstürzen.*

claw Claw me and I'll claw thee: *Wie du mir, so ich dir.* To claw off the shore (naut.): *In See stechen.*

clean To clean one's ears: *Die Ohren spitzen.* To have clean hands: *Eine reine Weste haben.* To clean one's plate: *Den Teller leeressen.* To clean the slate: *Reinen Tisch machen.* To clean down a wall: *Eine Mauer, Wand verputzen.* To clean s.b. out (colloq.): *Jemandem den letzten Pfennig aus der Tasche ziehen.* To clean up on an opponent (pop.): *Einen Gegner besiegen, schlagen.* Clean-shaven: *Glattrasiert.* To have a clean record: *Eine einwandfreie Vergangenheit haben.* To have a clean slate: *Eine weiße Weste haben.* To give someone a clean bill of health: *Jemandem (gute) Gesundheit bescheinigen.* To show a clean pair of heels: *Sich aus dem Staub machen; das Weite suchen; die Beine in die Hand nehmen.* To make a clean breast of s.th.: *Sich etwas von der Seele reden.* To make a clean sweep of s.th.: *Mit etwas (gründlich) aufräumen.* Come clean (colloq.) *Auspacken; mit der Wahrheit herausrücken.*

clear (1) To clear the air: *Die Luft reinigen.* To clear one's brow: *Die Stirn entspannen.* To clear the court (leg.): *Den Saal räumen (Jurisprudenz).* To clear the decks for action: *Das Deck klar zum Gefecht machen.* To clear a fence, a hedge: *Einen Zaun, eine Hecke überspringen.* To clear the ground: *Ein Gebiet räumen.* To clear one's meaning: *Die eigenen Ansichten klarstellen.* To clear one's reputation: *Seinen guten Ruf wiederherstellen.* To clear a ship: *Ein Schiff entladen.* He cleared his suitcase from the customs: *Er erledigte die Zollformalitäten für seinen Koffer.* To clear one's throat: *Sich räuspern; sich den Hals frei machen.* To clear the way: *Den Weg frei machen.* To clear away (off) all suspicions: *Jeglichen Verdacht auslöschen.* To clear s.b. from a charge: *Jemanden von einer Anklage freisprechen.* To clear off correspondence: *Die Korrespondenz, die Post erledigen.* To clear (off) a bill, a debt (comm.): *Eine Rechnung, eine Schuld begleichen.* To clear off (out): *Ausräumen, ausverkaufen; fliehen, sich verkrümeln, verschwinden.* I am cleared out (colloq.): *Ich bin blank, abgebrannt.* To clear out one's nose: *Sich die Nase reinigen.* To clear (through the customs): *Die Zollformalitäten erledigen; durch den Zoll gehen, kommen.*

clear (2) It's as clear as day: *Es ist doch sonnenklar.* I'm not clear about it: *Ich erinnere mich nicht mehr sehr gut.* To be in the clear (colloq.): *Von einem Verdacht befreit sein; aus allem heraus sein.* They were clear of the rock: *Sie hatten sich ausreichend von der Felsenküste entfernt.*

cleave To cleave wood with an axe: *Holz mit einer Axt spalten.*

cleft To be in a cleft stick: *In einer Zwickmühle stecken.*

clench To clench a bargain: *Einen Handel festmachen, abschließen.* To clench one's fists, one's teeth: *Die Fäuste ballen, die Zähne zusammenbeißen.* To clench a nail: *Einen Nagel vernieten.*

clever He is clever at Latin: *Er ist gut in Latein.* You clever thing! *Gratuliere! Meine Hochachtung! (Meist ironisch).* Don't be so clever: *Sei nicht so vorlaut; komm mir nicht damit.*

click To click the lock: *Das Schloß einschnappen lassen.* To click one's tongue: *Mit der Zunge schnalzen.* To click one' heels together: *Die Hacken zusammenschlagen (Armee).*

climb To climb the band wagon (USA): *Sehr aktiv für etwas werden.* To climb a mountain: *Einen Berg besteigen.* To climb above one's class: *Gesellschaftlich aufsteigen.* He climbed to power in two years: *Er stieg binnen zwei Jahren zur Macht auf.* To climb upwards: *Voranschreiten; Fortschritte machen; aufsteigen.* To make s.b. climb down: *Jemanden vom hohen Ross herunterholen.*

cling To cling to the body: *Sich an den Körper klammern; anschmiegen.* She clings to him like a leech: *Sie klammert sich an ihn wie eine Klette.* To cling to s.b.'s arm, to a hope: *Sich an je-*

manden festklammern, sich an eine Hoffnung klammern.

clip To clip an article: *Einen Artikel aus einer Zeitung schneiden.* To clip s.b.'s claws: *Jemandem die Klauen beschneiden; jemanden harmlos machen.* To clip a customer: *Einen Kunden ausnehmen.* To clip s.b.'s feathers, wings: *Jemandem die Federn, Flügel stutzen; jemanden demütigen.* To clip the Queen's English: *Englisch radebrechen.* He clips his words: *Er verschluckt die Silben; er spricht abgehackt.*

cloak Cloak-and-dagger activity (fig.): *Geschicktes Taktieren; Intrigieren.* Cloak-and-dagger operation: *Nacht- und Nebelaktion.*

clock To clock in (off, out): *Die Kontrolluhr stechen.* Against the clock: *Im Wettlauf mit der Zeit arbeiten.* To put back the clock: *Die Zeit zurückstellen; die Zeit zurückdrehen.*

clockwork As regular as clockwork: *Man kann die Uhr nach jemandem oder etwas stellen.* Like clockwork: *Wie am Schnürchen; wie geschmiert.*

clog To clog private enterprise: *Freies Unternehmertum behindern.* To clog (up) the waterpipe with dirt: *Das Wasserrohr mit Dreck verstopfen.*

close (1) To close an account: *Ein Konto schließen.* To close a bargain: *Ein Geschäft abschließen.* To close the door upon s.b.: *Jemanden auf die Straße schicken; die Tür vor jemandem verschließen.* To close the files and ranks (mil.): *Die Unteroffiziere und die Gemeinen antreten lassen.* To close a gap: *Einen Spalt, eine Lücke schließen.* To close a road to traffic: *Eine Straße für den Verkehr sperren.* To close the wind (naut.): *Luven (Seefahrt).* Close right (left)! (mil.): *Rechts (links) herum.* They closed about him: *Sie umstellten ihn.* To close down a factory: *Eine Fabrik schließen, zumachen.* To close in behind s.b.: *Jemanden von hinten ergreifen.* To close in on (upon) s.b.: *Sich jemandem (von hinten) nähern; über jemanden hereinbrechen.* They closed in upon the enemy: *Sie umstellten den Feind, sie kreisten den Feind ein.* To close up the shop: *Den Laden dicht machen.* To close up the rear: *Aufrücken, (von hinten) nachrücken.* To close up: *Sich schließen; sich füllen.* To close with an offer: *Ein Angebot annehmen.* They closed with the enemy: *Sie kämpften dicht am Feind.*

close (2) Close at hand, at (to) heel, close by: *In der Nähe, sofort zur Verfügung stehend.* Close to the ground: *Dicht am Boden.* Closing time: *Geschäfts-, Ladenschluß.* Closing date: *Annahmeschluß; letzter Termin.* A closed mouth catches no flies (prov.): *Wer sich nicht rührt, erreicht auch nichts.* Behind closed doors: *Hinter verschlossenen Türen.*

cloth This cloth creases (crumples, crushes), fades, frays easily: *Dieser Stoff knittert, bleicht, franst leicht aus.*

clothe To clothe the naked: *Die Nackten kleiden; den Bedürfti-*

gen helfen. To clothe a ship for a voyage: *Ein Schiff für eine Reise auftakeln.* To clothe s.b. with authority: *Jemanden mit Autorität ausstatten.*

cloud (1) To cloud s.b.'s fame: *Den Ruhm einer Person beschmutzen, in Frage stellen.* To cloud one's reputation: *Seinen guten Ruf in Frage stellen.* To cloud over: *Sich bewölken.* He clouded up: *Er verfinsterte sich, wurde missmutig.*

cloud (2) Cloud cuckoo land: *Wolkenkuckucksheim.* The clouds are gathering (piling up, thickening): *Die Wolken werden stärker, sammeln, verdichten sich.* On cloud nine: *Auf Wolke sieben; im siebten Himmel.* Under a cloud: *In Ungnade.*

cloudy It is cloudy: *Es ist bewölkt.*

cloy To cloy the appetite: *Den Appetit verderben.* I'm cloyed with that: *Das ekelt mich an.*

club (1) To club s.b. to death: *Jemanden (mit einem Stock) totschlagen.*

club (2) Join the club! *Willkommen im Club! (d.h. in der gleichen, meist weniger schönen Lage).*

clue Not to have a clue: *Keine Ahnung, nicht die geringste Ahnung haben.* To clue s.b. in, up (pop.): *Jemanden einweihen, informieren.* To be clued up on s.th. (sl.): *Etwas raushaben, etwas draufhaben.*

cluster To cluster round s.b.: *Sich um jemanden sammeln.*

clutch To clutch (at) one's prey: *Sich an sein Opfer klammern.* To clutch at a straw: *Sich an die letzte Hoffnung, den letzten Strohhalm klammern.* To clutch at shadows: *Gespenstern hinterherjagen.* To fall into someone's clutches: *Jemandem in die Hände fallen.* To clutch the gummi: *Die Suppe auslöffeln müssen.*

clutter To clutter up a room with furniture: *Ein Zimmer mit Möbeln vollstellen.* To clutter up: *In Unordnung bringen.*

coach (1) To coach a student for an examination, to coach a student in Latin: *Einen Schüler für einen Test vorbereiten, einem Schüler in Latein helfen.* To coach it through the town (colloq.): *Durch die Stadt fahren; im Auto durch die Stadt promenieren.*

coach (2) To drive a coach and horses through: *(ein Argument etc.) nach Strich und Faden auseinandernehmen oder verreißen.*

coal To blow the coals: *Öl ins Feuer gießen.* To call, haul someone over the coals: *Jemandem die Leviten lesen.* To heap coals of fire on s.b.'s head: *Glühende Kohlen auf jemandes Haupt streuen.*

coast The coast is clear: *Der Weg ist frei; es herrscht keine Gefahr.*

coat (1) To coat a door with paint: *Eine Tür mit Farbe überziehen.* To coat iron with tin: *Eisen einen Blechüberzug geben.*

coat (2) The coat does not make the man (prov.): *Kleider machen KEINE Leute, eine Krone macht noch keinen König.* To cut one's coat to suit / according to one's cloth: *Sich nach der Decke strecken.*

coax To coax s.b. into doing s.th.: *Jemanden in etwas hineinschwatzen.* He coaxed the key into the lock: *Schließlich gelang es ihm (mit viel Mühe) den Schlüssel ins Schloß zu stecken.* He coaxed some money out of his friend: *Er schwatzte seinem Freund etwas Geld ab.*

cobble To cobble a pair of shoes: *Ein Paar Schuhe flicken, schlecht ausbessern.*

cock (1) To cock a snoop at s.b.: *Jemandem eine lange Nase drehen.* To cock one's ears: *Die Ohren spitzen.* To cock one's hat: *Den Hut keck aufs Ohr setzen.* To cock one's nose: *Die Nase rümpfen.* He cocked his eye at his friend: *Er blinzelte seinem Freund zu; er sah seinen Freund verschmitzt an.* Cock-a-hoop: *Außer sich vor Freude.*

cock (2) To be the cock of the walk: *Der Hahn im Korb sein.* He is the cock on his own dunghill: *Er ist der Hahn auf seinem eigenen Misthaufen.* That cock won't fight: *Das geht nicht an, der Einwand zieht nicht.* Cock-and-bull story: *Ein Ammenmärchen.*

cockle To warm the cockles of s.b.'s heart: *Jemandem wird ganz warm ums Herz.*

cog To cog a die, the dice: *Beim Würfeln mogeln.*

coil To coil (oneself) up: *(Sich) aufwickeln.* To coil up a cable (naut.): *Ein Kabel aufrollen, aufwickeln.*

coin To coin a lie: *Eine Lüge, Ausrede erfinden.* To coin money (colloq.): *Leicht und schnell Geld verdienen.* To coin a word: *Ein Wort prägen.* To pay someone back in his own coin: *Es jemandem mit gleicher Münze heimzahlen.*

cold I'm cold: *Mir ist kalt.* In cold blood: *Kaltblütig:* To be left out in the cold: *Links liegen gelassen werden, übergangen, ignoriert werden.* To get cold feet: *Es mit der Angst zu tun bekommen; kalte Füße bekommen.* To give someone the cold shoulder: *Jemandem die kalte Schulter zeigen.* Cold comfort: *Ein schwacher Trost.* To throw cold water on / over s.th.: *Eine kalte Dusche verpassen; einen Dämpfer aufsetzen.*

collapse To collapse into a chair: *(Erschöpft) in einen Stuhl fallen.*

collar To collar a dog: *Einen Hund anleinen.* To collar a runaway: *Einen Entflohenen erwischen.* He collared the stranger: *Er packte den Fremden beim Kragen.*

collect He collected all his energies: *Er sammelte seine ganze Energie.* To collect a bill (comm.): *Eine ausstehende Rechnung einkassieren.* He collected his courage: *Er nahm all seinen Mut zusammen.* To collect the evidence in an action (leg.): *Die Beweissammlung erstellen.* To collect oneself: *Sich sammeln (geistig).* To collect stamps: *Briefmarken sammeln.* To collect taxes: *Steuern einziehen.* To telephone collect: *Ein R-Gespräch führen.* To collect the mail: *Einen Briefkasten leeren.*

collide To collide with a car: *Mit einem Wagen zusammenstoßen.*

colour (1) He coloured the wall a flat tint: *Er trug einen dünnen Farbüberzug auf die Wand auf.* To colour evidence, facts: *Beweise entstellen, Fakten verdrehen.*

colour (2) Under colour of: *Unter dem Vorwand.* To give / lend colour to s.th.: *Einer Sache den Anstrich der Wahrscheinlichkeit geben / verleihen.* To nail one's colours to the mast: *Farbe bekennen.* To stick to ones colours: *Überzeugt sein; bei einer Seite(Partei) bleiben.* To see something in its true colours: *Etwas im rechten Licht sehen.* To show one's true colours: *Farbe bekennen.* With flying colours: *Mit Bravour; mit Glanz und Gloria.* To be off-colour (colloq.): *Angeschlagen sein.*

comb They combed the town for the murderer: *Sie durchkämmten die Stadt auf der Suche nach dem Mörder.* They combed out all suspects: *Sie siebten die Verdächtigen; sie musterten alle Verdächtigen aus.*

come It will come all right: *Es wird schon klappen; es wird schon gutgehen.* To come clean (pop.): *Gestehen; die Wahrheit sagen.* To come a cropper: *Pleite machen; bankrott machen; einen Fehler begehen.* To come easy: *Leicht von der Hand gehen.* He is coming forty: *Er geht auf die Vierzig zu.* Come hell or high water: *Komme was wolle; was immer auch geschehen mag.* To come home by the weeping cross: *Eine große Enttäuschung darstellen.* That comes home to me: *Dies berührt mich sehr. (Emotionen).* It came home to him at last: *Endlich kapierte er es!* To come home with the milk: *Sehr spät (nachts) nach Hause zurückkommen (im Morgengrauen).* To come a howler (pop.): *Zu Fall, zu Schaden kommen.* To come to know: *Etwas kennenlernen; etwas neu lernen.* I came to know him yesterday: *Ich lernte ihn gestern kennen.* To come a mucker: *Pleite machen; Bankrott gehen.* It comes natural to me: *Es fällt mir sehr leicht; es liegt mir.* He came near deserting his family: *Er stand kurz davor, seine Familie zu verlassen.* It came pat to his purpose: *Es kam ihm sehr gelegen.* To come it rather strong (colloq.): *Übertreiben; die Grenzen überschreiten. (i.ü.S.)* It comes short of perfection: *Es ist nahezu, fast perfekt.* To come true: *Wahr werden.* To come undone: *Sich auflösen, aufgehen (Haare, Krawatten).* To come about: *Geschehen, passieren.* To come across s.b.: *Jemanden (zufällig) treffen; auf jemanden stoßen.* He came across to his wife: *Er kam herüber zu seiner Frau.* Come along, please! *Weitergehen bitte! (Im Bus z.B.).* To come amiss: *Ungelegen kommen.* To come away: *Abgehen, losgehen (Knopf z.B.); weggehen.* To come away empty-handed, with one's hands empty: *Mit leeren Händen davongehen, ausgehen.* To come back to earth: *Wieder auf den Boden der Tatsachen zurückkehren.* To come by: *Erlangen, zu etwas kommen; vor-*

beikommen. To come by s.th.: *Etwas erlangen.* To come by the board: *Ins Meer fallen.* To come down in sheets: *Vom Himmel stürzen (Regen).* To come down a peg: *Kleinlaut werden.* To come hurtling down: *Polternd, krachend herunterstürzen.* To come down in the world: *(aus besseren Verhältnissen) herunterkommen.* To come down on the right side of the fence: *Aufs richtige Pferd setzen.* To come down to doing s.th.: *Sich herablassen, etwas zu tun.* To come for s.th.: *Etwas abholen.* To come from the gutter: *Von der Straße, aus der Gosse kommen.* To come from the ranks: *Von der Pike auf dienen; sich von unten emporarbeiten.* They come from the same basket: *Sie sind aus demselben Nest gefallen; sie ähneln sich sehr.* To come into being, into existence: *Ins Leben gerufen werden.* To come into collision with s.b.: *Mit jemandem in Konflikt geraten.* To come into one's head: *Jemandem in den Kopf kommen (Idee).* To come into leaf: *Blätter bekommen (Bäume).* To come into line: *Sich in einer Reihe aufstellen; sich anpassen, sich angleichen.* To come into one's own: *Erlangen, was einem zusteht.* To come into the picture, into question: *Wichtigkeit erlangen, neu mit ins Bild kommen.* To come into play: *Ins Spiel kommen.* To come into the world: *In die Welt kommen, auf die Welt kommen.* To come of age: *Volljährig werden.* To come of a good line (stock): *Aus guter Familie kommen.* Come off your perch! *Tu nicht so überlegen!* He came off cheap: *Er kam billig davon.* To come off second-best: *Den kürzeren ziehen.* To come off well: *Gut davonkommen.* She comes off worse in comparison to her sister: *Sie hält dem Vergleich mit ihrer Schwester nicht stand.* To come off with flying colours: *Eine Unternehmung sehr erfolgreich beenden.* To come on somebody: *Jemanden angreifen.* To come on the scene: *Auf der Bühne, auf der Bildfläche erscheinen (auch i.ü.S.).* To come out first: *Als erster (aus einem Wettkampf) hervorgehen.* To come out of mourning: *Die Trauer ablegen.* To come out of nowhere: *Aus dem Nichts kommen.* To come out of the red (USA): *Aus den roten Zahlen kommen.* He comes out well: *Er kommt gut raus (auf einer Fotografie).* To come out in the open: *Ans Licht kommen.* To come out in the wash: *Am Ende (doch) wieder gut werden.* To come over all heroic (pop.): *Den Helden spielen wollen.* To come it over (colloq.): *Etwas überwinden, demütigen.* To come the bully over someone (pop.): *Jemanden einschüchtern; jemanden tyrannisieren.* To come the heavy swell over s.b. (pop.): *Versuchen, jemanden zu beeindrucken.* He came round to it: *Er gewöhnte sich allmählich daran; er fand sich damit ab.* To come to a bad end: *Schlecht enden; ein schlechtes Ende finden.* To come to blows: *Handge-*

mein, handgreiflich werden. To come to close quarters: *Heftig aneinander geraten; handgreiflich werden.* To come to a deadlock: *Einen toten Punkt erreichen; sich festfahren (i.ü.S.).* To come to a dead stop: *Zum (völligen) Stillstand kommen.* To come to grief (harm): *Schlecht enden; kümmerlich enden; traurig enden; zu Schaden kommen; Schaden erleiden.* To come to grips with a difficult problem: *Sich mit einem schwierigen Problem auseinandersetzen.* To come to grips with s.b.: *Mit jemandem handgreiflich werden.* To come to a head: *Zu einer Entscheidung kommen; in eine Krise geraten.* To come to heel: *Gehorsam, demütig sein.* To come to high words: *Sich streiten.* To come home to roots: *Zum Ausgangspunkt zurückkehren.* To come to land: *Das Festland erreichen; wieder festen Boden unter den Füßen haben.* To come to light: *Ans Licht kommen (i.ü.S.).* To come to no good: *Schlecht enden; zu nichts Gutem führen.* To come to pieces: *In Stücke gehen.* Come to the point: *Komm (endlich) zur Sache.* To come (to) right: *Sich einigen (in einer schwierigen Sache).* To come to the surface: *Auftauchen; an den Tag kommen.* To come to terms: *Übereinkommen; eine Übereinkunft treffen.* To come to the wrong shop: *An die falsche Adresse geraten.* To come to the throne: *Den Thron besteigen.* To come to the top: *An die Spitze gelangen; erfolgreich sein.* To come under the hammer: *Unter den Hammer kommen; versteigert werden.* To come under notice: *Die Aufmerksamkeit auf sich ziehen.* To come up against difficulties: *Auf Schwierigkeiten stoßen.* To come up to s.b.: *An jemanden herantreten.* To come up to s.b.'s neck: *Jemanden an den Kragen gehen.* To come upon the town: *Auf Kosten der Sozialhilfe (der Stadt) leben.* It comes within his province: *Es ist sein Fachgebiet; er ist dafür Spezialist.* His coming is a doubtful blessing: *Seine Anwesenheit ist eine eher zweifelhafte Freude.* To come down from one's high horse: *Vom hohen Roß heruntersteigen.*

comfortable I am comfortable: *Mir geht es gut; ich fühle mich wohl (hier).*

command He commands our admiration, our respect: *Er verdient unsere Bewunderung, unseren Respekt.* He commands a large vocabulary: *Er verfügt über ein großes, reichhaltiges Vokabular.* To command a lovely view: *Einen hübschen Blick bieten (von einem Fenster z.B.).* To command silence: *Stille erbitten, erheischen.* To command one's temper: *Seine Launen unter Kontrolle haben.* To command oneself: *Sich unter Kontrolle haben.* To have a good command of s.th.: *Etwas gut beherrschen.*

commend To commend one's soul to God: *Seine Seele Gott empfehlen.* To commend s.th. to s.b.'s care: *Eine Sache jemandem anvertrauen.*

comment To comment on (upon) s.b.'s behaviour: *Das Verhalten einer Person kommentieren.* He commented on (upon) the drama „Faust": *Er kritisierte, analysierte, kommentierte den „Faust".*

commiserate To commiserate with s.b. on s.th.: *Jemanden um einer Sache willen bedauern.*

commission Out of commission: *Aus dem Verkehr gezogen; außer Betrieb.*

commit To commit a blunder (an error, a fault): *Einen Schnitzer (Irrtum, Fehler) begehen.* To commit a crime, an offence, a theft: *Ein Verbrechen, ein Vergehen, einen Diebstahl begehen.* To commit s.b. for trial: *Jemanden dem Gericht zur Aburteilung zuweisen.* To commit s.th. to the flames: *Etwas den Flammen übergeben.* They committed the child to the care of his aunt: *Sie gaben das Kind in die Obhut seiner Tante.* To commit s.th. to memory: *Etwas auswendig lernen.* To commit s.b. to prison: *Jemanden zu einer Gefängnisstrafe verurteilen.* To commit s.th. to paper (to writing): *Etwas zu Papier bringen.* To commit oneself: *Sich zu etwas verpflichten.*

common It is common knowledge (talk) that he is a liar: *Es ist allgemein bekannt, dass er ein Lügner ist.* Common-or-garden: *Alltäglich; gewöhnlich; Feld-, Wald- und Wiesen.*

communicate To communicate a child: *Ein Kind kommunizieren, es das heilige Abendmahl empfangen lassen.* To communicate a disease to s.b.: *Eine Krankheit auf jemanden übertragen; jemanden anstecken.* To communicate information to s.b.: *Jemandem Informationen mitteilen.* To communicate with s.b. by signs: *Mit jemandem per Zeichensprache kommunizieren.* The room communicates with the bedroom: *Das Zimmer hat eine Verbindungstür zum Schlafzimmer.*

compare To be beyond compare: *Unvergleichlich sein; seinesgleichen oder ihresgleichen suchen.* To compare man to the ape: *Den Menschen mit dem Affen vergleichen.* To compare favourably with s.b., s.th.: *Gut abschneiden im Vergleich gegenüber jemandem, einer Sache.* I compared notes with him: *Wir tauschten unsere Meinungen aus.* To compare an adjective: *Ein Adjektiv steigern.* To compare with s.b.: *Mit jemandem wetteifern; den Vergleich mit jemandem suchen.*

comparison The comparison won't stand: *Der Vergleich steht auf tönernen Füßen, hält nicht stand.*

compass To compass a town with walls: *Eine Stadt mit einer Mauer umgeben.* To compass a town: *Eine Stadt belagern.* To compass one's purpose: *Sein Ziel erreichen; seinen Zweck erfüllen.*

compel To compel attention, obedience: *Aufmerksamkeit, Gehorsam abnötigen.* I compelled him to tell the truth: *Ich zwang ihn, nötigte ihn, die Wahrheit zu sagen.*

compensate To compensate s.b. for a loss: *Jemandem einen Verlust ersetzen.*

compete To compete with s.b. in a race, for a prize: *Mit jemandem in einem Rennen, um einen Preis wetteifern.* To compete with a firm (comm.): *Mit einer Firma, einem Unternehmen konkurrieren.*

complain He was complaining of a terrible stomach-ache: *Er klagte über schreckliche Magenschmerzen.* He complained of his bad luck: *Er beklagte sich über sein Pech.* He complained to (before) the manager: *Er beschwerte sich beim Chef.*

compliment A back-handed / left-handed compliment: *Ein zweifelhaftes Kompliment.* To compliment s.b. with s.th.: *Jemandem aufgrund einer Sache gratulieren; jemanden loben.* She complimented him on (upon) his success: *Sie gratulierte ihm zu seinem Erfolg.*

comply To comply with the law: *Sich gesetztesgemäß verhalten.* They complied with his request: *Sie entsprachen seiner Forderung.*

comport To comport with s.b.: *Zu jemandem passen.* This comports with his disposition: *Das passt zu seinem Wesen.* To comport oneself with courage, with dignity: *Sich mutig, würdig betragen.*

compose To compose one's features: *Sich wieder fassen; die Fassung wiederfinden.* To compose a quarrel: *Einen Streit schlichten.* To compose oneself: *Sich beruhigen; sich fassen.*

compound To compound a quarrel: *Einen Streit in Güte beilegen.* To compound a felony: *Einen Rechtsstreit durch Vergleich regeln.*

compromise To compromise a dispute: *Einen Streit durch Kompromiss schlichten.* To compromise one's reputation: *Seinen guten Ruf schädigen.* To compromise oneself: *Sich kompromittieren.*

compulsive Compulsive in one's appeal: *Unwiderstehlich, zwingend in seiner Erscheinung.*

con To con (over) a lesson: *Eine Lektion studieren; auswendig lernen.*

conceal He concealed the truth from his father: *Er verheimlichte seinem Vater die Wahrheit.*

conceive To conceive a dislike for s.b.: *Jemanden nicht mögen.*

concentrate To concentrate one's attention on (upon) a problem: *Seine Aufmerksamkeit auf ein Problem konzentrieren.* He concentrated the troops on the Elbe (milit.): *Er konzentrierte die Truppen an der Elbe. (Militär).*

concern To concern oneself about (with) s.th.: *Sich um eine Angelegenheit kümmern, sorgen.* He is concerned about (over) his son's future: *Er macht sich Sorgen um die Zukunft seines Sohnes.* I am not concerned: *Das betrifft mich nicht; ich bin unbesorgt.* As concerns: *Was … angeht; was … betrifft.*

conclude To conclude a treaty, a truce: *Einen Vertrag abschließen, einen Waffenstillstand beschließen.* He concluded by saying that I was wrong: *Er schloss (seinen Vortrag) mit der Bemerkung, ich habe Unrecht.*

concoct To concoct an excuse: *Sich eine Entschuldigung ausdenken.* She concocted a new dish: *Sie dachte sich ein neues Gericht aus; sie braute ein neues Gericht zusammen.* To concoct a story, a project: *Eine Geschichte ausdenken, ein Projekt aushecken.*

concrete A concrete jungle: *Eine Betonwüste; ein Asphaltdschungel.*

concur I concur with you in believing (in the belief) that he is wrong: *Ich stimme mit dir darin überein, dass er nicht Recht hat.*

condemn To condemn a house (leg.): *Ein Haus für unbewohnbar erklären, beschlagnahmen (jur.).* To condemn a ship as unseaworthy: *Ein Schiff für seeuntüchtig erklären.* I condemned his behaviour: *Ich verurteilte sein Benehmen.* He was condemned of high treason: *Er wurde wegen Hochverrates verurteilt.* They condemned him to life imprisonment: *Sie verurteilten ihn zu lebenslänglicher Haft.*

condition To condition the air of a room: *Die Luft eines Raumes mit einer Klimaanlage aufbereiten.* To condition s.b.'s actions: *Die Handlungen einer Person kontrollieren, bestimmen, regeln.* To condition a student (USA): *Einem Schüler eine Nachprüfung auferlegen.*

condole She condoled with him on (upon) the loss of his wife: *Sie kondolierte ihm zum Tode seiner Frau; sie sprach ihm ihr Mitgefühl aus zum …*

conduct To conduct an orchestra: *Ein Orchester dirigieren.* To conduct an inquiry, an investigation: *Eine Untersuchung leiten, durchführen.*

confer To confer a distinction, an honorary degree on s.b.: *Jemandem eine Auszeichnung, einen Ehrentitel verleihen.* To confer with s.b.: *Sich mit jemandem beraten; mit jemandem Rücksprache halten.*

confess To confess a crime, a fault: *Ein Verbrechen, einen Fehler zugeben.* To confess one's sins: *Seine Sünden beichten.* I confess that I am wrong (to being wrong): *Ich gebe zu, dass ich Unrecht habe.* He confessed to a dislike for work: *Er gab zu, Arbeit nicht besonders zu mögen.*

confide To confide in God, in a friend: *In Gott vertrauen, auf einen Freund vertrauen.* To confide a secret to s.b.: *Jemandem ein Geheimnis anvertrauen.* To confide a difficult task to s.b.: *Jemandem eine schwierige Aufgabe anvertrauen.*

confidence A confidence trick: *Trickbetrug.* To take s.b. into one's confidence: *Jemanden ins Vertrauen ziehen.*

confident I am confident that he will succeed: *Ich bin sicher, dass er es schaffen wird.*

confine She confined herself to her room: *Sie schloss sich in ihrem Zimmer ein.* He was confined indoors, to bed: *Er war ans Haus gebunden, bettlägerig.*

confirm To confirm a contract:

Einen Vertrag bestätigen. He confirmed the news: *Er bestätigte die Nachricht.*

conform To conform one's habits to those of other people: *Seine Gewohnheiten denen anderer Leute anpassen.* To conform to the law: *Dem Gesetz treu sein, sich dem Gesetz unterordnen.*

confound Confound you! *Geh zur Hölle!* Confound it! *Hol's der Teufel, hol's der Henker!*

confront To confront danger, death, the enemy: *Der Gefahr, dem Tod, dem Feind gegenüberstehen.* They confronted him with his accusers: *Sie stellten ihn seinen Anklägern gegenüber.*

confuse To confuse the issue: *Die Frage, das Problem durcheinanderbringen.*

congratulate I congratulated him on his success: *Ich gratulierte ihm zu seinem Erfolg.*

conjure He conjured them to help him: *Er beschwor sie, ihm zu helfen.* She conjured away his sorrow: *Sie bannte all seine Traurigkeit.* To conjure the devil out of the possessed: *Den Teufel aus dem Besessenen austreiben.* To conjure up a spirit, the past: *Einen Geist heraufbeschwören, die Vergangenheit heraufbeschwören, zitieren.*

connect To connect an idea with another: *Eine Idee mit einer anderen verknüpfen.* They connected him with Paris: *Sie stellten seine Verbindung nach Paris her. (Telefon).* I am connected with him by marriage: *Ich bin mit ihm verschwägert.*

connive To connive at a theft: *Einen Diebstahl stillschweigend dulden; die Augen zudrücken.*

conquer To conquer one's passion: *Seiner Leidenschaften Herr werden.* To conquer a territory inch by inch: *Eine Region Meter für Meter erkämpfen. (Armee).* They conquered the enemy: *Sie besiegten, unterwarfen den Feind*

conscience His conscience pricks him: *Er hat Gewissensbisse.* In all conscience: *Beim besten Willen (förml.).*

consecrate He consecrated his life to music: *Er widmete sein Leben der Musik.*

consent He consented to her leaving: *Er stimmte ihrem Weggehen zu.* He consented to the proposal: *Er willigte in den Vorschlag ein.*

consider They consider him an honest person: *Sie halten ihn für eine ehrliche Person.* Consider yourself under arrest! *Betrachten sie sich als festgenommen!*

consign To consign a child to his guardian's care: *Ein Kind der Sorge seines Erziehers anvertrauen.* To consign goods, money: *Waren verschicken, übersenden; Geld deponieren.*

consist It consists of different parts: *Es besteht aus verschiedenen Teilen.* This consists with what you said yesterday: *Dies stimmt mit dem überein, was du gestern sagtest.*

consort To consort (oneself) with s.b.: *Mit jemandem verkehren; sich zu jemandem gesellen.*

constitute To constitute a committee: *Ein Komitee ins Leben rufen, konstituieren.*

construct To construct a triangle, a sentence: *Ein Dreieck, einen Satz konstruieren.*

consult To consult a dictionary, a doctor: *In einem Wörterbuch nachschauen; einen Arzt konsultieren.* I consulted with him: *Ich besprach mich mit ihm.* To consult one's pillow: *Darüber (über das Problem) schlafen.* To consult s.b.'s pleasure, wishes: *Einer Person Freuden, Wünsche beachten, berücksichtigen.*

consume To consume one's energies, one's time: *Energie, Zeit verbrauchen.* He was consumed with envy: *Er verzehrte sich vor Neid.* She was consumed with grief: *Sie war vor Gram gebeugt; sie verzehrte sich vor Gram.*

contact He contacted his agent. *Er kontaktierte seinen Agenten.*

contain To contain one's anger: *Seinen Ärger zurückhalten.* To contain oneself: *Sich selbst zurückhalten, beherrschen.*

contemplate To contemplate suicide: *Über (den) Selbstmord nachdenken.* This contemplates the employment of force: *Dies läßt die Anwendung von Gewalt in Erwägung ziehen.* He contemplates making a long journey: *Er hat eine lange Reise ins Auge gefaßt.*

contempt To bring into contempt: *Der Verachtung preisgeben.* To fall into contempt: *In Schande verfallen.*

contend To contend with s.b. for s.th.: *Mit jemandem um etwas wetteifern.* To contend with difficulties: *Mit Schwierigkeiten kämpfen, ringen.*

content He contents himself (he is content) with very little: *Er gibt sich mit sehr wenig zufrieden.* Content is happiness (is better than riches), a contented mind is a perpetual feast (prov.): *Nur ein zufriedener Mensch ist ein glücklicher Mensch.* To one's heart's content: *Nach Herzenslust.*

contest To contest with (against) s.b. about a subject: *Mit jemandem über ein Thema streiten.* To contest with s.b. for power: *Mit jemandem um die Macht kämpfen.*

continue To continue struggle: *Den Kampf fortsetzen.* To continue a story: *Eine Geschichte fortsetzen, weitererzählen.* To continue in office: *Ein Amt weiterhin innehaben.* He continued thus: *Er fuhr wie folgt fort.* To be continued: *Fortsetzung folgt.*

contract To contract a debt, a disease, a friendship, a habit: *Schulden machen, sich eine Krankheit zuziehen, eine Freundschaft anknüpfen, sich etwas angewöhnen.* To contract one's brow: *Die Augenbraue zusammenziehen.* To contract marriage: *Eine Heirat (ab)schließen.* He contracted his muscles: *Er spannte seine Muskeln an.* To contract for a loan: *Eine Anleihe aushandeln.* He contracted himself out of that agreement: *Er befreite sich, löste sich von der Übereinkunft.*

contradict To contradict a statement: *Einer Aussage widersprechen.* He contradicts everybody: *Er widerspricht jedem.* To contradict oneself: *Sich selbst widersprechen.*

contradiction A contradiction in terms: *Ein Widerspruch in sich.*

contravene To contravene a law: *Gegen ein Gesetz verstoßen, ein Gesetz übertreten.*

contribute He contributed two critical essays to that magazine: *Er schrieb zwei kritische Aufsätze für das Magazin.* This contributed to his success: *Dies trug zu seinem Erfolg bei.*

contrive To contrive a new machine: *Eine neue Maschine entwerfen.* He contrived to make a lot of money: *Er brachte es fertig, eine Menge Geld zu machen.*

control To control one's anger: *Seinen Ärger unter Kontrolle halten.* To control expenses: *Die Ausgaben regulieren, kontrollieren.* To control oneself (one's temper): *Sich selbst unter Kontrolle halten (seine Launen).*

convenience At your earliest convenience: *Möglichst bald.* At your convenience: *Wann es ihnen recht ist.* To make a convenience of s.th.: *Etwas ausnutzen.* Marriage of convenience: *Zweckheirat.*

convene To convene an assembly: *Eine Versammlung einberufen.*

conversation A conversation piece: *Ein abendfüllendes Thema.*

convey This conveys nothing to me: *Dies sagt mir gar nichts.* To convey a lesson: *Eine Lektion erteilen.*

convert To preach to the converted: *Offene Türen einrennen.*

convict to convict s.b. of burglary: *Jemanden des Einbruchs mit Diebstahl für schuldig befinden.*

convince I convinced him of his mistake: *Ich überzeugte ihn von seinem Fehler.* To convince oneself: *Sich selbst überzeugen.*

convulsed He was convulsed with laughter, pain: *Er krümmte sich vor Lachen, Schmerzen.*

cook He cooked (up) the account (colloq.): *Er frisierte die Bücher, die Akten (wirt.).* To cook (up) a lie: *Eine Lüge aushecken.* To cook on a slow, on a brisk fire: *Bei niedriger Flamme kochen; langsam und gemächlich machen.* Too many cooks spoil the broth: *Viele Köche verderben den Brei.* To cook the books: *Die Bücher (einer Firma) frisieren.*

cool (1) They cooled his enthusiasm: *Sie dämpften seine Begeisterung.* To cool one's coppers (colloq.): *Seinen Durst löschen.* Cool it! (colloq.): *Nur die Ruhe!* To cool down (off): *Sich beruhigen.*

cool (2) He is as cool as a cucumber: *Er ist die Ruhe selbst, kaltblütig, gelassen; er verzieht keine Miene.* He is a cool card (colloq.): *Er ist ein Schlaumeier.* He is a cool character (customer): *Er ist ein frecher Patron, ein unverschämter Kerl.* A cool cheek: *Eine Frechheit, Unverschämtheit.* To keep / not lose one's cool: *Einen kühlen Kopf bewahren.*

cop To cop it (pop.): *Es „kriegen"; eine Tracht Prügel einstecken.* To cop the needle: *Auf* *die Palme gehen.* S.th. / s.b. is not cop: *Etwas / jemand taugt nichts, ist nicht viel wert.*

cope To cope with a difficult situation, with expenses: *Mit einer schwierigen Lage fertig werden; mit Ausgaben zurechtkommen.*

copy He copied the composition out fair: *Er schrieb die Komposition ins Reine.*

coquet To coquet with a man: *Mit einem Mann liebäugeln, flirten.* To coquet with s.b.'s feelings: *Einer Person Gefühle auf die leichte Schulter nehmen.*

cork To cork a bottle: *Eine Flasche zu-, verkorken.* To cork up one's feelings: *Die eigenen Gefühle unterdrücken.* To be like a cork: *Sich nicht unterkriegen lassen.*

corner To corner goods (comm.): *Waren (in großen Mengen) aufkaufen, um die Preise in die Höhe zu treiben.* They cornered him: *Sie trieben ihn in die Enge (auch i.ü.S.).*

correct To correct an exercise, a mistake, a proof: *Eine Übung, einen Fehler, einen (mathematischen) Beweis korrigieren.* To correct a child: *Ein Kind bestrafen.* To correct oneself: *Sich bessern.*

correspond To correspond with s.b.: *Sich mit jemandem schreiben; mit jemandem brieflich korrespondieren.* This corresponds to his needs: *Dies entspricht seinen Bedürfnissen.*

cost (1) Cost-of-living bonus: *Teuerungszulage.*

cost (2) It cost him much labour: *Es kostete ihm große Anstrengung.* It cost me something like two hundred pounds: *Es hat mich ungefähr zweihundert Pfund gekostet.* Cost what it may: *Koste es was es wolle! Um jeden Preis!* At all cost, at any cost: *Um jeden Preis.* To spare no cost: *Keine Kosten scheuen.* To s.b.'s cost: *Aus eigener Erfahrung.*

cotton To cotton to s.b. (pop.): *Zuneigung zu jemandem fassen.* To cotton up to s.b. (pop.): *Sich an jemanden heranmachen.*

couch To couch a cataract, the eye (med.): *Einen grauen Star stechen, entfernen.* To couch a spear: *Einen Speer einlegen.*

cough To cough out (up): *Etwas (hustend) ausspucken; herausrücken mit etwas (Geld, Wahrheit).* Cough it up! *Heraus mit der Sprache!*

count To count the ballot papers: *Die Stimmzettel auszählen.* To count one's beads: *Den Rosenkranz aufsagen.* To count one's chickens before they are hatched (colloq.): *Den Tag vor dem Abend loben.* To count the cost: *Das Risiko kalkulieren (bei einer Unternehmung).* To count noses: *Die Anwesenden zählen.* It counts two: *Es zählt für zwei, ist zwei wert.* To count without one's host: *Die Rechnung ohne den Wirt machen.* He counts himself fortunate: *Er schätzt sich glücklich.* To count by tens: *In Zehnersprüngen zählen.* It counts for much (for little): *Es ist viel (nichts) wert.* He counted on you to help him: *Er zählte auf deine Hilfe.* To count out the house: *Eine Vertagung des* *(britischen) Unterhauses durchsetzen, weil weniger als 40% der Abgeordneten anwesend sind.* To count out a measure: *Eine Maßnahme verwerfen.* He counted the pupils over: *Er zählte die Schüler nach.* To count up to years (days, weeks): *Zu Jahren (Tagen, Wochen) werden.* To count up: *Zusammenzählen, durchrechnen.*

countenance (1) To countenance a decision, a practice: *Eine Entscheidung unterstützen, eine Gewohnheit ermutigen. (Teilweise „dulden, billigen").*

countenance (2) His countenance fell: *Er machte ein langes Gesicht.* To change the countenance: *Den Gesichtsausdruck wechseln.*

counterfeit To counterfeit money: *Geld fälschen.* He counterfeited his friend's voice: *Er machte die Stimme seines Freundes nach.*

courage His courage failed him: *Sein Mut verließ ihn.* To have the courage of one's convictions: *Zivilcourage haben; sich den eigenen Überzeugungen entsprechend verhalten; konsequent sein.* To pluck up the courage / screw up one's courage (to do s.th.): *All seinen Mut zusammennehmen.*

course In due course: *Zu gegebener Zeit.* In the course of time: *Im Laufe der Zeit.* Of course: *Natürlich, selbstverständlich.*

court (1) To court a woman: *Einer Frau den Hof machen.* To court danger, popularity: *Die Gefahr herausfordern, der Beliebtheit hinterherrennen.* To court an opportunity: *Eine gute Gelegenheit suchen; nach einer guten Gelegenheit streben.*

court (2) In court: *Vor Gericht.* To take the court: *Vor Gericht bringen.* That is out of court: *Das kommt nicht in Frage.* High, Supreme Court: *Oberster Gerichtshof.*

cousin A cousin in the second degree: *Ein Vetter zweiten Grades.*

Coventry To send s.b. to Coventry: *Jemanden links liegen lassen, kaltstellen, ausschließen.*

cover To cover a boxing-match: *Von einem Boxkampf berichten.* He covered the distance in two hours: *Er legte die Entfernung in zwei Stunden zurück.* To cover much ground: *Rasch, gut vorankommen (auch i.ü.S.).* To cover a subject: *Ein Thema abhandeln.* To cover in a hole: *Sich in ein Loch kauern.* To cover s.th. up with straw: *Etwas notdürftig verbergen.* He covered up his crime: *Er vertuschte sein Verbrechen.* To cover (up) one's tracks: *Seine Spuren verwischen.* Under cover of: *Unter dem Deckmantel von.* Under cover: *In Deckung; versteckt.*

cow That cow is a good (bad) milker: *Diese Kuh gibt viel (wenig) Milch.* Till the cows come home: *Eine Ewigkeit; ohne Ende; bis man schwarz wird.*

cowards Cowards die many times before their deaths (prov.): *Ein Feigling stirbt (vor Angst) tausend Tode.*

cowl The cowl does not make the monk (prov.): *Eine Mönchs-*

kutte macht noch keinen Mönch; eine Krone macht noch keinen König.

cozen To cozen s.b. into doing s.th.: *Jemanden verleiten, etwas zu tun.*

crack To crack a book (colloq.): *Ein Buch lesen.* To crack a bottle: *Einer Flasche den Hals brechen.* To crack a difficult case (colloq.): *Einen schwierigen Fall knacken, lösen.* To crack a joke: *Einen Witz reißen.* To crack nuts: *Nüsse knacken.* To crack a smile (pop.): *(Breit) lächeln.* He cracked the whip: *Er knallte mit der Peitsche.* To crack s.b., s.th. up to the nines: *Jemanden, etwas in den Himmel heben.* He cracked (up) under the strain: *Er brach unter der Last, unter dem Stress zusammen.* At the crack of dawn: *Im Morgengrauen.*

cram She crammed the linen in a trunk: *Sie stopfte die Wäsche in eine Truhe.* To cram oneself with food: *Sich mit Essen vollstopfen.* To cram for an examination: *Für eine Prüfung büffeln, ochsen.* To cram one's opinions down s.b.'s throat: *Jemandem seine Ansichten unter die Nase reiben.*

crane To crane one's neck: *Sich den Hals verrenken.* To crane at a difficulty: *Angesichts einer Schwierigkeit zögern; vor einer Schwierigkeit zurückschrecken.*

crash To crash to the ground: *Abstürzen, am Boden zerschellen (Flugzeug).* To crash down: *Abstürzen; herniederstürzen.* To crash in: *Hereinplatzen.* To crash into each other: *Ineinander rennen; zusammenstoßen.*

crave To crave forgiveness, mercy: *Vergebung, Barmherzigkeit erflehen.* To crave the ear of s.b.: *Um Anhörung bitten, um Gehör flehen.* To crave for affection: *Sich nach Zuneigung sehnen.* To crave for rest: *Sich nach Ruhe, nach einer Pause sehnen.*

crawl To crawl on the ground: *Auf dem Boden kriechen.* To crawl on all fours: *Auf allen Vieren kriechen.* To crawl out: *Herauskriechen.* To crawl with ants: *Von Ameisen wimmeln.*

crazy (crazed) He is crazy (crazed) about swimming: *Er ist begeisterter Schwimmer; er ist ganz verrückt darauf zu schwimmen.*

creak To creak one's shoes: *Mit den Schuhen knirschen.* Creaking doors hang longest (prov.): *Wer immer über seine Gesundheit jammert, wird uralt.*

cream To cream milk: *Milch versahnen.*

crease To crease one's trousers: *Seine Hosen zerknittern.*

create To create confusion: *Verwirrung stiften.* To create a disturbance: *Einen Tumult, eine Störung verursachen.* To create a furore, a sensation: *Eine Sensation, einen Aufruhr erzeugen, hervorrufen.* To create about nothing: *Wegen nichts Staub aufwirbeln.*

credit To credit a story: *Einer Geschichte Glauben schenken.* They credited him with fifty pounds, they credited fifty pounds to him: *Sie schrieben ihm 50 Pfund gut.* They credited him with great courage: *Sie erkannten seinen großen Mut an.*

creep To creep about the house: *Durchs Haus schleichen.* He crept along the wall: *Er kroch an der Mauer entlang.* Old age is creeping upon me: *Das Alter holt mich ein.*

crib To crib a passage (colloq.): *Einen Abschnitt (von einem anderen Autoren heimlich) abschreiben.*

crick He cricked his neck: *Er verrenkte sich den Hals.*

cricket To be as lively as a cricket: *Munter und fidel sein.* It is not cricket (colloq.): *Es ist nicht fair (anständig, ehrlich).*

crime Crime does not pay (prov.): *Verbrechen zahlt sich nicht aus.*

cripple To cripple along: *Daherhumpeln.*

croak To croak disasters: *Schwarz sehen, unken; Unglück prophezeien.*

crook To crook one's arm: *Sich den Arm verbiegen.* To crook the elbow (pop.): *Sich einen hinter die Binde kippen.* On the crook: *Unehrlich.* He is a crook: *Er ist ein Gauner.*

crop To crop s.b.'s feathers: *Jemandem die Flügel stutzen; jemanden demütigen.* To crop a lawn: *Den Rasen mähen.* He cropped up from behind the tree: *Er tauchte plötzlich hinter dem Baum auf.*

cross (1) To cross the bar: *Sterben, das Zeitliche segnen.* To cross a bridge when one comes to it: *Sich mit einem Problem zu seiner Zeit, wenn es aktuell ist, beschäftigen.* To cross the drink (pop.): *Den Ozean überqueren.* To cross one's fingers: *Die Daumen drücken.* To cross one's heart: *Die Hand aufs Herz legen (um mehr Glaubwürdigkeit zu erlangen).* To cross the line: *Den Äquator überqueren.* They crossed the line into France: *Sie passierten, überquerten die Grenze nach Frankreich.* To cross one's mind: *Jemandem in den Sinn kommen, einfallen.* To cross s.b.'s path: *Einer Person Weg kreuzen.* To cross one's plans. *Seine Pläne durchkreuzen.* To cross swords with s.b: *Die Klingen mit jemandem kreuzen; sich messen mit jemandem.* To cross the threshold: *Die Schwelle überschreiten.* To cross one's „t's" and dot one's „i's": *Klarheit in die Sache bringen; letzte Hand anlegen.* She crossed herself: *Sie bekreuzigte sich.* To cross over: *Herüberwechseln (auf die andere Straßenseite z.B.).* To talk at cross purposes: *Aneinander vorbeireden.*

cross (2) He is as cross as two sticks (colloq.): *Er ist höchst verdrossen, verärgert.* No cross, no crown: *Ohne Fleiß, kein Preis.* To bear one's cross: *Sein Kreuz auf sich nehmen.*

crow (1) To crow over a victory: *Sich überglücklich über einen Sieg freuen.*

crow (2) I have a crow to pluck with you: *Ich habe ein Hühnchen mit dir zu rupfen.* As the crow flies: *In gerader Linie, Luftlinie.*

crowd To crowd people in a room: *Menschen in einen Raum stopfen.* To crowd an engine (autom.): *Einen Motor hochjagen, überdrehen.* They crowded out of the theatre: *Sie verließen in Massen das Theater.* They crowded round the winner: *Sie drängten sich um den Gewinner.* That would pass in a crowd: *Das ginge eben noch an.*

crown That crowns all! *Das schlägt dem Faß den Boden aus!* They crowned the feast with a bottle of whisky: *Sie krönten das Festmahl mit einer Flasche Whisky.* They crowned him king: *Sie krönten ihn zum König.* To crown a tooth: *Einen Zahn überkronen (medizinisch).* Crowned with success: *Mit Erfolg gekrönt.*

crumble To crumble one's bread: *Sein Brot zerbröckeln, zerkrümeln.* To crumble away: *Zer-, verfallen; zu Grunde gehen.* To crumple up: *Zerknittern, zerknüllen; vernichten; einstürzen.* He crumpled up under the strain: *Er brach unter der Belastung zusammen.*

crunch To crunch a biscuit, a bone: *Einen Keks (knirschend) zerkauen; einen Knochen zermalmen.* To crunch one's way through the ice: *Sich seinen Weg durchs Eis brechen (Schiffe).*

crush To crush grapes: *Weintrauben keltern.* They crushed their enemies: *Sie vernichteten den Feind.* To crush a cup of wine (colloq.): *Ein Glas Wein trinken.* To crush (down) a rebellion: *Einen Aufstand niederschlagen.* He was crushed down by grief: *Er war vom Kummer überwältigt.* He crushed out the fire: *Er trat das Feuer aus.* He crushed his way through the crowd: *Er brach sich seinen Weg durch die Menge.* To crush s.th. to pieces: *Etwas in Stücke zerschmettern.* To crush (up) a coat, a sheet of paper: *Einen Mantel, ein Stück Papier zerknüllen.*

cry To cry blue murder (pop.): *Zeter und Mordio schreien.* To cry craven: *Sich ergeben; sich als besiegt erklären.* She cried her fill: *Sie weinte sich die Augen aus.* To cry a halt: *Zum Halten aufrufen.* To cry halves: *Die Hälfte von etwas beanspruchen.* To cry quits: *Seine Rechnung mit jemandem für ausgeglichen erklären.* To cry stinking fish: *Übles nachsagen.* To cry wolf: *Blinden Lärm, Alarm schlagen.* To cry against s.b.: *Gegen jemanden schimpfen, wettern.* To cry off from a thing: *Sich von etwas lossagen; von etwas zurücktreten.* To cry s.b. down: *Jemanden verunglimpfen.* To cry for mercy: *Gnade erflehen.* To cry for the moon: *Etwas Unmögliches wünschen; Unerreichbares erstreben.* To cry in pain: *Vor Schmerzen schreien.* To cry off from an engagement: *Sich von einer Verpflichtung lossagen.* To cry over the past: *Die Vergangenheit beklagen.* It's no use crying over spilt milk (prov.): *Es hat keinen Sinn, schon Geschehenes zu beklagen.* To cry s.b. up: *Jemanden laut rühmen.*

cuddle To cuddle a child: *Ein Kind herzen, „knuddeln".* He cuddled up under the blankets: *Er kuschelte sich unter den Decken zusammen.*

cudgel To cudgel one's brains: *Sich den Kopf zerbrechen.*

cultivate He cultivated his accent: *Er verfeinerte seinen Akzent.* To cultivate bluntness: *Offenheit mögen.* To cultivate land, the sciences: *Land bestellen, die Wissenschaften fördern.*

cunning He is a cunning blade: *Er ist ein gewitzter Kerl.*

cup His cup of happiness was filled (full): *Sein Glück war vollkommen.* It isn't my cup of tea: *Das ist nicht nach meinem Geschmack; es geht mich nichts an.* He was a cup too low: *Er war mißgestimmt.*

curb To curb a horse: *Ein Pferd zügeln.* To curb one's tongue: *Seine Zunge in Acht nehmen.* To curb one's passions: *Seine Leidenschaften im Zaum halten.*

cure To cure a disease: *Eine Krankheit heilen.* To cure meat: *Fleisch haltbar machen (einpökeln).* To cure poverty, unemployment: *Armut, Arbeitslosigkeit beheben.*

curl To curl one's lips: *Seine Lippen verächtlich schürzen, aufwerfen.* To curl water: *Wasser kräuseln.* To curl up the corners of a book: *Einem Buch Eselsohren machen; die Ecken der Seiten umknicken.* To curl (oneself) up: *Sich zusammenrollen.* To curl up: *Sich hochringeln (Rauch); zusammenbrechen.*

curry To curry (-comb) a horse: *Ein Pferd striegeln.* She curried favour with her principal: *Sie schmeichelte sich beim Schuldirektor ein.*

curse (1) To curse with (by) bell, book and candle: *Etwas feierlich verfluchen.* He is cursed with a peevish wife: *Er ist mit einer grämlichen Frau geschlagen.*

curse (2) Curses, like chickens, come home to roost (prov.): *Wer anderen eine Grube gräbt, fällt selbst hinein.*

curtail To curtail expenses: *Ausgaben kürzen.* To curtail a speech: *Eine Ansprache kürzen.*

curtain The curtain rises, falls (drops): *Der Vorhang hebt sich, fällt.* To ring down the curtain on s.th.: *Etwas abbrechen.*

curve To curve in and out: *Sich schlangenförmig biegen; sich schlängeln (Straße z.B.).*

cushy It's a cushy life (colloq.): *Es ist ein herrliches Leben; ein Leben wie im Schlaraffenland.*

custom It is his custom (a custom with him) to go to bed late: *Es ist seine Gewohnheit, spät zu Bett zu gehen.*

customer A regular customer: *Ein Stammkunde.*

cut (1) It cuts both ways: *Es ist ein zweischneidiges Schwert.* To cut the cackle (colloq.): *Zum entscheidenden Punkt kommen.* To cut a caper: *Im Viereck springen, einen Luftsprung machen.* To cut the cards: *Die Karten abheben.* To cut a class: *Den Unterricht schwänzen.* To cut one's coat according to one's cloth (prov.): *Sich nach der Decke strecken.* Cut the comedy! (pop.): *Laß den Quatsch!* To cut a dash: *Eine großartige Figur machen; sich großartig schlagen.* He cut me dead: *Er ignorierte mich vollständig; er tat so als würde er mich nicht kennen.* To cut it fat: *Prunken; zur Schau stellen; angeben.* To cut it fine (colloq.): *Es haarscharf darauf ankommen lassen; noch gerade* *zur rechten Zeit kommen.* To cut a fine figure: *Eine gute Figur machen.* To cut the gordian knot: *Den Gordischen Knoten zerschlagen.* To cut a holiday short: *Ferien abbrechen.* That cuts no ice with me: *Das lässt mich kalt; das zieht bei mir nicht.* To cut a joke: *Einen Witz reißen, erzählen.* To cut a long story short ...: *Um es kurz zu machen.* To cut loose (USA): *Kein Blatt vor den Mund nehmen; sich befreien, entfliehen.* To cut one's lucky (pop.): *Abhauen; sich aus dem Staub machen.* To cut the mustard (pop.): *Ein gutes Niveau erreichen.* To cut no figure, no ice: *Ohne Bedeutung sein; unbeachtet sein.* Cut the noise! (pop.:) *Sei still!* To cut the painter: *Eine Verbindung lösen; sich aus dem Staub machen.* To cut a poor figure: *Eine schlechte Figur machen.* He cut the red light: *Bei roter Ampel über die Kreuzung fahren.* To cut and run (for it): *Sich aus dem Staub machen; abhauen.* She cut him short: *Sie unterbrach ihn; sie fiel ihm ins Wort.* To cut one's way: *Sich seinen Weg bahnen.* He cut the whole concern: *Er wischte alle Bedenken beiseite.* To cut wine: *Wein verschneiden.* Cut along now! *Hau jetzt ab!* To cut (down) a speech: *Eine Rede kürzen.* To cut s.b. down to size: *Jemanden wieder auf den Boden der Tatsachen zurückbringen.* They cut the grass (the ground) from under his feet: *Sie zogen ihm den Teppich unter den Füßen weg.* To cut to the quick: *Ins lebendige Fleisch (bis auf die Nerven) schneiden; jemanden tief verletzen.* To cut s.b. up: *Jemanden quälen, belasten.* To cut up badly in a race (pop.): *Sich in einem Wettkampf schlecht benehmen.* To cut up fat, well (colloq.): *Reich sterben.* To cut up rough (colloq.): *Aufgebracht sein; rauhbeinig werden.*

cut (2) Cut and thrust: *Harter (Wett-) Kampf.* That was a cut at me: *Dieser Seitenhieb galt mir.*

D

dabble To dabble one's hands in the water: *Mit den Händen im Wasser planschen, plätschern.* She dabbles in (at) literature: *Sie befasst sich oberflächlich, aus Liebhaberei, mit Literatur.*

dagger To be at daggers drawn with s.o.: *Mit jemandem auf Kriegsfuß stehen.* To look daggers at: *Feindselige Blicke zuwerfen.*

dally To dally with s.b.'s affections: *Mit jemandem tändeln, liebäugeln.* To dally over one's work: *Zeit bei der Arbeit vertrödeln.*

damn Damn it all! *Verflucht! Verdammter Mist!* Damn you! *Zum Teufel mit dir!* Not give a damn: *Sich einen Dreck daraus machen.*

damp To damp a sound: *Ein Geräusch dämpfen.* To damp down a fire: *Ein (Lager-)Feuer verkleinern.* To damp off: *Aufgrund der Luftfeuchtigkeit verfaulen.* To cast a damper on: *Entmutigen; lähmend wirken auf; einen Schatten werfen auf.*

dance To dance after (to) s.b.'s pipe (tune): *Jemandem nach der Pfeife tanzen.* To dance on (upon) nothing: *Sich über nichts und wieder nichts aufregen.* To dance to another tune: *Seinen Mantel nach dem Wind hängen.* She danced her shoes to pieces: *Sie zertanzte ihre Schuhe.*

dandle To dandle a baby on one's knees: *Ein Kind auf den Knien schaukeln.*

dangle To dangle one's legs: *Seine Beine baumeln lassen.* To dangle about (after, round) s.b. (old): *Sich jemandem anhängen; jemandem nachlaufen.*

dare I dare not do it: *Ich wage nicht, es zu tun.* I dare say: *Ich darf wohl sagen, dass ...* He dared many dangers: *Er setzte sich vielen gefährlichen Wagnissen aus.* He dared a remark: *Er riskierte eine Bemerkung.* Don't you dare: *Untersteh dich!*

dark To work on the dark side of things: *Alles von der Schattenseite betrachten.* A leap in the dark: *Ein Sprung ins Ungewisse.* The Dark Ages: *Das Mittelalter.*

darken To darken the sky: *Den Himmel verdunkeln.* To darken s.b.'s door(s): *Jemandem einen Besuch abstatten.*

darkness Darkness closed about us: *Die Dunkelheit umschloss uns.*

dart To dart a harpoon: *Eine Harpune schleudern, werfen.* She darted an angry look at him: *Sie warf ihm einen zornigen Blick zu.* He darted away: *Er schoß davon.* To make a dart at s.th.: *Sich auf etwas stürzen.*

dash To dash s.b.'s hopes: *Jemandes Hoffnungen zerschlagen.* Dash it all! (pop.): *Verflucht! Verflucht sei alles! Verflixt!* To dash wine with water: *Wein mit Wasser verschneiden.* He dashed at the stranger: *Er warf sich, stürzte sich auf den Fremden.* To dash away: *Davonstürzen.* He dashed into the room: *Er stürzte, stürmte in das Zimmer.* They dashed some water on her face: *Sie spritzten, sprenkelten ein wenig Wasser auf ihr Gesicht.* To dash to pieces: *In Stücke (zer)schlagen.*

date To date a letter: *Einen Brief datieren.* It dates from (back to) the eleventh century: *Es rührt noch aus dem elften Jahrhundert her (Tradition, Brauch); es geht bis in das elfte Jahrhundert zurück; es lässt sich bis in das elfte Jahrhundert zurückverfolgen.* At long, short date: *Auf lange Sicht, kurzfristig.* To have a date: *Sich verabreden.*

daub To daub a wall with plaster: *Eine Wand mit Mörtel verputzen.* To daub a painting: *Ein Gemälde besudeln, beklecksen.*

dawn (1) It dawned on (upon) him that he was wrong: *Ihm wurde langsam klar, dass er sich irrte.*

dawn (2) Dawn is breaking: *Der Morgen graut.*

day His day is done: *Seine Zeit ist vorbei; die Zeit seines Erfolges gehört der Vergangenheit* *an.* His days are numbered: *Seine Tage sind gezählt.* His day has come: *Sein Tag ist gekommen.* To end one's days: *Sein Leben beenden.* To keep one's days: *Seine Termine einhalten.*

day-dream To day-dream: *Mit offenen Augen am Tag träumen.*

daylight Daylight is failing: *Es wird dunkel.* To see daylight: *Kapieren; das Ende absehen.*

daze She dazed him with her beauty: *Sie betäubte, lähmte ihn mit ihrer Schönheit.*

dazzle To dazzle a motorist: *Einen Motoradfahrer blenden.* She dazzled him with her beauty: *Sie blendete, verwirrte ihn mit ihrer Schönheit.*

dead That has been dead and buried a long time: *Darüber ist längst Gras gewachsen.* He was as dead as a door nail (as a mutton): *Er war auf der Stelle tot; mausetot.* To wait for dead men's shoes: *Auf Erbschaft lauern.* Dead men tell no tales (prov.): *Tote reden nicht, verraten nichts.* He is the dead spit of his brother (colloq.): *Er ist das genaue Ebenbild seines Bruders, dem Bruder wie aus dem Gesicht geschnitten.* He is dead sure of it: *Er ist sich ganz sicher darüber; er ist todsicher darüber.* Dead to rights (pop.): *Sicher; absolut.*

deaden To deaden a noise, a sound: *Einen Lärm, ein Geräusch abschwächen, dämpfen.* To deaden pain: *Schmerz betäuben.*

deaf He is deaf in one ear: *Er ist auf einem Ohr taub.* He is as deaf as an adder, as a doornail, as a post: *Er ist stocktaub.*

deal (1) To deal the cards: *Die Karten austeilen.* I dealt directly with him: *Ich hatte es direkt mit ihm zu tun.* They dealt fairly with him: *Sie behandelten ihn gerecht.* To deal in wine, in books: *Mit Wein, mit Büchern handeln.* It deals with the plot: *Es handelt von der Verschwörung.* To deal with a difficult subject, with a serious problem: *Sich mit einem schwierigen, ernsthaften Problem befassen.*

deal (2) It's a deal! (USA): *Abgemacht! Es ist eine beschlossene Sache! Das Geschäft ist beschlossene Sache.* It's your deal: *Du bist dran, die Karten auszuteilen.*

dear Dear (me)! *Ach Gott! Herrje! Ach du meine Güte!* Oh, dear me, no! *Ausgeschlossen; auf keinen Fall.* Dear knows: *Gott allein weiß es.*

death Death comes to all men: *Jeder Mensch muss sterben.* It is death to me to have to go away: *dass ich hier weg muss, ist mein Tod.* He is death on music (pop.): *Er ist völlig in Musik vernarrt.* Death pays all debts, quits all scores (prov.): *Der Tod begleicht alle Rechnungen.*

debase To debase oneself: *Sich herabwürdigen; sich erniedrigen.*

debate To debate on religion: *Über Religion streiten, debattieren.* He debated with himself what to do: *Er erwägte, was zu tun sei.* After much debate: *Nach langem Hin und Her.*

debit They debited him (his account) with twenty pounds, twenty pounds against (to) him:

Sie belasteten ihn (auf seinem Konto) mit zwanzig Pfund.

decant To decant wine: *Wein um-, abfüllen.*

deceive To deceive oneself: *Sich täuschen; sich einer Täuschung hingeben.* He deceived me into doing that: *Er betrog mich; er täuschte mich dahingehend, es zu tun.*

decide To decide s.b.'s fate: *(Über) jemandes Schicksal entscheiden.* He decided against following their advice: *Er entschied sich dagegen, ihrem Rat zu folgen.* He decided for himself: *Er entschied ganz allein.* To decide on war: *(Sich) für den Krieg entscheiden.*

deck To deck a ship with flags: *Ein Schiff beflaggen.* They decked the streets with flags: *Sie schmückten die Straßen mit Fahnen.* She decked herself out: *Sie staffierte sich aus; sie schmückte sich; sie putzte sich heraus.*

declare To declare peace: *Frieden ausrufen, erklären.* To declare war against (on) s.b.: *Jemandem den Krieg erklären.* He declared himself: *Er erklärte sich; er offenbarte sich.* Well, I declare! *Na, so etwas!* To declare off a contract: *Einen Vertrag aufheben, annullieren.*

decline To decline an invitation: *Eine Einladung abschlagen.* To decline a noun: *Ein Nomen deklinieren.* To decline from the right path: *Vom rechten Pfad abkommen.* He spent his declining years in Spain: *Er verbrachte seine alten Tage in Spanien.*

dedicate To dedicate one's life to study: *Sein Leben dem Studium widmen.* He dedicated the book to his mother: *Er widmete das Buch seiner Mutter.*

deduct To deduct expenses (comm.): *Ausgaben (von einem Betrag) abziehen.*

deeds Deeds are better than words; deeds, not words (prov.): *Taten sprechen mehr als Worte. Lasst Taten folgen!* In word and deed: *In Wort und Tat.* To draw up a deed: *Eine Urkunde ausstellen.*

deem I deemed it my duty to tell him: *Ich hielt es für meine Pflicht, es ihm zu sagen.* He deemed highly of his son-in-law: *Er hatte eine hohe Meinung von seinem Schwiegersohn.*

deep He is a deep one (pop.): *Er ist ein schlauer Fuchs.* He is a deep-dyed villain: *Er ist ein großer Bösewicht.* To go off the deep end: *Aufbrausen.* Still waters run deep: *Stille Wasser sind tief.* To deep-six it: *Es auf ewig loswerden.*

deepen To deepen colours: *Farben verstärken, kräftiger machen.* To deepen one's knowledge: *Sein Wissen vertiefen.*

deeply He is deeply (involved) in debt: *Er steckt tief in Schulden.*

defeat To defeat the enemy: *Den Feind besiegen.* To defeat s.b.'s plans: *Jemandes Pläne durchkreuzen.* He defeated his own ends: *Er trat sich selbst auf die Füße.* That defeats the purpose: *Das verfehlt den Zweck.*

defend To defend a position (milit.): *Eine Stellung verteidi-*

gen. He defended his conduct: *Er verteidigte sein Verhalten.* They defended themselves from the enemy's attack: *Sie verteidigten sich gegen den Angriff des Feindes.*

defer To defer payment: *Eine Zahlung aufschieben, hinausschieben.* He deferred to my judgement: *Er beugte sich meinem Urteil.*

define He defined his position: *Er erklärte seine Position, seine Ansichten.* They defined the boundaries of the territory: *Sie legten die Grenzen des Territoriums fest.* To be defined against: *Sich abheben von, gegen.*

defraud They defrauded him of all his money: *Sie betrogen ihn um all sein Geld.* With intend to defraud: *In betrügerischer Absicht.*

defy To defy the law: *Dem Gesetz trotzen; das Gesetz verachten, mißachten.* To defy the centuries: *Den Jahrhunderten trotzen (Bauwerk z.B.); überstehen.*

degrade To degrade an officer: *Einen Offizier degradieren, (im Dienstgrad) herabsetzen.* To degrade oneself: *Sich selbst erniedrigen, herabwürdigen.*

degree By degrees: *Stufenweise.* In some degree: *Einigermaßen.* In its degree: *In, auf seine(r) Art, Weise.* To take one's degree: *Promovieren.*

delay To delay on one's way: *Sich auf seinem Weg verspäten.* They delayed their departure, their journey: *Sie verschoben, verlegten ihre Abreise, ihre Reise auf später.*

delight Delighted to meet you: *Hocherfreut, Sie zu treffen.* To the delight of: *Zur großen Freude.* I shall be delighted: *Es wird mir ein Vergnügen sein.*

deliver To deliver an attack: *Einen Angriff führen.* To deliver a blow: *Einen Schlag versetzen.* To deliver a certificate, a deed: *Eine Bescheinigung aushändigen, eine Urkunde ausstellen.* She was delivered of a fine child: *Sie wurde von einem gesunden Kind entbunden.* To deliver judgement on s.b.: *Ein Urteil über jemanden aussprechen.*

delve To delve the ground: *Den Boden umgraben.* To delve into chemistry: *Sich in die Chemie vertiefen; die Chemie erforschen, ergründen.* To delve into the past: *In der Vergangenheit herumstöbern.*

demand (1) This demands great care: *Das erfordert große Vorsicht, Aufmerksamkeit.* He demanded his pound of flesh: *Er wollte auf Heller und Pfennig genau bezahlt werden.*

demand (2) Demand determines supply (comm.): *Die Nachfrage bestimmt das Angebot.* The demand for jobs exceeds the supply: *Die Nachfrage nach Arbeitsplätzen übersteigt das Angebot.* To be in poor demand: *Nicht gefragt sein.*

demean To demean oneself like a gentleman: *Sich wie ein Ehrenmann benehmen.* To demean oneself: *Sich erniedrigen.*

demon He is a demon for work: *Er ist ein Arbeitstier.*

demonstrate They demonstrated against the rising cost of living: *Sie demonstrierten gegen* *die steigenden Lebenserhaltungskosten.*

dent He has dented my car: *Er hat meinen Wagen eingebeult.*

deny To deny one's faith, one's religion: *Seinen Glauben, seine Religion abstreiten, leugnen, verneinen.* To deny one's signature: *Seine Unterschrift nicht wiedererkennen und daher nicht anerkennen.* He denied his word: *Er nahm sein Wort zurück.* He denies himself everything: *Er versagt sich alles; er gönnt sich nichts.* To deny all responsibility: *Alle Verantwortung ablehnen.* I don't deny that: *Das streite ich nicht ab; das stelle ich nicht in Frage.*

depart To depart (from) this life: *Aus diesem Leben scheiden.* He departed from his word: *Er hielt nicht Wort; er handelte seinem Wort, Versprechen zuwider.*

depend It (all) depends! *Es hängt davon ab! Es kommt darauf an! Das kann man nicht verallgemeinern.* (You may) depend on (upon) it! *Du kannst dich darauf verlassen! Verlass dich drauf!* You can depend on me: *Du kannst dich auf mich verlassen.*

deploy To deploy the troops: *Truppen verteilen, aufmarschieren lassen, stationieren.*

deposit He deposited some money in an English bank: *Er hinterlegte, deponierte einiges Geld in einer englischen Bank.*

depress To depress a lever: *Einen Hebel herunterdrücken.* To depress one's voice: *Seine Stimme senken.* This depresses me beyond measure: *Dies bedrückt mich, deprimiert mich über alle Maßen.*

deprive To deprive s.b. of freedom, of honour: *Jemanden der Freiheit, der Ehre berauben.* He deprived himself of all comfort: *Er entbehrte (freiwillig) jeglicher Bequemlichkeit.* He was deprived of all his possessions: *Er wurde um all seinen Besitz gebracht.*

derange To derange s.b.'s ideas: *Jemandes Ideen verwirren, in Unordnung bringen.* To derange s.b.'s mind: *Jemandes Geist verwirren.*

derive To derive a word from Latin: *Ein Wort aus dem Lateinischen ableiten.* He derives great consolation from study: *Er schöpft großen Trost aus dem Studium.* They derive themselves from noble ancestors: *Sie stammen von edlen Vorfahren ab.*

descant To descant on (upon) s.th.: *Sich über etwas auslassen.*

descend To descend the stairs: *Die Treppen herabsteigen, herabkommen.* He descends from (of) an old family: *Er ist der Nachkomme einer alten Familie.* To descend from father to son: *Sich vom Vater auf den Sohn vererben.*

describe To describe a circle, a curve: *Einen Kreis, eine Kurve beschreiben.* He described himself as an engineer: *Er bezeichnete sich selbst als Ingenieur.* To describe s.b. to a hair: *Jemanden bis aufs Haar (genau) beschreiben.*

desert To desert one's post, one's regiment: *Seinen Posten ver-*

lassen, desertieren. He deserted his wife and children: *Er verließ seine Frau und Kinder; er ließ Frau und Kinder im Stich.* They deserted in a body: *Sie flohen, desertierten in Massen.*

deserve He deserves a good beating: *Er verdient eine gehörige Tracht Prügel.* They deserved well (ill) of their country: *Sie haben sich um ihr Land verdient gemacht; sie haben ihrem Land keine Ehre gemacht.*

design To design a son for the army: *Einen Sohn für die Armee bestimmen; für einen Sohn eine Karriere in der Armee planen.* They designed him for that service: *Sie haben ihn für diesen Dienst ausersehen.* He designs for a big firm: *Er macht Entwürfe für eine große Firma.*

designate To designate limits: *Grenzen, Limits bezeichnen, kennzeichnen.* They designated him for (to) that enterprise: *Sie bestimmten ihn für dieses Unternehmen; sie ersahen ihn für dieses Unternehmen aus.*

desire He desired her happiness: *Er wünschte ihr Glück.* They desire you to wait: *Sie wünschen, dass du wartest.* To leave much to be desired: *Viel zu wünschen übrig lassen.*

desist He desisted from pursuing his aim: *Er nahm Abstand davon, seine Pläne durchzuführen.*

despair He despaired of success: *Er gab die Hoffnung auf Erfolg auf.* She despaired of their saving her husband: *Sie gab die Hoffung auf, dass sie ihren Mann retten würden.*

desperate Desperate diseases require desperate remedies (prov.): *Außergewöhnliche Krankheiten fordern außergewöhnliche Mittel, d.h. man muss seine Mittel dem Anlass angemessen wählen.*

destine To destine a son for the army: *Einen Sohn für die Armee bestimmen.* They are destined for Berlin: *Sie sind unterwegs nach Berlin.* It was destined to happen: *Es musste so kommen.*

destroy To destroy an army, a town: *Eine Armee vernichten, eine Stadt zerstören.* To destroy s.b.'s hopes: *Jemandes Hoffnungen zerstören.* To destroy suspicions: *Einen Verdacht beseitigen, zerstören.*

detach To detach a coupon: *Einen Kupon lösen, abtrennen.* To regard things with a detached mind: *Etwas objektiv; unparteiisch ansehen; mit Abstand betrachten.* We live in a detached house: *Wir wohnen in einem Einzelhaus.*

detail To detail a story: *Eine Geschichte ausführlich erzählen.*

detain He detained me for half an hour: *Er hielt mich eine halbe Stunde lang auf, zurück.*

detect They detected the culprit: *Sie ermittelten den Schuldigen, den Übeltäter.* I detected him (in) stealing money: *Ich ertappte ihn dabei, als er Geld stahl.*

deter To deter s.b. from doing s.th.: *Jemanden davon abschrecken, etwas zu tun.*

determine That determined his behaviour (character, fate): *Das bestimmte sein Verhalten (seinen Charakter, sein Schicksal).* That determined him on leaving us at once: *Das veranlaßte ihn, uns sofort zu verlassen.*

detract They detracted nothing from his merits: *Sie schmälerten keine seiner Leistungen.*

deuce (The) deuce take him! *Der Teufel hole ihn!* It's the deuce to pay: *Es ist eine fatale Geschichte; das dicke Ende kommt noch.* What the deuce! *Was zum Teufel!* To play the deuce with s.th., s.o.: *Schindluder mit jemandem (etwas) treiben.*

develop To develop a film: *Einen (photographischen) Film entwickeln.* To develop an illness: *Eine Krankheit bekommen, „ausbrüten".* He developed bad tendencies: *Er entwickelte schlechte Gewohnheiten.* To develop an idea, a subject: *Eine Idee, ein Thema weiterentwickeln.*

deviate To deviate from the right path: *Vom rechten Pfad abkommen.* To deviate from truth: *Von der Wahrheit ablenken; von der Wahrheit abweichen.*

devil Devil among the tailors (colloq.): *Höllenlärm; höllisches, wüstes Durcheinander.* There will be the devil and all to pay! *Da wird es etwas Unangenehmes geben.* Between the devil and the deep blue sea: *Zwischen zwei Feuern; zwischen den Stühlen; in großer Verlegenheit.* To give the devil his due: *Jedem sein Recht lassen.* The devil's bones: *Das Würfelspiel.* The devil's books: *Spielkarten.* Devil's dodger (jokingly): *Ein Pfarrer, Pastor.* Devil's dozen: *Dreizehn.* One devil drives out another (prov.): *Den Teufel verjagt man nur mit dem Teufel selbst.* (The) devil take him! *Der Teufel hole ihn! Zum Teufel mit ihm!* Devil take the hindmost! (colloq.): *Den letzten beißen die Hunde.* The devil teaches us to do wrong; he doesn't teach us how to cover it up (prov.): *Der Teufel bringt uns bei, Schlechtes zu tun, aber nicht, es zu verbergen.*

devise He devised an ingenious plan: *Er dachte sich einen genialen Plan aus; er ersann einen genialen Plan.*

devolve He devolved the work on (upon) his secretary: *Er wälzte die Arbeit auf seinen Sekretär ab.*

devote *Siehe dedicate.*

devour To devour a book: *Ein Buch verschlingen (i.ü.S.).* To devour s.b., s.th. with one's eyes: *Jemanden, etwas mit den Augen verschlingen.*

dial He dialled the number: *Er wählte die Telefonnummer.* The dialling tone: *Wählton beim Abheben des Telefons.*

diamond He is a diamond of a man: *Er ist ein Juwel von einem Mann.* It was a case of diamond cut diamond (prov.): *Da stand wieder Schelm gegen Schelm.*

dictate They dictated harsh terms to the defeated enemy: *Sie erlegten dem besiegten Feind harte Bedingungen auf.* He will not be dictated to: *Er lässt sich keine Vorschriften machen.*

die (1) To die a dog's death: *Wie ein Hund sterben.* I'd die first: *Eher würde ich sterben.* He died game: *Er starb im Kampf, tapfer, mutig.* To die a hero, a martyr:

Als Held, Märtyrer sterben. He died worth a million dollars: *Als er starb, war er eine Million Dollar schwer, hinterließ er eine Million Dollar.* I was dying to drink (I was dying for) a cup of tea: *Ich lechzte, sehnte mich nach einer Tasse Tee.* To die in harness; in one's boots (shoes): *In den Sielen sterben; eines gewaltsamen Todes sterben, gehängt werden.* To die of laughing, with laughter: *Sich totlachen.* To die of old age: *An Altersschwäche sterben.* The words died on his lips: *Die Worte erstarben auf seinen Lippen.* To die to the world: *In ein Kloster gehen.* I was dying with curiosity: *Ich starb vor Neugier.* To die off (out): *Hinsterben, wegsterben; aussterben (Tierarten z.B.).*

die (2) The die is cast: *Der Würfel ist gefallen.*

differ (different) They differ in kind: *Sie sind unterschiedlicher Natur, unterschiedlichen Charakters.* To differ from (with) s.b.: *Mit jemandem nicht übereinstimmen.* That's a different kettle of fish: *Das ist eine andere Geschichte, eine andere Sache.*

difficult He is difficult to get on with: *Es ist schwer, mit ihm auszukommen.* He is difficult to please: *Er ist schwer zufriedenzustellen.* It is difficult of digestion: *Es ist schwer verdaulich.*

difficulty The difficulty lies here, that's the difficulty: *Hier liegt die Schwierigkeit, das ist die Schwierigkeit.*

diffuse To diffuse heat, light, learning: *Wärme, Licht verbreiten, diffundieren; Kultur verbreiten.*

dig (1) To dig potatoes: *Kartoffeln ernten.* To dig a pit for s.b.: *Jemandem eine Grube graben, eine Falle stellen.* To dig into a book: *Ein Buch aufmerksam durchlesen; sich in ein Buch vertiefen.* He dug me in the ribs, he dug his elbow into my ribs: *Er stieß mich in die Rippen; er stieß mir seinen Ellenbogen in die Rippen.* To dig one's feet (heels, toes) in: *Hartnäckig, beharrlich sein.* To dig out the truth: *Die Wahrheit herausfinden.* To dig up a field: *Ein Feld urbar machen, bearbeiten, umgraben, umpflügen.* To dig up the hatchet: *Das Kriegsbeil ausgraben.* He dug up old stories: *Er wärmte alte Geschichten auf; er grub alte Geschichten wieder hervor.* To dig one's grave with one's fork and knife: *Sich totfressen, gefräßig sein.* To dig away at one's books: *Sich in seinen Büchern vergraben; ochsen, büffeln.* To dig one's heels in: *Widerspenstig sein.*

dig (2) That was a dig at me: *Dieser versteckte Seitenhieb galt mir.*

digest He digests every food: *Er verdaut jedes Essen, jede Nahrung; er wird mit jedem Problem fertig; er hat zu allem eine Meinung.* To digest an insult, a subject: *Eine Beleidigung einstecken, hinnehmen.*

dim To dim the eyesight, the mind: *Die Sicht trüben, verdunkeln; den Intellekt trüben, schwächen.* He dimmed the headlights (the dazzle lights): *Er blendete das Fernlicht ab.*

din To din a thing into someone's ears: *Jemandem etwas dauernd, bis zum Überdruss vorpredigen.*

dine To dine in, out: *Zu Hause essen; im Restaurant, bei Freunden (= auswärtig) essen.* He dined with Duke Humphrey: *Er hatte nichts zu essen.*

dinner Dinner is served: *Das Abendessen ist serviert.* A dinner fit for a king: *Ein Abendessen, das eines Königs würdig wäre.* It's dinner-time: *Zeit zum Abendessen.*

dip At the dip: *Auf Halbmast.* To dip candles: *Kerzen ziehen.* To dip a dress: *Ein Kleid färben.* To go for a dip: *Baden gehen.* He dipped the headlights: *Er blendete die Scheinwerfer ab.* To dip one's pen in the ink: *Seinen Füller in Tinte tauchen.* To dip one's pen in gall: *Bittere Worte schreiben.* To dip deeply (to dip one's hand) into one's purse: *Tief in die Tasche greifen.* To dip into a book, a subject: *Ein Buch flüchtig durchblättern; ein Thema nur kurz anschneiden.* To dip up water: *Wasser schöpfen.*

direct To direct a film: *Bei einem Film Regie führen.* To direct a letter: *Einen Brief adressieren, richten an.* He directed his steps homeward, towards the town hall: *Er lenkte seine Schritte heimwärts, in Richtung Rathaus.* To direct the traffic: *Den Verkehr regeln.* He was directing the work: *Er leitete die Arbeiten.* They directed me to Trafalgar Square: *Sie führten mich zum Trafalgar Square.* I directed them to stop at once: *Ich wies sie an, sofort anzuhalten.*

dirty It's the dirty end of the stick (colloq.): *Es ist eine unangenehme Arbeit, ein unangenehmer Auftrag.* To do the dirty on s.o.: *Jemanden gemein behandeln.* To play a dirty trick on s.o.: *Jemandem einen üblen Streich spielen.* To do the dirty wash: *Schmutzige Wäsche waschen.*

disagree I disagree with you on this matter: *Ich stimme mit dir in dieser Sache nicht überein.* To disagree with s.b.: *Anderer Meinung sein als jemand.*

disappear To disappear from sight: *Aus dem Blickfeld verschwinden.*

disappoint He disappointed me: *Er enttäuschte mich.* They disappointed his plans: *Sie vereitelten seine Pläne.* She was disappointed in love: *Sie war unglücklich verliebt.* He was disappointed in (with) the flat: *Er war von der Wohnung enttäuscht.*

disapprove To disapprove of s.b., of s.th.: *Jemanden, etwas mißbilligen, verurteilen.*

to disassemble To disassemble an engine, a watch: *Einen Motor auseinandermontieren; eine Uhr zerlegen, auseinandernehmen.*

disburden To disburden one's conscience, one's mind of s.th.: *Sein Gewissen von etwas entlasten; sein Herz erleichtern.*

discard To discard bad friends, damaged goods, old clothes: *Schlechte Freunde aufgeben; beschädigte Waren ausrangieren; alte Kleidungsstücke ablegen.*

To discard a bad habit: *Eine schlechte Gewohnheit aufgeben.* We discarded that hypothesis: *Wir verwarfen diese Hypothese.*

discern To discern the truth: *Die Wahrheit erkennen, wahrnehmen.* I discerned him in the distance: *Ich nahm ihn in der Ferne wahr.* To discern the true from the false, between the true and the false: *Das Wahre vom Falschen unterscheiden können.*

discharge To discharge a battery: *Ein Geschütz abfeuern.* To discharge a duty, a vow: *Sich einer Pflicht entledigen; sich von einer Versprechung lösen.* To discharge a servant (from service), a prisoner (from custody), a patient from hospital: *Einen Bediensteten entlassen; einen Gefangenen (aus dem Gewahrsam) freilassen; einen Patienten aus dem Hospital entlassen.* To discharge s.b. of an obligation: *Jemanden von einer Verpflichtung befreien.*

disclaim To disclaim all responsibility: *Alle Verantwortung abstreiten.*

disclose To disclose a secret: *Ein Geheimnis aufdecken, ans Licht bringen.* He disclosed his designs: *Er gab seine Entwürfe bekannt.*

disconnect To disconnect the clutch (automobile): *Auskuppeln.*

discontinue To discontinue a bad habit: *Eine schlechte Gewohnheit aufgeben.* He discontinued coming to my house: *Er hörte auf, zu meinem Haus zu kommen; er stellte seine Besuche bei mir ein.* To discontinue a subscription: *Ein Abonnement abbestellen.*

discount (1) To discount a bill (comm.): *Einen Preisnachlaß auf eine Rechnung gewähren.* To discount a statement: *Einer Aussage nur geringen Wert beimessen; eine Aussage mit Vorsicht genießen.*

discount (2) At a discount: *Mit Verlust.* To allow a discount: *Einen Rabatt gewähren.* To be at a discount: *Wenig gefragt sein.*

discover To discover a new land: *Ein neues Land entdecken; Neuland entdecken.* He discovered that he had been swindled: *Er entdeckte, dass man ihn betrogen hatte.* To discover the real state of things: *Die Wahrheit über den Stand der Dinge erfahren.*

discredit To discredit a statement: *Eine Aussage anzweifeln, in Misskredit bringen.* She discredited her husband: *Sie brachte ihren Ehemann in Verruf.* To fall in discredit: *In Ungnade fallen.*

discretion Discretion is the better part of valour (prov.): *Vorsicht ist die Mutter der Porzellankiste.* At discretion: *Nach eigenem Ermessen (Belieben).* The age, years of discretion: *Strafmündiges Alter.*

discuss To discuss a bill: *Einen Gesetzesentwurf erörtern.* We discussed it over a bottle: *Wir berieten uns darüber bei einer Flasche Wein.* To discuss meat, wine: *Sich Fleisch, Wein zu Gemüte führen.*

disdain To disdain danger, flatterers: *Gefahr verachten; Schmeichler verachten, verschmähen.* With disdain: *Von oben herab.*

disengage To disengage the clutch (automobile): *Auskuppeln.* To disengage from an obligation: *Sich von einer Verpflichtung freimachen, loslösen.*

disentangle To disentangle a skein: *Eine Kette, einen Wollstrang entwirren, lösen.* To disentangle one's mind from prejudices: *Sich von Vorurteilen freimachen.* To disentangle facts from fable: *Die Tatsachen von den Phantasien trennen.*

disgrace He disgraces (he is a disgrace to) his family: *Er bringt Schande über (ist eine Schande für) seine Familie.* He was disgraced for refusing to obey their orders: *Er wurde mit Schimpf entlassen, da er sich geweigert hatte, ihre Befehle auszuführen.*

disguise He disguised his real intentions: *Er maskierte, verbarg, verhehlte seine wahren Absichten.* He disguised himself as a beggar, as a woman: *Er verkleidete sich als Bettler, als eine Frau.* To make no disguise of s.th.: *Keinen Hehl aus etwas machen.*

disgusted I am disgusted with (at, by) his behaviour: *Ich bin von seinem Benehmen angewidert.* In disgust: *Voller Ekel, angeekelt.*

dish To dish (up) the dinner, the soup: *Das Abendessen, die Suppe auftischen; anrichten.* He dished his opponents: *Er erledigte seine Gegner; er machte seine Gegner fertig.* He has dished me (pop.): *Er hat mich angeschmiert, hereingelegt; er hat mich in die Pfanne gehauen.* He dishes up the most incredible jokes: *Er erzählt die unglaublichsten Witze.* To wash, to do the dishes: *Geschirr spülen.* Standing dish: *Stammessen.*

dishonour To dishonour one's family name: *Schande bringen über seinen Familiennamen, über seine Familie.* To dishonour a bill, a cheque (comm.): *Einen Scheck, eine Rechnung nicht honorieren, nicht einlösen.*

dislike She dislikes him: *Sie kann ihn nicht leiden.* I dislike the cold, the heat: *Ich mag Kälte, Hitze nicht.*

dislocate To dislocate one's ankle, one's shoulder: *Sich sein Fußgelenk verrenken, seine Schulter ausrenken.* To dislocate s.b.'s plans, the traffic: *Jemandes Pläne, den Verkehr stören, in Verwirrung bringen.*

dismantle To dismantle a fort, a ship: *Eine Festung schleifen, ein Schiff abtakeln.* To dismantle an engine: *Einen Motor demontieren, zerlegen.*

dismiss To dismiss an assembly: *Eine Versammlung entlassen, auflösen.* To dismiss a petition: *Ein Gesuch zurückweisen, abschlagen.* To dismiss a proposal: *Einen Vorschlag ablehnen.* To dismiss a servant, a worker: *Einen Bediensteten, einen Arbeiter entlassen.* To dismiss a subject: *Über ein Thema hinweggehen, ein Thema fallenlassen, aufgeben.* He dismissed all fear from his mind: *Er verbannte alle Furcht aus seinen Gedanken.*

dismount To dismount (from) one's horse, one's bicycle: *Von seinem Pferd, Fahrrad absteigen.* To dismount a machine: *Eine Maschine abbauen, zerlegen.*

disobey To disobey one's parents, orders: *Seinen Eltern nicht gehorchen; Anweisungen nicht Folge leisten.* To disobey the law: *Das Gesetz mißachten; dem Gesetz zuwiderhandeln.*

dispatch To dispatch goods: *Waren absenden, befördern, abfertigen.* To dispatch a messenger: *Einen Boten entsenden.* To dispatch a piece of business: *Ein Geschäft ausführen, (schnell) erledigen.* They dispatched him: *Sie beförderten ihn ins Jenseits.*

dispel To dispel the fog, a doubt: *Den Nebel zerstreuen, vertreiben; einen Zweifel zerstreuen, verbannen, verjagen.*

dispense To dispense charity: *Almosen verteilen, austeilen.* To dispense justice: *Recht sprechen.* To dispense s.b. from doing s.th.: *Jemanden von einer Pflicht entbinden; befreien, etwas zu tun.* To dispense a medicine, a prescription: *Eine Arznei zubereiten und abgeben; ein Rezept ausführen.* He dispensed with their help: *Er kam ohne ihre Hilfe aus; er verzichtete auf ihre Hilfe.*

disperse To disperse the crowd: *Die Menge zerstreuen, verstreuen.* To disperse the fog, a doubt: *Den Nebel, einen Zweifel zerstreuen.*

displace He has displaced the papers that were on the desk: *Er hat die Papiere, die auf dem Schreibtisch lagen, verlegt.* He displaced his friend at the office: *Er ersetzte seinen Freund im Büro; er nahm die Stellung seines Freundes ein.*

display To display goods in the shop-window: *Waren im Schaufenster ausstellen, zur Schau stellen.* To display a newspaper: *Eine Zeitung ausbreiten, öffnen.* He displays great courage, great intelligence: *Er zeigt großen Mut, große Intelligenz.*

displeased I am displeased with him: *Ich bin unzufrieden mit ihm, ungehalten über ihn.*

dispose To dispose books in a row: *Bücher in einer Reihe anordnen, aufstellen.* To dispose of a property: *Einen Besitz veräußern, verkaufen.* They disposed of his theories: *Sie taten seine Theorien ab; sie verwarfen seine Theorien.* I dispose of my time as I like: *Ich mache mit meiner Zeit, was ich will; ich verwende meine Zeit nach meinem Belieben.* Man proposes, God disposes: *Der Mensch denkt, Gott lenkt.*

dispute To dispute an order: *Eine Bestellung bestreiten.* To dispute against (with) s.b. on (about) s.b.: *Sich mit jemandem streiten, zanken über jemanden.* To dispute an election: *Eine Wahl anfechten, anzweifeln.*

dissent To dissent from s.b. about s.th.: *Anderer Meinung über etwas sein als jemand.*

dissipate To dissipate the fog, a doubt: *Den Nebel, einen Zweifel zerstreuen, vertreiben.* He dissipated his fortune, his energies: *Er verschwendete sein Ver-*

mögen, vergeudete seine Energien.

dissolve To dissolve a contract, a marriage, a partnership, parliament: *Einen Vertrag, eine Heirat, eine Partnerschaft, das Parlament auflösen.* She dissolved into tears: *Sie brach in Tränen aus.* To dissolve into thin air: *Sich in Luft auflösen (auch i.ü.S.).*

distinguish To distinguish man from beasts: *Den Menschen von den Tieren unterscheiden, auszeichnen.* To distinguish between good and evil: *Zwischen Gut und Böse unterscheiden.* He distinguishes himself by his goodness: *Er zeichnet sich durch seine Gutherzigkeit aus.*

distort To distort one's face, one's limbs: *Sein Gesicht verziehen; seine Gliedmaße verdrehen, verzerren.* He distorted my words, the facts (the truth): *Er verdrehte meine Worte, die Tatsachen (die Wahrheit).*

distract To distract s.b.: *Jemanden ablenken.* He was distracted with doubts: *Er war von Zweifeln aufgewühlt, beunruhigt, gequält.*

distrain To distrain upon s.b.'s belongings, goods: *Jemandes Besitz, Waren pfänden.*

distribute To distribute gifts, orders, prizes: *Geschenke, Anweisungen, Preise verteilen, austeilen.* To distribute a film: *Einen Film verbreiten. (Über die Kinos).*

disturb To disturb s.b.'s mind, plans: *Jemandes Gedanken, Pläne stören, belästigen.* He was disturbed by a bad dream: *Er war von, durch einen schlechten Traum verwirrt, erregt, beunruhigt.*

ditch The ditch (sl.): *Die Nordsee.* To be in a dry ditch: *Im warmen Nest sitzen.*

dive To dive head-first: *Einen Kopfsprung machen; Kopfüber (ins Wasser) springen.* To dive down: *Einen Sturzflug machen; sich niederstürzen, niederfahren.* To dive into one's pocket: *(Hastig) in seine Taschen hineingreifen.* To dive pockets (pop.): *Taschendiebstähle verüben; Handtaschen rauben.*

divert To divert (the course of) a river, the traffic: *Einen Flußlauf, den Verkehr umleiten, verlegen.* They diverted his attention from the impending danger: *Sie lenkten seine Aufmerksamkeit von der drohenden Gefahr ab.* To divert one's mind: *Sich ablenken, sich zerstreuen.*

divest To divest oneself of one's clothes: *Sich seiner Kleider entledigen, sich entkleiden.* They divested him of his civil rights: *Sie beraubten ihn seiner Bürgerrechte.*

divide He divides his leisure time between sport and play: *Er teilt seine Freizeit zwischen Sport und Spiel auf.* They divided the booty into four parts: *Sie teilten die Kriegsbeute.* They divided into three groups: *Sie unterteilten sich in drei Gruppen.*

divine I divined his intentions: *Ich erriet seine Absichten.* Divine service: *Gottesdienst.*

divorce He divorced (he was divorced from) his wife two years ago: *Er hat sich vor zwei Jahren von seiner Frau scheiden lassen.*

do Do as you think best: *Tue, was du für das Beste hältst.* To do s.b. a bad turn: *Jemandem einen üblen Streich spielen.* He did badly in his exams: *Er schnitt in den Prüfungen schlecht ab.* Do be good! *Sei gut! Sei brav, artig!* To do one's bit: *Seinen Teil Arbeit erledigen.* That does him credit: *Das gereicht ihm zur Ehre; das macht ihm Ehre.* To do the crossword puzzles: *Kreuzworträtsel lösen.* To do fine: *Sich gut benehmen; guten Erfolg haben; alles gut für sich laufen haben.* To do Hamlet: *Hamlet spielen; das Stück Hamlet in Szene setzen.* To do Hamlet into French: *Hamlet ins Französische übersetzen.* To do the honours of the house: *Sich in seinem Haus (durch Einladung) die Ehre geben.* To do the honours of the table: *Bei Tisch den Eingeladenen in einer Ansprache die Ehre erweisen.* He did a lot of people to death: *Er hat viele Menschen getötet, hingerichtet.* Do you mind if I smoke (my smoking)? *Würde es Sie stören, wenn ich rauchte?* Do you mind! *Gestatten Sie bitte! Na, hören Sie mal!* To do nicely: *Alles einigermaßen gut für sich laufen haben.* Don't even dream of it: *Du solltest nicht einmal im Traum daran denken.* Don't let it go to your head: *Lass es dir nicht zu Kopf steigen.* It doesn't matter: *Es spielt keine Rolle.* Don't mention it: *Erwähne es bloß nicht! Keine Ursache!* Do, don't talk: *Nicht reden, handeln!* To do overtime work: *Überstunden machen.* To do piece-work: *Im Akkord arbeiten.* Do you see any green in my eye? *Hältst du mich für einen Dummkopf?* He did the sights of London: *Er hat sich die Sehenswürdigkeiten von London angesehen.* To do time (colloq.): *Zeit im Gefängnis absitzen.* To do the trick: *Es schaffen, sich durchsetzen.* You do well (wrong) to go with him: *Du tust gut daran, mit ihm zu gehen.* To do wonders: *Wunder vollbringen.* I've done working: *Ich bin fertig mit der Arbeit.* He did his worst: *Er schnitt furchtbar schlecht ab.* Do your worst! *Nur zu! Keine Angst!* They did away with a lot of people: *Sie schafften viele Personen beiseite.* To do a thing, things by halves: *Eine Sache tun, eine halbe Sache tun.* He is done for: *Er ist erledigt.* She did for him after his wife's death: *Sie kümmerte sich nach dem Tod seiner Frau um ihn.* They did him in (pop.): *Sie brachten ihn um; sie töteten ihn.* I am done in: *Ich bin fix und fertig; ich bin erschöpft.* I did it in no time: *Ich habe ist in null Komma nichts erledigt.* He did s.th. out of mere freak: *Er tat es aus purer Lust am Verrückten.* To do it over: *Etwas noch einmal tun.* I am done to the wide (pop.): *Ich bin fix und fertig; ich bin erschöpft.* To do up the house: *Das Haus leerräumen; das Haus säubern; das Haus anstreichen.* To do (up) one's hair: *Sich frisieren.* To do s.th. with a wet finger: *Etwas mit großer*

Leichtigkeit tun. To do without food: *Ohne Essen auskommen.* Don't count your chickens before they are hatched (prov.): *Man soll den Tag nicht vor dem Abend loben.* Don't halloo until you are out of the wood (prov.): *Triumphiere, frohlocke nicht zu früh; man soll den Tag nicht vor dem Abend loben.* Don't let the grass grow under your feet (prov.): *Verliere nicht zu viel Zeit bei der Ausführung einer Sache.* To do one's level best: *Sein Bestes geben.* To do one's utmost: *Sein möglichstes tun.* To do some plain speaking: *Eine offene Sprache sprechen.* To do something out of the goodness of one's heart: *Etwas aus Nächstenliebe tun.* To do the dirty on somebody: *Jemanden gemein behandeln.*

dock He docked the dog's tail: *Er stutzte den Schwanz des Hundes.* To dock expenses: *Die Ausgaben kürzen.* To dock a ship (naut.): *Ein Schiff ins Dock lassen, andocken.*

doctor You're the doctor (colloq.): *Es ist deine Entscheidung.*

doctor To doctor a child, a cold: *Ein Kind verarzten; eine Erkältung ärztlich behandeln.* To doctor accounts, liquors: *Geschäftsbücher frisieren; Getränke verschneiden, vermischen.* To doctor a machine: *Eine Maschine ausbessern, zurechtflicken.*

dodge To dodge the column (colloq.): *Sich vor der Arbeit drücken.* To dodge a person: *Jemandem aus dem Weg gehen.* To dodge s.b.'s steps: *Jemandem heimlich folgen.* He dodged (aside) when he saw the car coming: *Er wich zur Seite aus, als er den Wagen kommen sah.* To dodge in: *Heimlich, leise eintreten.* To dodge (round) an obstacle: *Ein Hindernis umgehen.* To dodge a person: *Jemandem aus dem Wege gehen.*

doff To doff one's hat: *Den Hut abnehmen.*

dog (1) To dog s.b.'s footsteps: *Jemandem auf dem Fuß folgen.* He dogged her every step: *Er schnüffelte jedem ihrer Schritte nach.* He is dogged by misfortune: *Er wird vom Unglück verfolgt.*

dog (2) He is a dog in the manger: *Er ist ein Neidhammel.* Dog does not eat dog (prov.): *Eine Krähe hackt der anderen kein Auge aus.* To go to the dogs: *Vor die Hunde gehen.* To die a dog's death: *Elend sterben.* Not to have a dog's chance: *Nicht die geringste Chance haben.* To lead a dog's life: *Ein Hundeleben führen.* Every dog has his day. *Jeder hat einmal Glück im Leben.*

dog-ear To dog-ear (the pages of) a book: *Die Seiten eines Buches mit Eselsohren versehen, umknicken.*

dole To dole out s.th. grudgingly to s.b.: *Jemandem etwas unwillig geben, austeilen.*

domesticate To domesticate an animal: *Ein Tier domestizieren.*

dominate To dominate a battle, a valley: *Eine Schlacht beherrschen, dominieren; ein Tal beherrschen.* He dominated over his servants: *Er herrschte über seine Diener.*

domineer To domineer s.b.: *Jemanden tyrannisieren.*

don To don a suit: *Einen Anzug anziehen.* To don one's best bib and tucker: *Seine besten Kleider anziehen.*

door At death's door: *An der Schwelle des Todes.* Next door: *Nebenan.* To lay s.th. at s.o.'s door.: *Jemandem etwas zur Last legen.*

dope To dope a horse, a racing cyclist: *Ein Pferd, einen Radrennfahrer dopen, mit Drogen aufputschen.*

dot To dot one's i's and cross one's t's: *Alle Einzelheiten klarmachen.* To dot down a speech: *Eine Rede kurz und bündig niederschreiben.*

dote He dotes on (upon) that woman: *Er ist vernarrt in diese Frau; er liebt diese Frau zärtlich.*

dotty He is dotty on his legs: *Er ist wackelig auf seinen Beinen.*

double (1) Double or quits: *Alles aufs Spiel gesetzt.* This is double-dutch to me: *Ich verstehe nur Bahnhof; das klingt mir reichlich chinesisch.*

double (2) To double a film: *Einen Film synchronisieren.* To double (up) one's fists: *Seine Fäuste zusammenballen.* To double back: *Zusammenfalten, umbiegen, umschlagen, zurückschlagen; kehrtmachen, zurücklaufen.* Doubled in two: *In zwei Teile gefaltet.* To double up: *Zusammenfalten, -legen, -rollen; krümmen, biegen.* He was doubling up with pain: *Er krümmte sich vor Schmerzen.*

double-cross He double-crossed them (pop.): *Er spielte ein doppeltes Spiel mit ihnen.*

doubt To doubt one's eyes: *Seinen Augen nicht trauen.*

down (1) To down tools: *Die Arbeit einstellen, niederlegen; streiken.* To down a glass of wine (pop.): *Ein Glas Wein herunterspülen.* To down with s.th.: *Aufhören, etwas zu tun.*

down (2) Down the ages: *Über die Jahrtausende hinweg.* He is down at heel: *Er ist schlecht gekleidet, ungepflegt, nachlässig.* Down the drain (colloq.): *Vergeudet; zum Fenster hinaus (geworfen).* He is down and out (colloq.): *Er ist ruiniert.* Down under: *Bei den Antipoden; in Australien.* To let a person down: *Jemanden im Stich lassen.* Down town: *Im Stadtzentrum.* He is down with fever: *Er liegt mit Fieber im Bett.* Down with your money! *Geld her! (Bei einem Überfall).* Down with the traitors! *Nieder mit den Verrätern.*

doze To doze away one's time: *Seine Zeit verdösen, dahindösen.* To doze off: *Einnicken.* To doze over a book, over work: *Über einem Buch einnicken; bei der Arbeit einschlummern.*

drag (1) To drag oneself along: *Sich dahinschleppen.* They dragged his name into the mud: *Sie zogen seinen Namen in den Dreck.* To drag in a subject (by the head and shoulders): *Ein Thema bei den Haaren herbeiziehen.* To drag on: *Sich hinziehen.* To drag on a wretched existence: *Ein elendes Dasein dahinleben.* To drag s.b. over the coals: *Jemandem einen scharfen Verweis erteilen; jemanden rüffeln.* They dragged up their children: *Sie zogen ihre Kinder lieblos, schlecht auf.* To drag one's brains: *Sich den Kopf zerbrechen über etwas.* To drag a river: *Einen Fluss ausbaggern.*

drag (2) He is a drag on his wife: *Er ist seiner Frau ein Klotz am Schuh; er ist ein Hemmschuh; er ist ein fader Kerl.*

dragoon To dragoon s.b. into studying, into working: *Jemanden zum Lernen, zum Arbeiten zwingen.*

drain To drain an abscess: *Eine Wunde, einen Abszeß von Eiter säubern.* To drain a marsh: *Ein Sumpfgebiet trockenlegen.* To drain off (away) water: *Wasser langsam abfließen lassen.* To drain away: *Dahinschwinden; verschwinden.*

draw He drew all my aces: *Er zog alle meine Asse (beim Kartenspiel).* To draw a bath: *Ein Bad einlaufen lassen.* To draw one's belt tighter: *Seinen Gürtel enger schnallen (auch i.ü.S.).* To draw a blank: *Eine Niete ziehen.* To draw blood: *Blut fließen lassen; blutig schlagen.* To draw the bow: *Den Bogen spannen.* To draw a chicken: *Ein Huhn ausnehmen.* To draw a circle, a picture: *Einen Kreis, ein Bild zeichnen.* To draw a conclusion: *Einen Schluss, eine Schlussfolgerung ziehen.* To draw cuts: *Ein Glücksspiel, bei dem man an Halmen verschiedener Länge zieht.* To draw first blood: *Als erster angreifen; den ersten Schlag tun.* To draw a game, a match: *Ein Spiel unentschieden beenden.* To draw the longbow: *Aufschneiden, übertreiben, flunkern.* To draw lots: *Auslosen.* To draw it mild: *Es gnädig machen; nicht übertreiben.* To draw tea: *Tee aufgießen.* To draw well, badly: *Gut ziehen, schlecht ziehen (Schornstein, Kamin, Pfeife).* To draw a red herring across the track (the path): *Jemanden auf eine falsche Spur locken, ansetzen.* To draw back: *Sich zurückziehen; (Zoll) zurückhalten.* He drew back to make room for younger candidates: *Er zog sich zurück, trat zurück, steckte zurück, um Platz für jüngere Kandidaten zu machen.* To draw near: *Sich nähern, heranrücken.* To draw out a subject: *Ein Thema in die Länge ziehen.* To draw out a scheme: *Einen Plan darlegen.* To draw oneself up: *Sich aufrichten.* To draw up: *Heraufziehen, aufrichten, halten, stehenbleiben, vorfahren.* To draw level with s.b.: *Jemanden einholen.* To draw an inference: *Eine Annahme machen.*

drawl To drawl (out) one's words: *Gedehnt, schleppend sprechen.*

dream To dream away (out) one's life: *Sein Leben verträumt dahinleben; sein Leben verträumen.* I wouldn't dream of doing it: *Es fiel mir nicht im Traum ein, das zu tun.*

dredge To dredge a river: *Einen Fluss ausbaggern.*

drenched He was drenched with rain: *Er war vom Regen völlig durchnässt.*

dress (1) To dress one's hair: *Sein Haar machen, zurechtmachen.* To dress hides: *Felle, Haut gerben.* To dress the salad: *Den Salat mit einer Salatsoße anmachen.* To dress a shop-window: *Ein Schaufenster neu einrichten, dekorieren.* To dress a stone: *Einen Stein schleifen, polieren, schmirgeln.* To dress a wound: *Eine Wunde behandeln, verbinden.* He was dressed in mufti: *Er war in Zivil gekleidet.* She was dressed to kill: *Sie war umwerfend angezogen.* To dress s.b. down: *Jemanden ausschimpfen, durchprügeln.* To dress up (to the nines): *Sich aufs feinste, piekfein, äußerst elegant ankleiden.* She dressed (up) as Snow-White: *Sie verkleidete sich als Schneewittchen.*

dress (2) This dress hangs well: *Dieses Kleid fällt gut, sitzt gut.*

dribble To dribble the ball (football): *Den Ball dribbeln (Fußball).* To dribble at the mouth: *Aus dem Mund sabbern, geifern.* To dribble down: *Tropfen, tröpfeln.*

drift To drift about, away: *(Wahllos) dahertreiben, forttreiben.* They drifted apart: *Sie lebten sich auseinander.* To drift ashore: *Ans Ufer treiben.* To drift under: *Durch die Zimmerdecke hindurchkommen (Regen).* To drift with the current: *Sich mit der Strömung treiben lassen (auch i.ü.S.).*

drill To drill an oil well: *Eine Ölbohrung durchführen.* To drill pupils: *Schüler drillen, streng erziehen.*

drink (1) To drink (to) s.b.'s health, (a health) to s.b.: *Auf jemandes Gesundheit trinken; jemandem Gesundheit zutrinken.* To drink a toast: *Einen Toast trinken.* To drink everybody down, under the table: *Jeden unter den Tisch trinken.* To drink from (out of) the bottle: *Aus der Flasche trinken.* To drink in little sips: *In kleinen Schlückchen trinken.* Drink as you have brewed (prov.): *Was man sich selbst eingebrockt hat, muss man auch selbst wieder auslöffeln.*

drink (2) A drink on the house: *Eine Runde, die das Haus (= der Wirt) bezahlt.*

drip To drip blood, sweat: *Bluten, schwitzen.* Dripping with rain: *Triefend von Regen.* To drip in jewelry: *Mit Schmuck behangen sein.*

drive To drive home the point that …: *Den Punkt klarmachen, dass …* To drive an argument home: *Eine (verbale) Auseinandersetzung zum Abschluss bringen.* To drive the nail home: *Eine Angelegenheit zum Abschluss bringen.* To drive a roaring trade: *Glänzende Geschäfte machen.* To drive a tunnel: *Einen Tunnel vorangraben.* That drove me to ask for help: *Das brachte mich dazu, um Hilfe zu bitten.* To drive s.b. crazy, distracted, mad: *Jemanden verrückt machen; jemanden ablenken; jemanden zum Wahnsinn bringen.* To drive asunder: *Trennen, auseinandertreiben.* To drive at s.th.: *Auf etwas hinaus wollen; etwas ansteuern (i.ü.S.).* He drove at the horse with his whip: *Er trieb das Pferd mit seiner Peitsche an.* To drive away flies: *Fliegen verjagen.* I drove him away with a shove: *Ich schubste ihn mit einen Stoß weg, aus dem Weg.* To drive downtown: *Ins Stadtzentrum fahren.* To drive s.b. from pillar to post: *Jemanden von Pontius zu Pilatus schicken.* To drive a nail into one's coffin: *Sich das eigene Grab schaufeln. (i.ü.S.).* To drive s.b. into a corner: *Jemanden in eine Ecke drängen (i.ü.S.).* To drive on shore: *Sich dem Ufer nähern.* To drive s.b. out: *Jemanden vertreiben.* To drive out a cold: *Eine Erkältung loswerden.* To drive a coach and six through the law: *Das Gesetz herausfordern, provozieren.* To drive one's pigs to a fine (pretty) market, to the wrong market: *Sich auf ein unglückliches Geschäft einlassen.* To drive s.th. to the last minute (colloq.): *Etwas auf die letzte Minute verschieben.* To drive one's pigs to market: *Wie ein Sägewerk schnarchen.*

drone To drone away one's life: *Sein Leben vertrödeln, müßig verbringen.* To drone out a prayer: *Ein Gebet herleiern.*

droop To droop one's head: *Den Kopf schlaff herabhängen lassen.*

drop (1) A drop too much: *Einen Tropfen, ein Schlückchen zuviel, über den Durst.*

drop (2) To drop anchor: *Den Anker fallen lassen; vor Anker gehen.* To drop asleep: *Einschlafen.* To drop a bird: *Einen Vogel erlegen.* To drop a brick (pop.): *Ins Fettnäpfchen treten.* To drop a curtsey: *Einen Knicks machen.* Drop dead! *Fahr zur Hölle!* To drop one's eyes, one's voice: *Den Blick senken; die Stimme senken.* To drop a friend, a habit: *Einen Freund aufgeben; eine Gewohnheit ablegen.* To drop a hint: *Einen (versteckten) Hinweis geben.* Drop it! *Hör auf! Lass das!* To drop a letter: *Einen Brief zukommen lassen.* To drop s.b. like a hot cinder: *Jemanden wie eine heiße Kartoffel fallen lassen.* I dropped him a line (a few lines): *Ich schrieb ihm einige Zeilen.* I dropped him a note: *Ich hinterließ ihm eine Nachricht.* To drop a parcel at s.b.'s house: *Ein Paket bei jemandem abgeben.* To drop short: *In Konkurs gehen, scheitern.* To drop across s.b.: *Über jemanden 'stolpern'; jemanden zufällig treffen.* He dropped me at the station: *Er setzte mich an der Station ab.* To drop behind: *Zurückfallen, zurückbleiben.* He dropped into a chair: *Er ließ sich in einen Stuhl fallen.* To drop into oblivion: *In der Versenkung verschwinden; in der Anonymität versinken.* He dropped in on his friend: *Er kam kurz (und überraschend) bei seinem Freund vorbei.* To drop off the hooks (pop.): *Ins Gras beißen, sterben.* It dropped out of his hand: *Es entglitt seinen Händen; es entglitt ihm.* To drop through: *Scheitern (Projekt, Pläne).* To drop to one knee: *Auf ein Knie fallen.* To drop into a fortune: *Eine Erbschaft machen.* To drop somebody like a hot brick: *Jemanden wie eine heiße Kartoffel fallenlassen.*

drown To drown a sound: *Ein Geräusch ersticken.* To drown s.b.'s voice: *Jemandes Stimme ersticken.* He was drowned out of his house: *Er musste sein Haus infolge einer Überschwemmung verlassen.* To drown oneself: *Sich selbst ertränken; „ins Wasser gehen".*

drowse To drowse away one's time: *Seine Zeit verschlafen, verträumen.*

drub To drub (with) one's feet: *Mit den Füßen stampfen.* To drub a notion into (out of) s.b.: *Jemandem einen Begriff, eine Idee einbleuen.*

drudge To drudge away the day: *Sich den ganzen langen Tag abrackern, abschinden.*

drum To drum a tune: *Eine Melodie trommeln.* To drum on the piano: *Auf dem Klavier herumklimpern, hämmern.* To drum a tattoo on the table: *Einen Rhythmus (mit den Fingern) auf den Tisch trommeln.* To drum s.th. into s.b.'s head: *Jemandem etwas einbleuen.* To drum something into somebody: *Jemandem etwas eintrichtern.* To drum up business: *Das Geschäft in Schwung bringen.*

dry To dry up: *Ein-, ver-, austrocknen.* Dry up! (pop.): *Halt's Maul!* As dry as dust: *Äußerst langweilig.* I am as dry as a bone: *Ich bin völlig ausgetrocknet.*

dry-clean To dry-clean a suit: *Einen Anzug chemisch reinigen.*

dry-nurse To dry-nurse a baby: *Ein Baby künstlich, mit der Flasche aufziehen.*

dub To dub a film: *Einen Film synchronisieren.* To dub someone a knight: *Jemanden zum Ritter schlagen.* To dub a hook with a fly: *Einen Angelhaken mit einer Fliege (als Köder) bestücken.*

duck To get a good ducking: *Ordentlich nass werden.* To duck a tiresome person (colloq.): *Eine langweilige Person meiden.*

dull (1) To dull one's mind, one's wits: *Seinen Geist, seine Scharfsinnigkeit abstumpfen.* To dull the sight: *Die Sicht trüben.* To dull a sound: *Ein Geräusch dämpfen.*

dull (2) As dull as ditch water: *Entsetzlich langweilig; fade.* As dull as a fish: *Dumm wie ein Huhn.* He is dull of hearing: *Er hört schlecht.*

dumb As dumb as a fish (as an oyster): *Er ist stumm wie ein Fisch.*

dump To dump goods: *Waren zu Schleuderpreisen verkaufen.* To dump down a burden: *Eine Last abwerfen, loswerden.*

dun To dun a debtor for payment (comm.): *Einen Schuldner dringend um einer Zahlung willen ermahnen.*

duplicate To duplicate a letter: *Einen Brief kopieren, abschreiben.*

dust To dust (off) the furniture: *Die Möbel abstauben.* To dust a cake with sugar: *Einen Kuchen mit Puderzucker bestreuen.* To dust s.b.'s eyes: *Jemandem Sand in die Augen streuen.* To dust s.o.'s jacket: *Jemandem die*

Hucke vollhauen; jemanden vermöbeln. To dust it (USA): *Davonrennen; fortrennen.*

dusty It is dusty: *Es ist staubig, alt und verstaubt.* That is not so dusty (pop.): *Das ist ziemlich gut.*

Dutchman I am a Dutchman if I don't punish him! *Wer bin ich denn, wenn ich ihn jetzt nicht bestrafe!*

duty Duty calls: *Die Pflicht ruft.*

dwell To dwell on (upon) a subject: *Sich an einem Thema aufhalten; näher auf ein Thema eingehen.*

dwindle To dwindle: *Dahinschwinden; verfallen; entarten.*

dye To dye one's hair: *Sich das Haar färben.* To dye a dress black: *Ein Kleid schwarz färben.* To dye well, badly: *Sich gut, schlecht färben lassen.* Dyed-in-the-wool: *Durchtrieben, ausgekocht.*

E

each Each way: *So oder so; auf jedem Weg; auf jede Art.*

ear My ears are buzzing (singing, tingling): *Meine Ohren dröhnen.* Overhead and ears: *Bis über die Ohren.* Someones ears are burning: *Jemandem klingen die Ohren.* To be all ears: *Ganz Ohr sein.* To fall on deaf ears: *Tauben Ohren predigen; auf taube Ohren stoßen.* To give one's ears: *Das Letzte aus sich herausholen.* To go in one ear and out the other: *Zum einen Ohr hinein- und zum anderen (wieder) hinausgehen.* To have s.o.'s ear: *Jemandes Vertrauen genießen.* To keep an ear to the ground: *Augen und Ohren offen halten.* To lend an ear: *Sein Ohr leihen.* To pin back one's ears: *Die Ohren spitzen.* To play it by ear (colloq.): *Improvisieren.* To set s.o. by the ears: *Gegeneinander aufhetzen.* To turn a deaf ear to s.th.: *Etwas kein Gehör schenken.* Up to one's ears (in s.th.): *Bis über beide Ohren (in etwas stecken).*

early An early bird (colloq.): *Jemand, der schneller ist als die anderen; ein Frühaufsteher.* The early bird catches the worm (prov.): *Morgenstund hat Gold im Mund; wer zuerst kommt, mahlt zuerst.* Early closing day: *Tag, an dem die Restaurants den Nachmittag über geschlossen sind.* It's early days: *Man soll den Tag nicht vor dem Abend loben.* Early in the month: *Am Anfang des Monats.* Early in the morning: *Am frühen Morgen.* Early or late: *Früher oder später.* Earlier (early) on: *Vorher, früher.* He is the earliest riser in the family: *Er ist der Frühaufsteher der Familie.* Early to bed and early to rise make a man healthy and wise (prov.): *Früh zu Bett und früh wieder auf halten einen Mann gesund, reich und weise.*

earn To earn a bare living: *Sich das nackte Leben verdienen; sich kaum den Lebensunterhalt* *verdienen.* To earn one's bread and butter, one's daily bread: *Sich das tägliche Brot verdienen.* To earn fame, renown: *Ruhm, Berühmtheit erwerben, erlangen.* To earn good, high wages: *Gut verdienen, guten, hohen Lohn bekommen.* To earn an honest penny: *Sich seinen Lebensunterhalt ehrlich verdienen.* He earned it by the sweat of his brow: *Er verdiente es sich im Schweiße seines Angesichts.* To earn one's salt: *Sich sein Brot verdienen.*

earth To earth a conductor (electricity.): *Einen (elektrischen Strom-) Leiter erden.* To earth a fox: *Einen Fuchs in den Bau treiben.* To earth up a plant, a seed: *Eine Pflanze eingraben, einen Samen pflanzen.* To be down to earth: *Mit beiden Beinen auf der Erde stehen.* Down to earth: *Praktisch.* To bring s.o. back / down to earth: *Jemanden (unsanft) auf den Boden der Wirklichkeit zurückholen.* To cost / pay the earth (colloq.): *Ein Vermögen kosten / bezahlen.* To go to earth: *Untertauchen.* Like nothing on earth (colloq.): *Unmöglich; fürchterlich.* Not to have an earthly (colloq.): *Nicht die geringste Chance haben; keine Ahnung haben.* On earth: *Um Himmelswillen; um alles in der Welt; in aller Welt.* To run s.o. or s.th. to earth: *Jemanden oder etwas ausfindig machen; jemanden oder etwas aufstöbern.*

ease To ease a burden: *Eine Last mildern, abschwächen.* To ease the clutch (in): *Die Kupplung einrasten lassen.* She eased her mother's anxiety: *Sie beschwichtigte ihrer Mutter Angst.* I eased his mind: *Ich heiterte ihn auf.* To ease s.b. of his wallet: *Jemanden um seine Brieftasche erleichtern; jemandem die Brieftasche stehlen.* He eased himself of a big weight: *Er befreite sich von einer großen Last.* They eased (off) his task: *Sie erleichterten seine Aufgabe.* To ease off: *Leichter werden, nachlassen.* To ease up: *Reduzieren, verringern.*

easily It's easily done: *Es ist leicht getan; es ist ganz einfach.* He is easily pleased (satisfied): *Er ist leicht zufriedengestellt.*

easy Easy! *Vorsicht! Langsam (und vorsichtig)! Ruhig Blut!* Easy ahead! (naut.): *Vorsichtig vorwärts (Seefahrt).* Easy come, easy go: *Wie gewonnen, so zerronnen.* He is an easy man to get on with: *Man kommt gut, leicht mit ihm aus; er ist sehr verträglich.* A woman of easy virtue: *Eine Dirne.* As easy as winking: *Sehr einfach; gar nicht schwierig.* He is easy of access: *Man findet leicht, schnell Zugang zu ihm.* It is easier said than done: *Es it leichter gesagt als getan.* It is easy of digestion: *Es ist leicht verdaulich.* It is easy enough to talk: *Es ist leichter gesagt als getan.* To be easy on the eye: *Nett aussehen.* To go easy on s.o. (colloq.): *Nich zu hart oder streng mit jemandem umgehen.* Take it easy: *Sich nicht abhetzen; immer mit der Ruhe!*

eat To eat the bread of affliction, of idleness: *Das Gnadenbrot essen.* To eat one's cake and have it too: *Alles haben wollen, auf nichts verzichten wollen.* To eat crow, dirt (colloq.): *Klein beigeben müssen; Beleidigungen, Ärger hinunterschlucken.* I'll eat my hat if it isn't true: *Ich esse einen Besen, wenn das nicht wahr ist.* To eat humble pie: *Zu Kreuze kriechen.* To eat the leek: *Eine Beleidigung schlucken, hinnehmen.* To eat next to nothing: *Fast nichts essen.* To eat salt with s.b.: *Gastgeber einer Person sein.* To eat stick: *Schläge bekommen.* To eat one's terms: *Rechtswissenschaften studieren.* To eat unearned bread: *Unverdientes Geld ausgeben.* To eat s.b., s.th. with one's eyes: *Jemanden, etwas mit den Augen verschlingen.* To eat with relish, with no relish: *Es sich schmecken lassen; ohne Behagen essen.* To eat one'es words: *Seine Worte zurücknehmen müssen; zu Kreuze kriechen.* To eat at odd times: *Zwischendurch, unregelmäßig essen.* To eat one's head off: *Kopf und Kragen kosten.* To eat s.b. out of house and home: *Jemanden arm essen; jemanden ruinieren.* To eat one's heart out (colloq.): *Wurmen; sich vor Kummer verzehren.* To eat s.b. up: *Jemanden überwältigen.* He is eaten up with pride: *Er vergeht, verzehrt sich vor Stolz.* Eating whets the appetite (prov.): *Der Appetit kommt mit dem Essen.* What's eating you? *Was ist los mit dir?*

ebb At a low ebb: *Auf einem Tiefstand; heruntergekommen; schlecht.* To ebb and flow: *Ebben und fluten.* To ebb away: *Verebben; versiegen; dahinschwinden.* To ebb fish: *Fische bei Ebbe fangen.*

edge To edge a knife: *Ein Messer schärfen.* To edge a road with trees: *Eine Straße mit Bäumen säumen.* To be on edge: *Ungeduldig, gereizt, nervös sein.* To edge in a word: *Ein Wort in eine Unterhaltung einwerfen.* He edged himself into the conversation: *Er mischte sich in die Unterhaltung ein.* To edge someone on: *Jemanden anfeuern.* To edge someone out: *Jemanden beiseite drängen.* To have the edge on / over s.o.: *Einen Vorteil gegenüber jemandem haben; jemandem überlegen sein.* On the very edge of doing s.th.: *Gerade im Begriff sein, etwas zu tun.* It sets my teeth on edge: *Es geht mir durch Mark und Bein.*

edit To edit a book: *Ein Buch herausgeben (Verlag).* To edit a magazine: *Eine Zeitschrift herausgeben.*

educate To educate one's ears to music: *Sein Ohren in musikalischer Hinsicht verfeinern, üben.*

efface To efface sad memories: *Traurige Erinnerungen vertreiben, aus dem Gedächtnis verbannen.* To efface oneself: *Sich zurückhalten; (bescheiden) in den Hintergrund treten.*

effect In effect: *In der Tat.* Of no effects: *Wirkungslos.* To this effect: *Zu diesem Zweck.* To come into effect: *Gültig werden.*

egg To egg s.b. on (to do s.th.) (colloq.): *Jemanden (zu etwas) anstiften, aufhetzen, anstacheln.*

As full as an egg: *Gerammelt voll.* As sure as eggs are eggs: *Todsicher.* In the egg (fig.): *In den Anfängen:* To have egg on one's face (colloq.): *Schön (blöd) dastehen.* To put, have, all on one's eggs in one's basket (fig.): *Alles auf eine Karte setzen.* To teach one's grandmother to suck eggs: *Das Ei will schlauer als die Henne sein.* A bad egg: *Ein mieser Kerl; ein Strolch.*

eight One over the eight (sl.): *Einen in der Krone; einen im Tee haben.*

either Either of you is right: *Jeder von euch hat Recht.*

eject To eject s.b. from an office: *Jemanden eines Amtes entheben.* To eject a tenant: *Einen Pächter, Mieter herauswerfen.*

eke To eke out one's salary: *Sein Gehalt aufbessern.* To eke out one's livelihood: *Sich kümmerlich durchschlagen.*

elbow Elbow-room: *Ellenbogenfreiheit.* To elbow s.b. aside, out of the way: *Jemanden verdrängen, aus dem Weg drängen.* Out at elbow: *Zerlumpt, schäbig, abgetragen.* He elbowed his way into the building: *Er drängelte sich vor in das Gebäude.* He elbowed his way through the crowd: *Er schob sich durch die Menge.*

elect They elected him president: *Sie wählten ihn zum Präsidenten.*

element To be in one's element: *In seinem Element sein.*

elevate To elevate a bucket: *Einen Eimer emporheben.* To elevate one's eyes, one's voice: *Den Blick erheben, die Stimme heben.* To elevate a gun: *Ein Geschützrohr erhöhen.* To elevate s.b. to a high rank: *Jemanden in einen hohen Rang erheben.*

eleven At the eleventh hour: *In letzter Minute; um fünf vor zwölf.*

elicit To elicit applause, a reply, truth: *Applaus hervorrufen; eine Antwort herauslocken; die Wahrheit ans Licht bringen.*

elude To elude a blow: *Einem Stoß ausweichen.* To elude the law, a payment, a question: *Das Gesetz umgehen; sich einer Zahlung entziehen; einer Frage ausweichen.*

embark To embark passengers: *Passagiere einschiffen, aufs Schiff aufnehmen.* They embarked for Australia: *Sie traten die (Schiffs-) Reise nach Australien an.* To embark money in an enterprise: *Sich finanziell auf ein Unternehmen einlassen.* To embark on a new career: *Eine neue Karriere beginnen.*

embedded It is embedded in my memory: *Es ist in meinem Gedächnis verankert.*

embody To embody an idea, a principle, a theory: *Eine Idee, ein Prinzip, eine Theorie verkörpern.*

embrace To embrace a profession, a political creed, a religion: *Einen Beruf ergreifen; eine politische, religiöse Überzeugung annehmen.* To embrace an offer: *Ein Angebot annehmen.* I embraced a lovely view: *Ich erfasste (mit den Augen) eine wunderschöne Aussicht.*

emit To emit light, smoke: *Licht aussenden; Rauch ausstoßen.* To emit flames: *Flammen aussto-ßen, ausstrahlen.*

emphasize To emphasize one's words with gestures: *Seine Worte mit Gesten unterstreichen.* He emphasized his own superiority: *Er betonte seine Überlegenheit.*

employ To employ one's time: *Seine Zeit (gut) nutzen.* He is employed in a bank: *Er ist in einer Bank angestellt.*

empty Empty vessels make most noise: *Je größer die Klappe, desto weniger Substanz.* To empty the bag: *Die Tasche ausleeren.* To empty (out) the drawers: *Die Schränke, die Schubladen ausräumen.* To empty one's glass: *Sein Glas leeren, austrinken.*

enable To enable s.b. to do s.th.: *Jemandem ermöglichen, jemanden befähigen, etwas zu tun.* To enable the body: *Den Körper stärken, stählen.*

enclose To enclose a meadow with a hedge, with a paling: *Eine Weide einzäunen.* To enclose a cheque, an invoice with a letter: *Einen Scheck, eine Rechnung einem Brief beifügen.*

encore They encored the tenor many times: *Sie forderten vom Tenor unzählige Zugaben.*

encounter To encounter a friend, difficulties, the enemy: *Einen Freund treffen; auf Schwierigkeiten stoßen; dem Feind entgegentreten.* He encountered strong opposition: *Er stieß auf starke Opposition.*

encroach To encroach on (upon) s.b.'s rights: *Jemanden seiner Rechte berauben, diese Rechte einschränken.*

encumber To encumber s.b. with a heavy suitcase: *Jemandem einen schweren Koffer aufhalsen.* Encumbered with debts: *Mit Schulden belastet.* To encumber an estate: *Ein Grundstück mit einer Hypothek belasten.*

end (1) He ended his days in poverty: *Er starb in Armut.* That ends here: *Das hört nun auf.* He ended by doing it: *Er tat es schließlich.* He ended by promising, by saying that ...: *Er schloss mit dem Versprechen, mit den Worten, dass ...* To end in a draw: *Unentschieden enden, ausgehen.* To end (up) in failure, in smoke: *Scheitern; in Rauch aufgehen; sich verlieren.* It ended up with their cheating him: *Das ganze endete damit, dass sie ihn hintergingen, betrogen.* All's well that ends well: *Ende gut, alles gut.*

end (2) The end justifies the means (prov.): *Der Zweck heiligt die Mittel.* That is not the end of it: *Die Sache ist damit nicht beendet; hierüber ist das letzte Wort noch nicht gesprochen.* End to end: *In Reih und Glied.* A few loose ends: *Einige Kleinigkeiten.* End for end: *Umgedreht.* On end: *Aufrecht.* To the end that: *Zu dem Zweck; damit.* To be at a loose end: *Gerade nichts vorhaben, zu tun haben.* To go off the deep end: *Sich unnötig aufregen.* I used every means to gain my ends: *Mir war jedes Mittel recht, um mein Ziel zu erreichen.* I was on my beams-end: *Ich war beinahe am Ende meiner Kräfte.* To have s.th. at one's fingers' ends: *Etwas parat haben.* To keep one's end up: *Seinen Mann stehen; sich nicht unterkriegen lassen.* Odds and ends: *Kleinkram.* To make (both) ends meet: *Zurechtkommen; sich über Wasser halten.* No end (of) (colloq.): *Endlos; Unendlich.* The end of the road / line: *Das Aus; das Ende der Fahnenstange.*

endanger To endanger one's life, one's interests: *Sein Leben gefährden; seinen eigenen Interessen im Wege stehen.*

endear To endear oneself to s.b.: *Sich lieb Kind machen bei jemandem; einer Person Zuneigung gewinnen.*

endorse To endorse a bill, a cheque (comm.): *Eine Rechnung, einen Scheck indossieren, girieren.* I endorse his statement: *Ich unterstütze seine Aussage; ich stimme mit seiner Bemerkung überein.*

endow To endow s.b. with a good intellect: *Jemanden mit einem hervorragenden Intellekt begnaden.*

endure He endures pain, suffering, torture with great fortitude: *Er erträgt Schmerz, Leiden, Marter mit großer Standhaftigkeit.*

enforce To enforce the law: *Dem Gesetz Geltung verschaffen.* To enforce payment: *Zahlung erzwingen.* To enforce one's rights: *Seine Rechte zur Geltung bringen, erzwingen.*

engage This engages all my time: *Dies nimmt all meine Zeit in Anspruch.* To engage s.b.'s attention: *Einer Person Aufmerksamkeit auf sich ziehen.* To engage the clutch, gears: *Die Kupplung, die Gangschaltung bedienen.* To engage for s.th.: *Etwas garantieren; für etwas bürgen.* To engage in double dealing: *Doppeltes Spiel treiben.* To engage in trade: *Im Handel tätig werden.* She is engaged to a lawyer: *Sie ist mit einem Rechtsanwalt verlobt.*

engine The engine is knocking, is misfiring: *Der Motor klopft, hat Fehlzündungen.*

engrave To engrave on stone, on wood: *In Stein gravieren, eingraben; in Holz einschneiden, ritzen.* To engrave s.th. on one's heart, on one's memory: *Sich etwas ins Herz, ins Gedächtnis tief einprägen.*

engross To engross the conversation: *Die Unterhaltung an sich reißen.* This engrosses him, his attention: *Dies nimmt ihn, seine Aufmerksamkeit ganz in Anspruch.*

enhance To enhance delight: *Die Freude steigern.* To enhance prices: *Die Preise anheben, erhöhen.*

enjoin To enjoin obedience, silence on s.b.: *Jemandem Gehorsam, Schweigen auferlegen.* I enjoined him to be silent: *Ich befahl ihm, schärfte ihm ein, leise zu sein.* To enjoin s.b. from doing s.th.: *Jemandem untersagen, etwas zu tun.*

enjoy To enjoy s.b.'s confidence: *Einer Person Vertrauen genießen.* To enjoy a film: *Einen Film genießen.* To enjoy good (poor) health: *Sich bei guter (schlechter) Gesundheit befinden.* To enjoy life, one's holidays: *Das Leben, die Ferien genießen.* To enjoy oneself: *Sich amüsieren.*

enlarge To enlarge one's heart: *Freundlicher werden; weniger hart sein.* To enlarge a photograph: *Ein Photo vergrößern.* To enlarge on (upon) a subject: *Sich weitläufig über ein Thema auslassen.*

enlighten He enlightened me on that subject: *Er klärte mich hinsichtlich dieses Themas auf.*

enlist To enlist recruits, volunteers: *Rekruten anwerben; Freiwillige einstellen.* They enlisted his services in their cause: *Sie nahmen seine Dienste für sich in Anspruch.* He enlisted as a volunteer: *Er meldete sich freiwillig (zur Armee).*

enliven He enlivened the conversation: *Er belebte die Unterhaltung.*

enough Enough is as good as a feast (prov.): *Allzuviel ist ungesund.* Good enough! *Sehr gut!* Quite enough: *Wahrhaftig genug.* True enough: *Nur zu wahr.* Sure enough: *Freilich; gewiss; allerdings.* Enough and to spare: *Vollauf; reichlich.* The best is just good enough: *Das Beste ist gerade gut genug.*

enquire *Siehe:* inquire.

enrol(l) To enrol s.b.'s name: *Jemanden namentlich einschreiben.* To enrol men for the Army: *Männer für die Armee anwerben, rekrutieren.*

ensconce She ensconced herself in the armchair: *Sie ließ sich behaglich im Sessel nieder.*

ensure *Siehe:* insure.

entail To entail land, an estate (leg.): *Land, einen Besitz als unveräußerliches Gut vererben.* To entail extra expenses upon s.b.: *Jemandem besondere Kosten auferlegen.* This entails labour: *Dies bringt Arbeit mit sich.*

entangle He entangled the matter: *Er verwirrte die Sachlage.* To entangle oneself in a discussion: *Sich in eine Diskussion verstricken.*

enter To enter the Church: *In den geistlichen Stand eintreten.* To enter a convent: *Ins Kloster gehen; Nonne bzw. Mönch werden.* To enter the diplomatic career: *In den diplomatischen Dienst eintreten.* To enter a pupil for an examination, a horse for a race: *Einen Schüler für eine Prüfung anmelden; ein Pferd für ein Rennen melden.* That entered into his calculations: *Dies wurde in seine Berechnungen miteinbezogen.* I entered into his feelings: *Ich ging auf seine Gefühle ein.* To enter into the heart, into the spirit of the matter: *Auf den Grund der Sache kommen, den Kern der Sache erfassen.* To enter into a plan: *Sich an einem Projekt beteiligen.* To enter upon a new career (enterprise, phase): *Eine neue Laufbahn beginnen; in einem neuen Unternehmen zu arbeiten anfangen; in eine neue Phase treten.* To enter upon office: *Ein Amt antreten.* To enter upon a subject: *Ein Thema anschneiden.*

entertain To entertain s.b. in a friendly way: *Jemanden auf freundliche Art und Weise unterhalten.* To entertain a doubt, a hope, a feeling: *Einen Zweifel, eine Hoffnung, ein Gefühl hegen.* To entertain an offer, a proposal: *Auf einen Vorschlag eingehen.*

entice To entice s.b. with the prospect of high profits: *Jemanden mit der Möglichkeit hoher Profite verlocken, verführen.*

entitled He is entitled to do it: *Er ist berechtigt, es zu tun.*

entreat He entreated me to help him: *Er ersuchte mich, flehte mich an, ihm zu helfen.* He entreated her forgiveness: *Er erflehte ihre Vergebung.*

entrench To entrench oneself: *Sich festsetzen (auf etwas).* They entrenched upon his rights: *Sie bemächtigten sich seiner Rechte.*

entrust I entrusted the documents to him: *Ich vertraute ihm die Dokumente an.*

entry Entry only: *Nur Eingang.* As per entry: *Laut Eintrag.* Upon entry: *Nach Eingang.* Entry form: *(An-)Meldeformular*

envy To be the envy of s.o.: *Von jemandem beneidet werden.*

epoch Epoch-making event: *Ein ausschlaggebendes Ereignis (den Zeitgeist betr.).*

equal He equals you in strength: *Er kommt dir an Kraft gleich.* On equal terms: *Auf gleichem Fuß; zu gleichen Bedingungen.* To be equal to the occasion: *Der Lage gewachsen sein.*

equip To equip soldiers with weapons: *Soldaten mit Waffen ausrüsten.* To equip oneself for an excursion: *Sich für einen Ausflug rüsten, ausrüsten.*

erect To erect a building: *Ein Gebäude errichten.* To erect one's ears: *Die Ohren spitzen.* To stand erect: *Zu Berge stehen (Haare).*

err To err is human (prov.): *Irren ist menschlich.* To err on the side of s.th.: *Im Zweifelsfall sollte man lieber zu vorsichtig (nachsichtig etc.) sein.*

error Errors and omissions excepted: *Irrtümer und Versäumnisse vorbehalten.* By way of trial and error: *Durch Ausprobieren.* To see the errors of one's ways: *Seine Fehler einsehen.*

escape The words escaped his lips: *Die Worte entfuhren ihm.* He escaped my notice completely: *Ich nahm ihn nicht im geringsten wahr.* To escape observation: *Unbemerkt bleiben.* It has escaped my remembrance: *Es ist mir aus der Erinnerung entschwunden.* To escape death by a hair's breadth, by (with) the skin of one's teeth, by a narrow margin: *Dem Tod um ein Haar entgehen.* To escape with life and limbs: *Heil und unverletzt davonkommen.* To have a narrow escape: *Mit knapper Not davonkommen.*

establish To establish a fact, the innocence of the defendant, the truth of a witness: *Eine Tatsache darlegen; die Unschuld des Angeklagten demonstrieren; die Wahrhaftigkeit eines Zeugen klarstellen.* He established himself in Bonn: *Er ließ sich in Bonn nieder.* He established himself as a greengrocer: *Er ließ sich als Gemüsehändler nieder.*

esteem I esteem him highly (greatly): *Ich schätze ihn sehr.*

To hold in esteem: *Hochachten, wertschätzen.*

estimate To estimate the cost, the price, the value of s.th.: *Die Kosten, den Preis, den Wert einer Sache abschätzen.* They estimate his fortune at two-hundred million dollars: *Sie schätzen sein Vermögen auf zweihundert Millionen Dollar.*

evade To evade a blow: *Einem Stoß ausweichen.* To evade one's duty: *Sich seiner Pflichten entziehen.* To evade one's enemies: *Seinen Feinden ausweichen.* To evade the law, a payment, a question: *Das Gesetz umgehen; sich einer Zahlung entziehen; einer Frage ausweichen.*

even (1) To even things up: *Eine Sache ausgleichen.* To even up on s.b. (USA): *Die Rechnung mit jemandem begleichen.* To be / keep on an even keel (fig.): *(Wieder) im Lot sein; ausgeglichen sein; sich eingespielt haben.* To break even: *Ohne Gewinn oder Verlust abschließen; sein Geld wieder herausbekommen.*

even (2) Even a worm will turn (prov.): *Jedem reißt einmal die Geduld.* Even though: *Obwohl; obgleich.* I am even with him: *Ich bin mit ihm quitt.*

event In the event: *Im Endeffekt; schließlich (doch).* In the event of s.th.: *Im Falle von etwas (eines Krieges, jmds. Todes etc.).*

ever Ever after, ever since: *Seitdem; seit dieser Zeit.* Ever since he was a boy: *Immer schon, seitdem er ein Junge war.* Why ever didn't you say so! *Warum hast du es denn nicht gesagt?* Hardly ever: *Fast nie.* Ever and again: *Immer wieder.*

every Every now and again (now and then): *Von Zeit zu Zeit; hin und wieder.* Every inch: *Völlig; vollständig; ganz.* Every other day: *Jeden zweiten Tag; alle zwei Tage.* Every three days (third day): *Alle drei Tage.* Every cloud has a silver lining (prov.): *In allem Schlechten liegt das Gute im Ansatz schon verborgen.* Every dog has his day (prov.): *Jeder hat mal Glück, eine Chance.* Every land has its way (prov.): *Andere Länder, andere Sitten.* Every law has a loophole (prov.): *Keine Regel ohne Ausnahme.* Every man is master in his own home (prov.): *Jeder ist Herr im eigenen Haus.* Every now and then / every now and again / every so often (colloq.): *Gelegentlich; hin und wieder.* Every trade has to be learnt (prov.): *Alles will gelernt sein.*

everybody Everybody is wise after the event (prov.): *Hinterher weiß es jeder besser.*

everything Everything is going well: *Alles läuft prima.* Everything in its own season (prov.): *Alles zu seiner Zeit.* Everything in the garden is lovely (colloq.): *Alles läuft prima; alles in Ordnung.*

evil To wish someone evil: *Jemandem etwas böses wünschen.* The Evil One: *Der Satan; der Böse.* The lesser evil: *Das kleinere Übel.* The evil eye: *Der böse Blick.*

evince To evince curiosity, wisdom: *Neugier, Weisheit zeigen, bekunden.*

evoke To evoke a memory, a spirit: *Eine Erinnerung, einen Geist hervorrufen.*

exact To exact obedience: *Gehorsam verlangen.* He exacts the utmost punctuality from his pupils: *Er verlangt seinen Schülern höchste Pünktlichkeit ab.* He exacted his pound of flesh: *Er forderte sein volles Recht.*

exalt To exalt s.b. to the skies: *Jemanden in den Himmel heben.*

examine To examine one's conscience: *Sein Gewissen befragen.* I examined it closely: *Ich untersuchte es aus der Nähe, sorgfältig.* To examine passports: *Die Pässe kontrollieren.* To examine a patient: *Einen Patienten untersuchen.* To examine a pupil: *Einen Schüler prüfen.*

example Example is better than precept (prov.): *Ein gutes Beispiel (an Lebensführung) ist besser als alle Gebote.* To make an example of s.o.: *Ein Exempel an jemandem statuieren.* To set (s.o.) a good example: *(Jemandem) mit gutem Beispiel vorangehen.*

excavate To excavate a ditch, a trench, a tunnel: *Einen Graben, einen Schützengraben, einen Tunnel ausgraben, ausschachten.* To excavate a buried city, old ruins: *Eine versunkene Stadt, alte Ruinen ausgraben.*

exceed To exceed all expectations: *Alle Erwartungen übertreffen.* To exceed in height (length, number, speed): *An Höhe, Länge, Anzahl, Geschwindigkeit übertreffen.*

excel To excel in doing s.th.: *Etwas überragend beherrschen.* He excels at everything: *Er ist in allem hervorragend.*

except They excepted his name from the list: *Sie strichen seinen Namen aus der Liste.* To except against (to) s.th.: *Einwendungen gegen etwas machen; gegen etwas Einspruch erheben.*

except – excepting Except (for) him, excepting him: *Ihn ausgenommen; bis auf ihn.* Not excepting us: *Uns nicht ausgenommen.*

exception The exception proves the rule (prov.): *Ausnahmen bestätigen die Regel.* To take exception to s.th.: *Anstoß an etwas nehmen; gegen etwas protestieren.*

exchange They exchanged a knowing (meaningful) look: *Sie wechselten bedeutungsvolle Blicke.* I exchanged my bicycle for his: *Ich tauschte mein Fahrrad gegen seins.* At the exchange: *Zum Kurs von.* By way of exchange: *Im Tausch.*

excite To excite a riot: *Einen Aufstand hervorrufen.* To excite s.b. to jealousy, s.b.'s jealousy: *Einer Person Eifersucht erregen.* To excite oneself: *Sich aufregen; sich erregen.*

exclude To exclude all possibility of doubt: *Jeden Zweifel ausschließen.* That excludes the possibility of coming to an agreement: *Dies schließt jede Möglichkeit, zu einem Abkommen zu finden, aus.*

excuse Excuse me: *Entschuldige mich bitte; Pardon; Entschuldigung!* Excuse me for coming late (if I am late, my being late):

Entschuldige bitte meine Verspätung. They excused him from attending the ceremony: *Sie befreiten ihn von der Teilnahme an der Zeremonie.* You may be excused now! *Sie können jetzt gehen.*

execute To execute a picture, a piece of music, a plan, a statue: *Ein Gemälde, ein Musikstück, einen Plan, eine Skulptur ausführen.* To execute an order (comm.): *Eine Order, eine Bestellung ausführen. (Wirtschaft).* To execute a murderer: *Einen Mörder hinrichten.*

exempt To exempt s.b. from service in the Army: *Jemanden vom Militärdienst befreien.* To exempt from charges: *Kosten-, spesenfrei.* To exempt from taxation: *Steuerfrei.*

exercise He exercised my patience: *Er beanspruchte meine Geduld.* He exercises his authority (influence) over (with) his brother: *Er übt seine Autorität gegenüber seinem Bruder aus.* To exercise oneself in skiing, in swimming: *Sich im Skifahren, Schwimmen üben*

exert To exert one's strength: *Seine Kraft gebrauchen, anwenden.* He exerted himself to get a post: *Er strengte sich an, den Posten zu bekommen.*

exhaust To exhaust the fuel, one's patience, one's strength, a subject: *Den Treibstoff verbrauchen; die Geduld erschöpfen; die Kraft aufbrauchen; ein Thema erschöpfen.* He exhausted himself by studying too hard: *Er entkräftete sich, erschöpfte sich, indem er zu viel lernte.*

exhibit To exhibit a painting: *Ein Gemälde ausstellen.* To exhibit bravery, courage: *Mut, Courage beweisen.*

exhibition To make an exhibition of oneself: *Sich danebenbenehmen.*

expand To expand one's business: *Sein Geschäft ausdehnen, erweitern.* To expand the chest, the mind: *Die Brust weiten; den Geist erweitern.* To expand one's wings: *Seine Flügel ausbreiten.*

expect To expect the worst: *Sich auf das Schlimmste vorbereiten; auf das Schlimmste gefasst sein.* I expect so: *Ich würde das so erwarten; ich denke, das wird geschehen.* She is expecting (colloq.): *Sie ist in anderen Umständen.*

expel They expelled him from school: *Sie verwiesen ihn von der Schule.*

experience To experience joy, hunger, pain, thirst: *Freude erfahren; Hunger, Schmerz, Durst verspüren.* To experience money difficulties: *Sich in Finanzschwierigkeiten befinden.*

experience Experience is the greatest teacher (prov.): *Erfahrung ist der beste Lehrmeister.*

expire To expire the air: *(Luft) ausatmen.* The letter of credit expires on ...: *Das Akkreditiv (verfällt) läuft am ... ab.*

explain To explain a misunderstanding: *Ein Mißverständnis aufklären.* Explain to me what you mean by that: *Erklär mir, was du damit meinst.* Explain yourself better! *Erkläre dich etwas besser! Sag endlich klar, was* *du denkst!* To explain s.th. away: *Etwas (durch Erklärungen) vertuschen.*

explode To explode a bomb, a mine: *Eine Bombe, eine Mine in die Luft jagen.* To explode a myth, a superstition, a theory: *Einen Mythos, einen Aberglauben, eine Theorie umstoßen.*

exploit To exploit s.b.'s generosity, a mine, a worker: *Einer Person Großzügigkeit ausbeuten; ein Bergwerk, einen Arbeiter ausbeuten.* He exploited his acquaintances to the utmost: *Er nutzte seine Bekanntschaft bis zum Letzten aus.*

expose To expose merchandise in a shop-window: *Waren im Schaufenster auslegen.* To expose oneself to a danger, to sunlight: *Sich einer Gefahr, dem Sonnenlicht aussetzen.* To expose a conspiracy, a snare: *Eine Konspiration, eine Falle aufdecken.*

expostulate To expostulate with s.b. about s.th.: *Jemandem ernste Vorhaltungen wegen etwas machen.*

expound To expound a theory: *Eine Theorie entwickeln.*

express To express an opinion, a wish: *Eine Meinung, einen Wunsch ausdrücken.* He expressed the general feeling: *Er gab der allgemeinen Stimmung Ausdruck.* She expressed her pleasure in seeing him: *Sie gab ihrer Freude Ausdruck, ihn zu sehen.* To express one's sympathy: *Sympathie, Zuneigung, Mitleid bekunden.*

extend To extend one's business relations: *Seine Geschäftsbeziehungen ausweiten.* To extend a building: *Ein Gebäude erweitern.* To extend as far as the horizon, for miles: *Sich bis zum Horizont, über viele Meilen hin erstrecken, ausdehnen.*

extenuate To extenuate a crime: *Ein Verbrechen beschönigen, bemänteln.*

extinguish To extinguish a fire: *Ein Feuer löschen.* To extinguish s.b.'s love: *Einer Person Liebe zerstören.*

extol To extol s.b. to the skies: *Jemanden in den Himmel heben, bis über den grünen Klee loben.*

extort To extort a confession, a promise from (out of) s.b.: *Von jemandem ein Geständnis, ein Versprechen erzwingen.*

extract To extract a bullet, a tooth: *Eine Kugel (aus dem Körper) entfernen; einen Zahn ziehen.* To extract a root (mathematics): *Die Wurzel ziehen (Mathematik).* To extract salt from water: *Salz aus (Meer-)Wasser gewinnen, extrahieren.*

extradite They extradited him to Germany: *Sie lieferten ihn nach Deutschland aus.*

extremes Extremes meet (prov.): *Gegensätze ziehen sich an.*

extricate To extricate oneself from an awkward situation: *Sich aus einer schwierigen Situation befreien.*

exult He exulted at (over) his success: *Er frohlockte, jubelte über seinen Erfolg.*

eye (1) To eye s.b. with suspicion, from head to foot (from top to toe): *Jemanden mit Miss-*

trauen beäugen; jemanden von Kopf bis Fuß mustern.

eye (2) Eye for eye, tooth for tooth (prov.): *Auge um Auge, Zahn um Zahn.* His eyes are bigger than his belly: *Sein Augen sind größer als sein Magen.* Her eyes fell: *Sie senkte den Blick.* The eye must be pleased (prov.): *Es muss (auch) dem Auge gefällig sein; die Augen essen mit.* My eye is watering: *Mir tränt ein Auge.* She is the apple of his eye: *Sie ist sein größter Schatz.* To cry one's eye out (colloq.): *Sich die Augen ausweinen.* The evil eye: *Der böse Blick.* Eyeball to eyeball (colloq.): *In direkter Konfrontation; in unmittelbarer Auseinandersetzung.* In one's mind's eye: *Vor jemandes geistigem oder innerem Auge.* To keep an eye on s.o. or s.th.: *Jemanden oder etwas im Auge behalten; ein (wachsames) Auge auf jemanden haben.* The naked eye: *Das bloße Auge.* There is more to s.th. than meets the eye: *Etwas ist schwieriger, besser etc. als es den Anschein hat.* To be up to one's eyes in s.th. (colloq.): *Bis zum Hals in etwas stecken; in etwas ersticken.* To have an eye to / for the main chance: *Den eigenen Vorteil im Auge behalten.*

eyesore It is an eyesore: *Es ist ein Schandfleck, ein Dorn im Auge.*

F

face (1) Let's face it: *Machen wir uns doch nichts vor.* To face danger, death, the enemy: *Einer Gefahr, dem Tod, dem Feind die Stirn bieten, entgegentreten.* To face certain death: *Dem sicheren Tod (mutig) entgegentreten.* To face the engine: *In Fahrtrichtung sitzen (im Zug).* To face (up to) the facts: *Den Tatsachen ins Auge sehen.* To face the music: *Einer schwierigen Situation mutig entgegentreten; für etwas geradestehen.* To face (to the) north: *Richtung Norden sein, liegen, nach Norden ausgerichtet sein (Haus).* Face the wall! *Mit dem Gesicht zur Wand aufstellen!* To face s.b. down: *Jemanden verwirren, durcheinanderbringen; jemanden beschämen, einschüchtern.* To face down the situation: *Die Situation unter Kontrolle haben.* To face on (to) the square: *Zum Platz hin liegen.* He faced it out: *Er stand die Sache durch.* To face up to s.b.: *Sich jemanden vorknöpfen; es mit jemandem aufnehmen.* To face (up to) a difficult situation: *Einer schwierigen Situation mutig begegnen.* Face left, face right! (milit.): *Rechts um! Links um!*

face (2) Face to face: *Auge in Auge; von Angesicht zu Angesicht.* Her face is her fortune: *Ihre Schönheit ist ihr einziges Kapital.* In (the) face of: *Angesichts, trotz.* In s.o.'s face: *Vor je-*

mandem. On the face of it: *Anscheinend; augenscheinlich; auf den ersten Blick.* To fly in s.o.'s face: *Jemandem ins Gesicht springen.* To lose one's face: *Das Gesicht verlieren.* To make / pull a face (at s.o.): *(Jemandem) eine Grimasse oder Fratze schneiden.* To put a bold / brave / good face on it: *Sich nichts anmerken lassen; in den sauren Apfel beißen; gute Miene zum bösen Spiel machen.* To save one's face: *Sein / jmds. Gesicht wahren.* To set one's face against s.th.: *Sich gegen etwas stellen; sich etwas widersetzen.* To show one's face: *Sich sehen lassen.* To someone's face: *Ins Gesicht.*

fact The fact is that ...: *Die Wahrheit ist ...;Tatsache ist ...; tatsächlich ...*

fade To fade away: *Dahin-, verschwinden; vergehen, zerrinnen, verwelken.* That faded from my mind: *Dies verblasste in meiner Erinnerung; dies ist mir aus dem Gedächnis entschwunden.* To fade in a picture: *In ein Bild einblenden.* To fade out a picture: *Ein Bild ausblenden.* To fade into nothingness: *Zu Nichts dahinschwinden; sich in Nichts auflösen.*

fag The fag end (colloq.): *Das letzte Ende; der kümmerliche Rest; die letzten Fetzen.*

fail To fail to do s.th.: *Etwas nicht tun; versagen.* To fail a candidate: *Einen Prüfungskandidaten durchfallen lassen.* To fail a friend in need: *Einen Freund in Not im Stich lassen.* He failed at his exams: *Er fiel durch seine Prüfungen.* To fail in health: *Gesundheitlich verkümmern, dahinsiechen.* To fail in one's object: *Mit seinen Absichten scheitern.* He failed in perseverance: *Ihm mangelte es an Stehvermögen, Ausdauer.* To fail in plant: *Nicht aufkeimen, sprießen; im Keim ersticken.* Failing this: *In Ermangelung dessen.* Words fail me: *Mir fehlen die Worte.*

faint (1) To faint away: *Ver-, dahinschwinden.* To faint from fright, from hunger: *Vor Angst, vor Hunger in Ohnmacht fallen.* She fainted into his arms: *Sie fiel ohnmächtig in seine Arme.*

faint (2) Faint hearts a battle never won (prov.): *Wer nicht wagt, der nicht gewinnt; dem Mutigen gehört die Welt.* Faint heart never won fair lady: *Frisch gewagt ist halb gewonnen.* Not to have the faintest (colloq.): *Keine Ahnung!* Not to have the faintest idea: *Nicht die leiseste Ahnung haben.*

fair Fair enough! (colloq.): *Einverstanden!* Fair is fair: *Gerecht ist gerecht; fair ist fair.* By fair means or foul: *Ohne Rücksicht auf Verluste; so oder so.* Fair and square: *Rechtmäßig; offen und ehrlich.* Fair do's / fair's fair (colloq.): *Alles, was recht ist; das it nur gerecht.* Fair game (fig.): *Zum Abschuss freigeben; Freiwild.* Fair play: *Faires Verhalten.* The fair sex: *Das schöne Geschlecht.* Fair and softly goes far (prov.): *Vorsicht ist die Mutter der Porzellankiste.* Fair-weather friends: *Freunde, die nur in guten Zeiten zu einem stehen; so-*

genannte Freunde. To be in a fair way to: *Sich auf dem besten Weg befinden.*

faith In bad, good faith: *In böser Absicht; in gutem Glauben.*

fake To fake a painting, a report, a story: *Ein Gemälde, eine Reportage, eine Geschichte fälschen.* To fake goods: *Waren fälschen, imitieren.*

fall To fall aboard with (of) s.b.: *Sich mit jemandem streiten; einen Prozess mit jemandem führen.* To fall about laughing (colloq.): *Sich vor Lachen krümmen.* To fall across s.b.: *Jemanden treffen.* To fall apart: *Auseinanderfallen, in Stücke gehen.* To fall asleep: *Einschlafen.* To fall away: *Abmagern, schwinden, schwächer werden.* She fell away from her husband: *Sie verließ ihren Ehemann.* To fall back on s.o. or s.th. (colloq.): *Bei jemandem einen Rückhalt haben; auf etwas zurückgreifen können.* To fall behind with s.th.: *Mit etwas in Verzug geraten.* To fall behind with one's work: *Mit seiner Arbeit in Rückstand geraten.* To fall between two stools: *Sich zwischen zwei Stühle setzen.* To fall a deaf ear: *Ins Leere hinein reden; gegen die Wand reden; nicht erhört werden.* To fall down on s.th. (colloq.): *In etwas versagen.* To fall due (comm.): *Verfallen, ablaufen.* To fall flat: *Flach fallen; keinen Erfolg haben; keine Wirkung haben; eine Bauchlandung machen.* To fall for s.o. or s.th. (colloq.): *Auf jemanden oder etwas hereinfallen; Sich in jemanden verlieben.* To fall foul of: *Mit einer Person (Sache) zusammenstoßen.* To fall from grace: *In Ungnade fallen.* To fall from one's lips. *Über die Lippen kommen, den Lippen entschlüpfen.* He fell full length: *Er fiel der Länge nach hin.* To fall headlong (head-first, head foremost): *Sich Hals über Kopf hineinstürzen.* To fall ill: *Krank werden.* To fall in: *Sich anschließen; sich einreihen.* To fall in battle: *Zur Schlacht antreten; sich in die Schlacht stürzen.* To fall in s.b.'s esteem: *Die Wertschätzung einer Person verlieren.* To fall in line with s.b.: *Mit jemandem einverstanden sein.* To fall in love with s.b.: *Sich in jemanden verlieben.* To fall in talk with s.b.: *Mit jemandem ins Gespräch kommen.* To fall into s.b.'s clutches: *Jemandem in die Klauen geraten; jemandem in die Hände fallen.* To fall into decay: *Zerfallen; in Trümmer zerfallen; verrotten.* To fall into a decline: *Dahinsiechen; die Schwindsucht bekommen.* To fall into disuse: *Außer Gebrauch kommen.* He fell into the habit of gambling: *Er wurde zum Spieler.* He fell into the hands of his pursuers: *Er fiel in die Hände seiner Verfolger.* To fall into hysterics: *Hysterisch werden; einen hysterischen Anfall haben.* To fall into oblivion: *In Vergessenheit geraten.* To fall into two parts: *Entzwei fallen.* To fall into poverty, into ruin: *Der Armut, dem Ruin verfallen.* To fall into a rage: *In Wut geraten.* To fall into a snare: *In eine Falle stürzen, gehen; in einen Hinterhalt geraten.* To fall into temptation: *In Versuchung kommen.* To fall into thought: *In den Kopf kommen.* To fall low: *Fallen; sinken; abnehmen.* To fall off (fig.): *Zurückgehen; nachlassen; abfallen.* To fall on s.th.: *Über etwas herfallen; sich auf etwas stürzen; sich über etwas hermachen.* To fall out: *In Streit geraten; sich (zer)streiten; sich verkrachen.* To fall over oneself (colloq.): *Sich förmlich, regelrecht, geradezu etc. überschlagen.* To fall pat: *Gerade recht kommen.* To fall short: *Knapp werden.* To fall short of s.b.'s expectations: *Hinter einer Person Erwartungen zurückbleiben.* To fall short of s.th.: *Nicht an etwas heranreichen; etwas nicht entsprechen.* To fall short of the target: *Das Ziel knapp verfehlen.* To fall on deaf ears: *Auf taube Ohren stoßen; kein Gehör finden.* To fall on one's feet (legs): *Auf die Füße fallen; sich aus einer schwierigen Lage glimpflich befreien.* To fall on s.b.: *Über jemanden herfallen; jemanden überfallen (Unglück, Pech).* To fall on (upon) the enemy: *Sich auf den Feind stürzen.* To fall on (upon) evil days (times): *Ins Unglück geraten.* To fall on one's knees: *Auf die Knie fallen.* To fall out of s.b.'s favour (grace): *Bei jemandem in Ungnade fallen.* To fall out of the frying-pan into the fire (prov.): *Vom Regen in die Traufe kommen.* To fall out of use: *Außer Gebrauch kommen.* To fall over an object: *Eine Sache kurz überblicken.* To fall overboard, over the side: *Über Bord gehen, ins Meer fallen.* To fall over backwards: *Aufs Kreuz fallen (i.ü.S.).* To fall through: *Scheitern, durchfallen.* To fall to work: *Zu arbeiten beginnen.* To fall to pieces: *In Stücke gehen, zerfallen.* To fall together by the ears: *Handgemein, handgreiflich werden.* To fall under two (three) categories, classes: *In zwei (drei) Kategorien, Klassen zerfallen, sich aufteilen lassen.* She fell upon his neck: *Sie warf sich ihm an den Hals.* To fall within one's cognizance: *In die Befugnis einer Person fallen.*

false A false alarm: *Blinder Alarm.* False pretences (leg.): *Vorspiegelung falscher Tatsachen.* A false start: *Ein Fehlstart.* A false step: *Ein Fehler.*

falsify To falsify a document: *Ein Dokument fälschen.*

falter He faltered (out) an excuse: *Er stammelte eine Entschuldigung hervor.*

familiar He is familiar with German: *Er ist mit der deutschen Sprache vertraut.* This sounds familiar to me: *Das kommt mir bekannt vor; das habe ich schon einmal gehört.*

familiarity Familiarity breeds contempt (prov.): *Allzugroße Vertrautheit erzeugt Verachtung.*

family A family tree: *Ein Stammbaum.* In the family way: *Schwanger.* To run in the family: *In der Familie liegen.*

famish I'm famishing (colloq.): *Ich sterbe vor Hunger; ich verhungere.*

fan To fan the flame, the fire: *Die Flamme, das Feuer anfa-*

chen. To fan away a fly: *Eine Fliege vertreiben.* To fan oneself: *Sich Luft zufächeln.* To fan out (milit.): *Sich fächerförmig ausbreiten, ausschwärmen (oft Militär).*

fancy (1) To fancy free: *Frei und ungebunden.* To fancy oneself very important: *Sich sehr wichtig vorkommen.* Fancy having to do such a thing! *Stell dir vor, so etwas tun zu müssen.* Fancy that! *Denk dir bloß; stell dir das einmal vor!* I fancied I saw (seeing you) you at the theatre last night: *Ich meinte, bildete mir ein, dich gestern im Theater gesehen zu haben.*

fancy (2) He is a fancy dresser: *Er kleidet sich sehr exzentrisch.* To take a fancy to s.o. or s.th.: *Jemanden sympathisch finden; Gefallen an etwas finden.* To take someone's fancy: *Jemanden ansprechen; jemandem gefallen.*

far Far and away: *Mit Abstand; bei weitem.* Far back: *Vor langer Zeit; weit zurück, weit hinter.* Far be it from me: *Es liegt mir völlig fern; nichts läge mir ferner.* Far beyond (the horizon): *Weit jenseits (des Horizonts).* Far and wide: *Kreuz und quer; ausführlich, lang und breit.* Far from it! *Weit entfernt! Keineswegs!* Far into the night: *Bis spät in die Nacht hinein.* So far, so good: *So weit, so gut.*

fare To fare (oneself) well: *Es sich gut gehen lassen.* Fare thee well! (poet.): *Gehabt euch wohl! Lebewohl!*

farther Farther on: *(Immer) weiter, weiterhin.*

fashion After / in a fashion: *In gewisser Weise; schlecht und recht.* To fashion marble into a statue: *Eine Skulptur aus Marmor hauen, formen.* He fashioned himself to the situation: *Er passte sich der Situation an.*

fast Fast asleep: *Tief schlafend, fest eingeschlafen.* To play fast and loose with s.o. or s.th. (colloq.): *Schindluder mit jemandem oder etwas treiben; mit jemandem oder etwas spielen.* To pull a fast one on s.o. (colloq.): *Jemanden übers Ohr hauen.*

fasten Fasten seat belts! *Bitte anschnallen!* To fasten one's attention, one's eyes on s.th., s.b.: *Die Aufmerksamkeit auf eine Sache, eine Person richten.* To fasten a crime, the respponsibility, a nickname on s.b.: *Jemandem ein Verbrechen, die Verantwortung in die Schuhe schieben; jemandem einen Spitznamen anhängen.* She fastened (herself) on (upon) him: *Sie klammerte sich an ihn (auch i.ü.S.).* To fasten two sheets of paper together: *Zwei Blätter Papier zusammenheften.*

fastidious He is fastidious about his food: *Er ist beim Essen sehr wählerisch.*

fat The fat is in the fire (pop.): *Der Teufel ist los.* A fat lot I care! (pop.): *Das ist mir schnurzpiepegal!* To chew the fat (sl.): *Quatschen, tratschen; herumnörgeln.* Fat chance (colloq.): *Es sieht bestens aus; jemand hat Mordschancen (= nicht die Spur einer Chance) (ugs., iron.).* A fat lot of s.th. (colloq.): *Äußerst viel, sehr viel (= herzlich wenig) (ugs., iron.).*

A fat lot of use (colloq.): *äußerst sinnvoll, sehr schlau (ugs., iron.)* To kill the fatted calf (fig.): *Das gemästete Kalb schlachten.* To live off the fat of the land: *In Saus und Braus leben.*

fate A fate worse than death: *Schlimmer als der Tod.*

father (1) To father a child: *Ein Kind zeugen.* They fathered the crime upon him: *Sie schrieben ihm das Verbrechen zu.*

father (2) The father and mother of s.th.: *Ein Riesen-, Mega- etc.* To be gathered to one's fathers (lit.): *Heimgehen; verscheiden; versterben.* The wish is father to the thought: *Der Wunsch ist Vater des Gedankens.* Like father, like son: *Der Apfel fällt nicht weit vom Stamm.*

fault The fault lies with him, it is his fault: *Es ist sein Fehler.* A fault confessed is half redressed (prov.): *Eine gestandene Schuld ist nur noch die halbe Schuld.* To find fault with s.o.: *An jemandem etwas auszusetzen haben.*

favour To favour s.b.'s escape, plans: *Einer Person Flucht begünstigen; jemandes Plänen geneigt sein.* He favoured me with an interview: *Er gewährte mir ein Interview.* He favours his father (colloq.): *Er unterstützt seinen Vater.*

fawn To fawn on s.b.: *Jemandem schmeicheln; vor jemandem zu Boden kriechen.*

fear To fear the cold, the heat, death, God's wrath: *Die Kälte, Hitze, den Tod, Gottes Zorn fürchten.* To fear nothing: *Nichts fürchten; unbesorgt sein.* I fear so (not): *Ich fürchte ja (nein).* To fear the worst: *Das Schlimmste befürchten.* She feared for him, for his life, for his safety: *Sie hatte Angst um ihn, um sein Leben, um seine Sicherheit.* No fear (colloq.): *Auf keinen Fall; nie im Leben.* To put the fear of death (God) into s.o. (colloq.): *Jemanden zu Tode erschrecken; jemandem himmelangst machen; jemandem wird angst und bange bei etwas.* There is not much fear of s.th.: *Es besteht keine Aussicht auf etwas.*

feast To feast away one's life: *Sein Leben sinnlos verfeiern.* He feasted his eyes on her: *Er weidete sich an ihrem Anblick.*

feather To feather an arrow: *Einem Pfeil die Endfedern aufsetzen.* To feather one's nest: *Seine Schäfchen ins Trockene bringen; sein eigenes Nest polstern.* To feather wood: *Holz sehr dünn spalten.* A feather in one's cap: *Eine Ehre; eine Auszeichnung; etwas, worauf man stolz sein kann.* Fine feathers make fine birds: *Kleider machen Leute.* Make the feathers fly: *Krach schlagen; jemanden oder jemandes Gemüt aufrütteln.* To ruffle one's feathers (fig.): *Sich aufplustern.* To ruffle s.o.'s feathers (fig.): *Jemanden aufregen; jemanden aus der Fassung bringen; jemanden verärgern.* To show the white feather: *Sich feige zeigen.* You could have knocked me down with a feather (colloq.): *Ich war wie vom Donner gerührt; ich war völlig platt.*

feather-bed To feather-bed s.b.:

Jemanden verwöhnen; jemandem den Weg erleichtern.

feather-footed He was feather-footed: *Er war sehr schnell, sehr leichtfüßig.*

fed To be fed up: *Die Nase voll haben.* To be fed to the back teeth (Sl.): *Die Schnauze voll haben.*

feed To feed an actor: *Einem Schauspieler soufflieren.* To feed s.b.'s anger, vanity: *Einer Person Ärger, Eitelkeit Nahrung geben.* To feed a cold: *Eine Erkältung auskurieren.* To feed the fish: *Ertrinken; seekrank sein.* To feed a penny in the slot machine: *Eine Münze in einen Münzautomaten einwerfen.* To feed s.b. (oneself) on meat, on hopes: *Sich von Fleisch ernähren; von der Hoffnung leben.* To feed oneself: *Sich ernähren.* To feed out of s.b.'s hand: *Jemandem aus der Hand fressen (auch i.ü.S.).* To feed out of tins: *Sich von Konserven ernähren.* To be fed up with s.th.: *Die Nase von etwas voll haben.* To feed well: *Gut essen.* To feed the land bare: *Ein Land (durch Abweiden) kahl, öde werden lassen.*

feel To feel about: *Sich herumtasten.* To feel bad about s.th. (colloq.): *Ein schlechtes Gewissen wegen etwas haben.* To feel better: *Sich besser fühlen.* He feels certain he will win: *Er ist sicher, dass er gewinnen wird.* To feel the cold: *Die Kälte spüren.* To feel cold (chilly): *Kalt sein, sich kalt fühlen.* To feel comfortable: *Sich bequem fühlen.* To feel constraint in s.o.'s presence: *Sich in jemandes Gegenwart eingeengt fühlen.* To feel crawly: *Sich kribbelig fühlen.* To feel dead tired: *Todmüde sein.* To feel a deep concern: *Tiefe Zweifel, tiefe Sorge verspüren.* To feel dizzy: *Sich benommen fühlen.* To feel dry: *Durstig sein.* To feel empty (colloq.): *Hungrig sein; sich leer fühlen.* To feel one's feet: *Schmerzende Füße haben; sich sicher fühlen; festen Boden unter den Füßen haben.* To feel first-class, fit: *Sich erstklassig fühlen.* To feel giddy: *Sich schwindelig fühlen.* To feel the ground: *Die Lage peilen.* To feel guilty: *Sich schuldig fühlen.* Not to feel one's hands with cold: *Seine Hände vor Kälte nicht spüren.* To feel homesick: *Heimweh haben.* She feels like crying: *Es ist ihr zum Heulen zumute.* To feel like a fish out of water: *Sich schlecht fühlen; sich deplaziert vorkommen; sich unwohl fühlen.* To feel like nothing on earth (colloq.): *Sich sehr schlecht fühlen; sehr beschämt sein.* It feels like rain: *Es scheint bald regnen zu wollen.* I felt like a stranger: *Ich kam mir wie ein Fremder vor.* It felt like wood: *Es fühlte sich wie Holz an.* To feel middling: *Sich so-la-la fühlen.* To feel miserable: *Sich miserabel, sehr schlecht fühlen.* To feel no pain (pop.): *Stockbetrunken sein; keinen Schmerz empfinden.* To feel one's oats (USA): *Vom Hafer gestochen sein; sich topfit fühlen.* He felt my pulse: *Er fühlte meinen Puls.* To feel quite the thing: *Sich perfekt, in Topform fühlen.* To feel sad: *Traurig sein.* To feel the strain:

Unter Stress stehen; den Druck zu spüren bekommen. To feel one's way: *Sich durch Vortasten zurechtfinden; vorsichtig vorgehen.* I felt as if I were fainting: *Mir war, als würde ich in Ohnmacht fallen.* He felt as though the ground had opened up beneath his feet: *Er fühlte sich, als hätte sich unter seinen Füßen ein Abgrund aufgetan.* He felt himself cheap: *Er kam sich billig vor.* Not to feel quite oneself: *Sich nicht ganz wohl fühlen.* I felt my ears burning last night: *Mir klangen gestern abend die Ohren.* To feel the earth (the floor) shake (tremble): *Die Erde (den Boden) beben spüren.* To feel one's mouth water: *Spüren, wie einem das Wasser im Mund zusammenläuft.* I feel s.th. lying heavy (weighting) on my stomach: *Ich spüre etwas schweres auf meinem Magen liegen.* He feels easy about his future: *Er blickt ruhig in die Zukunft.* He feels deeply about this problem: *Er nimmt dieses Problem sehr ernst.* He felt after his watch: *Er tastete nach seiner Uhr.* He felt (his way) along the wall: *Er tastete sich an der Mauer entlang.* To feel at ease, at home: *Sich bequem, zuhause fühlen.* To feel at home with s.b. *Mit jemandem gut auskommen.* To feel disgust at (against) s.th.: *Abneigung, Widerwillen gegen etwas empfinden.* I felt it in my bones! *Ich wusste es instinktiv! Ich hab's gespürt.* He felt in his pockets: *Er kramte, suchte in seinen Taschen.* To feel in (with) s.th.: *Mit etwas vertraut sein.* I felt out his intentions: *Ich wog seine Absichten ab.* To feel out of sorts: *Sich unpässlich, unwohl fühlen.* To feel drawn to s.b.: *Sich zu jemandem hingezogen fühlen.* To feel equal to (doing) s.th.: *Sich in der Lage fühlen, etwas zu tun.* To feel up to it: *Sich stark genug fühlen, es zu tun.*

feet To be / sit at s.o.'s feet: *Jemandem zu Füßen liegen.* To be rushed off one's feet: *Dauernd auf Trab sein.* To fall / land on one's feet (colloq., fig.): *Auf die Füße fallen; noch mal Glück haben.* To find one's feet: *Sich eingewöhnen; sich zurechtfinden.* To have feet of clay: *Auf tönernen Füßen stehen.* To have both feet / have (both) one's feet on the ground: *Mit beiden Beinen (fest) auf der Erde stehen.* To have two left feet (colloq.): *Ein Trampel sein.* To put one's feet up: *Die Füße hochlegen.* To stand on one's own two feet: *Auf eigenen Beinen stehen.* To sweep s.o. off his feet: *Jemanden hin- oder mitreißen; jemanden überwältigen.*

feign To feign illness, madness, surprise: *Krankheit, Geistesgestörtheit, Überraschung vortäuschen.* To feign a document: *Ein Dokument fälschen.* To feign an excuse: *Eine Entschuldigung erfinden.* To feign to be dead, to feign oneself dead: *Sich tot stellen, den Toten spielen.*

fell To fell a tree: *Einen Baum fällen.* To fell a seam: *Eine Naht einsäumen.*

fence To fence (in) a field: *Ein Feld einzäunen.* To fence a place from (against) the wind: *Einen*

Ort vor dem Wind schützen, sichern. To fence s.b. out: *Jemanden abwehren.* To rush one's fences: *Übereilt handeln; etwas überstürzen.*

fend To fend for oneself: *Sich ganz allein durchs Leben schlagen.* To fend and prove: *Diskutieren.* To fend off a blow: *Einen Schlag abwehren.*

ferret To ferret out a rabbit: *Ein Kaninchen aufstöbern, herausjagen (mit einem Frettchen).* To ferret out a thief: *Einen Dieb aufspüren.* He ferreted about in every corner: *Er suchte in jeder Ecke herum; er schnüffelte überall herum.*

ferry They ferried the passengers across (over) the river: *Sie setzten die Passagiere über den Fluß ans andere Ufer.*

fetch To fetch a compass (colloq.): *Einen Umweg machen.* To fetch a doctor: *Einen Arzt holen.* To fetch a groan: *Stöhnen.* To fetch a high price: *Einen hohen Preis erreichen, erzielen.* To fetch the police: *Die Polizei holen.* To fetch way: *Sich befreien, entkommen.* To fetch away: *Sich befreien von etwas; sich von etwas lösen, trennen.* To fetch down prices: *Preise senken, herunterholen.* To fetch and carry for s.b.: *Niedrige Arbeiten für jemanden verrichten.* To fetch up lee-way: *Versuchen; aus Schwierigkeiten herauskommen.* To fetch up lost time: *Verlorene Zeit wieder aufholen.*

fettle In fine / good fettle: *In bester Form; in bester Verfassung oder topfit.*

fewer The fewer, the better: *Je weniger, desto besser.* The fewer the better cheer: *Je weniger da sind, desto mehr bekommt der Einzelne.*

fiddle To fiddle about: *Mit etwas herumspielen.* To fiddle away one's time: *Seine Zeit vertändeln.* To fiddle the weight (colloq.): *Beim Gewicht betrügen.* As fit as a fiddle (colloq.): *Kerngesund; fit wie ein Turnschuh.* To have (with) a face as long as (like) a fiddle: *Ein Gesicht machen wie drei Tage Regenwetter.* To be on the fiddle (colloq.): *Faule Geschäfte machen; krumme Dinger drehen.*

fidget To fidget s.b. to death: *Jemanden zu Tode ärgern.* To fidget with a pencil: *Mit einem Bleistift spielen.*

fie Fie upon you! *Pfui, schäme dich!*

field To field a team: *Eine Mannschaft ins Feld schicken.* To have a field day: *Großer Tag (in Bezug auf Erfolg oder gesteigerte Aktivität).*

fifth A fifth columnist (fig.): *Mitglied der Fünften Kolonne; Verbündete(r); Verräter(in).* He is the fifth wheel of a coach: *Er ist das fünfte Rad am Wagen.*

fig Not to give a fig for s.th. (colloq.): *Etwas kümmert jemanden einen Dreck; etwas ist jemandem völlig egal.*

fight To fight a battle, a disease, a war: *Eine Schlacht schlagen; eine Krankheit bekämpfen; einen Krieg führen.* To fight a cause: *Sich für eine Sache schlagen.* To fight cocks, dogs: *Hahnenkämpfe, Hundekämpfe abhalten.* To fight hand-to-hand:

Schulter an Schulter kämpfen. To fight like Killkenny cats: *Bis zum Letzten, bis zur Vernichtung kämpfen.* He fights shy of that man: *Er geht diesem Mann aus dem Weg.* To fight to a finish: *Bis zum Ende kämpfen.* To fight tooth and nail: *Verbissen kämpfen.* To fight with one's own shadow: *Umsonst kämpfen; unüberlegt, aufs Geratewohl kämpfen.* To fight among themselves: *Unter sich kämpfen, streiten.* To fight away the enemy: *Den Feind zurückschlagen.* To fight back a disease: *Eine Krankheit erfolgreich bekämpfen.* To fight down a sob: *Einen Schluchzer unterdrücken.* To fight down an apponent: *Einen Gegner niederkämpfen.* To fight for ground inch by inch: *Um jeden Zentimeter Boden kämpfen.* To fight for one's own hand (colloq.): *Die eigenen Interessen verteidigen; für die eigenen Interessen kämpfen.* To fight off the enemy: *Den Feind abwehren.* To fight on equal ground (terms): *Sich mit gleichen Waffen, unter gleichen Voraussetzungen bekämpfen.* To fight it out: *Es auskämpfen; es durch Kampf entscheiden.* To fight one's way out: *Sich seinen Weg freifechten.* To fight one's way to the top: *Sich seinen Weg zur Spitze, zum Erfolg erkämpfen.*

figure To figure (to oneself): *Sich etwas vorstellen.* He figures as an intelligent person: *Er ist als intelligente Person bekannt.* I figured on him: *Ich zählte auf ihn.* To figure out an equation, a problem: *Eine Gleichung, ein Problem lösen.*

file To file documents, letters: *Dokumente, Briefe einreichen.* To file one's nails: *Sich die Nägel feilen.* To file along: *Hintereinander hermarschieren.* To file in, out: *Zu den Akten legen; aus den Akten entfernen.* They filed past the general: *Sie marschierten hintereinander am General vorbei.*

fill To fill a glass with wine: *Ein Glas mit Wein füllen.* To fill a hole with earth: *Ein Loch mit Erde auffüllen.* To fill s.b. with admiration (joy, sorrow): *Jemanden mit Bewunderung (Freude, Sorge) erfüllen.* To fill s.b. with nausea: *Jemanden mit Abscheu, Ekel erfüllen.* To fill the bill: *Besonders hervortreten; allen Anforderungen genügen.* To fill a bottle half full: *Eine Flasche halb auffüllen.* To fill a gap: *Eine Lücke, einen Spalt schließen.* To fill one's pipe: *Seine Pfeife stopfen.* To fill s.b.'s shoes: *Den Posten einer Person übernehmen.* To fill in the blanks, a cheque, a form: *Die Leerzeilen, einen Scheck, ein Formular ausfüllen.* To fill in for s.b. (colloq.): *Für jemanden einspringen.* To fill s.b. in: *Jemanden einweihen, in Kenntnis setzen, aufklären.* To fill out: *Ausdehnen; ausfüllen.* Filled to the brim (to the full), to capacity: *Bis zum Rand gefüllt.* To fill up (with petrol): *(Mit Öl, Benzin) volltanken.* To fill (up) a vacancy: *Eine freie Stelle belegen.*

filter To filter (out): *(Her)ausfiltern.*

find To find one's account in s.th.: *Aus einer Sache Nutzen ziehen; durch eine Sache profitieren.* To find one's bearings: *Sich orientieren.* To find one's death: *Den Tod finden.* To find everything ready: *Alles fertig vorfinden; vor vollendete Tatsachen gestellt werden.* To find an excuse: *Eine Entschuldigung finden.* To find one's feet: *Sich beherrschen; wieder zu sich finden.* He finds fault with everything: *Er nörgelt an allem herum.* To find favour in s.b.'s eyes, with s.b.: *Gnade, Zustimmung von jemandem, in den Augen einer Person finden.* To find s.b. guilty: *Jemanden für schuldig befinden.* To find it in one's heart to do s.th.: *Den Mut haben, etwas zu tun.* To find one's legs: *Die ersten Schritte tun (Kleinkind); wieder auf die Beine kommen (nach einer Krankheit z.B.).* To find the length of s.b.'s foot: *Die schlechten Seiten einer Person kennenlernen.* To find one's match: *Jemanden treffen, mit dem man gut zurecht kommt; einen passenden Partner finden.* To find oneself: *Zu sich selbst finden.* To find the range (mil.): *Das Ziel finden; die Zielvorrichtung korrekt einstellen.* To find the road again: *Wieder auf den rechten Weg kommen.* To find one's tongue: *Seine Sprache wiederfinden.* She found vent in tears: *Sie machte ihren Gefühlen durch Tränen Luft.* To find one's way about a place: *Sich an (in) einem Ort zurechtfinden.* To find the way again: *Den rechten Weg wiederfinden; die Straße wiederfinden.* He found his way into her heart: *Er schlich sich in ihr Herz ein.* To find one's way into s.b.'s pocket: *An jemandes Geld kommen.* To find one's wings: *Seine Fähigkeiten entwickeln.* They found him at it: *Sie erwischten ihn dabei.* I found him away: *Ich fand ihn nicht vor; er war nicht da.* To find for s.b.: *Einen Unschuldigen verurteilen.* They found out the culprit: *Sie fanden den Schuldigen.* To find out how the land lies, how the wind blows: *Herausfinden, wie die Dinge liegen, wie der Hase läuft.* To find one's way out: *Seinen Weg herausfinden.* Find some way out of it: *Zieh dich irgendwie aus der Affäre.* Find out, please: *Finde das bitte heraus.*

fine (1) To cut it fine (colloq.): *Knapp kalkulieren; etwas knapp bemessen; etwas auf die letzte Minute ankommen lassen.* To go through s.th. with a fine-tooth(ed) comb: *Etwas genau unter die Lupe nehmen.* That's fine! *Das ist wunderbar; das reicht; das ist in Ordnung.* That's a fine way to help a friend: *Das ist ja eine tolle Art, einem Freund zu helfen. (Auch ironisch).* Fine feathers make fine birds (prov.): *Kleider machen Leute.* Fine words butter no parsnips (prov.): *Schöne Worte machen den Kohl nicht fett; Redensarten sind billig.*

fine (2) To fine away (down, off): *Dünn machen; abschleifen; hinschwinden.* They fined him one dollar: *Sie belegten ihn mit einem Dollar Strafe.*

finger To finger a stringed instrument: *Ein Saiteninstrument zupfen.* To finger money: *Geld verwalten; mit Geld umgehen.* To finger money from s.b.: *Jemandem Geld klauen.* His fingers are all thumbs: *Er ist sehr ungeschickt; er hat zwei linke Hände.* My fingers itch: *Es juckt mir in den Fingern.* To cross one's fingers for s.o. (colloq.): *Jemandem die Daumen drücken.* To get one's fingers burnt / to burn one's fingers: *Sich die Finger verbrennen.* To get / pull one's / the finger out (colloq.): *Sich zusammenreißen; sich einen Ruck geben; Nägel mit Köpfen machen.* To have a finger in the pie / in every pie (colloq.): *Beteiligt sein, seine Hand im Spiel haben; überall mitmischen, seine Finger überall drinhaben.* To have s.th. at one's fingertips: *Etwas aus dem Effeff beherrschen; etwas jederzeit parat haben.* To let s.th. slip through one's fingers (colloq.): *Sich etwas entgehen lassen; sich etwas durch die Lappen gehen lassen (ugs.).* Not to lift a finger (colloq.): *Keinen Finger krumm machen; keinen Finger rühren.* To point one's / the finger at s.o.: *Mit dem Finger auf jemanden zeigen.* To put one's finger on s.th. (fig.): *Den Finger auf etwas legen; etwas aufzeigen; den Finger auf die Wunde legen.* To one's fingertips: *Durch und durch.* To twist s.o. round one's little finger: *Jemanden um den kleinen Finger wickeln.*

finish To finish in (on) time: *Rechtzeitig fertig werden.* To be in at the finish: *In die Endrunde kommen.* To finish a book: *Ein Buch auslesen.* He finished by saying: *Zuletzt sagte er.* He finished second: *Er war als zweiter fertig.* They finished him off: *Sie machten ihn fertig, brachten ihn um.* He finished off (up) all the strawberries: *Er aß alle Erdbeeren auf.* To finish reading: *Aufhören zu lösen.* I finished up by quarrelling with him: *Am Ende stritt ich mich schließlich mit ihm.* They finished up with an excellent pudding: *Sie beendeten das Essen mit einem exzellenten Nachtisch.* He finished up in hospital: *Er endete im Hospital. Am Ende kam er ins Hospital.* To finish with s.b.: *Mit jemandem Schluss machen.* To put the finishing touches to s.th.: *Letzte Hand an etwas legen; einer Sache den letzten Schliff geben.*

fire (1) Fire! *Zu Hilfe, Feuer! Es brennt!* Fire is a good servant, but a bad master (prov.): *Feuer ist ein guter Diener, aber ein schlechter Herr.* A firebrand (fig.): *Ein Unruhestifter; ein Hetzer; ein Aufwiegler.* To hang fire (fig.): *Abwarten; zögern; sich verzögern.* To open fire (on s.o. or s.th.): *Das Feuer (auf jemanden oder etwas) eröffnen.* To play with fire: *Mit dem Feuer spielen.* Under Fire: *Unter Beschuss; im Kreuzfeuer.*

fire (2) He fired an embarrassing question: *Er stellte eine unangenehme, peinliche Frage.* To fire a passion: *Eine Leidenschaft entflammen.* To fire a salute, salvoes: *Salven zur Begrüßung,* *einen Salut abfeuern.* To fire a wood: *Einen Waldbrand auslösen; einen Wald brandroden.* To fire at (on, upon) s.b.: *Auf jemanden schießen.* To fire away: *Losschießen (auch i.ü.S.); sich beeilen.* He was fired from his job: *Er wurde von seiner Arbeit gefeuert; er wurde entlassen.* To fire (off) a gun: *Mit einer Pistole schießen.* To fire (off) a torpedo, a squib: *Ein Torpedo, einen Feuerwerkskörper losfeuern, abfeuern.* He fires up at the least thing: *Er explodiert bei der kleinsten Kleinigkeit; er ist unheimlich gereizt.* To fire up: *Einen Ofen anfeuern; eine Pfeife anzünden.*

first First of all, first and foremost: *Zunächst einmal; zuallererst; vor allen Dingen.* From the first: *Von Anfang an.* From first to last: *Immerfort; durchweg; völlig.* First or last: *Früher oder später.* First and last: *Alles miteingeschlossen; alles bedacht.* First thing: *Als allererstes; zuallererst.* First catch your hare then cook him (prov.): *Man soll den Tag nicht vor dem Abend loben.* First come first served (prov.): *Wer zuerst kommt, mahlt zuerst.* He doesn't know the first thing (colloq.): *Er hat keine blasse Ahnung.* Of the first water (fig.): *Reinsten Wassers, erster Güte.*

fish (1) To fish pearls: *Perlen fischen.* To fish the anchor (naut.): *Den Anker kippen (Seefahrt).* To fish (for) trout: *Forellen angeln.* To fish with rod and line: *Mit Stock und Schnur angeln.* To fish for an excuse: *Nach einer Entschuldigung suchen.* To fish for compliments: *Komplimente provozieren wollen.* To fish in troubled waters (colloq.): *Im Trüben fischen.* He fished a gold watch out of his pocket: *Er holte, fischte eine goldene Uhr aus seiner Tasche hervor.* To fish out a body: *Eine Leiche aus dem Wasser ziehen.* To fish out a lake: *Einen See leerfischen.*

fish (2) A big fish (sl.): *Ein großes Tier.* To drink like a fish (pej.): *Saufen wie ein Loch (abw.).* To have other fish to fry (colloq.): *Wichtigeres zu tun haben.* Like a fish out of water: *Wie ein Fisch auf dem Trockenen.* To make fish of one and flesh of another (fig.): *Mit zweierlei Maß messen.* Neither fish nor fowl; neither fish nor flesh (nor good red herring): *Weder Fisch noch Fleisch; nichts Halbes und nichts Ganzes.* A queer fish (colloq., pej.): *Ein komischer Kauz (ugs., abw.).* There is plenty more fish in the sea: *Davon gibt es noch mehr auf der Welt; so etwas findet sich bestimmt wieder einmal; noch ist nicht aller Tage Abend; andere Mütter haben auch schöne Söhne/Töchter.* To swear like a fish: *Keifen.*

fit (1) To fit the bill: *Den Anforderungen entsprechen.* To fit the facts: *Stimmen; mit den Tatsachen übereinstimmen.* To fit the key to the lock: *Den Schlüssel ins Schlüsselloch stecken.* It fits you perfectly (like a glove, like a dream, to a hair, to a nicety, to a „t"): *Es passt perfekt zu dir; es steht dir exzellent; es passt dir* *wie angegossen.* To fit s.b. (oneself) for s.th.: *Jemanden (sich selbst) auf etwas vorbereiten.* That fits in with my wishes: *Dies entspricht, korrespondiert ganz meinen Wünschen.* To fit on a door: *Eine Tür einpassen, befestigen.* To fit on a new dress: *Ein neues Kleid anprobieren.* If the cap fits, put it on: *Wenn eine auf andere gemünzte Kritik auch auf dich passt, so richte dich nach ihr.* To fit out a ship: *Ein Schiff ausrüsten.* To fit bones together: *Knochen miteinander verbinden.* To fit parts together: *Teile zusammenfügen.* To fit up an office with new furniture: *Ein Büro mit neuen Möbeln ausstatten.*

fit (2) Fit for nothing: *Zu nichts gut.* Fit for military service: *Für den Militärdienst tauglich, geeignet.* Fit to drink: *Trinkbar.* He is as fit as a fiddle: *Er ist so gesund wie ein Fisch im Wasser.* He isn't fit to hold a candle to his brother: *Er kann seinem Bruder nicht das Wasser reichen.* To do as one sees / thinks fit (to do): *Tun, was man für richtig hält.*

fit (3) If the fit takes me …: *Wenn mich die Laune packt …; wenn es mich überkommt.* To have / throw a fit (colloq.): *Einen Anfall bekommen; ausrasten.* To have a fit of generosity: *Einen Anfall von Großzügigkeit haben.*

fix To fix s.b.'s attention: *Jemandes Aufmerksamkeit auf sich ziehen.* To fix a date, prices, rules: *Ein Datum, einen Termin, einen Preis, die Regeln festlegen.* To fix one's domicile: *Seinen Hauptwohnsitz festlegen.* You fix it: *Du bringst das wieder in Ordnung; du reparierst das.* To fix a negative: *Ein Negativ fixieren.* He fixed the shelf to the wall: *Er brachte das Regal an der Wand an.* I'll fix you! *Dir werd ich's zeigen!* He fixed in town: *Er etablierte sich in der Stadt.* To fix s.th. in one's memory, in one's mind: *Sich etwas ins Gedächtnis einprägen.* He fixes all his affection on (upon) his daughter. *Er konzentrierte all seine Zuneigung auf seine Tochter.* To fix one's attention, one's eyes on (upon) s.th.: *Seine Aufmerksamkeit, seine Augen auf etwas richten.* He fixed the lid on properly: *Er befestigte den Deckel ordnungsgemäß.* It is fixing to rain (colloq.): *Es wird bald regnen.* To fix s.b. up (for the night): *Jemandem (über Nacht) Unterkunft gewähren.* They fixed up a little surprise for him: *Sie bereiteten eine kleine Überraschung für ihn vor.* He fixed up to go to England: *Er entschied sich, nach England zu gehen.* To fix s.b.: *Jemanden anstarren, fixieren.* To fix s.b. with costs: *Jemandem die Rechnung überlassen; jemanden bezahlen lassen.*

fizzle To fizzle out (colloq.): *Pleite gehen.*

flag To show the flag: *Anwesenheit demonstrieren.*

flake To flake out (colloq.): *Zusammenklappen; aus den Latschen kippen.*

flame To flame with anger: *Vor Zorn entflammen; vor Wut ko-*

chen. To flame out: *Explodieren, auflodern (vor Zorn, etc.).* To flame up: *Aufflammen; in Wut geraten; tief erröten.*

flank To turn the flank: *Die Flanke aufrollen.* Flanked by (with) trees: *Von Bäumen flankiert; auf beiden Seiten eingerahmt (Allee).*

flap To flap one's wings: *Mit den Flügeln schlagen.* To flap one's ears: *Die Ohren spitzen.* To flap flies away (off): *Fliegen (um sich schlagend) vertreiben.* To flap down (colloq.): *Sich kleinmachen; sich beugen (i.ü.S.).* He flapped his hat over his eyes: *Er zog sich den Hut über die Augen.*

flare To flare up (with anger): *(Vor Zorn) aufflammen, aufbrausen.* He flares up at the least thing: *Er explodiert bei der kleinsten Kleinigkeit.* To flare one's skill: *Mit seiner Geschicklichkeit blenden.*

flash (1) To flash fire: *Feuer ausstrahlen, ausspucken.* To flash light: *Licht ausstrahlen (in Intervallen).* To flash with anger: *Vor Ärger blitzen, leuchten, glühen (die Augen).* I flashed it under his nose: *Ich rieb es ihm unter die Nase; ich machte es ihm sehr klar und deutlich.* To flash back defiance: *Verachtung zurücksenden, zurückstrahlen (aus den Augen).* To flash into one's mind: *Jemandem (als Geistesblitz) in den Kopf kommen.* To flash in the pan: *Abblitzen; nach auffälligem Erfolg am Anfang scheitern.* He flashed past (by): *Er zischte, raste vorbei.* To flash up (out): *Entflammen; auflodern (Zorn, Leidenschaft).*

flash (2) It's a flash in the pan: *Es ist ein misslungener Versuch; ein Schlag ins Wasser.* He is a flash in the pan: *Er ist ein Versager nach blendendem Start.* A flash of wit: *Ein Geistesblitz.* In a flash: *Im Nu.*

flat Flat out (colloq.): *In voller Fahrt; auf vollen Touren.* He is flat-footed: *Er hat Plattfüße.* In a flat spin (colloq.): *Völlig kopflos.* (and) that's flat: *punktum, (und) damit basta.*

flatten To flatten a sheet: *Ein Bettuch, Bettlaken glätten.* To flatten out a plane: *Ein Flugzeug wieder in horizontale Lage bringen.*

flatter To flatter the ear, the eye: *Dem Ohr, dem Auge schmeicheln.* To flatter s.b.'s hopes: *Die Hoffnungen einer Person nähren.* To flatter a person: *Einer Person schmeicheln; eine Person hübscher machen als sie ist (auf Gemälden, Fotografien).* To flatter s.b.'s vanity: *Jemandes Eitelkeit befriedigen, nähren.* I flatter myself that you will help me: *Ich hoffe darauf, dass du mir helfen wirst.*

flaunt To flaunt one's riches: *Seine Reichtümer zur Schau stellen, mit seinen Reichtümern prunken.*

flay To flay a pig: *Ein Schwein häuten, abziehen.* To flay s.b. alive: *Jemandem (bei lebendigem Leib) das Fell über die Ohren ziehen.*

flea A flea in one's ear (colloq.): *Eine gründliche Abreibung; eine gründliche Abfuhr.* To get a flea in one's ear: *Den Kopf gewaschen bekommen.* To send s.o.

away with a flea in his ear. *Jemanden zusammenstauchen; jemanden wie einen begossenen Pudel abziehen lassen.* A flea market: *Ein Flohmarkt.* A flea pit (pej.): *Eine Flohkiste; eine kleine Klitsche (abw.)* To put a flea in s.o.'s ear: *Jemandem einen Floh ins Ohr setzen.*

flee To flee one's country: *Aus seinem (Vater)Land fliehen.* To flee to the bent: *Aufs offene Land fliehen.* They fled before (from) the enemy: *Sie flohen vor dem (herannahenden) Feind.*

fleece They fleeced him of all his money: *Sie plünderten ihn völlig aus.* To fleece a customer: *Einen Kunden übers Ohr hauen.*

flesh (1) To flesh hides: *Haut vom Fleisch lösen.* To flesh a hawk, a hound: *Einen Falken, einen Hund auf eine Spur ansetzen.* To flesh one's pen: *Die Karriere des Schriftstellers anstreben.* To flesh one's sword: *Sein Schwert in Blut „taufen".*

flesh (2) Flesh and blood: *Fleisch und Blut; die menschliche Natur.* My own flesh nand blood: *Mein eigen Fleisch und Blut.* The flesh is weak: *Das Fleisch ist schwach.* He is my flesh and blood: *Er ist mein Fleisch und Blut.* To lose flesh: *Abmagern; abnehmen.* To put on flesh: *Fett ansetzen.* In the flesh: *Leibhaftig.* To become one flesh: *Ein Leib und eine Seele werden.* To go the way of all flesh: *Den Weg alles Fleisches gehen.* To make s.o.'s flesh creep: *Jemand bekommt eine Gänsehaut von etwas; jemanden überläuft es kalt.*

flick He flicked the ash from (off) his cigarette: *Er schlug die Asche von seiner Zigarette ab.*

flight A flight of fancy: *Geistige Höhenflüge.* To indulge in a flight of fancy: *Mit jemandem ist die Phantasie durchgegangen.*

flinch To flinch from one's duty: *Vor der Pflicht kneifen, ausweichen.*

fling To fling a stone at s.b.: *Einen Stein nach jemandem werfen.* To fling mud (dirt) at s.b.: *Jemandem Dreck ins Gesicht schleudern (auch i.ü.S.); jemanden schlecht machen.* To fling oneself into a round of gaiety: *Sich ins Vergnügen stürzen.* To fling oneself into a risky undertaking: *Sich in ein riskantes Unternehmen begeben.* To fling a fault in s.b.'s teeth: *Jemandem einen Fehler ins Gesicht schleudern, vorwerfen.* To fling one's eyes on s.b.: *Seine Augen auf jemanden werfen.* To fling oneself about: *Zappeln, sich schütteln.* To fling aside s.b.'s advice: *Einer Person Ratschlag verwerfen, missachten.* To fling away one's money: *Sein Geld verschwenden, aus dem Fenster werfen.* To fling away: *Wegwerfen, verschleudern.* To fling down a wall: *Eine Mauer abreißen.* To fling down the gauntlet: *Jemanden herausfordern, provozieren; den Handschuh werfen.* To fling off a friend: *Einen Freund verstoßen, verleugnen.* To fling off one's pursuers: *Seine Verfolger abhängen.* To fling out one's arms: *Die Arme (schnell) ausbreiten.* To fling a door: *Eine Tür (mit Wucht) zuwerfen.* To fling up one's heels: *Fröhlich tänzeln.* To fling up a plan: *Einen Plan, ein Projekt aufgeben.* To fling a door open (shut): *Eine Tür aufreißen, zuwerfen.* To have a (final) fling (colloq.): *Sich (noch einmal so richtig) austoben.*

flip To flip a coin: *Eine Münze werfen; es dem Schicksal überlassen.* He flipped the drawer shut: *Er schob die Schublade zu.* He flipped the ash from (off) his cigarette: *Er schnippte die Asche von seiner Zigarette.* To flip through a book (colloq.): *Ein Buch (oberflächlich) durchblättern.*

flirt To flirt a fan: *Einen Fächer schnell hin und her bewegen.* She flirts with everybody: *Sie flirtet, kokettiert mit jedem.*

flit To flit about: *Umherflattern, umherfliegen (Vogel); umherhuschen, -schleichen (Person).* To flit out of this life: *Sterben; die Fliege machen (= sterben).* He flitted out of the room: *Er verließ den Raum mit großer Eile.*

float To float in the sky: *In den Himmel steigen; in der Luft schweben.* To float a new business company: *Ein neues Unternehmen gründen. (Wirtschaft).* To float a rumour: *Ein Gerücht verbreiten.*

flock To flock in, out: *In Scharen eintreten, weggehen.* They flocked round their guide: *Sie sammelten sich um ihren Reiseleiter.* Birds of a feather flock together: *Gleich und gleich gesellt sich gern.*

flog To flog along: *Vorwärtstreiben.* To flog s.th.: *Etwas versetzen, verkaufen.* To flog a dead horse: *Auf verlorenem Posten kämpfen; seine Kraft verschwenden; Interesse für eine abgetane Sache zu erregen versuchen.* To flog s.b. into submission: *Jemanden solange prügeln, bis er sich unterwirft.*

flood To flood in: *In großer Anzahl eintreten, hereinfluten.* To flood s.b. with invitations, with questions: *Jemanden mit Einladungen, mit Fragen überhäufen, überschütten.* Before the flood: *Vorsintflutlich.*

floor (1) To floor a room: *Den (Fuß-)Boden eines Zimmers (aus-)legen.* To floor an opponent: *Einen Gegner zu Boden strecken.* To floor a pupil: *Einen Schüler mit besonders schwierigen Fragen (absichtlich) durch die Prüfung fallen (rasseln) lassen.* To floor a bottle, a paper: *Eine Flasche austrinken; eine schrifliche Arbeit beenden.*

floor (2) To hold the floor: *Das Wort haben; das Gespräch oder die Diskussion beherrschen.* To take the floor: *Das Wort ergreifen.* To wipe the floor with s.o. (colloq.): *Jemanden (völlig) fertigmachen; jemanden zur Schnecke machen (ugs.).*

flop He flopped down the suitcase: *Er ließ den Koffer herunterplumpsen.* He flopped (himself) down into a chair: *Er warf sich (todmüde) in einen Stuhl.* She flopped down on the floor: *Sie warf sich auf den Boden; sie sank auf die Knie.*

flounce He flounced out of the room: *Er stürmte erregt aus dem Zimmer.*

flounder To flounder in mud, in snow: *Sich durch Schlamm, Schnee quälen (um vorwärtszukommen).*

flourish To flourish one's sword: *Sein Schwert schwingen.*

flow To flow away: *Dahinfließen, fortfließen; vergehen (Jahre).* To flow back: *Zurückfließen (Gezeiten z.B.).* To flow from one's eyes, from one's lips: *Aus den Augen treten (Tränen); von den Lippen kommen (Worte).* To flow in the veins: *In den Venen fließen (Blut).* To flow into the sea: *Ins Meer fließen.* To flow over: *Überfließen.*

fluke To fluke a ball (billiards): *(Beim Billard) einen glücklichen Stoß, Fuchs machen.* To fluke a whale: *Einen Wal mit einer Walfanglanze fangen, treffen.*

flunk To flunk a candidate (USA): *Einen (Prüfungs-)Kandidaten durchfallen lassen.*

flush To flush water: *Wasser ergießen (über etwas).* To flush a drain: *Einen Abfluß freispülen, saubermachen.* To flush a meadow: *Eine Wiese, Weide überfluten.* To flush a plant: *Eine Pflanze wässern, begießen.* To flush red: *Rot werden (im Gesicht).* That flushed him with enthusiasm: *Dies erfüllte ihn mit Begeisterung.* She flushed (up) with shame: *Sie wurde rot vor Scham.* To be flushed with anger: *Zornentbrannt sein.* To be flushed with joy: *Freudetrunken sein.* To be flushed with one's money: *Verschwenderisch sein.*

flutter To flutter (one's wings) in the cage: *Mit den Flügeln (hastig) in einem Käfig schlagen.* To flutter in the wind: *Im Wind flattern (Fahne).* To flutter the dove-cotes: *Ruhige Leute aus der Ruhe bringen, aufscheuchen.*

fly (1) To fly the beam: *Dem Richtungssignal folgend fliegen (Flugzeug).* To fly a bill (comm.), a kite: *Einen Versuchsballon steigen lassen (Wirtschaft); einen Drachen steigen lassen.* To fly the coop (pop.): *Aus dem Gefängnis ausbrechen.* To fly one's country: *Aus seinem (Vater-)Land flüchten.* To fly the English flag: *Die englische Flagge hissen, zeigen.* To fly a flag of distress: *Hilfe (mit Flaggensignalen) herbeirufen (Seefahrt).* To fly high, a high pitch: *Hochfliegende Pläne, große Ambitionen haben.* To fly high, low, head to wind: *Hoch fliegen, niedrig fliegen, gegen den Wind fliegen.* To fly a kite: *Einen Drachen, einen Versuchsballon steigen lassen; schauen, wie die Dinge stehen.* To fly open: *Aufreißen; weit aufgehen.* To fly at higher game: *Nach Höherem streben; mehr wollen.* To fly away: *Davonfliegen; flüchten.* To fly by: *Vorbei-, dahinfliegen; rasch vergehen (Zeit).* The bird is flown: *Der Vogel ist ausgeflogen.* To fly in: *Einfliegen; mit dem Flugzeug ankommen.* To fly in (to) pieces: *In Stücke zerfliegen.* To fly into a fury (passion, rage, temper) over s.th.: *Sich über etwas sehr erregen, aufregen.* He flew in the face of his father: *Er stellte sich gegen seinen Vater; er bot seinem Va-*

ter offen Trotz. To fly in the face of danger: *Die Gefahr herausfordern.* To fly in the face of facts: *Sich nicht den Umständen beugen; der Lage zuwider handeln.* To fly off: *Forteilen; entfliehen.* To fly off at a tangent: *Plötzlich vom Thema abspringen, abkommen; plötzlich das Thema wechseln.* To fly off the handle (pop.): *Aus der Haut fahren (i.ü.S.).* He flew on (upon) his opponent: *Er stürzte sich auf seinen Gegner.* To fly past: *Vorbeifliegen; sehr schnell passieren (Auto s.B.); dahinfliegen (Zeit).* To fly to arms: *Zu den Waffen greifen.* To fly to heaven: *Sterben; in den Himmel aufsteigen, kommen.* To fly up in the wind (naut.): *Plötzlich gegen den Wind segeln (Seefahrt).* To fly with the owl: *Nachtschwärmer sein; ein Nachtmensch sein; nachts unterwegs sein.*

fly (2) A fly in amber: *Eine Fliege in Bernstein eingebettet.* A fly in the ointment: *Eine misslungene Angelegenheit; ein Haar in der Suppe.* Fly on the wall: *Ungesehener, unbemerkter Beobachter.* He is a fly on the wheel: *Er überbewertet sich stark.* To break a fly on the wheel: *Mit Kanonen nach Spatzen schießen.* No flies on him (it) (sl.): *An ihm (daran) ist nicht zu tippen; jemand ist nicht von gestern …* They died (dropped) like flies: *Sie starben wie die Fliegen.* To cast a fly: *Eine Angel auswerfen.* He wouldn't hurt a fly: *Er könnte keiner Fliege etwas zuleide tun.* Fly-by-night (pej.): *Zwielichtig; zweifelhaft; dubios.*

fly (3) A flying visit: *Ein kurzer Besuch; eine Stippvisite.* To get off to a flying start (fig.): *Einen glänzenden Anfang haben.* To send s.o. or s.th. flying (colloq.): *Etwas schleudern oder schmeißen; etwas um- oder herunterwerfen.*

foam To foam at the mouth: *Schaum vor dem Mund haben (vor Wut).*

fob They fobbed off a false banknote on him: *Sie drehten ihm einen falschen Geldschein an.*

focus To focus one's attention, one's eyes on s.b., on s.th.: *Seine Aufmerksamkeit, seine Augen auf jemanden, etwas richten, konzentrieren.*

fog (1) To fog off: *Aufgrund der Feuchtigkeit verfaulen (Pflanzen z.B.).* Not to have the foggiest idea (colloq.): *Keinen Schimmer haben (ugs.).*

fog (2) The fog is clearing away (up): *Der Nebel lichtet sich, löst sich auf.*

foil To foil an attack, an attempt: *Einen Angriff, Versuch vereiteln, zunichte machen, durchkreuzen.*

foist To foist s.th. on s.o.: *Jemandem etwas anhängen, andrehen, aufhalsen.* They foisted off a false banknote on him: *Sie drehten ihm einen falschen Geldschein an.*

fold To fold one's arms: *Die Arme verschränken.* To fold one's hands: *Die Hände falten.* To fold (up) a blanket, a sheet of paper: *Eine Decke zusammenle-*

gen; ein Blatt Papier falten. To fold s.b. in one's arms: *Jemanden in die Arme schließen.* She folded in the chocolate sauce: *Sie zog die Schokoladensoße unter (Küche).* To fold sheep: *Schafe einpferchen.*

follow To follow the banner of s.b.: *Der Ideologie, der (politischen, moralischen) Sache einer Person folgen.* To follow the beaten track, the crowd: *Mit dem Strom schwimmen; der Masse folgen; Mitläufer sein.* To follow a calling, a doctrine, a rule: *Einer Berufung folgen; einer Doktrin, einer Regel Folge leisten.* To follow s.o. close: *Jemandem auf dem Fuß folgen.* To follow the common herd: *Der Masse, Menge folgen.* To follow the drum: *Soldat werden.* To follow the fashion: *Die Mode mitmachen, sich der Mode anpassen.* To follow the hounds: *Auf Hetzjagd gehen.* To follow one's instinkt: *Seinem Instinkt folgen.* To follow the law, the sea: *Rechtsanwalt werden; zur See gehen.* To follow a middle course: *Den (goldenen) Mittelweg beschreiten; einen Kompromiss eingehen.* To follow one's nose: *Seiner Nase, seinem Instinkt folgen.* To follow suit: *Farbe bekennen; es den, dem anderen gleich tun.* To follow one's track: *Seinen Weg (unbeirrt) fortsetzen (auch i. ü.S.).* To follow hard after s.b.: *Jemandem dicht auf den Fersen sein.* To follow in the cry: *Die Mode mitmachen; mit dem Strom schwimmen.* To follow in s.b.'s steps (tracks, wake): *Jemandem nachfolgen (in seiner Funktion, seinem Amt).* To follow on: *Zeitlich folgen auf.* To follow out a train of thought: *Einen Gedanken konsequent zu Ende denken.* To follow out (through): *Bis zum Ende fortsetzen, weitermachen.* To follow s.b. up: *Jemanden verfolgen.* To follow (up) a clue, a scent: *Einem Hinweis, einem Geruch folgen.* Following up our letter (comm.): *Bezugnehmend auf unser Schreiben ...* To follow up one's advantage: *Seinen Vorteil ausnutzen.*

fond He is fond of music: *Er ist ein Musikliebhaber; Musik bedeutet ihm sehr viel.* She is fond of display: *Sie zeigt sich gerne unter Leuten.*

food Food for thought: *Stoff zum Nachdenken.*

fool (1) To fool s.b. into doing s.th.: *Jemanden zu etwas verleiten.* To fool about, around: *Sich herumtreiben, herumlungern.* To fool away one's time and money: *Sein Geld verplempern; seine Zeit vertrödeln.* He has fooled me out of my money: *Er hat mich um mein Geld geprellt, betrogen.*

fool (2) He is a fool for his pains: *Er müht sich sinnlos, für nichts ab.* A fool's bolt is soon shot (prov.): *Narrenwitz ist bald zuende.* A fool and his money are soon parted (prov.): *Ein Narr wird immer pleite sein, sein Geld immer verlieren.* To live in a fool's paradise: *Sich Illusionen hingeben.* To make a fool of oneself: *Sich blamieren, sich lächerlich machen.* To make a fool of s.o.: *Jemanden zum Narren halten, zum besten haben; jemanden zum Gespött machen.* Nobody's fool: *Nicht dumm.* To play the fool: *Possen treiben; Unsinn machen.*

foot (1) To foot it: *Zu Fuß gehen, tanzen.* To foot one's prey: *Seine Beute mit den Krallen packen (Falke, Adler).* To foot a bill (colloq.): *Die Rechnung (Zeche) bezahlen.* To foot up a bill: *Die Rechnung zusammenzählen, erstellen.* To foot up to twenty dollars: *Sich auf zwanzig Dollar belaufen (Kosten).*

foot (2) To get off on the wrong foot: *Einen schlechten Start haben.* To have a foot in the door: *Einen Fuß in der Tür haben.* To have one foot in the grave (colloq.) *Mit einem Fuß im Grab stehen.* Not to put a wrong foot: *Jemand macht keinen einzigen Fehler.* To put one's best foot forward: *Sich beeilen; die Beine unter den Arm nehmen.* To put one's foot down (colloq.): *Energisch auftreten; auf den Tisch hauen; ein Machtwort sprechen.* To put one's foot in it (colloq.): *Ins Fettnäpfchen treten.* To set foot in somewhere: *(Ein Gebäude etc.) betreten; seinen Fuß über die Schwelle setzen.*

for For account of: *Für.* For his own account (comm.): *In seinem Auftrag, Namen (geschäftlich).* For all: *Obwohl, obgleich.* For all that: *Trotz alledem.* For all I know: *Soweit ich weiß.* For all one is worth: *Bei allem, was man wert ist.* For all your sakes: *In euer aller Interesse.* For all the world like him: *Genau wie er; ihm sehr ähnlich sehend.* For answer: *Als Antwort (ein für allemal).* For better or for worse: *Gut oder schlecht; wie auch immer die Sache ausgehen mag; in guten wie in schlechten Tagen.* It is for the birds (pop.): *Es ist banal, unbedeutend.* For a boy: *Dafür, dass er noch ein (kleiner) Junge ist.* For certain, for a certainty: *Sicher, ganz sicher, ohne Zweifel; als eine Tatsache.* For a change: *Zur Abwechslung.* For choice: *Zur Wahl.* For conscience sake: *Im Namen des Gewissens; dem Gewissen zuliebe.* For days together: *Ganze Tage lang, tagelang.* For dear life: *Um das (nackte) Leben zu retten.* For example: *Zum Beispiel.* For fear that I should fall: *Aus Angst, dass ich stürzen könnte.* For foul nor fair: *In keinem Fall.* For the first time: *Zum ersten Mal.* For form's sake: *Um der Form Genüge zu leisten; der Form halber.* For fun: *Zum Spaß.* For good (and all): *Einfür allemal.* For heaven's sake: *Um Himmels willen.* For the hell of it: *Dem Vergnügen (daran) zuliebe.* He is for the high jump: *Er hat eine Tracht Prügel bekommen; er ist reif für eine Tracht Prügel.* It is for him to decide: *Es ist seine Entscheidung.* For instance: *Zum Beispiel.* For keeps (colloq.): *Tatsächlich; im Ernst.* For lack of: *Mangels; aus Mangel an.* For a lark: *Aus Spaß.* He is for leaving at once: *Er ist dafür, sofort fortzugehen.* For life: *Lebenslänglich; das ganze Leben lang.* For the life of me: *Um nichts in der*

Welt. For my liking: *Für meinen Geschmack.* For long: *Lange Zeit.* For that matter, for the matter of that: *Was dies betrifft; was diese Sache angeht.* For the moment: *Im Moment.* For the most part: *Meistenteils, größtenteils.* For next to nothing: *Für praktisch nichts (Geld z.B.); für 'nen Appel und ein Ei.* For the nonce: *Nur für diesen Fall, für dieses eine Mal; im Augenblick, einstweilen.* For nothing: *Für nichts; umsonst; vergeblich.* For now: *Jetzt.* For old sake's sake, for old times sake: *Im Namen der alten Zeiten; in Erinnerung an die vergangenen Zeiten.* For (this) once: *Dieses eine Mal.* I for one: *Ich zum Beispiel; ich für mein Teil.* For one thing: *Einmal, erstens.* For my part: *Was mich betrifft.* For pity's sake: *Um des Mitleids willen.* For the present: *Für den Moment, jetzt, im Moment.* For the record: *Für die Akten; offiziell.* For the rest: *Was den Rest betrifft.* For your sake: *Dir zuliebe.* For the sake of money: *Dem Geld zuliebe.* For sale: *Zu verkaufen.* For shame! *Schande! Welche Schande!* For some time past: *Seit einiger Zeit.* For a song: *Im Angebot.* For a start: *Zum Anfang; als Anfang; erstens.* For sure: *Ganz sicher; ohne Zweifel.* For the time being: *Im Moment; bis jetzt; soweit.* I took him for a German: *Ich hielt ihn für einen Deutschen.* For two pins I'd beat him (colloq.): *Um ein Haar hätt' ich ihn geschlagen.* It is usual for hats to be worn: *Es ist üblich, Hüte zu tragen; es ist üblich, den Hut aufzubehalten.* For very life: *Um das (nackte) Leben zu retten.* For want of: *Wegen Bedarfs an.* For a while: *Für eine kurze Zeit.* For a wonder: *Unglaublich.* (Not) For the world, for worlds: *(Nicht) für alles Gold der Erde.* For a flying enemy make a golden bridge (prov.): *Einem flüchtenden Feind sollte man den Weg ebnen.* What is all this good for? *Was soll der Unsinn?*

forbear To forbear to do (from doing) s.th.: *Etwas unterlassen; unterlassen, etwas zu tun.* I cannot forbear laughing: *Ich muss (einfach) lachen.*

forbid To forbid s.b. wine (drinking), to smoke (smoking): *Jemandem den Wein, das Rauchen verbieten.* To forbid the banns: *Sich offiziell gegen eine Heirat stellen.*

force (1) To force a door (open): *Eine Tür mit Gewalt öffnen.* To force an open door: *Offene Türen einrennen.* To force s.b. to do s.th.: *Jemanden zwingen, etwas zu tun.* To force the game, the pace, one's voice: *Das Spiel, seinen Schritt forcieren; die Stimme erheben.* They have forced my hand: *Sie zwangen mich, es zu tun.* To force a smile: *Sich ein Lächeln abringen.* To force a passage, one's way: *Sich einen Durchgang, seinen Weg erzwingen.* To force back the enemy: *Den Feind zurückzwingen, zurückdrängen.* To force back one's tears: *Seine Tränen (mit Anstrengung) unterdrücken.* To force down prices: *Die Preise drücken.* To force s.th. from s.b.:

Jemandem etwas abringen. They have forced me into it: *Sie zwangen mich in die Sache hinein.* He forced an entrance (entry) into the house: *Er erzwang sich, verschaffte sich Eintritt in das Haus.* To force a nail into the wall: *Einen Nagel in die Wand schlagen.* To force s.b. into a corner: *Jemanden in eine Ecke drängen.* To force one's ideas on (upon) s.b. (down s.b.'s throat): *Jemandem seine Ideen aufzwingen.* I forced the facts out of him: *Ich zwang ihn, die Wahrheit zu sagen.* To force up prices: *Die Preise in die Höhe treiben.*

force (2) The force of habit: *Die Macht der Gewohnheit.*

fore To come to the fore: *In den Vordergrund treten; an die Spitze gelangen; ins Blickfeld geraten.*

forebode To forebode death: *Den Tod vorausahnen.* This forebodes some dreadful calamity: *Dies deutet auf eine schreckliche Tragödie hin.*

foretell To foretell s.b.'s fortune: *Jemandem sein Schicksal voraussagen (Wahrsager).*

forewarned Forewarned is forearmed (prov.): *Wer gewarnt ist, ist schon gewappnet.*

forfeit To forfeit one's honour: *Seine Ehre verlieren, einbüßen, verwirken.* To forfeit one's life: *Sein Leben verwirken.* To forfeit one's bail: *Fliehen, wenn man auf Kaution frei ist.* To pay a forfeit: *Ein Pfand geben.*

forge To forge a false story: *Eine unwahre Geschichte erfinden.* To forge a banknote, a signature: *Einen Geldschein, eine Unterschrift fälschen.* To forge ahead: *Vorankommen, sich an die Spitze setzen.*

forget I forgot her name: *Ich habe ihren Namen vergessen.* I forgot it: *In erinnere mich nicht mehr; ich habe es vergessen.* Forget it! *Vergiss es! Lass gut sein!* Don't you forget it! *Merk dir das!* I've forgotten how to play chess: *Ich habe vergessen, wie man Schach spielt.* I forgot (all) about it: *Ich hab das völlig vergessen, verschwitzt.* To forget oneself: *(Nur) an andere denken; aus der Rolle fallen; sich vergessen.* He forgot himself: *Er vergaß sich (i.ü.S.).* Forget-me-not (a flower): *Vergissmeinnicht (Blume).*

forgive To forgive a debt, a sin: *Schulden erlassen; eine Sünde vergeben.* They forgave him (for) his wrongs: *Sie vergaben ihm seine Fehler.* To forgive and forget: *Vergeben und vergessen.* Forgive us our trespasses: *Und vergib uns unsere Schuld (aus dem Vaterunser).*

forgiveness Forgiveness is the revenge of the magnanimous (prov.): *Vergebung ist die Rache des Großherzigen.*

forgo To forgo all amusements: *Auf alle Freuden verzichten.*

fork To fork hay: *Heu gabeln.* To fork hay up: *Heu mit der Heugabel lüften.* To fork a mine: *Eine (Bergwerks-)Mine (aus)graben.* A forked road: *Eine Straße, die sich gabelt.* To fork out (over, up) money: *Geld herausrücken, blechen müssen.*

form (1) To form a group: *Eine*

Gruppe bilden. To form an idea of s.th.: *Sich eine Meinung zu etwas bilden.* He formed a poor opinion of that man: *Er machte sich ein schlechtes Bild von diesem Mann.* To form a good (a bad) habit: *Eine gute (schlechte) Gewohnheit annehmen.* This forms part of my plans: *Dies ist Teil meiner Pläne, Teil meines Projektes.* To form a theory: *Eine Theorie bilden, formulieren.* To form s.th. into a ball: *Etwas in Kugelform formen.* To form again: *Sich wieder formieren; sich wieder sammeln.* To form the siege of a town: *Die Belagerung einer Stadt beginnen.*

form (2) In due form: *Vorschriftsmäßig.* Good form: *Guter Ton.* Bad form: *Schlechte Manier.*

formulate To formulate a plan, a theory: *Einen Plan, eine Theorie formulieren.*

forsake To forsake an idea, an ideal, a woman: *Eine Idee, ein Ideal aufgeben; eine Frau im Stich lassen, verlassen.*

forswear To forswear one's religion: *Seiner Religion abschwören.* To forswear oneself: *Einen Meineid leisten.*

fort To hold the fort: *Die Stellung halten.*

fortify To fortify one's courage, a wall: *Seinen Mut stärken; eine Mauer befestigen.* To fortify oneself (against): *Sich verschanzen; sich wappnen (gegen).*

fortune (1) To fortune upon s.b.: *Jemanden (zufällig) treffen.*

fortune (2) To come into a fortune: *Ein Vermögen erben.* To marry a fortune: *Eine gute Partie machen.* Fortune comes when you least expect it (prov.): *Das Glück kommt dann, wenn man es am wenigsten erwartet.* Fortune favours the brave (prov.): *Dem Mutigen gehört die Welt; das Glück ist mit dem Tapferen.* To make one's fortune: *Sein Glück machen.* A small fortune: *Ein kleines Vermögen (viel Geld).* To tell fortunes: *Wahrsagen.* To try one's fortune: *Sein Glück versuchen.*

forty Forty winks (colloq.): *Ein Nickerchen.*

forward (1) To forward a plan: *Einen Plan, ein Projekt vorbringen, unterstützen, vorantreiben.* To forward goods, letters: *Waren, Briefe zuliefern, befördern.*

forward (2) Forward, march! (milit.): *Vorwärts Marsch!* To look forward to s.th.: *Sich auf etwas freuen.*

foster To foster vain hopes, evil thoughts, hatred: *Vergebliche Hoffnungen, böse Gedanken, Haß nähren, hegen, bergen.* To foster a revolt: *Eine Revolte fördern, begünstigen.* To foster a snake (a viper) in one's bosom: *Eine Schlange im Herzen nähren.*

foul To foul the air, the water: *Die Luft, das Wasser verpesten.* To foul s.b.'s honour, reputation: *Jemandes Ehre, Ruf in den Schmutz ziehen, schlecht machen.* To foul a ship (naut.): *Mit einem Schiff zusammenstoßen.* To fall foul of s.o. or s.th.: *Mit jemandem oder etwas in Konflikt geraten.* To play foul: *Betrügen; gemein handeln.*

found To found a school, a town: *Eine Schule, eine Stadt gründen.* He founds his teaching method on experience: *Er gründet seine Lehrmethoden auf Erfahrung.*

founder To founder (a ship): *Sinken, untergehen (ein Schiff).* To founder (a horse): *Lahmen, steckenbleiben (Pferd).* To founder in a quicksand: *Im Treibsand versinken.*

four On all fours (colloq.): *Auf allen Vieren.*

frame To frame a picture: *Ein Bild einrahmen.* To frame a plot, a story: *Eine Handlung, eine Geschichte entwerfen, entwickeln.* To frame up a race (USA): *Ein angeblich faires Rennen durch Bestechung manipulieren.* To frame up a charge against s.b.: *Jemanden grundlos anschuldigen.*

free (1) To free s.b. from a debt, from an obligation: *Jemanden von Schulden, von einer Verpflichtung befreien.* He freed himself from his engagements: *Er machte sich von seinen Verpflichtungen frei.*

free (2) A free-for-all (pej.): *Eine ungeordnete Diskussion oder Auseinandersetzung; eine Schlägerei; ein unkontrolliertes Gerangel.* He was free and easy: *Er war frei und ungezwungen, locker, ungeniert.* Free of charge, of duty (comm.): *Gebührenfrei, zollfrei.* A free hand: *Freie Hand lassen.* With a free hand: *Freigiebig; großzügig; reichlich.* To make free with s.o. or s.th.: *Anbandeln; großzügig mit anderer Leute Sachen umgehen; sich an etwas gütlich tun.* He is a freelance journalist: *Er ist ein frei arbeitender Journalist.*

freeze To freeze s.b.'s blood: *Jemandem das Blut in den Adern gefrieren lassen.* I'm freezing: *Mir ist kalt, ich friere sehr.* I'm frozen to the marrow: *Ich bin völlig durchgefroren; ich bin bis ins Mark durchgefroren.* To freeze to death: *Erfrieren; den Kältetod sterben.* To freeze hard: *Steiffrieren.* To freeze s.b.'s enthusiasm: *Jemandes Begeisterung ersticken.* To freeze hiring: *Niemanden mehr einstellen; Einstellungsstop verhängen.* To freeze prices: *Die Preise einfrieren.* Frozen over: *Überfroren.*

French To take French leave: *Sich auf Französisch verabschieden; sich heimlich oder unerlaubt entfernen.*

frequent To frequent a bar, a club: *Eine Bar, einen Klub regelmäßig besuchen.*

fresh She is as fresh as a daisy (as paint): *Sie ist quicklebendig, quietschfidel.* He is fresh to this town: *Er ist neu in dieser Stadt.* He is fresh from England: *Er kommt gerade aus England.* Fresh from the oven: *Frisch aus dem Ofen.* To break fresh ground: *Ein neues Gebiet erschließen; etwas neues beginnen.* Don't get fresh! *Nicht so stürmisch! – Halt dich zurück!* To make a fresh start: *Neu beginnen.*

freshen I freshened up his memory: *Ich frischte sein Gedächnis auf; ich half seiner Erinnerung auf die Sprünge.* The wind freshened up: *Der Wind frischte auf.* To freshen way (naut.): *(An) Geschwindigkeit gewinnen, aufnehmen.*

fret To fret about (over) trifles: *Sich über nichts, über Kleinigkeiten erregen, aufregen.* To fret and fume: *Vor Wut schäumen.* To fret away (out) one's health: *Seine Gesundheit verhärmen, ruinieren.* To fret one's gizzard: *Sich quälen, sich ärgern.*

friend A friend in need is a friend indeed (prov.): *Ein Freund in Not ist ein wahrer Freund.* A friend of one's bosom: *Ein Busenfreund.* To have a friend at court: *Einen einflussreichen Freund haben.*

frighten To frighten s.b. into (out of) doing s.th.: *Jemanden durch Einschüchterung zu etwas treiben.* To frighten s.b. away (off): *Jemanden fortwährend ängstigen.* To frighten s.b. out of his wits: *Jemanden durch Angst um den Verstand bringen.* To frighten s.b. to death: *Jemanden zu Tode ängstigen.*

fritter (to frivol) To fritter (to frivol) away one's money, one's time: *Sein Geld, seine Zeit vertrödeln, vergeuden, verplempern.*

frog A frog-in-the-throat: *Einen Frosch im Hals haben; heiser sein.*

from From across: *Von jenseits; von der anderen Seite.* From bad to worse: *Vom Regen in die Traufe.* From beginning to end: *Vom Anfang bis zum Ende.* He does not know black from white: *Er kann Schwarz und Weiß nicht unterscheiden.* From (the bottom of) one's heart: *Im tiefsten Herzen; aus tiefstem Herzensgrunde.* From a child, from one's childhood: *Von Kindheit an.* From compassion: *Aus Leidenschaft.* From cover to cover: *Von Anfang bis Ende (eines Buches); von der ersten bis zur letzten Seite.* From day to day: *Von einem Tag zum anderen.* From a distance: *Aus einiger Entfernung.* From down up: *Von unten bis oben; aus der Tiefe in die Höhe.* From end to end: *Von einem Ende bis zum anderen.* From far away: *Aus weiter Ferne.* Far from the truth: *Von der Wahrheit weit entfernt.* From the first: *Vom Ersten an.* From first to last: *Vom Ersten bis zum Letzten.* From the ground up (colloq.): *Völlig, komplett.* From habit: *Aus Gewohnheit.* From head to foot: *Von Kopf bis Fuß.* From the horse's mouth: *Direkt von der Quelle; aus erster Hand (Informationen, Nachrichten).* He died from hunger: *Er verhungerte.* From ignorance: *Aus Unwissenheit.* From morning to night: *Von morgens bis abends.* From now forth (forward, on, onwards): *Ab jetzt; von jetzt an.* From on high: *Aus der Höhe; von weit droben.* Painted from life: *Vom Leben gezeichnet.* From place to place: *Von Ort zu Ort.* From my point of view: *Aus meiner Sicht; meiner Meinung nach.* From side to side: *Von einer Seite bis zur anderen.* From strength to strength: *Immer mit großem Erfolg.* From time to time: *Von Zeit zu Zeit; manch-*

mal. From top to toe: *Von Kopf bis Fuß.* From titel to colophon: *Von der ersten bis zur letzten Seite.* From the waist downwards: *Von der Taille abwärts.* From within, from without: *Von innen, von außen.*

front (1) To front (on) the sea: *Zum Meer hin grenzen; direkt am Meer gelegen sein (Haus, Hotel).* Front left, front right! (milit.): *Geradeaus links, geradeaus rechts!*

front (2) Front to front: *Sich gegenüber; Auge in Auge; von Angesicht zu Angesicht.* To have the front to: *Die Stirn haben zu.* To show a bold front: *Frech auftreten; feste Haltung zeigen.*

frost To frost glass: *Glas abschmirgeln, mattieren.* To frost a cake: *Einen Kuchen mit Zuckerguss überziehen.*

froth To froth at the mouth: *Schaum vor dem Mund haben; geifern; schäumen (vor Wut).*

frown To frown at (on, upon) s.b.: *Jemanden stirnrunzelnd, finster anblicken.* He frowns at (on, upon) her behaviour: *Er missbilligt ihr Verhalten.* To frown s.b. away (off): *Jemanden durch finstere Blicke vertreiben.* To frown s.b. down: *Jemandem einen drohenden Blick zuwerfen; jemanden durch Blicke einschüchtern.*

frustrate To frustrate s.b.'s plans: *Die Pläne einer Person zunichte machen, durchkreuzen.*

fuel To add fuel to the fire: *Öl ins Feuer gießen.*

fulfil To fulfil a duty: *Eine Pflicht erfüllen.* To fulfil an engagement, a promise: *Eine Verpflichtung, ein Versprechen einlösen.* To fulfil a contract: *Einen Vertrag erfüllen.* To fulfil an order: *Einen Befehl ausführen.* To fulfil s.b.'s hopes, wishes: *Jemandes Hoffnungen, Wünsche erfüllen.* To fulfil a purpose: *Einen Zweck erfüllen.* To fulfil oneself: *Sich selbst verwirklichen.*

full He is full of beans, of go: *Er ist voller Energien, voller Tatendrang.* To be full of oneself (colloq.): *Sehr von sich eingenommen sein.* He is full of the news: *Er platzt mit dem Geheimnis überall heraus.* Full to the brim, to overflowing: *Bis zum Rand gefüllt; kurz vor dem Überfließen.* Full-aged: *Volljährig.* Full-time job: *Eine Vollzeitbeschäftigung.* Full house (theater): *Volles Haus, ausverkauftes Haus.* Full many a time: *Vielmals; häufig.* Full speed ahead! (naut.): *Volle Kraft voraus!* Full up inside! *Alles voll, besetzt! (im Bus z.B.).* In full: *Vollständig.*

fumble He fumbled in his pockets for the lighter: *Er suchte, kramte in seinen Taschen nach dem Feuerzeug.* To fumble the ball (sport): *Den Ball verlieren.* To fumble about in the dark: *Im Dunkeln daherstolpern, sich vorwärtstasten.*

fun That's the fun of it: *Das macht doch gerade den Spaß der Sache aus.* All the fun of the fair: *Die üblichen Vergnügungen; was so dazugehört; was man eben so macht.* Like fun (sl.): *Wie verrückt.* To make fun of s.o. / poke fun at s.o.: *Sich über* *jemanden lustig machen; jemanden auslachen.*

funny Funny business (colloq.): *Faule Sache; faule Tricks.* Funny ha-ha: *Komisch im Sinne von lustig.* Funny peculiar: *Komisch im Sinne von seltsam.* The funny thing is that ...: *Das Lustige an der Sache ist, dass ...*

fur The fur is flying: *Die Fetzen fliegen.*

furl To furl the flag, the sails: *Die Fahne, die Segel auf-, zusammenrollen.* To furl a fan: *Einen Fächer schließen, zusammenfalten.* To furl up: *Sich zusammenkauern.*

furnish To furnish a house: *Ein Haus (mit Möbeln) einrichten.* To furnish s.b. with s.th.: *Jemanden mit etwas ausstatten.* He furnished his cellar with choice wines: *Er bestückte seinen Keller mit ausgesuchten Weinen.*

further (1) To further digestion, progress: *Die Verdauung unterstützen; den Fortschritt vorantreiben.* To further s.b.'s interests, plans: *Jemandes Interessen, Pläne unterstützen.*

further (2) Further away: *Weiter weg.* Further on: *Weiter in diese Richtung, weiterhin.* Further to our telephone conversation (comm.): *Bezugnehmend auf unsere telefonische Unterredung.* Further up: *Weiter oben.*

furthest The furthest way about is the nearest way home (prov.): *Die längste Straße ist der kürzeste Weg.*

fury Like fury (colloq.): *Wie ein(e) Wilde(r).*

fuss To make a fuss (colloq.): *Einen Aufstand machen; auf den Putz hauen.* To make a fuss of s.o. (colloq.): *Großen Wirbel um jemanden machen.* To fuss about: *Herumfuhrwerken; herumtollen.* To fuss over s.b.: *Sich über jemanden aufregen.*

fussy He is fussy about his food: *Er stellt sich wegen seines Essens an; er macht Umstände wegen seines Essens.*

G

gab To have the gift of the gab (colloq.): *Ein gutes Mundwerk haben; gut reden können.* Stop your gab! *Halt den Mund!*

gabble To gabble (out) an excuse: *Eine Entschuldigung hervorstottern.*

gag To gag a horse: *Einem Pferd Zaumzeug anlegen.* To gag a valve: *Ein Ventil schließen.* To gag a comedy: *Eine Komödie improvisieren.*

gain To gain altitude (height), ground, the shore, speed, time, the top of a mountain: *An Höhe gewinnen; Boden gewinnen; das Ufer erreichen; an Geschwindigkeit zunehmen; Zeit gewinnen; einen Berggipfel erreichen.* To gain one's living, one's livelihood: *Sich seinen Lebensunterhalt verdienen.* To gain advantage, a good result, one's promotion, success, the victory: *Einen Vorteil, ein gutes Ergebnis* *erringen; seine Beförderung erreichen; Erfolg haben; den Sieg erringen.* To gain admission to a school: *An eine Schule zugelassen werden; die Zulassung zu einer Schule erlangen.* To gain admittance: *Einlass finden.* To gain confidence: *Vertrauen gewinnen.* To gain experience: *Erfahrung gewinnen.* To gain s.b.'s ear, a hearing: *Bei jemandem Gehör finden.* To gain a foothold, a footing: *Einen festen Halt (mit dem Fuß) finden; Fuß fassen.* To gain the lead: *Die Führung übernehmen.* To gain the mastery: *Die Übermacht erringen.* To gain ten minutes a day: *Jeden Tag zehn Minuten einsparen.* To gain one's object: *Sein Ziel erreichen.* To gain an offing (naut.): *Die offene See erreichen.* To gain s.o. over: *Jemanden für sich gewinnen.* To gain one's point: *Seine Ansichten durchsetzen.* To gain strength (speed): *Kräftiger (schneller) werden.* To gain the upper hand over s.b.: *Gegenüber jemandem die Oberhand gewinnen.* To gain wealth: *Reichtümer erwerben.* To gain weight: *An Gewicht zunehmen.*

gallop To gallop away (off): *Davongaloppieren.* To gallop over (through) s.th.: *Etwas in großer Eile, Hast tun.* To gallop through a book: *Ein Buch durchfliegen.* Galloping consumption: *Galoppierende Schwindsucht.*

gamble To gamble on the stock exchange: *An der Börse spekulieren.* He gambled away all his money: *Er verspielte all sein Geld.* To gamble with love, with death: *Mit der Liebe, mit dem Tod spielen.*

game (1) He gamed away all his money: *Er verlor all sein Geld beim Spiel.* To be game for s.th. / to do s.th.: *Etwas mitmachen; für etwas zu haben sein; mit von der Partie sein.*

game (2) To fly at higher game: *Höher hinaus wollen.* To play the game: *Sich an die Spielregeln halten.* To play a good game: *Gut spielen.* The game is yours: *Du hast gewonnen.* To make a game of: *Sich lustig machen über.* The game ist not worth the candle: *Die Sache lohnt nicht, ist keinen Pfifferling wert.* To give the game away: *Die Stellung verraten.* To play a double game: *Ein doppeltes Spiel treiben.* To play a waiting game: *Eine abwartende Haltung einnehmen.* I know what his game is: *Ich weiß, was er im Schilde führt.* To see through s.b.'s game: *Hinter jemandes Schliche kommen.* To beat s.b. at his own game: *Jemanden mit seinen eigenen Waffen schlagen.* The game is up: *Das Spiel ist aus.*

gang To gang up on s.b. (colloq.): *Sich mit anderen gegen jemanden verbinden, verschwören.*

gape To gape at s.b.: *Jemanden (mit offenem Mund) anstarren.* To stand gaping: *Maulaffen feilhalten.*

garden To lead s.b. up the garden path: *Jemanden anführen; jemanden an der Nase herumführen; jemanden zum Besten haben.*

gas To gas up (colloq.): *Auftanken, aufmöbeln.*

gas-bag He is a gas-bag (pop.): *Er ist ein Schwätzer.*

gasp To gasp for breath: *Nach Luft schnappen.* To gasp away (out) one's life: *Sein Leben aushauchen; sterben.* He gasped out his adventure: *Er erzählte uns atemlos sein Abenteuer.* It made me gasp: *Mir stockte der Atem.* At one's last gasp: *In den letzten Zügen; sterbend.*

gather To gather breath: *Wieder zu Atem kommen.* To gather experience: *Erfahrungen sammeln.* To gather grapes: *Wein lesen.* To gather ground: *An Boden gewinnen; Terrain gutmachen.* To gather laurels: *Sich Siegeslorbeeren einheimsen.* To gather life's roses: *Dem Leben das Beste abgewinnen.* I gather that ...: *Ich sehe aus all' dem, dass ...; ich lese aus all' dem heraus, dass ...* To gather speed (away), strength (head): *Geschwindigkeit gewinnen, an Kraft gewinnen.* To gather volume: *An Volumen gewinnen; an Umfang zunehmen (Lawine z.B.).* To gather in a group, in groups: *Sich in einer Gruppe, in Gruppen versammeln.* To gather into the wind (naut.): *Luven.* They all gathered round him: *Sie umringten ihn alle.* To gather oneself (together): *Sich sammeln.* To be gathered to one's fathers: *Zu seinen Ahnen heimkehren; sterben.* To gather (up) one's energies, one's thoughts: *Seine Energien sammeln; seine Gedanken sammeln.* To gather up the threads: *Den Faden (eines Gesprächs) wieder aufnehmen.*

gauge To gauge a cask: *Ein Fass eichen.* To gauge s.b.'s character, strenght: *Jemandes Charakter, Stärke beurteilen, einschätzen.*

gauntlet (1) To fling (throw) down the gauntlet to s.b.: *Den Fehdehandschuh (jemandem) hinwerfen.* To pick (take) up the gauntlet: *Die Herausforderung annehmen.*

gauntlet (2) To run the gauntlet: *Spießruten laufen (a. fig.).*

gaze To gaze at (on, upon) s.b., s.th.: *Jemanden, etwas anstarren.* To gaze into s.b.'s eyes, face: *In jemandes Augen, Gesicht starren.* He gazed up at the window: *Er schaute erstaunt zum Fenster hoch.*

gear To gear down (up) a car: *Einen Wagen herunterschalten (hochschalten) (die Kupplung); mit einem Auto langsamer werden.*

get To get the air (the axe, the boot, the bounce, the bullet, one's cards, the chuck, the kick, the mitten, the push, the sack: *Gekündigt werden; entlassen werden; rausgeworfen werden.* You'll get as good as you gave (prov.): *Wie du säest, so wirst du ernten.* To get beans: *Hart bestraft werden.* To get the bird (pop.): *Ausgepfiffen werden (Schauspieler).* To get a bird's eye view of a city: *Eine Stadt aus der Vogelperspektive betrachten.* He's got a black eye: *Er hat sich ein blaues Auge geholt (bei einer tätlichen Auseinandersetzung).* He got himself caught: *Er hat sich erwischen lassen.* To get one's degree, a divorce: *Seine (akademische) Auszeichnung bekommen; die Scheidung ausgesprochen bekommen.* I've got to do it: *Ich muss es (unbedingt) tun.* He got the electric chair (colloq.): *Er wurde zum Tod auf dem elektrischen Stuhl verurteilt.* He got an encore: *Er wurde zu einer Zugabe aufgefordert.* He got the exchange: *Er bekam die telefonische Vermittlung.* He got the first prize: *Er bekam den ersten Preis.* To get a footing: *Sich einen festen Halt verschaffen; sich eine Position sichern.* I got the fright of my life, a terrible fright: *Ich bekam den Schreck meines Lebens.* To get the gate (USA): *Hinausgeworfen werden.* To get one's gruel: *Bestraft werden; sein Fett abbekommen.* He gets my coat (pop.): *Er lässt mich die Geduld verlieren.* To get a good (bad) mark: *Eine gute (schlechte) Note bekommen (in der Schule).* He got a good scolding (dressing-down), a lecture: *Er bekam gehörig den Kopf gewaschen, eine Standpauke.* To get one's gruel: *Bestraft werden; sein Fett abbekommen.* He has got the habit: *Er hat es sich zur Gewohnheit gemacht.* To get a hearing: *Gehör geschenkt bekommen; eine Zuhörerschaft finden.* They got him home: *Sie brachten ihn nach Hause.* To get information: *Informationen beziehen.* He got it: *Er hat's kapiert.* He got his just deserts: *Er bekam, was er verdient hatte.* He got leave (permission) to speak: *Er bekam die Erlaubnis zu sprechen.* To get a line on s.b., s.th.: *Informationen über jemanden, über etwas erhalten.* To get a living: *Sich den Lebensunterhalt verdienen.* That gets me: *Das macht mich sprachlos.* I've got your meaning (the message): *Ich habe dich verstanden.* He got more kicks than halfpence: *Er bekam mehr Prügel als freundliche Worte.* He gets himself obeyed: *Er verschafft sich Gehör; er verschafft sich Autorität.* To get a puncture: *Durchlöchern; durchbohren.* I've got it all settled: *Ich habe alles erledigt, alles geregelt.* I've got you there! *Erwischt! Überführt!* To get the trick: *Den Trick, die Schliche durchschauen.* To get one's own way: *Seine eigenen Ansichten, Pläne durchsetzen.* He got what he wanted: *Er bekam, was er gewollt hatte; das hat er nun davon.* To get wind: *Wieder zuversichtlich werden; neuen Mut schöpfen.* To get one's wires crossed: *Missverstehen, sich irren.* To get a woman with child: *Eine Frau schwängern.* He's got me wrong: *Er hat mich falsch verstanden.* To get bogged down: *In etwas hineingeraten; sich in etwas verwickeln lassen.* To get drowned: *Ertrinken, ersaufen.* To get going: *Vorwärtskommen; losfahren; sich in Marsch setzen.* To get heated: *Erhitzt, hitzig werden (Unterhaltung).* It got home to his parents: *Es kam seinen Eltern zu Ohren.* To get hurt: *Sich verletzen.* To get to know s.th.: *Etwas kennenlernen, erfahren.* Get lost! (pop.): *Zieh Leine! Hau ab!* To get mixed up: *Durcheinander geraten.* To get no further: *Keinen Schritt weiter, vorankommen.* To get past: *Vorbeikommen (am Pförtner z.B.).* To get rattled (colloq.): *Sich aufregen; sich erregen.* To get shaved: *Sich rasieren.* To get slapped: *Eine Ohrfeige einkassieren.* To get somewhere, nowhere: *Ein Ziel erreichen; nicht vorankommen.* To get straight again: *Sich wieder in Ordnung bringen; wieder auf den rechten Pfad finden.* To get talking: *Zu sprechen beginnen.* He got there: *Er erreichte, was er sich vorgenommen hatte.* To get tight: *Enger werden; zusammenrücken; sich betrinken, besaufen.* To get aboard: *An Bord gehen; einsteigen (meistens Schiff).* To get about (around): *Herumkommen (durch Reisen).* He's got above himself: *Er hat sich den Kopf verdrehen lassen; etwas ist ihm zu Kopf gestiegen.* To get across: *Durchbringen, wirken, Anklang finden; an den Mann bringen.* To get ahead: *Vorwärtskommen.* To get along: *Auskommen; fertigwerden (mit jemandem).* To get along without s.b.: *Ohne jemanden auskommen, fertigwerden.* To get along well together, with each other: *Gut miteinander auskommen.* To get ashore: *An Land gehen; ans Ufer anlegen.* To get at something: *Auf etwas hinaus wollen.* To get at s.b.: *Jemandem beikommen, an jemanden herankommen.* I've got it at a high figure: *Ich habe dafür eine große Summe Geld bezahlt:* He got away without a word: *Er ging ohne ein Wort zu sagen.* To get away with it, with murder (pop.): *Ungestraft davonkommen; als Mörder ungestraft davonkommen, nicht überführt werden* To get one's breath back: *Wieder zu Atem kommen.* To get back at s.b.: *Es jemandem heimzahlen.* To get behind with one's work: *Mit seiner Arbeit in Verzug geraten.* To get between the sheets: *Ins Bett gehen, zu Bett gehen.* To get beyond one's depth: *Im Wasser gehen, wo man nicht mehr stehen kann; sich an ein schwieriges Problem heranwagen.* To get by (colloq.): *Das Beste daraus machen.* He got by without stopping: *Er kam durch ohne anzuhalten.* He got the poem by heart: *Er hat das Gedicht auswendig gelernt.* He got very little by it: *Er hat nur wenig daran verdient; er hat nur wenig davon gehabt.* He got the job by devious way, by underhand methods: *Er hat den Job durch zweifelhafte Mittel, über dunkle Wege bekommen.* To get by with English: *Mit der englischen Sprache ‚durchkommen'; sich mit Englisch durchschlagen.* To get s.b. by the short hairs: *Jemanden beherrschen, dominieren.* To get the wrong sow by the ear: *Hereinfallen; einem Trugschluss erliegen.* To get down from one's horse. from a ladder, from a tree: *Vom Pferd absteigen; von einer Leiter, von einem Baum heruntersteigen.* To get one's head down (pop.): *Ins Bett gehen.* To get the pill down! *Schluck die Pille herun-*

ter! Beiß halt in den sauren Apfel. To get s.th. down on paper: *Etwas auf Papier (schriftlich) festhalten.* To get down on all fours, on one's hands and knees: *Auf alle Viere niederfallen; auf allen Vieren herumkriechen.* To get down to facts: *Auf den Boden der Tatsachen kommen.* To get (down) to business: *Zum geschäftlichen Teil übergehen, kommen.* To get down to brass tacks (pop.): *Zur Hauptsache kommen.* To get paid for: *Für etwas bezahlt werden.* To get too big for one's boots (pop.): *Eingebildet werden.* Get him in: *Hol ihn herein.* To get s.b. in: *Jemanden miteinbeziehen; als Partner aufnehmen (in ein Unternehmen).* To get in a knot: *Verknoten, verknüpfen.* I've got my hand in it: *Ich bin darin verwickelt.* To get s.th. in hand: *Sich mit etwas beschäftigen.* To get in motion: *In Bewegung geraten.* To get in s.b.'s way (road): *Jemandem in den Weg kommen.* To get it in the neck (pop.): *Einen harten Schlag bekommen.* He's got in with a big firm: *Er ist in eine große Firma eingetreten.* Not to get a word in edgeways: *Erfolglos versuchen, sich an einer Unterhaltung zu beteiligen.* To get in wrong with s.b. (USA): *Sich jemandem verhasst machen.* To get one's ideas into shape: *Seinen Ideen, Anschauungen den letzten Schliff geben.* It's got into his head: *Es ist ihm in den Kopf gestiegen (Wein, Alkohol; Erfolg).* Get it into your head: *Präge es dir gut ein; merke es dir gut.* To get into khaki: *Sich freiwillig zum Militär melden.* To get one's knife into s.b.: *Jemanden kräftig kritisieren, attackieren.* To get into mischief: *Unfug anstellen; in Ärger verwickelt werden.* To get into bad company: *In schlechte Gesellschaft kommen.* To get into a bad habit: *Eine schlechte Gewohnheit annehmen.* To get into a groove: *In eine Gewohnheit verfallen.* To get into one's clothes: *Sich anziehen, ankleiden.* To get into s.b.'s clutches: *In jemandes Klauen geraten.* To get into debt: *Schulden machen; ein Defizit anhäufen.* To get into a mess: *Sich beschmutzen; in Unordnung geraten.* To get into one's stride: *Richtig in Schwung kommen.* To get into a wax (pop.): *Sich ärgern.* He got his teeth into the novel: *Er begann ernsthaft an dem Roman zu arbeiten.* To get control of s.b.: *Kontrolle über jemanden gewinnen, erringen.* I got the gist, the hang nof his words: *Ich kapiere den Kern, den Sinn seiner Worte.* He's got hold of an interesting book: *Er hat ein interessantes Buch in die Finger bekommen.* To get hold of the wrong stick, to get the wrong end of the stick: *Eine Tracht Prügel beziehen.* To get the key of the street (colloq.): *Sich aus dem Haus ausschließen.* I've got the knack of it: *Ich hab den Dreh raus.* To get knowledge, wind of s.th.: *Von einer Sache Wind bekommen; etwas über eine Sache erfahren.* To get the best, the worst of it: *Das Beste aus einer Sache machen; besiegt werden, den Kürzeren ziehen.* He got the upper hand of his opponent: *Er zwang seinen Gegner in die Knie.* To get the laugh of s.b.: *Jemanden heimlich auslachen.* To get a load of s.b. (pop.): *Jemandem gut zuhören.* To get rid of s.b., of s.th.: *Jemanden, etwas loswerden.* He got the start of all his competitors: *Er kam all seinen Konkurrenten zuvor.* He gets the wind of all his competitors: *Er befindet sich in einer vorteilhaften Situation gegenüber seinen Konkurrenten.* To get the worse of s.b.: *Jemanden beherrschen, dominieren.* To get a load off one's chest (colloq.): *Sich eine Last vom Herzen nehmen; sich von einer (emotionalen) Last befreien.* To get s.b.'s shirt off (pop.): *Jemanden in Wut bringen.* He got off cheap (easy, light, scotfree): *Er kam billig davon.* He got carried off his feet: *Er wurde verrückt vor Freude.* To get off the ground: *Eine Tätigkeit mit Erfolg ausführen; vom Boden abheben.* To get s.th. off one's hand: *Sich einer Sache entledigen.* To get s.b. off: *Jemanden (von einer Strafe) losbekommen.* To get off on the wrong foot: *Schlecht anfangen; einen schlechten Start haben.* To get off a subject: *Von einem Thema abkommen; ein Thema wechseln.* To get off with s.b. (sl.): *Jemanden aufreißen.* To tell s.b. where to get off / where he gets off (colloq.): *Jemandem Bescheid stoßen (ugs.).* Get on board, please! *Einsteigen bitte (Autobus).* To get on one's feet (again): *Wieder auf die Füße kommen (auch i.ü.S.).* It gets on my nerves: *Es geht mir auf die Nerven.* To get a move on: *Sich beeilen, in Bewegung kommen.* To get on for thirty: *Sich Dreißig nähern.* It's getting on for nine: *Es geht auf Neun Uhr zu.* It's getting on: *Es wird spät.* Get on with you! *Jetzt mach mal halblang! Mach dich nicht lächerlich!* To get on one's way: *Sich auf den Weg machen; losgehen.* To get a half-nelson on s.b.: *Jemanden in die Finger bekommen; Gewalt über jemanden bekommen.* To get one's skates on (pop.): *Sich beeilen; die Beine in die Hand nehmen.* To get on like a house on fire: *Gewaltige Fortschritte machen; schnell vorankommen.* Get on or get out: *Entweder du arbeitest, oder du fliegst raus.* He got me out of that mess: *Er hat mir aus diesen Schwierigkeiten geholfen.* He has got something out of it for himself: *Er hat daraus selber Profit geschlagen; er hat sich dabei schadlos gehalten.* To get a rise out of s.b.: *Jemanden dazu bringen, aus der Haut zu fahren.* To get out of order: *In Unordnung geraten.* He got very little out of it: *Er hatte nur wenig davon.* To get out of bed on the wrong side: *Mit dem falschen Fuß aufstehen; schlecht gelaunt sein.* Get out of my way (road)! *Aus dem Weg!* To get round on obstacle: *Ein Hindernis umgehen.* To get round false rumours: *Falsche Gerüchte verbreiten.* Get stuffed (colloq.)! *Verschwinde!* To get through an examination: *Eine Prüfung bestehen.* To get through a bad period: *Eine schlechte Zeit durchmachen.* He got through a large sum of money: *Er verschwendete eine große Summe Geld; er brachte eine große Summe Geld durch.* To get to the end: *Ans Ende gelangen; ein Ende finden; beenden.* To get to the bottom of a matter: *Einer Sache auf den Grund gehen; zum Kern einer Angelegenheit kommen.* You get used to it: *Du gewöhnst dich (schon) daran.* To get under cover: *Untertauchen; sich tarnen; (bei der Polizei) als V-Mann arbeiten.* To get under the wire: *Etwas im letzten Moment erhalten, bekommen.* He got wise to his mistake: *Er wurde aus seinem Fehler klug.* To get under s.b.'s skin (colloq.): *Jemandem unter die Haut gehen.* To get up in the world: *Erfolg haben; es zu etwas bringen.* To get mixed up: *Durcheinandergeraten.* To get equal (even, square) with s.b.: *Mit jemandem gleichziehen; es jemandem heimzahlen; sich bei jemandem revanchieren.* To get square with a creditor: *Mit einem Gläubiger die Schulden begleichen.*

ghost Not to have the ghost of a chance: *Nicht die geringste Chance haben.* (To give s.o.) the ghost of a smile: *Der Anflug eines Lächelns.* To give up the ghost: *Den Geist aufgeben.* To raise (to lay) a ghost: *Einen Geist beschwören (bannen).* The ghost walks: *Es gibt Geld (Theaterjargon).*

gibe To gibe at s.b.: *Jemanden verhöhnen, verspotten.*

gift (One shouldn't) look a gift horse in the mouth: *Einem geschenkten Gaul schaut man nicht ins Maul.*

gild To gild the pill: *Die bittere Pille versüßen.* To gild the lily: *Eine schöne Sache noch zu verschönern suchen; etwas Unnützes machen.*

gilt The gilt is off: *Der Lack ist ab. (i.ü.S.).* To take the gilt off the gingerbread: *Einer Sache den Reiz nehmen; jemandem die Freude verderben.*

ginger To ginger a drink: *Ein Getränk mit Ingwer würzen.* To ginger s.b. up: *Jemanden anfeuern, aufmöbeln, scharfmachen.*

gird To gird a city with walls: *Eine Stadt mit Mauern umgeben.* He girded her waist with his arm: *Er schlang seinen Arm um ihre Taille.* To gird oneself, to gird (up) one's loins: *Sich rüsten, wappnen.* To gird on one's sword: *Sein Schwert umgürten, anlegen.*

give To give air to one's opinions: *Seine Meinungen öffentlich bekanntgeben; seinen Meinungen Luft machen.* To give alms: *Almosen geben.* To give s.b. the bag to hold: *Jemanden mit den Schwierigkeiten allein lassen.* To give s.b. beans: *Jemanden hart bestrafen.* To give the bird (pop.): *Jemanden auspfeifen (Redner, Schauspieler).* To give the bullet (pop.): *Vor die Tür setzen.* To give the cards (the pack) a good shuffle: *Die Spielkarten gut mischen.* To give s.b. Carte Blanche: *Jemandem* *die Carte Blanche geben (Kreditkarte).* To give s.b. checkmate: *Jemanden Schachmatt setzen.* To give s.b. a (the) cold shoulder: *Jemandem die kalte Schulter zeigen.* Give my compliments to your mother: *Überbringe deiner Mutter meine besten Grüße, Wünsche.* It gave me the creeps: *Es überlief mich eiskalt; mich überlief eine Gänsehaut.* He gave currency to the false report: *Er verbreitete die falsche Nachricht.* He gave a cursory glance at the headlines in the newspaper: *Er überflog die Überschriften der Zeitung.* To give s.b. one's confidence: *Jemandem sein Vertrauen schenken.* To give a cry, a sigh: *Einen Schrei ausstoßen, seufzen.* He gave his wife her cue: *Er legte seiner Frau die Worte in den Mund.* To give a disease to s.b.: *Jemanden mit einer Krankheit anstecken.* To give the devil his due: *Jemandes Fähigkeiten, Errungenschaften trotz all seiner schlechten Seiten anerkennen.* To give the death blow: *Den tödlichen Stoß erteilen.* To give s.b. a dooing: *Jemandem eine Standpauke halten.* He gave me a dirty (black) look: *Er warf mir einen bösen (hasserfüllten) Blick zu.* I gave him a ducking: *Ich tunkte ihn tüchtig (im Wasser) unter.* Give your dog a bad name and hang him (prov.): *Wer einmal in Verruf gerät, behält seinen schlechten Namen für immer.* To give s.b. the edge of one's tongue (colloq.): *Jemanden ausschimpfen.* He gave effect to his promise: *Er hielt sein Versprechen.* To give false witness: *Falsches Zeugnis ablegen.* Ti give a fine: *Bußgeld verhängen.* To give free play to one's imagination: *Seiner Vorstellungskraft, Phantasie freien Lauf lassen.* To give the finishing touch: *Letzte Hand anlegen; den letzten Schliff geben.* To give s.b. a free hand: *Jemandem freie Hand lassen.* He gave me the freedom of his house: *Er stellte mir sein Haus zur Verfügung.* He gave me a flat denial (refusal): *Er wies mich kurz und bündig zurück.* To give a forced laugh: *Einen künstlichen, gezwungenen Lacher ausstoßen.* To give s.b. food for thought: *Jemandem Stoff zum Nachdenken geben.* To give s.b. a fright: *Jemanden erschrecken, jemandem Angst einjagen.* This gives me the fits (the willies): *Das lässt mich ganz aus dem Häuschen fahren; das regt mich unheimlich auf.* To give s.b. a fit: *Jemanden aufregen, aus dem Häuschen bringen.* To give s.b. the go-by: *Vorgeben, jemanden nicht zu kennen, nicht zu sehen.* To give as good as one gets: *Eine passende Antwort erteilen; einen Gegenschlag führen; mit gleicher Münze heimzahlen.* To give a car the gun (colloq.): *(Einen Wagen) beschleunigen.* Give me a hand with this sack: *Hilf mir mal mit diesem Sack.* To give a handle to s.b.: *Jemandem einen Vorwand für eine Sache bieten, geben.* Ti give s.b. his head: *Jemandem freie Hand lassen; jemandem in seinen Aktionen freien Lauf lassen.* Give heed to what you are told: *Trage dem, was dir gesagt wurde, Rechnung.* To give s.b. hell: *Jemandem die Hölle heiß machen.* He gave me a broad hint: *Er gab mir einen Wink mit dem Zaunpfahl.* Give him an inch and he will take an ell (a yard): *Gib ihm den kleinen Finger und er wird dir die ganze Hand nehmen.* To give leg bail: *Fersengeld geben.* To give s.b. a leg up: *Jemandem in den Sattel helfen; jemandem auf die Sprünge helfen.* To give s.b. a lick with the rough side of one's tongue: *Jemandem eine Standpauke halten.* To give s.b. a lift: *Jemanden (mit dem Auto) mitnehmen.* Give me a light, please: *Gib mir bitte Feuer (zum Zigarettenanzünden z.B.).* To give like for like, tit for tat: *Gleiches mit Gleichem vergelten.* To give one's mind to s.b.: *Jemandem seine Aufmerksamkeit zuwenden.* She has given him the mitten (colloq.): *Sie hat ihm einen Korb gegeben.* To give mouth to one's sorrow: *Seinen Sorgen Luft machen; seine Sorgen erzählen.* To give notice (leg.): *Etwas anzeigen.* To give occasion to s.th.: *Etwas provozieren.* To give the office (pop.): *Einen Vorschlag machen.* I gave him a piece of my mind: *Ich sagte ihm die Meinung.* To give s.b. a push (a thrust): *Jemanden empfehlen.* To give quickly is to give doubly (prov.): *Schnelle Hilfe ist doppelte Hilfe.* To give rein to one's imagination: *Seiner Phantasie freien Lauf lassen.* To give a Roland for an Oliver: *Die passende Antwort geben; mit gleicher Münze heimzahlen; wie du mir, so ich dir.* To give s.b. rope: *Jemanden gewähren lassen.* To give s.b. rope enough to hang himself: *Jemanden gewähren lassen in der Erwartung, dass er sich selbst schadet.* This gives me the shivers: *Das läßt mich erschauern; das jagt mir kalte Schauer über den Rücken.* He gave a shrug of his shoulders: *Er zuckte mit den Schultern.* To give s.b. the slip: *Jemandem ausweichen.* To throw a sprat to catch a herring (a whale): *Mit der Wurst nach der Speckseite werfen.* To give a stone for bread: *Eine lächerliche Hilfe anbieten.* To give a stone and a beating to s.b.: *Jemanden mit Leichtigkeit übertreffen.* To give a thing and take a thing is the devil's gold ring (prov.): *Was der Teufel gibt, holt er sich auch wieder.* To give s.b. a wide berth: *Einen großen Bogen um jemanden schlagen.* To give the (whole) show away: *Die Show verschenken; die Show platzen lassen.* To give oneself (the game) away: *Sich selbst (das Spiel) aufgeben.* To give it for s.b.: *Sich zu Gunsten einer Person aussprechen.* He gave in to my entreaties: *Er gab meinem Bitten nach.* To give s.b. a shove off: *Jemandem eine Abfuhr erteilen.* To give oneself out as a benefactor: *Den Wohltäter spielen.* He gave out at last: *Er lenkte am Ende doch ein.* Give over crying: *Hör auf zu weinen.* To give s.b. over for dead: *Jemanden für tot erklären.* To give s.th. to the dogs: *Etwas verschwenden, vergeuden.* To give s.b. up: *Jemanden aufgeben.* To give s.b. up for lost: *Jemanden als vermisst, verloren erklären.* To give oneself up: *Sich stellen.* To give one's life (oneself) up to pleasure: *Sein Leben dem Vergnügen hingeben.* He gave up the world and its pleasures: *Er kehrte der Welt und den weltlichen Vergnügungen den Rücken.* He gave up all hope: *Er gab alle Hoffnung auf.*

glad glad rags (colloq.): *Sonntagsstaat.* To put one's glad rags on: *Sich in Schale werfen; sich fein machen.*

glance At a first glance: *Auf den ersten Blick.* To glance about: *Um sich blicken, herumschauen.* To glance at s.b.: *Jemanden flüchtig anschauen.* To glance (one's eye) at (over) s.th.: *Etwas flüchtig ansehen; kurz in Augenschein nehmen.* To glance at (over) a subject: *Ein Thema flüchtig berühren; auf ein Thema anspielen; ein Thema kurz streifen.* To glance away: *Wegblicken.* To glance down, up: *Den Blick senken, aufblicken.* To glance over one's shoulder: *Hinter sich blicken.* To glance through a book: *Ein Buch durchblättern, überfliegen.* To glance towards s.b., s.th.: *(Kurz, flüchtig) in jemandes Richtung blicken.*

glare To glare at (on, upon) s.b.: *Jemanden (wild, zornig, feurig) anstarren.*

glass People who live in glass houses shouldn't throw stones: *Wer im Glashaus sitzt, sollte nicht mit Steinen werfen.*

glaze To glaze a window: *Ein Fenster verglasen.* To glaze pottery: *Tongefäße mit einer Glasur versehen.* To glaze the eyes: *(In den Augen) glasig, trübe werden.* To glaze over a mistake: *Einen Fehler verbergen, vertuschen.*

glean To glean corn, news: *Mais (auf dem Feld) einsammeln, ernten; Nachrichten sammeln, zusammentragen.*

glide To glide away (along): *Davongleiten, dahingleiten (Zeit).* To glide down: *Hinuntergleiten (Flugzeug).* He glided into the room: *Er schlüpfte in das Zimmer.* To glide into sleep: *Entschlummern.* To glide on the water: *Auf dem Wasser gleiten (Wasserskiläufer z.B.).* To glide over a subject: *Ein Thema kurz streifen.*

gloat To gloat on (upon, over) other people's misfortunes: *Sich hämisch über anderer Leute Unglück freuen.* He gloated on (upon, over) his treasure: *Er weidete sich an seinen Schätzen.*

glory Gone to glory: *In die ewigen Jagdgründe eingegangen.* To send s.b. to glory: *Jemanden ins Jenseits befördern.* He glories in his strength: *Er frohlockt, freut sich über seine Stärke.* Old Glory: *Die Flagge der Vereinigten Staaten.*

gloss To gloss over a mistake: *Einen Fehler beschönigen, bemänteln, vertuschen.*

glove To fit like a glove: *wie angegossen sitzen; jemandem wie angegossen passen.* To take the gloves off: *Ernst machen; durchgreifen; vom Leder ziehen.* The gloves are off (colloq.): *Es ist* *vorbei mit der Rücksichtnahme; die Schonzeit ist vorbei.* To fling (throw) down the glove (to s.b.): *Den Fehdehandschuh (jemandem) hinwerfen; (jemanden) herausfordern.* To take up the glove: *Die Herausforderung annehmen.*

glow To glow with anger, with enthusiasm, with zeal: *Vor Zorn, Enthusiamus, Eifer glühen.* To glow with health: *Vor Gesundheit strotzen.*

glower To glower at s.b.: *Jemanden finster anblicken.*

gloze To gloze (over) a mistake: *Über einen Fehler hinwegsehen; einen Fehler beschönigen, bemänteln.*

glut To glut one's appetite, one's eyes: *Seinen Hunger stillen; seine Augen sattsehen.* He glutted himself with cherries: *Er stopfte sich mit Kirschen voll.*

gnaw To gnaw (at) a bone: *An einem Knochen nagen.* To gnaw wood: *Holz zernagen.* To gnaw (at) s.b.'s heart, s.b.'s mind: *An jemandes Herzen, jemandes Geist zerren, zehren, nagen.* To gnaw a file: *Etwas Unmögliches versuchen.*

go (1) Go! *Geh fort! Geh weg! Hau ab!* He's gone: *Er ist weg; er ist gegangen; er ist tot; er ist dahin.* Going! going! gone! *Zum ersten! Zum zweiten! Und … zum dritten! (Versteigerung).* To go armed: *Bewaffnet sein; umhergehen.* To go awry: *Fehlgehen (Personen); schiefgehen (Sachen).* To go bad: *Schlecht werden.* To go badly: *Schlecht verlaufen, ausgehen.* I'll go bail: *Ich garantiere es dir.* To go barefooted, bareheaded: *Barfuß, mit entblößtem Haupt gehen, sein.* To go berserk: *Wütend, rasend werden.* To go better and better: *Immer besser werden, laufen.* To go black: *Sich verdunkeln.* To go blind: *Blind werden.* To go broke: *Total pleite sein; kein Geld mehr haben.* To go crazy (mad): *Verrückt werden.* To go dead with cold: *Wegen einer Grippe zu Hause im Bett bleiben.* To go ding-dong: *Bimmeln; Ding-dong machen (Glocke, Glöckchen).* To go dry: *Mit dem Trinken aufhören; die Prohibition einführen.* To go easy (colloq.): *Die Ruhe bewahren; es leicht nehmen.* To go so far as to say that …: *Soweit gehen zu sagen, dass …* Go and fetch it: *Geh und hol es dir.* To go fifty-fifty with s.b.: *Mit jemandem Halbe-Halbe machen.* To go flat against orders: *Befehlen offen zuwiderhandeln.* To go fly a kite (colloq.): *Fortgehen; abhauen.* To go foul of: *Mit etwas zusammenstoßen; kollidieren (meistens Schiffe).* To go full sail: *Mit vollen, allen Segeln fahren.* To go full tear (colloq.): *Mit voller Geschwindigkeit fahren.* It's going great guns: *Es stürmt ganz ungemein.* To go gunning: *Auf die Jagd gehen.* To go halves: *Halbe-Halbe machen, sich die Hälften aufteilen.* Go hang! (pop.): *Zur Hölle mit dir! Geh zum Teufel!* To go hot and cold: *Heiß und kalt werden; kalten Schweiß schwitzen.* Go it! *Vorwärts! Tempo! Los!* To go to the length of s.th.: *Am Ende, auf dem Grund einer Sache an-*

langen. To go all length: *Jede Anstrengung unternehmen; alles Menschenmögliche versuchen.* To go like hot cakes: *Sich wie warme Semmeln verkaufen.* To go like water: *Wie Wasser verrinnen (Geld).* To go to meet one's maker: *Zu seinen Ahnen heimkehren; sterben.* To go mushrooming: *Pilze sammeln gehen.* To go nap: *Alles aufs Spiel setzen.* To go native: *Wie die Eingeborenen leben.* To go nesting: *Sich einnisten.* To go no further: *Keinen Schritt weiter gehen; nicht weiter gehen (auch i.ü.S.).* To go one better: *Es um einen Deut besser machen.* To go the pace: *Sich mit großer Geschwindigkeit fortbewegen; ein loses Leben führen.* To go phut (pop.): *Zusammenbrechen; kaputtgehen.* To go pit-a-pat: *Abklopfen.* To go pop (colloq.): *Knallen.* To go it rather strong: *Etwas übertreiben; die Grenzen überschreiten.* To go the round: *Die Runde machen (Nachrichten).* To go the rounds: *Den Rundgang machen (Arzt, Postbote).* To go scot free: *Ungestraft davonkommen.* To go seek one's fortune: *Ausziehen, sein Glück zu machen.* To go see-saw: *Hin- und herschwanken; wechseln; wippen.* To go shopping: *Einkaufen gehen.* To go short of s.th.: *Mit etwas knapp sein.* To go snacks: *Sich etwas teilen.* To go spare (pop.): *Sich über etwas ärgern.* To go starving: *Verhungern.* To go straight ahead (on): *Geradewegs geradeaus gehen; weitermachen.* Go and tell that to the marines: *Erzähle das doch bitte deiner Großmutter.* To go unnoticed: *Sich unbemerkt abspielen; unbemerkt bleiben.* To go unpunished: *Ungestraft davonkommen.* To go one's own way: *Seinen eigenen Weg gehen (i.ü.S.).* To go the way of all flesh, of all the earth, of nature: *Den Weg alles Irdischen nehmen; sterben.* To go all the way round s.th.: *Etwas ganz umrunden.* I'll go a bit of the way with you: *Ich gehe ein Stück des Weges mit dir.* To go a good (great) way, a short way: *Großes Gewicht, Wichtigkeit haben; unwichtig sein, geringes Gewicht haben.* To go a long way: *Einen weiten Weg gehen (auch i.ü.S.); lange (gute) Dienste leisten (Maschine).* To go west: *Sterben.* To go white: *Weiß werden, alle Farbe verlieren (im Gesicht).* To go the whole hog: *Eine Sache vollständig durchführen; aufs Ganze gehen; nicht auf halbem Weg stehenbleiben.* To go wide: *Leer ausgehen.* To go window-shopping: *Einen Schaufensterbummel machen.* To go wool-gathering: *Sich in seinen Phantasien verlieren.* To go wrong: *Fehlgehen; sich irren; kaputtgehen (Maschine); sich verschlechtern.* To go about: *In Angriff nehmen; sich machen an; anpacken; umhergehen, kursieren; in Umlauf sein.* I'll go about it at once: *Ich werde mich sofort daranmachen.* To go about the bush: *Wie eine Katze um den heißen Brei gehen.* To go about tattling: *Klatschen, tratschen.* To go across the street: *Die Straße überqueren.* To go adrift: *Abgetrieben werden; sich treiben lassen.* To go after s.b., s.th.: *Hinter jemandem, etwas her sein.* It goes against his grain, his principles: *Es geht ihm gegen den Strich; es geht ihm gegen seine Prinzipien.* It goes against my heart: *Es stößt mich ab; es widerstrebt mir.* To go against the tide: *Gegen den Strom schwimmen.* To go aground: *Stranden; auf Grund laufen.* To go aloft: *Sterben.* To go ashore: *Ans Ufer gehen.* To go astray: *Irregehen; sich verirren; sich verlaufen.* To go at s.b.: *Jemanden tätlich angreifen.* To go at someone hammer and tongs: *Mit aller Macht auf jemanden losgehen.* Go back the way you came: *Gehe wieder dahin zurück, wo du herkamst.* To go back to the origin of s.th.: *Zum Ursprung einer Sache zurückkehren, vordringen.* To go back on one's steps: *Auf seinen eigenen Fußstapfen zurückgehen.* To go back on one's word: *Sein Versprechen zurücknehmen, nicht einhalten.* To go between two persons: *Sich als Vermittler zwischen zwei Personen stellen.* To go beyond the bounds of reason: *Die Grenzen der Vernunft überschreiten.* To go beyond one's depth: *Sich an einer Aufgabe, einem Problem überheben.* This goes beyond my expectations: *Dies übersteigt meine Erwartungen.* To go by the board: *Über Bord gehen (Schiff).* To go by s.b.: *Sich von jemandem beraten lassen; sich nach jemandem richten.* I'll go by my conscience: *Ich werde meinem Gewissen folgen.* To go down into the cellar: *In den Keller gehen (auch i.ü.S.).* To go down-town: *Ins Stadtzentrum gehen, fahren.* To go down the wrong way: *In den falschen Schlund geraten (Nahrung).* To go down well: *Gut heruntergehen (Wein, gutes Essen).* To go down in history: *In die Geschichte eingehen.* To go down in one's boots: *In die Hosen gehen (Herz, Unternehmung).* To go down on all fours: *Auf allen Vieren kriechen.* To go down on one's knees: *Auf seine Knie niederfallen.* To go down to the shades: *Sterben.* That won't go down with him: *Das kann man ihm nicht weismachen; darauf fällt er nicht herein.* To go for a stroll, for a turn: *Einen Spaziergang machen.* To go bail for s.b. (leg.): *Für jemanden die Kaution bezahlen.* To go guarantee for s.b.: *Sich als Bürge für jemanden zur Verfügung stellen.* To go for little, for nothing: *Gering geachtet, gering geschätzt werden.* To go for wool and come home shorn: *Das Gegenteil von etwas Erstrebtem erreichen; in etwas sehr enttäuscht werden.* To go forth: *Veröffentlicht werden; verbreitet werden; herauskommen.* To go from bad to worse, from good to better: *Schlechter werden; besser werden.* To go in: *Sich verstecken, sich verbergen (Sonne, Mond); das Spiel eröffnen, am Spiel teilnehmen.* To go in at one ear and out at the other: *Ins eine Ohr hinein- und zum anderen herausgehen.* To go in fear of one's life: *Um sein Leben fürchten.* I'll go in person: *Ich werde persönlich hingehen.* To go in rags: *In Lumpen gekleidet sein.* To go hand in hand with s.b.: *Hand in Hand mit jemandem gehen.* To go in for business, for literature, for music: *Sich der Wirtschaft, der Literatur, der Musik widmen.* To go in for an exam (colloq.): *Einen Test machen.* To go into a convent: *In ein Kloster gehen.* To go into the army, into the church: *Der Armee beitreten; ein geistliches Amt annehmen.* To go into a dead faint: *Völlig die Sinne verlieren.* To go into details: *Die Einzelheiten darstellen.* To go into effect, into forces, into operation: *In Wirkung treten, in Kraft treten, wirksam werden (Gesetz, Bestimmungen).* To go into a flat spin: *Sich beunruhigen; in Erregung geraten; in Verwirrung geraten.* To go into hiding: *Sich verstecken, untertauchen.* To go into a huddle with s.b. (USA): *Sich heimlich mit jemandem beraten; sich heimlich jemandes Rat holen.* To go into hysterics: *Hysterisch werden.* To go deeply into a matter: *Eine Angelegenheit ausführlich behandeln.* To go into mourning: *Trauer tragen; trauern.* To go into office: *Ein Amt antreten.* To go into parliament: *Ins Parlament gewählt werden.* To go into a profession: *Einen Beruf ergreifen.* To go into a tantrum (colloq.): *In Wut geraten, einen Koller, einen Rappel bekommen.* To go off very well: *Sich gut verkaufen lassen; guten Absatz finden.* To go off the beaten track: *Die ausgetretenen Pfade verlassen; etwas Neues versuchen.* To go off the deep end (colloq.): *Die Fassung verlieren; wütend werden.* To go off one's head (chump, one's nut): *Den Kopf verlieren.* To go off guard (duty): *Von der Wache abgelöst werden.* To go off the hooks: *Sterben.* To go off into a doze: *Einschlummern, einschlafen.* To go off at a tangent: *Plötzlich vom Thema abspringen, abkommen.* To go off in a faint: *Ohnmächtig werden.* To go off into a fit of laughter: *In wildes Gelächter ausbrechen.* To go off the right path: *Vom rechten Weg abkommen (i.ü.S.).* To go on the binde, on the bust: *Eine Bierreise machen, versumpfen.* To go on bundle on s.th.: *Etwas bevorzugen.* To go on the dole: *Arbeitslos sein.* To go on a fool's errand: *Ein nutzloses Unterfangen versuchen; ein idiotisches Unternehmen starten.* To go on horseback: *Reiten (auf einem Pferd).* To go on the land: *Landwirt werden.* To go on a pilgrimage: *Auf eine Pilgerreise, Pilgerfahrt gehen.* To go on the razzle-dazzle (on the racket): *Lustig sein: Remmidemmi machen.* To go on the rampage: *Herumtoben; herumwüten.* To go on the rocks: *Ins Verderben gehen; in Geldverlegenheiten sein.* To go on the stage: *Theaterschauspieler werden; auf die Bühne gehen; zum Theater gehen.* To go on the streets: *Prostituierte werden.* To go on strike: *Streiken; in den*

Ausstand gehen. To go on wrong lines: *Sich falsch benehmen; sich an falsche (Benehmens-)Richtlinien halten.* It goes on top: *Es kommt ganz oben hin (auch i.ü.S.).* To go on the war-path: *Auf den Kriegspfad gehen.* To go on the water-wagon (USA): *Vorübergehender Abstinenzler sein.* To go out of s.b.'s head: *Jemandem entfallen; von jemandem vergessen werden (ein Name z.B.).* To go out of one's mind: *Aus dem Sinn gehen.* To go out into the outer world: *Die Außenwelt betreten (aus der Schule kommend z.B.).* To go out of one's way: *Vom Weg abkommen; sich nicht mehr orientieren können.* To go out of one's way to get s.th.: *Sich große Mühe machen; große Anstrengungen unternehmen, etwas zu bekommen.* To go out of one's depth: *Sich an ein zu schwieriges Problem heranwagen.* To go out to sea: *In See stechen.* To go head over heels: *Hals über Kopf (in etwas hinein) stürzen.* To go round with the hat: *Eine Kollekte, eine Geldsammlung machen.* To go round the bend (colloq.): *Verrückt werden.* To go through college: *Die Universität absolvieren.* To go through many difficulties: *Viele Schwierigkeiten überstehen; durch viele Schwierigkeiten gehen.* To go through a sad experience: *Eine traurige Erfahrung machen.* To go through fire and water for s.b.: *Für jemanden durchs Feuer gehen.* To go through one's facings: *Hinsichtlich seiner Fähigkeiten überprüft werden.* To go through the hoop(s): *Schwere, harte Erfahrungen durchmachen.* To go through a fortune: *Ein Vermögen durchbringen.* To go through the mill: *Eine harte Schule durchmachen.* To go through the motions (colloq.): *Komödie spielen.* To go through the roof (colloq.): *Vor Wut explodieren; vor Zorn in die Luft gehen.* To go to the block: *Enthauptet werden.* To go to Canossa: *Sich demütigen (aufgrund konkreter eigener Interessen).* To go to Davy Jones's locker: *Im Meer ertrinken (Seemannsjargon).* Go to the devil! *Geh zum Teufel! Fahr zur Hölle!* To go to extremes, to extremities: *Extreme Maßnahmen ergreifen; außergewöhnliche Anstrengungen unternehmen.* To go to one's fate: *Den Tod konfrontieren.* To go to great expense: *Große Ausgaben tätigen.* To go to s.b.'s heart: *Jemanden ans Herz rühren; jemanden sehr rühren.* To go straight to the heart: *Direkt zum Kern der Sache kommen.* Go to hell! (the blazes, to Jericho): *Pack dich! Zur Hölle mit dir!* To go to law (to court) against s.b.: *Rechtliche Schritte gegen jemanden einleiten.* To go to town: *Erfolg haben; Remmidemmi machen; mit großer Energie und Enthusiasmus arbeiten.* To go to pieces: *In Stücke gehen; zerfallen.* To go to seed: *Keimen, aufkeimen, aufgehen (Pflanze).* To go to smash: *Kaputtgehen, in Stücke gehen.* To go to the wall: *Mit dem Rücken zur Wand stehen (i.ü.S.).* To go under the influence of s.b.: *Unter jemandes Einfluss stehen.* To go under the hammer: *Versteigert werden.* To go up the ladder, in the world: *Karriere machen; die Karriereleiter hinaufsteigen.* To go up in smoke: *Sich in Rauch auflösen (Pläne, Projekte).* To go with the crowd, with the tide: *Mit der Menge, der Masse gehen; mit der Strömung gehen.* To go with the times: *Mit der Zeit gehen; sich der Zeit anpassen.* It goes with your dress: *Es passt gut zu deinem Kleid.* To go with the wind: *(Vom Wind verweht werden); sich in Luft auflösen (Pläne, Projekte).* It goes without saying: *Es ist offensichtlich; es muß wohl erst gar nicht gesagt werden; es versteht sich von selbst.*

go (2) To be all the go: *Große Mode sein.* It's a go! (colloq.): *Abgemacht! Es ist eine beschlossene Sache!* He is full of go: *Er hat Schwung, er ist voller Leben.* To make a go of s.th.: *Erfolg in (mit) etwas haben.* It's no go: *Es ist nichts zu machen.* It was a near go for him: *Er ist nur mit knapper Not daran vorbeigekommen.* At one go: *Beim ersten Versuch; auf einmal.* A go-getter (sl.): *Ein Streber.*

goad To goad s.b. into doing s.th.: *Jemanden anstacheln, (auf)reizen, etwas zu tun.* To goad s.b. on: *Jemanden anspornen.* To goad the oxen: *Den Ochsen antreiben.*

goat To act the goat (colloq.): *Herumalbern.* To get s.b.'s goat: *Jemanden auf die Palme bringen.*

God God bless you! *Gott segne dich!* God bless my soul! *Du meine Güte! Du lieber Himmel!* God commands and man obeys (prov.): *Der Mensch denkt, Gott lenkt.* God's truth: *Die reine Wahrheit.* God forbid (defend, forfend, save the mark): *Gott bewahre!* God forgive us! *Gott vergib uns!* God grant it! *So Gott will!* God helps those who help themselves (prov.): *Hilf dir selbst, dann hilft dir Gott.* God only knows: *Gott allein weiß (es).* God rest his soul: *Möge seine Seele in Frieden ruhen.* To bid a person godspeed: *Jemandem eine gute Reise wünschen.* God willing: *So Gott will.* So help me God: *So wahr mir Gott helfe.*

gold As good as gold: *Lieb, brav, ein kleiner Goldschatz (Kinder, Tiere).* To be a gold-digger (sl.): *Nur aufs Geld aus sein.*

golden The Golden age: *Das goldene Zeitalter der griechischen Mythologie.* A golden boy: *Ein vielversprechendes Talent.* A golden handshake: *Eine großzügige Abfindung.* The golden key: *Das Geld (welches alle Türen öffnet).* A golden opportunity: *Eine günstige Gelegenheit.* The golden rule: *Die goldene Regel; der wichtigste Grundsatz; das Wichtigste.*

good For good and all (colloq.): *Ein für allemal, für immer.* He was as good as dead: *Er war so gut wie tot.* As good as finished: *So gut wie fertig.* To give as good as one gets: *Kräftig austeilen; es jemandem mit gleicher*

Münze heimzahlen; jemandem die Stirn bieten, sich behaupten. He is as good as gold: *Er ist ein Goldschatz; ein wirklich prima Kerl.* As good as new: *So gut wie neu.* He was as good as his word: *Er stand zu seinem Wort; er hielt Wort.* A good beginning is half the battle (prov.): *Ein guter Anfang ist schon der halbe Erfolg.* The good die young (prov.): *Wen die Götter lieben, den rufen sie früh zu sich.* A good few (colloq.): *Ziemlich viele.* I'm good for this work: *Ich bin genau der richtige für diese Arbeit.* Good for you! *Bravo! Nicht schlecht!* She is a good looker (colloq.): *Sie ist hübsch.* Good heavens! *Bei Gott! Du meine Güte! Ach du lieber Himmel!* What is the good of it, what good is it? *Was nützt es, welchen Sinn hat es?* Good luck (to you)! *Viel Glück!* The good old days (times) are gone: *Die gute alte Zeit ist vorbei.* Good wine needs no bush (prov.): *Gute Ware lobt sich selbst.* Good words fill not a sack (prov.): *Gute Worte helfen niemandem.*

good-bye Good-bye till tomorrow: *Tschüss bis Morgen.*

good-for-nothing He is a good-for-nothing: *Er ist ein Nichtsnutz, ein Taugenichts.*

good looking He is a good-looking young man: *Er ist ein gutaussehender junger Mann.*

goodness Goodness me! goodness gracious! *Du lieber Himmel!* Goodness knows! *Weiß der Himmel!*

goose To cook s.b.'s goose (colloq.): *Jemandem das Handwerk legen; jemandem Knüppel zwischen die Beine werfen; jemanden unschädlich machen.* To kill the golden goose: *Sich ins eigene Fleisch schneiden.* He would not say boo to a goose: *Er würde keiner Fliege etwas zuleide tun; er ist ein schüchternes Pflänzchen.*

gooseberry To play gooseberry: *Das fünfte Rad am Wagen sein; den Anstandswauwau spielen.*

gorge (1) To gorge the hook: *Jemandem auf den Leim gehen; den Köder schlucken (i.ü.S.).*

gorge (2) My gorge rises when I think of it: *Mir wird übel, mir kommt es hoch bei dem Gedanken daran.*

gossip To gossip about s.b.: *Über jemanden klatschen; sich den Mund zerreißen über jemanden.* So gossip has it: *Wie man sagt; wie die Gerüchte sagen.*

govern To govern one's passions, one's temper: *Seine Leidenschaften, seine Launen beherrschen, unter Kontrolle haben.* To govern oneself: *Sich beherrschen, sich zügeln.*

grab To grab at s.th.: *Nach etwas grabschen; hastig nach etwas greifen.* Grab the rope! *Ergreife das Seil!* To grab with both hands: *Mit beiden Händen zupacken.* I grabbed for the switch: *Ich tastete, suchte nach dem Schalter.* How does that grab you? *Wie findest du das? Was meinst du dazu?*

grace To fall from grace: *In Ungnade fallen.* A saving grace: *Eine Eigenschaft, die eine ande-*

re ausgleicht. To do s.th. with a bad grace: *Etwas widerwillig oder unwillig tun.* To do s.th. with a good grace: *Etwas anstandslos oder bereitwillig tun, gute Miene zu etwas machen und etwas tun.*

gracious Gracious me! Gracious goodness! *Ach du meine Güte! Gütiger Himmel.*

graft To graft skin on to the face: *Haut auf das Gesicht transplantieren (chirurgisch).* To graft vines: *Wein veredeln.*

grain It goes against the grain with me: *Es geht mir gegen den Strich.* Take it with a grain of salt: *Betrachte es lieber kritisch; nimm es nicht für ganz so wunderbar.*

grant To take s.th. or s.b. for granted: *Etwas für erwiesen halten, von etwas ausgehen; jemanden gedankenlos behandeln; etwas für selbstverständlich halten.* To grant full powers: *Vollmachten erteilen.* To grant a permit: *Eine Erlaubnis erteilen.* I grant you are right: *Ich gestehe ein, dass du recht hast.* To grant the ultimate favour: *Sich hingeben (als Frau).* Granting this to be true, that this is true: *Vorausgesetzt, dass dies wahr ist; gehen wir davon aus, dass dies wahr ist.* Granted! *Einverstanden!*

grapple To grapple with s.b.: *Mit jemandem handgreiflich werden.* Grapple the rope! *Packe, nimm das Seil!* To grapple a ship (naut.): *Ein Schiff entern.* To grapple with a difficult problem: *Mit einem schwierigen Problem ringen.* To grapple together: *Eng umklammert miteinander ringen.*

grasp To grasp an argument, an idea, a rope: *Ein Argument, eine Idee verstehen, begreifen; ein Seil ergreifen.* I grasped his meaning: *Ich konnte erkennen, was er damit sagen wollte.* He grasped her hand: *Er ergriff ihre Hand.* To grasp at s.b., at s.th.: *Sich an jemanden, an etwas klammern.* They grasped at him: *Sie versuchten, ihn zu erwischen, ihn zu fangen.* To grasp s.th. with both hands: *Etwas mit beiden Händen ergreifen.* To grasp the nettle, the thistle (firmly): *Den Stier bei den Hörnern packen (i.ü.S.).* Grasp all lose all (prov.): *Wer nach allem strebt, wird nichts erreichen.*

grass The grass is always greener on the other side of the fence (hill): *Die Kirschen in Nachbars Garten … (= anderer Leute Besitztümer, Erfolge oder Eigenschaften erscheinen einem immer besser als die eigenen).* A grass widow (a grass widower): *Eine Strohwitwe (ein Strohwitwer); eine geschiedene oder in Trennung lebende Person.* Not to let the grass grow under one's feet: *Die Dinge nicht auf die lange Bank schieben; nicht lange zögern; nicht lange fackeln.* To put s.b. out to grass (fig.): *Jemanden in den Ruhestand schicken.*

grate To grate one's teeth: *Mit seinen Zähnen knirschen.* To grate on (upon) the ear: *Dem Ohr weh tun.* To grate on someones's nerves: *Jemandem auf die Nerven gehen.*

gratify To gratify s.b.'s wishes: *Jemandes Wünsche erfüllen, befriedigen.* To gratify one's passions: *Seine Leidenschaften befriedigen.*

grave To turn in one's grave (colloq.): *Sich im Grab umdrehen.*

gravy Thc gravy train (colloq.): *Basis für ein Leben ohne materielle Sorgen.* To get on the gravy train: *Auch ein Stück vom Kuchen abbekommen.* To ride the gravy train: *Locker Geld machen; gut leben; ausgesorgt haben.*

graze To graze cattle: *Vieh weiden, grasen lassen.* He grazed his knee: *Er schrammte sein Knie (das daraufhin abschürfte).* To graze s.b.'s face: *Jemandes Gesicht streifen (Gewehrkugel).*

grease To grease one's shoes: *Die Schuhe einfetten.* To grease s.b.'s hand (palm): *Jemanden korrumpieren, bestechen.* To grease the wheels: *Die Räder einfetten, ölen.*

great He is great at billiards: *Er ist ein großartiger Billiardspieler.* It's a great bother: *Es ist ein großes Ärgernis.* It was great fun: *Es war ein Riesenspaß.* He is a great gun: *Er ist ein heißer Kerl.* He is a great help to me: *Er ist mir eine große Hilfe.* The great inquest: *Das jüngste Gericht.* He is great on sports (colloq.): *Er ist ein begeisterter Sportler, Sportfreund.* The great unwashed (pop.): *Der Mob, der Pöbel.* The great wen: *Die große Metropole (= London).* The greatest talkers are the least doers (prov.): *Je mehr einer erzählt, um so weniger tut er in Wahrheit.*

Greek The Greek calends (Am.): *Sankt-Nimmerleinstag (die Kalenden waren die ersten Tage der römischen Monate und kamen im griechischen Kalender nicht vor).* A Greek gift (fig.): *Ein Danaergeschenk (ein Geschenk, das sich im nachhinein als nachteilig oder gefährlich erweist).* It's (all) Greek to me (pop.): *Ich verstehe nur Bahnhof; das sind (alles) böhmische Dörfer für mich.*

green The green-eyed monster: *Die Eifersucht.*

greet To greet s.b. with cheers, with insults: *Jemanden mit Freudenschreien, mit Beleidigungen begrüßen.* He greeted me with a nod: *Er grüßte mich mit einem Kopfnicken.*

grey A grey area: *Eine Grauzone.* A grey eminence: *Eine graue Eminenz.* The grey mare is the better horse (prov.): *Da hat die Frau die Hosen an.*

grief Come to grief: *Zu Schaden kommen; in Schwierigkeiten kommen; scheitern.*

grieve They grieved at (for, over) the sad news: *Sie trauerten über die schlechte Nachricht.* To grieve s.b. to death: *Jemanden zu Tode grämen.*

grim To hang (hold) on like grim death (colloq.): *Verbissen an etwas festhalten; sich verzweifelt an etwas festklammern.*

grin He grinned his great annoyance: *Er verzog den Mund zu einem verächtlichen Lächeln als Zeichen seiner großen Verärgerung.* To grin and bear it:

Gute Miene zum bösen Spiel machen. To grin like a Cheshire cat: *Ständig und sinnlos grinsen.* He grinned at me: *Er grinste mich an.*

grind To grind coffee, wheat: *Kaffee, Korn mahlen.* To grind small, fine: *Kleinmahlen, feinmahlen.* To grind a bone: *Einen Knochen zermalmen.* To grind a knife: *Ein Messer schärfen, wetzen.* To grind one's teeth: *Mit den Zähnen knirschen (auch i.ü.S.).* To grind a glass, a lens: *Ein Glas, eine Linse schleifen, polieren.* To grind a valve: *Ventile einschleifen.* To grind a coffee-mill: *Eine Kaffeemühle drehen.* To grind the street-organ: *Den Leierkasten drehen, kurbeln.* To grind for an exam: *Für einen Test pauken.* He grinds away on his books all day: *Er büffelt, ochst jeden Tag über seinen Büchern.* To grind (down) a people: *Ein Volk schinden.* To grind s.th. into s.b.'s head: *Etwas jemandem einbläuen.* To grind s.th. into powder, to pieces: *Etwas zu Pulver zermahlen, in Stücke zermahlen.* He ground out the cigarette with his foot: *Er trat die Zigarette mit seinem Fuß aus.* To grind out an oath: *Knirschend, wütend einen Schwur, Fluch hervorstoßen.* Back to the grindstone: *Wieder an die Arbeit; zurück ins Vergnügen.* To keep one's (s.b.'s) nose to the grindstone: *Schuften; hart arbeiten; jemanden schuften lassen.*

grip (gripe) To grip (to gripe) a rope: *Ein Seil ergreifen.* He gripped her arm: *Er ergriff ihren Arm.* To grip s.b.'s attention: *Jemandes Aufmerksamkeit erregen, bannen, vereinnahmen.* To get a grip on oneself (colloq.): *Sich beherrschen; sich zusammenreißen.* To get (come) to grips with s.th.: *Etwas in den Griff bekommen.* To lose one's grip (on s.th.): *Die Dinge gleiten; etwas gleitet jemandem aus der Hand; jemand verliert die Kontrolle oder die Übersicht.*

grist Something is grist to the (s.b.'s) mill (colloq.): *Das kann man alles verwerten oder gebrauchen; Kleinvieh macht auch Mist; mühsam ernährt sich das Eichhörnchen; etwas ist Wasser auf jemandes Mühle.*

grit To grit the teeth: *Mit den Zähnen knirschen.*

groan To groan under injustice, under tyranny: *Unter einer Ungerechtigkeit, unter einer Tyrannei stöhnen, ächzen.* To groan for s.th.: *Sich seufzend nach etwas sehnen.* To groan down a public speaker: *Einen öffentlichen Redner durch Knurren zum Schweigen bringen.* She groaned (out) her troubles: *Sie seufzte ihre Sorgen heraus.* To groan with pain: *Unter Schmerzen ächzen, stöhnen.*

grope To grope one's way: *Seinen Weg tastend suchen.* He groped for (after) his watch: *Er tastete nach seiner Uhr.* To grope for truth: *Nach der Wahrheit streben; die Wahrheit (unsicher) suchen.* To grope in the dark: *Im Dunkeln herumtasten.*

ground To ground a plane: *Einem Flugzeug Startverbot erteilen.* To ground a pupil in English: *Einem Schüler die wesentlichen Grundregeln der englischen Sprache beibringen.* To ground a ship: *Ein Schiff auf Grund laufen lassen.* Ground arms! (milit.): *Das Gewehr abgesetzt!*

group They grouped (themselves) round: *Sie gruppierten sich, stellten sich im Kreis auf.*

grovel To grovel before s.b., at s.b.'s feet: *Vor jemandem kriechen (auch i.ü.S.).* To grovel for s.b.'s affection: *Um jemandes Zuneigung betteln, kriechen.* To grovel in the dust: *Im Staub wühlen, kriechen.*

grow To grow dark, dim, faint: *Sich verdunkeln, undeutlich werden, verschwimmen.* To grow green again: *Wieder ergrünen, wieder grün werden.* To grow less (downwards): *Abnehmen, weniger werden.* To grow poor, rich: *Arm, reich werden.* He's grown taller: *Er ist größer geworden, er ist gewachsen.* To grow too big for one's boots: *Überschnappen, überheblich werden (als Folge von Erfolg).* It does not grow on every hedge: *Es ist selten.* To grow out of a habit: *Eine Gewohnheit mit der Zeit verlieren.* He grows hot over nothing: *Er regt sich über nichts auf.* Grown over with weeds: *Mit Unkraut überwachsen.* He has grown used to it: *Er hat sich daran gewöhnt.* To grow familiar with s.th.: *Mit etwas vertraut werden.* It is a growing practice: *Es ist eine sich immer weiter verbreitende Angelegenheit, Tätigkeit.*

growl To growl at s.b.: *Jemanden anknurren, anbrummen.* He growled (out) a few words: *Er knurrte einige Worte.*

grub To grub up the roots of a tree: *Die Wurzeln eines Baumes ausgraben.* To grub up (out) a secret: *Ein Geheimnis ausgraben, aufstöbern.* To grub from morning to night: *Schuften, sich abmühen von früh bis spät.*

grudge To grudge food, money to s.b.: *Jemandem sein Essen, Geld neiden, mißgönnen.*

grumble He grumbles about everything: *Er schimpft, nörgelt an allem herum.* He grumbled (out) a few words: *Er brummte einige Worte.*

grunt To grunt (out) a reply: *Eine Antwort brummen.*

guarantee To guarantee an electric razor for one year: *Für einen elektrischen Rasierapparat eine einjährige Garantie geben.*

guard To guard one's reputation: *Seinen guten Ruf bewahren.* To guard a goal (football): *Ein Tor hüten (Fußball).* To guard a prisoner: *Einen Gefangenen bewachen, beaufsichtigen.* To guard (oneself) against an attack, a danger: *Sich vor einem Angriff, einer Gefahr hüten, in Acht nehmen.*

guess (1) To guess right, wrong: *Richtig, falsch raten.* I guess you are right: *Ich nehme an, dass du recht hast; sieht fast so aus, als hättest du recht.* He has guessed straight off: *Er hat es sofort erraten.* To guess at s.th.: *Versuchen, etwas zu erraten.*

guess (2) Anybody's guess (colloq.): *(Noch) völlig offen.* Your guess is as good as mine: *Deine Meinung dazu ist so gut wie meine; ich weiß auch nicht mehr darüber als du.* My guess is that …: *Ich würde sagen, dass …; meiner (unsicheren) Ansicht nach …* Guess what? *Übrigens, weißt du was?*

guide To guide a child, a blind man, a tourist: *Ein Kind, einen blinden Mann, einen Touristen führen, leiten.* To guide a household: *Einen Haushalt leiten, führen.*

guiltless He is guiltless of English: *Er ist des Englischen unkundig.* He is guiltless of soap: *Er kennt nicht die Verwendung von Seife.*

gulp To gulp (down) a glass of beer: *Ein Glas Bier hinunterstürzen.* To gulp down one's rage, one's sobs: *Seinen Zorn hinunterschlucken; seine Schluchzer unterdrücken.* To gulp down one's tears: *Seine Tränen unterdrücken.* He gulped down his dinner in ten minutes: *Er schlang sein Abendessen in zehn Minunten hinunter.*

gun To be gunning for s.b. (colloq.): *Es auf jemanden abgesehen haben; jemanden auf dem Kieker haben.* The big guns (colloq.): *Die hohen oder großen Tiere.* To go great guns (colloq.): *Gut in Schuss sein; wie geschmiert laufen; toll in Schwung oder in Fahrt sein.* To jump the gun (colloq.): *Einen Frühstart machen; voreilig sein.* To spike s.b.'s guns: *Jemandes Pläne vereiteln; einen Strich durch die Rechnung machen.* To stick to one's guns: *Sich nicht beirren lassen; fest bleiben; bei der Stange bleiben.*

gush To gush (out, forth): *Hervorströmen, -quellen; sich ergießen.* She gushed into tears: *Sie brach in Tränen aus.* To gush over s.b., s.th.: *Mit sehr großer Begeisterung über jemanden, über etwas sprechen.*

gut To gut fish: *Fisch ausnehmen.* To gut a building: *Ein Haus ausrauben; ein Haus ausbrennen, demolieren.* To hate s.b.'s guts (sl.): *Jemanden auf den Tod nicht ausstehen können; jemanden bis aufs Blut hassen.*

guzzle To guzzle wine: *Wein saufen; unmäßig viel Wein trinken.* To guzzle away one's money: *Sein Geld verprassen, verjubeln.*

H

habit From force of habit: *Aus Gewohnheit.* Habit is second nature (prov.): *Gewohnheiten sind wie eine zweite Haut, wie eine zweite Natur.*

hack To hack s.th. to pieces: *Etwas in Stücke hacken.* To hack the soil: *Den Boden auf-, loshacken.* To hack an opponent (football): *Einen Gegner treten, foulen.* To hack at a tree trunk: *Einen Baumstumpf aushacken.* He hacked a path through the forest: *Er schlug einen Pfad* *durch den Wald.* To hack a horse: *Ein Pferd mieten.*

hackle To get s.b.'s hackle up, to make s.b.'s hackles rise (colloq.): *Jemanden reizen; jemanden auf die Palme bringen.* My hackles rise: *In mir sträubt sich alles.*

hail (1) To hail blows, curses (down) on s.b.: *Jemanden mit Flüchen überschütten.* To hail a taxi: *Ein Taxi herbeirufen, herbeiwinken.* To hail s.b. king: *Jemandem als König zujubeln; jemanden als König grüßen.* They hailed his return with delight: *Sie begrüßten seine Rückkehr; sie nahmen seine Rückkehr mit Begeisterung auf.* To hail the rising sun: *Die aufgehende Sonne begrüßen.* To hail from far away: *Von weit weg herstammen.*

hail (2) Within hail: *In Rufweite.*

hair My hair is falling out: *Mein Haar fällt aus; ich verliere meine Haare.* My hair stood on end: *Mir standen die Haare zu Berge.* Her hair curls naturally: *Sie hat Naturlocken (im Haar).* Hair-cut and shave: *Rasur und Haareschneiden.* To get in s.b.'s hair: *Jemanden nervös machen.* The best cure for a hangover is a hair of the dog (that bit you) (colloq.): *Einen Kater kuriert man am besten mit dem, womit man aufgehört hat.* Hair-raising: *Haarsträubend.* To have s.b. by the short hairs: *Jemanden in der Hand haben.* To keep one's hair on (colloq.): *Sich nicht aufregen.* To let one's hair down (colloq.): *Sich gehenlassen, sich ganz ungezwungen verhalten; die Reserve aufgeben, aus sich herausgehen, die Fassade fallenlassen, sich jemandem rückhaltlos anvertrauen.* Not to turn a hair: *Nicht mit der Wimper zucken.* To split hairs: *Haarspalterei betreiben.* To tear one's hair (colloq.): *sich die Haare raufen.*

half I half agree with you: *Ich stimme fast mit dir überein.* Someones better half (colloq.): *Jemandes bessere Hälfte (Ehemann od. Ehefrau).* To do things by half (colloq.): *Halbe Sachen machen.* He is too clever by half (colloq.): *Er ist oberschlau, ein richtiger Schlaumeier.* Half of it is mine: *Die Hälfte davon gehört mir.* It is half the battle: *Es ist der halbe Erfolg; es ist die halbe Miete.* He is half drunk, half-seas-over: *Er ist halbbetrunken, fast betrunken.* Not half bad: *Durchaus nicht schlecht; durchaus nicht übel.* To see with half an eye (colloq.): *Scharfsinnig sein.* Half-way: *Halbwegs.* To meet s.b. half-way: *Jemandem auf halbem Weg entgegenkommen; einen Kompromiss eingehen; kompromissbereit sein.* Half in jest, half in earnest: *Halb im Scherz, halb im Ernst.* Half a loaf is better than no bread (prov.): *Der Spatz in der Hand ist besser als die Taube auf dem Dach.* Not half! (sl.): *Und wie!* Half-timer: *Halbzeitarbeiter; arbeitender Student.*

halt (1) To halt between two opinions: *Zwischen zwei Ansichten schwanken.*

halt (2) To call a halt to s.th.:

Schluss machen; aufhören, etwas beenden; einer Sache ein Ende bereiten. To come to a halt: *Zum Stillstand kommen.*

halter To halter a horse: *Ein Pferd (an)halftern.* To halter-break a horse: *Ein Pferd an das Halfter gewöhnen.*

halve To halve s.th. with s.b.: *Etwas mit jemandem zur Hälfte teilen.* To halve a match (golf): *In einem Spiel (meist Golf) gleichziehen.*

hammer (1) To hammer at the door: *Gegen die Tür schlagen, hämmern.* To hammer away at s.th.: *Draufloshämmern, von etwas erregt loserzählen; eifrig an etwas weiterarbeiten; sich den Kopf über etwas zerbrechen.* To hammer down a lid: *Einen Deckel an-, festnageln.* To hammer s.th. into s.b.'s head: *Etwas jemandem einbläuen, in jemandes Kopf hämmern.* To hammer out an excuse: *Eine Entschuldigung ausdenken.* To hammer out: *Etwas mit großer Mühe schaffen; sich mit großer Mühe durchsetzen.* To hammer a sheet of tin flat: *Ein Blech platthämmern.* To hammer s.th. home to s.b.: *Jemandem etwas einhämmern; jemandem etwas ein für allemal klarmachen; etwas einbläuen.*

hammer (2) To come under the hammer: *Unter den Hammer kommen (bei einer Auktion versteigert werden).* To go (to be) at it hammer and tongs (sl.): *Sich ins Zeug legen; schwer schuften; sich streiten, dass die Fetzen fliegen.*

hand (1) To hand a sail (naut.): *Ein Segel einholen, streichen.* To hand down (on) a legend, a tradition from father to son: *Eine Legende, eine Tradition vom Vater zum Sohn weiterreichen, weitererzählen.* To hand in a letter: *Einen Brief persönlich abgeben.* To hand in an application: *Eine Bewerbung abgeben, einreichen.* To hand in one's resignation: *Seinen Rücktritt einreichen.* To hand in one's checks (USA): *Sterben; das Zeitliche segnen.* To hand a lady into a car: *Einer Dame beim Einsteigen in einen Wagen die Hand reichen, behilflich sein.* To hand on a right: *Ein Recht übertragen, weitergeben.* To hand on the torch: *Etwas, die Fackel kommenden Geschlechtern, kommenden Generationen übergeben; abtreten, um kommenden Generationen Platz zu machen.* To hand a lady out of a car: *Einer Dame aus einem Wagen helfen.* They handed him over to the police: *Sie übergaben ihn der Polizei.* To hand a tray round (around): *Ein Tablett herumreichen.*

hand (2) My hands are tied: *Mir sind die Hände gebunden, ich kann nichts tun.* To bite the hand that feeds one: *Gutes mit Bösem vergelten, Undank zeigen.* To change hands: *Den Besitzer wechseln; in andere Hände übergehen.* With clean hands: *Mit weißer Weste.* To force s.b.'s hand: *Jemanden förmlich zu etwas zwingen, zu etwas drängen.* To get one's hands on s.b. or s.th. (colloq.): *Jemanden erwischen; jemanden zu fassen krie-*

gen. To give (lend) a (helping) hand: *Jemandem behilflich sein; jemandem zur Hand gehen.* To go hand in hand (with): *Hand in Hand gehen (mit).* To be hand in glove with s.b.: *Sich gut mit jemandem verstehen, ein Herz und eine Seele sein; mit jemandem unter einer Decke stecken, mit jemandem gemeinsame Sache machen.* To have a hand in s.th.: *An etwas beteiligt sein; an etwas mitwirken.* To have one's hands full (colloq.): *Alle Hände voll zu tun haben.* In good hands: *In guten Händen.* To keep one's hand in (colloq.): *In Übung bleiben.* To live from hand to mouth: *Von der Hand in den Mund leben.* Many hands make light work: *Je mehr Leute mitmachen, desto leichter ist es.* To be left on one's hands (colloq.): *Übrig, unverkauft, nicht loszukriegen.* To get out of hand: *Außer Kontrolle geraten, ausarten, nicht mehr zu bändigen sein.* To play into s.b.'s hands: *Jemandem in die Hände spielen.* To show one's hand: *Seine Karten offenlegen.* To take s.b. in hand: *Sich um jemanden kümmern; jemanden an die Kandare nehmen.* To turn one's hand to s.th.: *Sich einer Sache zuwenden; etwas tun; etwas anpacken.* Off Hand: *Aus dem Stegreif.* My hand is out: *Ich bin außer Übung.* Hand over head: *Hals über Kopf, überstürzt.* Hand-to-hand fight: *Ein Handgemenge; ein unbewaffneter Kampf.* Hand-to-mouth existence: *Von der Hand in den Mund leben.* Hands down (colloq.): *Spielend, mühelos, mit Leichtigkeit, im Schlaf.* Hands off! (colloq.): *Finger weg (von etwas)!* To wash one's hands of s.o. or s.th.: *Mit jemandem oder etwas nichts (mehr) zu tun haben wollen.*

handle (1) To handle money, a sword, a tool: *Mit Geld umgehen; mit einem Schwert hantieren; ein Werkzeug handhaben.* To handle a piece of business: *Ein Geschäft abwickeln.* To handle a difficult problem: *Ein schwieriges Problem bewältigen.* To handle s.b. kindly, with (kid) gloves: *Jemanden freundlich, mit Samthandschuhen behandeln.* To handle one's fists: *Seine Fäuste einsetzen, benutzen.* To handle well: *Sich gut maneuvrieren, gut mit sich hantieren lassen.* Handle with care: *Mit Vorsicht behandeln. (Pakete z.B.).*

handle (2) To have a handle to one's name (colloq.): *Einen Titel haben; ein „von und zu" sein.* To fly off the handle (colloq.): *An die Decke gehen; in die Luft gehen; durchdrehen.*

handsome Handsome is that handsome does (prov.): *An ihren Früchten sollt ihr sie erkennen.*

hang (1) I'll be hanged if I know: *Der Blitz soll mich erschlagen, wenn ich's weiß; der Teufel soll mich holen, wenn ich's weiß.* To hang fire: *Vorbeischießen, danebentreffen; versagen.* To hang heavy: *Langsam, schleppend vergehen (Zeit).* Hang it (all)! *Zum Teufel! Verflixt!* To hang one's lips: *Wie* *versteinert sein.* To hang well: *Gut fallen, sitzen. (Kleid).* To hang about a place: *An einem Ort herumhängen.* To hang about one's mother: *An Mutters Rockzipfel hängen.* To hang about (around) a girl: *Um ein Mädchen herumscharwenzeln; hinter einem Mädchen her sein.* To hang back: *Zögern, sich sperren.* To hang behind: *Zurückbleiben.* To hang by a hair, by a (single) thread: *An einem seidenen Faden hängen (i.ü.S.).* To hang by the wall: *An der Wand hängen; ungenutzt bleiben.* To hang down (loosely): *(Lose) herunterhängen.* He hung down his head with shame: *Er ließ seinen Kopf vor Scham, vor Schande hängen.* To hang in the air: *In der Luft hängen; immanent sein.* To hang in the balance: *In der Schwebe hängen; noch seine Zweifel haben; unsicher sein (Schicksal).* To hang in doubt: *Im Zweifel (über etwas) sein.* To hang in the hedge: *Inaktiv, müßig sein.* To hang off: *Den Hörer auflegen.* Hang on! *Durchhalten, nicht aufgeben; dranbleiben (auch am Telefon)!* To hang on any peg: *Jeden Vorwand ausnutzen; jeder Vorwand ist recht.* To hang on (upon) s.b.'s sleeve: *Auf jemandes Hilfe angewiesen sein.* To hang on (upon, from) s.b.'s lips, words: *An jemandes Lippen, Mund hängen (sehr aufmerksam zuhören).* To hang on by the eyelids: *Einen nur losen Halt haben; an einem (seidenen) Faden hängen.* To hang on to s.b.: *Sich jemandem anschließen; sich an jemanden klammern.* To hang on to an old suit (colloq.): *Einen alten Anzug aufbewahren, nicht weggeben wollen.* To hang out (pop.): *Hausen; sich aufhalten.* To hang one's feet over: *Seine Füße baumeln lassen (mit übereinandergeschlagenen Beinen).* To hang over s.b.'s head: *Über jemandem schweben (Drohung z.B.).* To let s.th. go hang: *Sich einen Dreck um etwas kümmern.* To hang together: *Zusammenhalten (Personen); zusammenhängen, verknüpft sein; zusammenpassen.* He hangs up his fiddle when he comes home: *Draußen witzig und gut gelaunt sein, zu Hause aber langweilig und schlecht gelaunt sein.* To hang up one's hat: *Sich häuslich niederlassen.* To hang up a matter: *Eine Angelegenheit an den Nagel hängen; damit aufhören.* To hang up: *Aufhängen; aufschieben, hinausziehen.* To be hung up: *Aufgehalten werden.* To be hung up on (sl.): *Einen Komplex haben wegen; besessen sein von.*

hang (2) To get the hang of s.th. (colloq.): *Den Dreh bei etwas herauskriegen; einen Zusammenhang kapieren, begreifen.* A hanging matter (colloq.): *Eine ernsthafte Angelegenheit; etwas Gravierendes.*

hanker To hanker after (for) success: *Sich nach Erfolg sehnen.*

happen I happened to meet him at the seaside: *Ich traf ihn zufällig an der Küste.* It happened that: *Es traf (ergab) sich.* It happened like this: *Es ereignete sich so; alles geschah wie folgt.* As it happens: *Wie es sich gerade trifft; zufälligerweise.* Happen what may: *Geschehe was (da) wolle.* To happen amiss: *Unpassend, unangebracht eintreffen, passieren.* To happen on (upon) s.b.: *Jemandem zustoßen.*

happy As happy as a king (as a sandboy, as the day is long): *So glücklich wie ein Schneekönig; glücklich und zufrieden.* She was happy about her marriage: *Sie war glücklich über ihre Heirat.* I'm not happy about this: *Ich bin darüber überhaupt nicht glücklich, damit gar nicht einverstanden.* A happy event: *Ein freudiges Ereignis.* The happy few: *Die wenigen Glücklichen; die Elite.* A happy-go-lucky chap: *Ein unbekümmerter Bursche.* A happy hunting ground: *Günstige Bedingungen; die ewigen Jagdgründe; das Paradies, der Himmel auf Erden.* A happy medium: *Die goldene Mitte.*

harbour To harbour a criminal: *Einem Straffälligen Unterschlupf gewähren.* To harbour stolen goods: *Gestohlene Gegenstände aufbewahren.* To harbour a deep grudge, evil thoughts: *Einen heimlichen Groll, böse Gedanken hegen.*

hard Hard cash: *Bargeld, klingende Münze, Hartgeld, in bar.* A hard core (fig.): *Ein harter Kern.* Hard done by (colloq.): *Ungerecht behandelt.* Hard facts: *Nackte Tatsachen.* Hard and fast regulations: *Starre, unabänderliche Regeln.* As hard as flint, as the nether millstone: *Hartherzig; unerbittlich.* To be hard on s.b.'s heels: *Jemandem dicht auf den Fersen sein.* To give s.b. a hard time (of it): *Es jemandem schwer machen.* As hard as iron, as steel: *So hart wie Stahl.* Hard lines; hard cheese! *Unglück, Pech, knapp daneben!* A hard-lucky story: *Eine tragische Geschichte, eine Tragödie.* As hard as nails: *Stahlhart, gut durchtrainiert.* A hard nut to crack, a hard row to hoe (USA): *Eine harte Nuss (zu knacken); ein schwieriges Problem.* He is hard to deal with: *Es ist schwer, mit ihm auszukommen, mit ihm Geschäfte zu machen, mit ihm umzugehen.* He is hard to please: *Er ist schwer zufriedenzustellen, sehr kritisch.* It is hard to say: *Es ist schwierig zu sagen, einzuschätzen.* It is hard of digestion: *Es ist schwerverdaulich.* He is hard of hearing: *Er hört schlecht, er ist schwerhörig.* To be hard on s.b.: *Hart zu jemandem sein, hart mit jemandem umgehen; ungerecht gegenüber jemandem sein.* To be hard put to it to do s.th.: *Etwas sehr schwierig finden, große Schwierigkeiten haben.* To be hard up (for s.th.) (colloq.): *Knapp bei Kasse sein, Mangel an etwas haben.* Hard up for an excuse: *Um eine Entschuldigung verlegen sein.* Hard up (with money): *Abgebrannt, pleite, ohne Geld.*

harden That hardened his heart: *Das verhärtete sein Herz; das machte sein Herz gefühllos.* To harden into stone: *Versteinern; zu Stein verhärten.* He is hardened to it: *Er ist dagegen abgehärtet.* A hardened criminal: *Ein abgebrühter Verbrecher.*

hardly Hardly anybody (anything, ever): *Kaum jemand (kaum etwas, praktisch nie).* It's hardly true: *Es ist alles andere als wahr.*

hare Run with the hare and hunt with the hounds: *Es mit niemandem verderben; es allen recht machen.* To start a hare: *Vom Thema ablenken.*

hark To hark back the hounds (game-hunting): *Die Jagdhunde wieder auf die Fährte bringen, auf die Fährte zurücksetzen.* To hark back to a subject: *Auf ein Thema zurückkommen, zurückgreifen.*

harm To harm s.b.'s reputation: *Jemandes Ruf schaden.* Not to harm a hair of s.b.'s head: *Jemandem kein Haar krümmen.*

harness (1) To harness a horse: *Ein Pferd anschirren* To harness a waterfall: *Elektrizität erzeugen.*

harness (2) To die in the harness: *In den Sielen sterben.*

harp To harp on one (the same) string, subject: *Immer auf dem selben Thema herumreiten; immer bei der alten Leier bleiben.* To harp on a damp string: *Ins Leere reden; gegen eine Wand reden.*

harvest To harvest hay, rice, wheat: *Heu, Reis, Weizen ernten.* To harvest grapes: *Weinlese halten, Wein ernten.*

hash To hash s.th. up (make a hash of s.th.) (colloq.): *Etwas vermasseln; etwas verpfuschen.*

haste Haste makes waste (prov.): *Eile mit Weile, blinder Eifer schadet nur.* More haste, less speed (prov.): *Eile mit Weile.*

hasten We hasten to inform you that ...: *Wir beeilen uns, Ihnen mitzuteilen, dass ...* To hasten along: *Daher-, dahineilen, hasten.* To hasten away (off): *Sich in großer Eile entfernen.* To hasten back: *Zurückhasten, -eilen.* To hasten down, up: *Hinunter-, hinaufeilen.* He hastened into the room: *Er stürzte, hastete in das Zimmer.* He hastened over his work: *Er erledigte seine Arbeit in großer Hast.* To hasten past: *Vorbeieilen, vorbeihasten.*

hat A bad hat: *Ein übler Patron.* Hat in hand: *Unterwürfig.* Hats off! *Hut ab! Alle Achtung!* To hang up one's hat: *Sich häuslich niederlassen; etwas an den Nagel hängen.* A hat trick: *Ein Hattrick, drei Erfolge in Serie, drei Tore durch den gleichen Spieler etc.; aller guten Dinge sind drei.* His hat covers his family: *Er ist ohne Verwandtschaft, ganz allein auf der Welt.* I'll eat my hat if ... (sl.): *Ich fresse einen Besen, wenn ...* To keep s.th. under one's hat (colloq.): *Etwas für sich behalten.* To knock s.b. or s.th. into a cocked hat (colloq.): *Jemanden oder etwas bei weitem übertreffen, ganz schön alt aussehen lassen, völlig in den Schatten stellen; jemanden oder etwas „in den Sack stecken" oder fertigmachen; etwas zunichte machen, etwas ruinieren.* Old hat (colloq.): *Alter Hut, völlig veraltet.* To pass (send round) the hat: *Den Hut herumgehen lassen, sammeln.*

To talk through one's hat (colloq.): *Übertreiben, prahlen, angeben; völligen Unsinn reden.* To throw one's hat into the ring: *Sich einschalten; sich einmischen; eine Herausforderung aussprechen.* To take one's hat off to s.o. (colloq.): *Den Hut vor jemandem ziehen.* To wear another hat (several hats): *Mehrere Posten innehaben; mehrere Funktionen ausüben.*

hatch (1) To hatch eggs, a plot: *Eier ausbrüten; Pläne ausbrüten, aushecken.*

hatch (2) To batten down the hatches: *Die Luken dichtmachen, (Fenster, Türen) alles dichtmachen; sich auf etwas gefasst machen.* Hatches, matches and dispatches (colloq.): *Die Rubrik für Geburten, Hochzeiten und Todesfälle in Zeitungen.*

hate To hate s.b. like poison, like sin, to the death: *Jemanden wie die Pest hassen; jemanden auf den Tod nicht ausstehen können.* To hate s.b.'s guts (colloq.): *Jemanden abgrundtief hassen, jemanden zutiefst verabscheuen.* He hates being (to be) disturbed: *Er hasst es, gestört zu werden.*

haul To haul a boat ashore: *Ein Boot an Land hieven, ziehen.* To haul the wind: *Vor den Wind gehen.* He has hauled around to my political ideas: *Er ist auf meine politische Linie umgesprungen; er hat sich meinen politischen Ansichten angeschlossen.* To haul at a rope: *An einem Seil ziehen.* To haul down s.b.'s flag, s.b.'s colours: *Sich ergeben; jemandes Fahne einholen.* To haul in the nets: *Die Netze einholen.* To haul off (naut.): *Davonsegeln.* To haul s.b. over the coals: *Jemandem einen scharfen Rüffel verpassen, abkanzeln; jemanden zur Rechenschaft ziehen, die Hölle heiß machen.* To haul to (upon) the wind, to windward (naut.): *Luven; sich vor den Wind legen.* To haul up a load: *Eine Ladung heraufhieven.* To haul oneself up: *Sich hochziehen, aufstehen.* To haul oneself upstairs: *Sich die Treppe hochschleppen.*

haunt To haunt a house: *In einem Haus spuken (als Geist).* He was haunted by the fear of death: *Er wurde von Angst, von Todesangst verfolgt, gequält.*

have Have another cigarette: *Nimm noch 'ne Zigarette.* To have another guesscoming: *Sich im Irrtum befinden.* Have you anything to declare? *Haben sie etwas zu verzollen; etwas anzumelden?* To have an appetite: *Hunger; Appetit haben.* To have the appetite of a sparrow: *Einen Spatzenhunger haben; sehr wenig essen; wie ein Spatz essen.* To have an appointment: *Eine Verabredung haben.* We had an argument: *Wir hatten eine verbale Auseinandersetzung.* To have one's arm in a sling: *Seinen Arm in einer Schlinge tragen.* I had as lief go as stay: *Ich würde ebenso gerne Bleiben wie Weggehen.* To have as many lives as a cat: *Ein zähes Leben haben; soviele Leben wie eine Katze haben.* To have an axe to grind (colloq.): *Ein persönliches Interesse verfolgen.* To have s.b.'s back against (to) the wall: *Jemanden mit dem Rücken gegen die Wand drängen (auch i.ü.S.); jemanden in eine Ecke drängen (auch i.ü.S.).* To have a bad (fading, failing, poor, slippery) memory: *Ein schlechtes, vergessliches Gedächtnis haben.* To have bags under one's eyes: *Tränensäcke unter den Augen haben.* To have the bags: *Volljährig, mündig sein.* To have the ball at one's feet: *Von Erfolg angelächelt werden.* Have a bash (at it)! *Versuch's doch! Beweise das doch mal!* To have bats in the belfry: *Einen Vogel haben, spinnen.* I haven't a bean to bless myself with: *Ich bin völlig abgebrannt, völlig pleite.* To have a bee in one's bonnet: *Eine Grille, eine Meise haben; unter einer fixen Idee leiden.* To have a bent for s.th.: *Eine Neigung, Vorliebe für etwas haben.* You had better go: *Du solltest lieber gehen.* To have a binge: *Lustig sein; Remmidemmi machen.* To have a blow-out: *Sich den Bauch vollfressen.* To have the blues (colloq.): *Traurig sein, deprimiert sein.* To have a bone to pick: *Mit jemandem ein Hühnchen zu rupfen haben.* They had a brush with the enemy: *Sie hatten einen kurzen, heftigen Zusammenstoß mit dem Feind.* To have the bump of business: *Eine Begabung für die Geschäftswelt haben.* To have butterflies in one's stomach: *Die große Flatter haben.* To have one's cake and eat it, too: *Alles auf einmal haben; den Kuchen betrachten und aufessen wollen.* He has the cards in his own hands: *Er hat die Situation im Griff; er ist der Boss.* To have care of s.b.: *Sich um jemanden kümmern; für jemanden sorgen.* To have a cast-iron stomach: *Einen Pferdemagen haben.* To have a cast in the eye: *Etwas schielen.* To have a cat's lick (colloq.): *Eine Katzenwäsche machen.* Have a chair, please! *Setzen Sie sich bitte!* To have a change of air: *Einen Luftwechsel haben.* To have a (nice) chat: *Eine (nette) Unterhaltung haben.* He had the cheek (confidence) to tell me: *Er hatte die Unverschämtheit (das Vertrauen), mir zu sagen, (dass …).* To have a chip on one's shoulder: *Besonders argwöhnisch, empfindlich sein.* To have one's choice: *Die Wahl haben.* To have a claim (no claim) to s.th.: *Einen Anspruch (keinen Anspruch) auf etwas haben, erheben.* To have a clean bill of health: *Vollkommen gesund sein.* To have clean hands: *Eine reine Weste haben; keinen Dreck am Stecken haben.* To have a clean record: *Eine makellose Reputation; einen unbefleckten Namen haben.* To have a clear conscience: *Ein reines Gewissen haben.* To have a clear head: *Einen klaren Kopf haben, behalten (i.ü.S.).* To have a close shave (colloq.): *Noch einmal Glück haben; noch einmal davonkommen.* To have a cloud on one's brow: *Eine Wolke vor der Stirn haben; einen bedrückten Gesichtsausdruck haben.* Not to have a clue: *Nicht den geringsten Anhaltspunkt haben; kei-*

nen blassen Schimmer haben. To have cold feet: *Kalte Füße bekommen, haben (i.ü.S.).* To have compassion on s.b.: *Mitleid, Mitgefühl mit jemandem haben.* He has the courage of his convictions: *Er steht (mutig) zu seinen Überzeugungen.* To have a crow to pluck (to pull) with s.b.: *Ein Hühnchen mit jemandem zu rupfen haben.* To have dealings with s.b.: *Geschäftliche Beziehungen mit jemandem haben.* He'll have me to deal with: *Er wird es mit mir zu tun haben.* He has designs on you: *Er führt etwas gegen dich im Schilde.* He had the devil to pay: *Er hat es teuer bezahlen müssen; es kam ihm teuer zu stehen.* She had a dig at him: *Sie machte eine Bemerkung über ihn.* To have a dip in the sea: *Ein Bad in der See nehmen.* He had a dip into the book: *Er warf einen Blick in das Buch.* To have a dislike of (for) cats: *Eine Abneigung gegen Katzen haben.* To have the dismals: *Trübsal blasen, niedergeschlagen sein, mutlos sein.* Not to have a dog's chance: *Nicht die geringste Chance haben.* Have done with dreaming: *Höre endlich auf zu träumen.* I have done with him now: *Ich will von ihm nichts mehr wissen.* To have a down on s.b.: *Sich mit jemandem überworfen haben.* To have many draws: *Viele unentschiedene Spiele machen.* To have a drop too much: *Einen über den Durst trinken; zuviel trinken.* To have a drop in one's eye: *Anzeichen von Trunkenheit aufweisen.* To have the drop on s.b.: *Jemanden in seiner Macht haben.* He has not a dry thread on him: *Er ist durch und durch nass; er hat keinen trockenen Fetzen an sich.* To have one's due: *Das bekommen, was man verdient hat; das erhalten, was einem zusteht.* To have an ear to the ground: *Die Ohren spitzen; sehr aufmerksam sein.* To have s.b.'s ear: *Bei jemandem Gehör finden.* To have the edge on s.b.: *Gegenüber jemandem im Vorteil sein; Groll gegen jemanden hegen.* To have empty pockets: *Pleite sein; leere Taschen haben.* I have enough and to spare: *Ich habe mehr als genug.* To have a face as long as a fiddle: *Ein langes Gesicht machen; sehr enttäuscht sein.* To have a fair share of something: *Einen gerechten Anteil an etwas haben.* To have the fidgets: *Herumzappeln, nicht still sitzen können.* To have a fine brain: *Einen klugen Kopf haben; intelligent sein.* To have a finger in the pie: *Die Finger, die Hand im Spiel haben.* He has his fingers itching: *Es juckt ihn in den Fingern; er brennt darauf, etwas zu tun.* To have one's fingers all thumbs: *Zwei linke Hände haben; ungeschickt sein.* To have a firm grasp (grip, hold): *Etwas fest im Griff haben.* To have a fit of nerves: *In Panik geraten.* To have a flare-up: *Aufbrausen (in Wut).* To have a fling at s.b.: *Jemanden verspotten.* To have a fling at s.th.: *Sein Heil an etwas versuchen.* To have one's fling: *Sich amüsieren; sich austoben.* To have the floor: *Das Wort haben.*

To have a flutter on the geegees: *Auf Pferde wetten.* To have one's foot on s.b.'s neck: *Jemanden unterdrücken.* To have one foot in the grave: *Mit einem Fuß im Grab stehen.* To have a foot in both camps: *Mehrere Kastanien im Feuer haben; nach allen Seiten abgesichert sein.* He has fortune on his side: *Das Glück ist auf seiner Seite.* To have forty winks: *Ein Schläfchen halten; ein Nickerchen machen.* To have a free hand in s.th.: *In einer Angelegenheit freie Hand haben.* To have a frog in one's throat (colloq.): *Einen Frosch im Hals haben.* He had a funeral expression on his face: *Er trug eine Grabesmiene zur Schau:* He had a game with me: *Er versuchte, mich zu hintergehen.* To have the game in one's hands: *Den Sieg schon in der Hand halten.* To have one's garret unfurnished (pop.): *Nicht alle Tassen im Schrank haben; nicht richtig im Oberstübchen ticken.* Not to have the ghost of chance of ...: *Nicht den Hauch einer Chance haben.* To have the gift of the gab (a glib tongue): *Ein gutes Mundwerk haben; redegewandt sein.* To have a good time: *Sich amüsieren, eine lustige Zeit verbringen.* She had a good cry and felt better: *Sie weinte sich richtig aus und fühlte sich danach besser.* To have a grand air, grand manners: *Einen Hauch von Wichtigkeit; Grandiosität an sich haben; sich auf elegante, weltmännische Art benehmen.* To have a grog blossom (colloq.): *Eine Säufernase haben.* To have a guilty (bad) conscience: *Ein schuldiges (schlechtes) Gewissen haben.* To have a hairbreadth escape: *Haarscharf entkommen.* To have half a mind to do s.th.: *Halb die Absicht haben, etwas zu tun.* To have a hand: *Eine Partie, einen Wettkampf haben, machen.* To have a hand like a foot: *Zwei linke Hände haben, ungeschickt sein.* To have one's hands tied: *Die Hände gebunden haben (i.ü.S.).* To have a hand in s.th.: *Die Hand bei etwas im Spiel haben.* To have a handle to one's name: *Einen Titel vor dem Namen haben.* To have a happy ending *Ein gutes Ende nehmen.* To have hard (ill) luck: *Pech haben.* To have one's head in the clouds: *In den Wolken schweben.* He has a (good) head; he has his head on his shoulders (screwed in the right way): *Er ist vernünftig; er steht mit den Füßen auf der Erde; er steht auf dem Boden der Tatsachen.* To have a heart: *Ein Herz (für etwas) haben.* To have a heart of stone: *Ein Herz aus Stein haben; gefühllos, hart sein.* To have one's heart in the right place: *Das Herz am richtigen Platz, am rechten Fleck haben.* To have one's heart in s.th.: *Mit Leib und Seele dabei sein; sehr an etwas hängen.* To have one's heart in one's boots (mouth): *Das Herz in der Hose haben, auf der Zunge tragen.* To have the heels of s.b.: *Jemanden in einem Rennen schlagen.* To have a high time, high junks: *Eine großartige, prima Zeit verbringen.* To have Hobson's choice: *Das nehmen müssen, was übrig bleibt.* To have hold on s.b.: *Jemanden beherrschen.* To have and to hold: *Etwas rechtlich einwandfrei besitzen.* I have a hundred und one things to do (colloq.): *Ich habe alle Hände voll zu tun.* I have your idea: *Ich verstehe, was du meinst.* To have an ill name: *Einen schlechten Ruf, Namen haben.* To have initiative: *Initiative, Ideen haben.* To have an interest in the profits (comm.): *Sich an den Gewinnen beteiligen.* To have iron nerves: *Nerven aus Stahl haben.* He has had it: *Sie zogen ihm das Fell über die Ohren.* We have it from a reliable source: *Wir wissen es aus verlässlicher Quelle.* To have an itch for money, an itching palm: *Aufs Geld aus sein.* To have the jitters (USA): *Sehr nervös, aufgeregt sein; eine Heidenangst haben.* To have a kink in one's brain: *Eine Schrulle; einen kleinen Tick haben.* To have a kip: *Ein Schläfchen machen.* To have one's labour for one's pains: *Schlecht entlohnt werden.* To have the laugh of s.b.: *Hinter jemandes Rücken über ihn lachen.* To have the lead: *An der Spitze stehen; die Führung übernommen haben.* To have the legs of s.b.: *Schneller als jemand sein.* Not to have a leg to stand on: *Keine einzige Entschuldigung für sein Benehmen haben.* To have a light hand at s.th.: *Etwas geschickt machen.* To have light fingers: *Ein Dieb sein; lange Finger haben (i.ü.S.).* To have a lively time: *Eine angeregte Zeit durchleben.* To have a long arm: *Mächtig sein.* To have a long head: *Mit allen Wassern gewaschen sein; es faustdick hinter den Ohren haben.* To have a long tongue: *Eine lose, böse Zunge haben.* To have a long wind: *Große Ausdauer besitzen, einen langen Atem haben.* To have a long row to hoe: *Eine mühselige, schwierige Arbeit zu bewältigen haben.* She has looks and youth: *Sie ist hübsch und jung.* To have a loose tongue: *Ein loses Mundwerk haben.* To have a lucky escape: *Sich gut aus der Affäre ziehen.* To have a lump in one's throat: *Einen Kloß im Hals haben.* To have a mad time: *Sich höllisch, prima amüsieren.* To have a mania for dancing: *Einen Faible fürs Tanzen haben.* To have money to burn: *Geld wie Heu haben.* Not to have much of a night: *Nicht besonders gut schlafen; schlecht schlafen.* To have a name for s.th.: *Renommiert sein; einen Namen (hinsichtlich einer Sache) haben.* To have a narrow escape (squeak): *Knapp davonkommen.* To have a nasty taste in one's mouth: *Einen schlechten, üblen Nachgeschmack haben.* To have a near (tough) go: *Haarscharf (knapp) davonkommen.* I have (got) the needle: *Ich bin ärgerlich.* To have neither kith nor kin: *Weder Bekannte noch Verwandte haben.* He has (got) a nerve: *Er hat Nerven; er ist ganz schön dreist.* To have nerves of steel: *Nerven aus Stahl haben.* To have no backbone: *Kein Rückgrat haben.* He has no go: *Er hat keine Energie.* To have no head: *Kein Erinnerungsvermögen, kein Gedächtnis haben.* I have no idea: *Ich weiß nicht; ich habe keine Ahnung.* He has no kick left in him (colloq.): *Er ist völlig am Ende; er ist vollkommen k.o.* To have no manners: *Sich nicht zu benehmen wissen.* I have no objection: *Ich habe keine Einwände.* To have no say, no voice (in the matter): *Keinen Einfluß (auf eine Angelegenheit) haben; nicht angehört werden (in einer Angelegenheit).* To have no sense of humour: *Keinen Sinn für Humor haben.* I have no words to thank you: *Mir fehlen die Worte, Ihnen zu danken.* I have nothing to gain by (from) it: *Ich habe nichts dabei zu gewinnen; ich kann daraus keinen Profit schlagen.* To have nothing on s.b.: *Keinen Vorteil gegenüber jemandem haben.* I have nothing in common with him: *Ich habe mit ihm nichts gemeinsam.* I have nothing left: *Ich habe nichts mehr übrig; mir ist nichts geblieben.* To have s.b.'s number (pop.): *Jemanden ziemlich gut kennen.* To have an oar in everyone's boat: *Überall seine Finger drin haben.* To have one over the eight (pop.): *Einen über den Durst trinken; sich betrinken.* To have a one-track mind: *Immer wieder an dasselbe denken.* To have an open hand: *Eine freigiebige Hand haben; großzügig sein.* To have other fish to fry: *Andere, wichtigere Dinge zu tun haben.* I haven't a penny to bless myself with: *Ich bin völlig abgebrannt.* I have pins and needles in my arm: *Ich habe Ameisenkribbeln im Arm.* He has the pip (pop.): *Er hat es satt; er ist nicht ganz auf dem Damm.* To have one's plate full: *Sehr beschäftigt sein; viel Arbeit haben.* To have a pleasant taste in one's mouth: *Einen angenehmen Geschmack im Mund haben.* Have a pleasant trip! *Schöne Reise! Angenehme Reise!* It has its points: *Es hat seine Vorteile.* To have a poor ear for music: *Unmusikalisch sein.* To have pressing business: *Dringende Geschäfte haben.* To have a pretty penny or two: *Wohlhabend sein.* He has a (strong) pull with the manager: *Sein Wort hat beim Chef großes Gewicht.* To have to pull in one's belt: *Seinen Gürtel enger schnallen müssen (i.ü.S.).* To have a puncture: *Eine Reifenpanne haben.* To have a rattling time (colloq.): *Sich großartig amüsieren.* To have a ready tongue: *Eine spitze, gewandte Zunge haben.* To have a (bad) record: *Eine schlechte Vergangenheit haben.* To have recourse (resort) to cunning, to force: *Sich einer List bedienen; seine Zuflucht in Gewalt suchen.* To have recourse to the law, to legal proceedings: *Das Gericht anrufen; rechtliche Schritte einleiten.* To have the right ring: *Gut klingen; sich gut anhören (Rede, Anzeige, Angebot).* To have a rod in pickle for s.b.: *Jemand hat bei mir noch etwas im Salz liegen.* To have a row with s.b.: *Heftigen Streit mit jemandem haben.* To have had one's run: *Abgewirtschaftet sein.* To have a say (in the matter): *Ein Wort (bei der Angelegenheit) mitzureden haben.* To have one's say: *Seine eigene Meinung äußern.* To have a scanty meal: *Ein klägliches Mahl zu sich nehmen.* To have a skeleton in the closet: *Eine Leiche im Keller haben.* To have a screw loose: *Eine Schraube locker haben; nicht ganz richtig ticken.* To have a sense of shame: *Schamgefühl haben; sich schämen.* He had his senses locked in sleep: *Er war tief im Schlaf versunken.* To have a sharp tongue: *Eine scharfe, spitze Zunge haben.* To have a sheet in the wind (pop.): *Beschwipst sein.* To have a short memory: *Vergesslich sein; ein schlechtes Gedächtnis haben.* To have a short temper: *Einen aufbrausenden Charakter haben.* Not to have a shot in the locker: *Kein Geld in der Tasche haben.* To have a shower (-bath): *Sich duschen; ein Duschbad nehmen.* To have a shy at s.th.: *Etwas versuchen.* To have a sightseeing tour: *Eine Rundfahrt zur Besichtigung der Sehenswürdigkeiten machen.* To have a slate loose (colloq.): *Dumm sein; nur wenig intelligent sein.* He has some demon that drives him: *Er hat den Teufel im Leib; er wird vom Teufel geritten.* To have s.b. (colloq.): *Jemanden in die Irre führen; jemanden in der Hand haben.* To have a soothing effect: *Eine mildernde, beruhigende Wirkung haben.* To have speech with s.b.: *Mit jemandem sprechen; eine Unterhaltung mit jemandem führen.* To have a spunk: *Mumm, Schneid, Mut haben.* To have a square meal: *Eine anständige Mahlzeit zu sich nehmen.* To have a squint: *Schielen.* To have a squint at s.th. (colloq.): *Nach etwas schielen; sich etwas einmal anschauen.* To have a steady hand: *Eine sichere, ruhige Hand haben.* To have butterflies in one's stomach: *Die große Flatter haben.* To have a sweet tooth: *Ein Leckermaul sein, gerne Süßigkeiten essen.* To have a swollen head: *Anmaßend, eingebildet sein.* To have one's tail up, down: *Guter, schlechter Laune sein.* To have the tail wagging the dog: *Wenn eine Minderheit über eine Mehrheit bestimmt.* To have tea: *Teepause machen; zum Tee bitten; den Fünf-Uhr-Tee zu sich nehmen.* To have tea and scandals (pop.) : *Sich zum Kaffee- (in England eher Tee-) Klatsch treffen.* He has ten thumbs: *Er ist unbeholfen, plump.* You have me there: *Ich weiß keine Antwort.* To have a thick (thin) skin: *Dickhäutig (empfindlich) sein.* To have a thin time (colloq.): *Sich schlecht benehmen.* To have a thorough knowledge of a subject: *Ein umfassendes Wissen über ein Thema haben.* To have one's tongue in one's cheek: *Ironisch, unaufrichtig sein.* To have too many irons in the fire: *Zu viele Eisen im Feuer haben.* To have the true ring: *Sich ehrlich anhören (Rede, Anzeige).* Have a try (at it)! *Versuch's mal! Probier's mal aus!* To have two strings to one's bow: *Mehrere Eisen im Feuer haben.* To have victory within one's grasp: *Den Sieg in Reichweite haben.* To have a voice in s.th.: *In einer Angelegenheit etwas zu sagen haben.* To have a voice in one's government: *Stimmrecht haben.* To have a weak stomach: *Einen empfindlichen Magen haben.* To have the weather gauge of s.b.: *Jemandem gegenüber im Vorteil sein.* To have the whip hand of s.b.: *Jemanden in der Gewalt haben.* To have a word with s.b.: *Mit jemandem unter vier Augen sprechen.* To have wrought-up nerves: *Mit den Nerven fertig, am Ende sein.* He has a zest for life: *Er hat großen Lebenshunger.* He has been had: *Er ist an der Nase herumgeführt worden.* To have one's name banded about: *Von sich reden machen.* He has his wits about him: *Er hat alle Sinne beisammen.* To have s.th. at heart: *Etwas auf dem Herzen haben.* To have s.b. at one's mercy: *Jemanden in seiner Macht haben.* To have s.th. at one's finger-tips (finger-ends): *Etwas an den Fingern hersagen können.* He had the ball at his feet: *Er war Herr der Lage; er hatte die Lage unter Kontrolle.* To have s.th. down in black and white, on paper: *Etwas schwarz auf weiß haben; etwas auf Papier festgehalten haben.* To have s.b. in one's power: *Jemanden in seiner Gewalt haben.* To have s.b. in one's pocket: *Jemanden in der Tasche haben (i.ü.S.).* To have one's knife into s.b.: *Jemanden angreifen, hassen.* To have s.th. on the ball: *Etwas auf dem Kasten haben; über Fähigkeiten verfügen.* To have a load on one's conscience: *Eine Bürde, ein Gewicht auf dem Gewissen lasten haben.* To have s.b. on the hip: *Jemanden in der Gewalt haben.* He has a large family on his hands: *Er hat eine große Familie zu versorgen.* He has many demands on his hands: *Viele Leute wollen Geld von ihm.* He has many demands on his time: *Er ist ein sehr gefragter Mensch; seine Zeit ist kostbar.* To have mercy (pity) on s.b.: *Mit jemandem Mitleid haben, sich einer Person erbarmen.* To have s.b. on toast (pop.): *Jemanden in seiner Gewalt haben.* To have s.b. on a string: *Jemanden in der Hand haben.* Have you the time on you? (colloq.): *Wissen Sie, wieviel Uhr es ist?* I have it on the tip of my tongue: *Es liegt mir auf der Zunge (aber ich komme nicht darauf).* Not to have a stitch on: *Splitternackt sein.* To have a day out: *Einen Tag im Freien verbringen.* To have a night out: *Die Nacht durchmachen, außer Haus verbringen.* To have s.th. under one's hand: *Etwas unter der Hand haben (heimlich); etwas zur Hand haben.* To have s.b. up (in court): *Jemanden vor Gericht bringen.* To have an ace up one's sleeve: *Noch einen Trumpf im Ärmel haben.* To have the wind up: *Bammel, Schiss haben.*

haves The haves and the have-nots: *Die Reichen und die Armen.*

hawk (1) To hawk at the enemy:

Sich (wie ein Falke) auf den Feind stürzen. To hawk goods about: *Waren feilbieten; mit Waren hausieren gehen.* To hawk gossip about: *Klatsch verbreiten.*

hawk (2) To know a hawk from a handsaw: *Sich kein X für ein U vormachen lassen.* To watch s.b. like a hawk: *Wie ein Luchs auf jemanden aufpassen.*

hazard To hazard one's life: *Sein Leben gefährden, riskieren.* To hazard a remark, a word: *Eine Bemerkung wagen, ein Wort riskieren.*

head (1) To head an army: *Eine Armee anführen.* To head the ball (football): *Einen Kopfball schießen; den Ball köpfen (Fußball).* To head a cask: *Ein Fass mit Boden und Deckel versehen.* To head a letter: *Einem Brief voranstehen, vorangehen; einen Brief mit einem Briefkopf versehen.* To head a list, a page: *Eine Liste anführen; oben auf einer Seite stehen.* To head a pin: *Eine Nadel einfädeln.* To head the poll: *In den Umfragen an der Spitze liegen (Politik).* To head a revolt: *Einen Aufstand anführen.* To head a trick: *Eine höhere Karte als der Gegner ausspielen (Kartenspiel).* To head for the devil: *Zum Teufel gehen.* To head north, south (naut.): *Nach Norden, Süden fahren.* To head off the enemy: *Den Feind abdrängen, abwehren.* To head off a quarrel: *Einen Streit, eine Auseinandersetzung vermeiden.*

head (2) Head over heels: *Hals über Kopf.* He's head over heels in debt: *Er steckt bis über beide Ohren in Schulden.* He has a head like a sieve: *Er hat ein Gedächnis wie ein Sieb.* Heads or tails? *Kopf oder Zahl? (beim Münzwurf).* Heads I win, tails you loose: *Kopf, ich gewinne, Zahl, du verlierst (= du verlierst in jedem Fall).* Heads up! (colloq.): *Kopf hoch! Nur Mut!* I cannot make head or tail of it: *Ich werde aus der Sache nicht schlau.* A head-on collision: *Ein Frontalzusammenstoß.* To be above s.b.'s head (colloq.): *Zu hoch für jemanden sein.* To bang one's head against a brick wall (colloq.): *Mit dem Kopf gegen die Wand rennen; sich den Schädel einrennen.* To bite (snap) s.b.'s head off: *Jemandem über den Mund fahren; jemanden anschnauzen.* To bring s.th. to a head (to come to a head): *Sich zuspitzen.* To bury one's head in the sand: *Den Kopf in den Sand stecken; Vogel-Strauß-Politik betreiben.* To give s.b. his head: *Jemandem seinen Willen lassen; jemandem freie Hand lassen.* To go to s.b.'s head: *Jemandem in den Kopf steigen, zu Kopf steigen.* To hang one's head: *Den Kopf hängen lassen.* To have a head for s.th.: *Begabt sein; einen Sinn für etwas haben.* To have a (good) head on one's shoulders: *Ein heller oder kluger Kopf sein; Köpfchen haben.* Heads will roll: *Köpfe werden rollen; es wird Tote geben (jemand wird seinen Posten verlieren).* To hold one's head up (as one does s.th.): *Sich sehen lassen, etwas erhobenen Hauptes tun.* To keep one's head: *Kühlen Kopf* *bewahren.* To keep one's head above water (colloq.): *Sich (finanziell) über Wasser halten.* To knock s.th. on the head (colloq.): *Etwas über den Haufen werfen; etwas zunichte machen.* To lose one's head: *Den Kopf verlieren.* To need one's head examined (colloq.): *Nicht ganz dicht sein; nicht mehr alle haben.* To be off (out) of one's head (colloq.): *Übergeschnappt sein; verrückt (geworden) sein.* On your own head be it: *Auf deine (Ihre) eigene Verantwortung.* To put one's head on the block (in a noose): *Den Kopf hinhalten; den Kopf in die Schlinge stecken.* To put the heads together: *Die Köpfe zusammenstecken; etwas gemeinsam besprechen.* To be soft in the head (colloq.): *Einen kleinen Dachschaden haben.* To be standing on one's head (colloq.): *Im Schlaf, mit links.* To take it into one's head: *Eine fixe Idee haben; sich etwas in den Kopf setzen.* To turn s.b.'s head: *Jemandem den Kopf verdrehen.* Two heads are better than one: *Gemeinsam geht es leichter; vier Augen sehen mehr als zwei.*

heal To heal a grief, a patient, a wound: *Einen Kummer, einen Patienten, eine Wunde heilen.* To heal a quarrel: *Einen Streit schlichten.* To heal (up) slowly, quickly: *Langsam, schnell heilen.*

health Health is better than wealth (prov.): *Lieber arm und gesund, als reich und krank.* His health is declining (improving): *Sein Gesundheitszustand verschlechtert sich (verbessert sich).* To drink to s.b.'s health: *Auf jemandes Wohl trinken.*

healthy A healthy mind in a healthy body: *Mens sana in corpore sano; ein gesunder Geist in einem gesunden Körper.*

heap To heap up gold, riches, stones: *Gold, Reichtümer, Steine anhäufen.* They heaped him with presents; they heaped presents on (upon) him: *Sie überschütteten, überhäuften ihn mit Geschenken.* To heap insults on (upon) s.b.: *Jemanden mit Beleidigungen, Schmähungen überschütten.* To heap coals on the fire: *Kohlen ins Feuer kippen, legen.*

hear Hear! Hear! *Hört! Hört!* To hear a bird sing: *Geheime Informationen erhalten.* To hear the evidence, the witnesses: *Den Beweisen Beachtung schenken; die Zeugen anhören.* To hear the grass grow: *Das Gras wachsen hören (i.ü.S.).* To hear the last of s.b.: *Von jemandem zum letzten Mal gehört haben; nie mehr von jemandem etwas hören, mit ihm etwas zu tun haben.* To hear a lecture: *Eine Vorlesung besuchen.* To hear mass: *Die Messe besuchen.* Hear me! *Höre mich an!* To hear a piece of news second-hand: *Eine Nachricht aus zweiter Hand erfahren.* To hear reason: *Vernünftig sein.* I heard it said: *Ich habe davon gehört.* I've heard of him before: *Ich habe schon einmal von ihm gehört.* To hear tell of s.b. or s.th. (pop.): *Etwas über jemanden hören.* To hear nothing of s.b.: *Keine Nachricht von jemandem* *empfangen; nichts von jemandem hören.* We heard the speaker out: *Wie hörten dem Redner bis zum Ende zu.* To hear s.th. over: *Etwas nochmals von Anfang bis Ende hören.*

heart At heart: *Im Grunde seines Herzens.* With all one's hearts: *Von ganzem Herzen.* From the bottom of my heart: *Aus tiefstem Herzen.* To break someone's heart: *Jemandem das Herz brechen.* By heart: *Auswendig.* Cross my heart (colloq.): *Großes Ehrenwort.* To cry one's heart out: *Sich die Seele aus dem Leib heulen.* To do someone's heart good: *Jemandem wird warm ums Herz.* To eat one's heart out: *Sich vor Kummer verzehren; todunglücklich sein.* To find it in one's heart to do s.th.: *Es übers Herz (über sich) bringen, etwas zu tun.* To give someone heart failure (colloq.): *Jemandem bleibt das Herz stehen.* To have a change of heart: *Seine Meinung ändern; sich anders besinnen; es sich anders überlegen.* His heart goes out to her: *Er empfindet eine große Zuneigung zu ihr.* In one's heart of hearts: *Im Innersten; im Grunde des Herzens.* With half a heart: *Halbherzig bei einer Sache sein.* She is good at heart: *Sie hat ein gutes Herz.* For my heart: *Für mein Leben gern.* My heart is not in it: *Ich bin nicht mit Herz und Seele dabei; ich kann mich dafür nicht so recht begeistern.* To be near to someone's heart: *Jemandem am Herzen liegen.* His heart is in the right place: *Er hat (trägt) sein Herz am rechten Fleck.* His heart leaped with joy (with surprise): *Sein Herz schlug (wild) vor Freude (vor Überraschung).* My heart missed a beat: *Mir blieb das Herz stehen (vor Schreck).* His heart sank (to his boots), went to his mouth: *Ihm sank, rutschte das Herz in die Hosen, schlug bis zum Hals.* Out of heart: *Niedergeschlagen.* The heart of the matter: *Der Kern der Sache.* After one's own heart: *Nach Herzenslust.*

hearty He is a hearty eater: *Er ist ein herzhafter Esser.*

heat (1) To heat (up) some water: *Wasser erhitzen, erwärmen.* To heat a room with a stove: *Ein Zimmer mit einem Ofen beheizen.* She heated the chicken again for him: *Sie wärmte ihm das Hähnchen wieder auf.*

heat (2) A heatwave: *Eine Hitzeperiode.* In (on) heat: *(Weibliche Tiere) brünstig, läufig, rollig, heiß.* In the heat of the moment: *Im Eifer des Gefechts; im ersten Zorn.* To take the heat out of s.th.: *Etwas entschärfen.* To turn on the heat (on s.b.) (sl.): *Jemanden unter Druck setzen; jemandem die Hölle heiß machen.*

heave To heave (up) the anchor: *Den Anker lichten.* To heave one's chest: *Die Brust weiten, dehnen (durch Einatmen).* To heave (out) the flag, the sails: *Die Fahne hissen; die Segel hissen.* To heave a groan, a sigh: *Ein Stöhnen, einen Seufzer ausstoßen.* To heave the lead (naut.): *(Die Wassertiefe) loten.* To heave and set: *Sich regelmäßig heben und senken.* To heave at success:

Den Erfolg anstreben. Heave ho! Heave away! (naut.): *Und hoch! Und hisst! (Seefahrt).* To heave in a rope (naut.): *Ein Seil einholen (Seefahrt).* To heave in sight (naut.): *In Sicht kommen (Seefahrt).* To heave ballast overboard: *Ein Gewicht, einen Ballast über Bord werfen, ins Meer werfen.* To heave to: *Beidrehen.*

heaven Heaven forbid! *Um Himmels willen, nein! Gott bewahre!* Heaven knows! *Der Himmel allein weiß! Weiß der Himmel!* For heaven's sake: *Um Himmels willen.* (Good) heavens! *Du liebe Zeit! Um Himmels willen!* In (the) seventh heaven: *Im siebten Himmel.* To move heaven and earth: *Himmel und Erde in Bewegung setzen.* To smell (stink) to high heaven: *Zum Himmel stinken.* Thank heavens: *Gott sei Dank; dem Himmel sei Dank.*

heavy He is a heavy sleeper: *Er ist ein Langschläfer, eine Schlafmütze.* She is heavy with child: *Sie ist schwanger.* Heavy going (colloq.): *Mühsam, zäh.* Heavy-handed: *Schwerfällig, ungeschickt, plump.* To make heavy weather of s.th. (colloq.): *Viel Wind um etwas machen; sich mit etwas fürchterlich schwertun.* With a heavy heart: *Schweren Herzens.*

hedge To hedge one's bets: *Sich absichern, vorsorgen; auf Nummer Sicher gehen.* To hedge (in) a field, a piece of ground: *Ein Feld, ein Gelände mit einer Hecke umgeben, einhegen, einzäunen.* He hedged me in with his arguments: *Er brachte mich mit seinen Argumenten durcheinander.* To hedge in the enemy: *Den Feind umzingeln, umstellen.*

heed Heed what I say: *Höre auf das, was ich dir sage! Schenke meinen Worten Beachtung!*

heel (1) To heel a pair of shoes: *Ein Paar Schuhe mit Absätzen versehen.* To heel the ball (football): *Den Ball mit dem Absatz kicken (Fußball).* To heel a fugitive: *Einem Flüchtling auf den Fersen sein.* To heel over: *Sich auf die Seite legen (Schiff).*

heel (2) The heel of Achilles: *Die Achillesferse.* To bring someone to heel: *Jemanden gefügig machen; jemanden an die Kandare nehmen.* To dig in one's heel (colloq.): *Sich stur stellen, stur sein.* To kick (cool) one's heels: *Jemanden hinter Schloss und Riegel bringen.* To let a person cool his heels: *Jemanden lange warten lassen.* To take to one's heel (colloq.): *Fliehen, davonlaufen.* To turn on one's heel: *Auf dem Absatz kehrtmachen; sich abrupt umdrehen.* Heels over head: *Hals über Kopf.*

hell All hell breaks loose: *Die Hölle ist los.* Come hell or high water: *Auf jeden Fall; unter allen Umständen.* For the hell of it (colloq.): *Einfach nur so, zum Spaß.* The hell with it! *Zur Hölle damit! Zum Teufel damit!* A hell of a noise: *Ein Höllenlärm, ein höllischer Lärm.* Hell was let loose: *Die Hölle war los; es war ein furchtbares Durcheinander, Chaos.* To give a person hell: *Je-*

mandem die Hölle heiß machen. A hell-cat: *Eine Xanthippe, böses Weib.* To ride hell for leather: *In Höllengalopp, in rasendem Galopp reiten.* Not to have a cat in hell's chance (colloq.): *Nicht die geringste Chance haben.* To play (merry) hell with: *Schaden anrichten, kaputtmachen, völlig durcheinanderbringen.* What the hell! (colloq.): *Was soll's.*

help (1) To help oneself to s.th.: *Sich bedienen, sich etwas nehmen; etwas mitgehen lassen.* Help yourself, and God will help you (prov.): *Hilf dir selbst, dann hilft dir Gott.* So help me God: *So wahr mir Gott helfe (bei einer Vereidigung).* To help s.b. over a difficulty: *Jemandem über eine Schwierigkeit hinweghelfen.* To help s.b. over a road: *Jemandem über die Straße helfen.* To help a lame dog over a stile: *Jemandem in der Not behilflich sein.* I helped him to his feet: *Ich half ihm wieder auf die Füße (auch i.ü.S.).* They helped him to that job: *Sie halfen ihm, die Arbeit zu erledigen.* He helped her up the tree: *Er half ihr, den Baum hochzuklettern.* He helped the poor woman up: *Er half der armen Frau wieder auf die Beine.* Don't be longer than you can help: *Bleibe nicht länger als nötig.*

help (2) Help wanted: *Aushilfskräfte gesucht.*

hem To hem in the enemy: *Den Feind einschließen, umzingeln.* To hem and haw: *Zögern, etwas zu sagen.*

hen That hen is a good layer: *Diese Henne gibt viele Eier.* Like a hen on a hot griddle: *Wie auf glühenden Kohlen.*

hence Hence with him! *Fort mit ihm!* Hence it appears that ...: *Folglich erscheint es, dass ...*

here Here! : *Anwesend!* Here and there: *Hier und dort.* Here, there, and everywhere: *Überall.* Here you are! *Hier! (Wenn man jemandem etwas gibt).* Here we are: *Da sind wir (wir sind angekommen).* Here we are (go) again! *Habe ich es nicht gesagt! Nun fängt wieder alles von vorne an!* Here at foot: *Bei Fuß!* Here below: *Hienieden; auf dieser Welt.* Here he comes: *Hier kommt er; nun kommt er.* Here goes! *Ich wage es! Also los!* He is here to stay (colloq.): *Er wird lange hierbleiben; er wird nicht so schnell (von der Bildfläche) verschwinden.* Here's (lucky) to you, here's how, here's mud in your eye! *Auf dich! Auf Ihr Wohl! Prost!* Here's your change: *Hier ist das Restgeld.* Herewith enclosed (comm.): *In der Anlage: (in einem geschäftlichen Brief).* To be neither here nor there: *Keine Rolle spielen; nichts zur Sache tun.*

herring (Packed) like herring in a barrel: *(Hineingedrängt, hineingezwängt) wie die Ölsardinen.*

hew To hew down a tree: *Einen Baum fällen.* To hew a raft out of a tree: *Ein Boot, Floß aus einem Baum(stumpf) konstruieren, hauen.* To hew out a statue: *Eine Skulptur aushauen, (er)schaffen.* He hewed out a career for himself: *Er machte Karriere (mit großen Anstrengungen).* To hew s.b. to pieces: *Jemanden niedermachen.* To hew one's way: *Sich seinen Weg bahnen, freikämpfen.* To hew wood: *Holz hacken.*

hide (1) To hide one's feelings: *Seine Gefühle verbergen.* He hid his face in shame: *Er verdeckte sein Gesicht vor Scham.* He hid the truth from me: *Er verheimlichte mir die Wahrheit.* He hid the money underground: *Er versteckte das Geld im Untergrund.* To hide one's light (candle) under a bushel: *Sein Licht unter den Scheffel stellen.* To hide (oneself): *Sich verstecken.*

hide (2) Hide-and-seek: *Das Versteckspiel.* To give a person a hiding: *Jemanden verprügeln.* He saved his own hide: *Er rettete seine eigene Haut.* Neither hide nor hair of s.b. or s.th.: *Nicht die geringste Spur von jemandem oder etwas.* To tan s.b.'s hide: *Jemandem das Fell gerben.*

high It's high time to go: *Es ist höchste Zeit zu gehen.* It's high time you went: *Es ist höchste Zeit, dass du gehst.* It's high time all this comes to an end: *Es ist höchste Zeit, dass all dies ein Ende findet.* High and dry: *Auf dem Trockenen sitzen, gestrandet sein.* He is high (colloq.): *Er ist beschwipst, berauscht.* To be for the high jump (colloq.): *Dran sein.* To hunt high and low (colloq.): *Überall suchen; alles absuchen.* To be as high as a kite (sl.): *Ganz aufgedreht, aufgekratzt sein; betrunken sein.* To be (act) high and mighty (colloq.): *Erhaben tun; sich aufspielen.* He is high in office: *Er hat ein hohes Amt inne.* To be on the high ropes: *Gewaltig erregt sein (vor Freude, Wut).* A highbrow: *Ein/e Intellektuelle/r.* A high flier: *Ein Senkrechtstarter; ein Überflieger; ein Erfolgstyp.* A high spot: *Ein Höhepunkt.* To hit the high spots: *Stimmung machen; Stimmung aufkommen lassen.* To be (get) on one's high horse: *Auf dem hohen Ross sitzen; sich aufs hohe Ross setzen.* To run high (fig.): *Hohe Wellen schlagen; hochkochen; sich erhitzen.*

high-hat To high-hat s.b. (USA): *Jemanden demütigen.*

hill Hill of beans (colloq.): *Eine unbedeutende, eine unerhebliche Menge.* As old as the hills: *Uralt.*

hinder To hinder s.b. from doing s.th.: *Jemanden daran hindern, etwas zu tun.* To hinder s.b. in his work: *Jemanden in, bei seiner Arbeit hindern, stören.*

hinge That hinges on your decision: *Das hängt von deiner Entscheidung ab.*

hint To hint at s.th.: *(Vorsichtige) Hinweise auf etwas geben; auf etwas anspielen.* To take the hint: *Den Wink mit dem Zaunpfahl verstehen.*

hire To hire a bicycle, a car from s.b.: *Ein Fahrrad, Auto von jemandem mieten.* To hire (out) a bicycle, a car (by the hour): *Ein Fahrrad, einen Wagen (stundenweise) vermieten.* To hire a hall for a conference: *Einen Saal für eine Konferenz mieten.* To hire a mercenary: *Einen Söldner anheuern.* To hire a workman: *Einen Arbeiter einstellen.*

hiss To hiss an actor, a play: *Einen Schauspieler, ein Theaterstück auspfeifen, ausbuhen.* They hissed down the speaker: *Sie pfiffen, buhten den Sprecher nieder.* To hiss an actor off the stage: *Einen Schauspieler von der Bühe buhen.*

hit (1) To hit (against) a tree: *Gegen einen Baum stoßen, fahren.* He hit the ball with his head (football): *Er köpfte den Ball.* He hit the bird with a stone: *Er traf den Vogel mit einem Stein.* To hit below the belt, to hit foul: *Unter der Gürtellinie treffen; einen Tiefschlag versetzen; unfair kämpfen.* To hit the bottle (USA): *Trinken.* To hit the bull, the bull's eye: *Mitten ins Ziel treffen; mitten ins Schwarze treffen.* To hit the deck (pop.): *Sich aus dem Bett wälzen; sich auf eine Tätigkeit vorbereiten.* To hit for six: *Völlig überraschen; durcheinanderbringen.* He hit the hare at (with) the first shot: *Er erwischte, erlegte den Hasen mit dem ersten Schuss.* To hit the hay (colloq.): *Schlafen gehen, sich schlafen legen.* To hit the high spots (colloq.): *Die wichtigsten Punkte ansprechen.* To hit home, the mark, the (right) nail on the head, to hit it: *Den Nagel auf den Kopf treffen.* To hit the jack-pot: *Den Jackpot knacken; den Hauptgewinn erzielen; reich werden.* To hit low: *Tief schlagen.* To hit a man when he is down (colloq.): *Jemanden fertigmachen, der schon angeschlagen ist.* Hit-or-miss: *Auf gut Glück; aufs Geratewohl.* To hit it: *Richtig raten, erraten.* To hit the right (wrong) note: *Den richtigen (falschen) Ton treffen (i.ü.S.).* To hit the roof (colloq.): *Aufgeregt werden.* To hit straight from the shoulder: *Sich klar ausdrücken.* To hit the target: *Ein Ziel erreichen.* He hits it off with his friend: *Er ahmt seinen Freund treffend nach.* To hit it off (colloq.): *Sich (von Anfang an) gut mit jemandem verstehen; gut mit jemandem auskommen.* To hit it off to a „t“: *Genau treffen.* To hit off a character: *Eine Persönlichkeit, eine Person perfekt beschreiben.* To hit on (upon) s.th. (colloq.): *Auf etwas stoßen.* To hit on (upon) an important discovery: *(Zufällig) eine wichtige Entdeckung machen.* He hit on (upon) a bright idea: *Er hatte eine glänzende Idee.* Hit out! *Schlag kräftig zu!*

hit (2) A hit-and-run accident: *Ein Unfall mit Fahrerflucht.* A hit-and run driver: *Ein Fahrer, der Unfallflucht begangen hat.* To make a hit with someone (colloq.): *Gut bei jemandem ankommen.*

hitch To hitch on a hook, on a nail: *An einem Haken, einem Nagel hängenbleiben, sich festhaken (mit der Kleidung z.B.).* To hitch (up) a horse to a cart: *Ein Pferd vor einen Wagen spannen.* To hitch up a horse: *Ein Pferd anspannen.* To hitch up oxen: *Einen Ochsen ins Joch spannen.* To hitch up one's trousers: *Seine Hosen hochziehen.* To hitch one's waggon to a star:

Hoch hinaus wollen. To hitch horses together (USA): *Alles zu vollster Zufriedenheit aller erledigen.*

hitch-hike To hitch-hike: *Per Anhalter reisen; Autostop machen.*

hoard To hoard (up) gold, goods: *Gold, Waren horten, sammeln, anhäufen, hamstern.*

hobble To hobble along: *Daherhumpeln, -hinken, -holpern.*

hoe To hoe the land: *Den Boden umhacken.* To hoe up weeds: *Unkraut jäten.* A long row to hoe: *Eine schwere Aufgabe.*

hoist (1) To hoist a flag, sail: *Eine Fahne, ein Segel hissen.* To hoist the anchor: *Den Anker lichten.* To hoist one's flag: *Seine Absichten offenlegen.* To hoist the Jolly Roger: *Die schwarze Totenkopfflagge der Piraten hissen.* To hoist down the flag: *Die Flagge einholen; aufgeben.* To hoist out a boat: *Ein Boot an Land ziehen.*

hoist (2) Hoist on (with) one's own petard: *Wer anderen eine Grube gräbt, fällt selbst hinein.*

hold To hold s.th. against someone: *Jemandem etwas übelnehmen; jemandem etwas anlasten, etwas vorwerfen.* To hold one's face between one's hands: *Das Gesicht in den Händen vergraben.* To hold s.b. by the coat: *Jemanden am Mantel festhalten.* To hold arms: *Waffen besitzen, bei sich führen.* To hold an auction: *Eine Auktion veranstalten.* To hold a bucket by the handle, a horse by the bridle, a dog by the collar: *Einen Eimer am Henkel, ein Pferd am Zügel, einen Hund am Halsband halten.* To hold the Bank. *Die Bank verwalten (in einem Spiel).* To hold the boards (theater): *Ein Publikumserfolg sein; lange auf dem Spielplan bleiben.* To hold one's breath: *Seinen Atem anhalten.* To hold a candle to the devil: *Jemandem bei einer kriminellen (schlechten) Handlung helfen.* To hold a candle to the sun: *Eine sinnlose Arbeit tun.* To hold s.b. or s.th. cheap: *Von jemandem oder etwas eine geringe Meinung haben.* To hold classes: *Unterricht erteilen.* To hold communion with oneself: *In sich selbst versunken, vertieft sein; in sich zurückgezogen sein.* To hold s.b. dear: *Jemanden gerne mögen.* To hold one's drink: *Trinkfest sein.* To hold the floor: *Das Wort erteilt bekommen haben (im Parlament z.B.).* To hold the fort: *Jemanden kurzfristig vertreten; die Festung halten; Widerstand leisten.* To hold the government: *An der Regierung sein (Partei z.B.).* To hold one's ground: *Nicht aufgeben; keinen Schritt weichen.* To hold s.b. guiltless: *Jemanden für unschuldig erklären.* To hold one's head high: *Seinen Kopf hoch tragen; stolz sein.* To hold one's horses: *Sich bremsen; sich beherrschen.* To hold a horse in check: *Ein Pferd im Zaum halten.* To hold an important office: *Ein wichtiges Amt innehaben.* Hold it for certain! *Sei dessen sicher!* To hold one's jaw: *Den Mund (die Klappe) halten.* Hold the line for a moment: *Warten Sie bitte einen Moment (am Te-*

lefon). To hold one's nose: *Die Nase rümpfen.* To hold one's office: *Sein Amt beibehalten, weiterführen.* To hold the pass: *Hart bleiben.* To hold one's peace, tongue: *Den Mund halten; still sein.* To hold one's post: *Die Stellung halten; seine Stellung behalten.* To hold public office: *Ein öffentliches Amt bekleiden.* To hold the purse-strings (tight): *Auf sein Geld aufpassen; wenig Geld ausgeben.* To hold a record: *Einen Rekord innehaben, halten (Sport).* To hold the reins (of government): *An der Regierung sein; die Regierungswürde innehaben.* To hold the scales even: *Unparteiischer Richter sein.* To hold shares: *Aktien besitzen.* To hold one's sides with laughter: *Sich die Seiten vor Lachen halten.* To hold the spotlight: *Im Zentrum des Interesse stehen; im Rampenlicht stehen.* To hold the stage: *Die Unterhaltung bestimmen, beherrschen.* To hold stocks as a security (comm.): *Aktien als Sicherheit halten, besitzen.* To hold strange opinions (views): *Seltsame Ansichten vertreten.* To hold one's temper in check: *Sein Temperament unter Kontrolle haben.* To hold one's tongue: *Seine Zunge im Zaum halten.* To hold water: *Wasserdicht sein; stichhaltig sein.* He holds his wine very well: *Er verträgt den Wein recht gut; er ist ziemlich trinkfest.* To hold the wolf by the ears: *In der Klemme sein; nicht ein noch aus wollen.* To hold fast to a rope: *Sich fest an ein Seil klammern.* To hold fast to ones principles: *Fest zu seinen Prinzipien stehen.* To hold good (true): *Wahr werden; als wahr bestätigt werden.* To hold good in law: *Rechtlich von Belang sein; rechtlichen Wert haben.* To hold true to s.b.: *Jemandem gegenüber treu sein.* To hold back nothing: *Nichts verbergen; nichts verstecken.* To hold by a promise: *Sich an ein Versprechen halten.* To hold down one's job (USA): *Seine Anstellung, seine Arbeit behalten.* To hold forth a problem: *Sich über ein Problem auslassen.* To hold oneself in: *Sich zurückhalten; sich beherrschen.* To hold in with s.b.: *Beziehungen zu jemandem unterhalten.* To hold s.b. in contempt: *Jemanden verachten.* To hold s.b. in deadly hatred: *Jemanden tödlich hassen.* To hold s.b. in derision, in detestation: *Jemanden für lächerlich, für verächtlich halten.* To hold s.b. in hand: *Jemanden hinhalten.* To hold on one's way: *Seinem Weg folgen; dem eingeschlagenen Kurs folgen.* To hold (on) one's course (naut.): *Den Kurs halten (Schiff).* To hold on like grim death: *Nicht lockerlassen, nicht loslassen.* To hold out one's hand to s.b.: *Jemandem helfen.* To hold s.th. out: *Etwas anbieten, versprechen.* To hold out on s.b. (colloq.): *Jemandem etwas vorenthalten, etwas verheimlichen.* To hold out the olive-branch: *Ein Friedensangebot machen.* To hold out at sea (naut.): *Auf hoher See bleiben.* To hold out for more: *Durchhalten, um noch mehr zu erhalten.* To hold over one's departure: *Die Abfahrt (den Abflug) hinauszögern.* To hold s.b. to his promise (word): *Jemanden dazu bringen (dazu zwingen), sein Wort zu halten, einzulösen.* To hold one's nose to the grindstone: *Ununterbrochen arbeiten, schwer schuften.* He held to his promise: *Er hielt sein Versprechen.* To hold together: *Zusammenhalten.* Hold your hands up! *Hände hoch!* To hold up one's head: *Seinen Kopf hoch halten; stolz sein.* They held him up and robbed him: *Sie griffen ihn an und raubten ihn aus.* To hold s.th. up to ridicule (mockery): *Etwas der Lächerlichkeit preisgeben.* To hold s.th. up to view: *Etwas den Blicken darbieten.* I hold with you: *Ich bin deiner Meinung, deiner Ansicht.* To hold one's own with s.b.: *Jemandem die Stirn bieten.* Not to hold with s.th. (colloq.): *Gegen etwas sein; etwas gegen etwas haben.*

hole (1) To hole a tunnel: *Einen Tunnel bohren, graben.* To hole a ship: *Ein Schiff leck schlagen.* To hole (out) the ball in one: *Den Ball mit dem ersten Schlag einlochen (Golf).* To hole up: *Sich verstecken, verkriechen.*

hole (2) hole-and-corner: *Zwielichtig; undurchsichtig.* To make a hole in s.th. (colloq.): *Ein Loch in etwas reißen.* To pick holes in s.th. (colloq.): *An etwas herumkritteln; etwas zerpflücken.*

hollow To hollow (out) a tree to make a boat: *Einen Baum(stamm) aushöhlen, um ein Boot zu bauen.* To hollow (out) a grotto in the rock: *Eine Höhle, Grotte in den Fels schlagen.*

holy holier-than-thou (pej.): *Selbstgefällig; selbstgerecht.* A holy terror (colloq.): *Gefürchtet, furchtbar, zum Fürchten; ein kleiner Quälgeist, ein kleines Scheusal.*

home It's a home from home for me: *Es ist für mich wie ein zweites Zuhause.* To bring s.th. home to someone: *Jemandem etwas beibringen; jemandem etwas klarmachen, vor Augen führen.* To feel at home: *Sich wie zu Hause fühlen; sich wohlfühlen; bewandert sein; sich sicher fühlen.* To be home and dry: *Es geschafft haben.* (A few) home truths: *(Einige) unangenehme Wahrheiten.* To make oneself at home: *Sich wie zu Hause fühlen; es sich gemütlich oder bequem machen.* Nothing to write home about (colloq.): *Nichts Besonderes.*

Homer Homer sometimes nods (prov.): *Selbst Homer irrt sich manchmal; irren ist menschlich.*

homesick He is homesick for her: *Er hat Heimweh nach ihr; er sehnt sich nach ihr.*

honest Honest Injun (= Indian)! (pop.): *Großes Indianerehrenwort; auf mein Wort!* To make an honest woman of someone: *Jemanden zu seinem angetrauten Weib machen; jemanden ehelichen.*

honesty Honesty is the best policy (prov.): *Ehrlich währt am längsten.*

honour (1) To honour a bill (comm.): *Eine Rechnung bezahlen, ausgleichen.* To honour one's signature: *Zu seiner Unterschrift stehen.* Honour thy father and mother: *Vater und Mutter ehren. (Aus den zehn Geboten).*

honour (2) Bound in honour: *Moralisch verpflichtet.* To do the honours: *Die Honneurs machen; den Gastgeber spielen.* He is an honour to his family: *Er macht seiner Familie alle Ehre.* Honour bright! (colloq.): *Auf mein Ehrenwort.* To pledge one's honour: *Sein Ehrenwort geben.*

hook (1) To hook a dress: *Ein Kleid zumachen.* To hook a fish, a husband: *Einen Fisch an der Angel haben; einen Ehemann an Land ziehen.* To hook it (pop.) : *Durchbrennen, Reißaus nehmen.* She hooked her arm into his: *Sie hakte ihren Arm bei ihm unter.* To hook a dress on (up): *Ein Kleid aufhängen.* He has hooked himself to that woman: *Er hat sich an diese Frau gehängt; er hat sich an diese Frau verloren.*

hook (2) By hook or by crook: *Auf Biegen und Brechen; komme was da wolle.* Hook, line and sinker: *Völlig, voll und ganz; von vorne bis hinten; mit Haut und Haaren.* To be off the hook (colloq.): *Aus der Klemme, aus dem Schneider, aus der Affäre, aus dem Schlamassel sein.*

hoop To go through the hoops: *Durch die Mangel gedreht werden; Schlimmes durchmachen.* To put s.b. through the hoops: *Jemanden durch die Mangel drehen; jemanden in die Zange nehmen.*

hoot (1) To hoot: *Heulen, johlen.* To hoot (at) an actor: *Einen Schauspieler verhöhnen, ausbuhen.* To hoot a speaker down: *Einen Sprecher niederjohlen.* To hoot s.b. off (away): *Jemanden durch Gejohle vertreiben.*

hoot (2) I don't care two hoots (sl.): *Das ist mir egal.* He is not worth a hoot: *Er ist keinen Pfifferling wert.*

hop To hop: *Hinken, humpeln, lahmen.* To hop a hedge, a ditch: *Eine Hecke, einen Graben überspringen.* To hop it (pop.) : *Abhauen, verduften.* To hop the perch, the stick, the twig (colloq.): *Sterben, ins Gras beißen.* The aeroplane hopped off (colloq.): *Das Flugzeug startete.* To be hopping mad (colloq.): *Stinkwütend sein; im Dreieck springen.*

hope (1) To hope in God: *Auf Gott vertrauen, auf Gott hoffen.* I hope so: *Ich hoffe doch; ich hoffe, dass es so ist.* I hope not: *Ich hoffe nicht. Ich hoffe, dass es nicht so ist.* To hope for fine weather: *Auf besseres Wetter hoffen.* To hope for the best, for better times: *Auf das Beste hoffen; auf bessere Zeiten hoffen.* To hope for a chance to do s.th.: *Auf die Möglichkeit hoffen, etwas tun zu können.* She hopes for her son's recovery: *Sie hofft auf die Genesung ihres Sohnes.* To hope against hope: *Trotz allem die Hoffnung nicht aufgeben.* I hoped he would (might) succeed: *Ich hoffte, er würde Erfolg haben, durchkommen.*

hope (2) Hope is poor man's bread (prov.): *Die Hoffnung ist* *der armen Leute Brot.* His state of health is past hope: *Sein Gesundheitszustand ist hoffnungslos.* Not to have a hope (in hell) of doing s.th.: *Jemand wird es wohl kaum (auf gar keinen Fall) schaffen, etwas zu tun.* To raise s.b.'s hopes: *Jemandem falsche Hoffnungen machen.*

hopeful He is hopeful about the future: *Er blickt der Zukunft hoffnungsvoll entgegen.* He is hopeful of success: *Er hofft auf Erfolg.* It's a hopeful sign: *Es ist ein hoffungsvolles Zeichen.*

hopeless He is hopeless at mathematics: *Er ist hoffnungslos schlecht in Mathematik.*

horn To horn in on s.th. (USA): *Sich einmischen; sich hineindrängen.*

hornet To stir up a hornet's nest: *In ein Wespennest stechen.*

horse To change horses in midstream: *Auf halbem Weg den Kurs ändern.* It's a horse of another (a different) colour: *Das ist eine ganz andere Angelegenheit, eine ganz andere Sache, etwas ganz anderes; das steht auf einem anderen Blatt.* To eat like a horse (colloq.): *Wie ein Scheunendrescher essen.* To hold one's horses: *Sich zurückhalten; sich im Zaum halten.* A horse laugh: *Wieherndes Lachen, Gelächter; Gewieher.* A horseplay: *Alberei; Balgerei; Kabbelei.* A horse sense: *Ein gesunder Menschenverstand.* (There are) horses for courses: *Es geht darum, wer sich am besten für eine Aufgabe eignet.* Straight from the horse's mouth: *Aus erster Hand; aus direkter Quelle.* A willing horse: *Ein gutmütiger, hilfsbereiter Mensch; viel zu gutmütig.* A willing horse never wants work: *Wer viel arbeitet, bekommt noch mehr aufgeladen.* To spur a willing horse: *Jemanden unnötig anspornen.* You can take a horse to (the) water but you can't make it drink: *Man kann niemanden zu seinem Glück zwingen.*

hot Hot air (colloq.): *Heiße Luft; leeres Geschwätz.* A hotbed of s.th.: *Eine Brutstätte von etwas; der Nährboden für etwas.* hot-blooded: *Heißblütig.* He is a hot head, a hot-headed person: *Er ist ein Hitzkopf.* A hot line: *Eine direkte Verbindung; ein direkter Draht.* He is hot from the front: *Er ist gerade von der Front zurückgekehrt.* It's hot from the oven: *Es ist frisch aus dem Ofen.* To be hot on s.th. (colloq.): *Etwas sehr gut können, sehr gut in etwas sein.* They are hot on his track (scent): *Sie sind ihm hart auf den Fersen.* He is hot on doing it (pop.): *Er ist scharf darauf, es zu tun.* He is hot under the collar: *Er errötet, es ist ihm peinlich.* Hot and strong: *Mit Vehemenz, heftig, mit Ungestüm.* To be in hot water (colloq.): *In Teufels Küche sein.* To be in the hot seat (colloq.): *In einer unangenehmen oder schwierigen Lage sein.* Like hot cakes (colloq.): *Wie warme Semmeln.* To make it hot for someone: *Jemandem einheizen; jemandem die Hölle heiß machen.*

hound To hound a fugitive: *Einen Flüchtling jagen, verfolgen.*

They hounded the populace at (on) him: *Sie hetzten den Pöbel gegen ihn (auf).* To hound s.b. along (on): *Jemanden antreiben.* To hound s.b. out: *Jemanden vertreiben, verjagen.*

hour At all hours: *Jederzeit; zu jeder Tages- und Nachtzeit.* At the eleventh hour: *In letzter Minute.* After hours: *Nach Geschäfts- oder Ladenschluss.* For hours: *Stundenlang.* Hour by hour: *Stunde um Stunde.* The hour is 4:27: *Est ist genau 4:27 Uhr.* His hours are easy: *Sein Arbeitsplan ist angenehm, nicht zu intensiv.* His hour has struck: *Seine Stunde, sein Stündchen hat geschlagen.* An hour in the morning is worth two in the evening (prov.): *Eine Stunde am Morgen ist so gut wie zwei Stunden am Abend; Morgenstund hat Gold im Mund!* To help s.b. in his hour of need: *Jemandem in seiner schweren Stunde beistehen.*

house (1) To house a friend for the week-end: *Einem Freund übers Wochenende Unterkunft gewähren.* They housed the flood victims: *Sie gewährten den Flutopfern Unterkunft.* He houses with his brother: *Er lebt mit seinem Bruder zusammen, er lebt bei seinem Bruder.*

house (2) As safe as houses: *Bombensicher; gut aufgehoben.* To bring the house down (theater): *Stürmischen Beifall auslösen; ein Bombenerfolg sein.* House of cards: *Ein Luftschloß; ein Kartenhaus.* To eat s.b. out of house and home (colloq.): *Jemanden arm essen; jemandem die Haare vom Kopf fressen.* To get on like a house on fire (colloq.): *Prächtig miteinander auskommen; prima vorankommen.* A house of ill fame: *Ein Bordell.* To keep open house: *Sehr gastfreundlich sein.* On the house: *Auf Kosten des Hauses oder der Firma; das geht auf meine Rechnung.* To bow down in the house of Rimmon: *Seine Grundsätze aus politischen Gründen aufgeben.*

hover To hover about (over) a place: *Über einem Ort schweben.* To hover about a person, a place: *Sich um jemanden, um einen Ort herumtreiben.* To hover about all day long: *Den Tag verbummeln.* To hover between life and death: *Zwischen Leben und Tod schweben.* To hover on the verge of madness: *Am Rande des Wahnsinns stehen.*

how And how (sl.): *Und ob!* How about s.b. or s.th. (colloq.)? *Und du? Wie wäre es mit …?* How are you? *Wie geht es Ihnen, dir?* How are you getting on (along)? *Wie kommst du zurecht? Wie kommst du voran?* How come? (colloq.): *Warum? Wieso? Wie kommt's?* How do I know? *Woher sollte ich das wissen?* How do you stand for cash? *Wie geht es dir in finanzieller Hinsicht?* How does your house face? *In welcher Richtung ist dein Haus gebaut?* How far is he capable of going? *Wie weit würde er gehen?* How fares it (how is it going)? *Wie laufen die Dinge?* How if I do it? *Was, wenn ich es täte?* How interesting! *Wie* *interessant.* How long will it take? *Wie lange wird es dauern?* How long have you known him? *Wie lange kennst du ihn schon?* How lucky! *Was für ein Glück!* How should I know? *Wie sollte ich das wissen?* How silly of me! *Wie dumm von mir!* How tricks? (pop.): *Wie geht's? Wie laufen die Dinge?* This is how it works: *So funktioniert es.*

however However it turns out, I'll not desert him: *Wie immer auch die Sache ausgeht, ich werde ihn nicht im Stich lassen.* However much (hard) you may try, you will not succeed: *Was immer du auch versuchen wirst, du wirst keinen Erfolg haben.* However rich he may be, he cannot buy that picture: *Wie reich er auch sein mag, dieses Bild kann er nicht kaufen.*

howl To howl with laughter (colloq.): *Vor Lachen brüllen.* To howl down a speaker: *Einen Redner niederschreien.*

huddle He huddled the children into the car: *Er drängte die Kinder in den Wagen.* To huddle on one's clothes: *Seine Kleider schnell überstreifen.* To huddle through one's work: *Seine Arbeit flüchtig erledigen, zusammenpfuschen.* To huddle together (up): *Zusammendrängen.* To huddle (oneself) up: *Sich zusammenkauern.* To huddle up a matter: *Eine Sache zusammenpfuschen, hinhauen.*

huff (1) To huff a draughtsman: *Einen Stein wegnehmen (beim Damespiel).* To huff s.b. into doing s.th.: *Jemanden zu etwas zwingen; jemanden zwingen, etwas zu tun.*

huff (2) To be in a (the) huff (colloq.): *Eingeschnappt, beleidigt sein.*

hug She hugged her son (in her arms), to her breast: *Sie umarmte ihren Sohn; sie drückte ihren Sohn an ihre Brust.* To hug one's opinions: *An seinen Ansichten festhalten.* To hug oneself on (for) a thing: *Sich zu etwas beglückwünschen.* To hug an influential man: *Die Gefälligkeit, den Schutz eines einflussreichen Mannes erheischen.* To hug a curve (automobile): *Eine Kurve schneiden.* To hug the coast, the shore (naut.): *Sich dicht an der Küste halten (Schiff).* A hug-me-tight: *Ein Umschlagetuch (aus Wolle).*

hum To hum a tune: *Eine Melodie summen.* To hum and haw: *Im Reden stocken, stottern; herumdrucksen.* Humming chorus: *Summender Chor.* She hummed the child to sleep: *Sie wiegte (summte, sang) das Kind in den Schlaf.* To make things hum: *Die Dinge in Schwung bringen; Leben in die Bude bringen.*

humble (1) To humble oneself before s.b.: *Sich vor jemandem demütigen, erniedrigen.*

humble (2) To eat humble pie: *Zu Kreuze kriechen.*

humbug To humbug s.b. into doing s.th.: *Jemanden durch Beschwindeln dazu bringen, etwas zu tun.* To humbug s.b. out of s.th.: *Jemandem etwas abschwindeln; jemanden durch Schwindeln um etwas erleichtern.*

humour (1) To humour a child: *Einem Kind gut zureden; einem Kind den Willen tun.*

humour (2) When the humour takes me: *Wenn mich die Lust packt.* To be out of humour: *Schlecht gelaunt sein.*

hump (1) To hump one's back: *Seinen Rücken zu einem Buckel krümmen.*

hump (2) It gives me the hump: *Es macht mich ganz verdrießlich.* To have the hump: *Schlechte Laune haben.* To be over the hump: *Über den Berg sein.*

hunch I haven't the slightest hunch: *Ich habe nicht die geringste Ahnung.*

hundred Not a hundred miles from here: *Nicht sehr weit von hier.*

hunger (1) He hungers for glory: *Er dürstet, sehnt sich nach Ruhm.* He hungers for affection: *Er sehnt sich nach Zuneigung.* To hunger s.b. into obedience: *Jemanden durch Hunger gefügig machen.*

hunger (2) Hunger is the best sauce (prov.): *Hunger ist der beste Koch.*

hungry I'm as hungry as a hunter (hawk): *Ich bin so hungrig wie ein Wolf, wie ein Bär.* He is hungry for affection: *Er hungert nach Zuneigung.*

hunt To hunt the big game: *Auf Großwildjagd gehen.* To hunt s.b. from a place: *Jemanden von einem Ort verjagen.* To hunt one's horse: *Mit dem Pferd auf Fuchsjagd gehen.* To hunt the hounds: *Mit den Hunden auf Fuchsjagd gehen.* To hunt down the quarry: *Das verfolgte Wild zur Strecke bringen.* To hunt down a rival: *Einen Rivalen zu Fall bringen (i.ü.S.), zur Strecke bringen.* To hunt (about) for a needle in a bundle of hay: *Nach einer Nadel im Heuhaufen suchen.* To hunt for gold: *Nach Gold suchen; auf Goldsuche gehen.* To hunt out (up) an interesting book: *Ein interessantes Buch aufstöbern.* He hunted out (up) a lot of materials for his lecture: *Er recherchierte, stöberte eine große Menge an Materialien für seine Vorlesung auf.* To hunt through a lair: *Ein Wildlager durchstöbern.* Hunt-the-thimble: *Feuer und Wasser (Spiel).*

hurl To hurl a spear, insults at s.b.: *Einen Speer, Beleidigungen gegen jemanden schleudern.* To hurl oneself at (upon) s.b.: *Sich auf jemanden stürzen.*

hurry To hurry soldiers to the front: *Soldaten eilig an die Front transportieren.* To hurry along (by): *Eilig dahergehen; davoneilen.* I hurried him into finishing his work: *Ich hielt ihn an, seine Arbeit eilig zu beenden.* He hurried on: *Er eilte weiter.* He hurried over his breakfast: *Er nahm hastig sein Frühstück zu sich.* He hurried past: *Er eilte, raste vorbei.* He hurried through his homework: *Er erledigte eilig seine Hausarbeiten.* Hurry up! *Beeile dich! Mach schnell!*

hurt He hurt his foot: *Er verletzte seinen Fuß.* To hurt oneself: *Sich verletzen.* To hurt s.b.'s feelings: *Jemandes Gefühle verletzen.* Not to hurt a fly: *Keiner Fliege etwas zuleide tun.* It won't hurt to leave at once: *Es würde nicht schaden, jetzt gleich wegzufahren.*

hurtle To hurtle to the ground: *Auf den Boden sausen, stürzen, poltern.* To hurtle against the wall: *Gegen die Wand schlagen, knallen.* To hurtle together: *Zusammenstoßen. (Autos z.B.).* He hurtled out of the house: *Er rannte wie ein Wilder aus dem Haus.*

husband To husband one's strength: *Mit seinen Kräften haushalten, sparsam umgehen.*

hush Hush-hush (colloq.): *Streng geheim.* To hush up (down) a matter: *Eine Angelegenheit vertuschen, unter den Teppich kehren.* Hush (up)! *Scht! Sei still!* Hush-money: *Schweigegeld.*

hustle (1) To hustle s.b. into a decision: *Jemanden zu einer Entscheidung drängen.* To hustle s.b. into (out of) a room: *Jemanden in ein (aus einem) Zimmer stoßen, drängen.* He hustled through his homework: *Er erledigte schnell, hastig seine Hausaufgaben.* To hustle through the crowd: *Sich durch die Menge drängen, boxen.*

hustle (2) Hustle and bustle: *Gehetze; ‚Betrieb'.*

I

ice (1) To ice a bottle of champagne: *Eine Champagnerflasche, Sektflasche kühlen, auf Eis legen.* To ice (over, up): *Überfrieren, vereisen.*

ice (2) To break the ice (fig.): *Das Eis brechen.* To cut no ice with s.b.: *Jemanden nicht beeindrucken; keinen Eindruck auf jemanden machen.* Just (only) the tip of the iceberg (fig.): *Lediglich (nur) die Spitze des Eisbergs.* To be (skating) on thin ice: *In einer heiklen Lage sein; sich aufs Glatteis (auf dünnes Eis) begeben (haben).*

idea The idea of it! (colloq.): *Na, so was! Stell sich das einer vor!* An idea smote (struck) him: *Ihm kam eine Idee.*

identify To identify a corpse: *Einen Leichnam identifizieren.* To identify stolen goods: *Gestohlene Waren identifizieren.* To identify oneself with s.b.: *Sich mit jemandem identifizieren.*

idle To idle about: *Müßiggang treiben.* To idle away one's time: *Seine Zeit vertrödeln, verplempern.*

if If anything: *Wenn überhaupt, falls je.* If I can help it ...: *Wenn ich es verhindern kann ...; wenn es nicht unbedingt sein muss.* If it comes to that: *Wenn, falls es dazu kommen sollte; wenn die Dinge so stehen (dann).* If I haven't lost my watch! *Da habe ich doch tatsächlich meine Uhr verloren.* If you don't mind:

Wenn es dir nichts ausmacht. If you had only seen! *Wenn du (es) nur gesehen hättest.* If need be: *Wenn Not am Mann ist.* If only: *Wenn nur.* If only I could! *Wenn ich (doch) nur könnte.* If possible: *Falls möglich.* If I say so! *Wenn ich (es) dir sage!* If so: *Falls das so ist, sein sollte.* If it weren't for him: *Dank ihm; wenn es ihn nicht gäbe.* If it were otherwise: *Wenn es nun anders wäre!* If you brew well, you'll drink the better (prov.): *Wer Wind sät, wird Sturm ernten.* If „ifs" and „ans" were pots and pans there were no need of tinkers (colloq.): *Mit „wenn" und „aber" werden keine Probleme gelöst.* If the sky falls, we shall catch larks (prov.): *Nicht alles Schlechte ist schädlich.* If wishes were horses, beggars would (might) ride (prov.): *Wenn das Wörtchen „wenn" nicht wär, wär mein Vater Millionär.*

ill To be (feel) ill at ease: *Sich unbehaglich fühlen; ein ungutes Gefühl haben.* He is ill-bred (behaved): *Er ist schlecht erzogen; er benimmt sich ungezogen.* Ill timed: *Zum ungünstigsten Augenblick; unpassend; ungelegen.* It ill becomes him to behave like that: *Es steht ihm schlecht an, sich so zu verhalten.* It's an ill bird that fouls its own nest (prov.): *Das eigene Nest beschmutzen (Sprichwort).* Ill news comes apace (prov.): *Schlechte Nachricht reist schnell.* To take it ill: *Jemandem etwas übelnehmen.* Things will go ill with someone: *Es wird jemandem übel ergehen.* Ill weeds grow apace (prov.): *Unkraut vergeht nicht.*

ill-treat (ill-use) To ill-treat (to ill-use) s.b.: *Jemanden misshandeln, schlecht behandeln.*

illuminate To illuminate a hall: *Eine Halle festlich beleuchten.* To illuminate the obscurities of a difficult passage: *Die Dunkelheit einer beschwerlichen Passage erleuchten; Die Unklarheit eines schwierigen Textabschnittes erhellen.*

illustrate To illustrate a book: *Ein Buch illustrieren, mit Bildern versehen.* He illustrated his theory: *Er legte seine Theorie dar.*

image To image s.th. to oneself: *Sich etwas vorstellen.*

imagine Imagine such a thing! *Stell dir nur vor!* I imagined him a little taller: *Ich hatte ihn mir etwas größer vorgestellt.*

imbue To imbue s.b.'s mind with hatred, with hope: *Jemanden mit Hass, mit Hoffnung erfüllen.*

immaterial It's immaterial to me: *Es spielt für mich keine Rolle, es ist unwichtig für mich.*

immerse (immure) He immersed (immured) himself in a book: *Er vertiefte, vergrub sich in ein Buch.* He is immersed in his thoughts, in his work: *Er ist in seine Gedanken versunken, in seine Arbeit vertieft.* He is immersed in debt: *Er steckt tief in Schulden.*

impair To impair one's health: *Seine Gesundheit schädigen.*

impart To impart information, news to s.b.: *Jemandem Informationen, Nachrichten mitteilen.*

impeach To impeach s.b. with (of) a crime: *Jemanden eines Verbrechens anklagen, anschuldigen.* To impeach a contract, a document: *Einen Vertrag, ein Dokument anfechten (rechtlich).* To impeach s.o. for giving false testimony: *Jemanden wegen falscher Aussagen anklagen, anschuldigen.*

imperative It is imperative that we should do it: *Es ist absolut notwendig, dass wir es tun.*

impervious It is impervious to water: *Es ist wasserundurchlässig.* He is impervious to my advice: *Er ist meinem Ratschlag unzugänglich.*

impinge To impinge on (upon) s.th.: *Gegen etwas, an etwas stoßen.* To impinge on (upon) s.b.'s rights: *Gegen jemandes Rechte verstoßen.*

implant To implant a principle in s.b.'s mind: *Jemandem ein Prinzip einimpfen, einprägen.*

implicated He is implicated in a murder: *Er ist in einen Mordfall verwickelt.*

implore To implore s.b.'s help, forgiveness: *Jemandes Hilfe, Vergebung erflehen.*

imply That implies a loss of money and a waste of time: *Dies beinhaltet einen Geldverlust und Zeitverschwendung.* He implies that I am a liar: *Er deutet an, dass ich ein Lügner bin.*

import To import goods from a foreign country: *Waren aus dem Ausland, einem fremden Land importieren, einführen.* This imports a radical change in their relations: *Dies bedeutet eine radikale Veränderung in ihren Beziehungen.* That imports me nearly: *Dies betrifft mich sehr persönlich.*

impose To impose silence, a tax, one's will on (upon) s.b.: *Jemandem Schweigen, eine Steuer auferlegen; jemandem seinen Willen aufzwingen.* He imposed himself (his company) on us: *Er bürdete uns seine Gesellschaft auf.* He imposed on me the difficult task of convincing them: *Er drehte mir die schwierige Aufgabe an, sie zu überzeugen.* To impose of (upon) s.b.: *Jemanden beeindrucken; jemanden täuschen, betrügen, hintergehen.*

impregnate To impregnate s.b.'s mind with good principles, with prejudices: *Jemandes Ansichten, Anschauungen mit guten Grundsätzen, mit Vorurteilen prägen.*

impress To impress a seal: *Ein Siegel aufdrücken.* He impressed the love of truth on his son's mind: *Er erzog seinem Sohn die Liebe zur Wahrheit an.* He has impressed them favourably: *Er hat sie günstig, im positiven Sinn beeindruckt.*

impression To be under the impression that: *Den Eindruck haben, dass ...* It's my impression that he is a liar: *Ich habe den Eindruck, dass er ein Lügner ist.*

imprint To imprint a postmark on a letter, a letter with a postmark: *Einen Brief mit dem Poststempel versehen.* To imprint ideas on s.b.'s mind: *Jemandem Ideen einprägen.* To imprint a kiss on s.b.'s forehead: *Jeman-*

dem einen Kuss auf die Stirn drücken.

improve To improve one's health, one's circumstances, one's manners: *Seine Gesundheit, seine Lebensumstände, seine Manieren verbessern.* He is improving (in health): *Seine Gesundheit macht Fortschritte.* To improve an invention, a method: *Eine Erfindung, eine Methode verbessern, fortentwickeln.* He improved his English, his knowledge of English: *Er verbesserte seine Englischkenntnisse.* He improved the favourable occasion: *Er profitierte von der günstigen Gelegenheit; er machte sich die günstige Gelegenheit zunutze.* To improve on (upon) s.th.: *Etwas verbessern, perfektionieren.* To improve oneself: *Sich selbst weiterentwickeln.*

improvise To improvise a meal, a speech: *Ein Essen, eine Ansprache improvisieren.*

impute He imputed his failure to misfortune: *Er schrieb sein Scheitern dem Pech zu.* To impute a crime to s.b.: *Jemandem ein Verbrechen zur Last legen.*

in In accordance with: *In Übereinstimmung mit.* In addition: *Zusätzlich.* In advance: *Im Voraus.* He is in advance of his time: *Er ist seiner Zeit voraus.* In the affirmative: *Im bejahenden Fall, bejahend.* In the afternoon: *Am Nachmittag.* In the air: *In der Luft; (z.B. ein Projekt, Musik liegt in der Luft).* In any case: *Auf jeden Fall.* In battle array: *In Schlachtordnung.* In behalf of: *Im Namen; im Interesse von.* In between: *Zwischen.* In a big way: *Aüf große Art und Weise.* In blast: *Brennend, lodernd.* In a blaze of anger *In einem Anfall von (blinder) Wut.* In blood: *Voller Energie, Leben.* In the bloom of youth: *In der Blüte der Jugend.* In a body: *Alle zusammen.* In my bood: *Meiner Ansicht nach.* In the bosom of one's family: *Im Schoß seiner Familie.* In a brace of shakes: *Im Nu.* In broad daylight: *Am hellichten Tag.* In (the) bud: *Noch nicht reif; unerfahren.* In bulk: *Unverpackte, lose Ware.* In the cart: *In der Tinte.* In chief: *Vor allem; hauptsächlich.* In cold blood: *Kaltblütig.* In course of time: *Im Laufe der Zeit.* In a crow line: *Luftlinie; in direkter, gerader Verbindung.* In the dark: *Im Dunkeln.* In the days of Queen Victoria: *Zu Zeiten Königin Viktorias.* In the days to come: *In den kommenden Tagen.* In days gone by, in the days of old: *In vergangenen Zeiten, in den alten Tagen.* In the day (-time): *Tagsüber.* In the dead of night, of winter: *Mitten in der Nacht, im tiefsten Winter.* In a dead-alive fashion: *Ohne Elan; schlapp; ohne Enthusiasmus.* In the deep of night: *Tief in der Nacht.* In deference to: *Mit Rücksicht auf.* In defiance of: *Unter Missachtung von; zum Trotz von.* In the depth of the country: *Tief im Landesinneren.* In the depth of one's heart: *In der Tiefe seines Herzens; im wahren Herzensgrund.* In despair: *In Verzweiflung.* In dock (colloq.): *Im Krankenhaus; zur*

Reparatur. In the dock: *Auf der Anklagebank.* In dozens: *Dutzendweise.* In (real) earnest: *Im Ernst; im tiefsten Ernst, ernsthaft.* In either event: *In jedem Fall; wie auch immer die Dinge sein werden; so oder so.* In the end: *Am Ende.* In error: *Im Irrtum; versehentlich; irrtümlich.* In evil array: *In (sehr) schlechtem Zustand.* In exchange for: *Im Austausch für.* In the extreme: *Im Extremfall.* In the eyes of the law, of the world: *Vor dem Gesetz; vor den Augen der Welt.* In the face of danger: *Im Angesicht der Gefahr.* In the face of day: *Mit offenen Karten, ohne Ausflüchte.* In fact: *Tatsächlich; in Wahrheit.* In the family way: *Ein Kind erwarten.* In a fashion: *In gewisser Weise; in seiner Art; gewissermaßen.* In the first place: *An erster Stelle, zuallererst.* In fits and starts: *Sprunghaft, stoßweise.* In a flash: *Mit einem Schlag; blitzartig.* In the flesh: *In Fleisch und Blut.* In flood: *Überflutet.* In force: *In großer Anzahl; Stärke, in Kraft, rechtsgültig.* In full: *Im Ganzen, gänzlich.* In full bloom (blossom): *In voller Blüte.* In full career: *Mitten in der Karriere.* In full swing: *In vollster Aktivität, in vollem Schwung.* In full working-order: *Auf höchst effiziente Weise.* In general wear: *Modisch, in der Mode.* In good heart: *Fruchtbar (Erde).* In good time: *Zu seiner Zeit.* In grain: *Echt, natürlich, unverfälscht.* In great haste: *In großer Eile.* In the groove (pop.): *Im richtigen Fahrwasser.* He is in my hair (colloq.): *Er langweilt mich; er fällt mir auf die Nerven; er geht mir auf den Wecker.* In one's heart: *In der innersten Seele.* He is in heart: *Er ist gutgelaunt.* In the heat of the battle: *In der Hitze des Gefechts.* In the hey-day of youth: *In den glücklichen Tagen der Jugend.* In an hour's time: *In einer Stunde.* In a hundred: *Unter Einhundert.* In a hurry: *In großer Eile.* In installments: *Ratenweise, in Raten.* We are all in it: *Wir sitzen alle im selben Boot.* In a jiffy: *Im Nu, in einem Augenblick.* He is in the land of the living: *Er lebt; er ist am Leben.* It is in the lap of the Gods: *Es ist jenseits menschlicher Macht; im Schoß der Götter.* In less than no time: *Schneller als du schauen kannst; im Nu.* In the light of the latest news: *In Anbetracht der letzten Nachrichten.* In the long run: *Auf lange Sicht.* In a manner of speaking: *In Worten ausgedrückt.* In a matter of days: *In einigen Tagen.* In the middle of nowhere (colloq.): *Am Ende der Welt.* In the money: *Reich; im Geld schwimmend.* In the name of the law: *Im Namen des Gesetzes.* In the negative: *Verneinend; im verneinenden Fall.* In the nick of time: *Im rechten Moment; gerade noch rechtzeitig.* In no time: *Sofort.* In number: *Zahlenmäßig.* In one breath: *In einem Atemzug.* In one piece: *Am Stück; in einem Stück.* In the open: *Im Freien.* In the open air: *Draußen.* In my opinion: *Meiner Ansicht nach.* In other words: *In anderen Worten.* In passing: *Im Vorübergehen.* In pawn: *Verpfändet.* In penny numbers: *Einzeln, langsam, einer nach dem anderen.* In (one's own) person: *In eigener Person; persönlich.* In a pinch: *In einer schwierigen Lage, in der Not.* In place: *Am rechten Ort; an Ort und Stelle.* In plain English (terms): *In klarem, deutlichem Englisch.* In pop (pop.): *Verpfändet.* In practice: *In Gebrauch, in Übung.* In the pudding club (pop.): *Schwanger.* In quest of: *Auf der Suche nach.* In rain or fine: *Im Guten wie im Bösen.* In return for: *Im Austausch für.* In revenge: *Als Rache.* He is in the running: *Er liegt im Rennen; er hat gute Chancen zu gewinnen.* In safe keeping: *In sicheren Händen.* In the same breath: *Im selben Atemzug.* A word in season: *Ein Wort zur rechten Zeit.* In season and out of season: *Zu jeder passenden und unpassenden Zeit.* In the seminal state: *Rudimentär; bruchstückhaft.* In a sense: *In einem (gewissen) Sinn.* In the seventh heaven: *Im siebten Himmel (der Liebe).* In shore: *Nahe am Ufer.* In short: *In Kürze.* In the short run: *Auf kurze Sicht, kurzfristig.* In a small way: *Auf kleine Art und Weise.* In snatches: *Sprunghaft, stoßweise.* In some degree: *In gewisser Weise.* In some respect: *In mancherlei Hinsicht.* In (the) spirit: *Im Geist (von).* In spite of: *Trotz.* In sport: *Im Scherz, im Spaß, im Spiel.* In state: *Mit großem Pomp, Aufwand.* In step: *Im Schritt.* In the street: *Auf der Straße.* In strength: *In großer Anzahl, an Kraft.* In the teeth of: *In der Gewalt von.* In the thick of it, of things: *Mitten im Ärgsten.* In time: *Rechtzeitig.* In tune: *Gestimmt (Musikinstrument z.B.).* In turn: *Der Reihe nach.* In twos, in two ticks (colloq.): *Sofort.* In vain: *Umsonst, vergeblich.* In the very heart of the city: *Im Herzen der Stadt.* In virtue of: *Kraft (eines Erlasses z.B.).* In a walk: *Ohne Mühe, mühelos.* In its way: *Nach seiner Art und Weise.* In a whole skin: *Unversehrt, unbeschädigt.* In the wilds: *In der Wildnis; fern aller Zivilisation.* In the wind: *In der Luft; in Vorbereitung.* In word and deed: *In Worten und Taten.* In writing: *Schriftlich.* He is in the wrong: *Er hat Unrecht.* In the year one: *In fernen Zeiten.* In at one ear and out at the other: *Ins eine Ohr hinein, zum anderen wieder heraus.* He is in for a bad (unpleasant) time, for trouble: *Er hat eine unangenehme Zeit vor sich; ihm steht Ärger ins Haus.* In for a penny, in for a pound (prov.): *Wer „A" sagt, muss auch „B" sagen.* In or out! *Rein oder raus!* In with you! *Tritt ein!*

ins The ins and outs: *Die Mitglieder der Regierungspartei und die Mitglieder der Opposition.* The ins and outs of a matter: *Die Einzelheiten einer Sache.*

inaugurate To inaugurate a building, a monument, a statue, a new era: *Ein Gebäude, ein Denkmal, eine Statue einweihen; eine neue Ära beginnen, einläuten.*

incensed He was greatly incensed at her behaviour: *Er war sehr erzürnt über ihr Verhalten.*

inch (1) To inch along: *Langsam vorwärtskommen.*

inch (2) Inch by inch: *Zentimeter um Zentimeter.* An inch of cold iron: *Ein Dolchstoß.* Every inch: *Jeder Zoll; durch und durch; mit jeder Faser.* Give him an inch (and he'll take an ell / a yard / a mile): *Wenn man ihm den kleinen Finger gibt, nimmt er die ganze Hand.*

incite To incite s.b. to rebellion: *Jemanden zur Rebellion aufhetzen.* I incited him to study harder: *Ich spornte ihn an, mehr zu lernen.*

incline To incline one's head: *Seinen Kopf neigen.* To incline one's ear to s.b.: *Jemandem Gehör schenken, sein Ohr leihen.* That inclines me (I incline, I am inclined) to think he is wrong: *Dies lässt mich zu der Meinung neigen, dass er Unrecht hat.* She inclines (she is inclined) to grow fat, to stoutness: *Sie hat eine Veranlagung zur Fettleibigkeit.*

including (inclusive of) Including (inclusive of) all charges: *Alle Kosten mit eingeschlossen.* Inclusive terms: *Pauschalpreis.*

increase To increase speed: *Die Geschwindigkeit erhöhen.* To increase one's estate, one's influence, one's power: *Seinen Besitz, seinen Einfluß, seine Macht vergrößern.* To increase one's staff: *Sein Personal vergrößern.* He increased the sales: *Er trieb die Verkäufe in die Höhe.* To increase in price, in value: *Teurer werden, an Wert gewinnen.*

inculcate He inculcated good principles upon his son's mind: *Er schärfte seinem Sohn gute Grundsätze ein.*

incumbent It is incumbent on him to do that work: *Es ist seine Pflicht, diese Arbeit zu tun.*

incur To incur a danger: *Sich einer Gefahr aussetzen.* To incur blame (censure), punishment: *Schuld, Zensur, Strafe auf sich ziehen.* To incur debts: *Schulden machen.*

indemnify To indemnify s.b. from (against) any loss: *Jemanden für einen Verlust entschädigen, schadlos halten.*

independent He is independent of his parents: *Er ist von seinen Eltern (finanziell) unabhängig.*

Indian an Indian summer: *Altweibersommer; Spätsommer; zweiter Frühling.*

indicate He indicated the right road with his hand: *Er deutete mit seiner Hand auf die richtige Straße.* This indicates (is indicative, indicatory of) great intelligence: *Dies ist ein Zeichen großer Intelligenz.*

indict To indict s.b. for a crime: *Jemanden wegen eines Verbrechens anklagen.*

indifferent He is indifferent to poetry: *Er macht sich nichts aus Poesie.* He is indifferent to pain: *Er ist unempfindlich gegen Schmerzen.* It is a matter of indifference to me: *Es ist mir gleich, egal.*

indignant I'm indignant at his behaviour: *Ich bin erzürnt, verärgert über sein Benehmen.*

indite To indite a letter: *Einen Brief abfassen, niederschreiben.*

induce To induce s.b. to do s.th.: *Jemanden dazu veranlassen, etwas zu tun.* To induce an illness, a sense of well-being: *Eine Krankheit verursachen; allgemeines Wohlbefinden bewirken.* To induce sleep: *Schlaf bewirken.*

indulge To indulge one's desires: *Seine Wünsche befriedigen.* He indulges his son too much: *Er sieht seinem Sohn zu viel nach.* To indulge one's own fancy: *Sich seinen Phantasien hingeben.* He indulges in drinking, in smoking too much: *Er gibt sich zu sehr dem Trinken, dem Rauchen hin.* To indulge in innocent amusements: *Unschuldigen Vergnügungen frönen.* He indulges himself with wine: *Er gibt sich dem Wein hin.*

infamous It's infamous! *Es ist schändlich!*

infect To infect water with germs: *Wasser mit Krankheitserregern infizieren, verschmutzen.* To infect s.b.'s mind with seditious views: *Jemandes Geist mit aufrührerischen Ansichten infizieren, anstecken.*

infer I infer from your attitude that ...: *Ich folgere aus deiner Einstellung, dass ...*

infest To infest a house: *Ein Haus heimsuchen, plagen.*

inflate To inflate a balloon, a tyre: *Einen (Luft-)Ballon aufblasen; einen Reifen mit Luft vollpumpen.* Inflated with pride: *Vor Stolz platzend.*

inflict To inflict a blow, suffering, a punishment (a penalty) on s.b.: *Jemandem einen Stoß verpassen, Leiden zufügen, eine Strafe auferlegen.*

influence That influenced my decision: *Dies beeinflusste meine Entscheidung.*

inform To inform s.b. (oneself) about (of) s.th.: *Jemanden (sich selbst) über etwas informieren.* They informed against (on) him: *Sie zeigten ihn an; sie denunzierten ihn.*

infringe To infringe a law, a rule: *Ein Gesetz brechen, gegen eine Regel verstoßen.* To infringe orders: *Gegen Befehle verstoßen.* To infringe upon s.b.'s rights: *Jemandes Rechte verletzen.*

infuse To infuse camomile-tea: *Kamillentee aufgießen.* He infused his own courage into the troops: *Er flößte den Truppen seinen eigenen Mut ein.*

ingratiate To ingratiate oneself with s.b.: *Sich bei jemandem einschmeicheln.*

inhibit To inhibit s.b. from doing s.th.: *Jemanden hindern, etwas zu tun.*

initiate To initiate s.b. in the first elements of physics: *Jemanden (einen Neuling) mit den Grundlagen der Physik vertraut machen.* They initiated him into their rites: *Sie weihten ihn in ihre Riten ein.*

injure To injure s.b.'s health, interests: *Jemandes Gesundheit schädigen; jemandes Interessen schaden.* To injure s.b.'s pride: *Den Stolz einer Person verletzen.* That injured her reputation: *Dies schadete ihrem Ruf.*

inoculate To inoculate schoolchildren against polio, against smallpox: *Schulkinder gegen Polio, gegen Pocken impfen.* To inoculate s.b. with moral principles, with wisdom: *Jemanden mit moralischen Grundsätzen, mit Weisheit erfüllen.*

inquire I inquired how to do it: *Ich erkundigte mich nach dem Vorgehen.* I inquired about his work: *Ich erkundigte mich nach seiner Arbeit.* Inquire after him, after his health: *Erkundige dich nach ihm, nach seiner Gesundheit.* I inquired the way of the first person I met: *Die erste Person, die ich traf, fragte ich nach dem Weg.* They inquired into the causes of the accident: *Sie stellten Untersuchungen hinsichtlich der Unfallursache an.* To inquire further: *Weitere Erkundigungen anstellen.*

inscribe To inscribe a circle in a triangle: *Einen Kreis in ein Dreieck zeichnen.* To inscribe an epitaph on a tombstone: *Einen Grabstein mit einer Inschrift versehen.* He inscribed his book to his mother: *Er widmete sein Buch seiner Mutter.*

insensible (insensitive) He is insensible (insensitive) to beauty, to cold: *Er ist gleichgültig gegenüber Schönheit; er ist unempfindlich gegenüber Kälte.* He is insensible of the impending danger: *Er erkennt die drohende Gefahr nicht.* An insensible person: *Ein gefühlloser Mensch.*

insert To insert an advertisement in a newspaper: *Eine Anzeige in eine Zeitung setzen.* To insert a piece of wood in a cleft: *Ein Stück Holz in eine Spalte einpassen.* To insert the key in the key-hole: *Den Schlüssel ins Schlüsselloch stecken.*

inside Inside the house: *Im Haus; im Inneren des Hauses.* He has inside information: *Er hat geheime Informationen (aus erster Hand, direkt von der Quelle).* Inside of a week (colloq.): *In weniger als einer Woche.* Inside out: *Umgekrempelt, umgestülpt; das Innere nach außen gekehrt.*

insinuate To insinuate a doubt, a suspicion into s.b.'s mind: *Einen Zweifel, einen Verdacht in jemandem aufkommen lassen.* He insinuates that you have told a lie: *Er deutet an, dass du gelogen hast.* He insinuated himself into that family to ruin them: *Er schlich sich in diese Familie ein, um sie zu ruinieren.*

insist To insist on (upon) a matter: *Auf einer Sache bestehen.* He insisted in his studies: *Er führte seine Studien fort; er beharrte auf seinen Studien.* To insist in (on) s.b.'s steps: *In die Fußstapfen einer Person treten.* He insisted on (upon) his innocence: *Er bestand auf seiner Unschuld; er hielt an seiner Unschuld fest.*

inspire To inspire the air: *Die Luft einatmen.* He is inspired by nature: *Er wird von der Natur angeregt, inspiriert.* To inspire s.b. with confidence (into s.b.): *Jemanden mit Vertrauen (in jemanden) erfüllen.* To inspire s.b. with hope, hope into s.b.: *Jemandem Hoffnung einflößen.*

install To install a heating (a lighting) system: *Ein Heizungssystem (eine Beleuchtung) installieren, einbauen.* To install oneself in a place: *Sich an einem Ort niederlassen.*

instil(l) To instill moral principles, hatred into s.b.'s mind: *Jemandem moralische Prinzipien einimpfen; jemandem Hass einflößen.*

institute To institute an exhibition, an inquiry: *Eine Ausstellung einrichten; eine Untersuchung einleiten.* To institute s.b. as heir: *Jemanden als Erben einsetzen.* To institute an action, legal proceedings against s.b.: *Klage erheben gegen jemanden, ein Verfahren einleiten gegen jemanden.* To institute s.b. into an office: *Jemanden in ein Amt einführen, einsetzen (z.B. Bischof).* To institute s.b. to (into) a benefice: *Jemandem eine Pfründe zukommen lassen.*

instruct To instruct s.b. in Greek: *Jemanden in Griechisch unterrichten.* They instructed him to finish the work: *Sie beauftragten ihn, die Arbeit zu Ende zu führen.*

insult To add insult to injury: *Das Ganze noch schlimmer machen; noch eins obendrauf setzen (ugs.).*

insure To insure s.b.'s car against theft, s.b.'s house against fire: *Jemandes Wagen gegen Diebstahl, jemandes Haus gegen Feuer versichern.* To insure oneself: *Sich selbst versichern (Lebensversicherung).*

intelligent He is intelligent of everything: *Er ist über alles informiert, er weiß über alles Bescheid.*

intend He intended to do it: *Er hatte vor, es zu tun.* I intend to be obeyed: *Ich erwarte, dass man mir gehorcht.* We intended no harm (hurt) to his feelings: *Wir hatten nicht die Absicht, seine Gefühle zu verletzen.* I intend him to do it at once: *Ich wünsche, dass er das sofort macht.* They intended him for the law (for the bar): *Sie hatten für ihn den Beruf des Rechtsanwaltes bestimmt.* It's intended for you: *Es ist für dich bestimmt; es ist an dich gesandt.*

intent He is intent on (upon) his studies, on (upon) his work: *Er ist versessen auf seine Studien, seine Arbeit.* He is intent on doing it: *Er ist eifrig darauf bedacht, es zu tun.*

intercede He interceded with the manager for (on behalf of) his friend: *Er verwendete sich beim Geschäftsleiter für seinen Freund.*

intercept To intercept light: *Licht auffangen.* To intercept a letter, a message: *Einen Brief, eine Botschaft abfangen.* They intercepted his escape: *Sie verhinderten seine Flucht.* To intercept s.b.'s retreat: *Jemandem den Rückzug abschneiden.*

interchange To interchange letters, opinions, presents: *Briefe, Meinungen, Geschenke austauschen.*

interdict To interdict s.b. from doing s.th.: *Jemandem verbieten, etwas zu tun.* To interdict a parson: *Einen Pfarrer mit dem Interdikt (=Verbot aller kirchlichen Amtshandlungen) belegen.*

interest That interests me very much: *Das interessiert mich sehr.*

I interested them in my project: *Ich gewann ihr Interesse für mein Projekt.* I interested myself for him, in his behalf: *Ich bemühte mich für ihn, in seinem Namen.* He interests himself (he is interested) in music, in painting: *Er interessiert sich für Musik, Malerei.* We are interested in your offer (comm.): *Wir sind an Ihrem Angebot interessiert.*

interfere (intermeddle) To interfere (to intermeddle) with (in) other people's business: *Sich in anderer Leute Angelegenheiten einmischen.* That interferes with his projects: *Das beeinträchtigt seine Projekte.* He interfered (interposed, intervened) between them in their quarrel: *Er vermittelte zwischen den beiden in ihrer Auseinandersetzung.* To interfere (to interpose, to intervene) in a dispute: *Sich in einen Streit einmischen, einschalten.*

interpret To interpret an inscription: *Eine Inschrift deuten.* To interpret the leading role: *Die Hauptrolle spielen, darstellen, interpretieren.* I interpreted his silence as a refusal: *Ich deutete sein Schweigen als Ablehnung.* To interpret s.b.'s wishes: *Jemandes Wünsche erraten.* To interpret a sign: *Ein Zeichen deuten.*

interrupt To interrupt the electric current: *Den elektrischen Stromkreis, Stomfluß unterbrechen.* He interrupted our conversation: *Er unterbrach unsere Unterhaltung.*

intimidate To intimidate s.b. into doing s.th.: *Jemanden durch Einschüchterung dazu bringen, etwas zu tun.*

into Into the bargain: *Außerdem, überdies, obendrein, darüberhinaus.* Into the ground: *(Einer Sache) auf den Grund (gehen).*

intoxicated He is intoxicated by (with) success: *Er ist berauscht vom Erfolg.*

intrigue To intrigue with s.b.: *Mit jemandem intrigieren, Ränke schmieden, mit jemandem ein Verhältnis haben.* That intrigues me greatly: *Das erstaunt, befremdet mich sehr.*

introduce To introduce a subject into the conversation: *Ein Thema in eine Unterhaltung einbringen, einfließen lassen.* He introduced me to his friend: *Er stellte mich seinem Freund vor.* To introduce a bill: *Einen Gesetzentwurf vorstellen, einbringen, vorlegen.* To introduce an iron bar into a furnace: *Einen Eisenstab in einen Hochofen einführen, einsetzen.* To introduce amendments into a bill: *Einem Gesetzentwurf Änderungen anhängen.*

intrude To intrude (oneself) into a company, into a place: *Sich in ein Unternehmen eindrängen; in einen Ort eindringen.* To intrude (oneself) into a matter: *Sich in eine Angelegenheit einmischen.* To intrude on (upon) s.b.: *Sich jemandem aufdrängen.* To intrude on (upon) s.b.'s privacy: *Sich in die Privatsphäre einer Person einmischen.* He intruded on (upon) my time: *Er drängte sich mir auf und stahl mir kostbare Zeit.*

invade They invaded the whole country: *Sie überfielen das gesamte Land; sie drangen in das gesamte Land ein; sie marschierten im gesamten Land ein.* To invade s.b.'s rights: *Jemandes Rechte verletzen.*

invalid He was invalided home (out of the Army): *Er wurde als Invalide aus dem Heer nach Hause entlassen.*

inveigh To inveigh against s.b.: *Über jemanden herziehen.*

invent To invent an excuse: *Eine Entschuldigung erfinden, sich ausdenken.*

invert To invert the order: *Die Ordnung umkehren, umdrehen.*

invest To invest (money) in shares, in treasury bonds: *Geld in Aktien, in Wertpapieren anlegen, investieren.* He invested all his capital in the enterprise: *Er investierte all sein Geld in das Unternehmen.* To invest in a fur coat (colloq.): *Sich einen Pelzmantel kaufen.* To invest s.b. with an estate, with an office, with full powers: *Jemandem einen Landbesitz zur Verwaltung übergeben; jemanden mit einem Amt betrauen; jemandem Vollmachten erteilen.*

investigate They investigated the causes of the accident: *Sie untersuchten die Ursache des Unfalls.*

invite To invite s.b. to dinner, to tea: *Jemanden zum Abendessen, zum Tee einladen.* They invited him to stay the night: *Sie luden ihn ein, über Nacht zu bleiben.* I'm invited to Mr. White's: *Ich bin zu Herr nWhites Haus eingeladen.* He invited my opinions about the matter: *Er lud mich ein, ihm meine Meinung zu der Sache darzulegen.*

invoke To invoke s.b.'s help: *Jemandes Hilfe anrufen, anflehen.* She invoked the name of God: *Sie rief Gott als Zeuge an.*

involve To involve s.b. in a conspiracy, in a quarrel: *Jemanden in eine Verschwörung, einen Steit verwickeln.* That involves great expenditure: *Das bringt große Ausgaben mit sich, beinhaltet große Ausgaben.* He is (deeply) involved in debt: *Er steckt bis zum Hals in Schulden.*

irk It irks me to do it: *Es ärgert mich, es tun zu müssen.*

iron (1) To iron a coat, a shirt: *Einen Mantel, ein Hemd bügeln.* They ironed out all differences, all difficulties: *Sie räumten alle Meinungsverschiedenheiten, alle Schwierigkeiten aus dem Weg.* To iron out a problem: *Ein Problem ausbügeln, auflösen, aus dem Weg räumen.*

iron (2) To have several irons in the fire: *Mehrere Eisen im Feuer haben; auf mehreren Hochzeiten gleichzeitig tanzen.* The Iron Curtain, an iron curtain: *Der Eiserne Vorhang, ein eiserner Vorhang.* The iron hand (fist) in the velvet glove. *„Die eiserne Hand im Samthandschuh".* The iron horse: *Dampfross.* To rule (s.b.) with a rod of iron: *Mit eiserner Hand regieren; jemanden unter der Fuchtel haben.* To strike while the iron is hot: *Das Eisen schmieden, solange es heiß ist; die Gelegenheit beim Schopf packen.*

issue (1) To issue a book, a

newspaper: *Ein Buch, eine Zeitung herausbringen.* To issue bank-notes: *Geldscheine ausgeben, in Umlauf bringen.* To issue a certificate, a passport: *Eine Bescheinigung, einen Pass ausstellen.* They issued (forth) from the fort: *Sie verließen das Fort.* To issue from (out of) a wound: *Aus einer Wunde hervortreten (Blut z.B.).* He issues from an ancient family: *Er kommt aus einer alten Familie.* To issue in nothing: *Zu nichts führen, im Sand verlaufen.*

issue (2) To make an issue of s.th.: *Etwas aufbauschen; etwas breittreten; viel Aufhebens um nichts machen.* The point of issue: *Der springende Punkt.* To take issue with s.b.: *Jemandem widersprechen (müssen).*

it It is a dirty bird that fouls its own nest (prov.): *Das eigene Nest beschmutzt man nicht.* It is a long lane that has no turning (prov.): *Es hat alles einmal sein Ende.* It's as well to be hanged for a sheep as for a lamb (prov.): *Wenn schon, denn schon.* It is better to marry over the mixem than over the moor (prov.): *Die Ehefrau sollte besser aus dem eigenen Land kommen.* It is easy to be wise after the event (prov.): *Hinterher wissen es alle besser.* He is it (colloq.): *Er ist unübertrefflich.* It is I (me): *Ich bin's.* It is never too late to mend (prov.): *Es ist nie zu spät für einen neuen Anfang.* It is no use crying over spilt milk (prov.): *Es hat wenig Sinn, über Vergangenes zu lamentieren; es ist sinnlos, über verschüttete Milch zu weinen.* It is one thing to talk of dying, but it is another thing to die (prov.): *Es ist etwas anderes vom Sterben zu reden als zu sterben.* It is a poor heart that never rejoices (prov.): *Ein armer Wicht, der sich nicht freuen kann.*

itch To itch to do s.th.: *In den Fingern jucken, etwas zu tun.* To itch for s.th. to happen: *Ungeduldig auf etwas warten; dürsten danach, dass etwas geschieht.*

J

jack To jack up a car: *Ein Auto aufbocken.* To jack up an enterprise: *Ein Unternehmen aufgeben.*

Jack He is a Jack of all trades, of all works: *Er ist ein Hans-Dampf in allen Gassen.* Before you can say Jack Robinson: *Im Nu, im Handumdrehen.*

jam (1) To jam the brakes: *Die Bremsen blockieren.* To jam a passage, the traffic: *Einen Durchgang verstopfen, den Verkehr zum Stocken bringen.* He jammed his hat on his head: *Er setzte sich (mit Schwung) den Hut auf den Kopf.* He jammed his finger in the door: *Er klemmte seinen Finger in der Tür.* She jammed the linen into the drawer: *Sie stopfte die Wäsche in die Schublade.* To be jammed in between two rocks:

Zwischen zwei Felsbrocken eingeklemmt sein.

jam (2) Jam tomorrow: *Eine versprochene Sache, die immer wieder auf den nächsten Tag verschoben wird.* (There will be) jam tomorrow: *(Das sind alles nur) leere Versprechungen.* To want jam on it (pej.): *Jemand kriegt wohl nie genug, kann den Hals nicht voll kriegen (abw.).*

jar To jar on s.b.'s ear: *Jemandem ins Ohr kreischen; jemandem auf die Nerven gehen.* To jar on (upon) s.b.'s feelings, nerves: *Jemandem auf die Nerven gehen.* It jars with the colour of her dress: *Es beißt sich mit der Farbe ihres Kleides.*

jazz To jazz up a party (USA): *Ein Fest beleben.*

jeer To jeer at s.b.: *Über jemanden spotten.*

jeopardize To jeopardize one's life: *Sein Leben gefährden, in Gefahr bringen.*

jerk To jerk along: *Einherjuckeln, vorwärtsruckeln.* To jerk back: *Zurückspringen.* To jerk open: *Aufspringen, mit einem Ruck aufgehen.* To jerk to a halt: *Ruckartig zum Stillstand kommen.* To jerk out a dagger: *Einen Dolch hervorreißen, blitzartig ziehen.* To jerk out one's words: *Stammeln.* To jerk up: *Hochreißen (Kopf z.B.).*

jest To jest about (at) serious things: *Über ernste Dinge (herum)witzeln.*

jet The jet set: *Die Schickeria; der Jet-set.*

jib To jib at an offer: *Vor einem Angebot zurückscheuen.*

jig (1) To jig up and down, to and fro: *Hin- und herhüpfen, einhertanzen.* To jig a baby (up and down) on one's knees: *Einen Säugling auf den Knien schaukeln.*

jig (2) The jig is up (pop.): *Da ist nichts mehr zu machen.*

jingle He jingled the keys in his pocket: *Er klirrte mit den Schlüsseln in seiner Tasche.*

job It's a job to do it: *Es ist keine einfache Sache.* It isn't my job: *Das geht mich nichts an; das ist nicht mein Bier.* To give s.th. up as a bad job (colloq.): *Etwas aufgeben; etwas lassen.* A good job (colloq.: *Ein Glück; ein Segen; so ein Pech (iron.).* To have a job (colloq.): *Etwas ist gar nicht so einfach, ganz schön schwierig, ganz schön hart.* A job lot: *Gelegenheitskauf; Restposten; Ramschware.* Just the job (colloq.): *Goldrichtig.* On the job: *Im Dienst; ohnehin schon dabei.*

jockey To jockey for position: *Versuchen, sich eine günstige Position zu verschaffen; rangeln (fig.).* To jockey someone into a position: *Jemandem durch Protektion eine Stellung verschaffen; jemanden „lancieren“.* To jockey s.b. into doing s.th.: *Jemanden zu etwas verleiten.* They jockeyed him out of all his money: *Sie betrogen ihn um all sein Geld.*

jog To jog s.b.'s memory: *Jemandes Gedächnis nachhelfen.* To jog along (on): *(Irgendwie) weitermachen; weiterwursteln.* To jog off: *Sich laufend, joggend entfernen.* Everything jogs on very well: *Alles läuft prima.*

join To join one thing to another: *Eine Sache mit einer anderen verbinden.* To join two persons in marriage (in matrimony): *Zwei Menschen in der Ehe zusammenführen.* To join two points by a straight line: *Zwei Punkte mit einer geraden Linie verbinden.* They joined us the next day: *Sie schlossen sich uns (um uns zu begleiten) am darauffolgenden Tag an.* To join the army, the colours: *Soldat werden, der Armee beitreten.* To join the banner of s.b.: *Sich der Ideologie, der (politischen, moralischen) Sache einer Person anschließen.* To join hands in action: *Sich zu einer Tat vereinigen.* To join the (great) majority: *Sich der Mehrheit anschließen.* To join a party: *Einer Partei beitreten.* To join the queue: *Sich in die Warteschlange (Reihe) einordnen.* To join the winning side: *Sich auf die Seite des Gewinners schlagen.* To join in: *Teilnehmen an, Mitglied werden.* He joined in the conversation: *Er schloss sich der Unterhaltung an.* To join in with s.b.: *Mit jemandem zusammenarbeiten.* To join up: *Verbinden, zusammenfügen; Soldat werden.* He joined with me in the expenses of the party: *Er beteiligte sich an den Kosten für die Party.*

joke (1) To joke about serious things: *Sich über ernsthafte Angelegenheiten lustig machen.* To joke at s.b.'s expense: *Einen Witz auf Kosten einer Person reißen.* Joking apart, aside: *Spaß beiseite.*

joke (2) A joke in bad taste: *Ein geschmackloser Witz.* Beyond a joke: *Nicht mehr komisch.* It's no joke (colloq.): *Etwas ist keine Kleinigkeit.*

jolt To jolt along: *Einherrütteln, einherholpern.*

jostle To jostle s.b. (about): *Jemanden herumstoßen, herumdrängeln.* To jostle s.b. into (out of) a place: *Jemanden hinein-, hinausschubsen.* To jostle through the crowd: *Sich durch die Menge drängeln.* To jostle with s.b.: *Mit jemandem zusammenstoßen, sich mit jemandem streiten.* To jostle with s.b. for s.th.: *Mit jemandem um etwas streiten.*

jot To jot down a speech: *Eine Ansprache kurz, schnell notieren.*

judge (1) To judge a case, a person: *Über einen Fall, eine Person richten, ein Urteil fällen.* I judged it (was) advisable to stay at home: *Ich hielt es für ratsam, zu Hause zu bleiben.* To judge people by appearances, by externals, by looks: *Menschen nach ihrer Erscheinung, ihrem Äußeren, ihrem Aussehen beurteilen.* To judge s.b. by his actions: *Jemanden nach seinen Taten beurteilen.* To judge of this jewel I must examine it carefully: *Um dieses Juwel beurteilen zu können, muss ich es sorgfältig untersuchen.*

judge (2) He is no judge of that: *Er ist kein Kenner dieser Materie.*

judgement To sit in judgement on s.b.: *Über jemanden zu Gericht sitzen; sich über jemanden zum Richter machen.*

juggle To juggle s.b. out of his money: *Jemanden um sein Geld betrügen.* To juggle with the ball, with knives: *Mit dem Ball, mit Messern jonglieren.* To juggle with the facts: *Tatsachen verdrehen.* To juggle with s.b.: *Jemanden täuschen.*

juice To stew one's own juice (colloq.): *Eine Sache ausbaden.* To let someone stew in one's own juice (colloq.): *Jemanden im eigenen Saft schmoren lassen.*

jumble To jumble different things together (up): *Verschiedene Sachen zusammenwerfen, in Unordnung bringen.* To jumble ingredients: *Zutaten eines Gerichts (ver)mischen.*

jump To jump one's bail (USA): *Flüchtig werden, nachdem man das Geld für die Kaution hinterlegt hat.* To jump the gun (sport): *Vor dem Startschuss starten; jemandem zuvorkommen.* To jump the queue: *Sich beim Schlangestehen vordrängeln.* To jump the rails: *Entgleisen.* To jump a train: *Auf einem Zug schwarz mitfahren.* I jumped two chapters because they were too boring: *Ich übersprang zwei Kapitel, weil sie zu langweilig waren.* To jump across a ditch: *Über einen Graben springen.* To jump at a chance (at an opportunity), at an offer: *Eine Möglichkeit (ein Angebot) sofort annehmen, akzeptieren.* He jumped down my throat: *Er fuhr mir über den Mund; er fuhr mich an.* To jump for joy: *Vor Freude hüpfen; im Dreieck springen.* To jump from one subject to another: *Von einem Thema zum anderen springen, wechseln.* To jump in the lake (colloq.): *Ins Fettnäpfchen treten.* To jump out of the frying-pan into the fire (prov.): *Vom Regen in die Traufe kommen.* A jumping-off place (point): *Ausgangsbasis, Ausgangspunkt; Sprungbrett.* They jumped all over him (colloq.): *Sie machten ihn fertig, zur Schnecke.* To jump to page 90: *Lesen Sie weiter auf Seite 90.* To jump to (at) a wrong conclusion: *Voreilig einen Fehlschluss ziehen.* To jump up: *Aufspringen.*

just To get one's just deserts: *Bekommen, was man verdient; die Quittung bekommen.* That is just as well: *Das ist alles gleich; das ist alles dasselbe.* Just do it! (colloq.): *Tue es doch!* Just fancy (imagine)! *Stell dir nur vor …* That's just it: *Genau darum geht es, genau das ist das Problem.* Just like England! *Genau wie in England!* Just a minute (a moment), please: *Nur eine Minute (einen Moment), bitte.* (It's) just my luck: *Das Glück ist auf meiner Seite.* Just now: *Eben, gerade, in diesem Moment.* Just the same: *Ganz gleich, ohne Unterschied.* Just so, just like that: *Genau so.* It is just the thing for me: *Es ist genau das, was ich brauche.* Just one of those things: *Eine dieser unvermeidlichen Sachen.* Just think! *Denk doch ein bisschen nach!* It's just unfortunate: *Es ist einfach Pech.*

justify To justify s.b.'s behaviour: *Jemandes Verhalten, Benehmen rechtfertigen.* To justify oneself: *Sich selbst rechtfertigen.*

To be justiefied in doing s.th.: *Das Recht haben, etwas zu tun.*

jut To jut out into the sea: *Ins Meer hinausragen.*

K

keen As keen as mustard (colloq.): *Ganz versessen, toll, wild, verrückt auf etwas sein.*

keep To keep accounts: *Konten führen.* To keep an appointment: *Eine Verabredung einhalten.* To keep at it (colloq.): *Dranbleiben.* To keep someone's balance (feet, legs): *Sein Gleichgewicht halten; auf den Füßen bleiben; sich auf den Beinen halten.* To keep the bank: *Die Bank sein (bei einem Spiel).* To keep someone's bed: *Das Bett hüten (wegen einer Krankheit z.B.).* To keep boarders, lodgers: *Übernachtungen anbieten; eine Pension führen.* To keep the change: *Das Kleingeld, Wechselgeld behalten.* To keep Christmas: *Weihnachten feiern, begehen.* To keep one's distance: *Seinen Abstand halten.* To keep one's eye on the ball: *Auf der Hut sein.* To keep one's figure: *Seine (körperliche) Figur beibehalten.* To keep one's footing: *Seine Position bewahren; seine Stütze; seinen Halt bewahren.* To keep goal: *Das Tor hüten (Fußball).* To keep the law, the commandments: *Das Gesetz, die Gebote befolgen, respektieren, einhalten.* To keep one's luff (naut.): *Sich vor dem Wind halten (Seefahrt).* To keep an offing: *Sich auf offener See halten.* To keep order: *Ordnung halten.* To keep the (king's) peace, silence: *Die öffentliche Ordnung, allgemeine Ruhe bewahren, erhalten.* To keep one's place: *Sich nicht von der Stelle rühren, seinen Standpunkt beibehalten.* To keep a secret, a vow: *Ein Geheimnis bewahren, ein Gelübde einhalten* To keep (a) shop: *Einen Laden führen.* To keep s.th. afloat: *Etwas über dem Wasser halten, am Untergehen hindern.* To keep one's fingers crossed: *Die Daumen drücken.* To keep s.b. informed: *Jemanden auf dem Laufenden halten.* Keep your eyes open (peeled, skinned): *Halt die Augen offen! Sei vorsichtig!* Keep your mouth shut: *Halt deinen Mund, deine Klappe.* To keep s.th. steady: *Etwas unbewegt, gleichmäßig halten.* To keep one's honour unspotted: *Seine Ehre unbefleckt erhalten.* He kept me waiting for an hour: *Er ließ mich eine Stunde lang warten.* Keep calm (cool)! *Nur die Ruhe! Ruhe bewahren!* To keep dark: *Etwas verborgen, versteckt halten.* To keep fair with s.b.: *Gute Beziehungen zu jemandem unterhalten; zu jemandem fair sein.* To keep friends with s.b.: *Die Freundschaft mit jemandem erhalten.* To keep hard: *Hart bleiben.* To keep indoors: *Drinnen, im Haus bleiben.* It kept raining heavily: *Es regnete weiterhin* *stark.* To keep young: *Jung bleiben.* To keep the ball rolling: *Die Unterhaltung aufrecht erhalten; den Laden schmeißen.* Keep your breath to cool your porridge: *Schone deine Lunge, behalte deine Meinung für dich.* To keep one's own counsel: *Die eigenen Absichten für sich behalten.* To keep one's day: *Pünktlich sein.* To keep early hours: *Früh aufstehen und früh zu Bett gehen.* To keep an equal mind: *Ausgeglichen bleiben, sich nicht stören lassen.* To keep the field: *Den Kampf fortsetzen.* To keep a good cellar: *Einen guten Weinkeller unterhalten; einen guten Weinvorrat haben.* To keep a good look-out: *Vorsichtig sein; gut Ausschau halten.* To keep a good heart: *Ein gutes Herz bewahren; gutherzig sein.* To keep a good house: *Sich gut halten; alles haben, was man benötigt.* To keep good (bad) time: *(Für eine Uhr:) richtig, falsch gehen.* To keep a good (bad) table: *Gut (schlecht) speisen.* To keep one's ground: *Nicht weichen; auf seinem Standpunkt beharren.* To keep late hours: *Spät aufstehen und spät zu Bett gehen.* To keep a level head: *Ruhig bleiben; nicht den Kopf verlieren.* He kept mum about the matter: *Er schwieg sich über die Sache aus.* Keep your nose clean (colloq.): *Pass nur auf, was du tust! Verbrenn dir nicht die Finger!* To keep open house: *Ein offenes, gastfreundliches Haus führen.* To keep an open mind: *Offen sein für alles (i.ü.S.); tolerant sein.* To keep the pot boiling: *Den Laden schmeißen; die Sache am Laufen halten.* To keep one's powder dry: *Auf alle Fälle vorbereitet sein; sein Pulver trocken halten.* To keep ranks (mil.): *In Formation (angetreten) bleiben.* To keep regular (good, proper) hours: *Ein geregeltes Leben führen.* To keep the Sabbath: *Den Sabbat heiligen.* To keep step (mil.): *Im Gleichschritt bleiben.* To keep a stiff upper lip (colloq.): *Sich nicht unterkriegen lassen; die Ohren steifhalten.* To keep a straight face: *Ein umbewegliches Gesicht bewahren; keine Miene verziehen.* To keep time and time: *Ein Herz und eine Seele sein.* To be kept until called for: *Postlagernd.* He kept his wits about him (colloq.): *Er behielt einen kühlen Kopf.* To keep one's head above water: *Seinen Kopf über Wasser halten; sich über Wasser halten.* He keeps himself aloof: *Er hält sich abseits, fern.* To keep two things apart: *Zwei Dinge auseinander halten.* To keep s.b. at arm's length, at a distance: *Sich jemanden vom Leib halten; Abstand zu jemandem wahren.* To keep s.b. at bay: *Jemanden hinhalten; jemanden in Schach halten.* To keep behind the scene: *Hinter den Kulissen bleiben.* To keep s.th. by: *Etwas zur Hand haben, in Griffweite halten.* To keep down a rising: *Einen Aufstand unterdrücken.* To keep one's head down: *Der Gefahr aus dem Weg gehen.* Keep my place for me: *Halte mir den Platz frei.* To keep the wolf from the door:

Sich vor dem Verhungern retten, bewahren. To keep in a pupil (after school): *Einen Schüler nachsitzen lassen.* Keep your hair on! *Reg dich nicht auf!* To keep s.b. in play: *Jemanden beschäftigt halten.* To keep in good health: *Gesund, bei bester Gesundheit bleiben.* To keep s.b. in his place: *Jemanden auf seinem Posten halten.* To keep in the shade (in the background): *Im Schatten (im Hintergrund) bleiben (i.ü.S.).* To keep s.b. in awe: *Jemanden ehrfurchtsvoll halten; in demütiger Ehrfurcht halten.* To keep one's hands in one's pockets: *Nichtstun; Müßiggang treiben.* To keep one's hands (one's eye) in s.th.: *Seine Hände im Spiel haben.* To keep a civil tongue in one's head: *Höflich bleiben.* To keep s.b. in control, in check: *Jemanden unter Kontrolle halten; in Schach halten.* To keep s.b. in countenance: *Jemanden ermutigen; jemanden moralisch unterstützen.* They kept him in the dark: *Sie ließen ihn im Dunkeln (im Ungewissen); sie verheimlichten ihm alles.* To keep in with s.b. (colloq.): *Sich mit jemandem gut stellen.* To keep clear of s.b.: *Sich von jemandem fernhalten.* To keep track of s.b.: *Jemanden nicht aus den Augen verlieren; jemanden verfolgen.* To keep off flies, poverty: *Fliegen verscheuchen; Armut fernhalten.* To keep on an even keel amidst difficulties: *Ruhig Blut inmitten von Schwierigkeiten bewahren.* To keep on at s.b. (colloq.): *Jemandem keine Ruhe lassen; an jemandem herumnörgeln; jemanden (be)drängen.* To keep one's hands (a firm hand) on s.b.: *Jemanden fest im Griff haben (i.ü.S.).* To keep a dog on the lead: *Einen Hund an der Leine halten.* To keep a tight rein on s.b.: *Jemanden im Zaum halten.* To keep s.b. on tenter-hooks: *Jemanden im Unklaren lassen; jemanden schmoren lassen; jemanden wie auf glühenden Kohlen sitzen lassen; jemanden auf die Folter spannen.* To keep s.b. on the trot (on the move): *Jemanden in Bewegung halten.* He kept on pulling strings and pushing things until he managed to get that job: *Er unternahm alles, rannte von A nach B, setzte Himmel und Erde in Bewegung. bis er den Job bekam.* To get out of a dispute: *Sich aus einem Streit heraushalten.* To keep out of trouble: *Sich keinen Ärger einheimsen; sich Schwierigkeiten fernhalten.* To keep an ear to the ground: *Die Ohren spitzen; aufmerksam lauschen.* To keep to an old custom: *Einen alten Brauch wahren; einer alten Tradition treu bleiben.* Keep it to yourself: *Behalte es für dich.* To keep one's nose to the grindstone (fig.): *Ununterbrochen arbeiten, schuften.* To keep oneself to oneself (colloq.): *Distanziert, zurückhaltend oder ungesellig sein; sich absondern; zurückgezogen leben; für sich bleiben (wollen).* To keep to one's own line: *Es auf seine eigene Art machen.* To keep to the point (to the record): *Sich ans Thema halten, nicht abschweifen* To keep to the save side: *Sicher gehen (bei etwas).* To keep body and soul together: *Leib und Seele zusammenhalten.* To keep one's passions under control: *Seine Leidenschaften unter Kontrolle halten.* To keep one's temper under control: *Seine Launen beherrschen.* Keep it under your hat: *Behalte es für dich.* To keep up appearances: *Den Schein wahren.* To keep up a custom, a tradition: *Einen Brauch, eine Tradition bewahren.* To keep one's end up (colloq.): *Sich gut, tapfer halten.* Keep it up! *Kopf hoch! Nur Mut! Nicht verzweifeln! Durchhalten; so weitermachen.* Keep your chin up! (colloq.): *Kopf hoch! Nur Mut!* To keep up with s.b.: *Mit jemandem Schritt halten, auf gleicher Höhe bleiben (laufen).* To keep up with the Joneses: *Versuchen, denselben Lebensstandard zu haben wie die Nachbarn, mit den Nachbarn wetteifern wollen.* To keep up with the times: *Mit der Zeit gehen, modern bleiben.* To keep within cry: *In Rufweite bleiben.*

key To key up a musical instrument: *Ein Musikinstrument hochstimmen.* To key s.b. up: *Jemanden in nervöse Spannung versetzen, nervös machen.*

kick To kick a goal: *Ein Tor schießen.* To kick the beam: *Besiegt werden.* To kick the bucket (pop.): *Ins Gras beißen, sterben; den Löffel abgeben.* To kick one's heels: *Ungeduldig warten.* To kick (out) against (at) authority, discipline: *Sich gegen die Autorität stellen; der Autorität eins auswischen; die Disziplin untergraben.* To kick down (over) the ladder: *Die Stellung oder die Freunde aufgeben, mit deren Hilfe man hochgekommen ist.* To kick in, off, out (pop.): *Ins Gras beißen, sterben.* To kick oneself (colloq.): *Sich an den Kopf greifen; sich ohrfeigen.* To kick over the traces: *Über die Stränge schlagen.* To kick up a dust (a fuss, a row, a shindy, a shine, no end of a racket): *Staub aufwirbeln; Lärm schlagen; Spektakel machen.* To kick up the heels: *Ins Gras beißen, sterben.* To kick up a pother: *Krach machen, Staub aufwirbeln; Lärm schlagen.* To kick s.b. upstairs: *Jemanden (in eine höhere Stellung) befördern, um ihn unschädlich zu machen.*

kid Kid-glove methods: *Methoden, Techniken, die großes Fingerspitzengefühl, große (manuelle) Geschicklichkeit verlangen.* To handle s.b. or s.th. with kid gloves: *Jemanden oder etwas mit Samthandschuhen anfassen.* Kid's stuff (sl.): *Kinderkram; ein Kinderspiel.*

kill (1) To kill time: *Die Zeit totschlagen.* To kill oneself with work: *Sich mit seiner Arbeit umbringen.* To kill s.b.'s hopes: *Jemandes Hoffnungen zerstören.* To kill s.b. with kindness: *Jemanden mit Höflichkeiten ersticken, überhäufen, sehr belästigen.* To kill s.b. (oneself) with laughter (colloq.): *Sich totlachen; jemanden dazu bringen, sich totzulachen.* To kill the ball: *Den (Fuß)Ball stoppen, anhalten.* To kill a bill: *Einen Geset-*

zesentwurf ablehnen. To kill two birds with one stone: *Zwei Fliegen mit einer Klappe schlagen.* To kill the goose that lays the golden eggs: *Das Huhn, das goldene Eier legt, schlachten; den Goldesel schlachten.* She was dressed up to kill: *Sie war faszinierend gekleidet, aufgemacht.* Kill or cure: *Eine Gewaltkur.* To kill s.b. off (out): *Sich einer Person entledigen, jemanden loswerden.*

kill (2) To be in at the kill: *(Bei einer für andere Personen unerfreulichen Sache) etwas miterleben, etwas mit ansehen, dabei sein, da sein.* To make a killing (colloq.): *Einen Riesengewinn machen.*

kind (1) He is kind to everybody: *Er ist jedem gegenüber freundlich.* It's very kind of you: *Das ist sehr freundlich von Ihnen.* Be kind enough (so kind as) to tell me everything: *Sei so gut, mir alles zu erzählen.* Kind words go a long way (prov.): *Mit einem freundlichen Wort kommt man oft weit.* Kind of (colloq.): *Ungefähr, in etwa, ein wenig.*

kind (2) In kind: *In Naturalien; mit gleicher Münze.* Nothing of the kind: *Nichts dergleichen; weit gefehlt.* Of a kind (pej.): *Sogenannt; so etwas wie …*

kindle To kindle s.b.'s anger, passion: *Jemandes Ärger, Leidenschaft entflammen.* To kindle s.b. to rebellion: *Jemanden zur Rebellion aufhetzen.*

king The king of terrors: *Der Tod.* The king is dead: Long live the king (prov.): *Der König ist tot, es lebe der König.* To take the king's shilling: *Der Armee beitreten.*

kip To kip out (pop.): *Im Freien pennen, schlafen.*

kiss To kiss the book: *Beim Eid die Bibel küssen.* To kiss the dust (the ground): *Staub fressen, ins Gras beißen.* To kiss s.b. good-bye, good-night: *Jemandem einen Abschiedskuss, einen Gutenachtkuss geben.* To kiss a lady's hand: *Einer Dame die Hand küssen.* She kissed her hand to him: *Sie warf ihm eine Kusshand zu.* To kiss the rod: *Eine Strafe ohne Protest akzeptieren.*

kitty The kitty's short (colloq.): *Es ist schlechter oder gar kein Spieleinsatz gegeben (Poker).*

knee I was knee-deep in water: *Ich war, stand bis zu den Knien im Wasser.* To bring s.b. to his (etc.) knees: *Jemanden in die Knie zwingen.*

kneel To kneel (down) to s.b.: *Vor jemandem niederknien.*

knife This knife cuts well, is sharp: *Dieses Messer schneidet gut, ist scharf.* To have one's knife in s.b. (colloq.): *Es auf jemanden abgesehen haben.*

knit To knit a pair of stockings: *Ein Paar Strümpfe stricken.* To knit a broken bone: *Einen gebrochenen Knochen wieder zusammenfügen.* To knit one's eyebrows: *Die Brauen zusammenziehen (in Zweifel, Erstaunen).* To knit peace again: *Den Frieden wiederherstellen.* To knit away: *Stricken.* To knit together: *Zusammenfügen, verbinden, (sich) vereinigen.* To knit up: *Fest verbinden; ab-, beschließen.* To knit up a subject: *Ein Thema abschließen.*

knock To knock one's head against (on) the wall: *Sich den Schädel an der Wand einrennen; mit dem Kopf gegen die Wand stoßen.* To knock one's head against a brick wall: *Den Kopf gegen die Wand schlagen (i.ü.S.).* To knock s.b. all of a heap: *Jemanden verblüffen, aus der Fassung bringen.* To knock s.b. about: *Jemanden herumschubsen, -stoßen; jemanden schlecht behandeln.* To knock about: *Sich herumtreiben; herumziehen; ein unstetes Leben führen.* To knock (up) against s.b.: *Auf jemanden stoßen, jemanden (zufällig) treffen.* To knock s.th. back (colloq.): *Etwas herunterkippen; sich etwas hinter die Binde gießen.* To knock s.b. cold (colloq.): *Jemanden bewusstlos schlagen; jemandem die Lichter ausblasen (ugs.).* To knock at (on) the door: *An die Tür klopfen.* To knock down an opponent: *Einen Gegner niederschlagen, niedermachen (auch i.ü.S.).* To knock down a building: *Ein Gebäude niederreißen, abreißen.* To knock down prices (colloq.): *Die Preise senken.* To knock for six: *Jemanden überraschen, völlig verwirren.* I knocked into him: *Ich geriet mit ihm aneinander.* To knock s.b. into a cocked hat: *Jemanden zu Brei schlagen.* To knock s.b. into the middle of next week. *Jemanden in hohem Bogen hinauswerfen.* Knock it off! (colloq.) *Aufhören!* To knock off (colloq.): *Schluss machen.* To knock s.b. off (colloq.): *Jemanden um die Ecke bringen.* To knock s.th. off: *Etwas abschlagen, herunterschlagen.* To knock s.b. off his feet: *Jemanden aus dem Gleichgewicht bringen (gewaltsam).* To knock off a piece of work: *Eine Arbeit schnell erledigen, zu Ende bringen.* To knock off money (pop.): *Geld klauen, stehlen.* To knock s.b. off his perch: *Jemanden besiegen, demütigen.* To knock s.b.'s plans on the head (colloq.): *Die Pläne einer Person zunichte machen.* To knock on wood: *Auf Holz klopfen (um Unheil abzuwehren).* That knocked me out: *Das warf mich um, machte mich baff.* To knock the (an) eye out of s.b.: *Etwas machen, was jenseits der Fähigkeiten einer anderen Person liegt.* He has knocked about the world: *Er ist in der Welt herumgekommen.* To knock the bottom out of an argument: *Eine Beweisführung vollkommen entkräften; einem Argument den Wind aus den Segeln nehmen.* To knock under: *Klein beigeben, sich fügen.* To knock under board: *Sich unter den Tisch trinken (und damit den Trinkwettbewerb verlieren).* I am quite knocked up, out: *Ich bin ganz erschöpft.* He knocked up against many difficulties: *Er begegnete großen Schwierigkeiten.* He knocked up a meeting: *Er beendete das Treffen abrupt.* He has knock-knees: *Er hat X-Beine.*

knot (1) To knot a rope: *Ein Seil (ver)knoten.* To knot one's tie:

Sich den Schlips binden. To knot one's brows: *Die Stirn runzeln, die Brauen zusammenziehen.*

knot (2) A rate of knots: *Blitzschnell; in Windeseile; mit hundert Sachen.* To tie oneself up in knots / to be tied up in knots: *Sich immer mehr verwickeln; sich immer mehr verstricken; ganz durcheinander, aufgewühlt oder konfus sein.*

know To know better (than): *Nicht so dumm sein oder sich hüten, etwas zu tun; etwas besser wissen.* Before one knows where one is: *Bevor jemand weiß, wie ihm geschieht.* For all I know: *Ich habe keine Ahnung; was weiß ich.* (To be) in the know (colloq.): *Eingeweiht oder im Bilde (sein); Bescheid wissen; sich auskennen.* To know a poem by heart: *Ein Gedicht auswendig kennen, auswendig hersagen können.* To know s.th. by hearsay: *Etwas vom Hörensagen her kennen.* He has known better days: *Er hat schon bessere Tage gesehen.* I know better (than that): *Ich weiß, wie der Hase läuft, wie die Dinge stehen.* He has known poverty, sorrow: *Er hat Armut, Sorgen selbst erfahren.* He knows the way with her: *Er weiß mit ihr umzugehen.* He knows his way about (colloq.): *Er weiß, wie man zurechtkommt; er weiß sich zu helfen.* I know (all about) your little ways: *Ich kenne (doch) deine faulen Tricks.* Not to know s.b. from Adam: *Jemanden ganz und gar nicht kennen.* To know one person (one thing) from another: *Eine Person (eine Sache) von einer anderen unterscheiden können.* Not to know chalk from cheese (colloq.): *Einfältig sein; weltfremd sein.* I know this place from A to Z (backwards), every inch of this place: *Ich kenne diesen Ort wie meine Westentasche; ich kenne jeden Millimeter dieses Ortes.* To know a hawk from a handsaw. *Über ein ausreichendes Urteilsvermögen verfügen.* To know good from evil, right from wrong: *Recht und Unrecht, Gut und Böse unterscheiden können.* To know how to handle people: *Mit Menschen umzugehen wissen.* Not to know how to take a joke: *Humorlos sein, keinen Spaß vertragen können.* To know s.th. inside out, like the back of one's hand, thoroughly, through and through: *Etwas in- und auswendig kennen, etwas wie seine Westentasche kennen.* To know the length of s.b.'s foot: *Die Schwächen, den wunden Punkt einer Person kennen.* We know the manner of our birth, but not the manner of our death (prov.): *Wir wissen, wie wir geboren werden, doch nicht, wie wir sterben werden.* To know one's own mind: *Wissen, was man will.* To know one's place: *Wissen, wo man hingehört.* To know the smell of powder: *Kampferfahren, kampferprobt sein.* To know what o'clock it is: *Wissen, was die Stunde geschlagen hat.* To know where the shoe pinches: *Wissen, wo der Schuh drückt (i.ü.S.).* He knows which side his bread is buttered: *Er* *weiß, wie er die Leute zu seinem Vorteil nimmt.* He is a knowing fellow: *Er weiß, wo's lang geht.* What do you know (colloq.): *Das gibt's doch nicht.* I wouldn't know (colloq.): *Das kann ich Ihnen (dir) nicht sagen.* You never know: *Man weiß ja nie.* The know-how (colloq.): *Die nötige Sachkenntnis.*

knowledge Knowledge is power (prov.): *Wissen ist Macht.* To come to my knowledge: *Ich habe erfahren; mir ist zu Ohren gekommen.* To one's knowledge: *Meines Wissens.* Not to my knowledge: *Nicht, dass ich wüsste.*

knuckle To knuckle s.b. under: *Jemanden unterwerfen, beugen.* To knuckle down (under): *Sich beugen, nachgeben.* To knuckle (down) to work: *Mit Eifer an die Arbeit gehen.*

L

labour To labour an argument, a question: *Einen strittigen Punkt, eine Frage eingehend, ausführlich behandeln.* To labour at s.th.: *An etwas arbeiten.* To labour for peace: *Sich um Frieden bemühen.* To labour for nothing: *Sich für nichts, umsonst abrackern.* To labour under a burden: *Sich unter einer Last abmühen.* To labour under a misapprehension: *Opfer eines Missverständnisses sein.* To labour up a steep hill: *Sich einen steilen Hang hocharbeiten.*

lace To lace up one's shoes: *Sich seine Schuhe binden.*

lack To lack (to be lacking in) courage, common sense, experience, initiative, wisdom: *Keinen Mut haben; keinen gesunden Menschenverstand, keine Erfahrung haben; keine Initiative zeigen; an Weisheit Mangel leiden.* To lack confidence: *Kein Vertrauen, Zutrauen haben.* I lack words with which to thank: *Mir fehlen die Worte, um meiner Dankbarkeit Ausdruck zu geben.*

ladle To ladle out the soup: *Die Suppe auslöffeln, ausschöpfen.* To ladle (out, up) gifts: *Geschenke austeilen.*

lag To lag behind: *Zurückbleiben, nachhinken.*

lamb Like a lamb: *Lammfromm; geduldig wie ein Lamm.* Like a lamb to the slaughter: *Wie ein Lamm, das zur Schlachtbank geführt wird.*

lament He lamented (over) the death of his son: *Er beklagte den Tod seines Sohnes.*

land (1) To land goods, passengers, troops: *Waren, Passagiere an Land bringen; Truppen landen (lassen).* We landed at Dover: *Wir legten in Dover an.* To land a fish, the net: *Einen Fisch, das Netz ans Land, aufs Boot ziehen.* He was landed in great difficulties: *Er befand sich in großen Schwierigkeiten.* That landed him in debt, in jail: *Dadurch geriet er in Schulden; dadurch kam er ins Gefängnis.* To land a prize: *Einen Preis „holen“.* To land a horse (colloq.): *Ein Pferd durch's Ziel reiten.* They landed him at once: *Sie ergriffen, fingen ihn sofort.* I landed him a blow in the face: *Ich versetzte ihm einen Stoß ins Gesicht.* To land on one's feet: *Auf die Füße fallen (i.ü.S.).* She was landed on the shelf: *Sie fand keinen Ehemann, hatte keine Verehrer.* To land up (colloq.): *Landen.* To land up a channel: *Einen Kanal mit Erde auffüllen.* To land up with s.th.: *Mit etwas dastehen.* To land s.b. with s.th.: *Jemandem etwas aufhalsen.*

land (2) Land ho! (naut.): *Land in Sicht!* The land of cakes: *Schottland.* A land of milk and honey: *Ein Land, wo Milch und Honig fließt.* The land of nod: *Der Schlaf.* A landslide victory: *Ein überwältigender Sieg; ein Erdrutschsieg.* To see how the land lies: *Die Lage sondieren; sehen, wie die Sache liegt; die Lage peilen.*

language Bad language (colloq.): *Kraftausdrücke.* To speak the same language as s.b.: *Die gleiche Sprache sprechen.*

languish To languish in poverty: *In Armut dahinsiechen.* To languish for love: *Nach Liebe schmachten.* To languish for s.b., for s.th.: *Nach jemandem, etwas schmachten, sich sehnen.* To languish through life: *Schlaff, matt, lahm durchs Leben gehen.*

lap To lap glass: *Glas schleifen.* To lap a blanket, a sheet: *Eine Decke, einen Bezug falten, einwickeln, einschlagen.* She lapped the child in a shawl: *Sie hüllte das Kind in einen Schal.* To lap a child in one's arms: *Ein Kind in den Arm nehmen, umarmen.* He is lapped in luxury: *Er ist von Luxus umgeben.* To lap on (against) a rock: *Gegen einen Stein, Fels schlagen, schwappen (z.B. Meereswellen).* To lap (up) milk: *Milch aufschlecken, aufschlürfen.* To lap up (down) a glass of wine: *Ein Glas Wein ausschlürfen.* To lap up kind words: *Freundliche Worte leichthin glauben.*

lapse To lapse into oblivion: *In Vergessenheit geraten.* To lapse into bad habits: *Schlechten Gewohnheiten verfallen.* To lapse back into error, into sin: *Einem Irrtum verfallen, in Sünde versinken.*

lard To lard a speech, a writing with idiomatic expressions: *Eine Ansprache, einen Aufsatz mit idiomatischen Redensarten spicken, würzen.*

large As large as life: *In natürlicher Größe, in Person.* Larger than life: *Übertrieben.*

lark (1) To lark about: *Possen treiben, spaßen, herumtollen.*

lark (2) As happy as a lark: *Quietschfidel.* To get up with the lark: *In aller Herrgottsfrühe aufstehen; mit den Hühnern aufstehen.*

lash To lash a horse (with a whip): *Ein Pferd (mit einer Peitsche) schlagen.* They lashed at the enemy: *Sie warfen sich dem Feind entgegen; sie stürzten sich auf den Feind.* To lash (at) vice: *Gegen das Böse, das Verbrechen scharf und plötzlich vorgehen.* That lashed him into a fury: *Das* *versetzte ihn jäh in wilden Zorn.* To lash down: *Niederprasseln.* To lash (on) the shore: *Ans Ufer schlagen (Wellen).* To lash out one's money: *Sein Geld verschwenden.* To lash out: *Um sich schlagen, ausschlagen (Pferd).* To lash the waves: *Einen Schlag ins Wasser tun; etwas unnützes tun.*

last (1) To last well: *Lange halten (Kleidungsstücke z.B.).* To last the course: *Sich durchschlagen, aushalten.* To last out: *Aushalten, ertragen.* He lasted out that terrible winter: *Er stand diesen schrecklichen Winter durch.* To last (through) the night: *Die Nacht überstehen, überleben (bei schwerer Krankheit).*

last (2) Last but not least: *Nicht zuletzt; nicht zu vergessen.* At (long) last: *Endlich.* To breathe one's last (lit.): *Verscheiden; (ver)sterben.* To be on one's (its) last legs: *Auf dem letzten Loch pfeifen.* The last but one, but two: *Der Vorletzte, Drittletzte.* The last person: *Jemand, der auf keinen Fall für etwas in Frage kommt; der (die) Letzte.* That was the last I saw of him: *Das war das Letzte, was ich von ihm hörte, sah.* It's the last straw that breaks the camel's back (prov.): *Es ist der letzte Tropfen, der das Fass zum Überlaufen bringt.* The last word: *Das letzte Wort; der letzte Schrei, das Allerneueste.*

late Better late than never: *Lieber spät als nie.* He was late for school: *Er kam zu spät zur Schule.* He is a late riser: *Er steht meistens spät auf; er ist ein Spätaufsteher.* Her late husband: *Ihr verstorbener Ehegatte.* The late prime minister: *Der letzte, der Ex-Premierminister.* Late in the day, in the evening, at night: *Spät am Tag, am Abend, spät in der Nacht.*

later Later on: *Später.*

latest That's the latest! *Das fehlte gerade noch!*

lather (1) To lather one's face before shaving: *Sein Gesicht vor dem Rasieren einschäumen.* To lather well: *Gut schäumen (Seife z.B.).*

lather (2) In a lather (colloq.): *In heller Aufregung; fast am Durchdrehen.*

laugh To be laughing: *Es gut haben; fein raus sein.* To laugh bravely: *Lachen, um nicht zu weinen.* To laugh a bitter laugh: *Bitter lachen; ein bitteres Lachen hervorstoßen.* To laugh fit to burst oneself (pop.): *Lachen, bis man platzt; vor Lachen platzen.* To laugh oneself helpless: *Sich totlachen.* To laugh one's joy: *Seine Freude durch Lachen zum Ausdruck bringen.* No laughing matter: *Keine Kleinigkeit.* To laugh like a drain (colloq.): *Höhnisch lachen.* To laugh at s.b.: *Jemanden auslachen.* To laugh at one's expense: *Auf jemandes Kosten lachen* To laugh in (up) one's sleeve: *Sich ins Fäustchen lachen.* To laugh s.th. off: *Etwas lachend oder mit einem Scherz abtun; etwas herunterspielen.* To laugh one's head off: *Wie ein Verrückter lachen; sich totlachen.* To laugh on the wrong side of one's face (mouth): *Vom Lachen zum Weinen übergehen; jemandem vergeht das Lachen.* To be laughed out of court: *Ausgelacht werden; verlacht werden.* I laughed him out of his fears: *Mein Lachen beruhigte alle seine Ängste.* He laughed me out of patience: *Sein Gelächter ließ mich die Geduld verlieren.* He laughs best who laughs last (prov.): *Wer zuletzt lacht, lacht am besten.* Laugh and grow fat; laughing is good for you (prov.): *Lachen ist gesund.* Laugh and the world laughs with you; cry, and you cry alone (prov.): *Lache und die Welt ist dein, weine und du bist allein.* To laugh on the other side of one's face: *Schadenfreude verspüren.* Laugh on Friday, cry on Sunday (prov.): *Wer heute lacht, wird morgen weinen.* It is no laughing matter: *Es ist eine ernste Sache, es ist nicht zum Lachen.* He is the laughing-stock of his friends: *Er ist die Zielscheibe des Spottes seiner Freunde.*

laughter Laughter abounds in the mouths of fools (prov.): *Nur Narren lachen ständig.*

launch To launch a missile, a rocket: *Ein Raketengeschoss abfeuern; eine Rakete starten (lassen).* To launch an enterprise, a fashion, a product: *Ein Unternehmen gründen; eine Mode begründen; ein Produkt auf den Markt bringen.* He launched his son in (to) business: *Er sorgte dafür, dass sein Sohn Geschäftsmann wurde.* To launch an attack: *Einen Angriff starten.* To launch a project: *Ein Projekt beginnen, auf die Beine bringen.* To launch a comedy, a film: *Eine Komödie, einen Film anlaufen lassen.* He launched the spear at the enemy: *Er warf den Speer gegen den Feind.* To launch s.b. into eternity: *Jemanden umbringen.* To launch (out) into a discussion: *Sich in eine Diskussion einbringen, einmischen.* To launch (out, forth) into expense: *Sich in Unkosten stürzen.* To launch (out, forth) on a new enterprise: *Ein Unternehmen gründen, beginnen.* He is launching out (in, into business): *Er ist geschäftlich aktiv geworden, hat eine geschäftliche Initiative gestartet.*

lavish To lavish (away, out) honours, praise: *Ehre und Lob verschwenderisch austeilen.* To lavish, (away, out) one's money: *Sein Geld verschwenderisch ausgeben.* She lavishes her love on her children: *Sie gibt all ihre Liebe ihren Kindern.*

law Law must take its course: *Was Recht ist, muss Recht bleiben; die Gerechtigkeit nimmt ihren Lauf.* To be a law unto oneself: *(Recht) eigenwillig sein; sich über jegliche Konventionen hinwegsetzen.* To have the law on s.b. (colloq.): *Die Polizei holen; jemandem die Polizei auf den Hals schicken.* The law of the jungle: *Das Recht oder Gesetz des Stärkeren.* The law of supply and demand: *Das Gesetz von Angebot und Nachfrage.* To take the law into one's own hands: *Selbstjustiz üben; das Recht selbst in die Hand nehmen.* Law-makers should not be law-breakers (prov.): *Wer das Gesetz macht, sollte es nicht brechen.*

lay They laid his body (his bones) to rest (to sleep, asleep): *Sie begruben, beerdigten ihn.* To lay the table for dinner: *Den Tisch zum Essen decken.* To lay the (table) cloth: *Die Tischdecke auflegen.* To lay an egg: *Ein Ei legen.* He laid her fears: *Er beschwichtigte ihre Sorgen.* To lay a gun: *Eine Kanone aufs Ziel einstellen.* To lay a wager: *Eine Wette machen, einen Einsatz verwetten.* To lay an ambush, a snare, a trap: *Einen Hinterhalt, eine Falle legen.* To lay the foundations of a building: *Die Grundmauern eines Gebäudes legen.* To lay one's heart bare: *Sein Herz ausschütten, öffnen.* To lay bare (open) a conspiracy: *Eine Verschwörung aufdecken, entlarven.* To lay a town flat: *Eine Stadt dem Erdboden gleichmachen.* To lay s.b. low: *Jemanden erniedrigen, demütigen.* To lay a ghost: *Einen Geist besänftigen.* To lay a charge against s.b.: *Eine Anklage gegen jemanden erheben.* To lay s.th. at s.b.'s door: *Jemandem die Schuld zuschieben.* He laid the evidence before the court: *Er legte die Beweise dem Gericht vor.* To lay s.b. by the heels: *Jemanden ins Gefängnis werfen, einsperren, kaltstellen.* To lay into s.b. (colloq.): *Auf jemanden losgehen; jemanden fertigmachen.* To lay the blame on s.b.: *Jemandem die Schuld zuschieben, die Verantwortung zuschieben.* To lay butter on s.b. (colloq.): *Jemandem schmeicheln.* To lay one's cards on the table: *Seine Karten offen auf den Tisch legen (i.ü.S.).* To lay an embargo on a ship, on goods: *Eine Sperre über ein Schiff, über Waren verhängen (Kontaktverbot, Austauschverbot).* To lay emphasis (stress, weight) on s.th.: *Einer Sache Bedeutung zumessen; etwas hervorheben, unterstreichen.* Not to lay a finger on a person: *Eine Person nicht antasten; einer Person kein Leid zufügen.* To lay one's finger on the weakness (the weak point, the weak spot): *Die Aufmerksamkeit auf die Schwachstelle einer Person lenken.* To lay (violent) hands on s.b., on oneself: *Jemandem Gewalt antun; sich selbst Gewalt antun; Selbstmord begehen.* To lay claim to s.th.: *Etwas fordern; sein Recht auf etwas fordern.* To lay one's mind to s.th.: *Seine Aufmerksamkeit einer Sache widmen.* To lay siege to s.b.: *Jemanden bestürmen, belästigen.* To lay siege to a town: *Eine Stadt belagern.* To lay great (little) store upon s.th.: *Einer Sache große Wichtigkeit beimessen.* To lay one's hand upon one's heart: *(Die) Hand aufs Herz legen; ganz ehrlich sein.* To lay about for s.th.: *Auf etwas vorbereitet sein; etwas erwarten.* To lay down a burden: *Eine Last niederlegen.* To lay down the law: *Seinen Willen durchsetzen; die Spielregeln angeben.* To lay down harsh terms of surrender: *Harte Kapitulationsbedingungen auferlegen.* To lay down an office:

Ein Amt niederlegen; von einem Amt zurücktreten. To lay down a plan, a proposition: *Einen Plan, einen Vorschlag darlegen.* To lay down a rule: *Eine Regel festlegen, erlassen.* To lay wait for s.b.: *Jemandem einen Hinterhalt legen.* To lay a house in ashes: *Ein Haus in Schutt und Asche legen.* To lay into s.b. (pop.): *Jemanden verprügeln, zusammemschlagen.* To lay hold of (on) s.th.: *Etwas ergreifen, festhalten; etwas ausnutzen.* To lay off a workman (USA): *Einen Arbeiter vorübergehend entlassen.* He laid off for a month (colloq.): *Er hörte für einen Monat auf zu arbeiten.* To lay on paint, plaster to a wall: *Eine Wand streichen, verputzen.* To lay it on thick, with a trowel: *Es dick auftragen, übertreiben.* He was laid on the beam-ends: *Er befand sich in großer Verlegenheit.* To lay out money: *Geld ausgeben.* To lay oneself open to criticism: *Sich der Kritik aussetzen.* To lay to (naut.): *Beidrehen.* To lay heads together: *Die Köpfe zusammenstecken, beraten.* To lay up wealth: *Reichtümer ansammeln, anhäufen.* To lay up in lavender, for a rainy day: *Geld zurücklegen, einen Notgroschen zurücklegen.*

layabout He is a layabout (pop.): *Er ist ein Nichtsnutz, ein Faulenzer.*

laze To laze away one's time: *Seine Zeit vertrödeln, verträumen.* To laze about: *Herumbummeln, -faulenzen.*

lazy-bones He is a lazy-bones: *Er ist ein Faulpelz.*

lead (1) To lead s.b. into error: *Jemanden irreführen.* Lead us not into temptation: *Und führe uns nicht in Versuchung (aus dem Vaterunser).* A leading light: *Eine führende Persönlichkeit.* A leading question: *eine Suggestivfrage; eine Fangfrage.* To lead s.b. to the altar: *Jemanden zum Altar führen, heiraten.* To lead the sheep to pasture: *Die Schafe auf die Weide führen.* To lead a band, an orchestra: *Eine Musikband leiten; ein Orchester dirigieren.* To lead the way: *Den Weg weisen, führen; vorangehen.* To lead a dog's life: *Ein Hundeleben führen.* To lead a cat-and-dog life (colloq.): *Wie Hund und Katze (zueinander) sein; sich nicht vertragen können.* To lead a double life: *Ein Doppelleben führen.* This will lead us nowhere: *Das wird uns absolut nichts bringen, das führt zu nichts.* To lead s.b. a life: *Jemandem das Leben schwermachen.* They led him captive: *Sie nahmen ihn gefangen.* They led him a fine (pretty) dance: *Sie spielten ihm übel mit; sie verursachten ihm einige Scherereien.* To lead s.b. on (to believe s.th.): *Jemanden anführen; jemanden an der Nase herumführen; jemandem etwas vormachen, vorgaukeln.* To lead s.b. wrong: *Jemanden irreführen.* To lead apes in hell: *Als ledige Frau, als alte Jungfer sterben.* To lead s.b. about: *Jemanden im Kreis herumführen, spazierenführen.* To lead s.b. aside (away) from the right path: *Jemanden vom rechten Weg abbringen.* To lead s.b.

astray: *Jemanden in die Irre führen, verführen.* To lead off in a debate: *Als erster bei einer Debatte zu Wort kommen.* To lead (off) the dance: *Den ersten Tanz, den Eröffnungstanz tanzen.* To lead s.b. up the garden, up the garden path: *Jemanden irreführen, in die Irre führen; ein Gespräch in eine bestimmte Richtung lenken.*

lead (2) To swing the lead (colloq.): *Sich einen schönen oder faulen Lenz machen; sich drücken.*

leaf (1) To leaf (through) a book (USA): *Ein Buch durchblättern.*

leaf (2) To take a leaf out of someone's book: *Sich ein Beispiel an jemandem nehmen; sich von jemandem eine Scheibe abschneiden.* To turn over a new leaf: *Einen neuen Anfang machen; sich ändern.*

league To be top (bottom) of the league (colloq.): *Einsame Spitze (das Letzte, der Absturz) sein.* To be in league with s.b.: *Mit jemandem im Bund sein; mit jemandem unter einer Decke stecken.* Not to be in the same league as s.b.: *Nicht das gleiche Format haben.*

leak To leak gas: *Gas durch ein Leck verlieren; durch ein Loch austreten lassen.* To leak badly: *Überall Wasser nehmen, schwer leckgeschlagen sein. (Schiff).* To leak out: *Auslaufen, ausströmen (Flüssigkeit, Gas); durchsickern lassen (Nachricht, Information).*

lean (1) To lean across: *Sich herüberneigen.* He leant against my scheme: *Er stellte sich gegen meinen Plan, mein Projekt.* To lean aside: *Abkommen, abweichen.* To lean on s.b. (colloq.): *Jemandem Druck machen.* To lean on s.b.'s advice: *Sich auf jemandes Rat verlassen.* To lean on a reed: *Auf eine schwache, schwankende Sache (Person) vertrauen.* To lean over the sill: *Sich über das Fensterbrett lehnen.* To lean to the right, to the left, to one side: *Nach Rechts, nach Links, zu einer Seite hin tendieren.* He leans to the side of mercy, of virtue: *Er tendiert, neigt zu Gnade, Tugendhaftigkeit.* To lean towards fatalism: *Zum Fatalismus hin tendieren.*

lean (2) To be as lean as a lath (as a rake): *So mager wie eine Latte, (wie eine Harke) sein; rank und schlank sein.*

leap (1) To leap about: *Herumhüpfen, herumspringen.* To leap aside: *Zur Seite springen.* To leap down: *Herunterspringen.* To leap (over) a fence, a hedge, a wall: *Über einen Zaun, eine Hecke, eine Mauer springen.* He leapt his horse across the ditch, over the fence: *Er sprang mit seinem Pferd über den Graben, über den Zaun.* To leap at a chance, at an opportunity: *Eine Gelegenheit beim Schopf packen, ausnutzen.* That leaps to the eye: *Das fällt ins Auge; das erregt sofort Aufmerksamkeit.*

leap (2) By leaps and bounds: *Sprunghaft (voranschreiten etc.).* A leap in the dark: *Ein Sprung ins Ungewisse; ein gewagter oder mutiger Schritt; eine gewagte oder mutige Entscheidung.*

learn To learn a poem by heart:

Ein Gedicht auswendig lernen. To learn by experience: *Aus Erfahrung lernen.* To learn the hard way: *Es auf die schwere Tour lernen.* He learned the tricks (the ropes) of the trade: *Er lernte die Kniffe und Tricks des Gewerbes.*

lease To give s.b. or s.th. a new lease of life (fig.): *Jemandem ein neues Leben schenken; jemandem oder etwas wieder Auftrieb geben; etwas wieder funktionstüchtig machen.*

least Least said soonest mended (prov.): *Reden ist Silber, Schweigen ist Gold; je weniger Worte man darüber verliert, desto besser.* The least (bit): *Das Mindeste, das Geringste.* To say the least: *Gelinde gesagt.* The least common multiple (L.C.M.): *Das kleinste gemeinsame Vielfache.*

leave To leave the chair: *Die Präsidentschaft abtreten, den Vorsitz aufgeben.* To leave a legacy to s.b.: *Jemandem ein Vermächtnis hinterlassen.* To leave a (fair) margin of profit: *Eine (anständige) Gewinnspanne abwerfen.* He left the matter in my hands: *Er überließ mir die Sache.* To leave office: *Ein Amt verlassen, zurücktreten.* To leave a pleasant (nasty) taste in one's mouth: *Einen angenehmen (unangenehmen) Nachgeschmack hinterlassen (i.ü.S.).* To leave s.b. alone: *Jemanden in Ruhe lassen.* To leave room for improvement: *Raum für Verbesserungen offen halten; Möglichkeiten zur Verbesserung gewährleisten.* That leaves no room for doubt: *Das lässt keinen Zweifel übrig.* To leave school: *Die Schule verlassen, von der Schule abgehen.* To leave the stage: *Die Bühne verlassen; das Theater verlassen (auch i.ü.S.).* To leave tracks in the snow: *Spuren im Schnee hinterlassen.* He left no traces: *Er hinterließ keine Spuren.* To leave word with s.b.: *Bei jemandem eine Nachricht hinterlassen.* It leaves things as they were: *Damit bleibt alles beim Alten.* To leave much (nothing) to be desired: *Viel (nichts) zu wünschen übrig lassen.* To leave one's voting paper blank: *Auf dem Stimmzettel niemanden ankreuzen.* This leaves me cool (cold, unmoved): *Das lässt mich kalt, das bewegt mich nicht.* He was left empty-handed: *Er stand mit leeren Händen da.* Leave hold of the rope! *Lass das Seil los!* He was left holding the bag: *Er stand schließlich mit den Sorgen alleine da.* He left me in charge of his car: *Er übertrug mir die Verantwortung (die Verfügungsgewalt) über seinen Wagen.* We left him in excellent spirits (quite well): *Wir verließen ihn außerordentlich gut gelaunt.* To leave s.b. in the lurch (high and dry, stranded): *Jemanden im Stich lassen; jemanden im Regen stehen lassen (i.ü.S.); jemanden mit den Sorgen alleine lassen.* To leave s.b. in peace: *Jemanden in Frieden, in Ruhe lassen.* To leave s.b. on his own (to himself): *Jemanden sich selbst überlassen.* To leave a matter open: *Eine Angelegenheit offen, unentschieden lassen.* To leave s.b.

to sink or swim, to his own devices: *Jemanden sich selbst überlassen; jemanden seinen eigenen Fähigkeiten überlassen.* To leave s.b. to his fate: *Jemanden seinem Schicksal überlassen.* He was left to his resources: *Er war ganz auf sich selbst, auf seine Fähigkeiten angewiesen.* I left it to chance: *Ich überließ es dem Zufall.* I leave it to you: *Ich überlasse es dir.* He left it unsaid: *Er ließ es unerwähnt.* To be left until called for: *Warten, bis man gerufen wird.* To leave no stone unturned: *Alles Menschenmögliche tun, jede Anstrengung unternehmen; nichts unversucht lassen.* He left a good name (reputation) behind: *Er hinterließ einen guten Namen (einen guten Ruf).* To leave s.b. out(side): *Jemanden (draußen) stehen lassen; jemanden ausschließen.* He was left out in the cold (colloq.): *Man ließ ihn draußen vor der Tür (in der Kälte) stehen; man ließ ihn abseits stehen.* To leave out one's name from the list. *Den Namen von der Liste streichen.* To leave over the solution of a problem: *Die Lösung eines Problemes übergehen.* To be left over: *Übrig sein (bleiben).*

lecture To lecture on the French revolution: *Einen Vortrag über die französische Revolution halten (an einer Universität).*

leer To leer at s.b.: *Nach jemandem lüstern, schielen.*

left To have two left feet (colloq.): *Ein Trampel sein.* (To hand out s.th.) left, right and centre (colloq.): *In rauhen Mengen; mit etwas nur so um sich werfen.* Left turn! (milit.): *Links um!* Left wheel! (milit.): *Links schwenkt!*

leg (1) To leg it (colloq.): *Zu Fuß gehen, marschieren.*

leg (2) My leg hurts: *Mein Bein tut weh, schmerzt.* To give someone a leg up (colloq.): *Jemanden unterstützen; jemandem unter die Arme greifen.* Not to have a leg to stand on (colloq.): *Sich auf nichts stützen können; keine Entschuldigung haben; keine Beweise haben.* To pull s.b.'s leg (colloq.): *Jemanden auf den Arm nehmen.*

lend To lend assistance, aid, a (helping) hand: *Jemandem helfen, beistehen; jemandem eine hilfreiche Hand geben.* I lent him some money: *Ich lieh ihm etwas Geld.* To lend money on interest: *Geld gegen Zinsen verleihen.* He lent countenance (his support) to the project: *Er gab dem Projekt ein Profil, seine Unterstützung.* To lend colour (verisimilitude) to a story: *Einer Geschichte, Erzählung, Farbe (Glaubhaftigkeit) schenken.* To lend an ear (one's ear) to s.b.: *Jemandem Gehör schenken, jemandem zuhören.* To lend wings to s.b.: *Jemandem Flügel verleihen; jemanden bei seiner Karriere gewaltig unterstützen.* To lend oneself to compromise, to deception: *Sich einem Kompromiß verpflichten; sich einer Ablenkung, Irreführung hingeben (= sie gutheißen).* To lend itself to s.th.: *Sich für etwas eignen.* This lends itself to the most different interpretations: *Zu dieser Sache bieten sich die ver-*

schiedensten Erklärungsmöglichkeiten an.

length At length: *Ausführlich; lang und breit.* To go to any length: *Keine Mühe scheuen; alle Hebel in Bewegung setzen; alles tun.*

leopard A leopard cannot change his spots (prov.): *Ein Wolf bleibt ein Wolf, auch wenn er ins Schafsfell schlüpft.*

less less than nothing: *Weniger als nichts.* The less you drink the better: *Je weniger du trinkst, um so besser.*

lest Lest he should do it: *Aus Furcht, dass er es tun sollte; falls er es tun sollte.*

let To let: *Vermieten.* Let him alone: *Lass ihn alleine, in Ruhe.* Let alone (the problem of immigration): *Ganz zu schweigen von (dem Problem der Einwanderung).* Let that be a lesson for (to) you: *Lass dir das eine Lehre sein.* Let it be said at once: *Es sei gleich gesagt.* To let be: *Von etwas ablassen; etwas in Ruhe lassen.* To let blood: *Blut lassen; zur Ader lassen.* They have let daylight into the affair: *Sie haben Licht in die Angelegenheit gebracht.* She let herself die: *Sie überließ sich dem Tod; sie wehrte sich nicht mehr gegen den Tod.* To let things drift (go hang, go their own way, rip, slide) to let it ride (USA): *Die Dinge ihren Lauf nehmen lassen.* To let drive (fly) at s.b.: *Jemandem einen Schlag mit der Faust verpassen.* He let the conversation drop: *Er ließ die Unterhaltung fallen; er beendete die Unterhaltung.* To let the matter drop: *Von einem Thema ablassen; ein Thema sein lassen.* Let us face it: *Ganz ehrlich; blicken wir den Tatsachen ins Auge.* To let fall a hint: *Einen Hinweis einfließen lassen.* He (casually) let fall that he had divorced: *Er bemerkte ganz nebenbei, dass er sich hatte scheiden lassen.* To let fly abuse: *Beleidigungen austeilen.* Let's get down to facts: *Lass uns zu den harten Tatsachen, zum Kern der Sache kommen.* He let himself get caught: *Er ließ sich erwischen.* Let it go! *Lass los!* She let herself go to despair: *Sie gab sich ganz der Verzweiflung hin.* Let it go down the wind: *Überlass es dem Wind, lass es mit dem Wind fliegen.* To let everything hang over: *Alles im Ungewissen, in der Schwebe lassen.* Let us have done with it: *Lass uns die Sache endlich hinter uns bringen.* Let me pass: *Lass mich durch.* Let it pass unnoticed: *Lass es gut sein; tu so, als hättest du nichts bemerkt.* Let the matter rest here: *Lass die Sache damit gut sein.* To let the world slide: *Die Dinge gehen lassen.* To let an opportunity slip: *Sich eine Gelegenheit entgehen lassen.* To let s.b. stew in his own juice: *Jemanden im eigenen Saft braten lassen; jemanden schmoren lassen.* To let things take their course: *Den Dingen ihren Lauf lassen.* Let bygones be bygones (prov.): *Lass die Vergangenheit Vergangenheit sein; lass die Vergangenheit ruhen.* Let sleeping dogs lie (prov.): *Rühre nicht an vergessene, vergangene Dinge; man soll keine schlafen-*

den Hunde wecken. Let those laugh who win (prov.): *Wer zuletzt lacht, lacht am besten.* Let time have time to act (prov.): *Alles braucht seine Zeit, Zeit heilt alle Wunden!* Let well alone (prov.): *Das Bessere ist der Feind des Guten.* Let me by: *Lass mich durch.* To let s.b. down: *Jemanden im Stich lassen, enttäuschen.* To let s.b. down easily, gently: *Jemanden sanft anfassen, jemanden glimpflich, schonend behandeln.* To let out a person: *Jemanden angreifen, beschimpfen.* To let s.b. in (colloq.): *Jemanden einweihen.* To let oneself in for a risky undertaking: *Sich auf eine riskante Unternehmung einlassen.* To let in: *Hereinlassen, einlassen; einweihen; hereinlegen, betrügen.* I let him into the secret: *Ich weihte ihn in das Geheimnis mit ein.* To let off steam: *Dampf ablassen (auch i.ü.S.).* To let on (colloq.): *Etwas vorgeben; sich etwas nicht anmerken lassen; ein Geheimnis verraten.* To let the sawdust out of s.b.: *Jemanden entlarven, demaskieren.* To let the cat out of the bag: *Die Katze aus dem Sack lassen.* To let s.b. out on bail (leg.): *Jemanden nach Zahlung einer Kaution auf freien Fuß setzen.* To let out at s.b.: *Jemanden gewalttätig angreifen.* Let there be light: *Es werde Licht (Zitat aus der Bibel).* To let s.th. well alone: *Die Finger von etwas lassen.*

letter The letter of the law: *Der Buchstabe des Gesetzes.* To the letter: *Buchstabengetreu; genau.*

level (1) To level the ground, a road (up, down): *Ein Grundstück einebnen, eine Straße eben machen.* To level a town to (with) the ground: *Eine Stadt dem Erdboden gleich machen.* To level (away) inequalities: *Ungleichheiten, Unterschiede verschwinden lassen, ausgleichen.* To level one's aim: *Ziel nehmen; sein Ziel anvisieren.* To level a gun (rifle), a revolver at s.b.: *Mit einem Gewehr, einem Revolver auf jemanden zielen.* To level an accusation at s.b.: *Jemandem eine Anschuldigung entgegenwerfen, ins Gesicht werfen.* She levelled her rude remark at him: *Sie münzte ihre beleidigende Bemerkung auf ihn.* They levelled at the stranger: *Sie richteten sich, stellten sich (feindlich) gegen den Fremden.* To level at perfection, at success: *Nach Perfektion, nach Erfolg streben.* To level out an opportunity: *Eine Möglichkeit ausloten, überdenken.* To level up to s.b.: *Sich an das Niveau einer anderen Person herankämpfen.*

level (2) To find one's / it's (own) level: *Seinen Platz finden (von selbst) einspielen, einpendeln.* Level-headed: *Ausgeglichen, ausgewogen; überlegt.* To be level pegging (colloq.): *Auf gleicher Höhe, punktgleich sein.* To be on the level (colloq.): *Reell, ehrlich gemeint, in Ordnung, aufrichtig sein.*

levy To levy a fine, a duty, a tax on s.b.: *Jemandem eine Gebühr, einen Zoll, eine Steuer abfordern, auferlegen.* To levy an Army: *Truppen ausheben; eine Armee zusammenstellen.* To levy blackmail: *Erpressen.* To levy war upon (against) s.b.: *Krieg gegen jemanden anfangen, führen.*

liable He is liable for his debts: *Er ist verantwortlich für seine Schulden.* He is liable to bronchitis, to colds: *Er neigt zu Bronchitis, zu Erkältungen.* He is liable to (for) a heavy fine: *Er ist zur Zahlung einer hohen Strafe verpflichtet worden.* We all are liable to make mistakes: *Wir alle machen mal Fehler; wir alle können Fehler machen.*

liberty To be at liberty: *Frei sein; auf freiem Fuß sein; Zeit haben; berechtigt sein; zur Verfügung stehen.* To be at liberty to do s.th.: *Etwas dürfen; jemandem steht es frei, etwas zu tun.* To take liberties with s.b. or s.th.: *Sich Freiheiten gegen jemanden oder etwas herausnehmen; willkürlich mit etwas umgehen.*

lick To lick s.b.'s boots (shoes, spittle): *Vor jemandem kriechen; jemanden unterwürfig umschmeicheln.* To lick one's fingers (chaps, chops, lips): *Sich die Finger lecken.* To lick s.b.: *Jemanden verprügeln, besiegen.* That licks creation! *Das übertrifft alles Dagewesene; das setzt allem die Krone auf.* It licks me: *Das übersteigt meine Verständnisfähigkeit.* To lick a plate (up, off, clean): *Einen Teller sauberlecken.* To lick the dust (the earth, the ground): *Ins Gras beißen; jemandem auf übertriebene Art und Weise schmeicheln.* To lick s.b. into fits: *Jemanden völlig schlagen, komplett besiegen.* To lick s.b. into shape: *Jemanden gesellschaftsfähig, präsentabel machen; jemandem den richtigen Schliff beibringen.* To lick s.th. into shape: *Etwas hübsch formen, auf Hochglanz bringen; etwas in die richtige Form oder in Ordnung bringen.* They licked up the enemy: *Sie vernichteten den Feind.*

lid To blow (put) the lid off s.th. (colloq.): *Etwas enthüllen; etwas aufdecken.* To clamp the lid on (s.th.) (colloq.): *Etwas vertuschen.* To put the (tin) lid on s.th. *Die Höhe sein; dem Fass den Boden ausschlagen.*

lie (1) To lie to s.b.: *Jemanden anlügen.* To lie plump, in one's teeth (throat), like a trooper: *Das Blaue vom Himmel herunterlügen; schamlos lügen.* To lie oneself into (out of) trouble: *Durch Lügen in Schwierigkeiten kommen (aus Schwierigkeiten herauskommen).*

lie (2) To give the lie to s.b. or s.th.: *Jemanden oder etwas Lügen strafen; jemanden oder etwas der Unwahrheit bezichtigen oder überführen.*

lie (3) To lie heavy on s.b.: *Schwer auf jemandem lasten.* To lie ill: *Krank darniederliegen.* To lie in the dust: *Im Staub liegen.* To lie on one's back, on one's face (face downwards): *Auf dem Rücken, mit dem Gesicht nach unten liegen.* To lie in prison: *Im Gefängnis sein.* To lie in ruins: *In Schutt und Asche liegen.* To lie in wait for s.b. or s.th.: *Auf der Lauer liegen* To lie dormant: *Schlummern; den Winterschlaf halten.* To lie barren, fallow, waste: *Unfruchtbar, kahl, dürr* *liegen; brach liegen; ungenutzt liegen (Acker, Land).* To lie like a log: *Wie ein Fels festliegen.* To lie lurking, in ambush, in wait: *Heimlich herumhängen; im Hinterhalt liegen; auf der Lauer liegen.* To lie open to attack, to criticism: *Für einen Angriff offen daliegen; offen für Kritik sein.* To lie flat (outstretched, at full length) on the ground: *Flach auf dem Boden liegen.* To lie about (here and there, all over the place): *Überall herumliegen.* To lie at the mercy of s.b.: *Der Gnade einer Person unterliegen, ausgeliefert sein.* To lie at s.b.'s door: *Jemandem zugeschoben werden (Schuld, Pflichten).* To lie by: *Ganz in der Nähe, in der Nachbarschaft liegen; still-, brachliegen.* Lie down! *Platz! Kusch! (zu einem Hund).* To lie in the bed one has made: *Die eigene Suppe auslöffeln (i.ü.S.).* It lies in him (in his hands, in his power) to help you: *Es liegt in seiner Macht, dir zu helfen.* To lie in state: *Aufgebahrt sein.* It lies near my heart: *Es liegt mir sehr am Herzen.* It lies off the French coast: *Es liegt vor der französischen Küste.* To lie on one's back: *Ans Bett gefesselt sein (Krankheit).* It lies heavy on my conscience: *Es lastet mir schwer auf dem Gewissen.* It lies heavy on my stomach: *Es liegt mir schwer im Magen.* To lie on one's oars: *Die Ruhe selbst sein.* To lie on the table: *Auf unbestimmte Zeit verschoben sein.* To lie out of one's money: *Sein Geld nicht bekommen.* To lie over: *Nicht rechtzeitig bezahlt werden; liegen bleiben; aufgeschoben werden.* To lie under an imputation of falsehood: *Der Falschheit, Unechtheit angeklagt, verdächtigt sein.* To lie up: *Ruhen; das Bett hüten müssen.* To lie up in lavender: *In Sicherheit sein; in guten Händen sein.* It lies with him to do it: *Es liegt an ihm, es ist an ihm, es zu tun.* To take s.th. lying down: *(Meist verneint) etwas klaglos hinnehmen; sich etwas gefallen oder bieten lassen.*

life As large as life: *In voller Lebensgröße; höchstpersönlich.* For the life of me (colloq.): *Beim besten Willen; um alles in der Welt.* She is the life and soul of the party: *Sie ist die Seele des Festes, eine Stimmungskanone.* His life-strings are broken (old): *Er ist tot.* His life is at stake: *Sein Leben steht auf dem Spiel.* Not on your life! (colloq.): *Nie im Leben!* See life (colloq.): *Die Welt sehen; das Leben kennenlernen oder genießen.* This is the life! *Das ist ein Leben!* (To live, lead) the life of Riley (colloq.): *Wie Gott in Frankreich leben; wie die Made im Speck leben.* To take one's life in one's hands: *Sein Leben aufs Spiel setzen; Kopf und Kragen riskieren.* To the life: *Wie er (sie) leibt und lebt.* While there's life there's hope: *Es ist noch nicht aller Tage Abend; man soll die Hoffnung nicht zu früh aufgeben.*

lift (1) To lift (up) one's hands against s.b.: *Seine Hand gegen jemanden erheben.* To lift the tents: *Die Zelte abbrechen.* Not to lift a finger (a hand) to help s.b.: *Keinen Finger rühren, um jemandem zu helfen.* To lift potatoes: *Kartoffeln ernten.* To lift a passage from a book: *Eine Passage aus einem Buch kopieren.* To lift a fine: *Ein Bußgeld erheben.* To lift the embargo on a ship: *Ein über ein Schiff verhängtes Embargo aufheben.* To lift (up) a cry, one's voice: *Ein Geschrei, seine Stimme erheben.* To lift up one's head: *Wieder Mut fassen; den Kopf wieder hoch tragen.* To lift up one's horn: *Sein eigenes Lob singen, sich rühmen.* The fog is lifting: *Der Nebel lichtet sich.* To lift up one's heel: *Einen Fußtritt geben.*

lift (2) The lift has stuck: *Der Fahrstuhl, Aufzug ist steckengeblieben.*

light (1) To light a candle, a fire, a lamp, a match, one's pipe: *Eine Kerze, ein Feuer, eine Lampe, ein Streichholz, seine Pfeife anzünden.* To light the candle at both ends: *Spät aufbleiben und sehr früh aufstehen; zu wenig schlafen; seine Gesundheit ruinieren; ein Verschwender sein.* To light (up) the streets of a town, a room: *Die Straßen einer Stadt erleuchten, beleuchten; ein Zimmer erhellen.* To light up (with joy): *Vor Freude strahlen.* To light up: *Wieder fröhlich werden, strahlen.* He lit her upstairs: *Er leuchtete ihr den Weg die Treppe hinauf (mit einer Kerze z.B.).*

light (2) According to one's lights: *Nach bestem Wissen und Gewissen.* In the cold light (fig.): *Bei Licht besehen; bei genauer Betrachtung.* In the light of s.th.: *Im Licht von etwas.* To bring to light: *Aufdecken.* To come to light: *Auftauchen.* To shed (throw) light on s.th.: *Licht auf etwas werfen.* She is the light of his eyes: *Sie ist sein Augenlicht, sein Augapfel, sein ein und alles.* To hide one's light under a bushel: *Sein Licht unter den Scheffel stellen.* To go out like a light (colloq.): *Auf der Stelle einschlafen; sofort weg sein.* The lights are red (green): *Die Ampel ist rot (grün).*

light (3) I'm a light sleeper: *Ich habe einen sehr leichten Schlaf.* He is light in the head: *Er ist eine zerstreute, unaufmerksame Person; ihm ist schwindelig.* The light fantastic toe (jokingly): *Der Tanz (scherzhaft).* Light(ly) come, light(ly) go (prov.): *Wie gewonnen, so zerronnen.* To make light of s.th.: *Etwas auf die leichte Schulter nehmen.*

light (4) To light from a horse: *Vom Pferd herabsteigen.* To light on one's feet: *Auf die Füße fallen.* To light on (upon) s.b., s.th.: *Auf jemanden, etwas stoßen; zufällig auf etwas stoßen.* To light on (upon) a flower: *Sich auf einer Blume niederlassen. (Biene).*

lighten (1) To lighten a room: *Ein Zimmer erhellen, erleuchten.* It lightened all night: *Es blitzte die ganze Nacht.*

lighten (2) To lighten a ship, a waggon: *Ein Schiff, einen Wagen entladen.* To lighten one's heart, one's conscience: *Sein Herz, sein Gewissen erleichtern.* To lighten s.b.'s pockets: *Jemanden um sein Geld erleichtern.* To lighten a punishment: *Eine Strafe mildern.*

like (1) I like the cold: *Ich mag kaltes Klima, die Kälte.* I like to eat (eating) well: *Ich esse gerne gut.* I like you to be honest: *Ich möchte, dass du ehrlich bist.* I like you the way you are: *Ich mag dich so, wie du bist.* I like my tea rather sweet. *Ich trinke meinen Tee gerne ziemlich süß.* Like it or lump it: *Nimm es oder lass es.* To like better, best: *Mehr, eher mögen; am meisten mögen.*

like (2) The like (of it): *Etwas Ähnliches.* The likes of s.b. (colloq.): *Seines- oder ihresgleichen; unsereiner.* Like as not (colloq.): *Wahrscheinlich; vermutlich.* Like attracts like (prov.): *Gleich und Gleich gesellt sich gern, Gleiches zieht sich an.* He was like a bear with a sore head (fig.): *Er war ausgesprochen brummig, schlecht gelaunt, bärbeißig.* Like a bomb (colloq.): *Wie eine Bombe; mit ungeheurem Erfolg.* Like bricks (a brick): *Kräftig, kraftvoll.* They are like cat and dog: *Sie sind wie Hund und Katze (zueinander).* He was like a cat on hot bricks: *Er war wie auf glühenden Kohlen.* They are as like as chalk and cheese: *Sie sind grundverschieden, sie stehen im krassen Gegensatz zueinander, sie sind verschieden wie Tag und Nacht.* Like a charm: *Perfekt.* Like cures like (prov.): *Gleiches liebt sich.* He was like a drowned rat: *Er stand da wie ein begossener Pudel.* She was like a duck in a thunderstorm: *Sie machte einen verlegenen, verwirrten Eindruck.* They are like each other: *Sie sind sich sehr ähnlich.* Like enough (colloq.): *Vermutlich, wahrscheinlich.* Like father, like son (prov.): *Wie der Vater, so der Sohn.* Like the fool that he is: *Ein Narr, der er ist …* Like a good soul (colloq.): *Ehrlich, anständig, eine gute Seele.* Like greased lightning (pop.): *Blitzschnell, im Nu.* It is (just) like him to do such a thing: *Das sieht ihm ähnlich, so etwas zu tun.* Like a house on fire: *Schnell, rasch, kräftig.* Like mad: *Wie verrückt.* Like nothing on earth (colloq.): *In gewaltigen Mengen.* There is nothing like a glass of beer: *Nichts geht doch über ein gutes Glas Bier.* He is like one possessed: *Er ist wie besessen.* At least something like a day! *Endlich mal ein schöner Tag (Wetter).* That is like his rudeness: *Das stimmt ganz mit seiner sonstigen Unfreundlichkeit überein.* He was like that: *Das war er (eben); das war ganz er.* It wasn't like that: *So war es nicht; so ist das nie geschehen.* That is something like: *Das lasse ich mir gefallen; das lässt sich hören.* What does it taste like? *Wie schmeckt es?* They are as like as two peas: *Sie ähneln sich wie ein Ei dem anderen.* It was like water off a duck's back: *Es hinterließ nicht den geringsten Eindruck (auch i.ü.S.).*

likely It is likely that we will come, he is likely to come: *Wir werden (höchst)wahrscheinlich kommen; er wird wahrscheinlich kommen.* Not likely (colloq.): *Nicht unbedingt.* A likely story! (colloq.) *Wer's glaubt, wird selig.*

limb Limb of the devil, of Satan: *Kleiner Teufel (scherzhaft).* To be out on a limb: *In einer prekären Lage sein, allein auf weiter Flur sein.*

limit (1) To limit one's expenditure: *Seine Ausgaben begrenzen, einschränken.*

limit (2) That's the limit!(colloq.): *Das ist das Letzte! (der Gipfel, eine Zumutung).*

limp To limp off: *Davonhumpeln, -hinken.* He limped upstairs: *Er humpelte, hinkte die Treppe hoch.*

line (1) All along the line (colloq.): *Auf der ganzen Linie; die ganze Zeit; immer wieder.* To be in s.b.'s line (of country): *Auf jemandes Linie liegen; jemandes Fall sein; jemandem liegen.* To bring s.th. into line: *Etwas in Einklang bringen; etwas angleichen; etwas gleichschalten.* To draw the line: *Die Grenze ziehen.* To be in line for s.th.: *Mit etwas an der Reihe sein.* To be in (out of) line with s.th.: *Mit etwas im Einklang stehen; mit etwas (nicht) übereinstimmen.* To lay it on the line (colloq.): *Klartext reden.* To lay s.th. on the line (colloq.): *Etwas aufs Spiel setzen; etwas riskieren.* The line of least resistance: *Der Weg des geringsten Widerstandes.* On the lines of s.th.: *In Richtung von etwas; ähnlich etwas.* To read between the lines: *Zwischen den Zeilen lesen.* To shoot a line (sl.): *Dick auftragen; übertreiben; aufschneiden; angeben, prahlen.* To step out of line: *Aus der Reihe tanzen; über die Stränge schlagen.* His line (of business) is selling books: *Sein Beruf ist Bücher zu verkaufen.*

line (2) To line a sheet of paper: *Ein Blatt Papier linieren.* He lined (out, up) his pupils: *Er reihte seine Schüler auf, stellte seine Schüler in einer Reihe auf.* Lined with grief, with wrinkles: *Vom Kummer gezeichnet sein; ein runzliges Gesicht haben.* Lined with trees: *Mit Bäumen gesäumt sein.* To line up: *Sich aufstellen, aufreihen.* To line out (off) the plan of a house: *Den Plan eines Hauses entwerfen.* Soldiers lined the street: *Soldaten standen an der Straße Spalier.*

line (3) To line a dress, an overcoat: *Ein Kleid, einen Übermantel füttern.* To line one's pocket (purse): *Sich die Taschen füllen.*

line (4) The line is engaged (busy): *Die Telefonleitung ist besetzt.*

linen To wash one's dirty linen (in public): *(In aller Öffentlichkeit) schmutzige Wäsche waschen.*

linger He lingered for nearly six months: *Er blieb fast 6 Monate da.* To linger about (round) a place: *An einem Ort herumhängen.* To linger on (upon, over, round) a subject: *Sich an einem Thema aufhalten.* To linger after fame: *Sich sehr nach Ruhm sehnen.* He was lingering away his time: *Er vertrödelte seine Zeit.* To linger behind: *Zurückbleiben.* He lingered out the last days of his life: *Er schleppte sich* *durch die letzten Tage seines Lebens.*

link To link in (up) with s.th.: *Sich mit etwas verbinden, verknüpfen.* To link in friendship with s.b.: *Sich freundschaftlich mit jemandem verbinden.* They are linked together by a promise: *Sie sind durch ein Versprechen aneinander gebunden.* To link one's arm in (through) s.b.'s arm: *Sich bei jemandem einhaken.*

lion A lion in the way (in the path): *Ein (meist eingebildetes) Hindernis im Weg.* To twist the Lion's tail: *Den britischen Löwen reizen.* The lion's share: *Der Löwenanteil.* To beard the lion in his den: *Sich in die Höhle des Löwen begeben.* He is the lion of the hour: *Er ist der Held des Tages, der Mann der Stunde.* A lion-hunter (pej.): *Ein Prominentenjäger.* To put one's head in the lion's mouth: *Mit dem Feuer spielen.* To throw s.b. to the lions: *Jemanden ans Messer liefern.*

liquor To liquor s.b. up (pop.): *Jemanden betrunken machen.* To liquor up (pop.): *Sich zusaufen, sich vollaufen lassen.*

list I've listed your name: *Ich habe deinen Namen auf die Liste gesetzt.*

listen To listen to s.b.: *Jemandem zuhören.* To listen to s.b.'s advice: *Auf jemandes Rat hören.* To listen to the radio: *Radio hören; dem Radio zuhören.* To listen to the voice of reason: *Der Stimme der Vernunft lauschen, Folge leisten.* Listen! *Hör doch! Horch! Still, hör mal!* To listen for s.b.'s steps: *Den Schritten einer Person lauschen.* To listen in: *Mithören; ein Telefongespräch abhören.* To listen to both sides: *Sich die Version beider Seiten anhören; beide Seiten (in einem Streitfall) anhören.*

litter To litter (down) a horse: *Streu für ein Pferd legen.* To litter (up) the floor with waste paper, to litter waste paper over the floor: *Papierabfall überall auf dem Boden verstreuen.* To litter (up) one's room: *Sein Zimmer schmutzig machen, ungepflegt lassen.*

little The little ones: *Die Kleinen, die Kinder.* So that is your little game! *Das hast du also vor! Darauf willst du also hinaus!* A little pot is soon hot (prov.): *Kleine Leute regen sich schnell auf.* I know his little ways: *Ich kenne seine Schliche.* My little woman (colloq.): *Meine Ehefrau.* A little makes her cry: *Sie weint bei jedem bisschen.* Little by little: *Langsam, aber sicher; Stückchen für Stückchen; nach und nach.* Little minds: *Kleine Geister.* Little or nothing: *Sehr wenig oder überhaupt nichts.* He little dreamt that you would come: *Er hat sich nicht in seinen kühnsten Träumen vorgestellt, dass du kommen würdest.* He is going a little thin on top: *Er fängt an, eine Glatze zu kriegen.* Little pitchers have long ears (prov.): *Kinder sind sehr sensibel, merken alles.* Little strokes fell great oaks (prov.): *Steter Tropfen höhlt den Stein.* To make little of s.th.: *Wenig Aufhebens um etwas machen.*

live Live and learn (prov.): *Es ist nie zu spät dazuzulernen; man lernt nie aus.* Live and let live (prov.): *Leben und leben lassen.* To live close at hand, hard by: *In der Nähe, ganz in der Nähe, in der Nachbarschaft wohnen.* To live comfortably, easily, a life of ease: *Bequem, leicht leben, ein angenehmes Leben führen.* To live a double life: *Ein Doppelleben führen.* To live high: *Ein Luxusleben führen.* To live a lie: *Ein Leben der Lüge führen.* He lives the life of a hermit: *Er führt das Leben eines Einsiedlers, eines Eremiten.* To live like a lord, like a saint: *Wie ein großer Herr leben, wie ein Heiliger leben.* To live low: *Ärmlich leben.* They live next door: *Sie wohnen im Nachbarhaus, eine Tür weiter.* He lived to regret it: *Er lebte lange genug, um es zu bereuen.* To live at s.b.'s expense: *Auf jemandes Kosten leben.* To live at anchor: *Vor Anker liegen.* He lives beyond his income: *Er lebt über seine Verhältnisse.* To live by begging: *Vom Betteln leben.* To live by one's work, by the sweat of one's brow: *Von seiner Arbeit leben; im Schweiß seines Angesichts sein Brot verdienen.* He lives for gambling: *Er lebt nur, um zu spielen.* To live from day to day (from hand to mouth): *Von einem Tag zum anderen leben; von der Hand in den Mund leben.* To live in glover, in luxury: *Im Überfluss, im Luxus leben.* To live in digs (in diggins), in a hotel: *In einem möblierten Zimmer wohnen, in einem Hotel wohnen.* To live in fool's paradise: *In seinen Illusionen leben; in einer Traumwelt leben.* To live in a glass-house: *Im Glashaus leben.* To live in a happy-go-lucky fashion: *Sorglos, unbekümmert leben.* To live in hardship, in squalor: *Ein mühseliges Leben führen; ein verwahrlostes, elendes Leben führen.* To live in idleness: *Müßig leben; ein Leben des Müßiggangs führen.* To live in isolation: *In Isolation leben; von der Außenwelt abgeschnitten leben.* To live in the shadow: *Im Schatten leben (i.ü.S.).* To live in a small way: *Bescheiden, billig leben.* To live in the street: *Auf der Straße leben; ohne festen Wohnsitz leben; nie zu Hause sein.* To live in oneself: *In sich zurückgezogen leben; zurückgezogen leben.* To live on the fat of the land: *Im Wohlstand leben; wie eine Made im Speck leben.* To live on air, on bread alone, on fruit: *Nur von Luft leben; sich nur von Brot, von Früchten ernähren.* To live on hope: *Von der Hoffnung zehren, leben.* To live on charity: *Von Wohltätigkeit, Barmherzigkeit anderer leben.* He lives on nothing but meat: *Er ernährt sich von nichts anderem als Fleisch.* To live on one's means: *Seinen (finanziellen) Möglichkeiten entsprechend leben.* To live on (upon) s.b.: *Auf Kosten eines anderen leben.* To live on in s.b.'s memory: *In jemandes Erinnerung lebendig bleiben.* To live happy days over again: *Glückliche Tage wieder durchleben.* To live to oneself: *Für* *sich selbst leben.* To live s.th. down: *Über etwas hinwegkommen; etwas verwinden; Gras über etwas wachsen lassen.* To live up to one's income: *Sein ganzes Einkommen ausgeben.* To live up to one's ideals, principles: *Seinen Idealen, seinen Grundsätzen gemäß leben.* He lives within his income: *Er lebt seinen Möglichkeiten entsprechend, im Rahmen seines Einkommens.* To live up to one's reputation: *Seinem Ruf voll und ganz gerecht werden.* He lives within walking distance of the school: *Er lebt in Gehweite der Schule.*

liven To liven up: *Sich beleben; lebendig, munter werden.*

living A living dog is better than a dead lion (prov.): *Ein Spatz in der Hand ist besser als eine Taube auf dem Dach.*

load To load a cart, a lorry, a ship: *Einen Karren, einen Lastwagen, ein Schiff beladen.* To load coal in bulk (naut.): *Kohle einlagern (in einem Dampfschiff).* To load s.b. with honours, insults, presents, reproaches: *Jemanden mit Ehren, Beleidigungen, Geschenken, Beschuldigungen überhäufen.* To load the table with delicacies: *Den Tisch mit Delikatessen füllen.* They loaded the goods on board the ship: *Sie luden die Waren an Bord des Schiffes.* To load a camera, a gun: *Einen Fotoapparat laden, eine Waffe laden.* To load the dice: *Die Würfel fälschen.* To load wine: *Wein verschneiden, pantschen.* To load one's stomach with food: *Sich den Bauch vollschlagen.* To load up: *Laden, aufladen.*

loaf (1) To loaf about: *Herumlungern, herumhängen.* To loaf away one's time: *Seine Zeit vertrödeln, vergammeln.* To loaf through life: *Durchs Leben gammeln, bummeln.*

loaf (2) Half a loaf is better than no bread: *(Wenig ist) besser als gar nichts.* To use one's loaf (colloq.): *Seinen Grips anstrengen.*

locate To locate a village on the map: *Ein Dorf auf einer Landkarte finden.* They located the enemy camp: *Sie orteten das feindliche Lager.*

lock (1) To lock a door: *Eine Tür verschließen.* To lock a secret in one's breast: *Ein Geheimnis für sich behalten, im Herzen tragen.* To lock the controls, the wheels: *Die Schaltung, die Räder blockieren.* To lock the stable door after the horse has been stolen (prov.): *Den Brunnen zudecken, wenn das Kind schon hineingefallen ist.* To lock s.th. away: *Etwas wegschließen.* To lock s.b. in: *Jemanden einschließen.* To lock s.b. out: *Jemanden ausschließen (aus dem Haus); jemandem die Tür vor der Nase zuschlagen.* To lock up a house: *Ein Haus abschließen.* They locked him up in his bedroom: *Sie schlossen ihn in seinem Schlafzimmer ein.* They locked him up in a lunatic asylum: *Sie sperrten ihn in eine Irrenanstalt ein.* To lock up money: *Geld investieren, festlegen.*

lock (2) The lock won't catch: *Das Schloss schließt nicht, schnappt nicht zu.* Lock, stock and barrel (colloq.): *Mit allem Drum und Dran; in Bausch und Bogen; ganz und gar; voll und ganz.* Under lock and key: *Hinter Schloss und Riegel; unter Verschluss.*

lodge To lodge a friend in one's house: *Einen Freund bei sich wohnen lassen.* To lodge with a friend (at a hotel): *Mit einem Freund zusammenwohnen; in einem Hotel wohnen, absteigen.* To lodge a blow on s.b.'s head: *Jemandem einen Schlag auf den Kopf geben.* He lodged his sword in(to) his enemy's chest: *Er stieß sein Schwert in die Brust seines Feindes.* To lodge some money in a bank: *Geld auf der Bank deponieren.* To lodge a claim (a complaint) against s.b.: *Eine Forderung, eine Beschwerde gegen jemanden vorbringen, führen.* The bullet lodged in his brain: *Die Kugel blieb ihm im Gehirn stecken.* To lodge full powers with s.b. (in the hands of s.b.): *Jemandem alle Vollmachten erteilen; alle Macht in die Hände einer Person geben.*

loiter To loiter about a place: *An einem Ort herumschlendern, herumbummeln.* To loiter on one's way: *Auf dem Weg trödeln, bummeln.* They loitered away the rest of the day: *Sie verbummelten, vertrödelten den Rest des Tages.*

loll To loll (out) one's tongue: *Die Zunge heraushängen lassen (Hund).* To loll out: *Heraushängen (lassen) (Zunge z.B.).* To loll about: *Herumlungern.* To loll away time: *Die Zeit vertrödeln, verbummeln.*

lombard It's Lombard street to a China orange (colloq.): *Da ist nichts zu machen; das ist zu schwer.*

long (1) To long after (for) s.th.: *Sich nach etwas sehnen, sich etwas herbeiwünschen.*

long (2) Long dozen: *Dreizehn; dreizehn Stück.* He was long (a long time) coming: *Er verspätete sich; er brauchte lange, um zu erscheinen.* The long and the short of the matter (of it) is that …: *Die Konsequenz, die Schlussfolgerung aus der ganze Sache ist, dass …* It was a long day before he realized his error: *Es dauerte lange, bis er seinen Fehler einsah.* It is a long lane that has no turning: *Es hat alles einmal sein Ende.* Long (a long time) ago (since) before: *Vor langer Zeit.* It is a long way off: *Es ist ein ganzes Stück entfernt von hier; es ist weit weg von hier.* A long way out: *Ungenau, schwammig (bei einer Antwort).* It is as broad as it is long: *Es ist gehupft wie gesprungen.* To draw the long bow: *Übertreiben, angeben, aufschneiden.* Long absent, soon forgotten (prov.): *Aus den Augen, aus dem Sinn.* In the long run: *Auf lange Sicht; langfristig.* The long and short of it (colloq.): *Der langen Rede kurzer Sinn.*

look To look away: *Wegschauen; nicht hinsehen (auch i.ü.S.).* To look danger (death) in the face: *Der Gefahr (dem Tod) ins Gesicht schauen.* To look a gift-horse in the mouth: *Einem geschenkten Gaul ins Maul schauen.* Look what a state you are in!

Sieh dir an, in welchem Zustand du bist! Look before you leap (prov.): *Erst denken, dann handeln.* He looks about forty: *Er sieht ungefähr wie vierzig (Jahre) aus.* Look alive! *Mach schnell, beeile dich!* You look your best: *Du siehst gut aus; du bist in Topform.* To look bewildered (lost, puzzled): *Überrascht, entsetzt, verloren, verwirrt, perplex ausschauen.* To look black: *Erzürnt, verärgert ausschauen.* To look compassion, despair, grief: *Mitleidig blicken; verzweifelt dreinschauen; bekümmert aussehen.* He looked (really) cross: *Er sah ausgesprochen verärgert aus.* To look done up: *Fix und fertig (erschöpft) aussehen.* To look grave: *Ein ernstes Aussehen, Auftreten haben.* To look great, (like something) out of this world: *Großartig ausschauen; wie etwas aus einer anderen Welt aussehen.* He looks himself again: *Er ist wieder ganz der alte.* You look pale: *Du siehst blass aus.* You look a perfect dream! *Du siehst traumhaft aus!* To look perfectly tailored: *Perfekt angezogen aussehen.* She looks as if butter would not melt in her mouth: *Sie sieht so aus, als könne sie keiner Fliege etwas zuleide tun.* You look as if you'd seen a ghost: *Du siehst aus, als hättest du einen Geist gesehen.* He looks his age: *Man sieht ihm sein Alter an.* To look a thing out: *Eine Sache heraussuchen.* He looks like an honest man: *Er sieht ehrlich aus; er macht einen ehrlichen Eindruck.* It looks like being a fine day: *Es sieht so aus, als ob es ein schöner Tag wird (Wetter).* It looks like (as if it is going to) rain: *Es sieht nach Regen aus; es sieht so aus, als ob es regnen würde.* To look like nothing on earth (colloq.): *Sehr auffällig sein; sehr hässlich, sehr schön sein.* You look like a drowned rat! *Du siehst aus wie ein begossener Pudel.* You look (like) it: *So siehst du (auch) aus; man sieht es dir an.* Look about you! *Pass auf dich auf! Sei vorsichtig.* To look after a matter: *Sich um eine Sache kümmern; nach einer Sache sehen.* He looks after his own interest: *Er ist auf sein eigenes Interesse bedacht.* To look after oneself, after number one (colloq.): *Für sich selbst sorgen; für sich selbst zuerst sorgen.* To look ahead: *Vorausschauen; an die Zukunft denken.* To look at him you might think: *Nach seinem Äußeren zu urteilen, könnte man denken …* She looked black (daggers, death) at me: *Wenn ihre Blicke töten könnten …; sie durchbohrte mich mit ihren Blicken.* To look at s.b. out of (through) the corner of one's eye: *Jemanden aus den Augenwinkeln heraus beobachten.* To look at pleasant things for a change: *Zur Abwechslung einmal erfreuliche Dinge betrachten.* She looked her last at her house: *Sie warf einen letzten Blick auf ihr Haus.* They looked at each other with hostility: *Sie warfen einander feindselige Blicke zu.* To look beyond s.b.: *Jemanden missverstehen.* To look s.b. down: *Jemanden mit einem Blick zum Schweigen, Aufgeben, sich unterordnen bringen.* To look down on (upon) s.b., to look down one's nose at s.b.: *Auf jemanden herabblicken; die Nase über jemanden rümpfen.* To look for trouble: *Ärger suchen; auf Schwierigkeiten, Ärger aus sein.* To look for a needle in a bundle of hay: *Eine Stecknadel im Heuhaufen suchen.* To look forward to s.th.: *Sich auf etwas freuen.* I am looking forward to his visit: *Ich freue mich auf seinen Besuch.* To look from over one's glasses: *Über seine Brillengläser hinwegsehen.* I'll look in this afternoon: *Ich schaue heute Nachmittag vorbei.* She looked into every nook: *Sie suchte in jedem Winkel; sie drehte jeden Stein um.* To look into the accounts: *Sich die Rechnungsbücher ansehen; die Bücher prüfen.* To look on s.th. with favour: *Etwas unterstützen, wohlwollend betrachten.* To look on the bright (dark, gloomy) side of things: *Die erfreuliche (unerfreuliche, dunkle) Seite der Dinge betrachten.* To look on ahead: *In die Zukunft blicken.* To look on the wine when it is red: *(Übermäßig) viel Wein trinken.* To look out for prey: *Sich nach Beute umsehen; nach Beute Ausschau halten.* To look out for squalls: *Auf der Hut sein.* Not to look outside one's backyard: *Sich nur um seine eigenen Angelegenheiten kümmern.* I looked him through and through: *Ich beobachtete ihn sehr aufmerksam; ich musterte ihn von Kopf bis Fuß.* It looked through her eyes: *Es war ihr ins Gesicht geschrieben; man konnte es in ihren Augen lesen.* To look through one's fingers at s.b.: *Vortäuschen, jemanden nicht zu sehen.* He looks to his own interest: *Er achtet auf seine eigenen Interessen.* To look to one's laurels: *Seinen Ruhm sorgfältig am Leben erhalten.* Look to it that he doesn't cheat you: *Gib acht darauf, dass er dich nicht hintergeht.* To look to s.b. for help: *Auf die Hilfe einer Person zählen.* To look up a number in the telephone directory, a word in the dictionary: *Eine Telefonnummer im Telefonbuch; ein Wort in einem Wörterbuch nachschlagen.* To look s.b. up and down: *Jemanden von oben bis unten mustern.* To look up to s.b.: *Zu jemandem (bewundernd) aufblicken.*

look-out That's your look-out: *Das ist deine Sache; das betrifft nur dich.*

loom To loom (up) large: *Sich auftürmen (Gefahr); sich drohend abzeichnen; von großer Bedeutung sein.*

loop To loop the loop: *Mit einem Flugzeug einen Looping drehen.* To loop one's hair: *Sein Haar hochstecken.*

loose (loosen) To loose the anchor: *Den Anker hieven.* To be at a loose end (colloq.): *Nichts zu tun haben; Zeit haben; in der Luft hängen; nichts mit sich anzufangen wissen.* To loose one's hair, a knot: *Sein Haar lösen, frei fallen lassen; einen Knoten auf-*

machen. To loose (to loosen) one's grip (hold): *Etwas loslassen.* To loose (to loosen) s.b.'s tongue: *Jemanden gesprächig machen (durch Wein, Folter).* To loose (off) at s.b.: *Einen Schuss auf jemanden abfeuern.* To loosen a screw: *Eine Schraube losdrehen, lockern.* To loosen one's purse-strings: *Freigiebiger werden.*

lop To lop a tree: *Einen Baum beschneiden, stutzen.* To lop off (away) a branch: *Einen Ast abhauen, abhacken.*

lord To lord it over s.b.: *Sich als Herr aufspielen; herrschen über jemanden.* As drunk as a lord (colloq.): *Sturzbetrunken sein.* To live like a lord: *Fürstlich leben.* Someones lord and master: *Jemandes Herr und Gebieter, jemandes Göttergatte.*

lose To lose one's balance, one's foothold: *Sein Gleichgewicht, seinen Halt verlieren.* To lose one's breath: *Außer Atem kommen.* To lose caste: *Sozial absteigen; sich sozial verschlechtern.* To lose a good chance: *Eine gute Gelegenheit verpassen.* To lose colour: *Farbe verlieren.* He has lost confidence in himself: *Er verlor das Vertrauen in sich selbst.* To lose consciousness: *Das Bewusstsein verlieren.* He lost control of his car: *Er verlor die Kontrolle über seinen Wagen.* To lose countenance: *Die Fassung verlieren.* To lose courage (heart): *Den Mut verlieren.* To lose credit, importance, power: *Glaubwürdigkeit, Wichtigkeit, Macht verlieren.* To lose one's face: *Sein Gesicht verlieren (i.ü.S.).* To lose favour with s.b.: *Jemandes Gunst, guten Willen verlieren.* To lose flesh, weight: *Fleisch, Gewicht verlieren.* To lose one's footing: *Stolpern, ausgleiten.* To lose one's grip (one's hold) of s.th.: *Die Kontrolle über, den Einfluß auf etwas verlieren.* To lose ground: *Allmählich an Ansehen einbüßen; an Kraft verlieren; Boden verlieren.* To lose one's head (mind, wits): *Den Kopf verlieren; unüberlegt handeln.* To lose one's heart to s.b.: *Sein Herz an jemanden verlieren; sich in jemanden verlieben.* To lose heavily: *Eine schwere Niederlage hinnehmen.* That lost him his job: *Das kostete ihn seinen Arbeitsplatz.* To lose the lead: *Die Führung verlieren (in einem Rennen).* To lose one's legs (pop.): *Sich betrinken.* To lose one's memoria: *Sein Gedächtnis verlieren.* My watch loses five minutes a day: *Meine Uhr geht täglich fünf Minuten nach.* To lose one's nerve: *Die Nerven verlieren; durchdrehen.* To lose the number of one's mess: *Sterben, das Zeitliche segnen.* To lose plant: *Absterben (Pflanzen).* To lose one's reason (senses, bearings): *Den Verstand verlieren; aus dem Konzept kommen; die Fassung verlieren.* To lose one's reputation (one's character): *Seinen (guten) Ruf verlieren.* To lose the scent: *Die Spur verlieren.* To lose one's self-control: *Die Kontrolle über sich selbst, die Selbstbeherrschung verlieren.* He has lost the shirt off his back: *Er ist bis aufs*

Hemd ruiniert. He has lost every stitch of his clothing: *Er hat alles verloren, ihm ist nichts geblieben.* To lose a suit: *Einen Prozess verlieren.* To lose one's temper (one's patience): *Die Geduld verlieren.* I've lost the thread of my argument: *Ich habe den Faden (meiner Ausführung) verloren.* To lose one's tongue: *Sprachlos sein.* To lose track of s.th.: *Die Übersicht über etwas verlieren.* To lose way: *An Geschwindigkeit verlieren.* To lose one's way: *Sich verirren, vom Weg abkommen.* To lose one's wool (pop.): *Sich in die Wolle geraten.* To lose oneself over nothing: *Über einen Strohhalm stolpern; sich über nichts erregen.* To lose oneself in reverie(s): *Sich in Träumereien verlieren.* He was lost in thought: *Er war in tiefe Gedanken versunken.* He is lost to all sense of duty, to all shame: *Er ist ohne jegliches Pflichtgefühl, ohne jegliches Schamgefühl.* Lost to view: *Außer Sicht(weite).* He has lost by it: *Er hat daran verloren (Geld); er musste (Geld) zusetzen.* To lose out (USA): *Scheitern, erfolglos bleiben.* To play a losing game: *Auf verlorenem Posten stehen oder kämpfen.*

loser The loser is always wrong (must pay): *Der Verlierer hat immer Unrecht (muss immer die Rechnung zahlen).*

lot The lot falls on (to) me: *Mich trifft das Los; das Los fällt mir zu.* It's my lot to help him: *Es fällt mir zu, ihm zu helfen.* It takes a lot of doing: *Es ist eine schwierige Aufgabe.* That's the lot: *Das ist alles (von einer Lieferung z.B.).* A lot of tommy rot (colloq.): *Eine ganze Menge Blödsinn; purer Blödsinn.*

lounge To lounge about: *Sich herumlümmeln, sich räkeln, faulenzen.* To lounge away one's time: *Seine Zeit verfaulenzen, vertrödeln.*

lour (lower) To lour (to lower) at (on, upon) s.b.: *Jemanden finster, drohend anblicken.*

lousy He is lousy with money (pop.): *Er ist stinkreich.*

love (1) To love s.b. to distraction: *Jemanden wie verrückt lieben.* To love oneself: *Sich selbst lieben.* They love each other: *Sie lieben einander.* They love each other as the devil loves holy water: *Sie hassen einander; sie verabscheuen einander.* I'd love to go with him: *Ich würde gerne mit ihm gehen; es würde mir großen Spaß machen, mit ihm zu gehen.* Love me, love my dog (prov.): *Wer mich liebt, muss alles lieben, was mein ist.*

love (2) Love at first sight: *Liebe auf den ersten Blick.* Love in a cottage: *Eine wirtschaftlich nicht genügend fundierte Ehe.* Love is blind (prov.): *Liebe ist (macht) blind.* Not for love or money (colloq.): *Nicht für Geld und gute Worte.* There is no love lost between them: *Sie können sich auf den Tod nicht ausstehen.*

low To have a low opinion of someone: *Eine geringe Meinung von jemandem haben.* To be in low water: *Knapp bei Kasse sein.* To lie low: *Untertauchen; sich* *nicht mehr sehen lassen; sich versteckt halten.*

lower To lower one's eyes (head, voice): *Den Blick (Kopf, Stimme) senken.* To lower prices: *Die Preise senken.* She lowered her voice to a whisper: *Sie senkte ihre Stimme zu einem Flüstern.* To lower a drawbridge, a life-boat, a load: *Eine Hebebrücke, ein Rettungsboot, eine Ladung herunterlassen.* To lower one's colours: *Sich ergeben.* To lower oneself: *Sich erniedrigen, sich demütigen.* He lowered himself down the wall: *Er ließ sich entlang der Mauer hinunter.* To lower in price, in value: *Billiger werden, an Wert verlieren.* She lowered the pail into the well: *Sie ließ den Eimer in den Brunnen herab.* Lower away the sails! (naut.): *Holt die Segel ein! Streicht die Segel! (Seefahrt).*

luck His luck is in: *Er hat Glück, er hat eine Glückssträhne.* As luck would have it: *Wie das Schicksal so spielt.* Down one's luck: *Eine Pechsträhne haben.* To push one's luck: *Es zu weit treiben; zu weit gehen.*

lucky A lucky hit (strike): *Ein glücklicher, guter Schlag (Stoß).* Lucky you (bargee, beggar), you're a lucky dog! *Du bist ein Glückspilz!* It was a lucky miss: *Das war um Haaresbreite verfehlt, ganz knapp daneben.* Lucky at cards unlucky in love (prov.): *Glück im Spiel, Pech in der Liebe.* To thank one's lucky stars (colloq.): *Dem Himmel danken.*

lug To lug s.b. along: *Jemanden daherzerren, einherschleppen.* To lug at s.th.: *An etwas gewaltsam zerren, ziehen.*

lull To lull a baby to sleep (asleep): *Ein Baby einlullen, in den Schlaf schaukeln, summen.* To lull a fear, a suspicion: *Eine Furcht, einen Verdacht beruhigen, beschwichtigen.* To lull s.b. into a false sense of security: *Jemanden in Sicherheit wiegen.*

lump To lump along: *Mühsam vorwärtskommen.*

lunge To lunge at s.b.: *Auf jemanden losstürzen.*

lurch He lurched across the street: *Er taumelte, torkelte über die Straße.* To lurch along: *Vorwärts-, einhertorkeln, -taumeln.*

lure To lure s.b. away from (into) s.th.: *Jemanden von etwas weglocken; (jemanden zu etwas verlocken).*

lurk He was lurking behind a tree: *Er hielt sich hinter einem Baum verborgen; er lauerte hinter einem Baum.* To lurk in the soul: *In der Seele im Verborgenen liegen. (Leidenschaften).*

lust They lusted after (for) glory, gold, power: *Es gelüstete sie nach Ruhm, Gold, Macht.*

luxuriate To luxuriate in the sun: *Sich in der Sonne aalen.*

M

mad Mad with fear, with joy, with sorrow: *Außer sich sein vor Furcht, vor Freude, vor Kummer.* He is mad about (on) football: *Er ist ein Fußballnarr.* He is mad about (madly in love with) that woman: *Er ist verrückt nach dieser Frau (er ist rasend in sie verliebt).* She was mad about her (at) losing her handbag: *Sie hat sich geärgert, ihre Handtasche verloren zu haben.* He was mad with me: *Er war zornig, böse auf mich.* He is as mad as a hatter, as a March hare: *Er ist fuchsteufelswild; total übergeschnappt.* Like mad: *Wie wild, wie ein Wilder, wie die Wilden, wie verrückt, wie blöd etc.*

mail To mail a letter: *Einen Brief aufgeben.*

maintain To maintain an attitude: *Eine Haltung beibehalten.* To maintain one's family: *Seine Familie ernähren, versorgen.* To maintain one's ground (fig.): *Sich (in seiner Stellung) behaupten.* To maintain discipline, peace and order: *Zucht (Disziplin), Friede und Ordnung aufrecht erhalten.* To maintain an attack, a statement: *Einen Angriff führen, eine Behauptung verfechten.* To maintain a building, a road: *Ein Gebäude, eine Straße unterhalten.* To maintain one's reputation: *Seinen Ruf bewahren.* I maintain that …: *Ich behaupte, dass …* To maintain oneself: *Sich selbst erhalten, ernähren.*

make To make s.b.'s acquaintance: *Jemandes Bekanntschaft machen.* To make an agreement: *Eine Vereinbarung treffen.* To make an allusion to s.b. (to s.th.): *Eine Anspielung auf jemanden (auf etwas) machen.* To make an ambush: *Einen Hinterhalt legen.* To make an announcement: *Eine Ankündigung machen; eine Anzeige aufgeben.* To make an appeal to arms: *Seine Zuflucht zu den Waffen nehmen.* To make an appeal to the supreme court against a sentence: *Bei dem obersten Gerichtshof gegen einen Urteilsspruch Berufung einlegen.* To make one's appearance: *Sich zeigen.* To make an application for a job: *Sich um einen Arbeitsplatz bewerben.* To make an application to s.b.: *Ein Gesuch, ein Ansinnen an jemanden richten.* To make an apology: *Sich entschuldigen.* She made arrangements for the party: *Sie traf Vorbereitungen für das Fest.* He made an ass of himself: *Er machte sich selbst zum Narren.* They made an assault on the enemy camp: *Sie machten einen plötzlichen Angriff auf das feindliche Lager.* To make atonement: *Büßen, Sühnen; Wiedergutmachung, Abbitte leisten.* To make an attempt: *Einen Versuch unternehmen.* To make an attempt upon s.b.'s life: *Einen Anschlag auf jemandes Leben unternehmen.* To make as if to do s.th.: *(So) tun, als wolle man etwas tun.* To make a bad shot:

Eine falsche Vermutung anstellen. To make a bad impression on s.b.: *Einen schlechten Eindruck auf jemanden machen.* To make a bad use of one's time: *Einen schlechten Gebrauch von seiner Zeit machen.* To make a beast of oneself (colloq.): *Unmäßig essen; Wie ein Schwein essen.* To make a bee line for ...: *Schnurstracks auf etwas zugehen.* He made the best of the favourable occasion: *Er nutzte die Gunst der Stunde.* To make the best of a bad bargain (job): *Sich so gut wie möglich aus einem üblen Handel herauswinden.* To make the best of both worlds: *Sowohl in der geistigen als auch in der materiellen Welt wohl zuhause sein.* To make a bet: *Wetten.* To make a bid: *Ein Gebot abgeben (auf einer Versteigerung).* To make a blunder (a balk): *Einen Schnitzer machen.* To make boards: *Lavieren, kreuzen; etwas auf Umwegen zu erreichen versuchen.* To make a boast of s.th.: *Mit etwas prahlen; sich rühmen; auf etwas stolz sein.* To make a bolt of it: *Etwas wagen.* To make both ends meet: *Mit dem Geld auskommen.* To make a bounce, a bound: *Plötzlich aufspringen.* To make a bow: *Einen Bückling machen.* To make bricks without straw (bibl.): *Ziegel machen ohne Stroh (d.h. etwas herstellen, ohne das dazu nötige Material zu besitzen.* To make a butt of s.b.: *Jemanden verspotten.* To make capital out of s.th.: *Aus einer Sache Gewinn ziehen.* To make a card: *Einen Stich, Punkt in einem Kartenspiel machen.* To make the cards: *Die Karten ausgeben, mischen.* To make a cat grin: *Etwas sehr komisches sagen oder tun.* To make a catspaw of s.b.: *Jemanden als Werkzeug gebrauchen; sich von jemandem die Kastanien aus dem Feuer holen lassen.* To make a charge against s.b.: *Eine Beschuldigung, Klage gegen jemanden erheben.* To make a clean breast of s.th.: *Sich über eine Sache Luft verschaffen; ein Bekenntnis ablegen.* To make a clean sweep: *Reinen Tisch machen.* To make a clutch at s.th.: *Seine Hand auf etwas legen; sich eine Sache schnappen; gierig nach etwas greifen.* To make common cause with s.b.: *Mit jemandem gemeinsame Sache machen.* To make a complaint against s.b.: *Eine Beschwerde, Klage gegen jemanden führen, richten.* To make confusion: *Verwirrung stiften.* To make a conquest: *Eine Eroberung machen.* To make a contract with s.b.: *Einen Vertrag mit jemandem abschließen.* To make a convenience of s.b.: *Jemanden ausnutzen.* To make one's cross: *Sein Kreuz machen (anstelle einer Unterschrift).* To make a curtsey: *Eine Verbeugung, einen Knicks machen.* To make a dash at the enemy: *Einen heftigen Angriff gegen den Feind führen.* To make a day (a night) of it: *Den ganzen Tag mit etwas zubringen, den ganzen Tag an einem Ort verbringen; die ganze Nacht durchmachen.* To make a deal: *Einen Handel, ein Abkom-*

men abschließen. To make debts: *Schulden machen.* To make one's debut: *Debutieren (besonders auf dem gesellschaftlichen Parkett).* To make a decision: *Eine Entscheidung treffen.* To make a deposit: *Eine Anzahlung machen; ein Pfand, eine Summe hinterlegen.* To make a deposit in bank: *Ein Depot eröffnen.* To make a deposition: *Eine (eidliche) Aussage machen.* To make the devil of a row: *Einen Höllenlärm machen.* That makes a difference! *Das ist etwas anderes!* It makes no difference: *Das ist gleichgültig.* To make difficulties: *Schwierigkeiten verursachen; nach Einwänden suchen.* To make a din: *Ein dumpfes Getöse machen.* To make a discount on s.th.: *Einen Nachlass auf etwas gewähren.* To make a discovery: *Eine Entdeckung, Enthüllung machen.* We made the distance in five days: *Wir legten die Strecke in fünf Tagen zurück.* To make a disturbance: *Unruhe (Störung, Verwirrung, Aufruhr) stiften.* I' ll make do with that I have: *Ich werde mit dem auskommen (mich mit dem behelfen), was ich habe.* To make ducks and drakes with one's money: *Sein Geld zum Fenster hinauswerfen.* To make a dust (raise a dust, kick up dust): *Staub aufwirbeln; Aufruhr machen.* To make the dust fly: *Staub aufwirbeln; viel Wind machen.* To make an emergency landing: *Eine Notlandung machen.* Make an end of it! *Hör damit auf!* He made an end of himself: *Er machte seinem Leben ein Ende.* To make an enemy of s.b.: *Jemanden zum Feind machen.* To make one's entry: *Die Szene betreten.* To make one's escape: *Die Flucht ergreifen.* To make an evening of it: *Einen schönen Abend verbringen.* To make every effort: *Jede mögliche Anstrengung unternehmen.* They made an example of him: *Sie statuierten an ihm ein Exempel.* Make him my excuses: *Entschuldige mich bei ihm!* He made an exhibition of himself: *Er stellte sich bloß, machte sich lächerlich.* To make one's exit: *Seinen Abgang machen; sterben.* To make eyes at s.b.: *Jemandem schöne Augen machen.* To make faces at (to) s.b.: *Jemandem Gesichter schneiden.* To make a false step: *Einen falschen Schritt tun.* To make the feathers fly: *Die Federn fliegen lassen; erfolgreich angreifen.* To make a feint: *Eine Finte machen; einen Vorwand erfinden.* To make a find: *Einen Fund, eine Entdeckung machen.* To make a fine (bad) figure: *Eine gute (schlechte) Figur machen.* To make a fine show: *Einen geschickten Auftritt inszenieren.* To make one's first appearance: *Zum ersten Mal auftreten (als Schauspieler z.B.).* To make a flutter: *Irgendwo hineinplatzen.* To make a flying start: *Einen fliegenden Start machen.* To make a fool of s.b.: *Jemanden zum Narren halten, an der Nase herumführen, verhöhnen, bloßstellen.* To make a fortune: *Sein Glück machen.* He makes free with my things: *Er gebraucht meine Sachen, als gehörten sie ihm.* To make a fresh start: *Neu beginnen.* To make friends with s.b., the friendship of s.b.: *Freundschaft mit jemandem schließen.* To make full requital: *Volle Vergeltung, Rache nehmen.* To make fun of s.b.: *Scherz (Spaß) mit jemandem treiben.* To make the fur fly: *Unruhe (Streit) stiften.* To make furore: *Aufsehen erregen.* To make a (great) fuss about nothing (trifles): *Viel Lärm um nichts machen.* To make a gash: *Eine Wunde schlagen.* To make one's getaway: *Sich aus dem Staub machen.* To make a go: *Eine Sache erledigen.* To make a goal: *Ein Ziel erreichen; einen Erfolg erringen.* To make good bag (basket): *Jagdglück haben, einen guten Schnitt (ein Schnäppchen) machen.* To make a good match: *Gut zusammenpassen; ein gutes Paar abgeben.* To make a good guess: *Eine richtige Vermutung anstellen.* To make good cheer: *Gute Miene machen; lächeln; sich froh zeigen.* To make good a loss: *Einen Verlust gutmachen, wettmachen.* To make good a promise: *Ein Versprechen erfüllen.* To make a good impression on s.b.: *Bei jemandem einen guten Eindruck machen.* To make a good score: *Eine gute Punktzahl erreichen.* To make great strides: *Schnellen Fortschritt machen.* To make a great to-do: *Sich viel zu schaffen machen.* To make one's hackles rise: *Ärgerlich gemacht werden.* He has made a hash of it: *Er hat es in Unordnung gebracht, verpfuscht.* Make haste! *Beeile dich!* They made havoc of the enemy: *Sie machten den Feind nieder.* To make hay: *Heu machen (wörtlich); Unordnung stiften.* To make hay of s.th.: *Etwas durcheinanderbringen, auf den Kopf stellen, ruinieren.* Make hay while the sun shines (prov.): *Nutze die Gunst der Stunde!* To make head or tail of s.th.: *Über etwas das Los, den Zufall entscheiden lassen.* To make head (headway) against s.b.: *Jemandem die Stirn bieten; sich jemandem widersetzen.* To make a hero of s.b.: *Einen Helden aus jemandem machen.* To make history: *Geschichte machen.* To make a hit: *Einen Treffer landen.* To make holiday: *Urlaub machen.* To make a hullabaloo: *Wirren Lärm machen.* To make an impromptu speech: *Eine Rede aus dem Stegreif halten.* To make an inquest: *Eine Untersuchung anstellen.* I've made it! *Ich hab's geschafft!* To make a long face: *Ein langes Gesicht machen.* To make a long arm for s.b.: *Sich für jemanden ins Zeug legen.* To make a long nose at s.b. (pop.): *Jemandem eine lange Nase drehen.* To make a lucky shot: *Einen Glückstreffer tun.* To make a man of s.b.: *Einen gemachten Mann aus jemandem machen.* To make or mar s.b.: *Jemandem Glück oder Unglück bringen.* To make one's mark: *Sein Ziel erreichen; sein Zeichen hinterlassen.* They made a massacre of the enemy: *Sie richteten ein Blutbad unter den Feinden an.*

To make a merit of s.th.: *Sich um eine Sache verdient machen.* To make merry: *Fröhlich machen.* To make mincemeat of s.b.: *Hackfleisch aus jemandem machen.* To make money: *Geld verdienen.* To make a mountain out of a molehill (prov.): *Aus einer Mücke einen Elefanten (einen Berg aus einem Maulwurfshügel) machen.* To make mouth at (to) s.b.: *Jemandem gegenüber den Mund verziehen, schmollen.* To make much of s.b., s.th.: *Von jemandem oder etwas viel halten.* To make much ado about nothing: *„Viel Lärm um nichts" veranstalten.* To make neither head nor tail of it: *Aus einer Sache nicht schlau werden.* To make a night of it : *Eine Nacht durchfeiern.* To make no answer: *Nicht verantwortlich sein; nicht zutreffen; nicht hinreichen.* To make no bones about it: *Aus seinem Herzen keine Mördergrube machen.* He made no defence: *Er suchte keine Rechtfertigung.* He made no demur: *Er war nicht zimperlich, nicht von falscher Bescheidenheit.* She made no disguise of her hatred for him. *Sie machte kein Geheimnis aus ihrer tiefen Abneigung (Haß, Groll) gegen ihn.* To make no sign: *Kein (Lebens-)zeichen von sich geben.* To make a noise in the world: *Viel besprochen werden; Aufsehen erregen.* To make nothing of s.b. (of s.th.): *Sich nichts aus jemandem (aus einer Sache) machen (können).* To make an oath: *Einen Eid ablegen.* To make obeisance to s.b.: *Sich jemandem gegenüber demütig verhalten.* To make an objection: *Einen Einwand machen.* To make old bones: *Alt werden.* They were made one: *Sie waren im Bund der Ehe vereint worden.* To make an outline: *Einen Umriss, eine Skizze entwerfen.* To make overtures of peace: *Friedensvorschläge machen.* To make a pair: *Heiraten.* To make one's pile: *So viel Geld anhäufen, wie einer nur wollen mag.* To make a pit stop (Am.): *Eine Pinkelpause einlegen.* To make play: *Wirkungsvoll handeln.* To make a point: *Einen Punkt machen; einen Vorschlag unterbreiten; den strittigen Punkt beweisen, prüfen.* To make point: *Stellen (eines Wildes etc. durch einen Hund).* To make a point of s.th. *Wert auf etwas legen.* To make a poor mouth: *Ein armer Schlucker sein.* To make a pot (pots) of money: *Eine Menge Geld zusammenraffen.* To make a pother about s.th.: *Viel Wesens, viel Geschrei um etwas machen.* To make pretence: *Zum Vorwand nehmen, vormachen, vortäuschen.* I make no pretence (pretension) to style: *Ich erhebe keinen Anspruch auf Stil.* To make prize of a ship: *Ein Schiff kapern.* To make provision against a danger: *Gegen eine Gefahr Vorkehrung treffen.* To make a publicity drive: *Eine Werbetour machen.* To make a quorum: *Eine beschlussfähige Anzahl von Mitgliedern bilden (eines Gerichts, eines Parlaments, einer konstituierten Gesellschaft).* To make a religion of doing s.th.:

Einen Kult aus etwas (einer Tätigkeit machen). To make a remark: *Eine Anmerkung, Bemerkung machen (eine Beobachtung ausdrücken).* To make restitution to somebody for something: *Jemanden für etwas entschädigen.* To make a rod for one's own back: *Sich selbst Ärger verschaffen.* To make room for s.b.: *Platz für jemanden machen, schaffen.* To make a row: *Einen Spektakel machen; Lärm schlagen; Streit suchen.* To make a scene: *Eine Szene machen.* To make sense: *Sinnvoll, verständlich, brauchbar sein.* He has made short work of it: *Er machte es kurz, kurzen Prozess damit.* To make a speech: *Eine Rede halten.* To make a splash: *Aufsehen erregen.* To make sport of s.b.: *Seinen Scherz treiben mit jemandem; jemanden lächerlich machen.* To make a stand for s.b.: *Für jemanden kämpfen.* To make a last stand: *Ein letztes Mal Widerstand leisten.* To make sure: *Sich vergewissern.* To make a tool of s.b.: *Jemanden als Werkzeug gebrauchen.* To make top or tail of s.th.: *Etwas verstehen, einen Sinn darin finden.* To make tracks: *Fortgehen, fortlaufen.* He made tracks for home: *Er machte sich auf den Weg nach Hause.* They made a triumphal entry into the city: *Die Stadt bereitete ihnen einen triumphalen Empfang.* To make trouble: *Kummer, Sorge, Verdruss bereiten.* To make two bites at a cherry: *Nicht zupacken; den Stier nicht an den Hörnern packen, zimperlich, unschlüssig, zaghaft sein.* To make it up (colloq.): *Sich versöhnen; sich wieder vertragen.* To make a virtue of necessity: *Aus der Not eine Tugend machen.* To make a vow: *Ein Gelübde ablegen.* To make war upon (against) s.b.: *Gegen jemanden Krieg führen.* To make (head) way, one's way (forward): *Vorankommen.* To make one's way in the world: *Seinen Weg, sein Glück machen.* To make way for s.b.: *Für jemanden Platz machen, ihm aus dem Weg gehen; jemandem den Weg bahnen, Handlungsraum schaffen.* To make one's will: *Sein Testament machen.* To make work: *Etwas in Bewegung setzen.* To make the air blue: *Schönwetter machen.* It made my flesh crawl (creep), my blood run cold: *Es machte mich schaudern, mein Blut gefrieren; ich war entsetzt.* To make one's mind easy: *Sein Herz erleichtern.* To make odds even: *Ungleichheiten beseitigen.* It makes me feel like crying: *Mir ist zum Heulen zumute.* That makes me (feel) dizzy (giddy): *Das macht mich schwindelig; das verwirrt mich.* He makes his authority felt: *Er lässt seine Macht spüren.* To make money fly: *Das Geld mit beiden Händen ausgeben.* They made him free: *Sie entließen ihn.* He made me free of his house: *Er ließ mich über sein Haus verfügen.* He makes too free with me: *Er erlaubt sich mir gegenüber zu viele Frechheiten.* To make things hum: *Aktiv auf die Welt einwirken; die Sache in*

Schwung bringen. To make s.b. ill at ease: *Jemanden in üble Stimmung bringen.* To make a cat laugh: *Etwas sehr komisches sagen.* To make s.b. look small: *Jemanden heruntermachen.* She made him lose his head: *Sie brachte ihn um den Verstand.* To make (both) ends meet: *In den Tag hinein leben.* To make s.b. open his eyes to s.th.: *Jemandem die Augen für etwas öffnen.* To make s.b. pay through the nose: *Jemanden übervorteilen; jemanden einen unangemessen hohen Preis zahlen lassen.* To make the pot boil: *Anschaffen, den Lebensunterhalt sichern; den Ofen rauchen lassen.* It makes my gorge rise: *Mir wird davon übel.* To make a long story short: *Kurz und gut, der langen Rede kurzer Sinn.* To make s.b.'s sit up: *Jemanden aufschrecken.* To make s.b. head spin: *Jemanden verwirren.* He made my hair stand on end: *Er ließ mir die Haare zu Berge stehen.* To make a place too hot for s.b.: *Jemandem den Aufenthalt an einem Ort verleiden; jemandem einheizen.* To make s.b.'s mouth water: *Einem den Mund wässerig machen.* To make s.b.'s eyes water: *Jemanden zum Weinen bringen.* To make matters worse: *Etwas schlimmer machen als es schon ist.* To make oneself clear: *Sich klar ausdrücken.* To make oneself comfortable, at home: *Es sich gemütlich machen.* To make oneself felt: *Die Menschen beeindrucken, auf sie wirken.* He made himself a nuisance: *Er machte sich zum Narren.* To make oneself scarce (colloq.): *Sich rar machen.* He is made of money: *Er ist sehr reich.* I'm not made of salt: *Feuchtes Wetter bringt mich nicht aus der Fassung.* Made to measure, to order, to a new formula: *Maßgeschneidert, auf Bestellung gefertigt, nach einer Formel hergestellt.* To make against s.b.: *Jemandem entgegenwirken.* To make away: *Beseitigen.* They made away with him: *Sie brachten ihn um.* He made away with himself: *Er beging Selbstmord.* To make one's way back: *Den Rückzug antreten.* He made for the door: *Er ging zur Tür.* To make for peace: *Dem Frieden dienen, förderlich sein.* To make for s.b.: *Jemanden angreifen.* To make in: *Eintreten.* To make a novel into a film: *Aus einer Erzählung einen Film machen.* To make one's profit of s.th.: *Aus einer Sache seinen Vorteil ziehen.* To make s.b. (s.th.) off: *Jemanden (etwas) im Stich lassen.* He has made off with my money: *Er ist mit meinem Geld verschwunden.* To make on: *Sich beschäftigen.* To make a silk purse out of a sow's ear: *Aus einem Schweineohr ein Seidentäschchen machen (= bessere Resultate als erwartet erzielen); aus nichts etwas machen.* To make out (colloq.): *Vorankommen; Erfolg haben.* He makes rings round his brother: *Er steckt seinen Bruder in die Tasche.* This makes to discord: *Das führt zum Zwist.* To make up (one's face): *Sich (das Gesicht) schminken.* To make up a quarrel: *Einen Streit schlichten.* To make up (for) a loss: *Einen Verlust gutmachen.* To make up for lost time: *Verlorene Zeit aufholen.* To make up leeway: *Sich aus einer ungünstigen Lage herausarbeiten; verlorene Zeit aufholen* To make up one's mind: *Einen Entschluss fassen, sich etwas vornehmen; (to) sich fügen (in etwas).* I've made it up with him: *Ich habe mich mit ihm versöhnt.* To make it up to s.b.: *Sich mit jemandem aussöhnen.* It's made up of different elements: *Es ist aus unterschiedlichen Teilen zusammengesetzt.* To make up with s.b.: *Mit jemandem übereinstimmen, sich mit jemandem zusammenfinden.*

man (1) To man a ship: *Ein Schiff bemannen.* To man the yards: *Das Volk auflaufen lassen, die Mannschaft zusammenrufen.* To man oneself: *Sich ermannen, sich behaupten.*

man (2) A man about town: *Ein eleganter Müßiggänger, ein Lebemann, ein reges gesellschaftliches Leben führen.* Man and boy: *Männer und Jugendliche.* A Man Friday: *Ein Faktotum; ein Mädchen für alles.* He is your man: *Er kann Ihnen behilflich sein; er ist genau der richtige Mann dafür.* To be one's own man: *Sein eigener Herr sein; im Vollbesitz seiner Kräfte sein.* The man in the street: *Der kleine Mann, der Mann auf der Straße, Otto Normalverbraucher.* He is a man of action: *Er ist ein Mann der Tat.* He is a man of his hands: *Er ist ein praktischer Mensch.* The man of the moment: *Der Mann des Tages (= genau der Richtige, bes. in politischer Hinsicht).* A man of his word: *Jemand, der hält, was er verspricht; ein zuverlässiger Mensch.* A man of the world: *Ein welterfahrener und weltgewandter Mann, ein Mann von Welt.* Man to man: *Unter vier Augen; von Mann zu Mann.* Man overboard! *Mann über Bord!* A man is known by his company: *Man erkennt einen Menschen an seiner Gesellschaft; Sag mir, mit wem du verkehrst, und ich sag dir, wer du bist.* Man cannot live on bread alone: *Der Mensch lebt nicht vom Brot allein.* Man is a fool or a physician at thirty: *Mit dreißig zeigt sich, was für ein Kaliber man ist.* Man proposes, God disposes: *Der Mensch denkt, Gott lenkt.* A no-man's-land: *Ein Niemandsland.* To a man: *Bis auf den letzten Mann.*

manage To manage a horse, money, an oar, a tool, a weapon: *Ein Pferd zureiten (abrichten), mit Geld umgehen, ein Ruder, ein Werkzeug, eine Waffe handhaben.* To manage a concern: *Eine Sache, ein Geschäft, eine Firma führen.* To manage the household: *Den Haushalt führen.* To manage one's wife: *Sein Weib zähmen, unter der Fuchtel halten.* To manage an undertaking: *Ein Unternehmen leiten.* To manage an animal: *Ein (wildes) Tier zähmen, abrichten.* To manage one's health: *Seine Gesundheit pflegen, schonen.* I managed to do it: *Ich bewerkstelligte es, brachte es fertig.* I'll manage what I have, without your help: *Ich werde alleine zurechtkommen.*

mangle To mangle a body: *Einen (tierischen oder menschlichen) Körper verstümmeln.* To mangle a language, a part, a word: *Eine Sprache entstellen, einen Teil, ein Wort verstümmeln.* To mangle a quotation, a text: *Ein Zitat, einen Text entstellen, verderben.*

manifest To manifest one's joy: *Seine Freude kundgeben.* To manifest a matter: *Einen Gegenstand darstellen.* He manifested his desire to go to the country: *Er brachte sein Verlangen zum Ausdruck, aufs Land zu gehen.* To manifest oneself: *Sich offenbaren.* To manifest against s.b.: *Sich gegen jemanden öffentlich äußern.*

manipulate To manipulate men, money: *Menschen steuern, beeinflussen, (anrüchige) Geldgeschäfte machen.* To manipulate accounts (books): *Rechnungsbücher fälschen.*

manna Manna from heaven: *Himmlisches Manna; ein Gottesgeschenk (fig.).*

manner As (if) to the manner born: *Als sei er (sie) dafür geschaffen; ein(e) geborene(r) …* In a manner of speaking: *Sozusagen; gewissermaßen.* It's (it was) just a manner of speaking: *Das ist nur so eine Redensart, das soll(te) keine Beleidigung sein; jemand hat etwas nur so gesagt.*

manoeuvre To manoeuvre a boat: *Ein Boot steuern, manövrieren.* To manoeuvre the troops: *Truppenbewegungen ausführen lassen.* To manoeuvre s.b. into (out of) s.th.: *Jemanden durch geschickte Ränke zu etwas veranlassen, von etwas abhalten.*

manufacture To manufacture cars, shoes: *Automobile, Schuhe herstellen.*

many A good many: *Ziemlich viele.* A great many: *Sehr viele.* Many a man: *Manch einer.* Many a time, many times: *So manches Mal, oftmals.* Many times over: *Allzu oft.* Many happy returns of the day! *Möge ein solcher Tag noch oft wiederkehren! (Zum Geburtstag oder Jubiläum.)* Many a little makes a mickle: *Kleinvieh macht auch Mist.* Many a true word is spoken in jest: *So manch wahres Wort wird im Scherz gesprochen.*

map (1) To map out one's time: *Seine Zeit genau planen.* To map out a country: *Die Karte eines Landes zeichnen.*

map (2) To be off the map (colloq.): *Hinter dem Mond liegen.* To put a place on the map (colloq.): *Einen Ort bekanntmachen; einem Ort zu einem Namen verhelfen.*

march To march in file: *In Reih und Glied marschieren.* To march along: *(Immer) weiterziehen.* They marched into the town: *Sie marschierten in die Stadt ein.* They marched on the capital: *Sie zogen gegen die Hauptstadt (als Ziel eines Angriffs).* To march off: *Abziehen, abrücken.* To march off prisoners: *Gefangene abführen.* To march past: *Vorbeiziehen, vor-*

beimarschieren. They marched past the general: *Sie zogen am General vorbei (in einer Parade).* To steal a march on s.b.: *Jemandem zuvorkommen.* To march on (upon, with): *Etwas in Gang setzen.*

mare Mare's nest: *Scherz, Schwindel, Jux, ein Windei, ein Reinfall.*

marine Tell that to the marines (colloq.): *Das kannst du mir nicht weismachen; das kannst du deiner Großmutter erzählen.*

mark (1) To mark an accent, a mistake, a price: *Einen Akzent setzen; einen Fehler markieren; einen Preis auszeichnen.* To mark an article: *Einen Abschnitt, Aufsatz, (Zeitungs-)Artikel anstreichen, hervorheben.* To mark the game, the points: *Den Spielstand, die erzielten Punkte festhalten.* To mark the linen: *Die Wäsche mit einem Namensschild o.ä. versehen.* To mark a new epoch: *Eine neue Epoche bezeichnen, bedeuten, prägen.* To mark an opponent: *Einen Gegenspieler markieren, decken (im Sport).* To mark a paper: *Ein Schriftstück zeichnen (d.h. mit einem Zeichen versehen).* To mark a pupil absent: *Das Fehlen eines Schülers vermerken.* To mark time: *Auf der Stelle treten.* Mark my words: *Denk an meine Worte.* To mark down: *(Einen Preis) senken.* To mark s.b. down: *Jemanden schlechter bewerten oder benoten.* To mark s.b. down as s.th.: *Jemanden als etwas einstufen; jemanden für etwas halten.* To have marked s.th. for one's own: *Etwas als sein Eigentum gezeichnet haben.* To mark off (out) a boundary, a distance: *Eine Grenze ziehen, einen Abstand bestimmen.* To mark off (out) the ground: *Ein Grundstück abgrenzen.* He was marked out for success: *Er war zum Erfolg bestimmt.* To mark s.th. up: *Etwas (im Preis) heraufsetzen.* Marked with a white stone: *Durch einen weißen Stein unterschieden, hervorgehoben.*

mark (2) To be beside the mark: *Nicht zur Sache gehören.* To be (quite) off (wide of) the mark: *Danebenliegen; sich (gründlich) irren.* To be quick off the mark: *Blitzschnell handeln oder reagieren; fix sein.* To be (not to be) up to the mark: *Den Anforderungen (nicht) entsprechen; einer Sache (nicht) gewachsen sein; nicht auf der Höhe sein, nicht auf dem Damm sein (gesundheitlich).* To get off the (one's) mark: *Schnell handeln, reagieren, zugreifen etc., „durchstarten".* To make one's mark: *Einen bleibenden Eindruck hinterlassen; seine drei Kreuze machen (scherzh.).*

marry To marry a fortune: *Eine(n) reiche(n) Frau, Mann heiraten.* To marry money: *Geld (d.h. eine reiche Person) heiraten.* To marry by proxy: *Durch Stellvertretung heiraten.* To marry with the left hand: *Eine Ehe zur linken Hand (morganatische Ehe) schließen, im Hochadel standesungleich heiraten.* To marry again: *Sich wiedervermählen.* Married at a registry office: *Standesamtlich* *verheiratet.* To marry beneath oneself: *Unter seinem Stand (Rang, Würde) heiraten.* He married his daughter to an engineer: *Er verheiratete seine Tochter mit einem Ingenieur.* To marry into a respectable family: *In eine angesehene Familie einheiraten.* To marry off two daughters: *Zwei Töchter verheiraten.* To marry the gunner's daughter: *Die Kanone heiraten, an welche man üblicherweise Seeleute festband, um sie dort auszupeitschen (= ausgepeitscht werden).*

marshal To marshal soldiers: *Soldaten in geordnete Formation bringen.* I marshalled my ideas: *Ich ordnete meine Ideen, Gedanken.*

mash To mash fruit, potatoes, vegetables: *Früchte, Kartoffeln, Gemüse zu einem Brei zerstoßen.* To mash tea: *Tee zerreiben, pulverisieren.*

mask To mask one's face: *Sein Gesicht maskieren.* To mask one's feelings: *Seine Gefühle verbergen.* To mask a battery: *Eine Geschützstellung tarnen.* To mask it: *Es verbergen.*

to masquerade To masquerade as a gentleman: *Sich für einen Gentleman ausgeben.*

mass (1) To mass troops: *Truppen zusammenziehen.*

mass (2) In the mass: *Die breite Masse (der Menschen, der Bevölkerung etc.):* The masses: *Die Masse.*

master (1) Master of the house: *Der Hausherr.* He is master of the field, of the situation: *Er ist Herr des (Spiel-)Feldes, der Situation.* He is his own master: *Er ist sein eigener Herr.*

master (2) To master a foreign language: *Eine fremde Sprache beherrschen.* To master a horse: *Ein Pferd meistern, seinen Willen brechen.* To master an instrument: *Ein Instrument meistern, beherrschen.* To master one's temper: *Seine Launen, sein Temperament im Griff haben.* To master oneself: *Sich selbst beherrschen.*

match (1) To match a person against another: *Eine Person gegen eine andere ausspielen.* To match a person, a thing, with another: *Eine Person, eine Sache mit einer anderen verbinden.* To match an opponent: *Zu einem Gegner passen, ihm gewachsen sein.* To match: *Paaren.* To match well: *Gut zusammenpassen.*

match (2) He is a match for his opponent: *Er ist seinem Gegner gewachsen.* To meet one's match: *Seinen Meister, sein passendes Gegenstück oder einen würdigen Gegner finden.*

material This material creases (crumples,crushes, fades) easily: *Dieser Stoff knittert, verschießt leicht, bleicht leicht aus.*

matter (1) It matters to me very much: *Es bedeutet mir sehr viel.*

matter (2) That is a matter of habit, of taste, opinion: *Das ist Gewohnheits-, Geschmackssache, Ansichtssache.* It's a matter of a few hours: *Es ist eine Angelegenheit von wenigen Stunden, es ist in wenigen Stunden erledigt.* It's a matter of life and death: *Es geht um Leben oder*

Tod. As a matter of course, of fact: *Als eine Selbstverständlichkeit, an der Tagesordnung; eine Tatsache, in der Tat, in Wirklichkeit.* He is a matter-of-fact person: *Er ist ein sachlicher, nüchterner Mensch.* For that matter: *Was das angeht (anbetrifft), schließlich.* It is a matter of s.th. (doing s.th.): *Es ist eine Frage oder eine Sache von ...; es handelt sich um ...*

mature To mature a plan: *Einen Plan zur Reife bringen, vervollkommnen.*

maul To maul an author, a book: *Einen Autor, ein Buch kritisieren.*

may It may rain: *Es könnte regnen.* May I have (the pleasure of) this dance (with you)? *Darf ich Sie um diesen Tanz bitten?* May I open the window? *Darf ich das Fenster öffnen?* May you be happy! *Mögest du glücklich sein!* May God deliver us from it! *Gott behüte (uns davor)!* I may well be satisfied! *Es könnte mir durchaus gefallen (mich durchaus zufriedenstellen)!* You may well say so! *Damit hast du (haben Sie) Recht!* You may rely upon it! *Du kannst dich darauf verlassen.* May I trouble you for a light? *Darf ich Sie um Feuer bitten?* We may (just) as well stay: *Wir können genausogut bleiben.* That's as may be: *Das ist so, wie es sein sollte.*

mean I mean to go there, I mean you to go there: *Ich beabsichtige dorthin zu gehen, ich habe beschlossen, dass du dorthin gehst.* I meant your friend: *Ich meinte Ihren Freund, ich sprach von Ihrem Freund.* It means a great deal to me: *Es bedeutet mir sehr viel.* I mean it, I mean what I mean (what I say): *Es ist mir ernst damit, was ich sage.* He meant the farm for his eldest son: *Er bestimmte die Farm für seinen ältesten Sohn.* He was meant for the army: *Er war für ein Leben als Soldat bestimmt (von den Eltern, vom Schicksal).* To mean business: *Etwas ernst nehmen.* To mean mischief: *Unheil im Schilde führen.* I meant no harm (no offence): *Ich hatte keine bösen Absichten.* To mean well by (to) s.b.: *Es gut mit jemandem meinen.*

meaning That is my meaning: *So ist meine Absicht, Ansicht.*

means By all means: *(Aber) selbstverständlich, (aber) natürlich.* Not by any (manner of) means: *Keineswegs, durchaus nicht, auf (gar) keinen Fall.*

measure (1) To measure s.b.: *Jemanden messen; mustern.* To measure a distance, a piece of cloth: *Eine Entfernung messen; ein Stück Stoff (ab)messen.* To measure the pressure: *Den Druck messen.* To measure one's words: *Seine Worte abwägen.* It measures ten feet: *Es misst zehn Fuß.* To measure one's length: *Der Länge nach hinstürzen.* To measure one's strength against (with) another's: *Seine Kraft mit der eines anderen messen.* To measure oneself (swords) with s.b.: *Sich mit jemandem messen.* To measure s.th. with one's eye, at a glance, by sight: *Etwas von oben nach unten mustern, mit einem (flüchtigen) Blick Augen-*

maß nehmen. She measured him with her eye: *Sie musterte ihn gründlich.* To measure out rewards: *Entgelt zuteilen.* To measure up to (with) s.b., s.th.: *Jemandem (einer Sache) angemessen sein.*

measure (2) Measure for measure: *Maß für Maß; jedem das Seine; „Miss nicht den Nächsten nach dem eigenen Maß." (Shakespeare).* For good measure: *Obendrein, zusätzlich.* To get (have) s.b.'s measure (the measure of s.b.): *Jemanden (richtig) einschätzen; sich ein Bild von jemandem machen.* Made to measure: *Maßgeschneidert.* Short measure: *Eine zu geringe Menge; ein zu geringes Gewicht; zu wenig.*

meat To be meat and drink to s.b.: *Sehr wichtig für jemanden (in jemandes Leben) sein.* One man's meat is another man's poison: *Des einen Freud ist des anderen Leid.*

meddle To meddle with something: *Sich in eine Sache einmischen.* To meddle with (in) politics: *Sich mit der Politik einlassen, sich in sie einmischen.* To meddle with (in) other people's business: *Sich in anderer Leute Angelegenheiten einmischen, dort die Nase hineinstecken.*

mediate To mediate between two nations: *Vermitteln zwischen zwei Nationen.*

meditate To meditate revenge: *Rache ausbrüten.* To meditate on (upon) moral problems: *Über moralische Fragen intensiv nachdenken, nachsinnen, meditieren.*

meet To meet s.b. face to face: *Jemandem von Angesicht zu Angesicht gegenübertreten.* To meet the bus, the train: *Den Bus, den Zug erreichen.* He met with an accident: *Er hatte einen Unfall.* He met with his deserts: *Er fand seinen Lohn, die verdiente Strafe.* To meet a dead-line: *Eine Arbeit zur vorgeschriebenen Zeit beenden.* To meet one's fate: *Sein Schicksal erleiden, erfahren.* To meet one's match: *Seinen Gegenpart, seine Ergänzung, den angemessenen Partner finden.* To meet an objection: *Einem Einwand, Widerspruch begegnen.* Meet the Parkers! *Geh zu den Parkers!* To meet a draft, a debt: *Einen Wechsel, eine Schuld begleichen.* To meet the ear: *Hörbar sein.* To meet the eye: *Sichtbar sein.* He met her eye: *Er traf ihren Blick.* To meet with s.b.: *Jemanden antreffen, auf jemanden stoßen.*

melt To melt away: *Zerschmelzen (auch im übertragenen Sinn).* To melt down (up) gold coins: *Goldmünzen einschmelzen.* To melt in the mouth: *Im Mund zergehen.* To melt into tears: *In Tränen zerschmelzen.* To be in the melting pot: *Im Umbruch (begriffen) sein; in der Schwebe sein.* Melting-pot: *Schmelztiegel (auch fig.).*

memorize To memorize a poem: *Ein Gedicht auswendig lernen.*

mend To mend a dress, stockings: *Ein Kleid, Kleidungsstück ausbessern, Strümpfe stopfen.* To mend a pair of shoes: *Ein paar Schuhe ausbessern.* To mend a puncture, a road, a tool, a watch: *Einen Reifen flicken, eine Straße ausbessern, ein Werkzeug, eine Uhr instand setzen.* To mend one's efforts: *Seine Anstrengungen verdoppeln.* To mend the fire: *Das Feuer schüren.* To mend one's manners, one's ways: *Sein Wesen, seine Art vervollkommnen.* To mend an evil: *Ein Übel bessern.* To mend one's hand: *Seine Handschrift verbessern.* To mend one's fences: *Frieden schließen mit jemandem.* To mend matters: *Den Stand der Dinge zurechtrücken.* To mend the lights: *Die Beleuchtung in Ordnung bringen.* He is mending quickly: *Er erholt sich schnell.* To mend or end s.th.: *Entweder (eine Sache vervollkommnen) oder (sie vernichten).* To mend (one's) pace: *Seinen Schritt beschleunigen.* Least said soonest mended: *Je weniger geredet wird, desto rascher wird alles wieder gut.*

mention He mentioned some names: *Er erwähnte einige Namen.* Not to mention: *Ganz zu schweigen von ...; abgesehen von ...* They mentioned him by name: *Sie erwähnten ihn namentlich.* Don't mention it: *Bitte (Antwort auf Dank); (das ist) nicht der Rede wert.*

mercury The mercury is rising: *Das Barometer steigt.*

mercy To be at the mercy of s.b. or s.th.: *Jemandem oder etwas (auf Gedeih und Verderb) ausgeliefert sein; jemand hat einen in der Gewalt oder in der Hand.* To be thankful for small mercies: *Mit wenigem zufrieden sein; (auch) für Kleinigkeiten dankbar sein.* Mercy (on us)! *Barmherziger Gott! (Ausruf des Entsetzens, der Bestürzung.)*

merge To merge into an organic whole: *In ein organisches Ganzes aufgehen.*

merit To merit praise, a reward: *Lob, Belohnung verdienen.* To merit well of s.b.: *Sich um jemanden wohlverdient machen.*

mess To mess (up) a business, a job: *Ein Geschäft, eine Arbeit verderben.* To mess about, away: *Herumtrödeln, seine Zeit vertändeln, verplempern, vergeuden.*

mete To mete out a punishment, a reward: *Eine Strafe, eine Belohnung zumessen.*

might (1) Might I open the window? *Dürfte ich wohl das Fenster öffnen?* We might (just) as well stay: *Wir könnten ebensogut bleiben.* Might this be it: *Das sei genug.* You might have told me! *Du hättest es mir sagen können.* It might happen any time: *Es könnte jederzeit geschehen.* He might lose his way: *Er könnte sich verirren.*

might (2) Might is (above) right: *Gewalt geht vor Recht.* With might and main, with all one's might: *Aus Leibeskräften; mit aller Gewalt.*

mile It's miles better than that one: *Es ist erheblich besser als jenes.* I was miles from suspecting a plot: *Ich war weit davon entfernt, eine Intrige zu vermuten.* Something stands (sticks) out a mile (colloq.): *Etwas ist nicht zu übersehen.*

militate To militate against: *Entgegenwirken.*

milk (1) To milk a cow, a ewe, s.b.'s purse: *Eine Kuh, ein Schaf, jemandes Brieftasche melken.* To milk well: *Viel Milch geben (Kuh etc.).* To milk the bull, the ram: *Läuse melken.* To milk a telegram, a wire: *Ein Telegram unbefugterweise lesen (indem man die telegraphische Leitung anzapft); eine (Telefon-, Strom-) Leitung anzapfen.*

milk (2) Milk for babes: *Kinderei, d.h. einfache Formen von Literatur, primitive Ideologien, etc. (Das Gegenteil ist strong meat.)* Milk and water (pej.): *Dünn, schwach, schlapp, lau; ein aufgesetztes Geschwätz, Gefühl.* To cry over spilt milk: *Über Dinge jammern, die passiert und nicht mehr zu ändern sind; über Vergangenes oder Versäumtes jammern.* (Full of) the milk of human kindness: *Die Milch der Menschenliebe; die Milch der frommen Denkungsart; Güte, Menschenliebe, die Güte selbst (fig.).*

mill (1) To mill corn: *Korn mahlen.* To mill flour: *Mehl herstellen.* To mill cream: *Sahne schlagen.*

mill (2) The mill cannot grind with the water that is past: *Das Verflossene kann die Dinge nicht in Bewegung halten.* The mills of God grind slowly: *Gottes Mühlen mahlen langsam (aber fein).* To go through the mill (colloq.): *Durch die Mangel gedreht werden; hart rangenommen werden; eine harte Schule durchmachen.* That's grist to his mill: *Das ist Wasser auf seine Mühle.* To bring grist to the mill: *Gewinn bringen.*

mince To mince meat: *Fleisch kleinschneiden, -hacken; Hackfleisch machen.* To mince one's words: *Seine Worte im Zaum halten, in den Grenzen der Höflichkeit bleiben; geziert oder affektiert sprechen.* Not to mince matters (one's words): *Kein Blatt vor den Mund nehmen.*

mind (1) To mind one's manners: *Gute Manieren zeigen.* Mind your own business! *Kümmern Sie sich um Ihre (kümmere dich um deine) eigenen Angelegenheiten!* Mind your head! *Achten Sie auf ihren Kopf!* Mind the step! *Vorsicht Stufe!* Mind you don't fall! *Pass auf, dass du nicht fällst.* Mind your back: *Lassen Sie mich vorbei.* Mind the children for me: *Beaufsichtige die Kinder für mich.* Mind you! *Pass (gut) auf, gib acht!* To mind one's P's and Q's: *Seine Worte abwägen, auf sein Wohlverhalten bedacht sein.* To mind the shop, the store: *Für öffentliche oder geschäftliche Angelegenheiten Sorge tragen.* Mind what you are about: *Pass auf, was du tust.* Mind your eye (the wind)! *Sei wachsam! Hüte dich!* He minds no expense: *Er scheut keine Ausgabe.* Mind away, out: *Lassen sie mich vorbei.*

mind (2) To bear (keep) in mind: *Etwas nicht vergessen; etwas im Auge behalten.* To be (go) out of one's (right) mind (colloq.): *Verrückt sein (werden); von Sinnen sein, den Verstand verloren haben (verlie-*

ren), wahnsinnig sein (werden). To bring to mind: *Etwas in Erinnerung rufen; jemanden an etwas erinnern.* To change one's mind: *Seine Meinung ändern.* To cross s.b.'s mind: *Jemandem durch den Kopf gehen.* To give s.b. a piece of one's mind (colloq.): *Jemandem (mal gründlich) die Meinung sagen.* Great minds think alike: *Da bist du (etc.) in bester Gesellschaft (= jemand anderes denkt auch so).* To have a good mind to do s.th. (colloq.): *(Die) größte Lust haben, etwas zu tun.* To have a mind of one's own: *Seine eigene Meinung haben; seinen eigenen Kopf haben.* In two minds: *Unschlüssig; unentschlossen.* Not to know one's own mind: *Nicht wissen, was man will.* To put (set) s.b.'s mind at rest: *Jemanden beruhigen.* To put (set) one's mind to s.th.: *Sich auf etwas konzentrieren.* To take s.b.'s mind off: *Jemanden auf andere Gedanken bringen; jemanden etwas vergessen lassen; jemanden von etwas ablenken.* To my mind: *Meiner Meinung nach.* My mind misgives me that (old): *Ich habe eine böse Vorahnung dabei, das ist mir verdächtig.* My mind is made up: *Ich habe mich entschlossen.*

mindful, mindless Mindful, mindless of danger, of one's duties: *Eingedenk, uneingedenk der Gefahr, seiner Pflichten.*

mine (1) To mine a field: *Ein Feld verminen.* To mine metals: *Aus einer Mine, Erzgrube, einem Bergwerk Metalle gewinnen.*

mine (2) He is a mine of learning (information): *Er ist eine unerschöpfliche Quelle der Gelehrsamkeit (Informationsquelle).*

mingle We mingled with the crowd: *Wir mischten uns unter die Menge, das Volk.*

minister To minister to somebody: *Sich um jemanden kümmern.*

minute This minute: *Sofort.* Up to the minute: *Topaktuell, topmodern, der letzte Schrei.*

miscarriage A miscarriage of justice: *Ein Justizirrtum, ein Fehlspruch oder Fehlurteil.*

mischief To do mischief: *Unheil anrichten.* To do s.b. (oneself) a mischief (colloq.): *Jemandem Schaden zufügen; jemanden oder sich verletzen.* To mean mischief: *Böses im Schilde führen.* To make mischief: *Zwietracht säen.* To run into mischief: *In Gefahr kommen.* That will keep you out of mischief: *Das wird dir deine dummen Gedanken austreiben.* To be full of mischief: *Immer Unfug im Kopf haben.* What (why) the mischief? *Was (warum) zum Teufel?*

misconduct To misconduct oneself: *Sich schlecht benehmen, danebenbenehmen.*

misfortunes Misfortunes never come singly: *Ein Unglück kommt selten allein.*

mispronounce To mispronounce a name: *Einen Namen falsch aussprechen.*

miss (1) To miss one's aim, one's (the) mark: *Seine Absicht verfehlen; fehlschließen.* He missed the target by a hair: *Er verfehlte* *das Ziel um ein Haar.* To miss an appointment, a bus, a class, an opportunity, a performance, a promotion: *Eine Verabredung versäumen, einen Bus, eine Klasse, eine günstige Möglichkeit, einen Auftritt, eine Aufstiegsmöglichkeit verpassen.* To miss one's way: *Seinen Weg verfehlen.* To miss the boat, the bus: *Eine (günstige) Gelegenheit verpassen; den Anschluss verpassen; seine Chance verpassen; zu spät kommen.* To miss fire: *Einen Fehlschlag erleiden.* To miss one's guess (USA): *Einer falschen Annahme nachhängen; daneben tippen.* To miss one's footing: *Seine Grundlage, den Halt nicht finden, verfehlen, vermissen; danebentreten.* He missed the alarm-clock: *Er überhörte den Wecker.* I missed the meaning of his words: *Ich verstand nicht, was er sagte.* To miss the (whole) point: *Das Eigentliche verfehlen.* To miss plant: *Nicht gedeihen; das Rüstzeug entbehren; einen Streich (Schwindel, Betrug) verfehlen.* To miss one's hold of s.th.: *Die Kontrolle über etwas nicht erlangen.* To miss out on s.th.: *Etwas nicht erreichen können, erfolglos sein, etwas nicht hören, verstehen.* To be missing: *Verschwunden sein, nicht anwesend sein, vermisst werden.* The missing were twenty: *Zwanzig wurden vermisst.*

miss (2) A miss is as good as a mile: *Ein Verlust, so klein er auch sein mag, ist doch ein Verlust; knapp daneben ist auch vorbei.*

mist (1) To mist over: *(Sich) trüben, umnebeln, verdunkeln.*

mist (2) The mist is clearing away: *Der Nebel, Dunst klärt sich auf.*

mistake And no mistake (colloq.): *Im Ernst; worauf du dich verlassen kannst.* To mistake one's (the) road, one's (the) way: *Sich verirren.* To mistake an opinion, a statement: *Eine Meinung, eine Darlegung missverstehen.* To mistake one's mark: *Das falsche Ziel wählen.* He mistook her for her sister: *Er verwechselte sie mit ihrer Schwester.* He is mistaken: *Er irrt sich.*

mistress She is her own mistress: *Sie ist ihre eigene Herrin.*

mistrust To mistrust oneself: *Sich selbst nicht vertrauen, kein Selbstvertrauen haben.*

mite A mite of a child: *Ein winziges Kind (gemeint ist ein Kind).*

mix To mix milk and (with) coffee: *Einen Milchkaffee zubereiten.* A mixed bag: *Eine bunte Mischung.* To mix a cake: *Einen Kuchen rühren.* To mix a cocktail: *Einen Cocktail mixen.* To mix a compound: *Eine Mischung herstellen.* To mix well (badly): *Gut (schlecht) zusammenpassen.* To mix up with dishonest people: *In Beziehungen zu anrüchigen Leuten verwickelt sein.* To mix (oneself) up in (with) politics: *Sich in die Politik verwickeln, einmischen.* I've mixed you up with your brother: *Ich habe dich mit deinem Bruder verwechselt.* To mix up things: *Dinge vollkommen* *durcheinanderbringen.* I am mixed up: *Ich bin verwirrt.*

mixture The mixture as before: *Dieselbe Mischung noch einmal.*

moan To moan one's fate, the loss of a friend: *Sein eigenes Schicksal, den Verlust eines Freundes beklagen.*

mock To mock s.b.: *Jemanden nachäffen, verspotten.* He was mocked with vain hopes: *Er war von nichtigen Hoffnungen getäuscht.* To mock at the law: *Das Gesetz hintergehen, verachten, nicht ernst nehmen.*

model To model a head in clay: *Einen Kopf in Ton modellieren.* To model oneself on (upon, after) s.b.: *Sich nach jemandes Vorbild formen.* He modeled his behavior on that of his brother: *Er bildete sein Verhalten dem seines Bruders nach.*

moderate To moderate one's enthusiasm: *Seine Begeisterung mäßigen.* To moderate one's language: *Seine Sprache mäßigen.* To moderate a debate: *Ein Streitgespräch, eine Debatte, Diskussion moderieren, einen vermittelnden Vorsitz führen.* To moderate oneself: *Sich beruhigen, mäßigen.*

modify To modify a bill, a plan: *Einen Gesetzesentwurf, einen Plan näher bestimmen, (einschränkend) abändern.* To modify a sentence: *Einen Satz umwandeln.*

moment In a moment: *In einem Augenblick; sofort.* At the moment: *Im Augenblick.* To the moment: *Auf die Sekunde genau.* It's the moment to tell him: *Das ist der rechte Augenblick, es ihm zu sagen.* This moment: *Sofort.* The very moment I saw him: *In dem Augenblick, in dem ich ihn sah.* To have one's moments (colloq.): *Seine lichten Momente haben.* The moment of truth: *Die Stunde der Wahrheit.*

money To be in the money (colloq.): *Geld wie Heu haben.* To have money to burn: *Geld wie Heu haben; im Geld schwimmen.* Money down: *Geld, mit dem direkt bezahlt wird, bares Geld.* Money on hand: *Verfügbares Geld.* For my money (colloq.): *Was mich betrifft; was mich angeht; ich für mein Teil.* Money for jam, for old rope (colloq.): *Für keinen oder nur geringen Einsatz Gewinn machen; jemand bekommt das Geld nur so nachgeschmissen.* To get one's money's worth: *Etwas (Vollwertiges) für sein Geld bekommen; etwas zahlt sich für jemanden aus; etwas lohnt sich für jemanden.* Money is no object to him: *Geld interessiert ihn nicht.* Money makes the mare to go: *Geld bringt die Dinge ins rollen, liefert die Motive zum Handeln.* To be out of money: *Kein Geld haben.* To put one's money where one's mouth is (colloq.): *Nicht nur reden, sondern Taten sprechen lassen.* Short of money: *Knapp bei Kasse.* To spend money like water (pej.): *Das Geld zum Fenster hinauswerfen; mit Geld nur so um sich werfen.* Something is throwing good money after bad (pej.): *Etwas ist hinausgeworfenes Geld.* Money talks: *Geld ist* *beredt, hat Einfluss; mit Geld geht alles.*

monkey (1) To monkey about: *herumtändeln, herumalbern.*

monkey (2) To make a monkey out of s.b. (colloq.): *Jemanden lächerlich oder zum Gespött machen; jemanden verhöhnen.* Monkey business (colloq.): *krumme Sachen, krumme Touren, fauler Zauber etc.*

month A month of Sundays: *Eine ewig lange Zeit; eine (halbe) Ewigkeit; ewig.*

mooch (mouch) To mooch (to mouch) money: *Geld stehlen; erbetteln (hauptsächlich USA).* To mooch (to mouch) about: *Herumhängen, herumtrödeln.*

moon (1) To moon about (around): *Gleichgültig, unbeteiligt, unaufmerksam, verträumt in die Welt schauen, sich durch die Welt bewegen.* To moon away one's time: *Gedankenlos dahinleben, seine Zeit verträumen.* To moon over a woman: *Von einer Frau so sehr betört sein, dass ihr Bild jeden anderen Gedanken, jede Handlung verzehrt.*

moon (2) To cry for the moon: *Unmögliches verlangen.* To do a moonlight flit (a moonlight flitting): *Die Flatter machen; bei Nacht heimlich (aus einer Wohnung) ausziehen.* To be over the moon (colloq.): *Überglücklich sein; ganz aus dem Häuschen sein; sich riesig freuen.*

moor To moor along the quai: *Längs des Kais vertäut liegen.*

mop (1) To mop (out) the floor: *Den Boden sauberwischen.* To mop the floor with s.b.: *Mit jemandem den Boden aufwischen, d.h. jemandem eine demütigende Niederlage zufügen.* He mopped his face with a handkerchief: *Er trocknete, säuberte sein Gesicht mit einem Taschentuch.* To mop the sweat from (off) one's brow: *Sich den Schweiß von der Stirn wischen.* She mopped up the water: *Sie wischte das Wasser auf.* To mop up profits: *Gewinne einstreichen.* To mop up a territory: *Ein Gebiet endgültig einnehmen.*

mop (2) To mop and mow: *Grimassen schneiden.*

mope He moped through the whole afternoon: *Er gab sich den ganzen Nachmittag hindurch seinen trüben Gedanken hin.*

more More fool you (for doing s.th. oder to do s.th.) (colloq.): *Du bist vielleicht ein Dummkopf (etwas zu tun)!* More or less: *Mehr oder weniger.* More than once: *Mehr als einmal, oft.* He was more dead than alive: *Er war mehr tot als lebendig.* More and more: *Immer mehr.* That's more like that: *Das kommt der Sache näher.* That's more than I can engage for: *Dafür kann ich mich nicht einsetzen.* The more the merrier: *Je mehr, desto besser.* The more (is) the pity: *Um so bedauernswerter.* More power to your elbow! *Du musst dich mehr durchsetzen!* The more one has, the more one wants: *Je mehr einer hat, desto mehr begehrt er.* More praise than pudding: *Mehr Ehre als Lohn.*

morning The morning after the

night before: *Der Morgen danach; der Katzenjammer; die Katerstimmung.*

mortgage To mortgage one's house, one's future: *Sein Haus, seine Zukunft verpfänden.*

mortify To mortify the body, the flesh: *Den Körper kasteien, das Fleisch abtöten; sich der Askese hingeben.*

most At (the) most: *(Aller)höchstens.* Most people, most of us: *Die meisten Leute, die meisten von uns.* Most of all: *Am (aller)meisten.* The most part: *Der größte Teil, die meisten.* To make the most of s.th.: *Das Beste aus etwas machen; etwas voll ausnutzen; etwas in vollen Zügen genießen.* It's most unfortunate: *Das ist höchst unglücklich.*

motion (1) To motion s.b. away, in, out: *Jemanden durch einen Wink veranlassen wegzugehen, einzutreten, hinauszugehen.* He motioned me to a seat: *Er wies mir einen Sitzplatz zu.*

motion (2) To go through motions (colloq.): *Etwas pro forma oder der Form halber tun; so tun als ob (man etwas täte); sich den Anschein geben (als ob man etwas täte).*

motor (1) He motored me home: *Er fuhr mich nach Hause.* To motor back: *Im Auto zurückfahren.*

motor (2) The motor speed is falling: *Die Drehzahl fällt ab.*

mould (1) To mould a head in clay, wax: *Aus Ton, Wachs einen Kopf formen.* To mould s.b.'s character: *Jemandes Charakter formen.*

mould (2) To be cast in the same mould as s.b.: *Vom gleichen Schlag sein; aus dem gleichen Holz geschnitzt sein.*

moulder To moulder away: *Verrotten, verfaulen, vermodern.*

mount To mount a gun: *Ein Geschütz auf die Lafette setzen, in Stellung bringen.* To mount a diamond: *Einen Diamant fassen.* To mount guard: *Die Wache antreten.* He mounted his horse: *Er bestieg sein Pferd.* To mount the high horse: *Sich auf das hohe Ross setzen.* To mount the stairs: *Die Treppe hochsteigen.* To mount on s.b.'s shoulders: *Auf jemandes Schultern steigen.* To mount to one's head: *Einem in den Kopf steigen.* To mount up: *Ansteigen (eines Wertes, der Intensität).*

mourn To mourn (over) the loss of a friend: *Den Verlust eines Freundes beklagen.* To mourn one's fate: *Sein Schicksal beklagen.* To mourn for s.b.: *Jemanden betrauern.*

mouse To mouse well: *Geschickt zu Werke gehen.* To mouse about, around: *Vorsichtig umherschleichen.* To mouse over a book (USA): *Eifrig studieren.* To mouse out a lost book: *Ein verschollenes Buch auftreiben.*

mouth Down in the mouth (colloq.): *Deprimiert oder niedergeschlagen.* To have a big mouth (colloq.) *Eine große Klappe haben; eine (alte) Klatschbase sein.* To shoot one's mouth off (to s.b.) (colloq.): *Herumtönen; etwas herumposaunen; etwas an jemanden ausposaunen.* To shut (stop) s.b.'s mouth (sl.): *Jemandem das Maul stopfen.* His mouth watered at the ice-cream: *Beim Anblick der Eiscreme lief ihm das Wasser im Mund zusammen.*

move (1) He moved his chair nearer to the fireplace: *Er rückte seinen Sessel (Stuhl) näher zum Kamin.* To move s.b. to anger, to laughter, to pity, to tears: *Jemandem Furcht einjagen, zum Lachen bringen, zum Mitleid bewegen, zu Tränen rühren.* That moved me deeply, to tears: *Das hat mich tief bewegt, zu Tränen gerührt.* To move the bowels: *Die Verdauung anregen.* To move heaven and earth: *Himmel und Erde in Bewegung setzen (um etwas zu erreichen).* To move about: *Seinen Wohnsitz of wechseln, umherziehen.* Move along, please! *Weitergehen, bitte!* To move away: *Fortziehen.* To move back: *Sich zurückziehen.* Move down the car, please! *Nach hinten durchgehen! (im Bus)* To move for s.th.: *Eine formelle Eingabe machen (bei einem Gericht etc.).* To move forward: *Vorankommen.* To move in, into a new house: *Ein neues Haus beziehen, in Besitz nehmen.* He moves in good society: *Er bewegt sich in guter Gesellschaft.* To move s.th. off: *Etwas beiseite schaffen, stehlen.* To move s.b. on: *Jemanden anspornen, vorantreiben.* Move on, please! *Weitergehen, bitte!* To move out (one's furniture): *Ausziehen, (seinen Hausrat) weggeben.* To move out of s.b.'s way: *Jemandem aus dem Weg gehen.* Move over a bit! *Gehen Sie ein wenig zur Seite!*

move (2) To get a move on (colloq.): *Sich beeilen; schnell machen.* To be on the move: *Unterwegs sein; auf Achse sein; in Bewegung sein.* It's your move: *Du bist (Sie sind) am Zug.*

mow To mow a lawn: *Einen Rasen mähen.* To mow down the enemy: *Den Feind niedermachen.*

much To be too much (for s.b.): *Zu viel für jemanden sein, jemandem zuviel sein, (jemandem) zu weit gehen, ein (ziemlich) starkes Stück sein; (einfach) Spitze sein; (einfach) köstlich oder zum Schreien sein.* To make much of s.b. or s.th.: *Viel Aufhebens oder Wind um jemanden oder etwas machen; sich einer Sache rühmen.* Much of a muchness (colloq.): *Einer wie der andere, eine wie die andere, eines wie das andere.* Much to my regret, to my surprise: *Sehr zu meinem Bedauern; zu meiner großen Überraschung.* They are much the same: *Sie sind fast gleich.* As much again: *Die gleiche Menge noch einmal.* He isn't much of a skier: *Er ist nicht gerade ein großer Skifahrer.* Much good may it do to you: *Dir mag es wohl besser bekommen.* That wasn't much of an effort, was it? *Das hat wohl nicht sehr viel Anstrengung gekostet, oder?* Not up to much (colloq.): *Nicht gerade berühmt; nicht besonders toll.* So much for s.th. (pej.): *Das war's dann wohl mit etwas; so viel zu etwas; aus der Traum von etwas.* Without so much as asking (pej.): *(Einfach), ohne (auch nur) zu fragen.* Much cry and little wool: *Viel Geschrei und wenig Wolle; viel Lärm um nichts.* Much to seek: *Nötig, aber nicht vorhanden; sehr gesucht, gefragt sein.* Much water has flowed under the bridges: *Eine lange Zeit ist vergangen.* Much will have more: *Je mehr man hat, desto mehr will man.*

muck (1) To muck one's clothes, one's hands: *Seine Kleider, seine Hände besudeln.* To muck about: *Planlos herumirren.* To muck in with s.b. (sl.): *Mit jemandem zusammen oder bei jemandem hausen; mit anpacken (ugs.)* To muck-rake: *Im Schmutz wühlen.* To muck up a job: *Eine Arbeit verpfuschen.*

muck (2) To make a muck of s.th. (sl.): *Etwas vermasseln, verpfuschen.* Muckraking (muck-raking): *Sensationsmache; Schlammschlacht.*

mud As clear as mud (colloq.): *Völlig unklar, jemandem völlig schleierhaft.* Someone's name is mud (colloq.): *Jemand ist unten durch; jemandes guter Ruf ist dahin.* To sling (throw) mud at s.b. or s.th.: *Jemanden oder etwas in den Schmutz ziehen oder mit Schmutz bewerfen (= jemanden oder etwas schlecht machen).* Mud in your eyes! *Hals- und Beinbruch!*

muddle To muddle about: *Herumtappen.* To muddle away one's money: *Sein Geld verplempern.* To muddle s.b.'s brains: *Jemandem den Verstand vernebeln.* To muddle water: *Wasser trüben.* To muddle things together: *Dinge vermengen, unüberlegterweise verkehrt vermischen.* I've muddled him up with his brother: *Ich verwechselte ihn mit seinem Bruder.* To muddle (up) an affair, a job, a speech: *Eine Angelegenheit, Arbeit, Unterredung verpfuschen.* To muddle through: *Sich durchwursteln.*

muff To muff the shot: *Den Schuss verderben (im Cricket etc.).*

muffle To muffle s.b.: *Jemanden am Sprechen hindern.* To muffle a noise, a sound: *Ein Geraüsch, einen Ton dämpfen.* To muffle a bell, a drum: *Eine Glocke, eine Trommel umwickeln (um einen tiefen und feierlichen Schall hervorzubringen).* He muffled himself up in a wool scarf: *Er wickelte sich in einen wollenen Schal.*

mug To mug up a subject: *Eine Sache durch hartes Studium erlernen.*

multiply To multiply five by seven: *Fünf mit Sieben multiplizieren, vervielfachen.* To multiply in stances: *Eine große Anzahl von Beispielfällen schaffen.* To multiply words: *Viele Worte machen.* To multiply evil upon evil: *Böses aus Bösem erzeugen.*

mumble To mumble a prayer: *Ein Gebet murmeln.* To mumble (away) to oneself: *Vor sich hin murmeln.* To mumble one's words: *Seine Worte undeutlich sprechen, murmeln.*

murder To murder the Queen's English: *Die englische Sprache gebildeter Leute falsch benutzen, mit Dialekt sprechen.*

murmur To murmur a prayer: *Ein Gebet murmeln.* To murmur at (against) s.th.: *Über etwas murren.*

muse To muse on (upon, over) s.th.: *Über etwas nachsinnen, grübeln.*

must He must have been a good boy: *Er muss ein guter Junge gewesen sein.* I must have dreamt it! *Das muss ich geträumt haben!* You must know him: *Du musst ihn kennen.* You must know that ...: *Sie sollten wissen, dass ...* He must be older than you: *Er muss älter als du sein.*

mustard To be as keen as mustard: *Feuer und Flamme (für etwas) sein; ganz scharf, wild oder versessen (auf etwas) sein.*

muster To muster troops: *Truppen versammeln (für eine Inspektion etc.).* To muster the crew: *Eine Belegschaft zusammenbringen.* To muster up one's courage: *Seinen Mut zusammennehmen.*

mutter To mutter (away) to oneself: *Vor sich hin murmeln.* He muttered a threat between his teeth: *Er verschluckte (brummelte) eine Drohung zwischen den Zähnen.*

muzzle To muzzle a dog: *Einem Hund einen Maulkorb anlegen.*

N

nab To nab a thief: *Einen Dieb erwischen, ertappen.*

nag To nag (at) s.b.: *Jemanden unaufhörlich schelten; an jemandem herumnörgeln.*

nail (1) To nail a picture on (to) the wall: *Ein Bild an die Wand hängen.* To nail a thief: *Einen Dieb festnageln.* To nail a bargain: *Einen Handel abschließen.* To nail one's colours to the mast: *Standhalten, verharren, das Nachgeben verweigern.* To nail a lie to the barndoor, to the counter: *Eine Lüge anprangern.* To nail down the lid of a box: *Den Deckel einer Kiste zunageln.* To nail s.b. down to a promise, to a statement: *Jemanden auf ein Versprechen, eine Aussage festnageln.* To nail up a box: *Eine Schachtel, Kiste zunageln.* To nail two boards together: *Zwei Bretter aneinandernageln.*

nail (2) As hard as nails: *Zäh wie Leder; knallhart.* The nail has come out: *Der Nagel ist ausgetreten, sichtbar geworden, durchgeschlagen.* To hit the nail on the head: *Den Nagel auf den Kopf treffen.* A nail in s.b.'s coffin (fig.): *Ein Nagel zu jemandes Sarg sein.* (Cash) on the nail (colloq.): *(Bar) auf die Hand.* Nails in mourning: *Fingernägel mit Trauerrändern.*

name (1) They named the child Mary: *Sie nannten das Kind Mary (Marie).* He was named after (from) his dead uncle: *Er* *trug den Namen seines verstorbenen Onkels.* They named him to a highly responsible post: *Sie nominierten ihn für einen höchst verantwortlichen Posten.* To name a price, a sum: *Einen Preis, eine Geldsumme nennen.* They have named the day: *Sie haben den Tag vereinbart, bestimmt.* To name a fact: *Eine Tatsache beim Namen nennen.* To name a member: *Ein Mitglied berufen.*

name (2) To call s.b. names: *Jemanden beschimpfen; jemanden mit Schimpfwörtern belegen.* To clear s.b.'s name: *Jemandes Namen reinwaschen.* To give s.b. or s.th. a bad name: *Jemanden oder etwas in Verruf bringen; jemandes Ruf schädigen.* In name alone (only): *Nur dem Namen nach oder pro forma; (Ehe) nur auf dem Papier.* Give it a name! *Heraus damit! Sagen Sie, was Sie haben wollen!* To give a dog a bad name and hang him: *Jemanden wegen seines schlechten Rufs oder aufgrund von Gerüchten verurteilen.* In the name of s.b. or s.th.: *Im Namen von jemandem oder etwas.* To make a name for oneself: *Bekannt oder berühmt werden; sich einen Namen machen.* My name is John: *Ich heiße John.* A man of a name: *Ein Mann von Ruf.* His name is mud: *Sein Name gilt nichts.* The name of the game: *Der Sinn des Spiels, dieser Angelegenheit; das, worum es geht, worauf es ankommt.* No names, no pack-drill: *Keine Angst, ich (etc.) will keine Namen.* To put one's name down for: *Kandidieren für.* To send in one's name: *Sich (an)melden (lassen).* What's in a name? *Was bedeutet schon ein Name?* To be worthy of the name: *Seinen Namen verdienen.*

narrow To have a narrow escape (colloq.): *Mit knapper Not davonkommen; gerade noch (einmal) davonkommen.* narrow-minded (pej.): *Engstirnig.* To narrow a subject: *Ein Thema (Frage etc.) zusammenfassen.* To narrow (down) expenses: *Unkosten senken, verringern.* To narrow one's eyes: *Seine Augen zusammenkneifen.* To narrow something down to something: *Sich auf etwas beschränken.*

near (1) As near as dammit (sl.): *So gut wie; ungefähr; oder so.* Near at hand: *Bei der Hand, naheliegend, leicht zu erreichen.* Near by: *In der Nähe.* Near here: *Hier in der Nähe.* He is near his end: *Er ist seinem Ziel (auch Tod, d.h. Lebensziel) nahe.* She is near her time: *Sie ist kurz davor, zu gebären.* It is near upon one o'clock: *Es ist bald ein Uhr.* He is near dead with fright: *Er ist zu Tode erschrocken.* Near the knuckle: *Beinahe unanständig, obszön; am Rande des guten Geschmacks.* He is near and dear to me: *Er steht mir nahe; er ist mir lieb und wert; er bedeutet mir sehr viel.* One's nearest and dearest: *Die nächsten Verwandten; der engste Familienkreis (die Lieben).* A near miss: *Knapp daneben (Schuss etc.); eine knappe Sache (Unfall).* He is near with his money: *Er knausert mit seinem Geld.* It was a near escape (thing): *Es war ein knappes Ent-*

rinnen; es ist gerade noch einmal gut gegangen. Near in blood: *Blutsverwandt.* They are near of kin, near relations: *Sie sind nahe verwandt.* Near is my shirt, but nearer is my skin: *Meine Haut (das nackte Leben) ist mir näher als mein Hemd (materieller Besitz); Das Hemd ist mir näher als der Rock.*

near (2) To near one's end: *Sich seinem Ziel nähern.*

nearly He nearly married that woman: *Beinahe hätte er diese Frau geheiratet.*

neat As neat as a new pin: *Blitzblank, wie aus dem Ei gepellt.*

necessary It's necessary for me to leave (that I should leave): *Es ist notwendig, dass ich weggehe; zwangsläufig sollte ich gehen.*

necessity Necessity knows no law: *Not kennt kein Gebot.*

neck (1) It's neck or nothing: *Es geht ums Ganze, um die Wurst; alles oder nichts; auf Biegen oder Brechen.* Neck and crop: *Ganz und gar; kopfüber; mit Stumpf und Stiel.* To be neck and neck: *Kopf an Kopf liegen* To be in s.th. up to one's neck: *Bis zum Hals oder bis über beide Ohren in etwas stecken.* To get it in the neck (colloq.): *Eins aufs Dach bekommen.* To risk one's neck: *Kopf und Kragen riskieren; sein Leben aufs Spiel setzen.* To stick one's neck out (colloq.): *Seinen Kopf riskieren.* In this (that) neck of the woods (colloq.): *In diesen Breiten; in dieser Gegend.*

neck (2) To neck a fowl: *Einem Huhn (Geflügel) das Genick brechen, den Hals umdrehen.*

need (1) If need be (arise): *Nötigenfalls; im Notfall.* Needs must when the devil drives: *Was sein muss, muss sein; nolens volens.*

need (2) I need your help: *Ich brauche Ihre (deine) Hilfe.* He need not stay: *Er muss nicht bleiben, er braucht nicht zu warten.* Need he do it? *Muss er das tun?* I need dutch courage: *Ich muss mir Mut antrinken.* I need hardly say that he is wrong: *Es erübrigt sich zu sagen, dass er unrecht hat.* It needs doing (to be done): *Es muss getan werden.* It needs but to become known: *Es braucht nur bekannt zu werden*

neglect To neglect one's business (wife, work): *Sein Geschäft (seine Frau, Arbeit) vernachlässigen.*

neglectful (negligent) He is neglectful (negligent) of his duties: *Er geht nachlässig, unachtsam, fahrlässig, gleichgültig mit seinen Pflichten um.*

negotiate To negotiate peace: *Über den Frieden verhandeln.* To negotiate a bill of exchange, a cheque, a loan: *Einen Wechsel verhandeln (einhandeln, umsetzen), einen Scheck, ein Darlehen einlösen.* To negotiate a hedge, a fence: *Eine Umzäunung, einen Zaun überwinden; eine Schwierigkeit, ein Hindernis überwinden.*

neighbour He was my neighbour at table: *Er war mein Tischnachbar; er saß neben mir.* In the neighbourhood: *Annähernd, ungefähr, etwa.*

neither Neither yes nor no: *We-*

der ja noch nein; unentschieden. He is neither fish nor fowl (flesh), neither flesh nor good red herring: *Er ist weder Fisch noch Fleisch, von unklarem Charakter.* Neither more nor less: *Weder mehr noch weniger, genau so.* It's neither here nor there: *Es ist weder hier noch dort, nirgendwo.* He is neither hide nor hair: *Er ist weder Haut noch Haar.* He is neither off nor on: *Er ist unschlüssig.* Neither (of them) was (were) in: *Keiner (von ihnen) war zuhause.* He does not know, neither do I: *Er weiß es nicht, ebensowenig (noch) weiß ich es.*

nerve (1) To nerve oneself: *Sich zusammennehmen, Kräfte sammeln.*

nerve (2) A bag (bundle) of nerves: *Ein Nervenbündel.* To get on s.b.'s nerves: *Jemandem auf die Nerven gehen.* To have the (a) nerve (to do s.th.) (colloq.): *Die Frechheit besitzen, die Stirn haben (etwas zu tun).* To lose one's nerve: *Die Nerven verlieren.* My nerves are in pieces, in shreds: *Meine Nerven sind in Stücke gegangen, zerfetzt, ich bin mit meinen Nerven am Ende.*

nest A nest-egg (colloq.): *Ein Notgroschen; etwas auf der hohen Kante haben.*

nestle To nestle a bird: *Einem Vogel einen Nistplatz bereiten.* To nestle a child in one's arms: *Ein Kind zärtlich schützend in seine Arme nehmen.* She nestled (down) in the arm-chair: *Sie schmiegte sich in den Lehnsessel.* She nestled close to him, in his arms: *Sie schmiegte sich eng an ihn, in seine Arme.*

net To net birds, fish: *Vögel, Fische mit Hilfe eines Netzes fangen.* To net the ball: *Den Ball ins Netz (Tor) schlagen.* To net a river: *Reusen in einen Fluss hängen.* To net a profit: *Einen Reingewinn machen.*

never Never! *Nie im Leben!* Never and never! *Nie und nimmer!* Never after: *Niemals mehr.* Never again (more): *Niemals mehr.* Never-to-be-forgotten: *Unvergesslich.* I'd never dream of doing such a thing! *Ich hätte mir niemals träumen lassen, so etwas zu tun.* Never even: *Nicht einmal.* Never fear! *Immer tapfer! Nur keine Bange!* I never have any luck! *Ich habe nie Glück.* Never heard of it: *Nie davon gehört.* He never imagined that you would come: *Er hätte niemals gedacht (geglaubt) dass Sie kommen würden.* You never know, you never can tell! *Man weiß nie! Man kann nie wissen!* Never mind! *Macht nichts!* Never a one: *Keiner.* Never say die! *Nie die Hoffnung verlieren! Nur nicht verzweifeln!* Never see my face again: *Du wirst mich nie mehr sehen.* He never so much as said hello: *Er grüßte mich nicht einmal, er hat mich völlig ignoriert.* Never cast a clout till May is out: *Schaff niemals ein Kleidungsstück weg, bevor der Mai vorbei ist.* Never interfere between wife and husband: *Misch dich nie ein zwischen Mann und Ehefrau.* Never a borrower nor a lender be: *Sei nie Borger oder*

Verleiher. Never is a long time, day, word: *Nie ist eine lange Zeit; was heißt schon niemals? (Kommentar zu einem voreiligen Verzicht etc.)* Never look a gift horse in the mouth: *Einem geschenkten Gaul schaut man nicht ins Maul.* It never rains but it pours: *Es regnet nicht, ohne dass man nass wird.* Well, I never! (colloq.): *Nein, sowas! Kaum zu glauben! Hat man Worte!* A never-never land: *Eine Wunsch- oder Traumwelt.* To buy s.th. on the never-never (colloq.): *Auf Raten, auf Abzahlung kaufen, etwas abstottern.*

new (news) This is new (news) to me: *Das ist neu, sind Neuigkeiten für mich.* I am new to this town: *Ich bin neu in dieser Stadt.* A new broom sweeps clean: *Neue Besen kehren gut.* New wine in old bottles: *Neuer Wein in alten Flaschen.* The new year calls for a new way of life: *Das neue Jahr ruft uns zu neuen Vorsätzen, einer besseren Art zu leben auf.* The news is going about that he has died: *Es geht die Nachricht um, dass er gestorben sei.* To break the news of s.th. (to s.b.): *Jemanden über etwas informieren.* No news is good news: *Wenn man nichts hört, ist alles in Ordnung.*

next That's the next best thing: *Das ist die zweitbeste Möglichkeit.* Next door: *Nächster Raum, nächstes Haus.* To be next door to s.th. (colloq.): *An etwas grenzen.* Next-door neighbours: *Die Nachbarn von nebenan.* He is next (door) to crazy: *Er ist kurz davor, überzuschnappen.* It's next (door) to impossible: *Es ist beinahe unmöglich.* Next thing: *Das Nächstliegende.* Next, please! *Der Nächste, bitte!* Next to nothing (colloq.): *Fast nichts; so gut wie nichts.*

nibble To nibble (at) a biscuit: *An einem Zwieback knabbern.* He nibbles continually: *Er krittelt ständig herum.* To nibble (at) the bait: *Den Köder anbeißen.* To nibble off the bait: *Den Köder zernagen, ihn nehmen, ohne sich fangen zu lassen.* To nibble at a subject: *Sich mit etwas zerstreuen, mit einer Sache die Zeit vertändeln.*

nick To nick a desk with a penknife: *Mit einem Federmesser Kerben in einen Tisch schneiden.* To nick (down, up) the score: *Den Punktestand erhöhen, verringern.* To nick the favourable occasion, the right time: *Die günstige Gelegenheit, den rechten Zeitpunkt ergreifen.* To nick a boat, a train: *Ein Schiff, einen Zug erreichen.* You've nicked it: *Das haben Sie (hast du) gestohlen, sich (dir) unter den Nagel gerissen.* We nicked him: *Wir haben ihn eingelocht.* To nick a thief: *Einen Dieb dingfest machen.* To nick s.th. off: *Etwas richtg treffen, genau beschreiben.*

nigger A nigger in the fence, in the woodpile: *Ein Defekt, eine verdächtige Angelegenheit, etwas, was eine gute Sache verdirbt.*

night Night and day: *Tag und Nacht, jederzeit, ohne Unter-*

brechung. Night after night: *Nacht für Nacht.* A nightcap: *Ein (meist alkoholischer) Schlummertrunk.* Night is falling: *Die Nacht dämmert.* A night-owl: *Eine Nachteule.*

nine A nine days' wonder: *Eine schnell vergessene neue Attraktion, eine Eintagsfliege.* Nine times out of ten: *Fast immer, zu neunzig Prozent.* To dress oneself (to be dressed) up to the nines (colloq.): *Sich in Schale werfen; sich herausputzen; piekfein gekleidet sein; aufgedonnert sein.*

nip (1) To nip s.th. in the bud: *Etwas im Keim ersticken.* To nip a handbag: *Einen Keim abschneiden.* To nip hard: *Stark beeinträchtigt, beklemmt, gekniffen, gezwickt werden (von Kälte etc.).* He has nipped his finger: *Er hat seinen Finger eingeklemmt.* To nip a bung: *Eine Handtasche entwenden, rauben.* To nip along: *Eilig gehen, eilen.* To nip in: *Geschwind eintreten, auftauchen; sich hineindrängen, kurz vorbeischauen.* To nip s.b. in the bud: *Jemanden im Ursprung, im Keim zerstören.* To nip off a branch: *Einen Zweig abschneiden.* He nipped off, out: *Er verschwand, machte sich aus dem Staub.* To nip on, ahead: *Voraneilen.* To nip up: *Schnell aufsteigen.*

nip (2) To nip liquor: *Likör schlürfen, nippen.*

no No admittance: *Kein Zutritt.* No bed of roses: *Kein Rosenpfühl; schwierige Sache.* It is no business (concern) of mine: *Das geht mich nichts an.* No catch: *Ein schlechter Handel.* It's no child's play: *Das ist kein Kinderspiel.* No credit is given at this shop: *Hier wird nicht angeschrieben.* No daylight: *Kein Überblick.* No doubt: *Kein Zweifel.* No end of money, of trouble: *Viel, genügend Geld, viele Probleme.* It was no end of a job: *Es gab viel zu tun.* No end: *Ohne Ende, sehr viel.* No fear! *Keine Angst!* No fewer than a hundred men: *Nicht weniger als einhundert Mann, mindestens hundert Mann.* No flies on him: *Er ist sehr listig, schlau.* No further: *Nicht weiter.* It's no good (go): *Das taugt nichts.* It's no great shakes: *Es ist nicht sonderlich gut, wirksam.* No harm in doing that: *Es schadet nichts, es zu tun.* No heeltaps! *Die Gläser geleert! Ausgetrunken!* No ill-feeling! *Kein böses Blut!* No joke: *Kein Witz, im Ernst.* He is no judge of that: *Er versteht davon nichts.* No kidding: *Das ist die Wahrheit, ehrlich.* No later than: *Nicht später als.* No less a person than: *Kein(e) geringere(r) als …* No less (figure) than the king in person: *Kein geringerer als der König persönlich.* No matter! *Unwichtig! Egal! Kleinigkeit!* No matter how, where: *Egal wie, wo.* No matter what you do: *Gleichgültig, was du tust.* (And) no mistake! *Ohne Zweifel!* No more: *Nichts weiter, nicht mehr, nicht länger, niemals wieder.* He is no more: *Er ist nicht mehr (da); er ist tot.* No need to hurry: *Kein Grund zur Eile.* It's no nonsense! *Es ist Ernst, ohne*

Spaß! No offence: *Ich beabsichtige nicht, Sie (dich, euch) anzugreifen.* No overtaking: *Überholverbot.* No point in doing it: *Es macht keinen Sinn, das zu tun.* No question of it: *Keine Frage; es ist nicht fraglich.* It's no skin off my back, off my nose: *Das lässt mich kalt.* No smoking (allowed): *Rauchen nicht erlaubt.* No soap! *Nichts zu machen!* He is no solomon: *Er ist ein Dummkopf.* No sooner said than done: *Gesagt, getan.* No such luck: *Leider nicht.* No such thing: *Nichts dergleichen, nicht so etwas.* No throughfare, throughroad: *Keine Durchfahrt(straße).* No trespassing: *Betreten verboten.* No two men think alike: *Nicht einmal zwei Menschen denken so; keine zwei Menschen denken gleich.* No two ways about it: *Es gibt keine Alternative.* It's no use: *Es hat keinen Sinn, Zweck.* No wonder. *Kein Wunder.* No cross, no crown: *Keine Ehre ohne Bürde.* No fool like an old fool: *Kein Narr ist größer als ein alter Narr.* No game is fun (no joke is funny) if it goes on too long. *Kein Spiel bleibt Spiel (kein Spaß bleibt Spaß), wenn es (er) zu lange dauert.* No mill, no meal: *Ohne Fleiß kein Preis.* No news is good news: *Keine Nachrichten sind gute Nachrichten.* No pains, no gains: *Ohne Fleiß kein Preis.* No rose without a thorn: *Keine Rose ohne Dornen.* No smoke without a fire: *Ohne Feuer kein Rauch.* No way (sl.): *Ausgeschlossen.*

noes The noes have it: *Die Gegenstimmen haben die Mehrheit.*

nobble To nobble a judge: *Einen Richter bestechen.* To nobble a horse: *Ein Pferd mit unerlaubten Mitteln manipulieren, es aufputschen.*

nobody Like nobody's business (colloq.): *Wie ein(e) Wilde(r); wie wild.* Nobody excepted: *Niemanden ausgenommen, ohne Ausnahme.* Nobody (at) home: *Niemand zu Hause.* He is (a) nobody: *Er ist ein Niemand.* Nobody but him can do it: *Keiner außer ihm ist dazu imstande, es zu tun.* Nobody grows old at table: *Keiner altert am Esstisch.* Nobody knows what the future holds in store: *Niemand weiß, was die Zukunft bringt.*

nod (1) To nod (one's approval, one's assent): *Nicken (um seine Billigung, Zustimmung auszudrücken).* He nodded to me to follow him: *Er nickte mir zu, ihm zu folgen.* To nod one's head: *Mit dem Kopf nicken, den Kopf sinken lassen (wenn man im Sitzen einschläft).* He nodded me back: *Er grüßte mich zurück.* To nod off: *Einnicken.* To nod like a mandarin: *Mehrfach, wiederholt zustimmend nicken.* To have a nodding aquaintance with s.b. or s.th.: *Jemanden vom Sehen kennen; jemanden oder etwas (nur) flüchtig kennen; sich ein wenig mit etwas auskennen.*

nod (2) A nod's as good as a wink to a blind horse: *Keiner ist so taub wie einer, der nicht hören will.* On the nod (colloq.): *Ohne Einwände; einvernehm-*

lich; ohne Abstimmung; einfach so; ohne weiteres.

noddle To noddle one's head: *Mit dem Kopf wackeln.*

none None but fools: *Nur Narren.* None but him can do it: *Keiner außer ihm kann es tun.* It was none other but (than) your friend: *Es war kein anderer als dein Freund.* It's none of the best: *Es ist keines von den besten.* None of us saw him again: *Keiner von uns sah ihn jemals wieder.* None the less: *Nichtsdestoweniger.* It's none too good: *Es ist nicht so gut, nicht allzu wertvoll.* That's none of your business: *Das geht Sie (dich, euch) nichts an.* None of that! *Schluss damit! Lass das! Es reicht!* None of your impudence (lip, sauce)! *Nichts von deiner Frechheit, deinem unverschämten Gerede!* None of your little games! *Nichts von deinen (euren, Ihren) kleinen Tricks!* None too high: *Keineswegs zu hoch.* None too soon: *Fast zu spät; im letzten Augenblick.* None of your tricks! *Lass deine Späße!* He is none the wiser: *Er ist durchaus nicht, um nichts klüger.* None the worse: *Um nichts schlechter, um so mehr.* None so deaf as those that won't hear: *Keiner ist so taub wie die, welche nicht hören wollen.*

nose (1) To nose s.th.: *Etwas wittern.* To nose out a plot: *Eine Intrige aufspüren.* To nose one's way: *Seinen Weg erspüren.* To nose about (round): *Herumschnüffeln.* To nose after (for) mice: *Nach Mäusen spüren.* To nose into s.b.'s business: *Seine Nase in jemandes Geschäft stecken.* To nose up: *Sich auflehnen.*

nose (2) To bite (snap) s.b.'s nose off: *Jemanden scharf anfahren.* To cut off one's nose to spite one's face: *Sich ins eigene Fleisch schneiden.* To follow one's nose: *Immer der Nase nach (geradeaus); seinem Instinkt folgen.* To have a good nose for s.th.: *Eine gute Nase (einen Riecher) für etwas haben.* To keep one's nose clean (colloq.): *Sauber bleiben; eine saubere Weste behalten; sich nichts zuschulden kommen lassen.* To lead s.b. by the nose: *Jemanden völlig beherrschen; jemanden unterbuttern.* To look down one's nose at s.b. (s.th.): *Jemanden (etwas) verachten.* To pay through the nose: *Übermäßig bezahlen („bluten") müssen.* To poke one's nose into s.th. (colloq.): *Seine Nase in etwas stecken.* To put s.b.'s nose out of joint: *Jemanden ausstechen; jemandem die Freundin etc. ausspannen; jemanden vor den Kopf stoßen.* To rub s.b.'s nose in it (colloq.): *Jemandem etwas unter die Nase reiben.* Not to see further than (beyond the end) of one's nose (fig.): *Nicht weiter sehen als die Nasenspitze reicht; einen engen (geistigen) Horizont haben; kurzsichtig oder beschränkt sein.* To turn up one's nose (at): *Die Nase rümpfen (über).* As plain as the nose in your face: *Sonnenklar.* Under s.b.'s (very) nose: *Jemandem direkt vor der Nase; vor jemandes Augen; in* *jemandes Gegenwart.* He is a nose of wax: *Er ist leicht zu beeinflussen.*

nosy He is a nosy-parker: *Er ist ein Topfgucker, neugierig.*

not Not a bit (of it): *Kein bisschen (davon).* Not a cat in hell's chance: *Überhaupt keine Chance.* Not a little, not a few: *Nicht wenig; nicht wenige.* Not a mite: *Kein bisschen.* Not on your Nellie! : *Um nichts in der Welt!* Not another word! *Kein Wort mehr!* Not to have a shot in the locker: *Kein Geld mehr in der Tasche haben.* Not a spark: *Kein Fünkchen.* Not at all: *Keine Ursache (zu danken).* Not a thing: *Überhaupt nichts.* Not (so) bad: *Gar nicht schlecht.* That's not to be thought of: *Daran ist nicht zu denken.* Not by any means: *Auf keinen Fall.* Not for Joe: *Auf keinen Fall.* Not for a moment! *Niemals!* Not for the world: *Nicht um alles in der Welt.* Not half: *Nicht annähernd.* Not half bad: *Nicht übel, durchaus nicht schlecht; ganz passabel.* Not if I know it! *Nur gegen meinen Willen! Nur über meine Leiche!* He is not in the game: *Er dürfte keinen Erfolg haben.* Not in the least (in the lightest): *Nicht im geringsten.* Not likely! *Ganz unmöglich!* Not to mention: *Nicht zu erwähnen, ganz zu schweigen von.* Not on your life! *Nie im Leben!* Not once or (nor) twice: *Oftmals.* Not really? *Wirklich? Ist das so?* Not to say: *Ganz zu schweigen, nicht zu reden von.* Not so far as I know, not that I know of, not to my knowledge: *Nicht soweit ich weiß, nicht dass ich wüsste.* Not so hot: *Nicht besonders aufregend; mittelmäßig.* Not that high: *Nicht so hochtrabend (vornehm) tun.* Not that I remember: *Nicht soweit ich mich erinnere.* Not a word! *Kein Wort davon! Still!* That's not the word for it: *Das ist der falsche Ausdruck dafür.*

notch (1) To notch a desk with a penknife: *Mit einem Federmesser Kerben in einen Tisch ritzen.* To notch (down, up) the score: *Den Punktestand verringern, erhöhen.* To notch off a branch: *Einen Ast, Zweig abschneiden.*

notch (2) Notch and bead sights: *Kimme und Korn.*

note (1) To note s.b.'s words: *Auf jemandes Worte achten.* To note a bill: *Einen Wechsel (notariell) protestieren (beurkunden) lassen.* To note a text: *Einen Text mit Anmerkungen versehen.* To note down the expenses: *Die Ausgaben, Unkosten festhalten, darüber Buch führen.* To note down a statement: *Eine Aussage, einen Bericht schriftlich niederlegen.*

note (2) Of note: *Bedeutend; beachtens- oder erwähnenswert.* To strike the right note (fig.): *Den richtigen Ton treffen.* To strike a wrong or false note (fig.): *Sich im Ton vergreifen; nicht echt klingen.*

nothing He is a nothing: *Er ist ein Niemand.* To be (have) nothing to do with s.b.: *Jemanden nichts angehen.* To come to nothing: *Fehlschlagen, scheitern.* For nothing: *Umsonst; vergebens.* To go for nothing: *Um-*

sonst oder vergebens sein. He is nothing: *Er ist Atheist oder Agnostiker, glaubt an keine offenbarte Religion.* To make nothing of s.th.: *Etwas nicht verstehen; mit etwas nichts anfangen können; aus etwas nicht klug werden.* That's nothing to me: *Das ist mir gleichgültig; das spielt für mich keine Rolle.* Nothing at all: *Letzten Endes gar nichts, überhaupt nichts.* Nothing but: *Nichts als.* Nothing doing! *Nichts zu machen! Ausgeschlossen! Kommt gar nicht in Frage!* Nothing in life: *Absolut nichts.* Nothing like that, of the sort: *Nichts dergleichen.* Nothing much. *Wenig oder gar nichts.* Nothing new: *Nichts Neues.* Nothing new under the sun: *Es gibt nichts Neues unter der Sonne.* Nothing succeeds like success: *Nichts befriedigt so wie der Erfolg, man soll sich nicht auf seinen Lorbeeren ausruhen.* There is nothing to it but to do s.th.: *Jemandem (einem) bleibt nichts (anderes) übrig als etwas zu tun.* There is nothing to it (colloq.): *Das ist kinderleicht.* To think nothing of s.th.: *Jemand findet überhaupt nichts dabei; etwas macht jemandem überhaupt nichts aus.* To say nothing of s.b. or s.th.: *Ganz zu schweigen von etwas oder jemandem.* Nothing venture, nothing have: *Wer nicht wagt, der nicht gewinnt.* Nothing to worry about: *Kein Grund zur Beunruhigung, Sorge.*

notice I noticed his embarrassment: *Ich bemerkte seine Verlegenheit.* I noticed that he was tired: *Ich bemerkte, sah, dass er müde war.* She noticed something unusual about him: *Sie bemerkte eine Veränderung an ihm.* Notice that I had warned him: *Beachten Sie, dass ich ihn gewarnt hatte.* Not to notice a person: *Einer Person keine Beachtung, Aufmerksamkeit schenken, sie übersehen.* To notice a book: *Ein Buch rezensieren.* To give notice to a servant: *Einen Bediensteten entlassen.*

notify To notify a birth: *Eine Geburt bekanntgeben; eine Geburtsanzeige aufgeben.* He notified me that he was going to leave: *Er benachrichtigte mich, dass er im Begriff wäre wegzugehen.*

nourish To nourish vain hopes, illusions: *Eitle Hoffnungen, Illusionen nähren.*

now As of now: *Ab jetzt; von nun an.* Every now and then again: *Hin und wieder; ab und zu; von Zeit zu Zeit; dann und wann.* Now now! *Ist gut jetzt! Lass gut sein!* Now and again (then): *Von Zeit zu Zeit, immer mal wieder, gelegentlich.* Now you've done it! *Jetzt hast du es geschafft!* Now for it! *Jetzt gilt's!* Now let me see: *Nun wollen wir mal sehen.* Now, look here: *Nun pass (passt, passen Sie) auf.* Now or never: *Jetzt oder nie.* Now then! *Nun gut! Nun also!* Now understand me! *Nun hör(t) aufmerksam zu!*

nowhere To get nowhere: *Keine Fortschritte machen; nicht weiterkommen.* To get s.b. nowhere (colloq.) *Jemandem nichts nützen; jemandem nichts helfen;*

jemandem nicht weiterhelfen oder jemanden nicht weiterbringen. Nowhere near (colloq.): *Nicht annähernd; bei weitem nicht.* That's nowhere near enough: *Das reicht bei weitem nicht aus.* He is nowhere: *Er hat verloren, eine Niederlage erlitten (im Sport).*

numb I'm numb with cold: *Ich bin erstarrt vor Kälte, empfindungslos.*

number (1) To number seats: *Sitzplätze numerieren.* I number him among my friends: *Ich zähle ihn zu meinen Freunden.* They numbered about one thousand: *Es waren etwa tausend.* I numbered (up) twelve of them: *Ich habe zwölf von ihnen (auf)gezählt.*

number (2) By numbers: *Nummernweise.* The number is engaged: *Die Nummer ist besetzt (Telefon).* To have (get) s.b.'s number: *Jemanden durchschauen; jemanden richtig einschätzen oder einordnen.* His number is up: *Seine Stunde hat geschlagen; er ist dran.* Number one: *Die eigene Person.* A great number of: *Sehr viele (Leute etc.).* In large numbers: *In großen Mengen.* One of their numbers: *Einer aus ihrer Mitte.* Numbers of times: *Zu wiederholten Malen.* Times without numbers: *Unzählige Male.* To raise to the full number: *Komplettieren.* To appear in numbers: *In Lieferungen erscheinen.*

nurse To nurse a baby: *Ein Kind säugen.* To nurse (up) a child: *Ein Kind aufziehen.* To nurse a grudge against someone: *Gegen jemanden den Groll nähren.* To nurse a patient: *Einen Kranken pflegen.* To nurse up s.b.'s strength: *Jemandes Kräfte durch Pflege wiederherstellen.* To nurse a cold, a wound: *Eine Erkältung, eine Wunde auskurieren.* To nurse one's anger, one's resentment, evil thoughts: *Seinen Ärger, Widerwillen, seine bösen Gedanken nähren.* To nurse balls: *Die Billardkugeln beieinander halten, um eine Serie von Karambolagen zu erzielen.* To nurse a business: *Ein Geschäft, eine Angelegenheit pflegen, mit Sorgfalt führen.* To nurse the fire: *Nah beim Feuer sitzen.*

nut To be nuts about s.th. or s.b. (colloq.): *Ganz verrückt nach jemandem sein; ganz verrückt oder versessen auf etwas sein; wie wild oder verrückt hinter jemandem her sein.* He is nuts on (upon) the result: *Er ist von dem Ergebnis begeistert.* He is nuts (nutty) on (upon) that woman: *Er ist verrückt nach dieser Frau.* A hard nut to crack (fig.): *Eine harte Nuss, ein hartes Brot.* The nuts and bolts (of s.th.) (colloq.): *Die Grundbestandteile; die wesentlichen Bestandteile oder Elemente; die wesentlichen Punkte, Tricks oder Kniffe; die praktische Seite von etwas.*

O

oar To put (stick) one's oar in (colloq.): *Sich einmischen; seinen Senf dazugeben.* To rest on one's oars: *Langsamer treten; sich (auf seinen Lorbeeren) ausruhen.*

obey To obey an order: *Einem Befehl, einer Anordnung Folge leisten.* Obey your mother! *Folge (gehorche) deiner Mutter!* To obey the law: *Dem Gesetz Folge leisten.* To obey impulse, reason: *Einem Antrieb (Einfall), der Vernunft gehorchen.*

object (1) I objected to his proposal: *Ich widersetzte mich seinem Vorschlag.* I objected that I could not do it: *Ich wandte ein, dass ich es nicht ausführen könne.* I object to strangers knowing my business: *Es missfällt mir, wenn Fremde etwas von meinen (privaten) Angelegenheiten erfahren.* I object! *Ich widerspreche!*

object (2) She was an object of admiration: *Sie war ein Objekt der Bewunderung.* Money is no object: *Geld etc. spielt keine Rolle oder ist nebensächlich.*

oblige I obliged him to tell the truth: *Ich nötigte ihn, die Wahrheit zu sagen.* I am much obliged to you: *Ich bin Ihnen sehr verpflichtet; besten Dank.* He obliged me with (by lending me) some money: *Er hat mir freundlicherweise etwas Geld vorgestreckt (geliehen).* She obliged us with a song: *Sie bereitete uns die Freude, ein Lied zu singen.*

obscure To obscure s.b.'s glory: *Jemandes Ruhm verdunkeln.*

observe To observe the law, the rules, the sabbath, silence. *Das Gesetz befolgen, die Regeln einhalten, den Sabbath respektieren, Stillschweigen wahren, Stille bewahren.* To observe one's fast: *Das Fasten einhalten.* To observe a habit: *Eine Gewohnheit aufrechterhalten.* They observed the enemy's movements: *Sie beobachteten sorgfältig die Bewegungen des Feindes.* I observed that he was right: *Ich bemerkte, dass er Recht hatte.* To observe forms, good manners: *Die äußeren Formen, gutes Benehmen einhalten.* I observed on (upon) his attitude: *Ich machte eine Bemerkung über sein Verhalten.*

obstinate He is an obstinate pig: *Er ist starrköpfig wie ein Esel.*

obstruct To obstruct a passage, a road, the traffic: *Einen Weg, eine Straße versperren, den Verkehr blockieren, behindern.*

obtain To obtain an answer, a position, a good result: *Eine Antwort, eine Stellung, ein gutes Ergebnis erlangen.* I obtained permission to go: *Ich erhielt die Erlaubnis zu gehen.*

obtrude To obtrude one's view upon s.b.: *Seine Ansicht jemandem aufdrängen.* To obtrude on (upon) s.b.: *Sich jemandem aufdrängen.* To obtrude on (upon) s.b.'s notice: *Sich in jemandes Aufmerksamkeit drängen.* To obtrude oneself into a matter: *Sich in eine Angelegenheit einmischen.*

obviate To obviate a danger, a

difficulty: *Einer Gefahr, Schwierigkeit begegnen.*

occasion (1) To occasion discontent, laughter, mirth: *Unzufriedenheit, Gelächter, Frohsinn erzeugen, veranlassen.*

occasion (2) As occasion serves: *Als Veranlassung dient.* On occasion: *Bei Gelegenheit; gelegentlich; wenn nötig.* On the occasion of: *Anlässlich.* For the occasion: *Für diese besondere Gelegenheit; eigens zu diesem Zweck.* A great occasion: *Ein großes Ereignis.* To improve the occasion: *Die Gelegenheit benützen (besonders zu einer Moralpredigt).* To rise to the occasion: *Sich der Lage gewachsen fühlen; eine Situation oder Aufgabe (mit Bravour) meistern.* To give occasion to s.th.: *Etwas veranlassen; den Anstoß geben zu einer Sache; etwas hervorrufen.*

occupy To occupy a farm, a house, an office, a position, a territory, the throne: *Eine Farm (Landgut, Pachtgut), besitzen, ein Haus, ein Amt, eine Stellung, ein Gebiet, den Thron innehaben.* To occupy the chair: *Den Vorsitz führen.* To occupy one's free time: *Seine Freizeit ausfüllen.* To occupy s.b.'s attention: *Jemandes Aufmerksamkeit beanspruchen.* He occupied himself (he was occupied) with (in) solving that problem: *Er beschäftigte sich (war beschäftigt) mit der Lösung dieses Problems.*

occur It occured two days ago: *Es geschah vor zwei Tagen.* It occured to me that I had an engagement: *Es fiel mir ein, dass ich eine Verpflichtung hatte.*

odd, oddly An odd fellow: *Ein sonderbarer Kauz.* Odd thing, oddly enough: *Seltsame Sache, sonderbar genug.* The odd man: *Der Mann mit der entscheidenden Stimme (bei Stimmengleichheit).* Some odd volumes: *Einige Einzelbände.* At odd moments, at odd times: *Dann und wann, zwischendurch.* (The) odd man out, (the) odd one out: *Jemand (etwas), der (das) nicht dazugehört oder dazupasst; jemand (etwas), der (das) übrigbleibt.* An oddball (colloq.): *Ein komischer Kauz; ein Spinner.*

odds The odds are against him (in his favour): *Die Umstände sprechen gegen ihn (zu seinen Gunsten).* The odds are against us: *Wir sind im Nachteil, im Hintertreffen.* To be at odds with s.b.: *Mit jemandem uneins oder zerstritten sein; mit jemandem nicht klarkommen; sich mit jemandem überworfen haben.* To give s.o. odds: *Jemandem etwas vorgeben.* Against long odds: *Gegen große Übermacht; mit wenig Aussicht auf Erfolg.* By long odds: *Bei weitem.* It makes no odds: *Es macht nichts aus; es ist einerlei.* Over the odds (colloq.) *Mehr als erwartet; angemessen; üblich oder erforderlich.* Odds and ends: *Allerlei Kleinkram, Kleinigkeiten; dies und das.* To take the odds: *Eine ungleiche Wette eingehen.* What's the odds? *Was macht es (schon) aus?* The odds are 10 to 1: *Die Chancen stehen 10 zu 1.* The odds are that: *Es ist wahrscheinlich, dass …*

odour To be in bad odour with s.b.: *Einen schlechten Ruf bei jemandem haben.* The odour of sanctity (joc.): *Der Geruch der Heiligkeit (scherzh.).*

of Of one's own accord: *Aus eigenem Willen.* Of all things! *Wer hätte das jemals gedacht.* It is of no consequence (consideration): *Es ist ohne Bedeutung.* Of course (not): *Natürlich, selbstverständlich (nicht).* Of an evening: *Eines Abends.* Of the first order: *Ersten Grades (Ableitung, Gleichung etc.).* Of the first water: *Von hervorragender Qualität, von höchstem Grad, erstklassig.* He is of a good family: *Er stammt aus einer angesehenen Familie.* Of late: *Unlängst.* Of late (recent) years: *In den vergangenen Jahren.* It is of little (no) avail: *Es ist von geringem (keinem) Nutzen.* Of necessity: *Aus (von) Notwendigkeit.* Of old, of yore: *Früher, damals.* Of pith and moment (Shakespeare, Hamlet, III, 1): *Von Gewicht und Bedeutung.* Of set purpose: *Absichtlich.* Of a sudden: *Plötzlich.* He was of two minds: *Er war hin- und hergerissen, zwiespältig, unsicher.* Of two evils choose the less: *Wähle von zwei Übeln das kleinere.*

off To go off: *Schlecht werden; sauer oder ranzig werden; verderben.* To go off s.b. or s.th.: *Jemanden oder etwas nicht mehr mögen; das Interesse an jemandem oder etwas verlieren.* Off and on, on and off (colloq.): *Von Zeit zu Zeit, hin und wieder; ab und zu, ab und an.* She is off her balance: *Sie ist aus dem seelischen Gleichgewicht gebracht.* Off the base: *Im Irrtum.* Off one's own bat: *Allein, ohne Hilfe.* Off the beam: *Im Irrtum; falsch; nicht richtig.* On the off chance (off-chance): *Auf die entfernte Möglichkeit hin; in der (leisen) Hoffnung.* He is off his chump (dot, heat, nut, onion): *Er ist toll, außer sich vor Aufregung; er ist närrisch.* Off the coast: *In Küstennähe.* I'm off colour: *Ich bin nicht ganz gesund, niedergeschlagen, blass.* Off the cuff: *Unvorbereitet, aus dem Stegreif.* An off day: *Ein Pechtag; ein schlechter Tag.* Off discount: *Abzüglich Skonto.* I'm off duty: *Ich habe dienstfrei.* I'm off my food, my feed: *Ich habe keinen Appetit.* He is off form, off his game: *Er ist außer Form.* Off hand: *Auf der Stelle; unvorbereitet; ohne Zaudern; geschickt.* Off one's hands: *Nicht mehr in eigener Verfügungsgewalt, nicht mehr selbst verantwortlich sein.* Off the hinges: *Aus der Angel; aus den Fugen.* He is off the hook: *Er ist aus der Schlinge, nicht länger in Schwierigkeiten.* He is off the hooks: *Er ist tot.* To kill off: *Ausrotten.* I was off my legs: *Ich konnte mich nicht mehr auf den Beinen halten.* Off limits: *Jenseits der Grenze, des Erlaubten.* He is off liquor for life: *Er ist für immer vom Trinken geheilt.* Off the map: *Bedeutungslos; veraltet; in Vergessenheit geraten; sehr weit entfernt.* He is off his oats: *Er* *hat keinen Appetit.* Off the peg: *Von der Stange.* That is off the point: *Darum geht es nicht.* Off the rails: *Entgleist; in Unordnung; gebrauchsunfähig.* Off the record: *Inoffiziell, offiziös, geheim.* Off the reel: *In einem fort; am laufenden Band; wie am Schnürchen.* Off the road: *Außerhalb der (befestigten) Straße.* Off one's rocker: *Verrückt, wahnsinnig.* The off season: *Die Nebensaison.* Off side: *Abseits (Fußball).* Off the stage: *Hinter den Kulissen.* Off the top of one's head: *Unvorbereitet; aus dem Stegreif.* Off the (beaten) track: *Vom Thema, vom Weg abkommen.* He is off in his reckonings: *Er geht fehl mit seinen Berechnungen.* Off and on: *Ab und an; ab und auf; bald gut, bald schlecht; hin und wieder.* I'm off to bed: *Ich gehe jetzt ins Bett.* Off with you! *Fort mit dir!*

offs Offs and ons: *Höhen und Tiefen.*

offend To offend against the Lord: *Sich an Gott versündigen.* To offend (against) the law: *Gegen das Gesetz verstoßen.* He was offended at being neglected: *Er war beleidigt, weil man ihn vernachlässigt hatte.* He was offended at (by) her indifference: *Er war beleidigt über ihre Gleichgültigkeit.* That offends my sense of duty: *Das verletzt mein Pflichtgefühl.* To offend the ear, the eye: *Das Ohr, das Auge beleidigen.*

offer To offer one's apologies: *Seine Entschuldigung, Rechtfertigung vorbringen.* To offer excuses: *Entschuldigungen, Ausflüchte vorbringen.* I offered him my help, my services: *Ich bot ihm meine Hilfe, meine Dienste an.* That offers great advantages: *Das bietet große Vorteile.* He offered me the house for a reasonable price: *Er bot mir das Haus für einen vernünftigen Preis an.* They offered him a teaching post: *Sie boten ihm einen Lehrauftrag an.* To offer one's arm: *Seinen Arm anbieten.* To offer one's hand: *Jemandem die Hand (an)bieten.* To offer (up) prayers to God: *Gott Gebete darbringen.* To offer opposition (resistance) to the enemy: *Dem Feind Widerstand bieten.* To offer one's condolences: *Sein Beileid bezeigen, kondolieren.* To offer battle: *Eine Schlacht liefern.* To offer a bill for discount: *Einen Wechsel diskontieren, eine später fällige Schuldforderung unter Abzug von Zinsen zum Verkauf anbieten.* To offer s.b. a bait: *Jemandem einen Köder anbieten.* To offer one's opinions: *Seine Ansicht (en) darlegen.* To offer a subject: *Einen Gegenstand darbieten.* He offered to marry her: *Er hielt um ihre Hand an.* He offered to box her ears: *Er schickte sich an, sie zu ohrfeigen.* He offered himself for that undertaking: *Er bot sich selbst für dieses Unternehmen an.*

officiate To officiate as host, as best man: *Als Gastgeber, Brautführer fungieren.* She officiated as his private secretary: *Sie diente ihm als Privatsekretärin.* To officiate at s.b.'s wedding: *An ei-*

ner (kirchlichen) Trauung das Amt des Priesters versehen.

offset I offset my ideas against my friends': *Ich setze meine Ideen denen meiner Freunde entgegen.* That offsets my loss: *Das gleicht meinen Verlust aus.*

oil To oil the gears: *Das Räderwerk, Getriebe ölen, schmieren.* To oil s.b.'s hand (fist, palm): *Jemanden schmieren.* She is no oil painting: *Sie ist keine Schönheit.* To pour oil on troubled waters: *Öl auf die Wogen gießen; die Wogen glätten; die Gemüter beruhigen.* To strike oil (colloq.): *Glück oder Erfolg haben.* To oil one's tongue: *Schmeicheln.* To oil the wheels: *Die Räder schmieren; durch Gefälligkeit, Begünstigung, Bestechung die Dinge reibungslos am Laufen halten (erleichtern oder beschleunigen).*

old He is (as) old as the hills, as Methuselah: *Er ist uralt; er ist so alt wie Methusalem.* An old boy (girl): *Ein ehemaliger Schüler (ehemalige Schülerin); ein Ehemaliger (eine Ehemalige).* The old boy network: *Beziehungen (von der Schule her); die alten Herren.* The old country: *Das Mutterland; die alte Heimat.* The old guard (fig.): *Die alte Garde.* The old one: *Der Teufel.* The old lady of threadneedle street: *Die Bank von England.* The old man of the sea: *Einer, von dem man sich nicht befreien, den man nicht abschütteln kann. (In den Erzählungen aus tausendundeiner Nacht von Sindbad.)* Old wives' fables: *Altweibergeschichten.* He is an old bird, he is old in cunning: *Er ist ein alter Fuchs, eine vorsichtige und umsichtige Person.* An old bird is not caught with chaff: *Ein misstrauischer, vorsichtiger Mensch ist nicht leicht zu fangen.* An old hand (colloq.): *Ein alter Hase; sehr erfahren.* He is an old hand at that kind of business: *In derartigen Geschäften ist er sehr erfahren.* It's an old hat: *Das ist ein alter Hut.* Old head on young shoulders: *Ein kluger Jüngling.* Old hens make good broth: *Alte Hühner geben gute Brühe.* An old maid (old, pej.): *Eine alte Jungfer.* An old master: *Ein alter Meister (Maler).* An old timer (colloq.): *Eine altmodische Person oder Sache; ein Altgedienter, ein Veteran.*

olden The olden, golden times are all forgot: *Die guten alten Zeiten sind ganz vergessen, lang vorüber.*

omit To omit a fact, a sentence, a word: *Eine Tatsache, einen Satz, ein Wort übergehen.* To omit doing (to do) s.th.: *Unterlassen, etwas zu tun.*

on On account: *Auf Abschlag, a conto.* On one's own account: *Auf eigene Rechnung.* On that account: *Deshalb.* On the air: *Auf Sendung (Radio, Fernsehen).* He was on the alert: *Er war auf der Hut.* On all fours: *Auf allen Vieren; auf Händen und Knien; genau entsprechend, analog.* On application: *Auf Antrag, Nachfrage.* On approval: *Zur Probe, zum Ausprobieren (eine Ware erhalten, mit der Möglichkeit, sie bei Missfallen zurückzugeben).* On my arrival:

Bei meiner Ankunft. On the (an) average: *Im Durchschnitt.* On the beam: *Auf der richtigen Bahn sein; genau richtig; erfolgreich.* On one's beam-ends: *Beinahe am Ende seiner Kräfte sein.* On behalf of: *Im Namen, im Interesse von; stellvertretend für.* On the block: *Zur Versteigerung.* On the books: *Eingeschrieben.* On both sides: *Nach beiden Seiten, auf beiden Seiten.* He is on the brink of the grave, of ruin: *Er steht am Rand des Grabes, des Ruins.* On business: *Geschäftlich.* On the button: *Genau.* On call: *Auf Abruf bereit.* It is on the cards: *Es ist möglich.* He was on the carpet for being late: *Er wurde zurechtgestutzt, zurechtgewiesen, weil er zu spät kam.* He is on the case: *Er ist am Fall.* On the chain: *An der Kette.* On the chance of: *Im Fall, dass …* On the cheap: *Billig, günstig.* On closer view: *Näher betrachtet.* On condition that: *Unter der Voraussetzung, unter der Bedingung, dass …* On consignment: *In Hinterlegung.* On the contrary: *Im Gegenteil.* On credit: *Auf Kredit.* He is on the crest of the wave: *Er ist auf dem Kamm der Welle, er schwimmt oben.* On the crook: *Auf krummen Wegen.* He is on the defensive: *Er ist in Verteidigungsstellung.* On the down grade: *Im Abstieg begriffen.* He is on duty: *Er ist im Dienst.* He is on edge: *Er ist aufgeregt, reizbar.* On an empty stomach: *Auf leeren Magen.* On end: *In Folge.* They were on equal footing: *Sie standen auf gleichem Fuß.* On equal terms: *Zu gleichen Bedingungen.* On examination: *Während einer Prüfung.* On the face of it: *Angesichts davon.* On one's feet: *Auf den Beinen.* On fire: *In Flammen.* On float: *An der Oberfläche schwimmend.* On the fly: *Im Flug; unterwegs; arbeitslos.* On foot: *Zu Fuß.* He is on a friendly footing with his neighbours: *Er steht mit den Nachbarn auf freundschaftlichem Fuß.* On a full stomach: *Auf vollen Magen.* He is on his game: *Er ist in guter Verfassung.* On good authority: *Nach zuverlässiger Quelle.* On the ground: *Auf der Stelle; am rechten Platz; handlungsfähig; realistisch.* On guard! *Aufgepasst!* On hand: *Zur Hand.* On one's hands: *Einem als Verantwortung bleiben; auf jemandes Schultern.* On one's hands and knees: *Auf allen Vieren.* On heat: *In Hitze (gewöhnlich bei Tieren).* On high: *Himmelwärts, (nach) oben.* He is on the high horse: *Er sitzt auf einem hohen Ross.* He is on the high ropes: *Er ist hochgestimmt; hochmütig, anmaßend.* On the high seas: *Auf hoher See.* On one's own hook: *Auf eigene Rechnung, Verantwortung.* He is on the hop: *Er ist in ständiger Bewegung.* On horseback: *Zu Pferd.* On the house: *Auf Kosten des Hauses.* On the inside: *Im Inneren.* On the instant: *Sofort.* On the jar: *Halboffen (Tür etc.).* He is on the job: *Er ist bei der Sache.* He is on the jump: *Er ist auf dem Sprung.* On one's knees: *Auf den Knien (bitten, flehen etc.)* It is on the knees of the Gods: *Das ist unbeeinflussbar; es liegt im Willen der Götter; außerhalb des menschlichen Vermögens.* On a large scale: *In großem Maßstab.* He is on leave: *Er ist beurlaubt.* On the left (hand): *Zur Linken.* He is on his (hind) legs: *Er steht auf seinen (Hinter)beinen; er hat sich erhoben (um zu reden).* On a level with: *Auf gleicher Höhe, gleichwertig mit.* On the level: *Vertrauenswürdig, ehrlich.* On the look-out: *Auf der Hut, wachsam, bereit.* On the map: *Womit gerechnet werden muss; wichtig; hervorstechend.* On the march: *Auf dem Weg; in ständigem Fortschritt begriffen.* On the mark: *In den Startlöchern.* He was on a merry pin: *Er war gut aufgelegt.* He is on his mettle: *Er ist angetrieben, sein Bestes zu leisten.* He is on the mike all day long: *Er treibt sich den ganzen Tag müßig herum.* On the minute: *Auf die Minute, pünktlich.* On the nail: *Ohne Verzögerung, sofort (besonders bei Geldangelegenheiten).* He is on the night-shift: *Er ist auf Nachtschicht.* On no account (consideration): *Auf keinen Fall, gar nicht.* On the nod: *Auf Kredit; mit einer rein formalen Zustimmung, die nicht auf genauerer Untersuchung beruht.* On the nose: *Genau; störend (Australien).* On oath: *Unter Eid stehend; eidlich gebunden sein.* On occasion: *Bei Gelegenheit, gelegentlich, von Mal zu Mal.* On the occasion of: *Aus Anlass von, anlässlich.* On (the) one hand … on the other …: *Einerseits … andererseits.* On the open sea: *Auf offenem Meer.* On the other hand: *Andererseits, aber, doch.* On pain (penalty) of death: *Unter Todesstrafe.* On paper: *Auf dem Papier.* On my part: *Was mich betrifft; meinerseits.* I was on pins and needles: *Ich saß auf glühenden Kohlen.* He is on the point of dying: *Er ist kurz davor zu sterben.* On the pretext of, that: *Unter der Voraussetzung von, dass.* On principle: *Aus Prinzip.* On purpose: *Aus Absicht, absichtlich.* On the quiet: *Im Stillen; unaufdringlich; verborgen; heimlich.* He was on the qui vive: *Er war auf dem Quivive, auf der Hut.* On record: *Registriert; aufgenommen.* He is on the right foot: *Er ist in einer günstigen Ausgangsstellung.* On the right (hand): *Zur Rechten, rechterhand, rechts.* On the rise: *Im Aufgang, Aufstieg.* On the road: *Unterwegs.* He was on the rocks: *Er war abgebrannt; er war zusammengebrochen, pleite.* On the run: *Auf der Flucht; herumhetzen.* On sale: *Zu verkaufen.* On the score of: *Aufgrund von.* On this score: *Soweit es diese Sache betrifft.* On second thoughts: *Nach reiflicher Überlegung.* She is on the shelf: *Sie ist ein Mauerblümchen.* He is on the shelf: *Er ist auf dem Abstellgleis.* On the shore: *An der Küste, an Land.* He is on short time: *Er macht Kurzarbeit, arbeitet mit reduzierter Arbeitszeit.* On show: *Auf dem Spielplan.* On the side:

Nebenbei. On this side of the grave: *Im Leben.* On sight: *Beim ersten Blick, Anblick.* On the skew: *Schief, scheel.* On the (a) slant: *Schief.* On the sly: *Zurückgezogen, verborgen, fern der Öffentlichkeit.* On the spot: *Auf dem Posten; auf der Stelle (genötigt zu handeln); hellwach, gut in Form; der Situation gewachsen; im Brennpunkt des Geschehens, der Ereignisse).* On the spur of the moment: *Einem plötzlichen Impuls folgend.* On the stocks: *In Konstruktion oder Vorbereitung; in Arbeit.* On the straight: *In Laufrichtung.* On the strength of: *Bestärkt durch, gestützt, sich verlassend auf.* On the strength: *Auf der Musterrolle (milit. etc.).* They are on strike: *Sie streiken.* On the stroke: *Pünktlich.* On the stump: *Agitieren; politische Reden halten.* On the subject of: *Betreffend.* On a sudden: *Plötzlich.* On tap: *Angezapft; jederzeit benutzbar; frei verfügbar; vom Fass.* On the tick: *Absolut pünktlich.* On time: *Pünktlich.* On the tip of one's tongue: *Auf der Zunge liegen (etwas, was einem gleich einfällt, oder auch nicht).* On tiptoe: *Auf den Zehenspitzen.* To be on to s.b. (colloq.): *Jemandem auf die Schliche kommen.* On top of that: *Zusätzlich, obendrein.* They are on his tracks: *Sie sind ihm auf der Spur.* On trial: *Im Test; vor Gericht.* On the trot: *Ständig beschäftigt; ununterbrochen; im Trott.* On the turn: *Am Wendepunkt.* On the understanding that …: *Vorausgesetzt, dass …* On the upgrade: *Im Aufstieg begriffen.* On the upshot: *Zusammenfassend, abschließend.* He is on the verge of ruin: *Er ist am Rande des Verfalls, Untergangs, Ruins.* On the wane: *Abnehmend (Mond), schwindend, verfallend.* He is on the watch: *Er ist auf dem Posten, der Hut, ist wachsam.* On the water: *In einem Boot oder Schiff.* He is on his way: *Er ist unterwegs (hierher); er ist auf Reisen; er ist auf seinem Weg, macht Fortschritte.* On what score? *Weshalb?* On the whole: *Insgesamt.* On the wing: *Fliegend.* On the word: *Gesagt, getan; sofort.* He is on the wrong foot: *Er ist in einer unvorteilhaften Position, einer schwierigen Lage.* He is on the wrong side of the blanket: *Er ist ein unehelicher Sohn.* He is on the wrong side of the road: *Er fährt auf der falschen Straßenseite.* He is on the wrong side of forty: *Er hat die Vierzig überschritten.* On the wrong side of the tracks: *In den Armutsvierteln der Stadt.* He is on in years: *Er ist in fortgeschrittenem Alter.* On and off (USA): *Mit Unterbrechungen, intermittierend.* On and on: *Immer weiter, ohne Rast, ohne Unterbrechung.* On with your coat! *Los, zieh deinen Mantel an!*

once Once and away: *Ein für allemal; gelegentlich.* Once a day, a week: *Einmal am Tag, wöchentlich.* To give s.b. or s.th. the once-over (colloq.): *Sich jemanden oder etwas einmal kurz ansehen, etwas überfliegen.* Once or twice: *Nicht oft, einmal oder* *zweimal.* Once too often: *Einmal zu oft.* This once: *Dies eine Mal.* Once again (more): *Noch einmal.* Once and again (in a way, in a while): *Gelegentlich.* Once in a blue moon: *Nur alle Jubeljahre, sehr selten.* Once and for all, for always. *Ein für allemal; für immer.* Once upon a time there was a king: *Es war einmal ein König.* Once bit twice shy: *Ein gebranntes Kind scheut das Feuer.* Once and a while: *Ab und zu; hin und wieder.*

one One after the other (another): *Einer nach dem anderen.* To be at one with s.b.: *Mit jemandem übereinstimmen; einer Meinung (im Einklang) mit jemandem sein.* One of the two: *Einer von beiden.* One and all: *Alle ohne Unterschied; alle zusammen.* He is a one! *Das ist einer!* They are one with another: *Einer ist soviel wert wie der andere.* One fine day: *Eines schönen Tages.* One Mr.White: *Ein gewisser Herr White.* He is one too many: *Er ist (einer) zuviel.* He is one too many for you: *Er ist dir überlegen.* It's the one way to do it: *Es ist die einzige Weise, es auszuführen.* One way: *Einbahnstraße.* One by one: *Eins nach dem anderen; Stück für Stück; einzeln.* One for the road: *Ein letztes Glas, bevor man weggeht.* One person in a hundred: *Einer von hundert Menschen.* One of those things: *Eines von jenen unvermeidlichen, schicksalsgegebenen Dingen.* One over: *Es bleibt eins (einer, eine) übrig.* One cannot draw blood from a stone, make a silk purse out of a sow's ear: *Man kann die Flüsse nicht bergauf fließen lassen, einen Stein nicht bluten machen.* One cannot make an omelette without breaking eggs: *Wo gehobelt wird, fallen Späne.* One hand washes the other, one good turn deserves another: *Eine Hand wäscht die andere.* A one-horse race: *Ein einseitiger Wettbewerb; eine Wahl mit von vornherein feststehendem Ausgang.* I for one: *Ich für mein Teil; ich zum Beispiel; ich meinerseits …* One man's meat is another man's poison: *Was dem einen nützt, ist dem anderen schädlich.* A one-man show (fig.): *Eine Situation, in der jemand alle Aufmerksamkeit auf sich zieht.* A one-night stand: *Eine Eintagsfliege; eine einmalige Angelegenheit; ein One-night-stand (sexuell).* A one-off (colloq.): *Einmalig, eine einmalige Sache; eine Ausnahme; ein Ausrutscher.* One may as well be hanged for a sheep as for a lamb: *Es bleibt sich gleich, ob man eines Schafs oder eines Lamms wegen gehängt wird.* One-sided: *Einseitig.* One reaps as one has sown: *Man erntet, was man gesät hat.* One shouldn't cut off one's nose to spite one's face: *Man sollte sich nicht selbst Schaden zufügen, indem man anderen (rachsüchtig) etwas nachträgt.* One swallow does not make a summer: *Eine Schwalbe macht noch keinen Sommer.* One thing leads to another: *Eins führt zum anderen.* To have a one-track mind: *Immer dasselbe (nur eins, das eine) im Sinn oder im Kopf haben.* One trouble drives out another: *Ein Unglück kommt selten allein, ein Verdruss zieht den nächsten nach sich.* To be one up on s.b. (colloq.): *Jemandem eine Nasenlänge voraus sein; jemandem etwas voraushaben.*

oner He is a oner at billiards: *Er ist im Billard ein As.*

only Only that: *Außer dass, außer wenn.* Only too: *Nur zu … (sehr).* I'm only too glad to help him: *Ich bin nur zu froh, ihm zu helfen.* It's only too true: *Es ist nur zu wahr.* He isn't the only pebble on the beach: *Er ist nicht der einzige Kiesel am Strand; er hat Konkurrenten, mit denen er rechnen muss.* Only in time: *Nur zur rechten Zeit.*

ooze To ooze sweat: *Schwitzen.* To ooze (out) moisture, to ooze with moisture: *Feuchtigkeit ausschwitzen (Mauer etc.).* To ooze away: *Verträufeln, hinwegschwinden, wegfließen.* To ooze out: *Durchsickern, ablaufen, abfließen.*

open (1) In the open air: *Im Freien; unter freiem Himmel.* With open arms: *Mit offenen Armen.* To bring s.th. out in the open: *Etwas ans Licht (der Öffentlichkeit) bringen; mit etwas nicht länger hinterm Berg halten.* To come (out) into the open: *Farbe bekennen; sich erklären.* To keep an open mind: *Unvoreingenommen sein; einer Sache aufgeschlossen gegenüberstehen; alles offen lassen.* I was open with him: *Ich sprach unverblümt zu ihm.* To lay oneself open to s.th.: *Sich einer Sache (Vorwürfen, Kritik, Angriffen etc.) aussetzen.* We are open to your offer: *Wir werden Ihr Angebot prüfen.* An open secret: *Ein offenes Geheimnis.* Open to attack, to criticism: *Angriffen ausgesetzt sein, der Kritik ausgesetzt (unterworfen) sein.*

open (2) To open an account with a bank: *Ein Konto bei einer Bank eröffnen.* To open a circuit: *Einen Kreis eröffnen.* To open the door to s.b.: *Jemandem Handlungsspielraum verschaffen; jemanden willkommen heißen.* To open s.b.'s eyes to s.th.: *Jemandes Augen für etwas öffnen.* He opened his heart (mind) to his friends: *Er vertraute sich seinen Freunden an; er schüttete sein Herz bei seinen Freunden aus.* They opened fire on the enemy: *Sie eröffneten das Feuer auf den Feind.* To open old scores again: *Alte Rechnungen präsentieren.* To open the ball: *Den Ball eröffnen; mit Aktionen beginnen.* To open a country to trade: *Ein Land für den Handel öffnen.* To open one's designs, one's feelings. *Seine Pläne, seine Gefühle offenbaren.* To open parliament: *Das Parlament zeremoniell eröffnen.* To open (fresh) ground: *Neuen Grund, einen neuen Arbeitsbereich erschließen.* He opened with a few remarks: *Er begann mit einigen Bemerkungen.* To open a case, pleadings: *Die kurze Darstellung eines Falles, seiner juristischen Begründung geben.* To open a trench: *Einen Laufgra-*

ben anlegen. Not to open one's lips: *Schweigen.* To open (out) before one's eyes: *Sich vor den Augen öffnen (Landschaft etc.).* To open out a newspaper: *Eine Zeitung aufschlagen.* To open out: *Entfalten, entwickeln, ausdehnen; beschleunigen; sich öffnen, von Schüchternheit befreien.* To open up a wound: *Eine Wunde entblößen.* To open up a way through the brushwood: *Einen Weg durch das Unterholz, Gestrüpp schlagen.*

operate To operate a change: *Einen Wechsel, eine Änderung erzeugen.* To operate a machine: *Eine Maschine bedienen.* To operate a business, a railway: *Ein Geschäft, eine Eisenbahn betreiben.* To operate a plan, an undertaking: *Einen Plan, ein Unternehmen (eine Unternehmung) verfolgen, betreiben.* To operate on a large scale: *Im großen Maßstab vorgehen.* It operated to my disadvantage: *Es verlief zu meinem Nachteil.* To operate well, properly: *Gut funktionieren, reibungslos laufen.* To operate on a patient: *Einen Patienten operieren.* He was operated on for appendicitis: *Er wurde wegen einer Blinddarmentzündung operiert.* The operative word(s) (fig.): *Die maßgebliche(n), ausschlaggebende(n) oder entscheidende(n) Formulierung(en).*

opinions Their opinions differ (jar, vary): *Ihre Ansichten gehen auseinander.*

opportunity Opportunity makes the thief: *Gelegenheit macht Diebe.*

oppose To oppose a bill, a scheme (with all one's strength): *Sich einem Gesetzesentwurf, einem Plan (mit all seiner Kraft) widersetzen.* He opposed his will against mine: *Er widersetzte sich meinem Willen.*

opposite S.b.'s opposite number (colloq.): *Jemandes (Amts-)Kollege, jemandes Gegenstück; jemandes Pendant.*

oppress To oppress the people, the weak: *Das Volk, die Schwachen unterdrücken.* To oppress s.b. with taxes: *Jemanden mit Steuern erdrücken.* I was oppressed with the heat: *Ich war von der Hitze niedergedrückt.*

or Or so: *Oder so, etwa.* Or something: *Oder etwas der gleichen Art.*

ordain To ordain s.b. priest: *Jemanden zum Priester ordinieren.* It was ordained that all men should die: *Es ist bestimmt, dass alle Menschen sterben müssen.*

order **(1)** They ordered the goods from a foreign firm: *Sie bestellten die Waren von einer ausländischen Firma.* He ordered fish for dinner: *Er bestellte zum Abendessen Fisch.* Order arms! *Gewehr bei Fuß!* They ordered him home: *Sie schickten ihn (zurück) nach Hause.* To order s.b. about: *Jemanden herumkommandieren.* They ordered him away: *Sie schickten ihn weg.* He ordered the remnants of the banquet away (off): *Er ließ die Reste des Banketts abtragen.* They ordered him back immediately: *Sie befahlen ihm, sofort umzukehren.* He ordered the present back: *Er* *schickte das Geschenk zurück.* To order s.b. down: *Jemandem befehlen, herabzusteigen.* To order s.b. in, out, up: *Jemandem befehlen einzutreten, herauszukommen, heraufzukommen.* To order the car round: *Den Wagen in Schuss bringen.* To order s.b. to a warmer climate: *Jemandem ein wärmeres Klima verordnen.*

order (2) To be in (to take) (holy) orders: *Geistlicher sein; dem geistlichen Stand angehören.* To be in (good) running/working order: *(Maschine, Auto etc.) in gutem Zustand sein, gut funktionieren.* To be in short order: *Auf der Stelle, in Windeseile, im Handumdrehen.* To be the order of the day: *Auf dem Programm oder auf der Tagesordnung stehen; an der Tagesordnung sein (fig.).* To be out of order: *Nicht funktionieren, kaputt sein; gegen die Verfahrensordnung verstoßen, unzulässig sein (jur.); aus dem Rahmen fallen (fig.).*

originate To originate a quarrel, a riot: *Einen Streit, einen Tumult verursachen.* To originate a political movement: *Eine politische Bewegung verursachen.* That originated with him, from (in) his offensive words: *Das ist ihm, seinen heftigen Worten zuzuschreiben.*

other Every other ...: *Jede (jeder, jedes) zweite ...* The other way about (round): *Anders herum, entgegengesetzt.* Somehow/somewhere or other: *(Einfach) irgendwie/irgendwo.* Other than: *Anders als, außer.*

ought You ought to pay more attention: *Du solltest aufmerksamer sein.* I ought to have told you: *Ich sollte es dir (eigentlich) gesagt haben.*

out Out and about (again): *(Wieder) auf den Beinen.* Out-and-out: *Durch und Durch; waschecht; eingefleischt.* To be (far) out (colloq.): *(Völlig) danebenliegen; sich (gewaltig) irren.* He is out: *Er ist weg.* To be out for s.th. (colloq.): *Auf etwas aus sein; es auf etwas abgesehen haben.* Out like a light: *In tiefem Schlaf (oder sonst ohne Bewusstsein).* He is out on bail: *Er ist auf Bürgschaft, Kaution freigelassen.* Out on a limb: *Isoliert; gestrandet; in einer ungünsigen Lage.* He is out to dinner: *Er isst auswärts zu Abend.* Out of blast: *Erloschen (Hochofen); außer Betrieb.* Out of blood: *Blutarm, energielos.* Out of the blue: *Aus heiterem Himmel.* Out of bounds: *Jenseits des Erlaubten; über die Stränge.* I'm out of breath: *Ich bin außer Atem.* He is out of collar: *Er hat den Kopf aus dem Halsband (Gängelband); er unterliegt keinen Pflichten, ist nicht in Anspruch genommen.* Out of the common: *Außergewöhnlich.* Out of consideration for: *Ohne Rücksicht auf ...* Out of control: *Außer Kontrolle.* Out of the corner of one's eye: *Aus den Augenwinkeln.* Out of countenance: *Aus der Fassung.* Out of curiosity: *Aus Neugier.* Out of danger: *Außer Gefahr.* Out of date: *Veraltet.* Out of despair: *Aus Hoffnungslosigkeit, Verzweiflung.* Out of doors: *Außerhalb des*

Hauses, im Freien. Out of doubt: *Außer Zweifel.* He is out of his element: *Er ist nicht in seinem Element.* Out of fashion: *Aus der Mode.* He is out of favour with the manager: *Er ist bei dem Direktor in Ungnade gefallen.* Out of fear (fright): *Aus Furcht.* He is out of form: *Er ist außer Form.* Out of frame: *Aus dem Rahmen; in Unordnung.* Out of friendship: *Aus Freundschaft.* Out of the fullness of one's heart: *Aus vollem Herzen.* Out of gear: *In unterbrochener oder defekter Verbindung; in Unordnung; gestört.* Out of habit: *Aus Gewohnheit.* Out of hand: *Ohne Verzögerung; außer Kontrolle.* Out of harm's way: *Außer Gefahr; in Sicherheit.* He is out of his head: *Er ist nicht bei Sinnen; er ist verrückt.* Out of one's head: *Aus eigener Erfindung; aus dem Gedächtnis verloren; nicht bei Sinnen.* Out of hearing: *Außer Hörweite.* He is out of health: *Er ist nicht gesund.* Out of heart: *Unfruchtbar (Land).* He is out of heart: *Er ist in schlechter Verfassung.* He is out of humour: *Er ist schlechter Stimmung.* Out of it: *Außen vor.* You are out of it: *Du bist (Sie sind, ihr seid) schlecht informiert.* It's out of my ken: *Das geht über meinen Horizont.* Out of line: *Nicht übereinstimmend.* It's out of my line: *Das geht mich nichts an, interessiert mich nicht; ich kenne mich darin nicht aus.* Out of love: *Aus Liebe.* He is out of love with his wife: *Er liebt seine Frau nicht mehr.* He is out of luck: *Er hat kein Glück, ist erfolglos.* Out of mere freak: *Aus reinem Übermut.* He is out of his mind: *Er ist verrückt, toll, wahnsinnig, närrisch.* I'm out of money: *Ich bin pleite.* Out of number: *Ohne Zahl.* Out of order: *Aus der Ordnung gebracht; gestört; nicht mehr funktionsfähig; außer Betrieb.* Out of the ordinary: *Ungebräuchlich, unüblich.* I'm out of patience: *Ich habe die Geduld verloren.* Out of pity: *Aus Mitleid.* I'm out of pocket by that transaction: *Dieses Geschäft kostet mich den letzten Pfennig.* I'm out of practice: *Ich habe keine Übung.* Out of print: *Vergriffen.* Out of a pure case: *Aus reinem Zufall.* Out of question: *Außer Frage, ohne Zweifel.* It's out of the question: *Es steht nicht zur Frage, ist unmöglich.* Out of range, out of reach: *Außer Reichweite.* It's out of my reach: *Das geht über meine Kapazität; es ist für mich unerreichbar.* Out of revenge: *Aus Rache.* He is out of the running: *Er ist aus dem Rennen, hat keine Chance mehr zum Sieg.* Out of season: *Außerhalb der Saison.* Out of sight: *Außer Sicht; unerschwinglich; unerreichbar.* Out of my sight! *Aus meinen Augen! (Rhetorische Phrase)* Out of sight, out of mind: *Aus den Augen, aus dem Sinn.* He is out of spirits: *Er ist niedergeschlagen.* Out of spite: *Ohne bösen Willen.* Out of square: *Im Zwist.* Out of stock: *Nicht auf Lager.* Out of the straight: *Vom geraden Weg abgekommen.* Out of temper: *Verärgert.* Out of time:

Nicht die richtige Zeit; außerhalb der Saison; zu spät. He is out of training: *Er ist aus der Übung. aus dem Training.* Out of turn: *Nicht an der Reihe; zu einem unangemessenen Augenblick.* Out of tune: *In Missklang (mit der Umgebung, Gesellschaft).* Out of use: *Außer Gebrauch, veraltet.* Out of my way: *Nicht auf meinem Weg gelegen; entspricht nicht meiner Absicht.* He is out of the window: *Mit ihm wird nicht länger gerechnet.* He is out of his wits: *Er ist verwirrt, außer sich, ganz aus dem Häuschen.* He is out of the wood(s): *Er ist aus der Gefahr, den Schwierigkeiten entronnen.* He is out of work: *Er ist arbeitslos, unbeschäftigt.* Out of this world: *Unglaublich gut, unbeschreiblich.* Out at sea: *Auf hoher See.* He is out for kudos: *Er ist auf Ruhm aus.* He is out for my blood: *Er ist entschlossen, mich zu vernichten.* He is out of trouble: *Er ist auf Streit aus.* She is out and about: *Sie ist wieder auf den Beinen und kann auch wieder ausgehen (nach einer Krankheit).* Out and away: *Bei weitem, in großem Maß.* Out and out: *Vollständig, vortrefflich.* Out there: *Dort draußen.* To be out to do s.th. (colloq.): *(Fest) entschlossen sein, etwas zu tun; etwas (unbedingt) wollen; auf etwas aus sein.* Out with it! (colloq.): *Heraus damit! Heraus mit der Sprache!*

outdo To outdo oneself: *Sich selbst übertreffen.*

outgrow To outgrow one's clothes: *Aus seinen Kleidern herauswachsen.* To outgrow a bad habit: *Aus einer schlechten Gewohnheit herauswachsen.* He has outgrown his mother: *Er ist seiner Mutter über den Kopf gewachsen.*

out-herod To out-herod Herod: *Den Herodes in seiner Art übertreffen, d.h. in Verschwendung oder Bosheit jedes Maß überschreiten.*

outlive To outlive one's fame: *Seinen Ruhm überleben.*

outrun To outrun one's competitors: *Seine Konkurrenten, Gegner übertreffen.* To outrun one's constable: *Schulden machen.*

outside That's outside the pale: *Das ist außerhalb der Grenze, des Erlaubten.* Outside in: *Verdreht, (das Äußere nach innen) gewendet.*

outstay To outstay one's welcome: *Zu oft oder zu lange (als Besucher etc.) verweilen.*

over He is over age: *Er ist alt genug; er ist zu alt.* Over the air: *Über den Äther (Radio).* He is over a barrel: *Er ist ohne Beistand; er ist hilflos.* Over the border: *Jenseits der Grenze.* Over a bottle: *Während des Trinkens.* Over Christmas: *Über Weihnachten.* He is over forty: *Er hat die vierzig überschritten.* It's over my head: *Es schwebt über mir (als Gefahr); das ist zu schwierig für mich.* He is over head and ears in debt: *Er ist hoch, bis über beide Ohren verschuldet.* He is over the moon: *Er ist ekstatisch begeistert, enthusiasmiert.* Over a short period of time: *Über einen kurzen*

Zeitraum. Over one's shoulder: *Über seine Schulter.* Over the way: *Gegenüber.* Over and above: *Zusätzlich, darüber hinaus, außerdem, obendrein; jenseits, ganz zu schweigen von ...* Over here: *Hier; hierher.* Over and over (again): *Einmal über das andere Mal, sehr oft, immer wieder.* It's over with him: *Mit ihm ist es vorbei, er ist geliefert.*

overact To overact a part: *Eine Rolle exzessiv, mit übertriebenem Pathos spielen.*

overburden (overcharge) To overburden (to overcharge) s.b. with work: *Jemanden mit Arbeit überbürden (überladen).* He has overcharged me for these shoes: *Er hat mich mit diesen Schuhen übervorteilt.*

overcome To overcome a danger, a difficulty, an obstacle: *Eine Gefahr, eine Schwierigkeit, ein Hindernis meistern.* To overcome (to overpower, to overwhelm) one's enemies: *Seine Feinde besiegen, überwältigen.* He was overcome (overpowered, overtaken, overwhelmed) by fear, by grief: *Er war von Furcht, Gram überwältigt.* To overcome a blow, a fright: *Einen Schicksalsschlag, einen Schreck überwinden.* He was overcome (overpowered, overtaken) with liquor: *Er war betrunken.*

overdo To overdo a part: *Eine Rolle übertrieben spielen (sprechen).* You've overdone the steak: *Du hast das Steak zu lange gebraten.* To overdo oneself: *Sich übernehmen, sich übermäßig anstrengen.* He has overdone it: *Er ist damit zu weit gegangen. Er hat zuviel des Guten getan.*

overdraw To overdraw a character: *Einen Charakter überzeichnen, (zu) grell darstellen.* To overdraw one's account: *Sein Konto überziehen.*

overflow To overflow (the brim, the banks): *Über den Rand (Ufer) fließen, über die Ufer treten.* To overflow with joy, with love: *Vor Freude, Liebe überfließen.* They overflowed my house: *Sie (die Gäste etc.) überschwemmten mein Haus.*

overgrow To overgrow one's clothes: *Aus seinen Kleidern herauswachsen.* To overgrow oneself: *Zu schnell wachsen, heranwachsen.* Overgrown with weeds: *Von Unkraut überwuchert.* I've overgrown these prejudices: *Ich habe diese Vorurteile überwunden.*

overhaul To overhaul an engine: *Eine Maschine überholen.*

overlook To overlook the courtyard: *Den Hof überblicken.* I overlooked the whole valley: *Ich überschaute das ganze Tal.* To overlook a detail, a mistake: *Eine Einzelheit, einen Fehler übersehen.* To overlook a fault, an insult: *Ein Vergehen, eine Beleidigung übersehen (ignorieren).*

overreach To overreach oneself: *Sich selbst schädigen, indem man zu weit geht.*

override To override a territory: *Über ein Gebiet herfahren, herfallen (und leichtes Spiel dort haben).* To override a horse: *Ein Pferd (durch übermäßiges Rei-*

ten) erschöpfen. To override s.b.'s rights: *Jemandes Rechte mit Füßen treten.* To override one's commission: *Seine Befugnisse missbrauchen.*

overrule To overrule a decision, an order: *Eine Entscheidung, einen Befehl beiseiteschieben, für nichtig erklären.* To overrule a plea: *Eine Eingabe, Entschuldigung, einen Einwand zurückweisen.*

overrun To overrun a territory: *Ein (feindliches) Gebiet überrennen.* To overrun a newspaper: *Eine Zeitung überfliegen, oberflächlich lesen.* Overrun with mice, with weeds: *Von Mäusen überschwärmt, verseucht, von Unkraut überwachsen.* To overrun one's competitors: *Seine Kontrahenten, Konkurrenten übertreffen.* To overrun the constable: *Schulden machen.* To overrun the scent: *Die Spur verlieren.* To overrun the engine: *Einen Motor überdrehen.* To overrun (the banks): *Die Ufer überschwemmen.* To overrun oneself: *Sich selbst übertreffen.*

oversee To oversee the works: *Die Arbeiten beaufsichtigen.*

overset To overset a boat: *Ein Boot kentern.* To overset one's stomach: *Seinen Magen verderben.*

overshoot To overshoot the mark: *Am Ziel vorbeischießen.* To overshoot oneself: *Übertreiben, sich übernehmen.*

oversleep To oversleep the usual time: *Länger schlafen als gewöhnlich.* To oversleep oneself: *Die Zeit verschlafen.*

overstay To overstay one's welcome: *Zu oft (als Gast) kommen, zu lange bleiben.*

overstep To overstep all limits, the line (the mark): *Alle Grenzen, das Maß überschreiten.*

overstrain To overstrain oneself: *Sich verrenken, übermäßig anstrengen.*

overtake To overtake a car: *Ein Auto einholen, überholen.* We were overtaken by a storm: *Wir wurden von einem Sturm überrascht.*

overthrow To overthrow a government: *Eine Regierung stürzen.* To overthrow an order of things, a theory: *Eine bestimmte Ordnung, Anordnung von Gegenständen zerstören, eine Theorie umstoßen.* To overthrow (to overturn) a boat: *Ein Boot kentern.*

overwork To overwork oneself: *Sich überarbeiten.*

overwrite To overwrite oneself: *Zuviel schreiben (und dadurch seinen Ruf, sein Talent ruinieren).*

owe He owes me some money: *Er schuldet mir Geld.* I owe him much, my life: *Ich schulde, verdanke ihm viel, mein Leben.* I owe it to you that I am still alive: *Ich verdanke es Dir, dass ich immer noch am Leben bin.* He owes me obedience, respect: *Er schuldet mir Gehorsam, Respekt.* To owe s.b. a grudge (ill will): *Einen Groll (Widerwillen) gegen jemanden hegen.* He owes for his car: *Er hat sein Auto noch nicht bezahlt.* Owing to: *Bedingt durch; infolge von; wegen.*

own To be (all) on one's own: *(Ganz) alleine sein.* To come into one's own: *In seinem Element sein.* To get one's own back on s.b. (colloq.): *Sich an jemandem rächen, es jemandem heimzahlen; sich revanchieren.* To own a house, a lot of land: *Ein Haus, ein Stück Land besitzen.* To own (to) a fault, a crime: *Einen Fehlgriff, ein Verbrechen gestehen.* He owned the boy for a son, as his heir: *Er erkannte den Jungen als seinen Sohn, seinen Erben an.* I own the force of your arguments: *Ich gestehe die Überzeugungskraft deiner Argumente ein.* He owned to having (that he had) stolen my money: *Er gab zu, mein Geld gestohlen zu haben.* To hold one's own: *Sich behaupten, standhalten.* I own the signature as my own: *Ich erkenne die Unterschrift als die meine an.* I own up (to it): *Ich bekenne es, gebe es zu.*

P

p To mind one's p's and q's (colloq.): *Sich sehr in acht nehmen; aufpassen, dass man nicht aneckt; sich anständig benehmen.*

pace (1) To pace a horse: *Ein Pferd abrichten.* To pace a path: *Einen Weg, Pfad in langsamen, abgemessenen Schirtten entlanggehen.* To pace a rider, a runner: *Schritt machen für einen Jockey, einen Läufer.* To pace out a room: *Einen Raum mit Schritten ausmessen.* He paced up and down the room: *Er schritt im Zimmer auf und ab.*

pace (2) To keep pace with s.b. or s.th.: *Mit jemandem oder etwas Schritt halten oder mitkommen.* To put s.b. or s.th. through his (etc.) paces: *Jemanden oder etwas auf Herz und Nieren prüfen.* To set the pace for …: *Das Tempo an- oder vorgeben; Schrittmacher sein.* To show one's paces: *Zeigen, was man kann; sein Können unter Beweis stellen.* To stay the pace: *Schritt halten, mithalten, durchhalten.*

pack To pack a beast: *Ein Stück Vieh mit einer Last beladen.* To pack the cards: *Den Kartenstoß zusammenfügen.* To pack cards with s.b.: *Mit jemandem ein Spiel abkarten; sich intrigant zusammenschließen.* To pack fish, fruit, meat: *Fisch, Frucht, Fleisch in Steigen etc. (zum Transport, zur Lagerung) stapeln.* To pack hounds: *Eine Hunderotte (zur Jagd) bilden.* To pack a jury: *Ein (zum eigenen Vorteil) parteiisches Schiedsgericht zusammenstellen; bestochene Geschworene sammeln.* We were packed as closed as herrings: *Wir saßen so eng aufeinander wie Sardinen in der Büchse.* To pack clothes into a suitcase, to pack a suitcase with clothes: *Einen Koffer mit Kleidungsstücken packen.* To pack in a bad habit, a fiancé: *Eine Schlechte Gewohnheit ablegen; einem (einer) Verlobten Ade sa-*

gen. To pack off: *Sich eilig davonmachen.* To pack on all sail: *Alle Segel setzen.* To pack s.b. out of the house: *Jemanden hinauswerfen.* Packed out (colloq.): *Gerammelt voll, brechend voll.* To send s.b. packing (colloq.): *Jemanden fortjagen; jemanden hinauswerfen.* To pack up: *Einpacken, verpacken, zusammenhäufen; sich aus einer Auseinandersetzung, vom aktiven Leben zurückziehen; aufhören zu funktionieren, den Geist aufgeben (Maschine).*

pad To pad a cell, a room: *Eine Zelle, ein Zimmer auspolstern (in einer psychiatrischen Klinik z.B.).* To pad out a story with useless details: *Eine Geschichte mit unwichtigen Einzelheiten ausstaffieren.* To pad it, the hoof: *Zu Fuß gehen.*

paddle To paddle one's own canoe: *Sich auf sich selbst verlassen.*

paddy He is paddy last: *Er ist das Schlusslicht.*

pain To be at pains (to take pains) to do s.th.: *Etwas verzweifelt versuchen (sich große Mühe geben), etwas zu tun.* To be on pain of s.th. (joc.): *Unter Androhung von etwas.* He is a pain in the neck: *Er ist eine Plage, er ist eine Nervensäge.*

paint To paint s.th. red, yellow: *Etwas rot, gelb anstreichen.* To paint in (with) oils, in oil-colours: *In Ölfarbe malen.* To paint one's face: *Sich schminken, schönmachen.* To paint from nature: *Nach der Natur malen, malerisch darstellen.* To paint on canvas: *Auf Leinwand malen.* He painted the situation in bright (dark) colours: *Er stellte die Lage in leuchtenden (finsteren, dunklen) Farben dar.* She painted him black: *Sie stellte ihn als einen üblen Charakter dar.* To paint a lily: *Etwas zu verbessern versuchen, was schon zufriedenstellend genug ist, sein sollte.* To paint one's throat: *Seine Kehle befeuchten.* To paint the town red: *Radau machen; alles auf den Kopf stellen.* To paint s.th. out: *Etwas (störendes) übermalen.* To paint s.th. over: *Einen Gegenstand mit Lack, Farbe bedecken, vollständig bemalen.*

pair To pair two persons: *Zwei Menschen zu einem Paar machen.* He paired off the pupils: *Er ordnete die Schüler in Zweierreihen.* To pair off: *Paarweise gehen, anordnen; wenn im Parlament zwei Stimmberechtigte aus unterschiedlichen politischen Lagern beschließen, das gleiche Votum abzugeben.* To pair off with s.b.: *Jemanden heiraten.*

pal To pal up with s.b.: *Sich mit jemandem zusammentun, verbünden.*

pale To be beyond the pale: *Jenseits der Grenzen des Schicklichen oder des Erlaubten sein.*

pall To pall the appetite: *Den Appetit übersättigen, verderben.* To pall with pleasure: *Des Vergnügens überdrüssig sein.* That palled on me: *Das interessiert mich nicht mehr, ich bin es satt.*

palliate To palliate s.b.'s guilt: *Jemandes Schuld bemänteln.* To palliate s.b.'s sufferings: *Jeman-*

des Leiden lindern (ohne sie beseitigen zu können). To palliate a disease: *Ein Übel mildern (oberflächlich).*

palm To palm off a forged coin on (upon) s.b.: *Jemandem einen falschen Fünfziger andrehen.* To palm s.b. or s.th. off on s.b. (colloq.): *Jemanden oder etwas an jemanden weiterreichen; jemandem etwas andrehen.* To palm s.b. off with s.th. (colloq.): *Jemanden mit etwas abspeisen.* To grease s.b.'s palm (colloq.): *Jemanden schmieren; jemanden bestechen.*

pan To pan gravel for gold: *Kies in der Pfanne waschen, um Gold zu erhalten.* To pan off (out) gold: *Gold waschen und gewinnen.* To pan out: *Gold gewinnen; erfolgreich sein.* To pan out well: *Gut ablaufen, erfolgreich sein (Handlungen).*

pander To pander to s.b.: *Jemandem als Kuppler dienen, als Ferment seiner bösen Absichten.*

pant To pant for air, breath: *Nach Luft schnappen.* To pant for (after) success: *Dem Erfog nachjagen.* He panted out a few words: *Er stieß ein paar Worte hervor.*

paper To paper over a flaw: *Einen Schaden verdecken, vertuschen.*

par To be below par (not up to par): *Nicht dem üblichen Standard entsprechen, unter dem Niveau sein; nicht in Form, auf der Höhe oder auf dem Damm sein.* To be on a par with s.b. or s.th.: *Jemandem oder etwas ebenbürtig oder gewachsen sein; sich mit jemandem oder etwas messen können.* To be par of the course (colloq.): *Etwas war zu erwarten, etwas musste ja so kommen.*

parade To parade one's courage, one's learning: *Seinen Mut, seine Gelehrsamkeit prunkend zur Schau stellen.*

parcel To parcel s.th. out: *Etwas aufteilen.*

parched I'm parched with thirst: *Ich bin vor Durst ausgedörrt.*

pardon To pardon an insult, an offence, a sin: *Eine Beleidigung, einen Angriff, eine Sünde verzeihen.* Pardon my ignorance: *Entschuldigen sie meine Unwissenheit.* To beg s.b.'s pardon: *Sich entschuldigen.*

pare To pare s.b.'s claws: *Jemandem die Krallen stutzen.* To pare one's nails: *Seine Nägel schneiden.* To pare an apple, an orange: *Einen Apfel, eine Orange schälen.* To pare a hedge: *Eine Hecke beschneiden.* To pare (down) one's savings: *Seine Ersparnisse nach und nach verringern, aufzehren.* To pare off (away) the margin of a page: *Den Rand einer Seite beschneiden.*

parry To parry a blow, a thrust: *Einen Schlag, einen Stoß parieren, abwehren.* To parry an awkward question: *Einer unbequemen Frage ausweichen.*

parson Parson's nose: *Das Hinterteil, der Bürzel eines (zum Essen zubereiteten) Huhns.*

part (1) To part two companions, two opponents: *Zwei Gefährten (Handelspartner), zwei Widersacher auseinanderbringen.* To part a fight: *Einen Streit beenden (indem man die*

Kontrahenten auseinanderbringt). To part one's hair: *Sich den Scheitel ziehen.* To part the hoof: *Einen gespaltenen Huf haben.* To part a rope: *Ein dickes Tau, Kabel (Schiffahrt) zerreißen.* They parted friends: *Sie trennten sich als Freunde.* She was parted from her daughter: *Sie war von ihrer Tochter getrennt.* He parted from his wife: *Er nahm von seiner Frau Abschied, trennte sich von ihr.* To part company with s.b.: *Auf die Gesellschaft von jemandem verzichten, diese verlassen, aufgeben.* To part brass rags with s.b.: *Die Freundschaft mit, Beziehungen zu jemandem beenden.* To part with s.th.: *Etwas aufgeben.* To part with heat: *Wärme ausstrahlen.* To part hence, out of this life: *Sterben.* The parting cup: *Der Abschiedstrunk.*

part (2) Part and Parcel: *Wesentlicher Teil.* Part-time job: *Teilzeitarbeit.* It's part of my job: *Es gehört zu meiner Arbeit.* For my (etc.) part: *Ich für mein Teil, was mich betrifft, meinerseits.* For the most part: *Zum größten Teil, größtenteils.* To be part and parcel of s.th. (colloq.): *Ein wesentlicher Bestandteil von etwas sein, wesentlich zu etwas gehören.* To take s.th. in good part: *Etwas gut aufnehmen; etwas nicht übelnehmen.* To take s.b.'s part: *Jemandes Partei ergreifen.* The parting of the ways: *Der Punkt, an dem sich die Wege trennen (Beziehung); das Ende.*

partake To partake in s.b.'s grief, joy: *An jemandes Kummer, Freude Anteil nehmen.* We partook of their meal: *Wir nahmen an ihrem Mahl teil.* He partakes of the hero: *Er hat etwas von einem Helden.*

partial He is partial to his nephew: *Er hat eine Vorliebe, Schwäche für seinen Neffen.*

participate To participate in s.b.'s grief, joy: *An jemandes Gram, Freude Anteil nehmen.*

particular He is particular about his food, about (as to) what he eats: *Was seine Ernährung angeht, ist er von kritischer Sorgfalt, sehr genau, wählerisch.* I'm not particular about it: *Ich bin damit nicht wählerisch, ich nehme es nicht so genau.* He is particular about his words: *Er wählt seine Worte sehr genau.*

partition To partition off a room: *Einen Raum abteilen (durch einen Raumteiler).* They partitioned out the money among them: *Sie teilten das Geld untereinander auf.*

pass To pass all limits (all bounds): *Alle Grenzen hinter sich lassen.* It passes belief! *Unglaublich!* To pass a bill: *Eine Gesetzesvorlage prüfen und anerkennen.* That passes my comprehension: *Das geht über mein Verständnis, Denkvermögen hinaus.* To pass an examination, a test: *Eine Prüfung, einen Leistungstest bestehen.* To pass the frontier: *Die Grenze passieren.* To pass the hat: *Den Hut herumgehen lassen.* To pass muster: *Als angemessen, befähigt, adäquat (von einer Kommission etc.) akzeptiert werden.* To pass one's oath, one's word: *Sich mit einen Schwur verpflichten; sein*

Wort verpfänden. I passed a pleasant evening: *Ich verbrachte einen angenehmen Abend.* To pass the seals: *Eine Sache besiegeln.* To pass sentence of death: *Ein Todesurteil aussprechen.* To pass soldiers in review: *Eine Heerschau abhalten.* To pass (away) one's time playing: *Seine Zeit im Spiel verbringen (erschöpfen).* To pass a vote of no confidence: *Einen Misstrauensantrag verabschieden.* Pass me the wine, please: *Reichen Sie mir doch bitte den Wein.* He has passed his zenith: *Er hat seinen Höhepunkt überschritten.* To pass away: *Sterben; aufhören, da zu sein (zu existieren); zu einem Ende kommen.* He passed by like lightning: *Er schoss vorbei wie ein Blitz.* He passed me by: *Er übersah, missachtete mich.* To pass a crime by: *Über ein Delikt hinwegsehen.* He passes by the name of John: *Er ist unter dem Namen John bekannt.* To pass judgement for s.b.: *Ein Urteil zu jemandes Gunsten aussprechen.* He passes for a great singer: *Er gilt als ein großer Sänger.* It passed from his mind: *Er vergaß es.* To pass from one subject to another: *Von einem Thema zum anderen wechseln.* To pass in one's checks: *Sterben.* To pass into nothingness: *Ins Nichts verfliegen.* He had passed into a man: *Er war zu einem Mann geworden.* To pass (off) a counterfeit coin: *Ein gefälschtes Geldstück in Umlauf bringen.* To pass off: *Vergehen (von Empfindungen); durchgeführt werden; ausgeben für; ausweichen, rasch fallen lassen (ein unangenehmes Thema).* It passed off without an itch: *Es ging wie geschmiert, ohne Schwierigkeiten.* To pass off well: *Gut ablaufen.* To pass on: *Weitergehen, auf seinem Weg vorangehen; sterben; auf die nächste Person in der Reihenfolge übertragen, weiterreichen, -geben.* To pass on to another subject: *Zu einem anderen Thema weitergehen, überwechseln.* To pass the word on to s.b.: *Das Wort an jemanden übergeben; jemandem etwas ausrichten.* To pass criticism on to s.th.: *Etwas kritisieren.* To pass judgement (an opinion) on s.th.: *Sein Urteil über etwas abgeben.* To pass out of one's hand: *Aus seinen Händen geben.* To pass out of hearing: *Sich entfernen, so dass man nicht mehr gehört wird.* To pass out: *Weggehen; die militärische Grundausbildung vervollständigen; sterben; als Schenkung verteilen; ausgeben, bewusstlos werden.* To pass out of sight: *Außer Sicht gehen; sich außer Sicht bewegen.* To pass over: *Sterben; übergehen; missachten; vernachlässigen (von jemandes Rechten, Ansprüchen etc.).* To pass s.th. over in silence: *Etwas still auf sich beruhen lassen.* He passed over the details: *Er überging die Einzelheiten, hielt sich nicht damit auf.* He passed over to the enemy: *Er lief zum Feind über.* He passed his eye over the newspaper: *Er überflog die Zeitung.* He passed a wet sponge over the accident: *Er verbannte den Unfall aus seinem Gedächtnis.* To pass the tray round: *Das Tablett herumgehen lassen, herumreichen.* To pass through the customs: *Den Zoll passieren.* She passed the thread through the eye of the needle: *Sie zog den Faden durch das Nadelöhr.* He passed through unhappy experiences: *Er machte unglückliche Erfahrungen durch.* To pass rapidly through s.b.'s mind: *Jemandes Geist schnell durchqueren.* To pass straight through: *Sich geradeaus fortbewegen.* To pass to s.b. by inheritance: *Jemandem durch Erbschaft zukommen.* To pass to windward: *Windwärts, gegen den Wind, luvwärts drehen.* To pass under the yoke: *Unter dem (das) Joch gehen; sich für besiegt erklären.*

passage Passage of (at) arms: *Ein Kampf, Waffengang.*

past Past bearing (endurance), cure, all hope, recovery: *Untragbar (vorbei das Erdulden), unheilbar, hoffnungslos (vorbei alle Hoffnung), unwiederherstellbar.* To be past one's best (past it): *Nicht mehr auf der Höhe sein; (zu) alt für etwas sein.* A past master: *Ein erfahrener Könner (Altmeister, Experte).* She is past praying for: *Sie ist ohne Hoffnung; es gibt keine Hoffnung für sie.* I would not put it past s.b. to do s.th. (colloq.): *Ich würde jemandem etwas durchaus zumuten.* Past the traffic-lights: *Über die Verkehrsampel hinaus.* He is past work: *Er ist zu alt, um zu arbeiten.*

pat He patted me on the back: *Er klopfte mir auf die Schulter (Kompliment, Lob).* To pat oneself on the back: *Mit sich selbst zufrieden sein.*

patch (1) To patch (up) a dress: *Ein Kleidungsstück flicken.* To patch (up) verses: *Verse zusammenstoppeln.* To patch s.th. up (colloq.): *(Streit) beilegen; (Beziehung etc.) sich wieder versöhnen, etwas wieder ins Lot bringen.* To patch up a quarrel: *Einen Streit bemänteln, übertünchen.*

patch (2) To hit (strike) a bad patch (colloq.): *Eine Pechsträhne haben.* Not to be a patch on s.th. (colloq.): *Nicht mit etwas zu vergleichen sein; sich nicht mit etwas messen können.*

path To beat a path to s.b.'s door: *Jemandem die Tür einrennen.* Path strewn with roses: *Ein Leben in Genuß und Leichtigkeit; auf Rosen gebettet sein.*

patience Enough to try the patience of a saint (colloq.): *Etwas bringt den geduldigsten Menschen zum Wahnsinn.* To have the patience of Job: *Eine Engelsgeduld haben.*

patient He is patient of hunger, of thirst: *Er kann Hunger, Durst ertragen.* That is patient of different interpretations: *Das erlaubt unterschiedliche Auslegungen; darüber kann man unterschiedlicher Meinung sein.*

patronize To patronize a shop: *In einem Geschäft Stammkunde sein.*

pattern He patterns himself (his life) after (on, upon) his father: *Er formt sich (sein Leben) nach dem Vorbild seines Vaters.*

Paul He is a Paul Pry: *Er ist ein Schnüffler, ein Naseweis.*

pause To pause upon a difficult word, a syllable: *Über einem schwierigen Wort, einer Silbe stocken, einhalten (um zu überlegen).*

pave To pave a street: *Eine Straße pflastern.* To pave the way for a reform: *Den Weg für eine Reform ebnen.*

paw To paw in the air: *Ausschlagen (mit den Hufen).* To paw the ground: *Auf dem Boden aufstampfen (Pferd).*

pawn To pawn one's life, one's watch, one's word: *Sein Leben, seine Uhr, sein Wort verpfänden, aufs Spiel setzen.*

pay (1) To pay an account: *eine Rechnung bezahlen.* Pay attention (heed) to what I'm saying: *Pass auf, was ich sage! Hör zu!* To pay one's attention (addresses, court) to a woman: *Einer Frau den Hof machen.* To pay a bill: *Einen Wechsel, eine Rechnung bezahlen.* To pay cash (down): *Bar bezahlen.* To pay cash on delivery: *Bei Lieferung bar bezahlen.* To pay s.b. compliments: *Jemandem Komplimente machen.* To pay damages: *Schadenersatz leisten.* To pay the debt of nature, one's debt to nature: *Sterben.* To pay a deposit: *Eine Anzahlung machen.* To pay the difference: *Den Unterschied bezahlen.* To pay double fare: *Den doppelten Fahrpreis zahlen.* To pay the fiddler, the piper: *Die Kosten für etwas aufbringen.* To pay the forfeit, the penalty: *Die Strafe bezahlen.* To pay kindness with evil: *Gutes mit Bösem vergelten.* To pay the last honours to s.b.: *Jemandem die letzte Ehre erweisen.* This pays a lot of money: *Das wirft eine Menge Geld ab.* It will pay you to read this novel: *Es lohnt sich, diesen Roman zu lesen.* To pay the reckoning, one's scot, scot and lot: *Die Zeche, seine Steuer, alle Schulden bezahlen.* To pay respect to s.b.'s views: *Jemandes Ansicht achten, respektieren.* To pay one's respects to s.b.: *Jemandem seine Ehrerbietung bezeigen.* To pay so much a (per) head: *So viel pro Kopf bezahlen.* To pay the tailor: *Den Schneider bezahlen.* To pay taxes: *Steuern, Abgaben entrichten.* He pays too much attention to the forms: *Er achtet zu sehr auf Formen.* To pay a visit to s.b.: *Jemandem einen Besuch abstatten.* To pay one's way: *Keine Schulden machen.* They paid him the whole amount: *Sie zahlten ihm den vollen Betrag aus.* Pay at the desk! *An der Kasse bezahlen!* To pay away money: *Geld ausgeben.* To pay s.b. back in his own coin: *Jemandem mit gleicher Münze zurückzahlen, heimzahlen.* To pay beforehand: *Im Voraus bezahlen.* To pay by cheque: *Per Scheck, Anweisung bezahlen.* To pay in cash: *Bar bezahlen.* To pay (money) down: *Das Geld auf den Tisch legen, bar bezahlen, anzahlen.* To pay for s.th. by (in) instalments: *Etwas in Raten bezahlen.* To pay a heavy price for s.th.: *Einen sehr hohen Preis für etwas bezahlen.* To pay for s.th. in kind: *Für etwas in Naturalien bezahlen.* To pay dear for one's whistle: *Für etwas, das man sich in den Kopf gesetzt hat, tüchtig (teuer) bezahlen.* You shall pay dearly for it! *Das wird dich teuer zu stehen kommen!* He paid for his mistake with his life: *Er bezahlte seinen Fehler mit dem Leben.* To pay in advance: *Im Voraus bezahlen.* To pay some money into one's current account: *Etwas Geld auf das Giro-Konto einzahlen.* He paid off all his workmen: *Er zahlte seine gesamte Belegschaft aus.* To pay off one's creditors: *Seine Gläubiger bezahlen, auszahlen.* To pay off a mortgage: *Eine Hypothek tilgen.* To pay off old scores with s.b.: *Eine alte Rechnung mit jemandem begleichen.* To pay on the nail: *Bar bezahlen.* To pay a call on s.b.: *Jemandem einen Besuch abstatten.* To pay out of one's own pocket: *Aus der eigenen Tasche bezahlen.* I'll pay you out for this: *Das werde ich dir heimzahlen.* To pay through the nose: *Übervorteilt werden; einen enorm hohen Preis zu zahlen haben.* To pay up a debt: *Eine Schuld voll begleichen, ausgleichen.*

pay (2) To be in s.b.'s pay (colloq.): *In jemandes Sold stehen; bei jemandem beschäftigt sein, für jemanden arbeiten.*

peace Peace be with him: *Friede sei mit ihm.* To hold one's peace (old): *Ruhig bleiben, sich ruhig verhalten; zu etwas schweigen, nichts sagen.* To keep the peace: *Frieden bewahren; für Ruhe sorgen, Streit verhindern.* To make one's peace with s.b.: *Sich mit jemandem versöhnen, aussöhnen.* Peace of mind: *Innere Ruhe, Seelenfrieden, Seelenruhe.*

peach To peach against (on, upon) s.b. (pop.): *Jemanden denunzieren.*

peacock To peacock about: *Sich aufspreizen, umherstolzieren (wie ein Pfau).*

to peak To peak and pine (colloq.): *Dahinsiechen, sich verzehren.*

peal To peal out: *Weithin erklingen (Glocken).*

peck To peck a crumb of bread, a grain of corn: *Einen Brotkrumen, ein Korn aufpicken.* To peck a hole: *Ein Loch picken.* To peck (at) biscuit: *An einem Keks knabbern.* To peck at s.b.: *Nach jemandem hacken; jemanden sticheln.* To peck s.th. down (up): *Etwas abbrechen (aufbrechen) mit einem spitzen Werkzeug.*

peel To peel an orange, a potato: *Eine Orange, eine Kartoffel schälen.* To peel (off) one's face: *Sein wahres Gesicht zeigen.* He peeled (off) his knee: *Er schürfte sich das Knie auf.* To peel off: *Abtreiben, sich absondern (vom Rest der Formation).* To peel the bark off a tree: *Die Rinde von einem Baum abschälen.*

peep To peep at s.b.: *Jemanden heimlich beobachten.* To peep into a drawer: *Verstohlen in eine Schublade spähen.* He peeped out from under the table: *Er kam langsam unter dem Tisch hervor.* To peep out from behind the clouds: *Hinter den Wolken hevorblicken, allmählich hervorkommen (Sonne).* To peep through the keyhole: *Durch ein Schlüsselloch gucken.* Peeping Tom: *Ein Voyeur (nach dem Namen jenes vorwitzigen Schneiders, der sich nicht enthalten konnte, die Lady Godiva auf ihrem Pferd reiten zu sehen).*

peer To peer at s.b.: *Jemanden scharf, prüfend, intensiv ansehen.* He peered into the darkness: *Er spähte in die Dunkelheit.* To peer in: *Hineingucken, hineinspähen (in ein Zimmer).* To peer through the clouds: *Durch die Wolken schauen.*

peg (1) To peg (down, up) a tent: *Ein Zelt mit Heringen aufspannen.* To peg the market price (comm.): *Den Marktpreis stabilisieren (durch Aufkauf).* To peg the score: *Den Punktestand mit kleinen Holzpflöcken auf dem Spielbrett markieren (beim Cribbage-Spiel).* To peg away at s.th.: *Beharrlich an etwas arbeiten.* To peg s.b. down: *Jemanden einschränken.* To peg out a piece of ground: *Ein Stück Land durch Pflöcke abgrenzen.* To peg out: *Den Sieg bringenden Punkt (Cribbage), Treffer (Krocket) machen; sterben, zugrunde gehen.*

peg (2) A peg to hang on: *Eine passende Gelegenheit; ein guter Vorschlag; ein angemessenes Thema.* To bring s.b. (to take s.b., to be taken) down a peg or two (colloq.): *Jemandem einen Dämpfer geben oder verpassen; einen Dämpfer bekommen.* Off the peg: *Von der Stange.*

pelt (1) To pelt s.b. with questions: *Jemanden mit Fragen überschütten.* To pelt s.b. with stones: *Jemanden mit Steinen bewerfen, mit einem Steinhagel überschütten.* To pelt away: *Sich sehr schnell entfernen, davonschießen.* To pelt away at s.th.: *Hart an etwas arbeiten, es hart bearbeiten.* To pelt down: *Niederprasseln (Regen).*

pelt (2) At full pelt: *In voller Fahrt, mit Höchstgeschwindigkeit.*

pen (1) To pen (up, in) cattle: *Vieh einpferchen.*

pen (2) To pen a document: *Ein Dokument abfassen.* To pen a letter: *Einen Brief schreiben.*

pending Pending further instructions: *In Erwartung weiterer Anweisungen; bis auf weiteres.*

penetrate To penetrate the darkness, a mystery: *Die Dunkelheit, ein Geheimnis durchdringen.* To penetrate into a forest, into a maze: *In einen Wald, in ein Labyrinth eindringen.* To penetrate s.b.s mind with hope: *In jemandes Herz Hoffnung pflanzen.*

penny A penny for your thoughts: *Ich wüsste gar zu gerne, was du gerade denkst.* Not to have a penny to one's name: *Keinen Pfennig (Cent) Geld haben.* The penny drops (colloq.): *Der Groschen fällt.* Pennies from heaven: *Unerwartete Wohltat, Gewinn.* A penny saved is a penny got (prov.): *Kleinvieh macht auch Mist.* Penny-a-line novel: *Ein Groschenroman.* He is penny-wise and pound-foolish: *Er ist in kleinen Dingen (über)genau, im Großen jedoch ein Verschwen-*

der; er spart immer am falschen Ende. In for a penny, in for a pound: *Wer A sagt, muss auch B sagen; wennschon, dennschon.* Penny-in-the-slot machine: *Ein Münzautomat.* In penny numbers: *Nach und nach.* To turn an honest penny: *Sein Geld mit ehrlicher Arbeit verdienen.* To turn up like a bad penny (pej.): *Immer wieder auftauchen (wie Falschgeld).* Two a penny (pej.): *Schund, wertlos.*

pension To pension off an employee: *Einen Angestellten in Pension schicken.*

people The people on the spot: *Die Experten.* People who live in glass houses shouldn't throw stones: *Wer im Glashaus sitzt, sollte nicht mit Steinen werfen.*

perceive I perceived him in the distance: *Ich bemerkte ihn von weitem.*

perch To perch on a stool: *Sich auf einen Schemel setzen.*

perfect To perfect oneself in English: *Sich in Englisch vervollkommnen.* To perfect one's pronunciation: *Seine Aussprache vervollkommnen.*

perform To perform a command: *Einen Befehl ausführen.* To perform a duty, a task: *Einer Pflicht, einer Aufgabe nachkommen.* To perform a double service: *Doppelten Dienst leisten.* To perform a piece of music on the piano: *Ein Musikstück auf dem Klavier spielen.* To perform a play: *Ein Schauspiel aufführen.* To perform an undertaking: *Ein Unternehmen ausführen.* To perform an operation on s.b.: *Jemanden operieren.*

perish To perish by the sword: *Durch das Schwert umkommen.* I am perished with cold, with hunger: *Ich sterbe vor Kälte, Hunger.* Perish the thought! *Gott behüte! Gott bewahre! Daran ist gar nicht zu denken!*

perk To perk one's head: *Den Kopf hoch tragen.* To perk one's ears: *Die Ohren spitzen.* To perk (oneself) up: *Sich wieder erholen, wieder hochkommen, sich aufputzen.*

permit Permit me to say you are wrong: *Erlaube mir zu sagen, dass du Unrecht hast.* That permits (of) no alteration: *Das gestattet keine Veränderung.*

perpetrate To perpetrate a crime, a misdeed: *Ein Verbrechen, eine Untat begehen.* To perpetrate a pun (colloq.): *Ein Wortspiel machen.*

persevere To persevere in one's course of action, in one's studies: *Seine Handlungsweise, seine Studien beharrlich weiterverfolgen.* To persevere with one's task: *Mit seiner Aufgabe standhaft fortfahren.*

persist To persist in a bad habit: *Auf einer schlechten Gewohnheit beharren.* He persisted in denying everything, in his denial: *Er leugnete alles beharrlich.*

personal This is personal to myself: *Das betrifft mich persönlich.*

persuade I persuaded him to do that work: *Ich überredete ihn, jene Arbeit auszuführen.* I persuaded him of my innocence, that I was innocent: *Ich überzeugte ihn (durch vieles Reden) von meiner Unschuld.* I am persuaded he is wrong: *Ich bin überzeugt, dass er Unrecht hat.* To persuade oneself: *Sich überreden, sich glauben machen.*

pertain (pertinent) That pertains (is pertinent) to the subject: *Das ist der Sache angemessen, ihr zugehörig.* That pertains to his office: *Das fällt in den Zuständigkeitsbereich seiner Dienststelle.*

pervert To pervert the course of justice: *Den Lauf der Gerechtigkeit verkehren.* He perverted my words: *Er verdrehte meine Worte.* To pervert s.b.'s mind: *Jemandes Geist verderben.*

peter To peter out: *Langsam aufhören, versiegen.*

phone To phone a friend: *Einen Freund anrufen.*

photograph This photograph doesn't do her justice: *Diese Aufnahme wird ihr nicht gerecht.*

phrase As the phrase goes: *Wie man so sagt.*

pick (1) To pick and choose: *Sorgfältig und wählerisch aussuchen.* To pick and steal: *Stehlen (in kleinen Mengen), mausen, stibitzen.* To pick a bone: *Einen Knochen abnagen.* To pick s.b.'s brains: *Jemandes Einfälle oder Wissen ausbeuten.* To pick cherries, cotton, flowers: *Kirschen, Baumwolle, Blumen pflücken.* To pick flaws in s.b.'s charakter. *Mängel in jemandes Charakter herausheben.* To pick a fowl (of its feathers): *Ein Huhn rupfen.* To pick a grain of corn: *Ein Korn aufpicken.* To pick grapes: *Trauben abpflücken.* To pick the ground: *Die Erde aufhacken.* To pick (the strings of) a guitar: *Eine Gitarre zupfen.* To pick holes in s.b.: *Jemanden kritisieren, auf jemandem herumhacken; jemanden herauspicken, sich jemanden aussuchen.* He picks a hole in anyone's coat: *Er hat an jedem etwas auszusetzen.* To pick a lock: *Ein Schloss mit einem Dietrich öffnen.* To pick one's men, one's words: *Seine Leute, die richtigen Worte sorgfältig wählen.* To pick s.b.'s pocket, purse: *Jemanden bestehlen.* To pick a quarrel with s.b.: *Einen Streit mit jemandem herbeiführen.* To pick one's way, one's steps: *Seine Schritte mit Sorgfalt setzen.* To pick at one's food: *An seinem Essen knabbern.* To pick at (on) s.b.: *Jemanden benörgeln.* To pick (off) a flower: *Eine Blume (ab)pflücken.* To pick s.b. off: *Jemanden abschießen.* He picked out the best of all: *Er suchte sich das Beste heraus.* I picked him out admidst the crowd: *Ich machte ihn inmitten der Menge aus.* To pick out an object in the distance: *Einen Gegenstand von weitem unterscheiden, ausmachen, wahrnehmen.* To pick out the meaning of a passage: *Den Sinn einer Textpassage verstehen.* To pick out the facts: *Die Tatsachen hervorheben.* To pick out a tune: *Ein Lied (Melodie, Musikstück) nach dem Gehör spielen (auf dem Klavier etc.).* To pick out the ground colour of a painting: *Die Grundfarbe eines Bildes hervorheben.* To pick s.b., s.th. to pieces: *Jemanden, etwas feindselig kritisieren.* To pick up the gauntlet: *Den Fehdehandschuh aufnehmen, eine Herausforderung annehmen.* To pick up passengers: *Fahrgäste aufnehmen.* To pick up a local station, a signal: *Einen lokalen Sender, ein Signal (mit dem Radio) empfangen.* I picked him up at the end of the avenue: *Ich habe ihn am Ende der Allee (in meinem Wagen) abgeholt.* To pick up a livelihood: *Ein Auskommen finden.* To pick up a path, a trail: *Einen Weg, eine Spur wiederfinden.* They picked up the runaway after a short pursuit: *Nach einer kurzen Verfolgung griffen sie den Ausreißer auf.* To pick up a foreign language very quickly: *Sich eine fremde Sprache sehr schnell aneignen.* To pick up a bargain: *Ein gutes Geschäft machen.* To pick up a conversation with s.b.: *Ein Gespräch mit jemandem anfangen.* To pick up one's courage, one's spirit: *Seinen Mut wiedergewinnen.* To pick up a bad habit, a terrible cold: *Eine schlechte Gewohnheit annehmen; sich eine schlimme Erkältung zuziehen.* I have picked it up in a knick-knack shop: *Ich habe es in einer Geschenkboutique (Ramschladen, Schnickschnack-Geschäft) aufgetrieben.* To pick up speed: *Beschleunigen.* I picked up the thread of what I was saying: *Ich nahm den Faden meiner Rede wieder auf.* To pick up impulses: *Impulse (Anreize, Anstöße) aufnehmen.* To pick up stitches: *Maschen aufnehmen.* To pick oneself up: *Sich aufrappeln.*

pick (2) The pick of the basket: *Das Beste vom Ganzen.*

picket To picket a horse: *Ein Pferd anpflocken.* To picket a tent: *Ein Zelt mit Pflöcken (Heringen) fixieren.*

picture (1) To picture to oneself: *Sich vor Augen führen, vorstellen, anschaulich machen.*

picture (2) He is the picture of health, of his mother: *Er ist das Bild der Gesundheit, seiner Mutter.* To be (to put s.b.) in the picture: *Im Bilde sein, jemanden ins Bild setzen, jemanden informieren.*

piddle To piddle one's time away: *Seine Zeit vertändeln, vertrödeln.*

pie Pie in the sky: *Verrückte Ideen, Hirngespinste; der Wahn, es würde nach den Leiden der Gegenwart ein zukünftiges Glück winken.*

piece (1) To piece (up) a dress: *Ein Kleidungsstück ausbessern.* To piece out a story: *Eine Geschichte herstellen (aus einzelnen Teilen, Bruchstücken).*

piece (2) To be all of a piece (with s.th.) (colloq.): *Dasselbe sein, aus einem Guss sein, konsequent sein, ganz oder bestens zu etwas passen.* Piece by piece: *Stück für Stück, nach und nach.* It's (just) a piece of cake for me: *Das ist für mich ein Kinderspiel.* To go (all) to pieces (colloq.): *Abbauen; durchdrehen, es geht bergab mit jemandem.*

pierce To pierce s.b.'s heart: *Jemandem das Herz durchschneiden, durchs Herz gehen.* To pierce a cask: *Ein Fass anstechen.* To pierce a hole: *Ein Loch* *bohren.* To pierce the gothic line (milit.): *Die gotische Linie durchbrechen.* To pierce (into, through) the darkness, a mystery: *Die Dunkelheit, ein Geheimnis durchdringen, ergründen.* To pierce out into the water: *Ins Wasser vorspringen (Felsen).*

pig To pig it (colloq.): *Auf unordentliche oder unreinliche Art leben.*

pig He is pig-headed: *Er ist dickköpfig, eigensinnig.* Pigs might fly if they had wings (prov.): *Wenn sie Flügel hätten, könnten wohl selbst Schweine fliegen; wenn das Wörtchen „wenn" nicht wär, wär mein Vater Millionär; wer's glaubt, wird selig.* To buy (get) a pig in the poke (colloq.): *Die Katze im Sack kaufen.* Go to pigs and whistles (colloq.): *Vor die Hunde gehen, den Bach runtergehen.* To make a pig of oneself (colloq.): *Sich vollstopfen, sich vollfressen.* To make a pig's ear of s.th. (colloq.): *Etwas verhunzen, etwas versauen.* pig-in-the-middle, piggy in the middle (colloq.): *Zwischen den Stühlen; zwischen den Lagern.*

pigeon, pidgin That's my pigeon, pidgin (colloq.): *Das ist meine Angelegenheit.*

pile To pile arms (milit.): *Gewehre (gewöhnlich vier) so zusammenstellen, dass die Kolben auf dem Boden stehen und die Mündungen sich gegenseitig abstützen. (heute nicht mehr üblich).* To pile (up) money, riches: *Geld, Reichtümer aufhäufen.* He piled the floor with wood: *Er errichtete auf dem Boden einen Holzstapel.* To pile on ideas, words: *Ideen, Wörter häufen.* To pile it on (colloq.): *Vergrößern; (maßlos) übertreiben, dick auftragen.* To pile on (up) the agony (colloq.): *Einem schmerzlichen Ereignis neue Einzelheiten hinzufügen.* To pile up the rocks (USA): *Viel Geld machen.*

pin To pin an insect: *Ein Insekt auf eine Nadel spießen.* To pin two sheets of paper together: *Zwei Blätter Papier zusammenheften.* To pin a brooch, a carnation on (to) a dress: *Eine Brosche, eine Nelke an ein Kleid stecken.* To pin one's faith (hope) on (upon) s.b.: *Sein Vertrauen (Hoffnung) in jemanden setzen.* To pin s.th. on s.b. (colloq.): *Jemandem etwas anhängen oder anlasten.* To pin s.b. down to facts: *Jemanden auf die Tatsachen festnageln, festlegen.* To pin s.b. down to an agreement, a promise, a statement: *Jemanden an eine Übereinkunft, ein Versprechen, eine Aussage binden.* To pin s.th. down: *Eine Sache genau bestimmen, festhalten.* To pin up a sheet of paper: *Ein Blatt Papier an die Wand heften.* Pin-up-girl: *Ein Mädchenbild zum an-die-Wand-heften.*

pins On pins and needles: *Wie auf glühenden Kohlen.*

pinch To pinch and scrape: *Knausern, darben, sich nichts gönnen.* To pinch s.b.: *Jemanden kneifen, quälen; jemanden ausrauben.* To pinch a horse: *Ein Pferd in die Seiten stoßen* *(damit es schneller läuft).* He has pinched his finger in the door: *Er hat seinen Finger in der Tür eingeklemmt.* He has pinched her purse (pop.): *Er hat ihre Handtasche geraubt.* They have pinched the thief (pop.): *Sie haben den Dieb ins Gefängnis gesteckt, eingelocht (geschnappt).* He was pinched with cold (hunger, poverty): *Er war durchfroren (ausgehungert, von Armut gedrückt).* I am pinched for time: *Ich bin knapp mit der Zeit.* To pinch down (out) a shoot: *Einen Schößling kürzen (einen Trieb ausbrechen).* To pinch money from (out of) s.b.: *Geld bei jemandem locker machen, stehlen.* To pinch s.b. in (for) money: *Jemanden mit Geld kurzhalten.*

pine To pine away: *Sich abhärmen, verschmachten.* To pine in poverty: *Sich in Armut abzehren.* To pine away (out) one's life: *Sein Leben in Gram verbringen.* She pined for (after) his return: *Sie verzehrte sich nach seiner Wiederkehr.* He was pining to see her again: *Er sehnte sich danach, sie wiederzusehen.*

pink In the pink of health (old): *Bei bester Gesundheit, bestens.* In the pink of perfection: *Absolut perfekt, ein Muster der Perfektion.*

pipe To pipe a cake: *Einen Kuchen mit Zuckerguss verzieren.* To pipe down: *Die Luft anhalten.* To pipe a dress: *Ein Kleid mit Schnüren, Bändern (Quasten, Tressen, Borten) schmücken.* To pipe one's eye: *Weinen.* To pipe gas, oil, water: *Gas, Öl, Wasser durch Rohre leiten.* To pipe the hands to lunch (naut.): *Die Matrosen zum Essen rufen (mit der Pfeife).* To pipe a tune: *Eine Melodie auf der Flöte blasen.* To pipe down (colloq.): *Die Stimme senken; weniger beharrlich, zuversichtlich sein.* To pipe up a tune: *Mit einer Melodie anheben.* To pipe up: *Beginnen (zu spielen, singen, sprechen etc.).* Piping hot: *Kochend heiß.* Pipe down: *Die Luft anhalten.* He who pays the piper calls the tune: *Wer bezahlt, darf auch bestimmen.* A pipe dream: *Ein Hirngespinst, ein frommer Wunsch, ein Luftschloss.* Put that in your pipe and smoke it! *Merk dir das! Lass dir das gesagt sein! Das sag ich dir!*

pique To pique s.b.'s curiosity, interest: *Jemandes Neugierde, Interesse wecken.* He piques himself on (upon) his intelligence: *Er bildet sich etwas auf seine Intelligenz ein.*

piss To piss off (pop.): *Sich verpissen.* Pissed to the eyebrows (pop.): *Völlig betrunken.*

pitch **(1)** To pitch the ball (cricket, etc.): *Einen Ball (an einem bestimmten Punkt) zu Boden schlagen.* To pitch a building: *Ein Gebäude errichten.* To pitch a camp, a tent: *Eine Siedlung, ein Zelt aufrichten und befestigen.* To pitch an instrument, one's voice: *Ein Instrument stimmen; seine Stimme mit dem Grundton vergleichen.* To pitch a road: *Eine Straße pflastern.* To pitch a sheaf of wheat: *Eine Garbe Weizen mit einer Gabel aufbürden.* To pitch one's tent:

Sein Zelt aufschlagen. To pitch wares: *Waren zum Verkauf aufbauen.* To pitch a yarn (colloq.): *Eine (lang ausgesponnene) Geschichte erzählen.* Pitch-and-toss: *Ein Spiel, bei dem mit einer Münze nach einem Ziel geworfen wird und der dem Ziel am nächsten gekommene Spieler die Münzen in die Höhe wirft, worauf er die mit dem Kopf nach oben auffallenden behalten darf.* To pitch downwards: *Hinabstürzen.* To pitch forward: *Vorwärtsstürzen.* To pitch headlong: *Kopfüber hinstürzen.* To pitch in (USA): *Einspringen, anpacken, loslegen, sich energisch an die Arbeit machen.* To pitch into s.b. (colloq.): *Jemanden heftig angreifen.* To pitch off a rider: *Einen Reiter aus dem Sattel stürzen.* She pitched on (upon) a white dress: *Sie entschied sich für ein weißes Kleid.* To pitch on one's head: *Auf den Kopf fallen, kopfüber hinstürzen.* They pitched him out: *Sie warfen ihn hinaus.*

pitch (2) As black as pitch: *Pechschwarz.* It was pitch-dark: *Es war stockdunkel.*

pitcher The pitcher goes so often to the well that it gets broken at last, that it leaves its handle or its mouth (prov.): *Der Krug geht solange zum Wasser, bis er bricht.*

pity The pity is that, it is a pity that ...: *Es ist bedauerlich, schade, dass ...*

place (1) To place an order (for goods) with a firm (comm.): *Eine Bestellung (von Waren) bei einer Firma aufgeben.* To place goods (comm.): *Waren (zum Verkauf) aufstellen.* To place a book: *Für die Veröffentlichung eines Buches sorgen.* He has placed his son: *Er hat seinen Sohn untergebracht.* To place a goal: *Ein Ziel erreichen; ein Tor schießen.* I placed my car at his disposal: *Ich stellte ihm mein Auto zur Verfügung.* He was placed in command of the battalion: *Es wurde ihm die Führung des Bataillons übergeben.* To place s.b. in a favourable (unfavourable) light: *Jemanden in ein günstiges (ungünstiges) Licht setzen.* He placed all his hopes in his eldest son: *Er setzte all seine Hoffnungen auf seinen ältesten Sohn.* She placed herself in his hands: *Sie gab sich in seine Hände.* He placed himself in front of the house: *Er stellte sich vor dem Haus auf.* To place restrictions on (upon) the freedom of the press: *Einschränkungen der Pressefreiheit einführen.* He placed the drum on end: *Er stellte das Fass auf.* To place (out) money at interest: *Geld gegen Zinsen anlegen.* He placed the shoes end to end: *Er stellte die Schuhe in Reihe.* To place s.b. under restraint: *Jemanden unter Aufsicht stellen.* To be placed: *Plaziert sein (einen der drei vorderen Plätze in einem Rennen belegt haben).*

place (2) To fall into place: *Verständlich, klar oder nachvollziehbar werden, zusammenpassen oder sich zusammenfügen.* To give place to: *Weichen.* To go places (colloq.): *Es zu etwas bringen.* In the first place: *Ur-*

sprünglich; zunächst; eigentlich. To know one's place: *Wissen, wo man steht, oder was einem zusteht.* To put s.b. in his place: *Jemanden in die Schranken weisen.* To put oneself in s.b.'s place: *Sich in jemanden hineinversetzen.* To take place: *Stattfinden.* To take s.b.'s place: *Jemanden vertreten.* To take the place of s.th.: *Etwas ersetzen.*

plague A plague on it! *Verflucht!* A plague take him! *Der Teufel soll ihn holen!*

plain It's as plain as the nose in your face, as a pikestaff: *Das ist vollkommen klar.* It was plain sailing: *Es ging alles glatt, es war ganz einfach.* I was plain with him: *Ich war offen zu ihm.*

plan To plan a building, a journey, a machine: *Ein Gebäude, eine Reise, eine Maschine planen, entwerfen.*

plane To plane a piece of wood: *Ein Holzstück hobeln.* To plane away (off) the roughness of a surface: *Eine rauhe Oberfläche mit dem Hobel glätten.* To plane down: *Herabgleiten (Flugzeug).*

plank To plank a hat: *Einen Hut walken, dichtmachen.* To plank down (out, up) money (USA): *Geld auf den Tisch legen, bar zahlen.*

plant To plant the artillery (milit.): *Die Artillerie in Stellung bringen.* They planted the flag on the mountain: *Sie pflanzten die Fahne auf dem Berg(gipfel) auf.* To plant an idea in s.b.'s mind: *Eine Idee in jemandes Kopf einpflanzen, Wurzel schlagen lassen.* To plant a root, a tree: *Eine Wurzel, einen Baum einpflanzen.* To plant a piece of ground with planes: *Ein Stück Land mit Platanen bepflanzen.* To plant spawn in a river: *Laich in einen Fluss setzen.* To plant a new religion: *Eine neue Religion begründen.* To plant a principle: *Ein Prinzip festigen.* She planted him after six months: *Sie brachte ihn nach sechs Monaten unter die Erde.* He planted himself in front of the house: *Er pflanzte sich vor dem Haus auf.* He planted himself in Milan: *Er siedelte sich in Mailand an.* He planted a blow on my head (colloq.): *Er versetzte mir einen Schlag auf den Kopf.* To plant a forged coin on s.b. (colloq.): *Jemandem ein falsches Geldstück, Falschgeld, etwas Unechtes andrehen.* To plant a district with colonists: *Einen Distrikt, einen Landstrich mit Kolonisten besiedeln.* To plant stolen goods (colloq.): *Diebesbeute verstecken.*

plaster To plaster a broken limb: *Ein gebrochenes Glied eingipsen.* To plaster a notice, a poster on the wall: *Eine Ankündigung, ein Plakat an die Mauer kleben.* To plaster a wall: *Eine Mauer verputzen.* To plaster wine: *Wein mit den Füßen auspressen.* He plastered his friend with praise: *Er überschüttete seinen Freund mit Lobsprüchen.*

plate To have s.th. handed to one on a plate (colloq.): *Etwas auf dem silbernen Tablett serviert bekommen.* To have a lot on one's plate (colloq.): *Viel um die Ohren, am Hals haben.*

play (1) To play an ace: *Ein As*

ausspielen. To play about: *Sich unverantwortlich verhalten.* To play s.b. along (colloq.): *Jemanden warten lassen.* To play along with s.b. or s.th.: *Sich mit jemandem oder etwas arrangieren; auf jemanden oder etwas (scheinbar) eingehen.* To play another hand: *Eine neue Runde spielen.* To play the ape: *Nachäffen.* To play ball: *Zusammenarbeiten.* To play the bear: *Den Bär machen; sich rüde aufführen.* To play booty: *Sein Ziel mit unsauberen Mitteln verfolgen.* To play one's cards well (badly): *Seine Möglichkeiten gut (schlecht) nutzen.* He plays as centre halfback: *Er spielt im Zentrum des Mittelfelds, als Mittelläufer.* To play the child: *Das Kind spielen.* To play the clown: *Den Clown, Possenreißer spielen.* To play the conquerer (colloq.): *Den Eroberer spielen, den Macho machen.* They played the deuce (the devil) with his plans: *Sie trieben mit seinen Plänen Schindluder.* To play the devil: *Ein Teufel im Kleinen sein; Unheil verursachen.* To play s.th. down: *Etwas herunterspielen.* To play ducks and drakes: *Kiesel über das Wasser springen lassen.* To play ducks and drakes with one's money: *Sein Geld zum Fenster hinauswerfen, verschwenden.* To play dummy: *Den Strohmann spielen.* To play fair: *Ehrlich, anständig handeln oder spielen, fair sein.* To play a false note: *Einen Misston erzeugen; den falschen Ton anschlagen.* To play false and loose: *Pflichten missachten; unverantwortlich, vertändelt sein.* To play the field (colloq.): *Die ausschließliche Bindung, Verpflichtung (an eine Person, Sache) vermeiden.* To play a fish: *Einen (starken) Fisch an der Angelschnur ermüden, indem man ihn dagegen ankämpfen lässt.* To play the fool: *Den Narren spielen.* To play (at) forfeits: *Ein Pfänderspiel machen.* To play foul: *Unsauber, unanständig spielen oder handeln.* To play the game: *Das Spiel spielen, sich anpassen.* To play s.b.'s game: *Jemandes Spiel spielen, sich seinen Vorgaben unterwerfen.* To play a dangerous game: *Ein gefährliches Spiel spielen.* To play a deep game: *Mit verdeckten Karten spielen; die eigenen Absichten verbergen.* To play a double game: *Doppeltes Spiel spielen.* To play the giddy goat: *Herumalbern.* To play a good hand: *Gut spielen (Karten).* To play a good knife and fork: *Ein starker Esser sein.* To play a good stick: *Ein guter Fechter sein.* To play gooseberry: *Anstandsperson oder störender Begleiter eines Liebespaares (ein Anstandswauwau) sein.* To play Hamlet: *Den Hamlet spielen; vor Zorn von Sinnen sein.* To play havoc with s.th.: *Etwas zerstören, verwüsten.* He played havoc among the enemy soldiers: *Er richtete unter den feindlichen Soldaten ein Blutbad an.* To play heavy father to s.b.: *Jemandem (ständig) gute Ratschläge erteilen.* To play high: *Mit hohem Einsatz, riskant spielen.* To play hob: *Unheil verursachen.* To play hooky: *Die Schule schwänzen, nicht zur Arbeit gehen, blau machen.* To play horse with s.b.: *Jemanden verächtlich behandeln.* To play the lead, the leading role (part): *Die führende Rolle, Hauptrolle spielen.* To play a lone hand: *Sich alleine durchschlagen.* To play a losing game: *Ein aussichtsloses Spiel spielen, schlechte Karten haben.* To play low: *Mit niedrigem Einsatz, vorsichtig spielen.* To play the madman: *Den Verrückten spielen.* To play a man: *Sich mit den Füßen unter dem Tisch anstoßen (Liebespaar).* Play the man! *Sei ein Mann! Nimm dich zusammen! Keine Furcht zeigen!* To play marbles: *Mit Murmeln spielen.* To play the market (colloq.): *In Aktien etc. spekulieren.* To play the mischief with s.b., s.th.: *Jemandem, einer Sache Schaden, Unheil verursachen.* To play odds and evens: *Raten, ob gerade oder ungerade.* To play old harry: *Der Teufel im Kleinen sein, Unheil stiften.* To play the part of Othello: *Die Rolle des Othello spielen.* To play an important (a secondary) part: *Eine wichtige (nebensächliche, untergeordnete) Rolle spielen.* To play an unworthy part: *Sich unwürdig verhalten.* To play a part: *Durch sein Handeln zu etwas beitragen; betrügerisch handeln.* To play one's part well: *Seine Rolle gut spielen, seine Sache gut machen.* To play the peacock: *Sich aufplustern, wie ein Pfau spreizen, brüsten.* To play the piano: *Klavier spielen.* To play pitch and loss: *Waghalsig sein, hasardieren, riskieren.* To play possum (USA): *Sich unschuldig, unwissend stellen.* To play puss in the corner: *Ein Kinderspiel, ähnlich dem „Reise nach Jerusalem“.* To play a minor role: *Eine untergeordnete, Nebenrolle spielen.* To play rough: *Hart spielen, hart rangehen.* To play Santa Claus: *Sich als Nikolaus verkleiden, ihn spielen.* To play second fiddle: *Die zweite Geige spielen.* To play the spendthrift: *Den Verschwender spielen, als Verschwender auftreten, sich wie ein solcher verhalten.* To play the spy: *Spionieren.* To play tag: *Nachlaufen spielen.* To play tricks with s.th.: *Einen schlechten Gebrauch von etwas machen.* To play truant: *Die Schule schwänzen, nicht zur Arbeit gehen.* To play one's trump card: *Seinen Trumpf ausspielen.* To play a tune: *Eine Melodie spielen.* To play the violin: *Die Geige spielen.* To play (the) wag: *Die Schule schwänzen.* To play a waiting game: *Das Spiel verzögern; die Ereignisse abwarten, um dann später um so wirkungsvoller handeln zu können.* To play a winning game: *Auf der Siegesstraße sein, gute Karten haben.* To play the woman: *Weinen, Furcht zeigen, sich „weibisch“, wie eine Memme verhalten.* To play s.b. false (foul): *Jemanden betrügen, sich ihm gegenüber hinterhältig verhalten.* To play oneself tired: *Sich bis zur Erschöpfung treiben.* He plays at being a student: *Er ist nur ein halbherziger Student.*

To play at (being) soldiers, (red) Indians: *Soldaten, Indianer spielen.* To play (at) hide-and-seek: *Versteck spielen.* I played him at cards: *Ich spielte mit ihm Karten.* To play at blind-man's buff: *Blindekuh spielen.* To play away one's money: *Sein Geld verspielen, vergeuden.* To play back a song: *Die Aufnahme eines Gesangsstücks abspielen.* To play by ear: *Nach Gehör spielen; instinktiv vorgehen oder Schritt für Schritt sich an dem erzielten Ergebnis orientieren.* He played the piece by desires, by (on) request: *Er spielte das Stück auf besonderen Wunsch.* To play (low) down on s.b.: *Aus jemandem einen unbilligen unrechten Vorteil ziehen, ihn ausnutzen.* To play for fun (love), for money: *Zum Vergnügen, des Geldes wegen spielen.* To play for high stakes: *Um hohen Einsatz spielen.* To play for one's own hand: *Auf eigene Rechnung arbeiten, im eigenen Interesse handeln.* To play for safety: *Vorsichtig handeln.* To play into s.b.'s hands: *So handeln, dass der andere den Vorteil hat; jemandem etwas in die Hände spielen.* To play off one person against another: *Eine Person gegen die andere ausspielen.* To play on (upon) words: *Mit Worten spielen.* To play on (upon) the square: *Korrekt, ehrlich handeln.* To play on (upon) s.b.: *Jemanden täuschen, hinters Licht führen.* To play a bad joke, a dirty, nasty trick on s.b.: *Sich einen üblen Scherz mit jemandem erlauben, ihm einen bösen Streich spielen.* To play it low on s.b.: *Jemanden unwürdig behandeln.* To play out a part: *Eine Rolle vollständig, bis zum Ende spielen.* I'm played out: *Ich bin am Ende.* To play to the gallery (to the Gods): *Für die Gallerie spielen, sich beim Publikumsgeschmack beliebt zu machen versuchen.* To play s.th. up: *Etwas hochspielen, seine Bedeutung übertreiben.* To play upon s.b.'s fears: *Jemandes Ängste ausnutzen.* To play with other people's affections: *Mit anderer Leute Gefühle spielen.* To play with fire, with edged tools: *Mit dem Feuer spielen, ein großes Risiko eingehen.*

play (2) To come into play: *Etwas in Gang setzen.* To make a play for s.th.: *Sich um etwas bemühen, etwas anstreben.* To make a great play with s.th.: *Etwas sehr betonen, hervorheben oder in den Vordergrund rücken; viel Aufhebens um etwas machen.* It's your play: *Es ist dein Spiel, es ist an dir, zu handeln.* A play on words: *Ein Spiel mit Worten.*

plead To plead a cause: *Einen Fall, eine Klage vor Gericht vertreten.* To plead the cause of the oppressed: *Die Sache der Unterdrückten vertreten.* To plead one's age to do an evil deed: *Sein Alter als Vorwand für eine verwerfliche Tat nehmen.* To plead guilty, not guilty: *Schuldig, nicht schuldig plädieren.* To plead for mercy: *Um Gnade bitten, flehen, appellieren.* She pleaded with the king against the sentence of death, for her son's life: *Sie bat den König inständig um die Aufhebung des Todesurteils, um das Leben ihres Sohnes.* To plead over: *Seine eigenen Ausführungen vor Gericht auf denen des Gegners aufbauen, ohne dass Einwände erhoben werden.*

please If you please (old): *Wenn ich bitten darf.* Please yourself (colloq.): *Bitte sehr; tu, was du nicht lassen kannst.* To please the eye: *Dem Auge schmeicheln.* That pleases (is pleasing to) everyone: *Das gefällt jedem, stellt jeden zufrieden.* Please God, please the pigs (joc.): *So Gott will, wenn die Umstände es erlauben.* Please do (please yourself): *Bedienen Sie sich! Tun Sie, was ihnen richtig erscheint!* He was pleased (it pleased him) to give me an explanation: *Es beliebte ihm, mir eine Erklärung zu geben.* He was pleased at the idea: *Er war von der Vorstellung, der Idee angetan, er fand Gefallen an ihr.* I am pleased with you: *Ich bin zufrieden mit dir.* He was as pleased as punch (colloq.): *Er war höchst zufrieden, vergnügt.*

pledge To pledge one's watch: *Seine Uhr verpfänden.* I pledge myself before God: *Ich verpflichte mich vor Gottes Angesicht.* To pledge the future: *Die Zukunft verpfänden.* To pledge one's faith (word): *Sein Ehrenwort geben, sich verbürgen.* To pledge one's honour: *Seine Ehre zum Pfand setzen, sich auf Ehrenwort verpflichten.*

plight To plight oneself: *Sich verpfänden, versprechen, verloben.* To plight one's troth: *Treue schwören, sein Wort verpfänden (besonders bei einer Verlobung).*

plod To plod away on one's books: *Sich über den Büchern Tag und Nacht schinden, bis zum Buckligwerden.* To plod on (along), to plod one's way: *Seine Arbeit, seinen Weg mühsam, aber unverdrossen weitermachen, vorantreiben.* To plod over a road: *Mühsam, mit langsamem Schritt eine Straße überqueren.*

plot To plot a conspiracy: *Eine Verschwörung aushecken.* They plotted against the king: *Sie verschworen sich gegen den König, zettelten ein Komplott, eine Verschwörung gegen ihn an.* To plot (out) a building: *Den Plan eines Gebäudes herstellen.* The plot thickens (joc.): *Jetzt wird's aber spannend!*

plough To plough the land: *Das Land pflügen.* To plough the waves: *Die Wellen durchpflügen (Schiff).* To plough fleet: *Flach, nur in geringer Tiefe pflügen.* To plough a candidate: *Einen Prüfling durchfallen lassen.* To plough a lonely furrow: *Etwas ohne Hilfe ausführen.* To plough the sand (the air): *Nutzlos, unfruchtbar arbeiten.* To plough around: *Um etwas (Baumstümpfe) herumpflügen; Seinen Weg erfühlen, erforschen.* To plough s.th. back: *Wieder hineinstecken, reinvestieren.* To plough seeds in, into the land: *Mit dem Pflug säen, Samen einpflügen.* To plough (one's way) through the snow: *Sich seinen Weg durch den Schnee bahnen.*

To plough up (out) roots, weeds: *Wurzeln, Unkraut ausroden.* To plough up the ground: *Die Erde roden, umpflügen.*

pluck To pluck flowers, fruit: *Blumen, Früchte pflücken.* To pluck a fowl: *Ein Huhn rupfen.* To pluck a gambler, a pigeon: *Einen Spieler, einen Simpel (leichtgläubigen Menschen) rupfen, hereinlegen.* To pluck s.b. from death: *Jemanden dem Tod entreißen.* To pluck the strings of a guitar: *Eine Gitarre zupfen.* To pluck a candidate: *Einen Prüfling durchfallen lassen.* To pluck one's eyebrows: *Seine Augenbrauen zupfen.* To pluck s.b. by the sleeve: *Jemanden am Ärmel ziehen.* She plucked at her sister's hair: *Sie zog, riss ihre Schwester an den Haaren.* He plucked at the offer: *Er nahm das Angebot sogleich an.* To pluck up a plant: *Eine Pflanze ausrupfen.* To pluck up (one's) courage, heart, spirits: *Sich Mut nehmen, sich ein Herz fassen.* To pluck the proctor's gown: *Einem Studenten die Doktorwürde verweigern, obwohl er alle Examen bestanden hat.*

plug To plug (up) a hole: *Ein Loch verstopfen.* To plug (up) one's ears: *Seine Ohren verstopfen, verschließen.* To plug s.b. (pop.): *Jemanden erschießen; jemanden mit der Faust schlagen.* To plug away: *Sich plagen, abplacken.* To plug in a lamp, a radio: *Eine Lampe, ein Radio anschließen (indem man sie mit der Steckdose verbindet).* To plug a product (colloq.): *Ein industrielles Erzeugnis propagieren, indem man es den Menschen ständig vor Augen bringt (durch Werbung etc.).*

plumb To plumb the depth of a channel: *Die Tiefe einer Fahrrinne ausloten.* To plumb a trunk: *Einen Koffer (eine Truhe) versiegeln.*

plume To plume one's feathers, oneself: *Sein Gefieder spreizen, sich aufplustern.* She plumes herself on her beauty: *Sie ist sehr stolz auf ihre Schönheit, sehr eitel.*

plump To plump (up) a fowl: *Ein Huhn mästen.* To plump out (up): *Anschwellen.* He plumped the suit-case on the floor: *Er ließ den Koffer auf den Boden fallen.* She plumped herself down on the chair: *Sie ließ sich schwer auf den Stuhl fallen.* To plump down money: *Bares Geld auf den Tisch legen, bar bezahlen.* To plump for one candidate: *Nur für einen Kandidaten stimmen (bei einer Wahlmöglichkeit von mehr als einem Kandidaten).* He plumped into the arm-chair: *Er ließ sich in den Sessel fallen, plumpste in den Sessel.* He plumped into the room: *Er platzte ins Zimmer.* To plump out: *Herausplatzen.* To plump out a secret: *Mit einem Geheimnis herausplatzen.*

plunge To plunge one's head into the water: *Seinen Kopf ins Wasser tauchen.* He plunged the dagger into his breast: *Er stieß sich den Dolch in die Brust.* He plunged into to lake: *Er sprang in den See, stürzte sich in den See.* To plunge one's hands into one's pockets: *Seine Hände in* *die Taschen stecken.* To plunge a people into misery, a room into darkness: *Ein Volk ins Elend stoßen, einen Raum, ein Zimmer in Dunkelheit tauchen.* To plunge into a discussion, into a new enterprise, into a fight: *Sich in eine Diskussion stürzen, in ein neues Unternehmen, in einen Kampf stürzen.* He plunged into the room: *Er stürzte in das Zimmer.* To plunge into debt: *Sich in Schulden stürzen.* To plunge upstairs, downstairs: *Die Treppe hinaufstürzen, hinabrennen,-springen.*

ply To ply the hammer, the sword: *Den Hammer, das Schwert schwingen.* To ply the needle: *Die Nadel führen.* To ply one's will power: *Seine Willenskraft benutzen.* To ply a trade: *Einen Handel betreiben, ein Handwerk ausüben.* To ply s.b. with entreaties, petitions, questions: *Jemandem mit Bitten, Gesuchen, Fragen hart zusetzen.* To ply s.b. with flattery: *Jemanden mit Schmeicheleien bestürmen.* To ply s.b. with a stick: *Jemanden mit einem Stock angreifen.* To ply s.b. with food, gifts: *Jemanden mit Essen, Geschenken traktieren.* To ply at a place: *Einen bestimmten Platz regelmäßig aufsuchen, um dort auf Kunden zu warten (Taxifahrer, Prostituierte etc.)* To ply between two ports: *Zwischen zwei Häfen hin und her fahren, verkehren.* To ply hard: *Hart und ausdauernd arbeiten.*

poach To poach an egg: *Ein pochiertes (verlorenes) Ei zubereiten.* To poach soft ground: *Weichen Boden durch Trampeln schlammig aufwühlen.* He poached into the heavy ground: *Er sank im schlammigen Boden ein.* To poach up the turf: *Die Rennbahn (die oft aus Grasmatten besteht) aufwühlen (durch die Hufe der Pferde).* To poach (for) fish, game: *Wild, Fisch wildern, auf unerlaubte oder unsportliche Weise erbeuten.* To poach on another's land: *Auf fremdem Land wildern, jagen.* To poach on another's preserves: *In das Gebiet eines anderen eindringen, jemandem ins Gehege kommen.* To poach an advantage (athl.): *Sich einen Vorteil erschleichen.* To poach a ball (tennis): *Einen Ball ins Feld des Kontrahenten schlagen.*

pocket (1) To pocket (up) a large sum of money: *Eine große Summe Geldes in die Tasche stecken, einsacken, mitgehen lassen.* To pocket a ball (billiards): *Einen Ball einlochen, ins Loch bringen.* To pocket a competitor: *Einen Konkurrenten in die Tasche stecken.* To pocket an affront, a rebuff: *Eine Beleidigung, einen Tadel wegstecken.* To pocket one's anger, one's pride: *Seinen Zorn, seinen Stolz unter Kontrolle haben.* To pocket a report (USA): *Einen Bericht unterdrücken.*

pocket (2) To burn a hole in s.b.'s pocket (joc.): *(Geld) jemandem unter den Nägeln brennen.* To be (left) in/out of the pocket: *Gut bei Kasse sein; draufzahlen, zu wenig haben.* In s.b.'s pocket: *In jemandes Hand, in jemandes Tasche.* To line one's pocket: *Sich bereichern; in die eigene Tasche arbeiten oder wirtschaften.*

pod To pod peas: *Erbsen enthülsen.*

point (1) To point a pencil: *Einen Bleistift spitzen.* To point a hare, a pheasant: *Einen Hasen, einen Fasan (mit dem Hund) stellen.* To point a pair of field-glasses: *Ein Fernglas ausrichten.* To point a moral: *Eine ethische Maxime, Moral (auf)zeigen.* To point the way: *Den Weg weisen.* To point the finger of scorn at s.b.: *Verächtlich mit dem Finger auf jemanden deuten.* He pointed his rifle at the tiger: *Er richtete sein Gewehr auf den Tiger.* He pointed at (to) the presidency: *Er zielte auf die Präsidentschaft ab.* To point off: *Weit weg weisen.* He pointed (out) his words with a gesture: *Er unterstrich seine Worte mit einer Handbewegung.* He pointed out the mistake to me: *Er wies mich auf den Fehler hin.* He pointed out to us that we were late: *Er machte uns darauf aufmerksam, dass wir verspätet waren.* To point to (towards) the sea: *Zum Meer gerichtet sein (Fenster etc.).* To point one's eyes, one's mind to (upon) s.b., s.th.: *Seine Augen, seinen Geist (Sinn, Absicht) auf jemanden, etwas heften.* That points to the probability of a success: *Das weist auf einen möglichen Erfolg hin.*

point (2) To be beside the point: *Unwesentlich sein, nichts zur Sache tun.* To be on the point of doing s.th.: *Etwas gerade tun wollen; gerade im Begriff sein, etwas zu tun.* To be to the point: *Exakt oder (zu)treffend sein.* To come to the point: *Etwas auf den Punkt bringen; zur Sache kommen.* To get the (s.b.'s) point: *Verstehen, worum es (jemandem) geht.* In point of fact: *In Wirklichkeit; tatsächlich.* To make it a point to do s.th. (to make a point of doing s.th.): *Auf etwas bestehen; großen Wert auf etwas legen; etwas unbedingt tun (müssen).* To make one's point: *Ein Argument anbringen; sich oder seine Ansicht durchsetzen.* You have made your point! *(Gereizt:) Ist ja schon gut, ich weiß Bescheid; das hast du ja schon gesagt etc.* The point of no return (fig.): *Der Punkt, von dem an es kein Zurück gibt; nicht mehr zurück können.* Point by point: *Punkt für Punkt, Stück für Stück, vollständig.* To take s.b.'s point: *Akzeptieren, was jemand sagt.* That's the point! *Das ist der springende Punkt! Da liegt der Hase im Pfeffer.* Up to the point: *Bis zu einem gewissen Grad.* A point of view: *Ein Stand- oder Gesichtspunkt.* When it comes to the point: *Wenn es darauf ankommt; im entscheidenden Moment.*

poise To poise a jug on the top of one's head: *Einen Krug auf dem Kopf balancieren.* To poise oneself: *Sich im Gleichgewicht halten.* To be poised in space: *Im Raume frei schweben; in der Luft hängen (Habicht etc.).*

poison To poison s.b.'s blood, life, mind: *Jemandes Blut, Le-*

ben, Geist vergiften. A poison-pen letter: *Ein anonymer Brief.*

poke To poke one's head: *Den Kopf vorstoßen.* To poke one's head through the door: *Seinen Kopf durch die Tür (vor)strecken.* To poke (up) the fire: *Das Feuer schüren.* To poke (one's nose), to poke and pry into other people's business: *In fremden Angelegenheiten herumschnüffeln.* To poke one's fingers into one's nose: *In der Nase bohren.* He poked about all day: *Er stöberte den ganzen Tag herum.* To poke fun at s.b.: *Sich über jemanden lustig machen.* To poke out a clogged hole: *Ein verstopftes Loch säubern.* To poke s.b. through with a lance: *Jemanden mit einer Lanze durchbohren.* To poke s.b. (oneself) up (colloq.): *Jemanden (sich) in Schwung bringen.*

pole (1) To pole a horse: *Ein Pferd an die Deichsel schirren.* To pole a boat, a raft: *Ein Boot, Floß mit Bootshaken fortstoßen.*

pole (2) They are poles apart: *Sie unterscheiden sich beträchtlich; zwischen ihnen liegen Welten.* To be up to the pole: *In der Tinte sitzen; verrückt sein, spinnen.*

polish To polish the floor, the furniture, the silver: *Den Boden, die Möbel, das Silber zum Glänzen bringen, polieren.* To polish (up) one's style: *Seinen Stil vervollkommnen, aufpolieren.* He polished off his work (colloq.): *Er erledigte seine Arbeit rasch.* To polish off a glass of wine (colloq.): *Ein Glas Wein hinunterschütten, sich volllaufen lassen.* He polished off his opponent in a few minutes (colloq.): *Er erledigte seinen Gegner in kurzer Zeit.*

poll To poll cattle: *Die Hörner (dem Vieh) stutzen.* To poll a tree: *Einen Baum köpfen (den Wipfel abschneiden).* He polled more votes than the other candidates: *Er bekam mehr Stimmen als die anderen Kandidaten.* To poll one's vote: *Seine Stimme abgeben.*

ponder To ponder a matter: *Eine Sache erwägen, darüber nachdenken.* To ponder s.b.'s words: *Jemandes Worte abwägen, prüfen.* He pondered on (over) his unhappy lot: *Er dachte über sein unglückliches Schicksal nach.*

poor He is as poor as a church mouse: *Er ist so arm wie eine Kirchenmaus.* He is poor company: *Er ist eine armselige, traurige Gesellschaft.* It's a poor argument: *Es ist eine schlechte Begründung.*

poorly He is poorly off: *Er steht elend da, ist in einer schlechten finanziellen Lage.*

pop To pop the cork out of a bottle: *Den Korken aus einer Flasche knallen, fliegen lassen.* To pop corn: *Mais rösten, bis er aufplatzt.* To pop a gun: *Ein Gewehr abfeuern.* To pop the question (colloq.): *Einen Heiratsantrag machen.* To pop one's watch (pop.): *Seine Uhr verpfänden.* He popped at the pheasant (colloq.): *Er feuerte sein Gewehr auf den Fasan ab.* To pop down a plane: *Ein Flugzeug plötzlich niederdrücken.* He popped in (to see me): *Er* *kam auf einen Sprung vorbei (um mich zu sehen).* He popped the cake into his mouth: *Er stopfte sich den Kuchen in den Mund.* To pop in and out: *Ständig eintreten und wieder hinausgehen.* To pop off a branch: *Einen Ast abschießen.* To pop off (the hooks): *Sterben.* He popped out of the room: *Er verließ plötzlich den Raum.* To pop out the light: *Das Licht auslöschen.* To pop up (colloq.): *Auftauchen.* He popped up from behind a tree: *Er trat plötzlich hinter einem Baum hervor.* Top of the pops (colloq.): *Sehr beliebt, sehr aktuell, der Hit oder der Renner.*

pope The pope's nose: *Der Bürzel eines (gebratenen) Huhnes; ein Leckerbissen.*

popular He is popular with women: *Er kennt sich mit Frauen aus, hat Erfolg bei ihnen.*

pore To pore on (upon) a problem, a mystery: *Über ein Problem, ein Geheimnis angestrengt nachdenken.* To pore over a book: *Über einem Buch schwitzen, von dessen Studium gänzlich in Anspruch genommen sein.* To pore one's eyes out: *Seine Augen (durch übermäßiges Lesen etc.) verderben.*

pose To pose an assertion, an instance: *Eine Behauptung, ein Beispiel formulieren.* To pose a claim: *Einen (Besitz-)anspruch erheben.* To pose a problem, a question: *Ein Problem, eine Frage stellen.* To pose a model: *Ein Modell in Pose stellen.* To pose as a gentleman, as an intellectual, as a martyr: *Sich als Ehrenmann, Intellektueller, Märtyrer (aus)geben, so posieren.* To pose as a model: *Modell stehen.* To pose for a painter: *Für einen Maler Modell stehen.*

possess To possess (to be possessed of, in possession of) a car, a house: *Ein Auto, ein Haus besitzen.* To possess a foreign language: *Eine fremde Sprache beherrschen.* To possess a woman: *Eine Frau besitzen, sie beherrschen.* He was possessed by (with) anger, by (with) the devil: *Er war vom Zorn, vom Teufel besessen.* To possess oneself (one's mind, one's soul) in (with) patience: *Sich mit Geduld wappnen.* To possess oneself of s.th.: *Sich in den Besitz einer Sache setzen, sie sich zu eigen machen.* What possessed s.b.? *Was ist in jemanden gefahren?*

possession Possession is nine points of the law (prov.): *Vermögen macht neun Zehntel des Rechts aus.*

post (1) To post (up) a placard: *Ein Plakat aufhängen, einen Anschlag machen, aushängen (an einer Litfasssäule, Plakatwand etc.).* To post (over) a wall: *Eine Mauer mit Plakaten etc. überkleben.* Post no bills: *Plakate ankleben verboten.* To post a reward: *Eine Belohnung per Anschlag oder Plakat ausschreiben.* I posted him for a swindler: *Ich prangerte ihn als Schwindler an.* To post a ship as overdue, as missing: *Ein Schiff als vermisst oder überfällig bekanntgeben.* To post a sentinel on a hill: *Einen Wachtposten auf einem Hügel aufstellen.* He was posted to a frigate: *Es wurde ihm das Kommando einer Fregatte übergeben.*

post (2) To post a letter: *Einen Brief aufgeben.* To post (up) an item in the ledger (comm.): *Einen Artikel im Hauptbuch eintragen.* To post a parcel: *Ein Paket aufgeben.* To post up the ledger (comm.): *Das Hauptbuch vervollständigen.* I'm (well) posted up (colloq.): *Ich bin voll informiert.* To keep s.b. posted: *Jemanden auf dem laufenden halten.*

post (3) As deaf as a post: *Stocktaub.*

pot The pot calls the kettle black! *Wer im Glashaus sitzt, soll nicht mit Steinen werfen; ein Esel nennt den anderen Langohr.* To go to pot (colloq.): *Auf den Hund kommen; vor die Hunde gehen; zugrunde- oder den Bach runtergehen.* To keep the pot boiling: *Sein Leben fristen; sich über Wasser halten; dafür sorgen, dass der Schornstein raucht.* Pot-hunter (pej.): *Preisjäger.* A pot-shot (colloq.): *Ein beiläufiger Schuss; eine leichte Sache.* To take pot-luck (and do s.th.) (colloq.): *Mit dem vorliebnehmen, was es gerade (zu essen) gibt; etwas aufs Geratewohl tun (fig.).* A watched pot never boils: *Je sehnlicher man etwas erwartet, desto länger erscheint einem die Zeit.*

potter To potter about: *Trödeln, müßig sein, herumhängen.* To potter away one's time: *Seine Zeit vergeuden, vertändeln.* To potter in painting: *In der Malerei dilettieren.*

potty He is potty about music: *Er ist verrückt nach Musik.*

pouch To pouch one's cheeks: *Die Backen aufblasen.*

pounce To pounce at (on, upon) one's prey: *Auf seine Beute plötzlich herabstoßen (Greifvogel).* To pounce on (upon) a favourable occasion: *Eine günstige Gelegenheit geschwind beim Schopf packen.*

pound To pound drugs in a mortar with a pestle: *Drogen (heilkräftige Kräuter etc.) im Mörser mit einem Stößel zerstampfen.* To pound (at, on) a fortification, a position: *Eine Befestigung, eine Stellung mit schwerem Geschützfeuer belegen, ihr hart zusetzen.* He pounded (at, on) my head: *Er schlug mir hart mit der Faust an den Kopf.* To pound (on) the piano: *Auf das Klavier einhämmern.* To pound along: *Gewichtigen Schrittes dahergehen.* To pound away: *Losschlagen.* To pound through the snow: *Sich durch den Schnee kämpfen.* To pound s.th. to pieces, to powder: *Etwas in Stücke schlagen, pulverisieren.* To pound the field: *Das Feld zerstampfen (auf einer Jagd mit Pferden).* To pound the lot: *Der einzige Reiter sein, dem es gelingt, eine Hürde zu überspringen.* To pound up cattle: *Vieh einpferchen.*

pour To pour (out) some wine into a glass: *Etwas Wein in ein Glas gießen.* To pour a cup of tea: *Eine Tasse Tee einschenken.* Pour me (yourself) a drink: *Gießen Sie mir (gießen Sie sich) et-*

was zu trinken ein. To pour (forth, out) rays of light, sounds: *Lichtstrahlen, Töne ausströmen.* He has poured boiling water on himself: *Er hat sich mit kochendem Wasser verbrüht.* To pour oil on the flames: *Öl ins Feuer gießen; Leidenschaft anheizen.* To pour cold water on s.b., on s.b.'s enthusiasm: *Jemanden, seine Begeisterung abkühlen.* To pour out oil slowly: *Öl tropfenweise ausgießen.* He poured out the secret to his friend: *Er rückte seinem Freund gegenüber mit dem Geheimnis heraus.* To pour out money: *Geld verschwenden.* To pour out one's heart: *Sein Herz ausschütten.* It was pouring (with rain): *Es schüttete.* To pour down in buckets: *In Strömen (herab)fließen (Tränen, Regen).* To pour oneself into the sea: *Sich (ein Fluss) in das Meer ergießen.* To pour in, out: *Hinein-, hinausströmen; in großer Menge und Frequenz eintreten, hinausgehen.* They poured into the square: *Sie strömten auf den Platz.* They poured out of the church: *Sie strömten aus der Kirche.* It never rains but it pours: *Ein Unglück kommt selten allein.*

poverty Poverty is no crime (prov.): *Armut ist keine Sünde.*

powder To powder one's nose: *Sich die Nase pudern.* To powder oneself: *Sich pudern.*

power To do s.b. a power of good: *Jemandem sehr guttun, sehr gut für jemanden sein.* To do a power of harm: *Großen Schaden anrichten.* In s.b.'s power: *In jemandes Gewalt.* More power to his (etc.) elbow: *Jemandem viel Erfolg, viel Glück wünschen.* The power behind the throne (fig.): *Der- oder diejenige, der/die das eigentliche Sagen hat.* The powers that be (joc.): *Die Mächtigen; die da oben; die, die was zu sagen haben.*

practice To be out of practice: *Aus der Übung sein.* To make a practice of doing s.th.: *Sich etwas zur Gewohnheit machen; etwas gewohnheitsmäßig tun.* Practice makes perfect (prov.): *Übung macht den Meister.* To put s.th. into practice: *Etwas in die Tat umsetzen; etwas verwirklichen.*

practise To practise justice, virtue: *Gerechtigkeit üben; Tugendhaftigkeit praktizieren.* To practise law, medicine (to practise as a lawyer, as a physician): *Als Rechtsanwalt, Arzt praktizieren.* He is practised in these matters: *Er ist in diesen Dingen erfahren, geübt.* Not to practise what one preaches: *Nicht ausüben was man selbst predigt; sich selbst nicht an etwas halten; Wasser predigen und Wein trinken.* To practise as well as one preaches: *Seinen eigenen Maximen gemäß handeln, nicht bloß schöne Worte machen.* He is practising at the bar, he is a practising barrister: *Er ist am Gericht praktizierender Rechtsanwalt.* To practise (on) the piano: *Klavierspielen üben.* To practise a recruit in the trade of war: *Einen Rekruten im Kriegshandwerk unterrichten.* I practise the same method: *Ich folge derselben Methode.* To practise a spell: *Eine Beschwörung machen.* To practise upon s.b.: *Jemanden beeindrucken und dadurch täuschen, ihn ausnutzen.*

praise (1) Praise be to God! *Gelobt sei der Herr!* To sing s.b.'s praises: *Jemandes Lob singen.*

praise (2) Praise the sea but keep on land (prov.): *Preise das Meer, doch bleib an Land.*

prance To prance about: *Einherstolzieren.*

pray To pray (to) God, (to) the saints: *Zu Gott, den Heiligen beten.* Pray God it won't happen again! *Gott gebe, dass es nie mehr geschieht!* She prays daily for (on behalf of) her dear ones: *Sie betet täglich für ihre Lieben.* Pray for us sinners: *Bete für uns Sünder.*

preach To preach the gospel, the truths of faith: *Das Evangelium, die wahren Grundsätze des Glaubens predigen.* To preach equality, temperance: *Gleichheit, Enthaltsamkeit predigen.* To preach a sermon: *Eine Predigt halten.* To preach to the winds: *In den Wind predigen, sprechen.* He preached to his son: *Er hielt seinem Sohn eine Moralpredigt.* To preach s.b. down, up: *Gegen jemanden eifern, jemanden preisen.*

precious Precious few (little) (colloq.): *Herzlich wenig(e).* He was precious angry (colloq.): *Er war ziemlich verärgert, zornig.*

precipitate To precipitate things: *Die Dinge überstürzen.*

preclude That precluded him from the performance of his duties: *Das hielt ihn von der Erfüllung seiner Pflichten ab.*

preen To preen one's feathers: *Sein Gefieder putzen.* To preen oneself: *Sich herausputzen; sich selbst gratulieren, mit sich selbst zufrieden sein.*

preface To preface a book: *Ein Vorwort für ein Buch schreiben.* He prefaced his speech by saying that he was no orator: *Er begann seine Rede mit dem Hinweis, dass er kein Redner sei.*

prefer I prefer tea to coffee: *Ich ziehe Tee dem Kaffee vor.* I prefer to walk rather than sit: *Ich ziehe das Laufen dem Sitzen vor.* To prefer a claim, a charge against s.b.: *Einen Anspruch, eine Beschuldigung gegen jemanden vorbringen.* To prefer s.b. to a high office: *Jemanden zu einer hohen Stelle, einem hohen Amt befördern.*

prejudice They prejudiced him against her: *Sie nahmen ihn gegen sie ein, flößten ihm ein Vorurteil gegen sie ein.* He is prejudiced against that man: *Er ist gegen diesen Mann voreingenommen.* Without prejudice to s.th.: *Ohne etwas zu beeinträchtigen oder zu gefährden; ohne etwas zu schaden.*

prejudicial That is prejudicial to health: *Das schadet der Gesundheit.*

prepare To prepare a contract, the dinner, an examination, a student for an examination: *Einen Vertrag, das Abendessen, eine Prüfung, einen Schüler (Studenten) für, auf eine Prüfung (vor)bereiten.* To prepare the ground: *Den Boden bearbei-*

ten. I prepared him for the news: *Ich bereitete ihn auf die Neuigkeiten vor.* He prepared to die (for death): *Er bereitete sich vor zu sterben, rüstete sich für den Tod.* I am prepared to help him: *Ich bin darauf gefasst, ich bin bereit, ihm zu helfen.* He was prepared for action: *Er war zum Handeln bereit.*

prepossess To prepossess s.b. against (in favour of) s.b. else: *Jemanden gegen jemand anderen (zu seinen Gunsten) vorweg einnehmen.* I was prepossessed by his manners: *Ich war durch seine Lebensart (Art, Sitten, Manieren) für ihn eingenommen.*

prescribe To prescribe a medicine, a treatment: *Eine Arznei, eine Behandlung verschreiben.*

presence of mind Presence of mind: *Geistesgegenwart.*

present (1) To present arms: *Das Gewehr präsentieren.* To present a bill, a certificate, a cheque, a motion, a petition, a programme, a receipt: *Einen Wechsel (einen Gesetzesentwurf), ein Zeugnis (Bescheinigung), einen Scheck, einen Vorschlag, ein Gesuch, ein Programm, eine Quittung vorlegen, präsentieren.* That presents some difficulties: *Das bedeutet einige Schwierigkeiten.* To present one's apologies, one's compliments to s.b.: *Sich (bei) jemandem rechtfertigen, entschuldigen, empfehlen.* He has presented me with a watch: *Er hat mir eine Uhr geschenkt.* He was presented at court, to the king: *Er wurde bei Hof, dem König vorgestellt.* He presented himself to the personnel manager: *Er stellte sich dem Personalchef vor.* To present oneself for an examination: *Zu einer Prüfung erscheinen.* To present a bold front in opposing s.b.: *Unerschrocken gegen jemanden Stellung nehmen, jemandem die Stirn bieten.*

present (2) Present company excepted: *Ausgenommen die Anwesenden.* At present: *Zur Zeit, im Moment.* For the present: *Vorläufig, einstweilen.*

preserve To preserve fruit, meat: *Früchte, Fleisch konservieren.* To preserve one's balance: *Sein Gleichgewicht bewahren.* To preserve one's dignity: *Seine Würde bewahren.* To preserve discipline, order, silence: *Disziplin, Ordnung, Ruhe bewahren.* To preserve a game run, a fishing river: *Ein Jagdrevier, ein fließendes Fischgewässer der privaten, ungestörten Nutzung vorbehalten.*

preside To preside at (over) a meeting: *In einer Versammlung den Vorsitz führen.* To preside at a banquet: *Bei einem Festessen am Kopf der Tafel sitzen.* To preside at the organ, at the piano (colloq.): *Als Organist, Pianist fungieren.*

press To press a button, the trigger: *Einen Knopf, den Abzug drücken.* To press the button: *Eine Maschine, Sache in Bewegung setzen.* To press one's foot on the accelerator, on the brake pedal: *Auf das Gaspedal drücken, auf die Bremse treten.* To press the bell: *Auf die Klingel drücken.* To press clothes: *Klei-*

dung bügeln. To press grapes, hay: *Trauben, Heu pressen.* To press s.b.'s hand: *Jemandes Hand drücken (als Zeichen der Ergriffenheit etc.).* To press a claim: *Einen Anspruch um jeden Preis aufrechterhalten.* To press an attack: *Einen heftigen Angriff machen.* To press s.b. close: *Jemanden in Bedrängnis bringen.* He pressed me to stay: *Er nötigte mich zu bleiben.* Hard pressed: *Schwer bedrängt, in schwerer Bedrängnis.* He pressed down the tobacco in his pipe: *Er stopfte seine Pfeife.* To press for orders, for payment (comm.): *Auf Bestellungen, auf Zahlung drängen.* I am pressed for time: *Ich bin knapp mit der Zeit.* To press forward: *Forthasten, weiterhasten, fortdrängen.* To press home an argument: *Ein Argument unterstreichen; einem Argument Nachdruck verleihen.* To press s.b. or s.th. into service: *Jemanden dienstverpflichten; jemanden oder etwas zu etwas heranziehen.* To press on: *Weiterdrängen, weitereilen.* To press the juice out of (from) a lemon: *Den Saft einer Zitrone auspressen.* They pressed round the winner: *Sie drängten sich um den Sieger.* I pressed him to an immediate decision: *Ich drängte ihn zu einer schnellen Entscheidung.* They were pressed together in a room: *Sie waren in einem Zimmer zusammengedrängt.* To press (upon) s.b.'s mind: *Jemanden beeindrucken.* To press hard upon the enemy: *Den Feind hart bedrängen.*

presume He presumes to know the truth: *Er maßt sich an, die Wahrheit zu kennen.* He presumed to say I was wrong: *Er erdreistete sich, hatte die Stirn, zu behaupten, ich hätte mich geirrt.* To presume on (upon) s.b.'s good nature: *Jemandes Güte missbrauchen.* To presume on (upon) one's age, one's position: *Sein Alter, seine Stellung missbrauchen.* To presume upon a short acquaintance: *Eine erst junge Bakanntschaft missbrauchen (indem man sich Freiheiten herausnimmt).*

pretend To pretend to the throne: *Den Thron beanspruchen.* He pretends to that young lady('s hand): *Er erhebt Anspruch auf die Hand jener jungen Dame.* He pretends to be wise, to wisdom: *Er maßt sich an, behauptet, weise zu sein, Weisheit zu besitzen.* To pretend illness: *Krankheit vortäuschen.* He pretended to be (that he was) asleep: *Er gab vor zu schlafen.* To pretend to oneself: *Sich selbst (etwas) vormachen, vorgeben (dass).*

pretty It's a pretty kettle of fish! *Eine schöne Bescherung!* A pretty job! *Eine saubere Sache! Ein schönes Stück Arbeit!* A pretty penny: *Eine schöne Summe.* Pretty much the same, alike (colloq.) *Ziemlich gleich oder dasselbe.* Things have come to a pretty pass (old): *Das sind ja schöne Zustände; so weit ist es schon gekommen.* Pretty well (colloq.) *Fast, so gut wie, (so) ziemlich.* To be sitting pretty (colloq.): *Gut dastehen; jemandem geht es gut.*

prevail To prevail over (against) one's enemies: *Seine Feinde besiegen.* To prevail on (upon) s.b. to do s.th.: *Jemanden dazu überreden, etwas zu tun.*

prevent To prevent an illness: *Einer Krankheit vorbeugen.* That prevented me from coming (my coming): *Das hielt mich vom Kommen ab, hinderte mich daran, zu kommen.*

prevention Prevention is better than cure (prov.): *Vorbeugen ist besser als Heilen.*

prey (1) To prey on (upon) a person, a place: *Eine Person, einen Ort ausplündern, ausrauben.* To prey on (upon) mice: *Mäuse jagen.* That preyed upon his life: *Das zerstörte sein Leben nach und nach.*

prey (2) He is a prey to remorse: *Er ist von Reue gepackt.*

prick She pricked herself (her finger) with a needle: *Sie stach sich mit einer Nadel (in den Finger).* To prick a (the) bubble, a (the) bladder: *Eine Illusion zerstören.* To prick holes in the ground: *Pflanzlöcher machen.* To prick a horse: *Ein Pferd anspornen, antreiben.* To prick a hare: *Einen Hasen verfolgen, sich auf seine Spuren setzen.* To prick s.b. for the office of sheriff: *Jemanden zum Sheriff (mit Exekutivvollmacht ausgestatteter Amtmann) wählen (indem man seinen Namen auf einer Liste markiert).* To prick at s.b.: *Jemandem einen Stich geben.* To prick in (off, out) seedlings: *Setzlinge pikieren, auspflanzen.* To prick up one's ears: *Seine Ohren spitzen.*

pride (1) She prides herself on her beauty: *Sie ist auf ihre Schönheit stolz.*

pride (2) Pride goes before a fall (prov.): *Hochmut kommt vor dem Fall.* To be s.b.'s pride and joy: *Jemandes ganzer Stolz.* Pride of place: *Ehrenplatz, Vorrang.* To swallow one's pride: *Seinen Stolz hinunterschlucken.* To take pride in s.th.: *Stolz auf etwas sein.*

prime To prime a mine: *Eine Mine scharfmachen.* To prime a witness: *Einen Zeugen (vorher) informieren.* To prime s.b. (oneself) with food: *Jemanden (sich) mit Essen vollstopfen.* The prime mover (fig.): *Die treibende Kraft, der Initiator.*

prink To prink one's feathers: *Seine Gefieder putzen.* To prink (oneself) up: *Sich aufputzen.*

print To print an article, a book, a photograph: *Einen Artikel, ein Buch drucken, eine Photographie herstellen.* It was printed in my memory: *Es war in meinem Gedächtnis eingeprägt.* To be printing: *Im Druck sein (Buch).* He printed the title: *Er schrieb den Titel in Blockschrift.* Printed matter: *Drucksache.*

printer Printer's devil: *Der Laufbursche in einer Druckerei.* Printer's dozen: *Dreizehn.*

privy I'm privy to his plans: *Ich bin in seine Pläne eingeweiht.*

pro The pros and cons: *Das Für und Wider.*

proceed To proceed badly: *Schlecht vorangehen.* To proceed cautiously, slowly: *Vorsichtig, langsam vorgehen.* They proceeded to vote: *Sie schritten* *zur Abstimmung.* To proceed against s.b.: *Gegen jemanden gerichtlich vorgehen.* To proceed to another subject: *Zu einem anderen Thema übergehen.* To proceed to the degree of M.A.: *Den akademischen Grad des Magister Artium erreichen.* He proceeded with (in) his work: *Er fuhr in seiner Arbeit fort.*

proclaim To proclaim peace, war: *Frieden, Krieg erklären, proklamieren.* To proclaim the banns of marriage: *Das Aufgebot bekanntgeben.* He proclaimed his innocence: *Er verkündete seine Unschuld.* To proclaim s.b. as an outlaw: *Jemanden ächten, zum Verbrecher, für vogelfrei erklären.* To proclaim s.th. from the housetop, to the four winds: *Etwas in alle vier Winde hinausrufen, ausposaunen.* To proclaim a district: *Den Ausnahmezustand in einem Distrikt erklären.* To proclaim a law: *Ein Gesetz proklamieren, öffentlich ergehen lassen.* They proclaimed him the victor: *Sie erklärten ihn zum Sieger.* That proclaims him (that he is) a coward: *Das beweist, dass er ein Feigling ist.*

procrastination Procrastination is the thief of time (prov.): *Aufschub ist Zeitverlust; was du heute kannst besorgen, das verschiebe nicht auf morgen.*

produce To produce cars, furniture, scientists, wheat: *Automobile, Möbel, Wissenschaftler, Weizen produzieren, hervorbringen.* That produced a favourable impression: *Das machte einen gefälligen Eindruck.* To produce a film, a play: *Einen Film, ein Schauspiel machen, produzieren.* To produce one's ticket: *Seinen Fahrschein, seine Eintrittskarte vorzeigen.* To produce no effect: *Keine Wirkung hervorbringen, wirkungslos verpuffen.* To produce documents, evidence, witnesses: *Dokumente, einen Beweis vorlegen, Zeugen vorbringen.* To produce a line: *Eine Linie verlängern.* To produce the rabbit out of the hat (colloq.): *Die Lösung einer Schwierigkeit finden.*

profess To profess a doctrine, a principle, a religion: *Sich zu einer Lehre, einem Grundsatz, einer Religion bekennen.* To profess one's confidence, one's faith in s.b.: *Sein Zutrauen zu jemandem, seinen Glauben an ihn erklären, beteuern.* To profess friendship, gratitude: *Freundschaft, Dankbarkeit erklären, bekennen.* To profess law, medicine: *Rechtskunde, Heilkunde als Beruf ausüben.* To profess private law: *Privatrecht lehren.* He professed himself to be my friend: *Er erklärte, dass er mein Freund sei.*

profit To profit by the opportunity: *Sich die Gelegenheit zunutze machen.* To profit by (from) s.b.'s advice, help: *Aus jemandes Rat, seiner Hilfe Nutzen ziehen.* I've profited by (from) his teaching: *Seine Lehren sind mir von Nutzen gewesen.*

progress To progress in the study of German: *Im Studium der deutschen Sprache Fortschritte* *machen.* To progress steadily: *Stetig vorankommen.*

prohibit To prohibit s.b. from doing s.th.: *Jemandem verbieten, etwas zu tun.* To prohibit the sale of (alcoholic) liquors: *Den Verkauf alkoholischer Getränke untersagen, unter Prohibition stellen.*

project To project a beam of light, a film, a shadow: *Einen Lichtstrahl werfen, einen Film projizieren, einen Schatten werfen.* She projected her thoughts (she projected herself) into the future: *Sie richtete ihre Gedanken in die Zukunft, machte Pläne für die Zukunft.* To project a missile: *Ein Geschoss (Rakete etc.) entwerfen.* To project a plan: *Einen Plan entwerfen.* To project far into the sea: *Weit ins Meer hinausragen, vorspringen.*

prolong To prolong a holiday, a visit: *Einen Ferienaufenthalt, einen Besuch verlängern.* To prolong s.b.'s life: *Jemandes Leben verlängern.* To prolong a bill (comm.): *Einen Wechsel aufschieben.*

promise To promise rain: *Nach Regen aussehen.* He promised to help (that he would help) me: *Er versprach, mir zu helfen.* He isn't promising anything: *Er verspricht nichts.* To promise well: *Vielversprechend sein.* To promise a daughter in marriage: *Eine Tochter (zur Ehe) versprechen.* I promise you: *Ich versichere dir …* To promise the moon (wonders): *Das Blaue vom Himmel versprechen.* It promises to be fine (fair): *Es verspricht schön zu werden (das Wetter).* I promised myself a pleasure trip: *Ich versprach mir eine Vergnügungsreise.*

promises Promises are like piecrust, made to be broken (prov.): *Versprechungen werden gegeben, um gebrochen zu werden.*

promote To promote the arts, knowledge, learning: *Die Künste, das Wissen, die Gelehrsamkeit fördern.* To promote a bill: *Einen Gesetzesentwurf unterstützen.* To promote a pawn: *Einen Bauern umwandeln (im Schach).* He was promoted (to the rank of) colonel: *Er wurde zum Oberst befördert.* To promote digestion: *Die Verdauung fördern.* To promote disturbances, a rising: *Unruhen, einen Aufstand auslösen.*

prompt To prompt s.b. to action, to crime: *Jemanden zum Handeln, zu einem Verbrechen veranlassen, antreiben.* To prompt s.b. to do s.th.: *Jemanden dazu reizen, veranlassen, bewegen etwas zu tun.* To prompt an actor: *Einem Schauspieler soufflieren.*

promulgate To promulgate a decree, a law: *Einen Erlass bekanntgeben, ein Gesetz proklamieren.* To promulgate a creed (a doctrine): *Eine Lehre, ein Glaubensbekenntnis verbreiten.*

pronounce To pronounce a language, a word correctly: *Eine Sprache, ein Wort korrekt aussprechen.* To pronounce one's opinion: *Seine Meinung ausdrücken, äußern.* To pronounce a sentence of death on (upon) s.b.: *Ein Todesurteil gegen je-*

manden aussprechen. To pronounce a patient out of danger: *Erklären, dass ein Kranker außer Gefahr sei.* To pronounce against (in favour of) s.b.: *Sich gegen jemanden, zu seinen Gunsten aussprechen.* To pronounce on (upon) s.b., s.th.: *Sich über jemanden, etwas auslassen.*

proof She is proof against (to) temptation: *Sie ist gegen Versuchungen gefeit.* The proof of the pudding is in the eating (prov.): *Probieren geht über Studieren; erst im Gebrauch zeigt sich der Wert.*

prop To prop (up) a door, a wall: *Eine Tür, eine Mauer stützen.* To prop a cause: *Eine Sache, Angelegenheit unterstützen.*

propagate To propagate a disease, heat, light, news, a religion, soundwaves: *Eine Krankheit, Hitze, Licht, Neuigkeiten, eine Religion, Tonwellen verbreiten.*

properly Properly speaking: *Um es genau zu sagen, eigentlich.*

proportion (1) To proportion one's expenditure to one's income: *Seine Ausgaben an das Einkommen anpassen.* To proportion the punishment to the offence: *Die Strafe dem Vergehen anpassen.*

proportion (2) To be out of proportion: *Über jedes Maß hinausgehen.* To be out of (all) proportion to s.th.: *In keinem Verhältnis zu etwas stehen.* To get (s.th.), grow out of (all) proportion: *Das Verhältnis zu etwas verlieren; jedes Maß verlieren.* A sense of proportion: *Der Sinn für (die) Proportionen oder das rechte Maß.*

propose To propose an affair, a riddle, a solution, a toast: *Eine Angelegenheit vorbringen; ein Rätsel, eine Lösung vorlegen; einen Trinkspruch ausbringen.* I proposed his health: *Ich trank auf seine Gesundheit.* To propose s.b. for a post: *Jemanden für eine Stelle vorschlagen.* I propose to leave (leaving) at once: *Ich schlage vor, sofort zu gehen.* He was proposed to that young lady: *Er hatte um die Hand der jungen Dame gebeten.*

propound To propound a problem, a theory: *Ein Problem, eine Theorie vorlegen.* To propound a will. *Sein Testament beglaubigen lassen.*

prosecute To prosecute an inquiry, a subject, an undertaking: *Eine Untersuchung, ein Thema, Unternehmen verfolgen.* To prosecute a claim: *Einem Anspruch nachgehen, ihn verfolgen.* To prosecute a criminal: *Einen Verbrecher gerichtlich verfolgen.* To prosecute trespassers: *Gesetzesübertreter gerichtlich verfolgen.*

prospect To prospect a region for gold: *Ein Gebiet nach Gold durchschürfen, es für die Goldsuche erschließen.* He has prospected for his wallet: *Er hat überall nach seiner Brieftasche gesucht.* To prospect well, ill: *Vielversprechend, wenig versprechend sein (eine Mine).*

prostitute To prostitute oneself: *Sich überlassen, ergeben, preisgeben, prostituieren.*

prostrate To prostrate an army, a town: *Eine Armee vernichtend schlagen, eine Stadt niederwer-*

fen. She prostrated herself at his feet: *Sie warf sich ihm vor die Füße.* He was prostrated by the disease: *Er war durch die Krankheit niedergeworfen, gänzlich entkräftet.*

protect To protect one's eyes from light, one's head from the sun: *Seine Augen vor dem Licht, seinen Kopf vor der Sonne schützen.* He protected her from (against) danger: *Er schützte sie vor Gefahr.* To protect home industry from (against) foreign competition: *Die einheimische Industrie vor ausländischer Konkurrenz schützen, Protektionismus ausüben.* To protect a bill (comm.): *Gelder bereithalten um einen Wechsel auszahlen zu können, eine Rechnung bezahlen zu können.* To protect oneself: *Sich schützen.*

protest To protest one's friendship, one's innocence: *Seine Freundschaft, seine Unschuld beteuern.* To protest a bill (comm.): *Einen Wechsel protestieren.* I protested against his proposal: *Ich verwahrte mich gegen seinen Vorschlag, erhob Einspruch dagegen.*

protrude To protrude one's tongue: *Seine Zunge herausstrecken.* To protrude from under a blanket: *Unter einer Bettdecke (die Füße) hervorstrecken.* To protrude one's views upon others: *Anderen seine Ansichten aufdrängen.*

proud I am proud of it! *Ich bin darauf stolz! Dafür brauche ich mich nicht zu schämen!*

prove To prove s.b.'s guilt, innocence: *Jemandes Schuld, Unschuld beweisen.* I'll prove it to you in a few minutes: *Ich werde es dir in wenigen Minuten beweisen.* To prove a fact: *Eine Tatsache aufweisen.* To prove a will: *Die Echtheit und Gültigkeit eines Testamentes bestätigen.* He proved (himself, to be) a real rascal: *Er erwies sich als ein echter Lump.* To prove false, useful: *Sich nicht bewähren (bestätigen), sich nützlich erweisen.* To prove true: *Sich bewähren, bestätigen.* To prove a failure, a frost: *Sich als Fehlschlag, als Reinfall erweisen.*

proverb He is a proverb for stinginess: *Er ist von sprichwörtlichem Geiz.*

provide To provide food for one's family: *Seine Familie mit Nahrung versorgen.* To provide s.b. with money: *Jemanden mit Geld versorgen.* He has provided himself with clothes, with victuals: *Er hat sich mit Kleidung, mit Lebensmitteln (Proviant) eingedeckt.* To provide against an attack, a danger: *Gegen eine Gefahr, einen Angriff Vorkehrungen treffen.* To provide for one's family: *Für seine Familie Vorsorge treffen.* To provide for the upbringing of one's children: *Für die Erziehung seiner Kinder sorgen.* To provide for a rainy day: *Für härtere Zeiten Vorsorge treffen.*

provoke To provoke laughter, a riot: *Gelächter, einen Aufruhr provozieren, hervorrufen, herausfordern.* To provoke envy, indignation: *Neid, Entrüstung hervorrufen, herausfordern.* He provoked me (to anger, to wrath): *Er reizte mich, er machte mich wütend.*

prowl To prowl a region: *Eine Gegend unsicher machen, dort auf Beute ausgehen.* To prowl about (around): *Herumstreifen, in der Absicht zu stehlen oder zu rauben.*

prune To prune a tree, a vine: *Einen Baum, einen Weinstock beschneiden.* To prune (off) branches: *Totes oder störendes Geäst abschneiden.* To prune what is superfluous: *Entfernen, was überflüssig ist.* To prune a speech: *Eine Rede von Überflüssigem befreien.*

pry To pry into other people's business: *Die Nase in anderer Leute Angelegenheiten stecken.* To pry into a matter: *Eine Sache genau erforschen, in sie eindringen.*

public Public spirit: *Soziales Bewusstsein, Gemeinschaftssinn.*

publish To publish a novel in instalments, in serial form: *Einen Roman in Fortsetzungen veröffentlichen.* To publish the banns: *Das Aufgebot bekanntgeben.*

pucker To pucker (up) one's brows: *Seine Stirn runzeln.* To pucker (up) one's lips: *Seine Lippen zusammenkneifen.*

puff To puff (away at) a cigarette, a pipe: *Eine Zigarette, eine Pfeife paffen.* To puff away (by), in, out: *Schnaufend wegfahren, einfahren, hinausfahren (Dampflok).* To puff away the dust: *Den Staub auspusten, puffend ausstoßen.* He has puffed smoke into my face: *Er paffte mir Rauch ins Gesicht.* To be puffed out (colloq.): *Außer Puste sein.* To puff out a candle: *Eine Kerze auspusten.* To puff out one's cheeks, one's chest: *Die Backen, die Brust aufblähen.* To be puffed up (fig., pej.): *Aufgeblasen sein.* To puff up smoke: *Rauch auspaffen.* To puff (up) a book, a writer: *Ein Buch, einen Autor (in seiner Bedeutung) aufblähen.* To puff up with pride: *Mit Stolz aufblähen.* To puff steam: *Dampf mit einem puffenden Geräusch von sich geben, auspuffen.* To puff and blow: *Schwer atmen, schnaufen, nach Luft schnappen.* To puff like an engine, a grampus: *Schnaufen wie eine Dampflok, wie ein Fettsack.*

pull Pull: *Ziehen (als Aufschrift auf Türen).* To pull a boat: *Ein Boot rudern.* To pull caps: *Raufen, zanken.* To pull a draught of beer: *Einen tiefen Schluck Bier nehmen.* To pull s.b.'s ears, hair: *Jemanden an den Ohren, am Haar ziehen.* To pull faces: *Gesichter, Grimassen ziehen.* To pull a (wry) face: *Ein schiefes Gesicht machen.* To pull a long, a sad face: *Ein langes, trauriges Gesicht machen.* To pull a good oar: *Ein guter Ruderer sein.* To pull hard: *Mächtig ziehen.* To pull the leading string: *Den Ton angeben, an erster Stelle stehen, die wichtigste Person sein.* To pull s.b.'s leg: *Jemanden verkohlen, ihm einen Bären aufbinden.* To pull oars: *Rudern, sich in die Riemen legen, anstrengen.* To pull a proof: *Einen Korrekturbogen (Probeabzug) abziehen.* To pull the strings (the wires): *Die Fäden ziehen.* To pull (row) stroke: *Rudern.* To pull the trigger: *Den Abzug drücken.* To pull one's weight: *Sein Maß an Arbeit vollbringen (ursprünglich beim Rudern).* To pull wigs: *Raufen, in die Haare geraten.* He pulled himself free: *Er befreite sich mit einem Ruck.* To pull s.th. about: *Etwas herumzerren, rauh behandeln.* To pull s.b. about (colloq.): *Jemanden herumstoßen, misshandeln.* Pull the door (shut) after you: *Schließ die Tür hinter dir!* To pull the curtains apart: *Die Vorhänge beiseite ziehen, öffnen.* To pull (at) a rope: *An einem Tau ziehen.* To pull s.b. by the ears, by the hair, by the sleeve: *Jemanden an den Ohren, am Haar, am Ärmel ziehen.* To pull s.b. by the nose: *Jemanden an der Nase ziehen.* To pull the devil by the tail: *Den Teufel am Schwanz ziehen; sich Schwierigkeiten verschaffen.* To pull down a building: *Ein Gebäude abreißen.* To pull down the blinds: *Die Rolläden herablassen.* To pull down the prowd: *Den Stolzen demütigen.* To pull s.b. down: *Jemanden niederwerfen, entkräften.* To pull in one's horns: *Die Fühler einziehen, sich zurücknehmen, zurückziehen.* To pull s.th. off (colloq.): *Etwas schaffen, zuwege bringen; etwas an Land ziehen.* To pull off a prize: *Einen Preis davontragen.* To pull one's finger out (pop.): *Loslegen, anfangen ernsthaft zu arbeiten.* To pull (out) the petals from a daisy: *Die Blütenblätter eines Gänseblümchens auszupfen (abzählend).* To pull (out the feathers of) a fowl: *Ein Huhn rupfen.* To pull s.b.'s chestnuts out of the fire: *Jemandem die Kastanien aus dem Feuer holen.* To pull the wool over s.b.'s eyes: *Einem Sand in die Augen streuen.* To pull round: *Sich erholen, gesund werden.* To pull s.b. round: *Jemanden heilen.* To pull a patient through: *Einen Patienten heilen, durchbringen.* To pull an undertaking through: *Ein Unternehmen zu einem ungestörten Ende bringen, durchziehen.* To pull s.th. to pieces: *Etwas zerstückeln.* They have pulled him to pieces: *Sie rissen ihn in Stücke, kritisierten ihn gnadenlos.* To pull the curtains together: *Die Vorhänge zusammenziehen, aufziehen.* To pull together: *Im Einklang zusammenstimmen (zusammenarbeiten).* To pull oneself together: *Sich zusammennehmen, die Selbstbeherrschung wiedergewinnen.* To pull one's socks up: *Eine Anstrengung unternehmen.* To pull up the venetian blinds: *Die Rolläden, Jalousien hochziehen.* To pull up stakes: *Die Zelte abbrechen.* To pull up: *Anhalten.* To pull up short: *Plötzlich anhalten.* To pull oneself up: *Sich zurückhalten.* He pulled up his son: *Er tadelte seinen Sohn.* To pull up (one's knowledge of) a language: *Die Kenntnis einer Sprache verbessern.*

pump To pump (out, up) water: *Wasser pumpen.* To pump a well dry: *Einen Brunnen auspumpen, mit der Pumpe trockenlegen.* To pump one's brains: *Sich den*

Kopf zerbrechen. To pump (information out of) s.b.: *Aus jemandem Informationen herauslocken.* I am pumped (out): *Ich bin außer Atem.* To pump up a tyre: *Einen Reifen aufpumpen.*

pun To pun on (upon) words: *Mit Worten spielen.*

punch (1) To punch (a hole in) a ticket: *Ein Billet (Fahrkarte, Eintrittskarte) lochen.*

punch (2) Punch and Judy show: *Groteskes Puppenspiel (Marionetten etc.).* To be as pleased as Punch (colloq.): *Sich freuen wie ein Schneekönig, sich königlich freuen.*

puncture To puncture a tyre: *Einen Reifen durchstechen.*

punish To punish a criminal with death: *Einen Verbrecher mit dem Tode bestrafen.* I punished him for disobedience: *Ich bestrafte ihn wegen Ungehorsams.* To punish an opponent: *Den Gegner (beim Boxkampf) hart treffen.* To punish a rebellious son into surrender: *Einen aufrührerischen Sohn bestrafen (bis er klein beigibt).* To punish food, drink (colloq.): *Dem Essen, Trinken kräftig zusprechen.*

purchase He purchased experience dearly: *Er zahlte einen hohen Preis für die Erfahrung.* They purchased victory with their blood: *Sie bezahlten den Sieg mit ihrem Blut.*

purge To purge a sentence: *Ein Urteil bereinigen, revidieren.* To purge s.b. (oneself) of a charge: *Jemanden (sich) von einer Last befreien.* To purge oneself: *Sich reinigen, befreien (den Körper, Geist, von einer Schuld).* To purge the barley from the bran: *Die Spreu vom Weizen trennen.* To purge away one's dross: *Sich von seinen Schlacken befreien.* To purge away (off) one's sins: *Sich von seinen Sünden reinigen.* To purge corrupt politicians: *Korrupte Politiker ausmerzen.*

purse To purse (up) one's brow: *Seine Stirn runzeln.* To purse (up) one's lips: *Die Lippen spitzen, schürzen.*

pursue To pursue (after) a fugitive: *Einen Flüchtigen verfolgen.* To pursue one's studies, one's way: *Seine Studien, seinen Weg verfolgen.* To pursue one's aim: *Seine Absicht verfolgen.* To pursue (on) speaking: *Mit dem Reden fortfahren.*

push Push: *Drücken (Aufschrift auf einer Tür).* To push an attack home: *Einen Angriff zurückschlagen.* To push one's claims: *Seine Ansprüche geltend machen.* To push the door open (shut): *Die Tür aufstoßen (zustoßen).* To push one's fortune: *Sein Glück forcieren.* To push an operation: *Eine Unternehmung mit Nachdruck betreiben.* To push the pram: *Einen Kinderwagen schieben.* To push the sale of one's goods (comm.): *Den Verkauf seiner Waren vorantreiben.* To push with one's elbow: *Mit dem Ellbogen stoßen.* To push along (on): *Entschlossen oder ausdauernd weitergehen; seinen Weg machen.* I pushed along (on) with my work: *Ich trieb meine Arbeit voran.* To push s.b. around: *Jemanden überheblich, verächtlich behandeln.* To push back:

Zurückstoßen. To push back the enemy: *Den Feind zurücktreiben.* To push s.b. down: *Jemanden niederstoßen, hinunterstoßen.* To push for orders (comm.): *Sich um Aufträge drängen.* I am pushed for money: *Ich bin knapp bei Kasse.* I am pushed for time: *Ich finde kaum Zeit.* To push off: *Abstoßen; weggehen.* They pushed on to the brink of the precipice: *Sie trieben es bis zum Äußersten.* To push one's views on (upon) s.b.: *Jemandem seine Ansichten aufdrängen.* I pushed him out of the door: *Ich warf ihn zur Tür hinaus.* To push the boat out (colloq.): *Ein Ereignis feiern (ein Schiff vom Stapel laufen lassen).* To push out one's tongue: *Seine Zunge herausstrecken.* To push out into the sea: *Ins Meer vorspringen (Felsen).* He pushed past them: *Er drängte sich an ihnen vorbei.* To push a bill through: *Einen Gesetzesentwurf durchdrücken.* To push s.b. up: *Jemanden hochbringen.* To push up the daisies: *Sich die Radieschen von unten besehen (tot und begraben sein).*

put To put about a rumour: *Ein Gerücht in die Welt setzen.* To put s.b. about: *Jemanden belästigen, plagen.* To put it across s.b. (pop.) *Jemanden hereinlegen.* To put s.th. across: *Etwas (Ideen) vermitteln.* He put it across: *Er machte es nutzbar.* To put the cat among the pigeons: *Einen Wolf in die Schafsherde lassen.* To put aside some money: *Etwas Geld auf die hohe Kante legen.* To put aside a problem: *Ein Problem beiseite schieben.* Put yourself at (your) ease: *Machen Sie es sich bequem.* To put away money for a rainy day, for future use: *Für schlechtere Tage, für zukünftigen Gebrauch Geld beiseite legen, sparen.* To put away a bad habit: *Eine schlechte Gewohnheit ablegen.* To put away a madman (colloq.): *Einen Irren in Verwahrung nehmen, einsperren.* To put s.b. away (colloq.): *Jemanden wegschaffen, einsperren, töten.* To put back (naut.): *Den Kurs zurückstellen.* To put back the watch: *Die Uhr zurückstellen.* To put the clock back: *Die Zeit zurückdrehen, sich in die Vergangenheit versetzen.* To put the cart before the horse, the plough before the oxen: *Das Pferd beim Schwanz aufzäumen; den Karren vor den Ochsen spannen.* To put by a question: *Eine Frage abtun, ihr ausweichen.* To put down a burden: *Eine Last ablegen.* To put down an insurrection: *Einen Aufstand unterdrücken.* To put down prices: *Die Preise senken.* To put s.th. down in writing: *Etwas niederschreiben.* I put him down as a dishonest person: *Ich betrachte ihn als einen unredlichen Menschen.* To put s.th. down in black and white: *Etwas schwarz auf weiß niederlegen.* To put one's name down: *Seinen Namen (in eine Liste) eintragen.* To put one's foot down: *Unnachgiebig auf etwas bestehen oder Druck ausüben; das Gaspedal durchtreten.* To put s.th. down to s.th.: *Etwas auf etwas* *anderes zurückführen.* Put down your stakes! *Ihren Einsatz! (Beim Glücksspiel, Pferderennen)* To put one's best foot (leg) forward: *Sein Bestes tun, geben.* To put forth buds, leaves: *Knospen, Blätter treiben.* To put forth all one's strength: *All seine Kraft in Einsatz bringen.* To put the clock forward: *Die Uhr vorstellen.* To put forward a proposal: *Einen Vorschlag fördern.* To put forward a matter: *Eine Angelegenheit vorantreiben.* He put her in a state of anxiety: *Er versetzte sie in Angst.* To put the boot in: *Brutal zutreten; entscheidend handeln.* To put s.b. in the chair: *Jemanden in den Stuhl (ein bestimmtes Amt) heben.* To put s.th. in order (shipshape): *Etwas in Ordnung bringen.* To put names in alphabetical order: *Namen in alphabetische Reihenfolge bringen.* She put silly notions into her daughter's head: *Sie setzte ihrer Tochter Flausen in den Kopf.* To put a new coin into circulation: *Ein neues Geldstück in Umlauf bringen.* He put credit in her words: *Er vertraute ihren Worten.* He put his ideas into plain words: *Er kleidete seine Gedanken in einfache Worte.* I put him in his place: *Ich wies ihn in die Schranken.* Put it in your pipe and smoke it: *Das kannst du dir sonstwohin stecken.* To put the axe in the helve: *Ein Problem lösen.* He has put his back into it: *Er hat sich mächtig dafür ins Zeug gelegt.* To put it in a nutshell: *Um es zusammenzufassen.* To put the engine in motion: *Die Maschine, den Motor in Betrieb setzen.* To put a watch in pawn: *Eine Uhr verpfänden.* I put myself in the mood to do that work: *Ich stellte mich darauf ein, diese Arbeit auszuführen.* To put s.th. into effect: *Etwas zur Wirkung bringen.* To put s.b. in a flutter: *Jemanden in bebende Erregung setzen.* To put one's foot in it: *Blindlings vorgehen, stolpern; sich gröblich irren.* To put a law into force: *Ein Gesetz in Kraft setzen.* They put fresh courage into him: *Sie gaben ihm neuen Mut.* He put me in a hole: *Er brachte mich in eine heikle Lage, in die Bredouille.* To put one's head into the lion's mouth: *Sich in Gefahr begeben.* To put s.th. into practice: *Etwas in die Tat umsetzen.* To put onw's finger in one's eye: *Sich (falsche) Tränen aus dem Auge wischen.* To put an order in hand: *Einen Befehl vollziehen.* To put s.b. in good heart: *Jemandem Mut machen.* To put s.th. in a good (bad) light: *Etwas in ein gutes (schlechtes) Licht setzen.* To put s.b. in a dilemma: *Jemanden in einen Zwiespalt bringen.* To put all one's eggs in one basket: *Alles auf eine Karte setzen.* To put one's head in a noose: *Seinen Kopf in die Schlinge stecken; sich selbst ins Verderben stürzen.* To put one's nose into s.b.'s business: *Seine Nase in jemandes Geschäft, Angelegenheiten stecken.* To put s.b. in (into) jail (prison): *Jemanden ins Gefängnis stecken.* To put s.b. in the know, in the picture (colloq.): *Jemanden in*

Kenntnis, ins Bild setzen. To put s.b. in the shade: *Jemanden in den Schatten stellen.* To put a spoke in s.b.'s wheel: *Jemandem ein Hindernis in den Weg legen; seine Pläne durchkreuzen; Knüppel zwischen die Beine werfen.* Put a sock in it! (pop.): *Ruhe!* To put one's trust (faith) in s.b.: *Sein Vertrauen in jemanden setzen.* To put some life into it (colloq.): *Mit mehr Energie handeln.* To put one's pride in one's pocket: *Seinen Stolz vergessen, eine Demütigung hinnehmen, um seine Absicht zu erreichen.* To put a speech in s.b.'s mouth: *Jemandem einen Ausspruch zuschreiben.* To put words into s.b.'s mouth: *Jemandem Worte in den Mund legen.* To put teeth into a law: *Einem Gesetz Wirkung verschaffen.* To put a word in s.b.'s ear: *Jemandem etwas ins Ohr sagen, setzen.* To put in an appearance: *Anwesend sein, erscheinen.* To put in a caveat: *Einspruch einlegen.* To put in a claim for damages: *Einen Anspruch auf Entschädigung erheben.* To put in a document, evidence: *Ein Dokument, einen Beweis vorlegen.* To put in a good word for a friend: *Für einen Freund ein gutes Wort einlegen.* To put a notice in: *Eine Nachricht zukommen lassen, einsenden, einwerfen.* To put in time: *Zeit aufwenden.* To put s.b. in: *Jemanden wählen, bestimmen (für ein Amt).* To put s.b. off with an excuse, with a promise: *Jemanden mit einer Entschuldigung, einem Versprechen vertrösten, abspeisen, abtun.* To put off indefinitely, till doomsday: *Bis zum Sankt-Nimmerleinstag aufschieben.* They put off the meeting until the next day: *Sie verschoben das Treffen auf den folgenden Tag.* They put him off the scent: *Sie brachten ihn auf eine falsche Spur.* I put him off doing it: *Ich redete ihm aus, das zu tun.* To put off (naut.): *Sich von der Küste entfernen.* To put on one's best bib and tucker (colloq.): *Die besten Kleider anziehen, sich in Schale werfen.* He put on an air of indifference: *Er zeigte sich gleichgültig.* To put on airs (frills): *Sich hochmütig geben.* To put the bite on s.b. (pop.): *Von jemandem Geld borgen oder erpressen.* To put the blame on s.b.: *Jemandem die Schuld zuschieben.* To put on dog (USA): *Reichtum demonstrieren.* To put it on (colloq.): *Ein Gefühl (etc.) übertreiben, vortäuschen.* To put on a play: *Ein Schauspiel in Szene setzen.* To put on the screw: *Die Schraube ansetzen, Druck ausüben, erpressen (ein Geständnis, Geld etc.).* To put one's face on (colloq.): *Sich schminken.* To put on a solemn face: *Ein feierliches Gesicht aufsetzen.* To put the saddle on the right (wrong) horse: *Der richtigen (unschuldigen) Person die Schuld geben.* To put Yorkshire on s.b. (colloq.): *Jemanden betrügen.* To put one's cards on the table: *Seine Karten offen auf den Tisch legen.* To put a bridle, a check on one's passions: *Seine Leidenschaften zügeln.* To put on fancy dress: *Sich verkleiden.* He put a bold face (front) on the awkward situation: *Er bot der heiklen Situation die Stirn, er begegnete ihr mit offenem Visier.* To put a good face on it: *Eine gute Miene machen.* To put one's finger on the weakness (the weak point, the weak spot): *Seinen Finger auf den wunden Punkt legen.* To put one's foot on s.b.'s neck: *Auf jemanden Druck ausüben.* To put s.th. on a sound footing: *Etwas auf eine gesunde Grundlage stellen.* He put a bad construction on my remark: *Er verstand meine Bemerkung falsch, übel.* To put a book on the index: *Ein Buch auf den Index setzen, verbieten.* They put him on bread and water: *Sie setzten ihn auf Brot und Wasser.* That puts the lid on it! (pop.): *Das ist die Krönung!* That has put „paid" on the matter (colloq.): *Das hat der Angelegenheit einen Schlusspunkt gesetzt.* To put on the new man: *Einen neuen Lebensabschnitt beginnen.* That puts a new face on the matter: *Das gibt der Angelegenheit ein anderes Gesicht.* To put an edge on a knife: *Ein Messer schleifen.* To put emphasis on s.th.: *Nachdruck auf etwas legen.* To put s.b. on his honour: *Jemanden an seiner Ehre packen.* They put handcuffs on him: *Sie legten ihm Handschellen an.* I put him on his mettle: *Ich stellte seinen Mut auf die Probe.* To put the pot on a favourite horse: *Eine große Geldsumme auf ein favorisiertes Pferd setzen.* To put a product on the market: *Ein Produkt auf den Markt bringen.* To put s.th. on the account: *Etwas auf die Rechnung setzen, in Rechnung stellen.* To put on sack-cloth and ashes: *In Sack und Asche gehen.* I'd put my shirt on it: *Ich würde alles darauf setzen.* To put the shoe on the right foot: *Etwas (Schuld etc.) richtig zuweisen.* To put s.b. on the spot (pop.): *Beschließen, jemanden zu ermorden.* To put a stake on six: *Einen Einsatz auf die Sechs machen.* Not to put too fine a point on it: *Um klar und deutlich zu sprechen; um nicht zu sehr ins Detail zu gehen.* To put a strain on s.b.'s resistance: *Jemandes Widerstand strapazieren.* To put one's thinking cap on (colloq.): *Über ein Problem intensiv nachdenken.* To put on a vacant look: *Einen leeren, geistesabwesenden oder geistlosen Blick aufsetzen.* To put on weight (fat, flesh): *Zunehmen, dick werden.* To put oneself on record (USA): *Sich vernehmbar machen.* To put the corps on to s.b.: *Jemandem die Polizei auf den Hals schicken.* To put out a book: *Ein Buch herausbringen.* To put out money at interest: *Geld auf Zinsen verleihen.* To put out all one's strength: *Seine ganze Kraft aufwenden.* To put s.b.'s nose out of joint: *Jemanden verdrängen, aus dem Sattel heben, seine Ansichten zunichte machen.* To put out a feeler: *Die Fühler ausstrecken, die Lage sondieren.* To put the enemy out of action: *Den Feind kampfunfähig machen, außer Gefecht setzen.* To put s.b. out of danger, out of pain: *Jemanden außer Gefecht setzen, vom Schmerz befreien.* Put it out of your head! *Schlag es dir aus dem Kopf!* To put s.b. out of countenance: *Jemanden außer Fassung bringen.* To put s.b. out of humour, out of temper: *Jemanden verstimmen, ihn die Geduld verlieren lassen.* To put out land on lease: *Land verpachten.* To put s.th. out on loan: *Etwas verleihen, ausleihen.* To put s.b. out of the way: *Jemanden aus dem Weg schaffen.* To put s.b. through the mill: *Jemanden durch die Mühle drehen, ihn harten Prüfungen unterwerfen.* To put s.b. through his facings (paces): *Jemanden auf die Probe stellen.* To put a hole through s.b. (pop.): *Jemanden töten.* I put the case to him: *Ich erklärte ihm den Fall.* To put s.b. to the blush: *Jemandem die Schamröte ins Gesicht treiben, in Verlegenheit bringen.* To put s.b. to death: *Jemanden ums Leben bringen.* He put an end to himself, to his life: *Er setzte seinem Leben ein Ende.* To put s.b. to flight: *Jemanden in die Flucht treiben.* To put one's nose to the grindstone: *Unablässig, hart arbeiten.* To put s.th. to good (bad) use: *Von etwas guten (schlechten) Gebrauch machen.* To put a limit to one's outlay: *Seinen Auslagen eine Grenze setzen.* That put a period to my plans: *Das setzt meinen Plänen ein Ende.* To put one's right hand to work: *Mit Eifer und Sorgfalt zur Sache gehen, arbeiten.* They put the enemy to rout: *Sie schlugen den Feind in die Flucht.* To put s.th. to question: *Etwas in Frage stellen.* To put s.b. to shame: *Jemanden beschämen.* To put one's shoulder to the wheel: *Sich ins Zeug legen.* To put a stop to one's anger: *Seinen Zorn dämpfen.* He put his spurs to his horse: *Er gab seinem Pferd die Sporen.* To put pen to paper: *Zu schreiben beginnen.* To put to sea, to shore: *In See stechen, sich dem Land, der Küste nähern.* To put s.b. to silence: *Jemanden zum Schweigen bringen.* To put s.b. to the torture: *Jemanden der Folter unterwerfen.* To put s.b. to his trumps: *Jemanden dazu zwingen, seine Trümpfe auszuspielen, jemanden in die Enge treiben.* To put s.b. with his back to the wall: *Jemanden in die Enge treiben.* To put s.b. wise to s.th. (USA): *Jemandem die Augen für etwas öffnen.* To put s.b. to the worse: *Jemanden niedergeschlagen, mutlos machen.* To put heads together: *Die Köpfe zusammenstecken, sich beraten.* To put two and two (this and that) together: *Zwei und zwei zusammenzählen, eine Schlussfolgerung ziehen.* To put s.b. under an obligation: *Jemandem einen Gefallen tun, ihn verpflichten.* To put up one's hand: *Die Hand heben.* To put s.b. up to doing s.th.: *Jemanden zu etwas verleiten; jemanden zu etwas anstiften.* To put one's feet up: *Sich ausruhen.* To put up the flag: *Die Fahne hissen.* To put up the banns: *Das Aufgebot bekannt-*

geben. I put him up for a few days: *Ich beherbergte ihn für einige Tage.* I put up his horse in the stable: *Ich brachte sein Pferd im Stall unter.* To put up the spout: *Etwas zum Pfand geben, verpfänden.* He put up a wonderful show: *Er zog eine tolle Show ab.* To put the wind up s.b. (pop.): *Jemanden erschrecken.* To put up with it: *Sich in etwas schicken, ergeben.* Put-up affair (job): *Eine aufgesetzte Sache.* To put upon s.b.: *Jemanden hintergehen, schlecht behandeln.* To put a slight upon s.b.: *Jemanden geringschätzig behandeln, missachten.* To put false colours upon s.b.: *Jemanden in Misskredit bringen.* To put the finishing touch: *Letzte Hand anlegen.* To put the case that: *Voraussetzen, dass.* To put it mildly: *Ohne zu übertreiben, um es milde auszudrücken.* To put one's meaning well: *Seine Ansicht, Meinung klar zum Ausdruck bringen.* To put s.b. right: *Jemanden berichtigen.* To put things right: *Dinge, Angelegenheiten in Ordnung bringen, gerade rücken, Abhilfe schaffen.* He put me a strange question: *Er stellte mir eine seltsame Frage.* To put things straight: *Die Dinge an ihren Platz bringen.* Putting the weight (the shot): *Die Kugel stoßen.*

puzzle To puzzle one's brains: *Sich den Kopf zerbrechen.* To puzzle over s.th.: *Über etwas nachdenken.* To puzzle out a difficult problem: *Ein schwieriges Problem durchdenken, austüfteln.*

Q

quail To quail before danger: *Vor der Gefahr verzagen, zurückschrecken.*

quake To quake with cold, with fear: *Vor Kälte, Furcht zittern.*

qualify To qualify s.b. for a profession: *Jemanden für einen Beruf, eine Beschäftigung (mittels Lehre und Übung) qualifizieren.* To qualify (oneself) for a teacher's post, as a teacher: *Sich für eine Stelle als Lehrer qualifizieren.* To qualify (oneself) for the bar: *Sich für die Laufbahn eines Rechtsanwalts qualifizieren.* They qualify him as dishonest person: *Sie bezeichnen ihn als eine unehrliche Person.* To qualify an opinion, a statement: *Eine Meinung, eine Darlegung (Aussage) modifizieren, abändern.* He qualified his tea with some brandy: *Er verdünnte seinen Tee mit etwas Branntwein.*

quarrel To quarrel about (over) a mere nothing: *Sich über eine Nichtigkeit streiten.* She quarrelled with him for being neglected: *Sie zankte mit ihm, weil er sie vernachlässigte.* To quarrel with one's bread and butter: *Sich ins eigene Fleisch schneiden.* To quarrel with one's own shadow: *Sogar mit seinem eigenen Schatten streiten; leicht erregbar, ein Streithahn sein.*

quarry To quarry (out) marble: *Ais einem Steinbruch Marmor brechen.*

quarter (1) To quarter (out) an apple: *Einen Apfel vierteln.* To quarter soldiers: *Soldaten einquartieren.*

quarter (2) at close quarters: *In oder aus der Nähe, von Nahem.*

quash To quash a decision, an election, a verdict: *Eine Entscheidung annullieren; eine Wahl für ungültig erklären; ein Verbot aufheben.* To quash a rebellion, a sob: *Eine Rebellion niederschlagen; ein Schluchzen unterdrücken.*

quaver He quavered (out) a few words: *Er stieß mit bebender Stimme einige Worte aus.*

queen To queen it: *Die Königin spielen.*

Queen Queen Anne is dead! *Olle Kamellen! Ein alter Hut! Schnee von gestern!*

queer (1) To queer the pitch for s.b.: *Jemandes Pläne durchkreuzen, jemandem etwas vermasseln, einen Strich durch die Rechnung machen.*

queer (2) To be in Queer Street (brit., Sl.): *In der Bredouille, in Teufels Küche, pleite oder blank sein; auf dem letzten Loch pfeifen.* He is a queer bird (card): *Er ist ein seltsamer, schräger Vogel.*

quell To quell a rebellion: *Einen Aufruhr unterdrücken, niederwerfen.*

quench To quench a fire: *Ein Feuer, einen Brand löschen.* To quench one's indignation, a rebellion, a sob: *Sein Missfallen (Unwillen, Zorn), eine Empörung (Aufruhr, Rebellion), ein Schluchzen unterdrücken.* To quench one's thirst: *Seinen Durst löschen.*

question (1) To question the defendant, the witnesses: *Den Angeklagten, die Zeugen verhören.* He was questioned by the police: *Er wurde von der Polizei verhört.* To question s.b.'s honesty: *Jemandes Ehrlichkeit in Frage stellen.* I question whether I can do it: *Ich frage mich, ob ich es tun kann.*

question (2) In question: *Fraglich; vorliegend; zur Debatte stehend.* It is a question of practice, of time: *Es ist eine Frage der Übung, der Zeit.* It is a question of life and death: *Es ist eine Frage von Leben und Tod.* It's a question of first-rate goods: *Es handelt sich um erstklassige Waren.* That is not the question: *Darum handelt es sich nicht, das steht nicht zur Debatte.* To call s.th. into question: *Etwas in Frage stellen.* To be out of question: *Nicht in Frage kommen.* To pop the question (colloq.): *Jemandem einen (Heirats-)Antrag machen.*

queue (1) To queue one's hair (old): *Sein Haar zu einem Zopf flechten.* To queue up: *Sich in einer Reihe anstellen, in einer Schlange stehen.*

queue (2) To jump the queue: *Sich vordrängen.*

quick He is quick on the draw, on the trigger (colloq.): *Er ist schnell am Abzug; er hat schnell eine Antwort parat.* To be quick-witted, quick in the uptake: *Schlagfertig, nicht auf den Mund gefallen sein.* To cut s.b. to the quick: *Jemanden zutiefst verletzen.* A quick one (colloq.): *Einer auf die Schnelle.*

quicken To quicken one's departure, one's pace (step): *Seine Abfahrt, seinen Schritt beschleunigen.* To quicken the fire, the imagination: *Das Feuer, die Phantasie (Einbildungskraft) schüren.*

quiet To quiet down: *Sich beruhigen.*

quit To quit one's country, one's family: *Sein Heimatland, seine Familie verlassen.* He quitted Milan in a hurry: *In großer Eile verließ er Mailand.* To quit one's ground: *Sich zurückziehen.* To quit one's hold: *Loslassen.* To quit the scene: *Abgehen, sterben.* To quit work: *Aufhören zu arbeiten.* To quit scores with s.b.: *Mit jemandem abrechnen.* Quit talking! (USA): *Hör auf zu schwätzen!* To be quits with s.b.: *(Mit jemandem) quitt sein.*

quite It's quite another cup of tea (colloq.): *Das ist ein anderes Paar Schuhe.* Quite a bit (a number): *Nicht gerade wenig, eine ziemliche Menge.* He is quite a card (a character): *Er ist ein seltsamer Vogel, ein ziemlich exzentrischer Bursche.* Quite right! *Genau! Ganz recht!* Quite so! *Genau (so)! Allerdings!* It's quite the thing: *Genau das ist es.* It's quite a way: *Es ist weit weg, eine ordentliche Strecke.*

quiver To quiver with cold, with fear: *Vor Kälte, Furcht zittern.*

quote To quote an author, an example: *Einen Autor, ein Beispiel zitieren.*

R

rabbit It's rabbit out of the wood: *Es kommt sehr gelegen, wie gerufen.*

race (1) To race a horse: *Mit einem Pferd ein Rennen bestreiten, es (in einem Wettrennen) laufen lassen.* To race the engine: *Einen Motor voll aufdrehen, auf Hochtouren laufen lassen.* To race with s.b.: *Mit jemandem wettlaufen.* To race away a fortune: *Beim Pferderennen ein Vermögen vergeuden.*

race (2) His race is nearly run: *Es geht mit ihm zu Ende.*

rack To rack s.b.'s mind: *Jemandes Gemüt quälen.* I was racked with a cough, with a headache: *Ich war von einem Husten, mit Kopfschmerzen gequält.* To rack one's brains: *Sich den Kopf zerbrechen.* To go to rack and ruin: *Völlig zugrundegehen, kaputtgehen oder herunterkommen.* To rack-rent a tenant: *Einen Pächter durch überzogene Pacht auspressen, die Miete hochschrauben.* To rack up: *Die Raufe (Krippe) füllen (mit Futter).* To rack up a horse: *Ein Pferd an der Raufe festbinden.*

racy Racy of the soil: *Von unbekümmerter Direktheit, lebhaft, prickelnd.*

radiate To radiate light, heat: *Licht, Hitze ausstrahlen.* To radiate happiness: *Glück ausstrahlen.*

radio To radio a message: *Eine Nachricht per Funk übertragen.*

To radio for a pilot: *Einen Pilot per Funk anfordern.*

rage (1) To rage about: *Wütend umherlaufen.* To rage against (at) s.b.: *Gegen jemanden toben, in Wut entbrannt sein.* To rage oneself out: *Sich beruhigen, legen (Sturm etc.).*

rage (2) It's (all) the rage: *Das ist der letzte Schrei.*

rail (1) To rail (in, off) a plot of ground: *Ein Stück Land umfrieden, eingrenzen, abgrenzen.*

rail (2) To rail against (at) s.b.: *Gegen jemanden lästern, jemanden schmähen.*

rail (3) To go off the rails (colloq.): *Entgleisen; verrückt werden; überschnappen.*

rain (1) To rain fast, heavily, large drops: *Stark, mit schweren Tropfen regnen.* It rains cats and dogs (like anything, like fury, in buckets, in torrents): *Es regnet in Strömen, es schüttet.* To rain down s.b.'s cheeks: *Jemandes Wangen herabrinnen (Tränen).* To rain down on s.b. from all sides: *Von allen Seiten auf einen herabregnen (Geschenke, Schläge etc.).* They rained presents on the newly-married couple: *Sie überschütteten das frischgebackene Paar mit Geschenken.* Rained off, out: *Durch Regenfall verhindert oder abgebrochen, verregnet (z.B. ein Gartenfest).* It has rained itself out: *Es hat sich ausgeregnet.*

rain (2) To be as right as rain (colloq.): *Völlig in Ordnung oder kerngesund sein.* Come rain or shine: *Bei jedem Wetter; ob es regnet oder schneit; (fig.) auf jeden Fall, was auch (immer) geschieht.*

rainy Rainy day: *Der Regentag; die schwierige, schlechte Zeit, Zeit der Not.*

raise To raise an army: *Eine Armee ausheben.* To raise the blockade, the siege: *Die Blockade, die Belagerung aufheben.* To raise cattle: *Vieh züchten.* To raise a cloud of dust: *Eine Staubwolke aufwirbeln.* To raise corn, rice: *Getreide, Reis anbauen.* To raise the curtain: *Den Vorhang heben, aufziehen.* To raise s.b.'s dander: *Jemandes Zorn erregen.* To raise the devil: *Den Teufel heraufbeschwören.* To raise difficulties, doubts, objections, protests: *Schwierigkeiten, Zweifel hervorrufen; Einwände, Einsprüche erheben.* He raised his eyes to heaven: *Er erhob seine Augen zum Himmel.* To raise a general laugh: *Ein allgemeines Gelächter hervorrufen.* To raise a ghost, a spirit: *Einen Geist beschwören.* To raise one's hand (head, voice): *Seine Hand (Kopf, Stimme) erheben.* To raise one's hand to (against) s.b.: *Seine Hand gegen jemanden erheben.* To raise one's hat: *Seinen Hut lüften.* To raise hell (colloq.): *Einen Riesenkrach schlagen.* To raise the hue and cry: *Sich mit lautem Geschrei, Zeter und Mordio, an die Verfolgung (eines Diebes, Verbrechers) machen.* To raise the market: *Einen überhöhten Preis fordern.* To raise money: *Geld auftreiben.* To raise a monument, a statue: *Ein Denkmal, ein Standbild errichten.* To raise a mortgage: *Eine Hypothek aufnehmen.* They raised the price of their product: *Sie erhöhten den Preis ihres Erzeugnisses.* To raise a question, an issue, a point: *Eine Frage aufwerfen.* To raise a shout: *Einen Schrei ausstoßen.* To raise snakes: *Den Teufel im Kleinen spielen; Unruhe, Verwirrung, Unfrieden stiften.* To raise the wind (pop.): *Sich für einen bestimmten Zweck das nötige Geld beschaffen.* He raised the people against the oppressors: *Er ließ das Volk sich gegen die Unterdrücker erheben.* To raise one's voice against s.b.: *Seine Stimme gegen jemanden erheben.* To raise s.b. from the dirt: *Jemanden aus der Gosse ziehen.* To raise a tempest in a tea-pot: *Einen Sturm im Wasserglas erregen.* He raised a blush on her cheeks: *Er trieb ihr die Schamröte in die Wangen.* To raise one's glass to s.b.: *Sein Glas auf jemanden erheben, auf dessen Wohl trinken.* To raise s.b. to the throne: *Jemanden auf den Thron erheben, zum König machen.* To raise oneself: *Sich erheben; emporkommen.* To raise oneself in the social scale: *Seine gesellschaftliche Position verbessern; emporkommen.*

rake To rake (up) gravel, hay: *Kies, Heu zusammenharken, zusammenrechen.* To rake (up, together) some money: *Etwas Geld zusammenkratzen.* They raked the soil perfectly level: *Sie harkten die Erde völlig eben, glatt.* To rake a ship fore and aft (milit.): *Ein Schiff längsseits mit Geschützfeuer bestreichen.* To rake (off) the game: *Seine Beute im Flug schlagen (Falke).* To rake out the fire: *Das Feuer ausscharren.* To rake up an old story: *Eine alte Geschichte aufwärmen.* To rake up a quarrel: *Einen Streit wieder aufwühlen.* To rake up muck: *Nach schmutziger Wäsche stöbern; auf Skandale aus sein.*

rally To rally one's energies, one's ideas: *Seine Energien, seine Pläne und Vorstellungen zusammennehmen, konzentrieren.* To rally round (to help) s.b.: *Sich jemandes annehmen.* To rally the troops: *Die Truppen zusammenrufen, zusammenziehen.*

ram To ram the earth: *Die Erde feststampfen.* To ram a ship: *Ein Schiff rammen.* To ram a pole into the ground: *Einen Pfahl in die Erde rammen, einhämmern.* He rammed his head against the wall: *Er rammte seinen Kopf gegen die Mauer.* To ram a charge into a fire-arm: *Eine Ladung in eine Feuerwaffe (Vorderlader) stoßen.* She rammed the linen into a drawer: *Sie stopfte die Wäsche in eine Schublade.* He rammed his hat down on his head: *Er preßte sich den Hut auf den Kopf.* To ram a sack with flour: *Einen Sack mit Mehl vollstopfen.*

range To range the soldiers (in line): *Die Soldaten in Reihe antreten lassen.* To range a cable (naut.): *Ein Tau schlangenförmig auslegen.* To range cattle: *Vieh frei (in seiner natürlichen Umgebung) weiden lassen.* To range the coast (naut.): *An der*

Küste entlangfahren. To range a fire-arm: *Eine Schusswaffe ausrichten.* To range a telescope: *Ein Teleskop ausrichten.* To range (through) the woods: *Durch die Wälder streifen.* To range for miles and miles: *Sich meilenweit erstrecken, hinziehen.* To range from two shillings to one pound: *Zwischen zwei Schilling bis zu einem Pfund liegen (die Preise).* He ranges (is ranged) with the greatest philosophers: *Er gehört zu den größten Philosophen.* He ranged himself with (on the side of) the nobles: *Er zählte sich zu den Adligen.*

rank (1) To rank the troops: *Die Soldaten in einer Reihe antreten lassen.* To rank above, below, next to, with s.b.: *Über, unter jemandem stehen, ihm nahekommen, gleichkommen an Bedeutung.* He ranks among the greatest novelists: *Er gehört zu den bedeutendsten Erzählern.* He ranks first: *Er steht an erster Stelle.* They ranked past the general: *Sie zogen in einer Reihe am General vorbei.*

rank (2) To break ranks (fig.): *Seine starre Haltung aufgeben.* To close ranks (fig.): *Die Reihen schließen.* The rank and file (of a party or trade union) (fig.): *Die Basis (einer Partei oder Gewerkschaft).*

ransack To ransack one's memory: *Seine Erinnerung durchforsten.* They ransacked every corner of the house: *Sie durchwühlten jede Ecke des Hauses.* To ransack a church, a village: *Eine Kirche, ein Dorf plündern.*

ransom (1) To ransom a prisoner: *Einen Gefangenen freikaufen.*

ransom (2) To hold s.b. to ransom (fig.): *Jemanden erpressen.* Not for a king's ransom: *Nicht um alles in der Welt.*

rap (1) To rap s.b.'s fingers: *Jemandem auf die Finger klopfen.* To rap at the door: *An die Tür pochen.* To rap out an oath: *Einen Schwur ausstoßen.* To rap out a message: *Eine Botschaft aus dem Reich der Geister durch Klopfen weitergeben (während einer spiritistischen Sitzung).*

rap (2) A rap (over the knuckles): *Ein Rüffel, ein Anpfiff, „eins auf die Finger".* Not to care (to give) a rap (colloq.): *Jemandem ist etwa völlig egal; jemandem macht etwas überhaupt nichts aus.* To take the rap for s.th. (colloq.): *Die Schuld zugeschoben bekommen.*

rape To rape a woman: *Eine Frau vergewaltigen.*

rasp To rasp s.b.'s nerves: *Jemandes Nerven strapazieren (durch Missklänge etc.).* To rasp off (away) the rust: *Den Rost wegraspeln, abkratzen.* To rasp on the fiddle: *Auf der Geige herumkratzen.*

rat The rat race (colloq.): *Ständiger Konkurrenzkampf.* To smell a rat (colloq.): *Lunte riechen; den Braten riechen; feststellen, dass etwas faul ist.*

rate (1) To rate s.th. above its real value: *Etwas über seinen wahren Wert schätzen.* They have rated my old car at three hundred dollars: *Sie haben den Wert meines alten Wagens auf dreihundert Dollar veranschlagt.* To rate s.b.

by his deeds: *Jemanden nach seinen Taten würdigen, bewerten.* He is rated (he rates) as a great novelist: *Er gilt als großer Erzähler, Romanschriftsteller.* To rate oneself too highly, too humble: *Sich selbst überschätzen, zu gering schätzen.* I rate myself among his benefactors: *Ich zähle mich zu seinen Förderern.*

rate (2) At any rate: *Auf jeden Fall, jedenfalls.* At this (that) rate: *Unter diesen Umständen; wenn dem so ist.*

rather I had rather not go: *Ich wäre besser nicht gegangen, ich wäre lieber noch geblieben.* I'd rather he went, he had gone: *Ich hätte es lieber, wenn er ginge, gegangen wäre.* I'd rather stay at home than go out: *Ich würde es vorziehen, zu Hause zu bleiben als wegzugehen.* The rather that ...: *Um so mehr, als ...*

ration To ration bread: *Das Brot rationieren.*

rattle To rattle one's chains: *Mit seinen Ketten rasseln.* To rattle a fox: *Einen Fuchs aufscheuchen.* To rattle the sabre: *Mit dem Säbel rasseln; mit Krieg drohen.* To rattle one's teeth: *Mit den Zähnen klappern.* To rattle a tune on the piano: *Ein Musikstück auf dem Klavier klimpern, hämmern.* To rattle at the door: *An der Tür rütteln.* To rattle off (away) one's lesson: *Seine Lektion herunterrasseln.* He rattled on (along) for a long time: *Er plapperte lange Zeit.* To rattle over a stony road: *Über eine holprige Straße rattern.* To rattle up the anchor: *Den Anker (rasselnd) hochwinden.*

ravage To ravage a country: *Ein Land verwüsten.*

rave To rave about s.th.: *In etwas vernarrt sein, für etwas schwärmen.* To rave with (in) fever: *Im Fieberwahn reden.* He raved himself hoarse: *Er faselte solange, bis er heiser war.* To rave oneself out: *Sich beruhigen (Sturm).* He is raving mad: *Er ist vollkommen verrückt, rasend, unzurechnungsfähig.* Raving beauty: *Eine hinreißende Schönheit.*

ravel To ravel a matter: *Eine Sache verwirren.* To ravel out: *Aufdröseln, auftrennen, (sich) auflösen.*

raven To raven about: *Auf Beute ausgehen.* To raven for (after) glory: *Gierig nach Ruhm sein.*

ravish To ravish a woman: *Eine Frau vergewaltigen.* I was ravished by that melody: *Ich war von jener Melodie hingerissen, entzückt.*

raze To raze a town to the ground: *Eine Stadt dem Erdboden gleichmachen.* To raze a clause: *Eine Klausel streichen.* To raze (out) s.b.'s name from remembrance: *Jemandes Name aus dem Gedächtnis tilgen.*

razor As keen (sharp) as a razor: *Messerscharf.*

reach To reach the age of reason: *Das vernünftige Alter erreichen.* To reach the climax, old age: *Den Höhepunkt, das Alter erreichen.* It has reached my ear that ...: *Mir ist zu Ohren gekommen, dass ...* To reach one's end, one's goal: *Sein Ziel erreichen.* To reach land (naut.): *Das Festland erreichen.* To reach lawful age (one's majority), manhood (man's estate): *Volljährigkeit, Männlichkeit erlangen.* To reach the pitch: *Ein hohes Niveau, vollkommene Kunstfertigkeit erreichen.* We reached the same conclusion: *Wir kamen zu demselben Schluss.* To reach after glory: *Nach Ruhm streben.* To reach far back into the past: *Weit zurück in die Vergangenheit reichen.* To reach beyond one's reach: *Über jemandes Fassungsvermögen hinausgehen.* To reach out: *Ausstrecken.*

react To react against tyranny: *Sich gegen Tyrannei auflehnen.* To react upon an agent: *Einer Wirkung mit Gegenwirkung antworten (Chemie).*

read To read aloud: *Laut lesen.* It reads better than it acts: *Es liest sich besser als es auszuführen (zu realisieren) ist (Drama etc.).* To read a book from cover to cover: *Ein Buch von vorne bis hinten durchlesen.* To read deeply: *Intensiv lesen.* To read ten degrees below zero: *Zehn Grad unter Null anzeigen.* To read a dream, a riddle: *Einen Traum deuten; ein Rätsel lösen.* To read s.b.'s fortune: *Jemandem wahrsagen, sein Schicksal deuten.* To read s.b.'s hand (palm), s.b.'s heart: *Jemandem aus der Hand lesen, ins Herz blicken.* She read it in his eyes, in his look: *Sie las es in seinen Augen, in seinem Blick.* To read law, mathematics: *Rechtskunde, Mathematik studieren.* He has read me a lesson, a lecture: *Er hat mich gerügt, mir die Leviten gelesen.* To read s.b. like a book: *In jemandes Seele (wie in einem Buch) lesen.* I read your meaning: *Ich verstehe, was Sie sagen wollen.* To read the meter: *Das Messgerät, die Anzeige ablesen (Stromzähler, Parkuhr, Belichtungsmesser etc.).* To read the proofs: *Korrektur lesen (von Druckfahnen).* To read the riot act (joc.): *Ernsthaft mahnen (dass Krawall, Tumult etc. aufhören möge).* It reads queerly, like a threat: *Es liest sich befremdlich, wie eine Drohung.* To read well, ill (poorly): *Klar und deutlich, undeutlich (nuschelnd) vorlesen.* To read between the lines: *Zwischen den Zeilen lesen.* To read by candle light: *Bei Kerzenlicht lesen.* To read for the bar: *Jura studieren.* I read deep (far) into the night: *Ich habe bis tief in die Nacht hinein gelesen.* To read s.th. into s.th.: *Etwas in etwas hineininterpretieren.* He read himself into a sound sleep: *Er las sich in einen tiefen Schlaf.* Read on, please: *Lies weiter, bitte.* To read a pager over (through): *Eine Seite durchlesen.* To read up (on) s.th. (colloq.): *Etwas nachlesen, sich über etwas informieren, eine Sache besonders eingehend studieren.* To take s.th. as read: *Von etwas ausgehen; davon ausgehen, dass …*

ready He is ready for anything: *Er ist zu allem bereit.* He is ready to help me: *Er ist bereit, mir zu helfen.* I'm ready to drop with sleep: *Ich bin dabei, einzuschlafen.* Ready to hand: *Zur Hand.*

real To be for real (colloq.):

Stimmen. In reality: *Tatsächlich; in Wirklichkeit.*

realize To realize one's ambitions, one's ideals: *Seine Ambitionen, seine Ideale verwirklichen.* To realize a fortune, a large profit: *Ein Vermögen, einen großen Gewinn machen.* To realize securities (comm.): *Wertpapiere zu Geld machen.* I realized it at once: *Ich begriff es sofort, es wurde mir sogleich klar.* He realized that he was wrong: *Er erkannte, dass er im Irrtum war.*

reap To reap the harvest (the crop): *Die Ernte einbringen.* To reap a field of wheat: *Ein Feld Korn ernten.* To reap laurels: *Lorbeeren ernten.* They reaped the fruits of victory: *Sie brachten die Früchte des Sieges ein.* To reap where one has not sown: *Ernten, wo man nicht gesät hat.* We reap as we sow (prov.): *Wir ernten, was wir gesät haben.*

rear (1) To rear one's head, one's voice: *Den Kopf, die Stimme erheben.* To rear cattle: *Vieh züchten.* To rear a child: *Ein Kind aufziehen.* To rear corn: *Getreide kultivieren.* To rear back: *Sich aufbäumend zurückweichen (Pferd).* To rear up: *Sich aufbäumen.* Reared up on end: *Hochkant, auf die Seite gekippt.*

rear (2) To bring up the rear: *Die Nachhut bilden.*

reason (1) To reason with s.b. about s.th.: *Mit jemandem über etwas sprechen, diskutieren.* To reason down an access of rage: *Einen Zornausbruch, Wutanfall mit Vernunft dämpfen.* I reasoned him into abandoning the undertaking: *Ich überzeugte ihn, von dem Unternehmen abzulassen.* To reason out a matter: *Über eine Sache gründlich nachdenken.* I reasoned him out of his fears: *Ich brachte ihn (durch gute Gründe) von seinen Befürchtungen ab.*

reason (2) All the more reason to do s.th.: *Um so eher, erst recht sollte man etwas tun.* To have good reason to believe (think): *(Allen) Grund haben, etwas anzunehmen (zu der Annahme).* It stands to reason that ...: *Etwas ist logisch, einleuchtend oder klar.* (To get s.b.) to listen to reason: *Auf die Stimme der Vernunft hören; jemanden zur Vernunft bringen.* To lose one's reason: *Den Verstand verlieren.* To see reason: *Einsichtig sein; vernünftig sein; einlenken.* Within reason: *Menschenmöglich; im Rahmen, innerhalb gewisser Grenzen.*

rebel To rebel against authority, injustice: *Sich gegen die gesetzesmäßige Gewalt, gegen Unrecht auflehnen.*

rebound To rebound (back) on s.b.: *Auf jemanden zurückprallen, -schlagen.*

rebut To rebut a charge: *Eine Anklage zurückweisen, widerlegen.* To rebut a theory: *Eine Theorie widerlegen.*

recall (1) To recall an ambassador: *Einen Botschafter, Gesandten zurückrufen.* To recall a deed, a decree, a sentence: *Eine Tat, einen Erlass, ein Urteil widerrufen, zurücknehmen.* To recall a gift: *Ein Geschenk zurückverlangen.* They have recalled him from exile: *Sie riefen ihn aus dem Exil zurück.* To recall happy days (to mind): *Sich glücklicher Tage erinnern.* I recalled him to his duty, to his responsibilities: *Ich erinnerte ihn an seine Pflicht, an seine Verantwortung.* That recalled him to himself: *Das brachte ihn wieder zu sich.* He was recalled (for military service): *Er wurde zum Militärdienst abberufen.*

recall (2) Beyond recall: *Unwiderruflich.*

recast To recast a sentence: *Ein Urteil neu formulieren.* To recast a play: *Ein Stück überarbeiten.*

recede To recede from a bargain (an engagement, a position): *Sich von einem Handel (einer Verpflichtung, einer Stellung) zurückziehen.* To recede into the background: *In den Hintergrund treten.*

receive He received a good education: *Er erhielt eine gute Erziehung.* He received an encore: *Man verlangte eine Zugabe von ihm.* To receive visitors: *Besucher empfangen.* To receive s.th. by inheritance: *Etwas durch Erbschaft erlangen.* They received him with full honours: *Sie empfingen ihn mit allen Ehren.* He received me with joy, with open arms: *Er hieß mich freudig, mit offenen Armen willkommen.* He received my offer (my proposal) very coldly: *Er nahm mein Angebot (meinen Vorschlag) sehr kühl auf.* He received an enthusiastic welcome: *Es wurde ihm ein begeisterter Empfang bereitet.* To receive a month's notice (warning): *Eine Kündigung von Monatsfrist erhalten.* To receive the sacraments: *Die Sakramente empfangen.* To receive s.th. on loan: *Etwas geliehen bekommen.* He was received into the church: *Er wurde in die Kirche aufgenommen.* He receives on Saturdays: *Er empfängt samstags.*

reciprocate To reciprocate s.b.'s love, wishes: *Jemandes Liebe, Wünsche erwidern, vergelten.*

recite To recite a poem, one's lesson: *Ein Gedicht rezitieren, eine Lektion aufsagen.*

reck He recks little of danger: *Er kümmert, schert sich wenig um Gefahr.*

reckon To reckon the expenses of an enterprise: *Die Kosten einer Unternehmung berechnen.* I reckon that he is honest: *Ich bin überzeugt davon, dass er ehrlich ist.* I reckon him an honest person: *Ich halte ihn für einen redlichen Menschen.* She reckons on his help, on his helping her: *Sie zählt auf seine Hilfe.* To reckon up two numbers: *Zwei Zahlen zusammenrechnen.* To reckon with s.b.: *Mit jemandem rechnen.* To reckon without one's host: *Die Rechnung ohne den Wirt machen.*

reclaim To reclaim a hawk: *Einen Falken zähmen.* To reclaim savage people: *Wilde zivilisieren.* To reclaim a statement: *Eine Aussage korrigieren.* To reclaim waste land: *Ödland kultivieren.* To reclaim a man from vice: *Einen Mann vom Laster abbringen.*

recline To recline one's head:

Seinen Kopf zurücklehnen. To recline on s.b.'s help: *Sich auf jemandes Hilfe stützen.*

recognize I recognized him by his voice: *Ich erkannte ihn an seiner Stimme.* To recognize s.b. as the lawful heir: *Jemanden als rechtmäßigen Erben anerkennen.* They recognized India as an independent state: *Sie erkannten die Unabhängigkeit Indiens an.* They recognized him as their leader: *Sie erkannten ihn als ihren Führer an.* To recognize a claim, a diploma: *Einen Anspruch, ein Diplom anerkennen.* To recognize s.b.'s merits, services: *Jemandes Verdienste, Dienste anerkennen.* He recognized that I was right: *Er erkannte (an), dass ich im Recht war.*

recoil To recoil back before the enemy: *Vor dem Feind zurückweichen.* She recoiled with horror from such a deed: *Vor einer solchen Tat wich sie mit Abscheu zurück.* To recoil on (upon) s.b.'s head: *Auf jemanden zurückfallen, ihn selbst schädigen.*

recollect I recollected the event: *Ich rief mir das Ereignis ins Gedächtnis zurück.*

re-collect To re-collect oneself: *Sich fassen, sammeln.*

recommend To recommend a friend for a job: *Einen Freund für eine Stellung empfehlen.* To recommend oneself, one's soul (one's spirit) to God: *Sich, seine Seele Gott anempfehlen.* He recommended the defendant to the clemency of the judges: *Er empfahl (vertraute) den Angeklagten der Milde der Richter an.* I recommend him to your protection: *Ich vertraue ihn deinem Schutz an.* I recommend you this hotel: *Ich empfehle Ihnen dieses Hotel.*

recompense To recompense good with evil: *Gutes mit Bösem vergelten.* I recompensed him for all the trouble he had taken: *Ich entschädigte ihn für all die Unannehmlichkeiten, die er auf sich genommen hatte.*

reconcile I reconciled him to (with) his friend: *Ich versöhnte ihn mit seinem Freund.* They were reconciled thanks to my intercession: *Dank meiner Vermittlung waren sie wieder versöhnt.* To reconcile oneself to a life of poverty: *Sich mit einem Leben in Armut abfinden.* To reconcile a church: *Eine Kirche (die säkularisiert worden war) von neuem weihen.* To reconcile discordant statements: *Widersprüchliche Darlegungen miteinander in Einklang bringen.* To reconcile a quarrel: *Einen Streit schlichten.*

reconnoitre To reconnoitre the ground: *Den Boden, das Terrain erkunden, erforschen.*

reconstruct To reconstruct the facts: *Die Tatsachen rekonstruieren.*

record (1) To record an accident, an earthquake, a message, a programme, a song: *Einen Unfall, ein Erdbeben, eine Botschaft, ein Programm, ein Lied aufzeichnen.* To record a verdict: *Ein Urteil schriftlich niederlegen, aufzeichnen.* To record the score: *Den Punktestand in einem Spiel aufzeichen.*

record (2) To break the record: *Den Rekord brechen.*

record (3) For the record: *Der Ordnung halber; der Vollständigkeit halber.* Off the record: *Inoffiziell.* On record: *Aktenkundig, belegt, verbürgt, bekannt.* To set the record straight: *Für klare Verhältnisse oder für Klarheit sorgen.*

recoup To recoup a loss: *Sich für einen Verlust schadlos halten.* I recouped him for his losses: *Ich entschädigte ihn für seine Verluste.* To recoup oneself: *Sich schadlos halten.*

recover To recover s.b.'s affection: *Jemandes Zuneigung zurückerobern.* To recover one's appetite, composure, freedom, health, sight, strength: *Seinen Appetit, Fassung, Freiheit, Gesundheit, Sehkraft, Kraft wiedererlangen.* To recover one's breath: *Wieder zu Atem kommen.* To recover consciousness: *Wieder zu Bewusstsein kommen.* To recover one's legs (feet): *Wieder auf die Beine kommen (nach einem Sturz).* To recover one's losses: *Seine Verluste wieder gutmachen.* To recover lost time: *Verlorene Zeit gutmachen, aufholen.* To recover one's mind: *Wieder zu klarem Verstand kommen.* To recover spirits: *Den Mut wiedergewinnen.* To recover a territory: *Ein Gebiet zurückerobern.* To recover slowly, completely: *Langsam, vollständig sich erholen, gesund werden.* To recover land from the sea: *Dem Meer Land (wieder)abgewinnen.* To recover from an illness: *Von einer Krankheit genesen, sich erholen.* To recover from a fright, from a shock: *Sich von einem Schrecken, einem Schicksalsschlag erholen.*

recruit To recruit men: *Männer anwerben.* To recruit an army: *Eine Armee mit Rekruten verstärken.* To recruit one's health, one's strength: *Seine Gesundheit, seine Kräfte wiederherstellen.* He recruited himself with a full portion of roast chicken: *Er stärkte sich mit einer Portion Brathähnchen.*

rectify To rectify alcohol, a curve, a date, an error: *Alkohol, eine Kurve, ein Datum, einen Irrtum (be)reinigen, verbessern.*

recuperate To recuperate (one's health): *Sich erholen, seine Gesundheit wiedererlangen.*

recur To recur to one's mind: *Wieder in den Kopf kommen (Idee).* This recurs at regular intervals: *Das wiederholt sich in regelmäßigen Abständen.*

red Red-blooded: *Heißblütig.* To give s.b. the red-carpet treatment: *Jemanden mit allen Ehren empfangen, den roten Teppich vor ihm ausbreiten.* To catch s.b. red-handed: *Jemanden auf frischer Tat ertappen; jemanden erwischen.* A red herring: *Ein Ablenkungsmanöver; eine falsche Spur.* To be in the red (colloq.): *In den roten Zahlen, in den Miesen sein.* A red-letter day: *Ein (ganz) besonderer Tag, ein Tag, den man im Kalender rot anstreichen muss.* The red light changed to green: *Die Ampel schaltete auf Grün.* Red sky at night, shepherd's delight: *Abendrot bringt Schönwetter.* Like a red rag to a bull (colloq.): *Wie ein rotes Tuch.* On red alert: *In höchster Alarmbereitschaft.* Red tape (pej.) *Papierkram, Behördenkram, Papierkrieg.* To see red (colloq.): *Rot sehen.* (To look for) reds under the bed: (pej.): *Die bösen Kommunisten, überall geheime kommunistische Machenschaften vermuten.*

redeem To redeem mankind from sin: *Die Menschheit von der Sünde erlösen.* To redeem a slave (from bondage): *Einen Sklaven loskaufen, befreien.* To redeem a prisoner: *Einen Gefangenen befreien.* To redeem oneself: *Sich befreien.* To redeem a fault, a defect: *Einen Fehler, einen Mangel beheben, reparieren.* To redeem a loan: *Ein Darlehen zurückzahlen.* To redeem a mortgage: *Eine Hypothek tilgen.* To redeem a mortgaged farm: *Ein mit Hypothek belastetes Landgut auslösen.* To redeem pledged goods: *Verpfändeten Hausrat auslösen.* To redeem a pledge, a promise: *Ein Pfand, ein Versprechen einlösen* To redeem waste land: *Ödland kultivieren.* The only redeeming feature: *Ein ausgleichendes oder aussöhnendes Moment; das Einzige, was einen mit etwas aussöhnt.*

redouble To redouble one's efforts: *Seine Anstrengungen verdoppeln.*

redound To redound upon s.b.: *Auf jemanden zurückfallen (Schuld).* It redounded to his advantage, to his credit: *Es gereichte ihm zum Vorteil, trug zu seinem Ansehen bei.*

redress To redress an abuse, a wrong (grievance): *Einem Missbrauch, einer Unbill (einem Verdruss) abhelfen.* To redress the balance: *Das Gleichgewicht wiederherstellen.*

reduce To reduce expenses, prices, speed, taxes: *Kosten, Preise, Geschwindigkeit, Steuern reduzieren, mindern.* To reduce s.b. to despair (discipline, obedience, poverty, ruin, slavery, silence, submission): *Jemanden zur Verzweiflung bringen (zur Ordnung, zum Gehorsam, in die Armut, zum Ruin, in die Sklaverei, zu Ruhe, zur Unterwerfung), zwingen, bringen.* To reduce a dislocation, a fracture: *Eine Verrenkung, einen Bruch richten, einrenken.* To reduce a house to ashes: *Ein Haus in Schutt und Asche legen.* To reduce s.th. to dust, to pulp: *Etwas zu Staub, zu Brei machen.* To reduce a theory into practice: *Eine Theorie in Praxis überführen.* To reduce a sergeant to the ranks: *Einen Feldwebel zum (gemeinen) Soldaten degradieren.* To reduce measures to the decimal metric system: *Maße ins Dezimalsystem übertragen.* He reduced himself (he was reduced) to stealing: *Er kam so weit herunter, dass er stahl.* He is reduced to a skeleton, to skin and bones: *Er ist nur noch ein Skelett, Haut und Knochen.* To reduce fractions to the same denomination: *Brüche auf den gleichen Nenner bringen.* To reduce s.th. to writing: *Etwas zu*

Papier bringen. To reduce ore to metal: *Aus Erz Metall gewinnen.*

reek To reek of garlic, of tobacco: *Nach Knoblauch, Tabak riechen.*

reel To reel (in) a thread: *Einen Faden aufwickeln.* To reel (in) up a fish: *Einen Fisch einholen (indem man die Angelschnur aufwindet).* To reel off a story: *Eine Geschichte herunterrasseln.* To reel off threads: *Fäden abwickeln.* To reel about the streets: *Durch die Straßen taumeln.* He reeled back(ward): *Er wich taumelnd zurück.* To reel before s.b.'s eyes: *Vor jemandes Augen sich drehen, schwanken.* He reeled off to bed: *Er wankte, schwankte ins Bett.*

refer To refer a bill to a committee: *Einer Kommission einen Gesetzesentwurf vortragen.* He referred the matter to the office manager: *Er trug die Angelegenheit dem Geschäftsführer vor.* He referred the failure to ill luck: *Er führte seinen Misserfolg auf mangelndes Glück zurück.* They referred him to the manager: *Sie verwiesen ihn an den Direktor.* To refer a case to the high court: *Eine Angelegenheit dem Gerichtshof übergeben.* He referred them to his headmaster: *Er verwies sie an seinen Vorgesetzten.* To refer to a matter: *Auf eine Angelegenheit verweisen, sich beziehen.* To refer to the dictionary, to one's watch: *Das Wörterbuch, seine Uhr befragen.* I'm referring to your statement: *Ich beziehe mich auf Ihre Aussage.* To refer a cheque to drawer (comm.): *Die Auszahlung eines Schecks verweigern.* Referring to your letter (comm.): *Bezugnehmend auf Ihren Brief.*

refill To refill the empties: *Das Leergut wieder auffüllen.* To refill a lighter: *Ein Feuerzeug nachfüllen.*

refine To refine oil, sugar: *Öl, Zucker raffinieren.* To refine one's manners, one's taste: *Seine Manieren, seinen Geschmack verfeinern.* To refine (on, upon) one's style: *Seinen Stil verfeinern.*

reflect To reflect an image, light: *Ein Bild, Licht widerspiegeln.* Reflect before doing it! *Überlege, bevor du es tust!* I've reflected upon the advice he gave me: *Ich habe über seinen Rat nachgedacht.* To reflect credit (discredit) on one's parents: *Seinen Eltern Ehre (Schande) machen.* To be reflected: *Zurückgeworfen, reflektiert sein.*

refrain To refrain from anger, from tears: *Den Zorn, die Tränen zurückhalten.* I refrained (myself) from telling him the truth: *Ich sah davon ab, ihm die Wahrheit zu sagen.*

refresh To refresh the air: *Die Luft erfrischen.* To refresh the body and the mind: *Körper und Geist erquicken.* To refresh an electric battery: *Eine Batterie aufladen.* To refresh the fire: *Das Feuer neu anfachen.* To refresh one's memory: *Seine Erinnerung auffrischen, dem Gedächtnis nachhelfen.* I refreshed myself reading that novel: *Ich erquickte mich mit der Lektüre jenes Romans.* He refreshed himself with a cup of tea: *Er stärkte sich mit einer Tasse Tee.*

refund To refund the expenses: *Die Auslagen zurückerstatten.* To refund a sum of money: *Einen Geldbetrag zurückzahlen.*

refuse To refuse an offer, a request: *Ein Angebot ausschlagen, ein Gesuch abweisen.* He refused his friend's advice: *Er schlug seines Freundes Rat in den Wind.* He refused to obey (obedience): *Er verweigerte den Gehorsam.* To refuse a hurdle: *Vor einem Hindernis verweigern (Pferd).*

refute To refute an accusation, an argument, a calumny: *Eine Beschuldigung, einen Beweis, eine Verleumdung widerlegen.*

regain To regain (one's) health, ground, speed: *Seine Gesundheit, Boden, Geschwindigkeit wiedergewinnen.* To regain confidence: *Das Vertrauen wiedergewinnen.* To regain consciousness (one's senses): *Das Bewusstsein (seine Sinne) wiedergewinnen.* To regain one's footing: *Wieder Fuß fassen, seinen Halt wiedergewinnen.*

regale She regaled us with a beautiful song: *Sie ergötzte uns mit einem schönen Lied.* They regale themselves on choice food: *Sie erfreuen sich an auserlesenem Essen.*

regard To regard s.b. kindly, with favour: *Jemanden mit Zuneigung betrachten.* It regards you nearly: *Es betrifft dich nahe.* I regard him as an honest person: *Ich sehe ihn als redlichen Menschen an.*

regardless Regardless of: *Ohne Rücksicht auf.*

register To register a car: *Einen Wagen eintragen lassen.* To register a will: *Ein Testament niederlegen.* To register in a school (USA): *Sich in einer Schule einschreiben.*

regret I regret to say that you are wrong: *Es tut mir leid, aber du hast Unrecht.* I regret being unable to come (that I cannot come): *Ich bedauere, nicht kommen zu können.* To regret one's sins: *Seine Sünden bereuen.* To regret the happy days of one's childhood: *Sich an die glücklichen Tage der Kindheit erinnern, sie ersehnen.*

regulate To regulate a clock, the speed, the traffic: *Eine Uhr, die Geschwindigkeit, den Verkehr regulieren.*

rehearse To rehearse a play: *Ein Stück proben.*

reign To reign over a country: *Über ein Land herrschen.*

rein To rein in a horse: *Ein Pferd im Zaum halten, zügeln.* To rein up (back) a horse: *Ein Pferd hochsteigen (zurückgehen) lassen (in der Dressur).*

reject To reject a candidate, an offer, a proposal: *Einen Anwärter, ein Angebot, einen Vorschlag zurückweisen.*

rejoice She rejoiced at (in) his success: *Sie freute sich über seinen Erfolg.* To rejoice in s.th.: *Sich über etwas freuen; mit dem Besitz von etwas gesegnet sein, (scherzhaft) es haben.*

relapse To relapse into sin, into vice: *Wieder der Sünde, dem Laster verfallen.*

relate To relate a fact to another: *Eine Tatsache mit einer anderen* *in Verbindung bringen.* He related to me what had happened: *Er erzählte mir, was sich ereignet hatte.* This relates to the matter: *Das hat Bezug auf die Angelegenheit.*

relax To relax discipline: *In der Ordnung nachlassen.* To relax (in) one's efforts: *In seinen Bemühungen nachlassen.* To relax one's grasp (hold): *Seinen Griff lockern.* To relax one's mind: *Sich zerstreuen, den Geist entspannen.* To relax one's muscles: *Seine Muskeln entspannen.* To relax one's nerves: *Seine Nerven abspannen, seine Aufmerksamkeit erschlaffen lassen.*

release To release s.b. from bondage (confinement, pain): *Jemanden von einer Verpflichtung (Haft, Schmerz) befreien.* To release goods from bond: *Waren vom Zoll auslösen.* They released him from his oath, from his promise: *Sie entbanden ihn von seinem Schwur, seinem Versprechen.* To release a bomb: *Eine Bombe abwerfen.* To release a book, a piece of news: *Ein Buch, eine Information (Zeitungsnachricht) zur Veröffentlichung freigeben.* To release the brake, one's hold: *Die Bremse, seinen Griff lösen.* To release a claim: *Einen Anspruch fahren lassen, aufgeben.* To release the clutch slowly: *Die Kupplung langsam kommen lassen.* To release a debt: *Eine Schuld erlassen.* To release a film: *Einen Film herausbringen.* To release a lock, a spring: *Ein Schloß aufschnappen lassen, eine Feder lösen.* To release a prisoner on parole: *Einen Gefangenen auf Ehrenwort freisetzen.* To release a property: *Einen Besitz abtreten.*

relegate To relegate s.b. to a solitary place: *Jemanden in die Einsamkeit verbannen.* He relegated the matter to a lawyer: *Er übergab die Sache einem Anwalt.*

relieve To relieve pain: *Schmerz lindern.* To relieve the afflicted (the distressed): *Den Bedrückten, Notleidenden zur Hilfe kommen.* He relieved his feelings: *Er machte seinen Gefühlen Luft.* To relieve guard: *Die Wache ablösen.* To relieve a sentry: *Eine Schildwache ablösen.* To relieve nature (to relieve oneself): *Sich entleeren.* To relieve s.b. from pain (fear): *Jemanden von Schmerz (Furcht) befreien.* To relieve s.b. from an obligation, from working: *Jemanden von einer Verpflichtung, von der Arbeit befreien.* I relieved him of his embarrassment: *Ich befreite ihn aus seiner Verlegenheit, Verwicklung.* To relieve s.b. of a load, of his wallet: *Jemanden von einer Last befreien, jemandem seine Brieftasche abknöpfen.*

relinquish To relinquish one's hold, an idea, a plan, a position, the siege: *Seinen Besitz, eine Idee, einen Plan, eine Position, die Belagerung aufgeben.* To relinquish all hope: *Alle Hoffnung fahren lassen, aufgeben.* To relinquish the command, a right: *Das Kommando, ein Recht abtreten.*

relish To relish one's food: *Sich sein Essen schmecken lassen.* To relish sour and bitter: *Saures und Bitteres genießen.* It relishes of garlic: *Es schmeckt nach Knoblauch.*

rely To rely on (upon) s.b.: *Sich auf jemanden verlassen.*

remain To remain alone: *Allein (zurück)bleiben.* That remains to be seen (proved): *Das wird sich noch zeigen (erweisen), das wird sich noch herausstellen.* To remain breathless, silent: *Atemlos, ruhig verharren.* To remain covered: *Bedeckt bleiben.* To remain faithful, neutral, passive: *Treu, unparteiisch, untätig bleiben.* They remained friends in spite of the differences of opinion: *Trotz ihrer unterschiedlichen Meinungen blieben sie Freunde.* She remained looking at the shop-windows for two hours: *Sie verbrachte zwei Stunden damit, sich die Schaufenster anzuschauen.* To remain so: *So verbleiben.* He remained standing (on his feet): *Er blieb auf den Beinen.* To remain undecided: *Unentschieden bleiben.* To remain unknown: *Unbekannt bleiben.* He remained behind to wait for his wife: *Er blieb zurück, um auf seine Frau zu warten.* To remain in the dark, in ignorance: *Weiterhin im Dunkeln, in Unwissenheit bleiben, verharren.* To remain in office: *Im Amt, Dienst bleiben.*

remark To remark on (upon) s.th.: *Über etwas eine Bemerkung machen.*

remember I remember having told (telling, that I told) him: *Ich erinnere mich, es ihm gesagt zu haben.* I remember her very well: *Ich kann mich sehr gut an sie erinnern.* Remember me to your mother! *Grüßen Sie Ihre Mutter von mir! Empfehlen Sie mich Ihrer Mutter! (antiquierte Floskel)* Remember me in your prayers! *Gedenke meiner in deinen Gebeten!* To remember s.b. in one's will: *Jemandem in seinem Testament bedenken.* Remember to send the letter: *Vergiss nicht (denke daran), den Brief abzuschicken.* He remembers better than I do: *Er erinnert sich besser als ich.* To remember oneself: *Sich besinnen.*

remind He reminds me of his father: *Er erinnert mich an seinen Vater.* I reminded him of his promise: *Ich erinnerte ihn an sein Versprechen.* Remind me to post that letter: *Erinnere mich daran, diesen Brief aufzugeben.* I remind you that you owe me five pounds: *Ich erinnere dich daran, dass du mir noch fünf Pfund Sterling schuldest.* That reminds me: *Das erinnert mich.*

remit To remit a debt, a penalty: *Eine Schuld, eine Strafe erlassen.* To remit a sin: *Eine Sünde vergeben.* To remit a matter to arbitration: *Eine Sache einem Schiedsgericht übergeben.* To remit money to s.b. by return of post: *Jemandem postwendend Geld übersenden.* To remit one's attention, one's efforts: *Seine Aufmerksamkeit, seine Bemühungen verringern.* To remit a sentence: *Ein Urteil aussetzen.*

remonstrate To remonstrate with s.b. on (upon) s.th.: *Jemandem über etwas Vorhaltungen machen.* I remonstrated against his proposal: *Ich verwahrte mich gegen seinen Vorschlag.*

remount To remount one's horse: *Wieder aufs Pferd steigen.* This remounts to the middle ages: *Das geht auf das Mittelalter zurück.*

remove To remove all doubts, all difficulties: *Alle Zweifel, Schwierigkeiten beseitigen.* To remove mountains: *Berge versetzen (Wunder vollbringen).* To remove one's coat: *Seinen Mantel ablegen.* To remove one's gaze: *Seinen Blick abwenden.* To remove furniture: *Möbel an einen anderen Ort bringen.* He removed all his adversaries: *Er räumte sämtliche Widersacher aus dem Weg.* To remove the seal: *Das Siegel entfernen, aufbrechen.* To remove s.b.'s tonsils: *Jemandem die Mandeln entfernen.* To remove s.b. from office: *Jemanden vom Dienst suspendieren, aus dem Amt entlassen.* To remove the cloth: *Den Tisch abdecken.* She removed the grease stain from her dress: *Sie entfernte den Fettfleck von ihrem Kleid.* He removed his son from school: *Er nahm seinen Sohn von der Schule.* To remove a pupil from school: *Einen Schüler von der Schule verweisen.* To remove the scales from a fish: *Einen Fisch abschuppen.* To remove the scales from s.b.'s eyes: *Jemandem die Augen öffnen, ihm die Schuppen von den Augen fallen lassen.* To remove oneself: *Sich absetzen, entfernen.*

rend To rend the air: *Die Luft zerreißen (Schrei).* To rend one's clothes, one's hair: *Sich die Kleider zerreißen, die Haare ausreißen (vor Kummer).* He rent his mother's heart: *Er zerriss seiner Mutter das Herz.* They rent the child from his mother's arms: *Sie rissen der Mutter das Kind aus den Armen.* To rend the veil of mystery: *Den Schleier des Geheimnisses zerreißen.*

render To render thanks to God: *Gott Dank sagen.* He rendered me a priceless service: *Er erwies mir einen unschätzbaren Dienst.* To render good for evil: *Böses mit Gutem vergelten.* He rendered Hamlet very well: *Er gab, spielte den Hamlet sehr gut.* To render homage, justice, obedience: *Huldigen, Gerechtigkeit erweisen, Gehorsam leisten.* To render an account of s.th.: *Über etwas Rechenschaft ablegen.* To render (back) an image, a sound: *Ein Bild, einen Klang zurückwerfen, zurückgeben, wiedergeben.* They rendered (up) the city to the enemy: *Sie übergaben die Stadt dem Feind.* He rendered the account to his customer: *Er übergab die Rechnung seinem Kunden.* Render to Caesar that which is (the things that are) Caesar's: *Gebt dem Kaiser, was des Kaisers ist.* To render fat: *Fett ausschmelzen.* To render oil: *Öl raffinieren, läutern.* To render German into English: *Deutsch ins Englische übertragen.* This renders me nervous: *Das macht mich nervös.*

renew To renew an attack, an attempt: *Einen Angriff, einen Versuch wiederholen.* To renew a bill, a lease: *Einen Wechsel, ei-*

nen Mietvertrag (Pachtvertrag) erneuern. I renewed my complaints: *Ich wiederholte, erneuerte meine Beschwerden.* To renew one's efforts: *Seine Anstrengungen erneuern, seine Bemühungen wieder auffrischen.* She renewed her wardrobe: *Sie erneuerte ihre Garderobe.* To renew one's strength, one's youth: *Wieder zu Kräften kommen, sich verjüngen.*

renounce To renounce a right, a title, the throne: *Auf ein Recht, einen Anspruch, den Thron verzichten.* To renounce the world: *Der Welt entsagen.* He renounced his son: *Er sagte sich von seinem Sohn los.*

rent To rent a room: *Ein Zimmer mieten.*

reopen To reopen a discussion: *Eine Diskussion wieder aufnehmen.*

repair To repair a puncture, a shoe, a watch, a wrong: *Ein Loch flicken, einen Schuh, eine Uhr reparieren, ein Unrecht gutmachen.* To repair a mistake: *Einen Fehler ausbügeln.*

repay To repay a kindness (an obligation), a visit: *Eine Gefälligkeit, einen Besuch erwidern.* I repaid him for what he had done for me: *Ich vergalt ihm, was er für mich getan hatte.* To repay s.b. in kind: *Jemanden in gleicher Münze bezahlen.* To repay a sum of money: *Einen Geldbetrag zurückzahlen.*

repeal To repeal a law, a sentence: *Ein Gesetz, ein Urteil aufheben.* To repeal s.b. from exile: *Jemanden aus dem Exil zurückrufen.*

repeat To repeat a mistake, a word, a year: *Einen Irrtum, ein Wort, ein Schuljahr wiederholen.* I've repeated it a hundred times: *Ich habe es hundert Mal wiederholt.* To repeat one's lesson: *Seine Lektion aufsagen.* To repeat oneself: *Sich wiederholen.* He repeats the same things every day: *Er tut jeden Tag dasselbe.* To repeat after s.b.: *Jemanden wortwörtlich wiederholen.* Repeating rifle, watch: *Repetiergewehr, Repetieruhr.*

repel To repel an attack, the enemy, a suitor, temptations: *Einen Angriff, den Feind zurückschlagen, einen Freier (Bewerber, Bittsteller), Versuchungen zurückweisen.* This repels me (is repellent to me): *Das stößt mich ab.*

repent To repent (of) one's sins: *Seine Sünden bereuen.* He repented swindling his friend: *Er bereute es, seinen Freund betrogen zu haben.* You shall repent (off) that! *Das wirst du bereuen!* You won't (will never) repent it! *Du wirst es niemals bereuen!*

repine To repine against providence: *Mit der Vorsehung hadern.* He repined at his unhappy lot: *Er grämte sich über sein hartes Los.*

replace To replace s.b. by (with) a substitute: *Jemanden durch einen Stellvertreter ersetzen.* To replace the loss of s.th.: *Den Verlust von etwas ersetzen.* I replaced him during his absence: *Ich vertrat ihn während seiner Abwesenheit.* He replaced the stolen money: *Er legte das gestohlene Geld zurück.*

replenish To replenish one's coffers: *Seine Vorräte wieder auffüllen.* To replenish one's wardrobe: *Seine Garderobe vervollständigen.*

reply To reply to a letter, to a question: *Auf einen Brief, auf eine Frage antworten.* They replied to the enemy's fire: *Sie erwiderten das feindliche Feuer.* He replied to me evasively: *Er antwortete mir ausweichend.* To reply for s.b.: *Für jemanden (in dessen Namen) antworten.* He replied with the jack of spades: *Er erwiderte mit dem Pik-Buben.*

report (1) To report a news-item: *Eine Nachricht melden.* He reported to me what he had seen: *Er berichtete mir, was er gesehen hatte.* To report a law case: *Einen Prozessbericht machen.* He reported his colleague to the manager: *Er schwärzte seinen Kollegen beim Direktor an.* He reported (himself) to the manager: *Er meldete sich bei dem Direktor.* It is reported that he is dead: *Es wird berichtet, er sei tot.* He reports for an important newspaper: *Er arbeitet als Berichterstatter für eine wichtige Zeitung.* To report sick (milit.): *Sich krank melden.* To report back by phone: *Sich telefonisch zurückmelden.*

report (2) The report goes (report has it) that he is dead: *Man sagt, er sei tot.*

repose To repose one's head on the pillow: *Seinen Kopf auf das Kissen betten.* To repose oneself: *Sich ausruhen, zur Ruhe legen.* To repose on s.th.: *Sich auf etwas verlassen.* To repose one's confidence (one's faith) in s.b.: *Sein Vertrauen (seinen Glauben) in jemanden setzen.*

represent To represent the triumph of death: *Den Triumph der Vergänglichkeit darstellen, symbolisieren.* To represent Othello: *Den Othello darstellen.* He represents the prime minister, Italy: *Er vertritt den Premierminister, Italien.* To represent a difficult concept: *Einen schwierigen Begriff darstellen, begreiflich machen.* They represent him as a dishonest man: *Sie schildern ihn als unredlichen Mann.*

repress To repress one's feelings, a rising: *Seine Gefühle, einen Aufstand unterdrücken.*

reprieve To reprieve a condemned person: *Einem (zum Tode) Verurteilten Aufschub gewähren, bzw. die Exekution aussetzen.*

reprimand (reproach) To reprimand (to reproach) s.b. for a fault: *Jemanden für einen Fehler tadeln, ihm dafür einen Verweis geben.*

reproduce To reproduce a sound: *Einen Ton, Laut, Klang wiederholen; einen Sound (d.h. im Jazz eine charakteristische Art des Erklingens) wieder erzeugen, reproduzieren.*

reprove They reproved him for being late: *Sie machten ihm Vorwürfe, weil er zu spät gekommen ist.*

repudiate To repudiate one's wife: *Seine Frau verstoßen.* To repudiate a charge: *Eine Anklage zurückweisen.* To repudiate a debt: *Eine Schuld, Schuldforderung von sich weisen, nicht anerkennen.* To repudiate one's former opinions: *Seine vorherigen Ansichten verwerfen.* To repudiate a gift: *Ein Geschenk zurückweisen.*

repulse To repulse an attack, a charge, the enemy, a suitor: *Einen Angriff zurückschlagen; eine Anklage, den Feind, einen Freier (Bittsteller) zurückweisen.*

reputed He is reputed (to be) an honest man: *Man schätzt ihn als einen rechtschaffenen, ehrlichen Mann.*

request To request payment of a debt: *Zur Bezahlung einer Schuld auffordern.* He requested their presence: *Er ersuchte sie um ihre Anwesenheit.* He requested them to express their opinions: *Er forderte sie auf, ihre Meinungen zu äußern.*

require He requires the maximum efficiency from (of) his workers: *Er fordert von seinen Arbeitern ein Höchstmaß an Leistung.* That requires great attention: *Das erfordert große Aufmerksamkeit.* That requires some doing: *Das erfordert einigen Aufwand.* It required all my patience to convince him: *Um ihn zu überzeugen, bedurfte es all meiner Geduld.* They required him to go away: *Sie befahlen ihm wegzugehen.* He requires some more money: *Er fordert noch mehr Geld.*

requisition To requisition food for the troops: *Nahrung für die Truppen requirieren.*

requite To requite evil with good: *Böses mit Gutem vergelten.* To requite like for like: *Gutes mit Gutem vergelten.* They requited him for his services: *Sie belohnten ihn für seine Dienste.* To requite s.b. for an injury: *An jemandem für ein Unrecht Rache nehmen.*

rescue To rescue s.b. from danger, from death: *Jemanden aus einer Gefahr, vom Tod erretten.* To rescue s.b. from his enemies: *Jemanden von seinen Feinden befreien.* To rescue a drunkard: *Einen Trinker von seiner Sucht befreien.* To rescue a prisoner: *Einen Gefangenen gewaltsam befreien.*

resemble They resemble each other: *Sie ähneln einander.*

resent To resent joy, sorrow: *Freude, Kummer übelnehmen.* He resented her unjust accusations: *Er verübelte ihr die falschen Anschuldigungen.*

reserve To reserve a room at a hotel, a seat on a train: *In einem Hotel ein Zimmer, in einem Zug einen Platz reservieren (lassen).* He reserved the right to do it: *Er behielt sich das Recht vor, es zu tun.* To reserve one's diagnosis: *Seine Diagnose zurückhalten.* To reserve oneself: *Seine Kräfte aufsparen.*

reset To reset a broken limb: *Ein gebrochenes Glied richten.* To reset a saw: *Eine Säge schärfen.*

reside He resides abroad: *Er lebt in der Fremde, im Ausland.*

resign To resign (office), to resign from one's post: *Abtreten, den Dienst quittieren, zurücktreten.* To resign a claim (a right): *Einen Anspruch (ein*

Recht) abtreten, darauf verzichten. To resign one's possessions: *Seinen Besitz abtreten.* She resigned her children to her mother's care: *Sie übergab ihre Kinder der Obhut ihrer Mutter.* He resigned himself to staying at home: *Er fand sich damit ab, zuhause zu bleiben.* To resign oneself to one's fate: *Sich in sein Schicksal fügen; sich seinem Schicksal ergeben.*

resist To resist the enemy, temptation: *Dem Feind, der Versuchung widerstehen.* It resists (is resistant to) acid: *Es ist säurebeständig.* To resist for a long time, to the last: *Eine lange Zeit, bis zuletzt widerstehen, sich widersetzen.*

resolve To resolve a difficulty, a problem, a riddle: *Eine Schwierigkeit, ein Problem, ein Rätsel (auf)lösen.* He has resolved to go (on going) home: *Er hat sich entschlossen nach Hause zu gehen.* To resolve s.th. into its component parts: *Etwas in seine Teile, Elemente zerlegen.* They resolved a friendly discussion into a brawl: *Ihre freundschaftliche Auseinandersetzung schlug in einen Streit um, endete im Streit.* To resolve on (upon) a dangerous course: *Einen gefährlichen Kurs einschlagen.*

resort (1) To resort to law, to violence: *Seine Zuflucht bei dem Gesetz suchen; zur Gewalt greifen.* To resort to s.b. for help: *Auf jemandes Hilfe zurückgreifen.* He resorted to the same subject: *Er kam auf denselben Gegenstand zurück.* To resort to extremities: *Drastische Maßnahmen ergreifen; zu den äußersten Mitteln greifen.* To resort to the seaside: *Sich ans Meer zurückziehen.*

resort (2) In the last resort: *Wenn alle Stricke reißen; zur Not.*

resound To resound s.b.'s praises: *Jemandes Lob(lied) wieder erklingen lassen.* To resound with acclamations, with cries: *Von Beifall, Geschrei widerhallen.*

respect To respect the law, the old, tradition: *Das Gesetz, die Alten, die Überlieferung achten, respektieren.* He respected her last wishes: *Er respektierte ihre letzten Wünsche.* To respect oneself: *Sich selbst achten, Selbstachtung besitzen.*

respite To respite a sentence: *Ein Urteil (vorläufig) aussetzen.*

respond To respond to a charge, to an insult, to a stimulus: *Auf eine Anklage, eine Beleidigung, einen Anreiz antworten.* To respond to kindness: *Auf Freundlichkeit (mit einer Anpassung des eigenen Verhaltens) reagieren, dafür sensibel sein.*

responsible He is responsible for her death: *Er ist für ihren Tod verantwortlich.*

rest (1) To rest one's eyes: *Seine Augen schonen, ausruhen.* To rest one's horse: *Sein Pferd ausruhen lassen.* He rested for two hours: *Er legte sich für zwei Stunden hin.* To rest from one's labours: *Sich von seinen Mühen ausruhen, erholen.* He rests in peace, in the churchyard: *Er ruht in Frieden, auf dem Friedhof.* To rest in God: *In Gott ru-*

hen, auf Gott vertrauen. To rest on one's laurels: *Sich auf seinen Lorbeeren ausruhen.* To rest up: *Sich vollständig ausruhen.* To rest assured, satisfied: *Sicher (beruhigt), zufrieden sein.* It rests with him to do this work: *Es liegt bei ihm, diese Arbeit auszuführen.* He rested his eyes (gaze) on the woman: *Er ließ seinen Blick auf der Frau ruhen.* To rest on one's elbows: *Sich auf die Ellbogen stützen.* He rested his elbows on the table: *Er stützte die Ellbogen auf den Tisch.* He rests his theory on a wrong assumption: *Er baut seine Theorie auf einer falschen Annahme auf.* To rest on a pedestal, on a pillar: *Auf einem Sockel, einer Säule ruhen.* God rest his soul: *Der Herr sei seiner Seele gnädig; Friede seiner Seele; Gott hab ihn selig.*

rest (2) To come to rest: *Zum Stillstand kommen; sich niederlassen; hängen- oder liegenbleiben.* To lay s.b. to rest: *Jemanden begraben, jemanden zur letzten Ruhe betten.*

rest (3) For the rest: *Im übrigen, ansonsten, darüber hinaus.*

restore To restore a building, a painting, the monarchy: *Ein Gebäude, ein Bild restaurieren, die Monarchie wiederherstellen.* To restore mankind: *Die Menschlichkeit wiederherstellen.* To restore order, peace: *Ordnung, Frieden wiederherstellen.* To restore an old custom: *Einen alten Brauch wieder in Gang bringen, wieder einführen.* To restore a text: *Einen Text rekonstruieren, emendieren.* To restore one's strength: *Seine Kraft wiederherstellen.* To restore s.b. to health, health to s.b.: *Jemanden heilen.* He restored the lost child to his mother: *Er brachte das verloren gegangene Kind zu seiner Mutter zurück.* To restore s.b. to consciousness: *Jemanden wieder zu Bewusstsein bringen.* To restore s.b. to his office: *Jemanden wieder in ein Amt einsetzen.* To restore a king to the throne: *Einen König wieder auf den Thron bringen.*

restrain To restrain one's anger (feelings, tears): *Seinen Zorn (Seine Gefühle, Tränen) unterdrücken.* To restrain s.b. from doing s.th.: *Jemanden davon abhalten, etwas zu tun.* To restrain s.b. of liberty: *Jemanden der Freiheit berauben.* He restrained himself from boxing her ears: *Er beherrschte seinen Wunsch, sie zu ohrfeigen.*

restrict He restricted his business to retail trade: *Er beschränkte sein Geschäft auf den Einzelhandel.*

result (1) This resulted from careful observations and investigations: *Das ist das Ergebnis sorgfältiger Beobachtungen und Nachforschungen.* To result badly: *Übel ausgehen.* It resulted in disaster, in nothing: *Es endete in einem Unglück, in Nichts.*

result (2) This is the result: *Das ist (nun also) das Ergebnis.*

resume To resume the conversation, one's journey, one's work: *Das Gespräch, seine Reise, die Arbeit wieder aufnehmen.* To resume speed: *Das Tempo wiederaufnehmen.* To resume facts: *Fakten (in Kürze) zusammenfassen.* To resume one's seat: *Seinen Sitzplatz wieder einnehmen.* He resumed the thread of his argument: *Er nahm den Faden seiner Ausführungen wieder auf.* He resumed his pipe without listening to her: *Ohne ihr zuzuhören, beschäftigte er sich von neuem mit seiner Pfeife.*

retail To retail goods: *Waren stückweise, im Einzelhandel verkaufen.* He retailed his adventure: *Er erzählte sein Abenteuer umständlich und bruchstückhaft.*

retain To retain heat, water: *Hitze, Wasser speichern.* To retain a barrister: *Die Dienste eines Anwalts beanspruchen.* To retain the use of one's faculties: *Mit dem Gebrauch der eigenen Kräfte zurückhalten.*

retaliate To retaliate upon s.b.: *Sich an jemandem rächen, Vergeltung üben.* To retaliate an injury: *Jemandem einen Schaden mit gleicher Münze heimzahlen.*

retard To retard a movement, one's mental development: *Eine Bewegung, seine geistige Entwicklung verlangsamen.*

retire To retire banknotes, bills, troops: *Banknoten, Wechsel, Truppen zurückziehen.* To retire from business, from a competition, from public life, from the world: *Sich vom Geschäft, aus einem Wettbewerb, aus dem öffentlichen Leben, aus der Welt zurückziehen.* To retire into the country: *Sich aufs Land zurückziehen.* To retire into one's shell: *Sich in sein Schneckenhaus verkriechen.* To retire into oneself: *Sich in sich selbst zurückziehen.* He retired in good order: *Er ließ die Dinge nach seinem Rückzug (vom Geschäft) in guter Ordnung zurück.* To retire on (upon) a pension: *In Pension gehen.* To retire to one's bedroom, to private life: *Sich in sein Schlafzimmer, ins Privatleben zurückziehen.* They retired to better positions: *Sie zogen sich in bessere Stellungen zurück.* We retired (to bed, to rest) at midnight: *Wir zogen uns um Mitternacht zurück.*

retort To retort a charge against s.b.: *Eine Klage gegen jemanden kehren.* He retorted his opponents arguments: *Er erwiderte (heftig) die Argumente seiner Gegner.* To retort an injury: *Ein Unrecht erwidern.*

retrace To retrace one's steps: *Seine eigenen Schritte zurückverfolgen.* To retrace bygone days: *Den Lauf verflossener Tage ins Gedächtnis rufen.*

retract To retract one's claws, one's horns: *Seine Klauen (Krallen), seine Fühler einziehen.* To retract an accusation, a confession, a statement: *Eine Anklage, ein Geständnis, eine Aussage zurückziehen.* He retracted his promise: *Er zog sein Versprechen zurück.*

retreat (1) To retreat before the enemy: *Sich vor dem Feind zurückziehen.* To retreat a piece: *Eine Schachfigur zurückziehen (aus einer bedrohten Stellung).*

retreat (2) To beat a hasty retreat: *Schleunigst das Feld räumen, das Weite suchen.*

retrench To retrench one's expenses: *Seine Ausgaben einschränken.*

retrieve To retrieve one's credit, one's freedom: *Sein Ansehen (Kredit), seine Freiheit wiederherstellen, wiedererlangen.* To retrieve game: *Ein Wild apportieren.* To retrieve a loss: *Einen Verlust wiedergutmachen.* To retrieve a mistake: *Einen Irrtum revidieren.*

return To return a visit: *Einen Besuch erwidern.* He has returned me the book I had lent him: *Das Buch, welches ich ihm geliehen hatte, hat er mir wieder zurückgegeben.* To return the ball (tennis etc.): *Den Ball zurückschlagen.* To return a compliment, a favour: *Ein Kompliment, eine Gefälligkeit erwidern.* To return s.b.'s greeting: *Jemandes Gruß erwidern.* To return a parcel to the sender: *Ein Paket zum Absender zurückschicken.* To return thanks: *Seinen Dank ausdrücken.* To return a good profit: *Einen guten Gewinn abwerfen.* To return good for evil: *Böses mit Gutem vergelten.* To return like for like: *Gleiches mit Gleichem vergelten.* To return light: *Licht zurückwerfen, reflektieren.* To return a member to parliament: *Einen Abgeordneten wieder ins Parlament wählen.* He was returned guilty: *Er wurde schuldig gesprochen.* To return to the charge: *In das Amt, die Stelle, den Dienst zurückkehren.* To return to the point, to the subject: *Zur Hauptsache zurückkommen.* It returned to my mind: *Es kehrte in mein Bewusstsein zurück.* He returned in thought to what had happened: *Er rief sich die Ereignisse ins Gedächtnis zurück.*

reveal To reveal a secret: *Ein Geheimnis verraten.* To reveal one's name, one's identity: *Seinen Namen, seine Identität preisgeben.* He revealed himself to be a scoundrel: *Er offenbarte sich als Schuft.*

revel To revel away one's money, one's time: *Sein Geld verjubeln, seine Zeit mit Vergnügungen vertun.* To revel in music: *Ein großes Vergnügen an der Musik finden.*

revenge To revenge an injustice, an offence, a wrong: *Eine Ungerechtigkeit, eine Beleidigung, ein Unrecht rächen.* She revenged him, his death: *Sie rächte ihn, seinen Tod.* To revenge one's cause: *Für seine Sache (durch Rache) selbst eintreten, Selbstjustiz üben.* To revenge oneself (to be revenged) on (upon) s.b. for a wrong: *Sich an jemandem für einen zugefügten Schaden rächen.*

reverse To reverse the current, the order, one's positions, one's roles: *Den Strom, den Befehl, seine Ansichten, seine Rollen umkehren.* To reverse an engine: *Einen Motor in die entgegengesetzte Richtung laufen lassen.* To reverse a decree, a measure: *Einen Erlass, eine Maßnahme aufheben, widerrufen.* To reverse a curse, a piece of work: *Einen Fluch widerrufen, eine Arbeit* *verderben.* To reverse oneself: *Anderen Sinnes werden.*

revert To revert to a subject: *Auf ein Thema, einen Punkt zurückkommen.* To revert to a stratagem: *Auf eine List zurückgreifen.* To revert to what we said before ...: *Um darauf zurückzukommen, was wir vorher gesagt haben ...* To revert to s.b.: *Einem wieder anheimfallen.* To revert to old customs: *Zu alten Bräuchen zurückkehren.* To revert one's eyes, one's steps: *Seine Augen, seine Schritte zurückwenden.*

review To review a book: *Ein Buch besprechen, rezensieren.* To review a decree: *Einen Erlass der Revision unterwerfen.* To review the troops: *Die Truppen mustern.*

revise To revise a lesson: *Eine Lektion durchsehen.* To revise a printer's proof, a translation: *Einen Korrekturbogen, eine Übersetzung durchsehen und verbessern.* To revise a sentence: *Ein Urteil überprüfen.*

revive To revive desire, hope: *Sehnsucht, Hoffnung wiederbeleben.* To revive a drowned person: *Eine(n) Ertrunkene(n) wiederbeleben.* To revive a law: *Einem Gesetz neuen Nachdruck verleihen.* To revive an old custom: *Einen alten Brauch wiederaufleben lassen.* To revive an old play: *Ein altes Schauspiel wiederaufführen.* To revive old grudges: *Alte Zwiste wieder aufrühren.* To revive s.b. from the grave: *Jemanden von den Toten auferwecken.*

revoke To revoke a decree, an order: *Eine Verordnung, einen Befehl widerrufen.*

revolt To revolt against the king: *Gegen den König revoltieren.* To revolt at (against, from) a crime: *Sich über ein Verbrechen empören.* That revolts my conscience: *Dagegen lehnt sich mein Gewissen auf.*

revolve To revolve s.b.'s words in one's mind: *Über jemandes Worte nachdenken.* To revolve round (on) an axis: *Sich um eine Achse drehen.*

rid To rid oneself of a debt: *Sich von einer Schuld befreien.* To be (get) rid of s.b. or s.th.: *Jemanden oder etwas loswerden.*

riddle To riddle a question: *Ein Problem lösen.*

riddle To riddle corn, gravel, evidence: *Getreide, Kies sieben, einen Beweis versuchsweise überprüfen (durch das Sieb der Erfahrung rütteln).* They riddled him with bullets: *Sie durchlöcherten ihn mit Kugeln.* He is riddled with debts: *Er ist über beide Ohren verschuldet (mit Schulden durchlöchert).*

ride To ride the aquaplane: *Wasserski laufen.* To ride a horse: *Ein Pferd reiten.* To ride a bicycle: *Auf einem Fahrrad fahren.* To ride the merry-go-round: *Kinderkarussell fahren.* To ride high: *Erfolgreich sein.* To ride the high horse: *Auf dem hohen Ross sitzen.* To ride one's hobby: *Seinem Steckenpferd, dem bevorzugten Zeitvertreib nachgehen.* To ride like a tailor: *Wie ein Schneider (so ungeschickt) reiten.* To ride a race: *Ein Pferderennen reiten.* He is ridden by the routine of his job: *Er ist von der Eintönigkeit seiner Arbeit bedrückt.* To ride about: *Umherreiten, in der Umgebung herumreiten.* To ride again: *Wieder zu Kräften kommen.* To ride at break-neck speed, at full speed: *Mit halsbrecherischer, voller Geschwindigkeit reiten, fahren (Fahrrad).* To ride at anchor: *Vor Anker liegen.* He rode away at full gallop: *Er ritt in vollem Galopp davon.* To ride s.b. down: *Jemanden niederreiten, niedertrampeln, rücksichtslos behandeln.* To ride for all: *Tollkühn reiten oder handeln, einen Fehlschlag riskieren.* To be riding for a fall: *Das Schicksal herausfordern; Kopf und Kragen riskieren; in sein Verderben rennen.* To ride in a bus, in a car, in a taxi: *Mit einem Autobus, einem Personenkraftwagen, einem Taxi fahren.* To let s.th. ride (colloq.): *Den Dingen ihren Lauf lassen.* To ride off: *Sich entfernen.* He rode off on that subject: *Er hat Abstand von jenem Thema genommen.* To ride on shank's mare (pony): *Auf Schusters Rappen reiten, zu Fuß gehen.* To ride on the wave of popularity: *Oben auf der Woge der Beliebtheit schwimmen.* To ride s.b. on (with) the snaffle: *Jemanden mit leichter Hand führen, sanft beeinflussen.* To ride out s.th.: *Etwas überstehen.* To ride out the gale (the storm): *Heil durch den Sturm kommen.* To ride roughshod over s.b.: *Jemanden hochmütig behandeln.* To ride a joke to death: *Einen Witz, Scherz immer wieder von neuem, bis zum Überdruss, wiederholen.*

rig To rig (out, up) a ship: *Ein Schiff ausrüsten.* To rig (out, up) an aircraft: *Ein Flugzeug bemannen.* To rig a plant on s.b.: *Jermandem einen Streich spielen.* To rig oneself out (up): *Sich herausputzen.* To rig the market (comm.): *Die Preise manipulieren.*

right (1) To right a picture, a wrong: *Ein Bild zurechtrücken, ein Unrecht wiedergutmachen.* To right a room: *Ein Zimmer wieder in Ordnung bringen.* To right oneself: *Sein Gleichgewicht wiedergewinnen, sich bessern, verbessern.*

right (2) By right(s): *Von Rechts wegen; normalerweise; eigentlich.* That's right, right you are: *Das ist richtig, in Ordnung; du hast Recht.* You are right (in thinking so): *Du hast Recht (so zu denken).* Is this the right way to Trafalgar Square? *Ist das der richtige Weg zum Trafalgar Square?* He is my right arm, my right hand man: *Er ist meine rechte Hand.* He is not right in his head: *Er ist nicht recht bei Verstand; er hat nicht alle Tassen im Schrank.* He is as right as rain, as a trivet (colloq.): *Er ist völlig gesund, in bester Ordnung.* The right man in the right place (prov.): *Der rechte Mann am rechten Platz.* I'm right hungry (USA): *Ich bin ganz schön hungrig.* Right and left: *Rechts und links, überall.* Right now: *Gerade jetzt, in diesem Moment.* Right away (off): *Sofort.* Right off the bat (USA): *Sofort.*

Right on (along): *Geradeaus (ohne Unterbrechung).* To keep on the right side of s.b.: *Sich gut mit jemandem stellen.* It's right up my alley, street (colloq.): *Es liegt auf meiner Linie, ist mir vertraut, annehmbar.* Right dress! *In einer Reihe (exakt) aufstellen!* Right turn! *Rechts um!*

ring (1) To ring a bull: *Einem Stier einen Ring durch die Nase ziehen.* To ring the cattle: *Das Vieh in einen Pferch treiben.* They were ringed about with (ringed in by) the enemy: *Sie waren vom Feind umzingelt.*

ring (2) To ring the bell: *Klingeln; Glück haben; den Vogel abschießen.* To ring the bells: *Die Glocken läuten.* To ring a bell: *Eine Erinnerung wachrufen.* To ring the changes (on): *Die Art variieren, auf die eine Sache ausgeführt oder ausgedrückt wird.* To ring the hours: *Die Stunden durch Glockenschlag anzeigen.* To ring the tocsin: *Die Alarmglocke läuten, Alarm schlagen.* To ring back: *Zurückrufen (mit dem Telefon).* To ring down (up) the curtain: *Den Vorhang im Theater senken (sich heben) lassen (durch ein Klingelsignal); das Ende (den Beginn) einer Unternehmung bezeichnen.* To ring for the maid: *Nach dem Zimmermädchen klingeln.* I rang for some coffee: *Ich ließ mir etwas Kaffee kommen.* To ring in the new year: *Das neue Jahr einläuten.* To ring off: *(Den Hörer) auflegen.* To ring out: *Widerhallen.* To ring out the old year: *Das alte Jahr mit Glockengeläut verabschieden.* To ring false, true: *Falsch, echt klingen (Geldstück, Gefühl).* To ring s.b. up: *Jemanden anrufen.* To ring in one's ears: *Einem in den Ohren klingen.* To ring with cries, with sounds: *Von Gechrei, von Geräuschen widerhallen.* To ring with indignation: *Vor Empörung gellen (Stimme).*

rinse To rinse a bottle, a cup: *Eine Flasche, einen Becher (Tasse) ausschwenken.* To rinse one's hands, one's mouth: *Die Hände waschen, den Mund ausspülen.* To rinse away (out) dirt: *Den Schmutz wegspülen.*

riot To riot away (out) one's life: *Sein Leben in Schwelgerei vertun.* To riot away (out) one's money: *Sein Geld verprassen.* To read the riot act (to s.b.): *Jemandem die Leviten lesen; eine ernsthafte Verwarnung aussprechen.* To run riot: *Sich austoben, toben, randalieren; (Phantasie) mit jemandem durchgehen; (Pflanzen) wuchern.*

rip To rip logs: *Holzstämme spalten.* To rip open a letter: *Einen Brief aufreißen.* To rip into s.b.: *Jemanden mit Worten angreifen.* He ripped two pages out of the book: *Er riß zwei Seiten aus dem Buch.* To rip out a curse: *In eine Verwünschung ausbrechen.* To rip up a wound: *Eine Wunde wieder aufreißen.* To rip up one's arm: *Sich den Arm aufreißen, sich in den Arm schneiden.* To rip up old scores (scars): *Alte Rechnungen (Narben) wieder präsentieren (aufreißen).*

rise To rise (to one's feet): *Sich erheben, aufstehen.* To rise early, with the lark: *Früh, mit den Hühnern aufstehen.* To rise above mediocrity: *Über das Mittelmaß hinausgehen.* To rise again: *Sich von neuem erheben.* To rise from the gutter: *Aus der Gosse aufsteigen.* To rise from the dead, from the grave: *Vom Tode, aus dem Grab auferstehen.* That rose from (out of) a misunderstanding: *Das entstand aus einem Missverständnis.* To rise (up) from an ancient family: *Von einer alten Familie abstammen.* They rose from the siege: *Sie hoben die Belagerung auf.* To rise in the world: *Eine höhere soziale Position erreichen.* To rise high in s.b.'s esteem: *In jemandes Wertschätzung sehr steigen.* To rise to the highest pitch of glory: *Den höchsten Punkt des Ruhmes erreichen.* To rise to the occasion: *Sich der Situation gewachsen zeigen.* To rise to power: *Zur Macht aufsteigen.* To rise to the surface: *An die Oberfläche steigen, sichtbar werden.* To rise s.b. to the throne: *Jemanden auf den Thron erheben.* To rise superior to s.th.: *Sich über etwas erheben.* Rise and shine! (colloq.): *Aus den Federn!*

risk To risk one's life (one's skin), one's neck: *Sein Leben (seine Haut), seinen Hals wagen, riskieren.* To risk a battle, a failure: *Eine Schlacht, einen Fehlschlag in Kauf nehmen.* To risk one's reputation: *Seinen Ruf aufs Spiel setzen.*

rive To rive wood: *Holz spalten.* She has riven his heart: *Sie hat ihm das Herz gespalten (zerrissen).*

river This river fishes well: *In diesem Fluss fischt es sich gut.* To sell s.b. down the river: *Jemanden „verkaufen" oder verraten.*

rivet To rivet (down) a nail: *Einen Nagel einschlagen.* To rivet an error: *Einen Irrtum verfestigen.* To rivet one's eyes, one's mind on s.th.: *Seine Augen, seinen Geist (Aufmerksamkeit) auf etwas heften.* It is riveted in my memory: *Es ist fest in meiner Erinnerung eingeprägt.*

road The road to hell is paved with good intentions (prov.): *Der Weg in die Hölle ist mit guten Vorsätzen gepflastert.* To be in s.b.'s road (colloq.): *Jemandem im Weg sein.* Get out of my road! *Aus dem Weg!* On the road to recovery: *Auf dem Weg der Besserung.*

roam To roam the woods: *Durch die Wälder streichen, die Wälder durchstreifen.* To roam about: *Herumstreifen.*

roar To roar for mercy: *Um Gnade, Barmherzigkeit schreien.* To roar with pain: *Vor Schmerz brüllen.* To roar with laughter: *Dröhnend (röhrend) lachen, vor Lachen brüllen.* To roar s.b. out of his wits: *Jemanden mit Gebrüll, lautem Geschrei erschrecken.* To roar (out) an order: *Einen Befehl brüllen.* He roared himself hoarse: *Er brüllte sich heiser.*

roast To roast meat on the spit: *Fleisch am Spieß braten.*

rob To rob s.b. of his watch: *Jemandem seine Uhr rauben.* To rob s.b. of freedom: *Jemanden der Freiheit berauben.* To rob a bank: *Eine Bank ausrauben.* To rob Peter to pay Paul: *Von einem nehmen, um einem anderen zu geben, Schulden abzahlen und zugleich wieder neue machen; eine Milchmädchenrechnung.*

rock To rock a baby to sleep, asleep: *Ein Kleinkind in den Schlaf wiegen.* He was rocking himself in his chair: *Er schaukelte in seinem Stuhl.* To rock the boat (colloq.): *Das Unternehmen gefährden.*

rocket To rocket up: *In die Höhe schießen.*

roll To roll one's eyes: *Mit den Augen rollen.* To roll the stone of Sisiphus: *Eine Sisiphusarbeit tun.* To roll (up) a carpet, a cigarette, a sheet of paper: *Einen Teppich aufrollen, eine Zigarette, ein Blatt Papier rollen.* He rolled up his shirt-sleeves: *Er krempelte, rollte sich die Ärmel hoch.* To roll the drums: *Einen Wirbel schlagen; die Trommeln rühren.* To roll a matter in one's mind: *Eine Sache im Geist (einen Gedanken im Kopf) umherwälzen.* To roll metal: *Metall walzen.* To roll a road: *Eine Straße walzen.* To roll smoke: *Rauch in Kringeln ausstoßen.* To roll down s.b.'s cheeks: *Jemandes Wangen herabrollen (Tränen).* He is rolling in money, in wealth: *Er schwimmt in Geld.* To roll out words: *Mit Nachdruck sprechen.* To roll round (on) an axis: *Sich um eine Achse drehen.* He rolled up in a new car: *Er fuhr in einem neuen Wagen vor.* Roll my log and I'll roll yours (prov.): *Eine Hand wäscht die andere.* A rolling stone gathers no moss (prov.): *(Ein rollender Stein setzt kein Moos an.) Ein unsteter Mensch setzt kein Schmalz (Wohlstand) an, wird nicht reich; die Freiheit hat ihren Preis.*

Rome Rome was not built in a day (prov.): *Rom ist auch nicht an einem Tag erbaut worden.* When in Rome, do as the Romans do: *Andere Länder, andere Sitten; mit den Wölfen muss man heulen; einfach anpassen.*

romp To romp in, to romp home: *Einen leichten Sieg nach Hause tragen, spielend gewinnen.* He romped through the examination: *Er kam mit Leichtigkeit durch die Prüfung.*

roof To go through the roof (to hit the roof) (colloq.): *In die Luft gehen; an die Decke gehen.* To have a roof over one's head: *Ein Dach über dem Kopf haben.* To raise the roof (fig.): *Das Haus zum Beben bringen; in Begeisterungsstürme ausbrechen.*

root (1) To be rooted in s.th.: *Auf etwas beruhen; seinen Grund oder Ursprung in etwas haben.* To root out (up) a tree, heresy: *Einen Baum ausroden, die Ketzerei ausrotten.* To root out (up) an interesting book: *Ein interessantes Buch ausgraben, ausfindig machen.* To root easily: *Leicht wurzeln.* He was rooted to the ground by amazement: *Er war vor Erstaunen wie festgewurzelt.* To root about: *Herumwühlen, stöbern.* To root for a boxer (USA): *Sich für einen Boxer (durch Beifall, Unterstützung) ins Zeug legen.* To root into a matter: *In einer Materie wurzeln.* Root, hog, or die (USA)! *Sei hart oder krepiere!*

root (2) Root and branch: *Ganz und gar, mit Stumpf und Stiel.* To take root: *Wurzeln schlagen.*

rope To rope a horse: *Ein Pferd mit einem Lasso fangen.* To rope s.b. in: *Jemanden zu etwas heranziehen; jemanden zur Teilnahme überreden, ihn einfangen.* To rope in (off, out) a piece of ground: *Ein Terrain (mit einem Seil) abgrenzen.* They roped him into the enterprise: *Sie köderten ihn zu der Unternehmung.* To rope climbers together: *Bergsteiger anseilen, zusammenseilen.*

rosy He is rosy about the gills: *Er hat rosige Wangen, sieht gesund aus.*

rot To rot sheep: *Schafe mit einer Seuche anstecken.* To rot out one's life in exile: *Im Exil umkommen.*

rotate To rotate on an axis: *Um eine Achse rotieren.* To rotate crops: *Den Anbau regelmäßig wechseln (in der Landwirtschaft).*

rough (1) To rough (up) one's feathers, one's hair: *Seine Federn, seine Haare sträuben.* To rough a horse: *Ein Pferd scharf beschlagen; ein Pferd zureiten.* To rough in (out) a plan: *Einen Plan grob ausarbeiten.* To rough out, to rough-cast (-hew, -shape) a statue, a piece of wood: *Eine Statue grob ausarbeiten, ein Stück Holz grob behauen.* To rough s.b. up the wrong way: *Jemanden aufbringen.* To rough it: *Ein hartes Leben führen, in unangenehmen Umständen leben.* Take the rough with the smooth: *Das Leben nehmen, wie es kommt oder wie es ist.*

rough (2) He is a rough diamond: *Sein ungehobeltes Verhalten verbirgt einen wertvollen Menschen.* Rough play betrays ill breeding (prov.): *Rohes Verhalten verrät eine schlechte Kinderstube.*

roughly Roughly speaking: *Grob gesagt, in groben Zügen.*

round (1) To round the corner of a street: *Um eine Straßenecke gehen.* To round (off) the corners (the angles, the edges): *Die Winkel, Ecken abrunden.* To round (down, up) a figure: *Eine Zahl auf-, abrunden.* To round one's lips: *Seine Lippen runden, spitzen.* To round the Cape of Good Hope: *Das Kap der Guten Hoffnung umschiffen. To round the world: Die Welt umrunden, eine Weltreise machen.* To round s.b. (off): *Jemanden abschleifen, anpassen, zurechtstutzen.* To round off one's career: *Seine Karriere abrunden, vollenden.* To round on s.b. (colloq.): *Jemandem eine schlagfertige Antwort erteilen, jemanden denunzieren.* To round up the cattle: *Das Vieh zusammentreiben.* To round up some money: *Etwas Geld zusammenbringen.* They rounded up all suspects: *Sie nahmen alle Verdächtigten fest.*

round (2) Round the clock: *Rund um die Uhr.* Round the

corner: *Um die Ecke.* He is round the twist (pop.): *Er ist verrückt.* I was round with him: *Ich war im Reinen mit ihm.* He is a round peg in a square hole: *Er passt nicht in diesen Rahmen.* He's been round to her room: *Er hat bei ihr vorbeigeschaut.*

rouse To rouse anger, hatred: *Zorn, Hass erwecken.* To rouse s.b.'s curiosity, interest: *Jemandes Neugier erregen.* To rouse the fire: *Das Feuer schüren.* To rouse game: *Wild aufstöbern.* To rouse (up) s.b. from a deep sleep: *Jemanden aus einem tiefen Schlaf aufwecken.* To rouse in a hawser (naut.): *Eine Trosse einholen.* To rouse s.b. to action: *Jemanden zum Handeln anspornen.* To rouse (oneself, up): *Sich ermuntern (nach einem Schlaf) aufmuntern, seinen Widerwillen überwinden.*

rout To rout an army: *Eine Armee gänzlich aufreiben.* They routed him out of bed at dawn: *Sie holten ihn im Morgengrauen aus dem Bett.*

rove To rove the woods: *Durch die Wälder streifen.* To rove over sea and land: *Über Meer und Land ziehen.*

row (1) To row a boat: *Ein Boot rudern.* To row a race: *Ein Rennen für Ruderboote bestreiten.* To row s.b. across: *Jemanden übersetzen (mit einem Ruderboot).* To row s.b. down: *Jemanden (im Bootsrennen) überholen.* They rowed us out: *Sie ruderten uns hinaus.* They were rowed out: *Sie waren erschöpft (vom Rudern).* To row over: *Ein Bootsrennen mit Leichtigkeit und großem Vorsprung gewinnen.* I rowed him up: *Ich machte ihm heftige Vorwürfe.* To row s.b. up salt river (USA): *Jemandem eine politische Niederlage bereiten.* To row against the flood, the stream: *Gegen den Strom schwimmen.* To row in the same boat: *Am gleichen Strang ziehen; im gleichen Boot sitzen.* He rows number five in their crew: *Er steht (rudert) in ihrer Mannschaft an fünfter Stelle.* They rowed forty strokes to the minute: *Sie ruderten vierzig Schläge in der Minute.*

row (2) To have a hard row to hoe: *Es (wirklich) nicht leicht haben; ein hartes Los haben.* In a row: *Hintereinander.*

rub He rubs elbows with the general manager: *Er steht mit dem Generaldirektor auf vertrautem Fuß.* To rub s.b.'s nose in it: *Seine Nase in etwas hineinstecken.* To rub noses: *Die Nasen aneinanderreiben (als Austausch von Zärtlichkeit, als Begrüßung).* To rub along: *Sich durchschlagen; (mehr oder weniger reibungslos) vorankommen oder vonstatten gehen.* To rub away a grease stain: *Einen Fettflecken wegreiben.* To rub down a horse: *Ein Pferd striegeln.* To rub in an ointment: *Eine Salbe einreiben.* To rub it in (pop.): *Etwas (einen Fehler) ständig erwähnen, es einem dauernd unter die Nase reiben, aufs Butterbrot schmieren.* To rub off on (to) s.b.: *Auf jemanden abfärben.* To rub out a word: *Ein Wort ausradieren.* To rub out an insult with blood:

Eine Beleidigung mit Blut auswaschen. To rub out: *Wegreiben, ausradieren, auslöschen, töten.* To rub through: *Durchdrücken (etwas durch ein Sieb); sich (durch die Welt) helfen.* To rub s.th. to powder: *Etwas zu Staub, Pulver zerreiben.* She rubbed up the silver plate: *Sie polierte das Silbergeschirr.* I've rubbed up my French: *Ich habe meine Französischkenntnisse aufgefrischt.* To rub s.b. (s.b.'s fur) up the wrong way: *Jemanden gegen den Strich bürsten, ihn ärgern.*

Rubicon To cross the Rubicon: *Den Rubicon überschreiten; den entscheidenden Schritt tun.*

ruck, ruckle To ruck up, to ruckle up: *(Sich) in Falten legen; (sich) ärgern.*

rue You'll rue it: *Du wirst es bereuen.*

ruffle To ruffle the cards: *Die Karten (fingerfertig) mischen.* To ruffle s.b.'s hair: *Jemandes Haar in Unordnung bringen.* To ruffle the leaves of a book: *Die Seiten eines Buches zerknittern.* To ruffle s.b.'s mind: *Jemanden verwirren, aus der Fassung bringen.* To ruffle one's skin: *Sich die Haut abschürfen.* To ruffle up one's feathers: *Seine Federn sträuben.*

ruin To ruin s.b.'s business: *Jemandes Geschäft, Sache verderben, seine Pläne vereiteln.* To ruin one's health: *Seine Gesundheit ruinieren.* To ruin s.b.: *Jemanden zugrunde richten.* To ruin one's digestion: *Seine Verdauung zerstören.* To ruin a woman: *Eine Frau sittlich zu Fall bringen, verführen.* I'm ruined! *Ich bin ruiniert!* He ruined himself by gambling: *Er richtete sich durch das Spiel zugrunde.*

rule To rule one's passions: *Seine Leidenschaften beherrschen.* To rule the seas: *Über die Meere herrschen.* He is ruled by hatred: *Er wird vom Hass geleitet.* To rule (over) a country, a people: *Ein Land, ein Volk regieren.* To rule with a heavy (high, iron) hand, with a rod of iron: *Mit eiserner Faust regieren.* To rule the roast, the roost: *Herrschen, an der Macht sein, den Ton angeben.* To rule a line: *Eine Linie mit dem Lineal ziehen.* To rule a sheet of paper: *Ein Blatt Papier linieren.* To rule off an account (comm.): *Eine Rechnung begleichen.* To rule on a matter: *Eine Sache (juristisch oder per Anordnung) entscheiden.* To rule out all possibilities of doubt: *Jede Möglichkeit eines Zweifels ausschließen.*

rum It's a rum go (colloq.): *Es ist eine missliche und überraschende Situation.*

rummage To rummage in a drawer: *In einer Schublade suchen, stöbern.* To rummage one's pockets: *Seine Taschen durchsuchen.* To rummage the hold of a ship: *Die Ladung eines Schiffs umstauen.* I've rummaged out (up) an interesting book: *Ich habe ein interessantes Buch aufgestöbert.*

rumoured It is rumoured that he is (he is rumoured to be) abroad: *Man sagt (es geht das Gerücht, es heißt allgemein), er sei im Ausland.*

rumour Rumour has it (has got

abroad) that …: *Das Gerücht geht um (hat sich verbreitet), dass …*

run (1) To run a horse: *Ein Pferd (in einem Rennen, um die Wette) laufen lassen; galoppieren.* To run the hundred metres: *Die Hundert Meter laufen.* To run a machine: *Eine Maschine, einen Motor zum Laufen bringen.* To run a race: *In einem Rennen laufen.* To run the cattle: *Das Vieh weiden lassen.* To run one's course: *Dem natürlichen Fortgang folgen; sich selbst überlassen sein.* To run an advertising campaign: *Eine Anzeigenkampagne durchführen.* To run a business, a private school: *Ein Geschäft, eine Privatschule führen.* She runs the household: *Sie führt den Haushalt.* To run arms, whisky: *Waffen, Whisky (Branntwein) schmuggeln.* To run a blockade: *Eine Blockade umgehen.* To run one's country: *Aus seinem Land flüchten.* To run an errand: *Eine Botschaft überbringen.* To run it fine (colloq.): *Nur eine geringe Abweichung gestatten.* To run game: *Nach Wild jagen.* To run the gauntlet: *Spießruten laufen.* To run guard: *Der Aufmerksamkeit entgehen.* To run a high temperature: *Hohes Fieber haben.* To run a message: *Eine Nachricht überbringen.* To run a scent: *Einer Spur folgen.* To run the show: *Den Laden schmeißen.* To run amok (amuck), mad: *Amok laufen, durchdrehen.* To run cold: *Gerinnen.* To run dry: *Sich erschöpfen, aufhören zu fließen.* To run idle: *Leerlaufen, mit kleiner Drehzahl laufen.* To run late: *Zu spät abfahren (Zug).* It runs like this, as follows: *Es verhält sich so, folgendermaßen.* To run low: *Zur Neige gehen.* To run to meet one's troubles: *Seine Schwierigkeiten vorwegnehmen, Pessimist sein.* To run riot: *Sich wie ein Verrückter verhalten.* To run short: *Abnehmen, zur Neige gehen.* I've run short of cigarettes: *Ich habe keine Zigaretten mehr.* To run smoothly, well: *Glatt ablaufen, glatt laufen (Maschine).* To run straight: *Rechtschaffen leben.* To run wild: *Verwildern.* To run one's head against the wall: *Mit dem Kopf gegen die Wand rennen.* To run aground, ashore (naut.): *Auf Grund laufen, stranden.* To run away with a prize: *Einen Preis, einen leichten Gewinn davontragen.* To run away with a wrong notion: *Sich voreilig eine falsche Vorstellung zu eigen machen.* To run down a pedestrian: *Einen Fußgänger umrennen.* To run s.b. down in the papers: *Jemanden in einer Zeitung durch den Schmutz ziehen, heruntermachen.* To run down one's neighbours: *Über seine Nachbarn schlecht reden, sie verunglimpfen.* To run down: *Den Geist aufgeben, aufhören zu funktionieren (Geräte).* He is run down: *Er ist entkräftet.* He'll run for the presidency: *Er wird sich um die Präsidentschaft bewerben.* It is running from the first of January: *Es läuft vom ersten Januar an.* To run from one topic to another: *Von einem Thema zu einem* *anderen übergehen, springen.* It runs in the family: *Es liegt in der Familie.* To run into a lamp-post: *Mit einem Laternenpfahl zusammenstoßen.* To run a needle into one's finger: *Sich mit einer Nadel in den Finger stechen.* To run water into a bath tub: *Wasser in eine Badewanne einlaufen lassen.* To run into danger (debt, expenses): *In Gefahr (Schulden, Unkosten) geraten.* They run in double harness: *Sie sind eng liiert, verheiratet.* To run foul of: *Zusammenstoßen, in Streit geraten mit.* To run off the bath water: *Das Badewasser ablaufen lassen.* To run s.b. off his legs: *Jemanden ständig beschäftigen, ihn springen lassen.* To run on a story: *Mit der Erzählung einer Geschichte fortfahren.* To run out: *Ein Ende nehmen, auslaufen, vorspringen, beenden, ausfahren, sich erschöpfen.* They ran him out of breath: *Sie ließen ihn rennen, bis er außer Atem war.* To run over: *Überlaufen.* To run over a pedestrian: *Einen Fußgänger überfahren.* He ran (his eyes) over the newspaper: *Er überflog die Zeitung.* He ran through his fortune: *Er brachte sein Vermögen durch.* To run to earth: *Sich verstecken, in den Untergrund gehen.* To run to extremes: *In Extreme verfallen.* It runs to a large sum: *Es summiert sich zu einem großen Betrag.* To run up an account (a bill): *Eine Schuld anhäufen, immer weiter auf Kredit kaufen.* To run up a flag: *Eine Fahne hissen.* To run the rig upon s.b.: *Einem einen Streich spielen, ihn zum Besten haben.* To run with the hare and hunt with the hounds: *Auf zwei Hochzeiten tanzen.* To take a running jump (colloq.): *Sich verziehen.*

run (2) Run in one's head: *Eine fixe Idee; etwas, was man nicht vergessen kann.* On the run: *Auf der Flucht.*

rush To rush a barrier: *Eine Absperrung überspringen.* To rush to a decision: *Eine übereilte Entscheidung treffen.* To rush things: *Dinge übereilen.* To rush headlong: *Hals über Kopf rennen.* To rush at (upon) s.b.: *Über jemanden herfallen.* To rush back: *Eiligst zurückkehren.* To rush by: *Vorbeistürzen, -rasen.* To rush for s.th.: *Sich nach etwas drängen.* To rush a district for gold: *Ein Gebiet fieberhaft nach Gold durchsuchen.* They have rushed me too much for this suit: *Sie haben mir zuviel für den Anzug abgeknöpft.* To rush forward: *Vorstürzen.* The rush hour: *Hauptverkehrszeit, Stoßzeit.* To rush in: *Hineinplatzen.* To rush into a risky undertaking: *Sich in ein riskantes Unternehmen stürzen.* To rush into the fight: *Sich in den Kampf stürzen.* To rush into print: *Ein Buch unüberlegt veröffentlichen.* He rushed into the room: *Er stürzte in das Zimmer hinein.* To rush through one's work: *Seine Arbeit in Hast erledigen.* To rush up a wall: *Eine Mauer schnell hochziehen.*

rustle To rustle cattle (USA): *Vieh stehlen.* To rustle s.th. up (colloq.): *Etwas improvisieren.*

S

sacrifice To sacrifice human victims: *Menschenopfer bringen.* To sacrifice one's life for one's country: *Sein Leben für sein Vaterland opfern.* To sacrifice oneself: *Sich aufopfern.*

saddle In the saddle (fig.): *Fest im Sattel; an der Macht; im Amt.* To saddle (up) a horse: *Ein Pferd satteln.* To saddle s.b. with a debt, a debt upon s.b.: *Jemanden mit einer Schuld belasten.* To saddle and bridle s.b.: *Jemanden in Zaum halten.*

safe Just to be on the safe side: *Um ganz sicher zu sein, um ganz sicher zu gehen; für alle Fälle.* We are safe and sound, safe in life and limb: *Wir sind sicher und wohlbehalten, wir sind gesund und munter; wir sind unversehrt.* We are safe (from harm): *Wir sind in Sicherheit.* As safe as houses: *Vollkommen sicher.* It is safe to say that ...: *Man kann mit Sicherheit sagen, dass ...* He is safe to win: *Er wird sicher gewinnen.*

sag To sag to leeward (naut.): *Schlagseite haben.* To sag under a weight: *Unter einem Gewicht zusammenbrechen.*

sail To sail a boat, a ship: *Ein Boot, ein Schiff steuern.* To sail large: *Mit vollem Wind segeln.* To sail against the wind (in the wind's eye, in the teeth of the wind): *Gegen den Wind segeln; gegen den Strom schwimmen.* To sail along the coast: *Die Küste entlang segeln; den sicheren Weg wählen.* To sail before the mast: *Als einfacher Matrose, Seemann auf einem Schiff segeln, dienen.* To sail before (down) the wind: *Vor dem Wind segeln.* To sail in (pop.): *Sich an die Arbeit machen.* To sail in the same boat: *Im gleichen Boot sitzen.* To sail into s.b. (pop.): *Jemandem in die Arme laufen.* To sail near (close to) the wind: *Sich am Rand der Legalität bewegen; hart an der Grenze sein.* To sail out (through) a race: *Ein Rennen austragen; einen Kampf austragen.* To sail under false colours: *Unter falscher Flagge segeln; einen falschen Anschein erwecken.*

sally To sally forth (out): *Überraschend hervorbrechen; einen Ausfall machen.*

salt (1) To salt the books (comm.): *Die Bücher, die Buchführung fälschen, frisieren.* To salt (down) cod: *Kabeljau einpökeln.* To salt an invoice: *Eine Rechnung fälschen, frisieren.* To salt a mine: *Vortäuschen, etwas sei besser, als es ist.* To salt down (away) money (pop.): *Geld beiseite schaffen, auf die hohe Kante legen.*

salt (2) To rub salt into the wound (in s.b.'s wound): *Salz in die Wunde (in jemandes Wunde) streuen.* The salt of the earth: *Das Salz der Erde.* With a grain (a pinch) of salt: *Mit Vorbehalt, cum grano salis.* Not to be worth one's salt: *Keinen Schuss Pulver wert sein.*

salute To salute one's superiors: *Die Vorgesetzten grüßen, salu-*

tieren. To salute the colours: *Die Fahne grüßen.* To salute each other: *Sich grüßen.*

same At the same time: *Trotzdem, dennoch.* To be all the same to s.b. (colloq.): *Etwas ist jemandem egal, macht jemandem nichts aus.* He is the same as ever: *Er ist ganz derselbe geblieben.* Much the same: *(So gut wie) unverändert; (praktisch) wie immer.* He is not the same person he was: *Er ist nicht mehr derselbe.* It's the same to me: *Es ist mir egal, gleich.* The same to you: *Gleichfalls.* The very same: *Genau der-, die- oder dasselbe.* It's the same the whole world over (prov.): *Es ist überall dasselbe.* Just (all) the same: *Trotzdem.*

sands The sands are running low (out): *Die Zeit wird knapp.*

satisfy To satisfy all demands: *Alle Wünsche befriedigen.* To satisfy a debt: *Eine Schuld begleichen.* To satisfy one's engagements: *Seinen Verpflichtungen nachkommen.* He has satisfied his examiners: *Er hat die Prüfung zufriedenstellend bestanden.* To satisfy the eye: *Das Auge erfreuen.* To satisfy one's hunger: *Seinen Hunger befriedigen.* To satisfy one's needs: *Seine Bedürfnisse befriedigen.* To satisfy s.b.'s wishes: *Jemandem seine Wünsche erfüllen.* I am satisfied with him: *Ich bin zufrieden mit ihm.* He is satisfied with what he has: *Er ist zufrieden mit dem, was er hat.* I am satisfied of the contrary: *Ich bin vom Gegenteil überzeugt.* To satisfy oneself: *Sich vergewissern.*

sauce Sauce for the goose is sauce for the gander (prov.): *Was für den einen recht ist, ist für den anderen billig; gleiches Recht für alle.*

save (1) Save (for) him: *Außer ihm, bis auf ihn.*

save (2) To save appearances, one's face: *Den Schein, sein Gesicht wahren.* To save one's life (bacon, hide, skin): *Die eigene Haut retten.* To save one's pocket: *Sparsam sein, haushalten.* To save one's soul: *Seine Seele retten.* To save one's breath, one's strength, money, time: *Den Mund halten; Kräfte, Geld, Zeit sparen.* You can save your excuses: *Du kannst dir deine Ausreden sparen.* To save one's breath to cool one's porridge: *Kräfte sparen.* He saves money for a rainy day: *Er spart Geld für schlechte Zeiten.* Save your pains, your trouble: *Spar dir die Mühe.* To save a house from the flames: *Ein Haus vor den Flammen retten.* They saved the boy from drowning: *Sie retteten den Jungen vor dem Ertrinken.* To save up for one's old age: *Für die alten Tage sparen.* To save oneself up: *Sich zurückhalten, Kräfte sparen.* Save the mark: *Gott bewahre!*

savour To savour food, revenge: *Beute, Rache wittern.* To savour of onions: *Nach Zwiebeln riechen.*

saw To saw the air: *Gestikulieren.* To saw easily, smoothly: *Gut vorankommen, durchkommen.* To saw wood (USA): *Holz zuschneiden; sich die Sache zurechtlegen, wie es einem passt.*

say Say: *Sagen wir, zum Beispiel.* I say! *Also wirklich!* I'll say! *Allerdings! In der Tat!* That is to say: *Das heißt ...* To say an ape's paternoster: *Vor Angst mit den Zähnen klappern.* To say ditto to s.b., to s.th. (colloq.): *Mit jemandem oder etwas übereinstimmen.* To say a good word for s.b.: *Für jemanden ein gutes Wort einlegen.* To say grace: *Gott danken, das Tischgebet sprechen.* They say he is (he is said to be) very rich: *Man sagt, er sei sehr reich.* I've said it as a joke: *Ich habe es als Scherz gemeint; es war ein Scherz.* He said it himself, he himself said so: *Er hat es selbst gesagt.* Say it were so ...: *Nehmen wir einmal an ...* To say the least of it: *Zumindest.* To say one's lessons, one's prayers (one's beads): *Seine Lektionen herunterbeten.* To say mass: *Die Messe halten.* Say no more! *Schweigen Sie!* To say nothing of: *Ganz zu schweigen von ...* To say the office (for the dead): *Die Totenmesse halten.* To say one's rosary: *Den Rosenkranz beten.* To say the same thing: *In anderen Worten.* To say one's say: *Sagen, was man zu sagen hat.* You say well: *Genau, gut gesagt!* To say a word in s.b.'s ear: *Jemandem etwas zuflüstern.* To say yea and nay: *Unentschlossen sein, schwanken.* To say fine things about s.b.: *Jemanden loben.* I said it in (for) fun, in play, over the left (shoulder): *Das habe ich zum Spaß, nur so gesagt.* Say on (away): *Nur heraus damit.* To say out one's opinion: *Seine Meinung sagen.* He said that to her face: *Er hat es ihr ins Gesicht gesagt.* To say s.th. to oneself: *Etwas zu sich selbst sagen.* To say s.th. under (below) one's breath: *Etwas zuflüstern, ganz leise sagen.* To say s.th. with one's tongue in one's cheek: *Etwas ironisch sagen.* As the saying goes (is): *Wie das Sprichwort sagt ...* To have s.th. (nothing) to say for oneself: *Etwas (nichts) zu seiner Verteidigung zu sagen haben, zu seiner Rechtfertigung vorbringen können.* I would not say no to s.th. (colloq.): *Ich hätte nichts gegen ...; da sage ich nicht nein.* They say: *Man sagt; es heißt.* You can say that again! *Das kannst du laut sagen!*

scale (1) To scale a fish: *Einen Fisch abschuppen.* To scale the teeth: *Zahnstein entfernen.* To scale off: *Abblättern, sich häuten.*

scale (2) To scale a mountain, a wall: *Einen Berg besteigen, eine Wand erklimmen.* To scale down (up) a map: *Eine Landkarte verkleinern (vergrößern).*

scales Scales fall from his eyes: *Die Schuppen fallen von seinen Augen.* To tip the scales: *Den Ausschlag geben, ausschlaggebend sein.* To tip (turn) the scales at (a certain weight): *(Ein bestimmtes Gewicht) auf die Waage bringen.*

scamper To scamper away (off): *Losstürzen, davonstürzen.*

scan To scan the horizon: *Den Horizont (mit den Augen) abmessen.* To scan the newspaper: *Die Zeitung überfliegen.* To scan verses: *Verse skandieren.*

scant I am scant of cash: *Ich bin knapp bei Kasse.*

scarce As scarce as hen's teeth: *Sehr selten, so selten wie Hühnerzähne.* To make oneself scarce (colloq.): *Sich aus dem Staub machen, verschwinden.*

scarcely Scarcely anything: *So gut wie nichts.* Scarcely ever: *Fast nie.*

scare To scare s.b. away (off): *Jemanden verscheuchen, verschrecken.* To scare the pants off s.b. (pop.): *Jemanden sehr erschrecken.* To scare s.b. out of his wits, to death, out of his life: *Jemanden zu Tode erschrecken.* To scare up (out) game (USA): *Das Wild aufscheuchen.* To scare up (out) the truth (USA): *Die Wahrheit ans Licht zwingen.* I'm not scared of you: *Ich habe keine Angst vor dir.*

scatter To scatter gravel, seed: *Kiesel, Samen ausstreuen.* To scatter the crowd, the clouds, the fog: *Die Menge, die Wolken, den Nebel auflösen.* They scattered the streets with flowers: *Sie bestreuten die Straße mit Blumen.* They scattered through the wood: *Sie verteilten sich im Wald.*

scene Behind the scene: *Hinter den Kulissen.* To come on the scene: *Auftauchen; auf der Bildfläche erscheinen.* Not to be s.b.'s scene (colloq.): *Nicht jemandes Fall sein.* To set the scene (fig.): *Den Hintergrund erläutern; den Rahmen geben.*

scent To scent game, treachery: *Wild, Verrat wittern.* To scent the air: *Die Luft mit Duft erfüllen.* To put (throw) s.b. off the scent: *Jemanden auf eine falsche Fährte locken.*

schedule According to schedule: *Planmäßig, nach Plan.* Ahead of schedule (behind schedule, on schedule): *(Arbeit:)Dem Zeitplan voraus (in Verzug oder im Rückstand, fristgerecht). (Verkehr:) Früher (verspätet, pünktlich oder planmäßig).* To schedule a train: *Einen Zug in den Fahrplan eintragen, aufnehmen.*

school To school a horse: *Ein Pferd dressieren, zureiten.* To school oneself: *Sich schulen.* To school one's feelings: *Seine Gefühle beherrschen.* To school one's taste: *Seinen Geschmack verfeinern.*

scoff To scoff at s.b.: *Sich über jemanden lustig machen.*

scoop To scoop (up) sugar: *Zucker löffeln, aufhäufen.* To scoop (out) a hole: *Ein Loch ausheben.* To scoop out the soup: *Die Suppe auslöffeln.* To scoop one's eyes: *Mit den Augen stieren, glotzen.* To scoop a rival reporter: *Einen gegnerischen Reporter ausbooten.*

scorch To scorch one's finger: *Sich die Finger verbrennen.*

score (1) To score a bull, a bull's eye: *Ins Schwarze treffen, einen Volltreffer landen.* To score a goal: *Ein Tor schießen.* To score a point: *Einen Punkt machen.* To score a success, a miss: *Einen Erfolg, Misserfolg haben.* Score for me, please: *Schreibe bitte meine Punkte auf.* To score out a sentence: *Einen Satz streichen.* To score under a word: *Ein Wort unterstreichen.* To score s.th. up to s.b.: *Jemandem die Schuld geben.*

score (2) Our scores are even: *Gleichstand, wir stehen unentschieden.* To know the scores (colloq.): *Wissen, wie riskant etwas ist.* On that score: *Aus diesem Grund, deshalb.* To settle old scores: *Eine alte Rechnung begleichen; mit jemandem Abrechnung halten oder abrechnen.*

scorn To scorn to do s.th.: *Sich schämen, etwas zu tun.*

scour To scour the bowels: *Den Darm entleeren.* To scour the floor, a saucepan: *Den Boden scheuern, eine Pfanne ausscheuern.* To scour a knife (bright): *Ein Messer blankscheuern.* To scour a knife of rust, rust from a knife: *Ein Messer entrosten.* To scour the sea of (from) pirates: *Das Meer von Piraten reinigen.* To scour silk, wool: *Seide, Wolle (chemisch) reinigen.* To scour a wound: *Eine Wunde desinfizieren, reinigen.* To scour off a stain: *Einen Fleck entfernen.* To scour the streets, the woods for a fugitive: *Die Straßen, die Wälder nach einem Flüchtigen durchstreifen.*

scout To scout the countryside: *Die Gegend auskundschaften.* To scout (about, around) for work: *Eine Arbeit suchen.* To scout an idea, a proposition: *Eine Idee, einen Vorschlag zurückweisen.*

scowl To scowl at (on) s.b.: *Jemanden finster anblicken.* To scowl s.b. down: *Jemanden durch ein finsteres Gesicht einschüchtern.*

scrabble To scrabble an answer: *Eine Antwort kritzeln.*

scramble To scramble an egg: *Rührei machen.* To scramble along: *Sich hastig vorwärtsbewegen.* To scramble down: *Mühsam hinunterklettern.* To scramble for an office, for a seat: *Sich um eine Stelle, einen Sitzplatz reißen.* To scramble into one's clothes: *In die Kleider springen, sich hastig ankleiden.* To scramble to one's feet: *Sich mühsam auf die Füße stellen.* To scramble up some money: *Geld zusammenkratzen.* He scrambled up the papers hastily: *Er kramte hastig die Papiere zusammen.* To scramble up a steep hill: *Einen steilen Hügel mit Mühe ersteigen.* To scramble up a tree: *Einen Baum hinaufklettern.*

scrape To scrape one's boots: *Seine Stiefel abkratzen.* To scrape one's chin: *Sich am Kinn kratzen; Ärger bekommen.* To scrape one's feet: *Die Füße abtreten, mit den Füßen scharren.* To scrape a hole: *Ein Loch ausscharren.* To scrape one's knee: *Sich das Knie aufschürfen.* To scrape an acquaintance with s.b.: *Sich Mühe geben jemanden kennenzulernen.* To scrape the barrel: *Den letzten Rest auskratzen.* To scrape a living: *Den Lebensunterhalt gerade so zusammenkratzen.* To scrape along: *Sich durchschlagen.* To scrape (on) the violin: *Auf der Geige herumkratzen.* To scrape out a word: *Ein Wort auslöschen.* To scrape through: *Knapp durchkommen.* To scrape together (up) some money: *Geld zusammenkratzen.*

scratch (1) To scratch s.b.'s face: *Jemandem das Gesicht verkratzen.* To scratch one's fingers: *Sich die Finger zerkratzen.* To scratch one's head: *Sich am Kopf kratzen, sich wundern.* To scratch a match: *Ein Streichholz anstreichen.* Scratch my back and I'll scratch yours (prov.): *Eine Hand wäscht die andere.* To scratch a few words: *Einige Worte hinkritzeln.* To scratch a horse: *Ein Pferd von einem Rennen zurückziehen.* To scratch s.b.'s reputation: *Jemandes guten Ruf ankratzen.* To scratch the surface: *An der Oberfläche von etwas bleiben; oberflächlich sein.* To scratch about for s.th.: *Flüchtig nach etwas suchen.* To scratch along (colloq.): *Mit Mühe zurechtkommen.* To scratch out a word: *Ein Wort ausstreichen.* To scratch out money: *Geld zusammenkratzen.* To scratch through: *Durchhalten.* To scratch together (up) some money: *Geld zusammenkratzen.* To scratch oneself: *Sich kratzen.*

scratch (2) To start from scratch: *Von vorn oder mit nichts anfangen.* Up to scratch: *Den Anforderungen entsprechen; auf der Höhe sein.*

scrawl To scrawl a few words: *Ein paar Worte kritzeln.* To scrawl (over) a wall: *Auf eine Mauer, Wand kritzeln.*

scream To scream after s.b.: *Nach jemandem rufen oder schreien.* He screamed at the top of his voice: *Er schrie so laut er konnte.* To scream for help: *Um Hilfe rufen.* To scream with laughter: *Schreien vor Lachen.* To scream out an order: *Einen Befehl schreien.*

screen To screen a house from the wind, a window from mosquitoes: *Ein Haus gegen den Wind, ein Fenster gegen Stechmücken abschirmen.* To screen the offender from punishment: *Den Schuldigen vor Strafe schützen.* To screen a valve: *Ein Ventil überprüfen.* To screen a motion picture: *Einen Film zeigen.*

screw (1) To screw a nut tight: *Eine Mutter anziehen.* To screw a ball (Bill.): *Einen Ball anschneiden.* To screw a hen's neck: *Einem Huhn den Hals umdrehen.* To screw a musical instrument: *Ein Instrument stimmen.* To screw a word: *Die Bedeutung eines Wortes verdrehen.* To screw s.b. with taxes: *Jemanden mit Steuern belegen.* To screw down (up) the lid of a coffin: *Einen Sarg verschließen (öffnen); etwas beenden (wieder aufnehmen).* To screw off (out) a nut: *Eine Mutter lösen.* To screw money out of s.b.: *Geld aus jemandem herauspressen.* To screw water out of a sponge: *Einen Schwamm ausdrücken.* To screw a horse over an obstacle: *Ein Pferd über ein Hindernis treiben.* To screw one's head (oneself) round: *Sich den Kopf verrenken.* To screw through: *Sich durchdrängen (Pferd beim Rennen).* To screw up one's eyes: *Die Augen zusammenkneifen.* To screw up the strings of a violin: *Die Saiten auf eine Geige ziehen.* To screw up one's face, one's mouth (lips): *Das Gesicht, den Mund verziehen.* To screw up one's courage: *Seinen Mut zusammennehmen.* To screw up a rent: *Die Miete deutlich erhöhen.*

screw (2) To have a crew loose: *Eine Schraube locker haben; bei jemandem ist eine Schraube locker.* To put the screws on s.b. (colloq.): *Jemanden unter Druck setzen, jemandem Druck machen.*

scribble To scribble a few lines: *Einige Zeilen hinkritzeln.* He scribbles for a newspaper: *Er ist Journalist.*

scrounge To scrounge a living: *Sich ein Leben zusammengaunern.*

scrub To scrub the floor clean: *Den Boden sauberscheuern.*

scurry To scurry off: *Davonlaufen, eilen, trippeln.*

seal To seal (up) an envelope with lead, with wax: *Einen Umschlag mit Blei, Wachs versiegeln.* To seal (up) a door: *Eine Tür versiegeln.* To seal (up) one's lips: *Seine Lippen versiegeln.* To seal an agreement, a bargain: *Eine Vereinbarung, ein Geschäft abschließen, besiegeln.* To seal s.b.'s fate: *Jemandes Schicksal besiegeln.* To seal an obligation of s.b.: *Jemandem eine Verpflichtung auferlegen.* It is a sealed book to me: *Es ist für mich ein Buch mit sieben Siegeln.*

search To search a thief for money: *Einen Dieb nach Geld durchsuchen.* They searched the woods for the fugitive: *Sie durchsuchten den Wald nach dem Flüchtigen.* To search one's heart: *Sein Herz befragen.* To search high and low: *Überall suchen.* To search a wound: *Eine Verletzung untersuchen.* To search about: *Herumsuchen.* They searched for the necklace: *Sie haben nach der Halskette gesucht.* To search for a fugitive: *Nach einem Flüchtigen suchen.* To search into all the details of a subject: *Eine Angelegenheit detailliert untersuchen.* They searched out the thief: *Sie machten den Dieb ausfindig.* To search out the truth: *Die Wahrheit herausfinden.* They searched the house thoroughly: *Sie durchsuchten das Haus gründlich.*

seasick I am seasick: *Ich bin seekrank.*

season To season one's food with spices: *Das Essen würzen.* To season timber, wine: *Holz, Wein lagern.* To season s.b. to hardships: *Jemanden abhärten.*

seat To seat s.b. by the fireplace: *Jemanden vor den Kamin setzen; jemandem den besten Platz zuweisen.* He seated his son on the step: *Er setzte seinen Sohn auf die Stufe.* To seat a room: *Einen Raum mit Sitzgelegenheiten ausstatten.* To seat a candidate: *Einen Kandidaten in das Parlament bringen.* To seat five hundred spectators: *Fünfhundert Zuschauer unterbringen.* To seat a chair, a pair of trousers: *Einen Stuhl beziehen; einen neuen Hosenboden einnähen.* He was seated in front of the window: *Er saß vor dem Fenster.* Seat yourself, please: *Bitte, nehmen Sie Platz.*

second (1) At second hand: *Aus zweiter Hand.* A second-class citizen: *Ein Bürger zweiter Klasse.* He is second to none as an actor: *Er steht als Schauspieler niemandem nach.* He is a second Manzoni: *Er ist ein zweiter Goethe, Shakespeare (Manzoni).* Second-best, second-largest: *Zweitbester(s), Zweitgrößter(s).* To come off second best: *Unterliegen, verlieren.* To get one's second wind (fig.): *Den toten Punkt überwunden haben.* To play second fiddle to s.b. (pej.): *In jemandes Schatten stehen.* (To be) second nature to (with) s.b.: *Jemandes zweite Natur; jemandem in Fleisch und Blut übergehen.* The second sex: *Die Frau.* (To have) second sight: *Hellseherische Fähigkeiten (haben).* Second thoughts are best (prov.): *Hinterher kommt man immer auf die besten Gedanken.* Second to none: *Unübertroffen, unerreicht.* Seconds out of the ring! *Sekundanten aus dem Ring!*

second (2) To second a duellist, a pugilist: *Einem Duellanten, einem Boxer sekundieren.* To second a proposition, a resolution: *Einen Vorschlag, einen Beschluss unterstützen.*

secure To secure s.b. from (against) danger: *Jemanden vor Gefahr schützen.* To secure a bolt, a door: *Einen Riegel, eine Tür sichern.* To secure a pass (milit.): *Einen Pass sichern.* To secure a criminal: *Einen Kriminellen in Gewahrsam nehmen.* To secure a debt by mortgage: *Eine Schuld durch Hypothek sichern.* To secure an artery, a vein: *Eine Arterie, Vene abbinden.* To secure an order (comm.): *Eine Bestellung bestätigen.* To secure oneself against risks: *Sich vor Risiken schützen.*

see To see s.th. with the naked eye: *Etwas mit bloßem Auge sehen.* I saw it with my own eyes: *Ich habe es mit eigenen Augen gesehen.* To see s.b. in a dream: *Jemanden im Traum sehen.* He has seen better days: *Er hat bessere Tage gesehen.* To see a ghost: *Ein Gespenst sehen.* To see a doctor, a lawyer: *Einen Arzt, einen Rechtsanwalt aufsuchen.* To see a patient: *Nach einem Patienten sehen, Hausbesuch machen.* I've seen an interesting play: *Ich habe ein interessantes Theaterstück gesehen.* He has seen all manners of things (a good deal): *Er ist weit herumgekommen.* To see a mistake: *Einen Fehler entdecken.* To see action (mil.): *Kämpfen.* To see the back of the creditor: *Einen Gläubiger loswerden.* Not to see the fun of it: *Etwas überhaupt nicht komisch finden.* To see a joke: *Einen Spaß verstehen.* To see the last of a tedious job: *Eine unangenehme Arbeit beenden.* To see the last of s.b.: *Jemanden loswerden.* To see life: *Die Welt sehen; Erfahrung sammeln.* To see the light (of the day): *Geboren werden, das Licht der Welt erblicken.* To see light, daylight: *Tageslicht erblicken; Hoffnung schöpfen; durchblicken.* To see the lions of a place: *Die Sehens-*

würdigkeiten eines Ortes besuchen. I see your little game: *Ich durchschaue deinen Trick;ich erkenne das Spielchen, das du treibst.* I see your meaning: *Ich weiß, was du meinst.* To see the mote in another's eye: *Die Fehler eines anderen sehen und die eigenen nicht.* See Naples and then die (prov.): *Neapel sehen und sterben.* See the next paragraph: *Vergleiche den nächsten Absatz.* I see your point: *Ich verstehe, worauf du hinaus willst.* I see no point in doing that: *Ich sehe keinen Sinn darin, dies zu tun.* To see print: *Gedruckt werden.* To see rats (things): *Weiße Mäuse sehen, Halluzinationen haben.* To see the red light: *Das rote Licht sehen; gebremst werden; angesichts einer Gefahr zögern.* To see red (colloq.): *Rot sehen.* To see service: *In die Armee eintreten.* It has seen service: *Es ist viel benutzt worden.* To see the sights: *Die Sehenswürdigkeiten ansehen.* To see snakes (USA): *Sich im Delirium tremens befinden.* To see stars: *Sternchen sehen.* To see the sun: *Leben.* I see it your way: *Ich sehe es wie du.* Not to see the wood for the trees (prov.): *Den Wald vor lauter Bäumen nicht sehen.* I see: *Ich verstehe.* See? *Verstehst du?* You see: *Nicht wahr.* See you (later): *Bis später.* To see double: *Doppelt sehen.* Not to see farther (further) than (beyond) the end of one's nose: *Nicht über den eigenen Tellerrand hinausschauen; nicht weiter als bis zur Nasenspitze sehen.* We'll see how it ends: *Wir werden schon sehen, was dabei herauskommt.* To see how (which way) the cat jumps, the wind blows: *Sehen, wie sich die Dinge entwickeln, woher der Wind weht.* I see a lot of him: *Ich sehe ihn häufig.* I saw him arrested: *Ich sah, wie er festgenommen wurde.* To see everything black: *Alles schwarz sehen.* I've seen it done so many times: *Ich habe es schon so oft erlebt.* See it done as soon as possible: *Sieh zu, dass du es so schnell wie möglich in die Wege leitest, erledigst.* To see oneself in danger: *Sich in Gefahr befinden, sehen.* Seeing that ...: *In Anbetracht dessen ...* Seeing is believing (prov.): *Was man sieht, das glaubt man auch.* See about doing it: *Sieh zu, dass du es erledigst.* See about it yourself: *Kümmere dich selbst darum.* I'll see what this is about: *Ich werde herausfinden, was es damit auf sich hat.* To see s.b. back: *Jemanden zurückbegleiten.* See below: *Siehe unten.* To see into darkness: *In die Dunkelheit starren.* To see into a matter: *Sich einer Sache annehmen.* To see into a millstone (a brick wall): *Hellsichtig sein.* To see s.b. off: *Jemanden verabschieden, hinausgeleiten.* To see a performance out: *Eine Aufführung bis zum Ende ansehen.* To see an undertaking out: *Ein Unternehmen erfolgreich zum Abschluss bringen.* To see no way out: *Keinen Ausweg sehen.* Not to see the night out: *Die Nacht nicht überstehen, in derselben Nacht sterben.* To see over a flat: *Eine*

Wohnung inspizieren. See overleaf: *Siehe die nächste Seite.* To see through s.b.: *Jemanden durchschauen.* I saw through his game: *Ich habe sein Spiel durchschaut.* They saw him through his difficulties: *Sie halfen ihm über seine Schwierigkeiten hinweg.* To see the struggle through: *Den Kampf, die Schwierigkeiten durchstehen.* To see through a deal board (colloq.): *Adleraugen haben.* To see through a millstone (a brick wall): *Überschlau sein, das Gras wachsen hören.* To see things through rose-coloured spectacles: *Die Welt durch eine rosarote Brille sehen.* See to it yourself: *Kümmere dich selbst darum.* See (to it) that he comes: *Sorge dafür, dass er kommt.* To see to paying (to the payment of) a debt: *Zusehen, dass eine Schuld beglichen wird.* To see s.b. to the door, to the station: *Jemanden zur Tür, zum Bahnhof bringen.* I see (eye to eye) with him: *Ich stimme vollkommen mit ihm überein.*

seek To seek consolation (refuge) in study: *Sich mit Studien trösten, sich auf Studien zurückziehen.* To seek death, safety: *Den Tod, Sicherheit suchen.* To seek God in prayer: *Gott im Gebet suchen.* To seek s.b.'s life: *Jemandem nach dem Leben trachten.* To seek refuge (shelter) abroad: *In der Fremde Zuflucht suchen.* To seek sanctuary: *Zuflucht suchen.* To seek troubles: *Streit suchen, auf Ärger aus sein.* I sought to persuade him: *Ich versuchte, ihn zu überreden.* To seek after a dream: *Einem Traum nachjagen.* To seek after (for) truth: *Die Wahrheit suchen.* She is much sought after: *Sie ist sehr begehrt.* To seek for a fugitive: *Einen Flüchtigen suchen.* They sought out the thief: *Sie ermittelten den Dieb.* They sought through the woods for the fugitive: *Sie durchsuchten den Wald nach dem Flüchtigen.*

seem I seem to remember now: *Ich glaube mich jetzt zu erinnern.* She seemed (to be) glad to see him: *Sie schien froh zu sein, ihn wiederzusehen.* He seems to be an honest man: *Er scheint ein ehrlicher Mann zu sein.* It seems to me: *Es scheint mir ...* He seems to me to be (it seems to me that he is) wrong: *Er scheint mir Unrecht zu haben, es scheint mir, dass er Unrecht hat.* It seems so: *Es scheint so, es hat den Anschein.* It seems likely enough: *Es ist wahrscheinlich genug.* As it seems: *Wie es scheint, dem Anschein nach.*

seep To seep through: *Durchsickern.*

seethe To seethe with anger: *Kochen vor Wut.* To seethe with discontent: *Vor Unzufriedenheit brodeln.*

seize To seize s.b. by the arm, by the neck: *Jemanden am Arm, beim Genick packen.* He seized the dog by the tail: *Er schnappte den Hund beim Schwanz.* To seize fortune by the short hairs: *Das Glück beim Schopf packen.* Seize hold of this rope! *Greif nach diesem Seil!* To seize smuggled goods: *Schmuggelware sicherstellen.* To seize a thief: *Ei-*

nen Dieb festhalten. He was seized by apoplexy, by convulsions: *Er erlitt einen Schlaganfall, er wurde von Zuckungen befallen.* He was seized with panic, with remorse: *Er wurde von Angst, Gewissensbissen geplagt.* To seize a city into one's hands, to seize (on, upon) a city: *Eine Stadt beherrschen, im Griff haben.* To seize (upon) an unforeseen opportunity: *Eine unvorhergesehene Gelegenheit ergreifen.* To seize up: *(Einen Motor) blockieren, anhalten.* To seize a sailor up: *Einen Seemann anheuern.*

self To be self-possessed: *Beherrscht sein.* To be self-righteous (pej.): *Selbstgefällig, selbstherrlich, selbstgerecht sein.* He is a self-taught man: *Er ist ein Autodidakt.* Self-praise is no recommendation(prov.): *Eigenlob ist keine Empfehlung. (Eigenlob stinkt.)* To be self-willed (pej.): *Eigensinnig, eigenwillig sein.*

sell To sell goods at fixed prices, at a high (low) price: *Waren zu einem festen, zu einem hohen (niedrigen) Preis verkaufen.* To sell at a loss: *Mit Verlust verkaufen.* To sell below cost price: *Unter dem Selbstkostenpreis verkaufen.* To sell by auction, (by) retail, (by) wholesale: *Auf einer Auktion, im Kleinhandel, im Großhandel verkaufen.* To sell by inch of candle: *Versteigern (das letzte Gebot vor Verlöschen der Kerze erhält den Zuschlag).* To sell by instalments: *In Raten verkaufen.* To sell s.b. down the river (colloq.): *Jemanden verraten.* To sell for cash: *Gegen Bargeld verkaufen.* To sell s.th. for its weight in gold: *Etwas für einen utopisch hohen Preis verkaufen.* To sell in bulk: *Im Satz, als Ganzes verkaufen.* To sell off (out) the left-over stock: *Die restlichen Lagerbestände verkaufen.* To sell on credit: *Auf Kredit verkaufen.* To sell on easy terms: *Zu günstigen Bedingungen verkaufen.* To sell on hire purchase: *Auf Raten verkaufen.* To sell on the black market: *Auf dem Schwarzmarkt verkaufen.* Sold out: *Ausverkauft.* To sell under the counter: *Unter dem Ladentisch verkaufen (illegal verkaufen).* To sell up a bankrupt's property, a bankrupt: *Eine Konkursmasse auflösen.* To sell one's liberty, one's honour. *Seine Freiheit, Ehre verkaufen.* To sell one's life dear(ly): *Sein Leben teuer verkaufen.* To sell cheap(ly), dear(ly): *Billig, teuer verkaufen.* To sell one's soul to the devil: *Seine Seele dem Teufel verkaufen.* To sell to the highest bidder: *An den Höchstbietenden verkaufen.* To sell oneself: *Sich verkaufen, prostituieren.* He has sold himself to the enemy: *Er hat sich an den Feind verkauft.* He was sold into slavery: *Er wurde als Sklave verkauft.* To be sold: *Zu verkaufen.* To sell well, briskly and easily, like hot cakes: *Gut gehen (Artikel); reißenden Absatz finden; sich verkaufen wie warme Semmeln.* To sell a bear: *Etwas verkaufen, was man nicht besitzt.* To sell the dummy: *Jemanden versetzen; jemanden täuschen (Sport);*

eine Finte legen. To sell s.b. a pup (pop.): *Jemanden hereinlegen.* He was sold easily: *Er war leicht zu gewinnen.*

send To send a message by radio: *Eine Nachricht über das Radio verbreiten.* To send s.b. to jail: *Jemanden in das Gefängnis stecken.* To send s.b. to the devil: *Jemanden zum Teufel schicken.* To send s.b. to grass: *Jemanden zu Boden schlagen.* To send coals to Newcastle: *Eulen nach Athen tragen.* To send a ship to the bottom: *Ein Schiff versenken.* To send s.b. to glory, to the happy hunting grounds, to kingdom-come: *Jemanden ins Jenseits, in die ewigen Jagdgründe schicken.* To send s.th. to the press: *Etwas in Druck geben.* To send s.b. to Coventry (colloq.): *Jemanden in die Wüste schicken, jeden Kontakt zu ihm abbrechen.* To send s.b. to the right-about: *Jemanden zum Teufel jagen, davonjagen, hinauswerfen.* To send a plan to ruin: *Ein Vorhaben ruinieren.* To send s.b. to sleep: *Jemanden zum Einschlafen langweilen.* Send him word that I have arrived: *Gib ihm Nachricht, dass ich angekommen bin.* To send s.b. crazy (mad): *Jemanden in den Wahnsinn treiben.* To send s.b. flying: *Jemanden davonjagen, in die Flucht schlagen.* He sent his things flying: *Er schmiss seine Sachen herum.* To send s.b. from pillar to post (colloq.): *Jemanden von Pontius zu Pilatus schicken.* To send s.b. heels over head (spinning, sprawling): *Jemanden Hals über Kopf hinauswerfen.* To send s.b. packing: *Jemanden davonjagen, rausschmeißen.* She sent him about his business: *Sie hat ihn zum Teufel gejagt.* To send along a message: *Eine (eilige) Nachricht schicken.* They sent him away with a flea in his ear: *Sie haben ihn abgefertigt; sie haben ihn abblitzen lassen.* To send down s.b.'s spirits: *Jemandem den Mut rauben.* To send down an undergraduate: *Einen Studenten der Universität verweisen, ihn relegieren.* To send for the doctor: *Nach dem Arzt schicken.* To send for an ambulance: *Einen Krankenwagen rufen.* To send for s.th.: *Etwas anfordern, bestellen, rufen.* To send forth a sigh of relief: *Einen Seufzer der Erleichterung ausstoßen.* To send forth heat, light, steam: *Hitze abgeben; Licht aussenden; Dampf ablassen.* To send forth leaves: *Blätter hervorbringen (Baum).* To send in one's papers, one's resignation: *Seine Papiere, seine Kündigung einreichen.* To send s.b. into eternity: *Jemanden ins Jenseits schicken.* To send s.b. into ecstasies: *Jemanden in Ekstase versetzen.* To send out circulars: *Rundschreiben verschicken, verteilen.* To send out sparks: *Funken von sich geben, Funken sprühen.* To send s.b. overboard: *Jemanden über Bord werfen.* To send round the hat: *Den Hut, den Klingelbeutel herumgehen lassen, eine Kollekte machen.* Send this package round to my hotel: *Schicken Sie dieses Paket zu meinem Hotel.* To send round false news: *Falsche Nachrichten in Umlauf bringen.* To send up s.b.'s spirits: *Jemandem Mut machen, jemanden aufmuntern.* To send s.b. up (pop.): *Jemanden nachäffen; sich über jemanden lustig machen; jemanden ins Gefängnis werfen.* To send up one's brows: *Die Augenbrauen hochziehen.*

sense To bring s.b. to his senses: *Jemanden zur Vernunft bringen.* To come to one's senses: *Zur Vernunft kommen.* In a sense: *In gewisser Hinsicht.* To be out of one's senses: *Nicht ganz bei Trost sein.* To take leave of one's senses (old): *Von Sinnen sein.*

sensitive He is sensitive to cold: *Er ist empfindlich gegen Kälte.*

sentence To sentence s.b. to death: *Jemanden zum Tode verurteilen.*

sentiments These are my sentiments: *Dies sind meine Gedanken (zu einem Thema).*

sequester To sequester oneself: *Sich absetzen.*

serious I am serious: *Ich meine es ernst.*

serve Serve! *Aufschlag ... (Tennis).* To serve one's apprenticeship: *Eine Lehre machen.* To serve a ball (sport): *Einen Ball servieren, aufschlagen, Angabe machen (Sport).* To serve a cause, God, the devil, one's country: *Einer Sache, Gott, dem Teufel, seinem Land dienen.* To serve the coffee: *Kaffee servieren.* To serve a customer: *Einen Kunden bedienen.* To serve one's own ends: *Den eigenen Interessen dienen.* To serve one's needs: *Den eigenen Bedürfnissen entsprechen.* To serve an office: *Auf einem Amt arbeiten, ein Amt erfüllen, einen Dienst verrichten.* It served my purpose: *Es diente meinem Zweck.* To serve a sentence, one's time: *Eine Strafe absitzen, verbüßen.* To have served one's time: *Seine Schuldigkeit getan, seine Zeit abgedient haben.* To serve two masters: *Diener zweier Herren sein.* To serve a warrant of arrest: *Einen Haftbefehl vorlegen.* He has served her badly: *Er hat ihr einen schlechten Dienst erwiesen.* He served me a bad turn, a trick: *Er hat mir einen üblen Streich gespielt.* To serve badly, well: *Schlecht, gut aufschlagen.* To serve s.b. hand and foot: *Jemandem mit Rat und Tat zur Seite stehen.* It serves him right! *Es geschieht ihm recht!* To serve as excuse: *Als Ausrede, Entschuldigung dienen.* To serve (at) mass: *Bei der Messe dienen (Meßdiener sein).* She serves behind the counter: *Sie bedient an der Theke.* To serve in the Navy: *Bei der Marine dienen.* To serve on a jury: *Zu einer Jury gehören.* To serve a summons on s.b.: *Jemanden vorladen (vor Gericht).* To serve out one's time: *Seine Lehrzeit vollständig absolvieren.* I've served him out: *Ich habe ihn hinausgewiesen.* To serve with the colours: *Bei der Armee dienen.*

set To set an ambush, a snare, a trap: *Einen Hinterhalt, eine Schlinge legen, eine Falle aufstellen.* To set a board, a pole: *Ein Brett einfügen, einen Pfos-*

ten einsetzen. To set a broken limb: *Ein gebrochenes Glied richten.* To set the case that ...: *Voraussetzen, dass ...* To set a date, a price: *Einen Termin, einen Preis festlegen.* To set a difficult essay: *Einen schwierigen Aufsatz schreiben.* To set one's face like a flint: *Ein entschlossenes Gesicht aufsetzen.* To set one's face homeward: *Sich nach Hause kehren.* To set a fashion: *Eine Mode aufbringen.* To set a game: *Ein Spiel aufstellen, beginnen.* To set a good example (to s.b.): *Jemandem ein gutes Beispiel geben.* To set a hen, an egg: *Eine Sache ausbrüten.* To set one's mind: *Sich entscheiden.* To set the pace: *Die Geschwindigkeit bestimmen; einen Maßstab setzen.* To set a precedent: *Einen Präzedenzfall schaffen; einen Maßstab setzen.* To set a precious stone: *Einen Edelstein fassen.* To set a razor: *Ein Rasiermesser schärfen.* To set sail: *Segel setzen.* To set the seal: *Ein Siegel anbringen.* To set the table: *Den Tisch decken.* To set one's teeth: *Die Zähne zusammenbeißen; fest entschlossen sein.* To set a watch: *Eine Uhr stellen.* To set the watches (naut.): *Den Wachwechsel festlegen.* To set s.b. free: *Jemanden freilassen, auf freien Fuß setzen.* To set a scheme going: *Einen Plan in Gang bringen.* To set things right: *Die Dinge richten, zurechtrücken.* To set the ball rolling: *Etwas in Gang setzen, die Sache vorantreiben.* To set a picture straight: *Ein Bild gerade rücken.* To set people talking: *Die Leute zum Reden bringen.* That set me thinking: *Das gab mir zu denken.* To set tongues (beards, chins) wagging: *Die Zungen lösen.* Set a thief to catch a thief (prov.): *Den Bock zum Gärtner machen.* To set about s.th. (s.b.): *Etwas in Angriff nehmen, etwas angehen; jemanden angreifen.* He set about his work: *Er machte sich an die Arbeit.* He set about his packing: *Er machte sich daran zu packen.* To set abouth the enemy (colloq.): *Sich auf den Feind stürzen.* To set a ship afloat: *Ein Schiff flott machen.* To set a scheme afoot: *Ein Modell, ein Schema aufstellen; etwas in Gang bringen.* He set his opinion against mine: *Er setzte mir seine Meinung entgegen.* To set one's face against s.b.: *Jemandem Widerstand leisten, sich gegen jemanden wenden, jemanden missbilligen.* To set against s.b.: *Sich gegen jemanden erheben.* To set s.b. against s.b.: *Jemanden gegen jemanden aufhetzen oder aufbringen.* To set apart a sum of money for an enterprise: *Eine Summe Geld für ein Unternehmen beiseite legen.* To set apart (aside) money: *Geld auf die Seite legen.* He set aside all objections: *Er überging alle Einwände.* To set aside a proposal: *Einen Vorschlag übergehen, ablehnen.* To set aside a decree: *Eine Bestimmung außer Kraft setzen.* To set asunder two friends: *Eine Freundschaft spalten.* To set the law at defiance: *Das Gesetz herausfordern.* To set one's mind at rest, at ease:

Sich beruhigen, sich entspannen. To set s.b.'s heart (mind) at rest: *Jemanden beruhigen.* They set him at liberty: *Sie entließen ihn in die Freiheit.* She is setting her cap at that young man: *Sie versucht diesen Mann zu bewegen, sie zu heiraten.* To set s.b., s.th. at little (at naught, at nought, at nothing), at a pin's fee): *Jemanden oder etwas geringschätzen, übergehen, ignorieren.* To set one's friends at loggerheads (at odds, at variance): *Seine Freunde gegeneinander aufhetzen.* To set back the watch: *Die Uhr zurückstellen.* To set one's friends by the ears: *Seine Freunde gegeneinander aufbringen, Streit unter seinen Freunden stiften.* To set great (little, no) store by s.b., s.th.: *Großen (wenig, gar keinen) Wert auf jemanden, etwas legen.* To set down a suitcase: *Einen Koffer abstellen.* To set down an insolent fellow: *Eine unverschämte Person zurechtweisen.* They set him down at the first stop: *Sie setzten ihn beim ersten Halt ab.* To set down a statement in writing: *Einen Standpunkt schriftlich formulieren.* I set him down to be (as) an honest person: *Ich halte ihn für einen ehrlichen Menschen.* I set down his success to a stroke of luck: *Ich führe seinen Erfolg auf eine Glückssträhne zurück.* To set s.th. for sale: *Etwas zum Verkauf anbieten.* To set forth: *Aufbrechen.* To set forth (forward) one's views with clearness: *Seine Ansichten klar darlegen.* To set forward a matter: *Eine Sache vorbringen.* To set forward a plan: *Einen Plan in die Tat umsetzen.* To set one's best foot (leg) forward (foremost): *Die Beine in die Hand nehmen, sich so schnell wie möglich fortbewegen.* To set in: *Beginnen, anheben, einsetzen, sich ausbreiten, sich breitmachen.* It set in to rain, it set in wet: *Es begann zu regnen, es wurde feucht.* To set one's house in order: *Vor der eigenen Türe kehren; die eigenen Angelegenheiten in Ordnung bringen.* To set one's lance in rest: *Die Lanze senken.* To set foot in a house: *Ein Haus betreten.* To set two things in contrast: *Zwei Dinge vergleichen, in Kontrast zueinander setzen.* To set one's trust in s.b.: *Auf jemanden vertrauen, jemandem Vertrauen schenken.* To set off s.b. into a fit of laughter: *Bei jemandem einen Lachanfall auslösen.* To set off the alarm: *Den Alarm auslösen.* To set off a gun: *Ein Gewehr abfeuern.* To set off distances on a map: *Entfernungen auf einer Karte ausrechnen.* To set off s.b. on a career: *Jemanden auf eine Karrierebahn, Laufbahn setzen.* To set off one's words with a gesture: *Seine Worte mit einer Geste verstärken.* To set good against evil: *Das Gute gegen das Böse abwägen.* They set the dog on him: *Sie hetzten den Hund auf ihn.* To set s.b. on his feet (legs): *Jemanden auf seine Füße (Beine) stellen.* To set s.b. on a pedestal: *Jemanden auf ein Potest heben, in den Himmel heben, verherrlichen.* To set s.b. on to evil: *Jemanden zum Bösen verführen, verleiten.* To set one's eyes on s.b., s.th.: *Auf jemanden, etwas ein Auge werfen.* He set the books on top of each other: *Er legte die Bücher übereinander.* To set one's affections on s.b.: *Jemandem Zuneigung, Gefühle entgegenbringen.* To set a scheme on foot: *Einen Plan in Gang bringen.* To set the saddle on the right (wrong) horse: *Dem Richtigen (Falschen) die Schuld geben.* To set s.th. on fire: *Etwas in Brand setzen.* To set s.b. on fire: *Jemanden begeistern.* To set the Thames on fire: *Außergewöhnlichen Erfolg haben, etwas Außergewöhnliches tun.* To set the police on the tracks of a fugitive: *Die Polizei auf die Spuren eines Flüchtigen bringen.* To set one's foot on s.b.'s neck: *Jemanden unterdrücken, auf jemanden Druck ausüben.* To set one's heart (mind) on s.th. *Sein Herz an etwas verlieren; sich etwas in den Kopf setzen.* To set s.b.'s teeth on edge: *Jemanden reizen, jemandem den letzten Nerv rauben.* To set out the table: *Den Tisch decken.* To set out a room: *Ein Zimmer einrichten, schmücken.* To set out one's ideas: *Seine Ideen, Vorstellungen darlegen.* To set out a boundary: *Eine Grenzlinie, Grenze ziehen.* To set out a meal: *Eine Mahlzeit vorbereiten.* He set out on (upon) his journey: *Er machte sich auf die Reise.* To set fire to s.th.: *Etwas in Brand setzen.* To set one's mind to s.th.: *Sich (gedanklich) mit etwas beschäftigen.* To set one's hand to a piece of work: *Hand (an eine Arbeit) anlegen.* To set one's hand (one's signature) to a document: *Seine Unterschrift unter ein Dokument setzen.* To set pen to paper: *Den Stift in die Hand nehmen, etwas aufschreiben.* To set to work: *Sich an die Arbeit machen.* To set things to rights: *Die Sachen in Ordnung, ins Lot bringen.* To set one's shoulder to the wheel: *Sich an eine Aufgabe machen.* To set spurs to a horse: *Einem Pferd die Sporen geben.* To set words to music: *Den Text zu einer Musik schreiben.* They set up a statue to the hero: *Sie errichteten dem Helden ein Denkmal.* To set up a new record: *Einen neuen Rekord aufstellen.* To set up in business: *Geschäfte machen.* To set up s.b.'s back: *Jemanden erbosen, reizen, aufregen.* To set up false witness: *Falsches Zeugnis ablegen, Falschaussagen machen.* To set up a claim to s.th.: *Anspruch auf etwas erheben.* To set up one's stand: *Seinen Stand, Verkaufstisch aufstellen.* He set (himself) up as (for) an engineer: *Er gab sich als Ingenieur aus.* To set s.b. up again: *Jemanden wieder aufrichten.* To set up a shout: *Einen Schrei ausstoßen.*

settle To settle an account (a bill): *Ein Konto ausgleichen, eine Rechnung begleichen.* To settle a matter (a question): *Eine Angelegenheit (Frage) entscheiden.* To settle a dispute, a quarrel: *Eine Meinungsverschiedenheit, einen Streit beilegen.* To settle an old score with s.b.: *Eine alte Rechnung mit jemandem* *begleichen.* To settle the day: *Ein Datum festlegen.* To settle s.b.'s mind: *Die Seele, die Gedanken von jemandem beruhigen.* To settle the stomach: *Den Magen beruhigen.* To settle s.b.'s hash: *Jemanden kleinkriegen.* He is settled down: *Er lebt in geregelten Bahnen.* To settle down: *Zur Ruhe kommen; sich niederlassen, häuslich oder sesshaft werden.* He has settled down to it: *Er hat sich daran gewöhnt.* To settle for s.th.: *Sich für etwas entscheiden, mit etwas vorlieb nehmen, sich mit etwas zufriedengeben.* To settle into a rut: *In einen Trott geraten.* To settle on a tree: *Sich auf einem Baum niederlassen.* I'll settle up with you at the end of the month: *Ich rechne am Ende des Monats mit dir ab.* That's settled! *Abgemacht!*

sever To sever the head from the body: *Den Kopf vom Rumpf trennen.* To sever a connection: *Eine Verbindung trennen.*

severe He is severe with (on, upon) his son: *Er ist streng mit seinem Sohn.*

sew To sew a dress: *Ein Kleid nähen.* To sew on a button: *Einen Knopf annähen.* It's all sewn up (colloq.): *Es ist alles unter Dach und Fach.* To sew up a wound: *Eine Wunde vernähen.* To sew up a horse (pop.): *Ein Pferd einfangen.* To sew s.b. up (pop.): *Mit jemandem abschließen, mit jemandem fertig sein.* To sew up a rent: *Eine Miete festlegen.*

shade (1) To shade a house: *Einen Schatten auf ein Haus werfen, es beschatten.* To shade one's eyes from the sun's rays: *Die Augen vor dem Sonnenlicht schützen.* To shade a lamp: *Eine Lampe verdunkeln, abdunkeln.* To shade an organ pipe: *Den Ton einer Orgelpfeife modifizieren.* To shade prices (comm.): *Im Preis (nach und nach) heruntergehen.* To shade (away, off) a colour: *Eine Farbe schattieren.* To shade (away, off) blue into green: *Blau in Grün übergehen lassen.*

shade (2) A shade: *Ein Geist, ein Wahnbild.* To put s.b. or s.th. in the shade: *Jemanden oder etwas in den Schatten stellen.*

shadow (1) The shadow of a shade: *Der Schatten eines Schattens, eine irreale Sache.* He is the shadow of his former self: *Er ist nur noch ein Schatten seiner selbst.* Worn to shadow: *Völlig aufgerieben, abgezehrt oder abgemagert.*

shadow (2) To shadow a suspected fellow: *Einen Verdächtigen beschatten.* To shadow s.th. forth (out): *Etwas (symbolisch) andeuten, in Umrissen schwach erscheinen lassen.*

shake (1) To shake a carpet, a tree: *Einen Teppich klopfen, einen Baum schütteln.* To shake s.b.'s courage, faith: *Jemandes Mut, Glauben erschüttern.* To shake the sails: *Die Segel im Wind flattern lassen.* To shake one's wings: *Mit den Flügeln schlagen.* I was shaken at (by) the terrible news: *Ich war erschüttert von der schrecklichen Nachricht.* He was shaken by shivers: *Schauer überliefen ihn.*

To shake hands with s.b.: *Sich mit jemandem die Hände schütteln.* We shook hands: *Wir haben uns die Hand gegeben.* He shook his hand loose: *Er riss seine Hand los.* To shake a foot, a leg, one's bones (colloq.): *Tanzen.* To shake dice: *Die Würfel schütteln, Würfeln.* To shake one's elbow: *Würfeln.* To shake one's ears: *Sich zu schaffen machen.* To shake the pagoda-tree: *Schnell zu Geld kommen.* To shake loose: *Sich losrütteln.* To shake one's fist at s.b.: *Jemandem mit der Faust drohen.* To shake s.b. down: *Jemanden zu Boden stoßen.* To shake fruit down: *Früchte vom Baum schütteln.* To shake down into circumstances: *Sich den Umständen anpassen, sich mit den Umständen abfinden.* To shake the ashes from one's cigarette: *Die Asche von der Zigarette abschnippen.* To shake in one's shoes (all over): *Von Kopf bis Fuß zittern.* To shake off the yoke: *Das Joch ablegen.* To shake off a bad habit: *Eine schlechte Gewohnheit überwinden, ablegen.* To shake the dust off one's coat: *Den Staub aus dem Mantel schütteln.* To shake the dust off one's feet: *Den Staub von den Füßen schütteln, abschütteln.* To shake off a sail (naut.): *Ein Segel streichen.* To shake off a troublesome person: *Eine lästige Person loswerden, abschütteln.* To shake out a flag, a sail: *Die Fahne, ein Segel hissen.* To shake out a sack: *Einen Sack ausschütten.* To shake together: *Befreundet, gleichgesinnt sein.* To shake under s.b.'s feet: *Unter jemandes Schritten, Füßen erzittern.* To shake (up) a bottle: *Eine Flasche schütteln.* Shake him up! *Rüttelt ihn wach!* To shake up the blankets: *Die Decken ausschütteln.* To shake up a pillow: *Ein Kissen ausschütteln, zurechtmachen.* To shake one's sides with laughter: *Sich vor Lachen schütteln, sich vor Lachen auf die Seiten schlagen.* To shake with cold, with fear: *Vor Kälte, Angst zittern.*

shake (2) No great shake (colloq.): *Nichts Bemerkenswertes oder Überwältigendes.* Two shakes (of a lamb's tail): *In zwei Sekunden.*

shall Shall I open the door? *Soll ich die Tür öffnen?* You shall pay for it! *Dafür sollst du bezahlen.* Shall we say: *Sagen wir …* I shall do or die: *So wahr ich lebe, werde ich …*

sham To sham a faint: *Eine Ohnmacht vortäuschen.* To sham sleep, dead: *Sich schlafend, sich tot stellen.*

shamble He shambled in: *Er kam hereingeschlendert.*

shame (1) I shamed him into confessing his sin: *Jemanden beschämen, so dass er seinen Fehltritt eingesteht.* To shame s.b. out of a bad habit: *Jemanden so beschämen, dass er eine schlechte Angewohnheit ablegt.*

shame (2) Shame on you! *Schäm dich! Schämen Sie sich!* He is a shame to his parents: *Er ist eine Schande für seine Eltern.* To put s.b. or s.th. to shame: *Jemanden beschämen; etwas minderwertig erscheinen lassen.*

shape (1) To shape s.b.'s character: *Jemandes Charakter formen.* To shape one's conduct, one's life: *Das eigene Benehmen schleifen, entwickeln; das eigene Leben ordnen.* To shape a plan, a remedy: *Einen Plan formen, ein Mittel entwickeln.* To shape one's course for a place (naut.): *Kurs auf ein Ziel nehmen.* I shaped my answer to his question: *Ich richtete meine Antwort nach seiner Frage aus.* To shape well: *Sich gut entwickeln.*

shape To get (to knock) s.th. into shape (colloq.): *Etwas auf Vordermann bringen.* To be in (out) of shape: *(Nicht) in Form sein.* In the shape of: *In Gestalt von.* To take shape: *Gestalt annehmen.*

share (1) To share expenses: *Ausgaben, Kosten teilen.* He shared the frugal meal with his son: *Er teilte das karge Mahl mit seinem Sohn.* He shared the room with his friend: *Er teilte das Zimmer mit seinem Freund.* To share s.b.'s opinion, scepticism: *Jemandes Meinung, Zweifel teilen.* To share s.b.'s sorrow: *Anteil an dem Leid von jemandem nehmen.* To share a party line with s.b.: *Eine gemeinsame Linie mit jemandem haben.* To share and share alike: *Brüderlich teilen.* He shared the money between the two boys: *Er verteilte das Geld zwischen den beiden Jungen.* To share in the profits, in an undertaking: *Teilhaben am Gewinn, an einem Unternehmen.*

share (2) Share and share alike: *Zu gleichen Teilen, brüderlich.* To go shares with s.b. in s.th.: *Sich etwas (mit jemandem) teilen.*

sharp He is as sharp as a needle: *Er ist äußerst intelligent.* He is sharp at mathematics: *Er ist begabt, was Mathematik angeht.* Sharp's the word! *Vorwärts! In der Kürze liegt die Würze!* To look sharp (colloq.): *Sich beeilen.* Sharp practice (pej.): *Unsaubere Geschäfte oder Machenschaften.* A sharp tongue (pej.): *Eine spitze Zunge.*

sharpen To sharpen one's appetite, one's hearing, one's sight: *Seinen Appetit steigern, sein Gehör, sein Auge schärfen.* To sharpen a law, a punishment: *Ein Gesetz, eine Strafe verschärfen.* To sharpen a pencil: *Einen Bleistift spitzen.* To sharpen a razor: *Ein Rasiermesser schärfen.* To sharpen s.b.'s sufferings: *Die Leiden von jemandem steigern.*

shatter To shatter s.b.'s hopes, nerves: *Jemandes Hoffnung, Nerven zerrütten.*

shave To shave the chin: *Das Kinn rasieren.* To shave the wall: *Die Wand glätten.* He has shaved all his opponents: *Er machte mit all seinen Gegnern, was er wollte.* He shaves (himself) every morning: *Er rasiert sich jeden Morgen.* To shave (oneself) against the hair, against the lie of the hair: *Sich zu etwas zwingen.* To shave (off) one's beard, moustache: *Sich den Bart, Schnurrbart abnehmen.* To shave through an examination: *Eine Prüfung gerade so bestehen.* To shave a promissory note (USA): *Einen*

Wechsel gegen eine ungewöhnlich hohe Gebühr einlösen.

shear To shear sheep, wool: *Schafe, Wolle scheren.* To shear glass, tin-plate: *Glas, Zinnplatten schneiden.*

sheathe To sheathe one's sword: *Das Schwert wegstecken.* Sheathe your claws: *Zieh deine Krallen ein.*

shed To shed one's blood for one's country: *Sein Blut für sein Vaterland vergießen.* To shed s.b.'s blood: *Jemandes Blut vergießen.* To shed one's leaves: *Die Blätter abwerfen.* To shed light: *Licht werfen.* To shed scales: *Sich häuten.* To shed tears: *Tränen vergießen.* To shed one's clothes (colloq.): *Seine Kleider abwerfen.* It sheds new (fresh) light on the matter: *Das wirft neues Licht auf die Angelegenheit.*

sheer To sheer off: *Abtreiben, vom Kurs abkommen, abdriften.*

sheet He is a sheet in the wind (pop.): *Er ist ein Fähnlein im Wind.*

shell To shell beans, peas: *Bohnen, Erbsen schälen.* To shell oysters: *Austern aufbrechen.* To shell off: *Enthäuten, sich häuten, sich schälen.* To shell out money (colloq.): *Mit Geld um sich werfen.*

shelter To shelter a pilgrim for the night: *Einen Wanderer für die Nacht beherbergen.* He sheltered (himself) from the rain under a tree: *Er schützte sich unter einem Baum vor dem Regen.* She sheltered her daughter from the cold: *Sie schützte ihre Tochter vor der Kälte.*

shelve To shelve books: *Bücher in einem Regal einordnen.* To shelve a problem: *Ein Problem auf Eis legen.*

shield To shield s.b. from danger: *Jemanden vor Gefahr schützen.* He shielded his son with his own body: *Er schützte seinen Sohn mit seinem eigenen Körper.*

shift To shift gears: *Die Gänge (eines Autos) schalten.* To shift one's ground: *Den Standpunkt wechseln, sich fortbewegen.* To shift one's lodging: *Den Wohnsitz verlegen.* To shift the rider (colloq.): *Jemanden, den Reiter aus dem Sattel werfen.* To shift the scene (theatr.): *Die Szene wechseln.* To shift the table: *Die Tafel aufheben.* He shifted the blame (the fault) from himself on to (upon) his friend: *Er schob die Schuld seinem Freund in die Schuhe.* To shift from one place to another: *Von einem Platz zum anderen schieben.* To shift automatically: *Automatisch schalten (Auto).* To shift as best as one can: *Etwas so gut wie möglich erledigen.* To shift well, ill: *Gut, schlecht vorankommen.* To shift about: *Den Ort (die Stelle) häufig wechseln.* To shift off an argument: *Ein Argument aus dem Weg räumen.* To shift off a duty, a promise: *Eine Pflicht, ein Versprechen erfüllen.* I shifted him off with an excuse: *Ich schickte ihn unter einem Vorwand weg.* To shift off: *Abschieben (etwas).* To shift round to the west: *Nach Westen drehen.*

shin To shin a round: *Sich Geld*

pumpen (wollen). To shin up a rope: *Ein Seil hinaufklettern.*

shine To shine in conversation: *Im Gespräch glänzen.* To shine with beauty, with happiness: *Strahlende Schönheit besitzen, vor Glück strahlen.* To shine with reflected light: *Im Widerschein erstrahlen.* To shine one's shoes (USA): *Die Schuhe blank polieren.* To shine a ray of light: *Einen Lichtstrahl aussenden.* He shines down his brother: *Er stellt seinen Bruder in den Schatten.* To shine up to s.b. (USA): *Versuchen, die Aufmerksamkeit, die Sympathie einer Person zu erlangen, zu erregen.* To shine upon s.b.: *Jemanden beeindrucken wollen, sich um jemandes Gunst bemühen.*

ship To ship goods by steamer: *Waren mit dem Dampfschiff befördern.* To ship off goods: *Waren auf dem Seeweg transportieren.* He shipped (out) as a cabin-boy: *Er schiffte sich als Kabinenjunge ein.*

shirk To shirk one's duty, one's obligations: *Vor seiner Verpflichtung zurückschrecken.* To shirk away: *Zurückschrecken.* He shirked (off) the responsibility on to (upon) his friend: *Er überließ die Verantwortung seinem Freund.*

shiver (1) He shivered at that sight: *Er erschauerte bei dem Anblick.* To shiver on the brink: *Vor dem Abgrund erschauern.* To shiver with cold, with fear: *Vor Kälte, Angst zittern.* To shiver in the wind: *Im Wind frösteln.*

shiver (2) The shivers (colloq.): *Das kalte Grausen.*

shock To shock s.b.'s religious sentiment: *Die religiösen Gefühle einer Person verletzen.* He was shocked by (at) the news of her death: *Er war erschüttert von der Nachricht ihres Todes.*

shoe To shoe a horse: *Ein Pferd beschlagen.* To be in s.b.'s shoes: *In jemandes Haut stecken; an jemandes Stelle sein.*

shoot To shoot an arrow: *Einen Pfeil abschießen.* To shoot one's bolt: *Sein Pulver verschießen.* To shoot a bolt: *Einen Riegel vorschieben.* To shoot bullets from a rifle: *Kugeln aus einem Gewehr abfeuern.* To shoot the cat (pop.): *Sich erbrechen.* To shoot a dangerous strait: *Eine gefährliche Meerenge passieren.* To shoot dice: *Die Würfel werfen, würfeln.* To shoot a fishing net: *Ein Fischernetz auswerfen.* To shoot a goal: *Ein Tor schießen.* To shoot the Gulf, Niagara, the Rapids: *Eine waghalsige Sache unternehmen.* To shoot a line: *Aufschneiden.* To shoot a match: *An einem Wettschießen teilnehmen.* To shoot the moon (pop.): *Bei Nacht und Nebel ausrücken, um nicht bezahlen zu müssen, durchbrennen.* He shot the other competitors: *Er hat seine Konkurrenten ausgestochen.* To shoot rubbish: *Müll abladen.* To shoot a scene, a film: *Eine Szene, einen Film (ab)drehen.* To shoot a ship: *Ein Schiff versenken.* To shoot s.b. dead: *Jemanden erschießen.* To shoot birds flying: *Auf Vögel schießen.* He has shot himself: *Er hat sich erschossen.* They shot themselves into the town: *Sie* *verschafften sich mit Waffengewalt Zugang zur Stadt.* He was shot at dawn: *Er wurde im Morgengrauen erschossen.* I'll be shot if ...: *Mich soll der Schlag treffen, wenn ...* To shoot low: *Niedrig zielen.* To shoot straight (pop.): *Gut vorankommen, geradlinig weiterkommen.* To shoot well: *Gut zielen, ein guter Schütze sein.* To shoot wide of the mark: *Weit am Ziel vorbeischießen.* To shoot ahead of an antagonist: *Sich vor einen Gegner setzen.* To shoot at a quail: *Auf eine Wachtel schießen.* To shoot at goal: *Auf das Tor schießen.* He shot an angry look at me: *Er warf mir einen bösen Blick zu.* To shoot at success: *Auf Erfolg aus sein.* To shoot away: *Herumballern.* To shoot down a fugitive: *Einen Flüchtigen erschießen.* To shoot down a plane: *Ein Flugzeug abschießen.* To shoot down s.b.'s spine: *Jemandem den Rücken hinunterlaufen (Schauer).* To shoot forth buds, leaves: *Knospen, Blätter hervortreiben.* To shoot forth flames, rays: *Flammen schlagen, Strahlen abgeben.* To shoot forth sounds, words: *Geräusche abgeben, Wörter ausstoßen.* He shot in self-defence: *Er schoss in Notwehr.* He shot the box into the lumber-room: *Er verschloss die Kiste in der Rumpelkammer.* To shoot off a rifle: *Ein Gewehr abfeuern.* To shoot off one's mouth (USA): *Ein loses Mundwerk haben.* To shoot off a tie: *Eine Fessel ablegen, abwerfen.* To shoot off: *Das Maul aufreißen.* To shoot birds on the wing: *Vögel im Flug abschießen.* To shoot out poison: *Gift absondern, speien.* To shoot out a knife, one's tongue: *Ein Messer ziehen; seine Zunge herausstrecken.* To shoot out: *Hervorschießen.* To shoot s.b. over his head: *Jemanden warnen, einen Warnschuss abgeben.* To shoot over a country: *Über ein Land hinwegfegen.* Shot through (and through) with sadness: *Von Traurigkeit durchdrungen sein.* To shoot up: *Emporschießen, schnell wachsen.* She has shot up into a woman: *Sie hat sich in kurzer Zeit zur Frau entwickelt.*

shop To shop around: *Einen Einkaufsbummel machen.* All over the shop: *Überall verstreut, in der ganzen Gegend, in alle Himmelsrichtungen.* To set up shop (fig.): *Mit einer Arbeit oder Tätigkeit beginnen.* To talk shop: *Über die Arbeit reden, fachsimpeln.*

shore To shore up a wall: *Eine Wand abstützen.*

short At short notice: *Kurzfristig, schnell.* To bring s.b. up short: *Jemanden (plötzlich) innehalten lassen.* Short for: *Kurz für.* To give s.b. or s.th. short shrift: *Jemandem oder etwas kurz abfertigen, kurzen Prozess mit jemandem oder etwas machen.* By a short head: *Ganz knapp.* In short: *Kurz, kurz und gut, kurz gesagt.* To make short work of s.th.: *Etwas schnell erledigen.* I am short of money (of cash): *Ich bin knapp bei Kasse.* To run short: *Zur Neige gehen.* To sell oneself short (fig.): *Sich nicht gut verkaufen; sich unter*

Wert verkaufen. Short and sweet: *Kurz und bündig; kurz und ergreifend.* To be short-tempered: *Unbeherrscht, reizbar, gereizt sein.* He is short of thirty: *Er ist kurz vor seinem dreißigsten Lebensjahr.* I am short of breath (of puff), short-winded: *Ich bin außer Atem.* Short of: *Mangel an …* Short reckonings make long friends (prov.): *Kleine Geschenke erhalten die Freundschaft.*

shorten To shorten sail (naut.): *Die Segel reffen.*

shot Shot in the arm: *Aufgerüttelt, wie von einer Hummel gestochen; ein Energiestoß; eine Geldspritze.* A big shot (colloq.): *Ein großes oder hohes Tier, ein Bonze.* To call the shots (colloq.): *Das Sagen haben.* Shot in the dark: *Ein blinder Versuch, eine bloße Vermutung, ein Schuss ins Blaue.* Like a shot: *Wie der Blitz; wie aus der Pistole geschossen, im Nu, prompt, ohne zu zögern.* A shot across the bows: *Ein Warnschuss.* A long shot: *Eine vage Vermutung; eine entfernte Möglichkeit.*

should I shouldn't mind a glass of wine: *Ich hätte nichts gegen ein Glas Wein einzuwenden.* I should worry! (USA): *Das ist mir doch egal.*

shoulder (1) Shoulder arms! (milit.): *Schultert das Gewehr!* To shoulder a debt, the blame, the responsibility: *Schulden übernehmen, eine Schuld auf sich nehmen, die Verantwortung übernehmen.* He shouldered his knapsack: *Er schulterte seinen Rucksack.* To shoulder one's (a) rifle: *Das Gewehr schultern.* To shoulder one's way: *Sich (rücksichtslos) einen Weg bahnen.* To shoulder against (at) s.b.: *Jemanden aus dem Weg räumen, beiseiteschieben.* To shoulder s.b. off: *Jemanden beiseiteschieben.*

shoulder (2) To have broad shoulders: *Breite Schultern haben, einen breiten Rücken haben.* To put one's shoulder to the wheel (colloq.): *Sich ins Zeug legen, sich ranhalten.* To rub shoulders with s.b.: *Mit jemandem in Berührung kommen.* A shoulder to cry on: *Jemand, bei dem man sich ausweinen kann.* Shoulder to shoulder: *Schulter an Schulter.*

shout To shout an order: *Einen Befehl schreien.* To shout for help: *Um Hilfe rufen.* To shout for joy, with pain: *Vor Freude, vor Schmerz schreien.* He shouted with all his might and main: *Er schrie aus Leibeskräften.* He shouted himself hoarse: *Er schrie sich heiser.* To shout at s.b.: *Jemanden anschreien.* To shout at the top of one's voice: *Schreien, dass sich die Stimme fast überschlägt.* To shout back at s.b.: *Zurückschreien.* To shout down a speaker: *Einen Sprecher, Redner niederschreien.* To shout one's head off: *Sich die Lunge aus dem Hals schreien.* He shouted to them to wait for him: *Er rief ihnen zu, auf ihn zu warten.* To shout drinks (USA): *Eine Runde ausgeben (für alle Anwesenden).*

shove To shove along: *Weiterge-*

hen. To shove a chair aside (away): *Einen Stuhl beiseite (weg)schieben.* He shoved at the table: *Er drängelte am Tisch.* They shoved back the crowd: *Sie drängten die Menge zurück.* To shove s.b. down: *Jemanden niederstoßen.* He was shoved forward by the crowd: *Er wurde von der Menge vorwärtsgeschoben.* He shoved the box into the lumber-room: *Er steckte die Kiste in die Rumpelkammer.* To shove off a boat: *Ein Boot vom Ufer abstoßen.* To shove off (colloq.): *Losziehen, abhauen, verschwinden.* I shoved him out of the door: *Ich schob ihn zur Tür hinaus.* He shoved through the crowd: *Er drängte sich durch die Menge.* To shove up the spout: *Ins Pfandhaus gegeben werden.*

shovel To shovel a hole in the ground: *Ein Loch ausschaufeln.* To shovel away the snow: *Den Schnee wegschaufeln.* He was shovelling the pudding into his mouth: *Er stopfte, schaufelte sich den Nachtisch in den Mund.* To shovel up money: *Geld scheffeln.*

show (1) To show a bold front in opposing s.b.: *Sich jemandem breitschultrig entgegenstellen.* To show a clean (fair) pair of heels: *Die Hacken zeigen, sich aus dem Staub machen.* To show a clean record: *Eine saubere Weste, einwandfreie Zeugnisse haben.* To show the cloven hoof: *Die böse Absicht durchscheinen lassen.* To show daylight: *Das Tageslicht durchlassen.* To show one's designs, one's hand (one's cards): *Seine Absichten erkennen lassen; seine Karten auf den Tisch legen; mit offenen Karten spielen.* I showed him the door: *Ich wies ihm die Tür.* To show one's face (head, nose): *Sich zeigen.* To show feeling for the poor: *Mitgefühl für die Armen zeigen.* To show fight: *Sich kampfeslustig zeigen.* To show forbearance towards s.b.: *Sich jemandem gegenüber nachsichtig zeigen.* To show goods in the shop-window: *Waren im Schaufenster ausstellen.* To show keen delight: *Reines Entzücken zeigen.* To show a leg (pop.): *Aus dem Bett aufstehen.* To show the lions of a place: *Die Sehenswürdigkeiten eines Ortes zeigen.* To show mercy to s.b.: *Sich jemandem gegenüber gnädig erweisen.* To show one's mettle: *Zeigen, wozu man fähig ist.* To show respect for s.b.: *Jemandem Respekt erweisen.* He showed signs of fear, of weariness: *Er zeigte Anzeichen von Angst, von Müdigkeit.* To show one's teeth: *Die Zähne zeigen.* He showed his true colours: *Er zeigte seine wahren Absichten; er zeigte sich von seiner wahren Seite.* To show the white feather: *Angst zeigen.* To show the white flag: *Die weiße Flagge hissen.* To show oneself in public: *Sich in der Öffentlichkeit zeigen.* He showed himself very charitable: *Er zeigte sich sehr karitativ, wohlwollend.* This shows that he is right: *Das zeigt, dass er Recht hat.* To show s.b. downstairs: *Jemanden hinuntergelei-*

ten. To show s.b. in: *Jemanden hereinführen.* To show off one's learning, one's strength: *Mit seinem Wissen, seiner Stärke prahlen, angeben.* To show off: *Angeben, prahlen.* To show s.b. out: *Jemanden hinausgeleiten.* I showed her round: *Ich führte sie herum.* To show up an imposture, an impostor: *Eine Betrügerei aufdecken, einen Betrüger entlarven.* He showed the visitor up (stairs): *Er führte den Besucher nach oben.* To show up: *Erscheinen (an einem Ort).*

show (2) Good show! *Ausgezeichnet! Bravo!* To get the show on the road (colloq.): *In Gang kommen, die Sache ins Rollen bringen.* To run the show: *Den Laden schmeißen.* A show of hands: *Eine Abstimmung (durch Handheben).* To steal the show: *Jemandem die Schau stehlen.*

shower To shower gifts, honours on (upon) s.b., to shower s.b. with gifts, with honours: *Jemanden mit Geschenken, Ehren überhäufen.* It showered all night: *Es regnete die ganze Nacht.*

shriek To shriek with laughter: *Kreischen vor Lachen.* To shriek, to shrill (out) an order: *Einen Befehl kreischen.*

shrink To shrink (away, up) in washing: *Bei der Wäsche einlaufen.* He shrank (back) in horror: *Er wich vor Schreck zurück.* To shrink from s.b.: *Vor jemandem zurückschrecken.* He shrinks from telling lies: *Er schreckt davor zurück, Lügen zu erzählen.* To shrink in bulk: *Zusammenschrumpfen, an Volumen abnehmen.* To shrink into a shelter, into oneself: *Sich hinter einen Schutz zurückziehen, sich in sich selbst zurückziehen.* To shrink together: *Zusammenschrecken.* To shrink up one's shoulders: *Mit den Schultern, Achseln zucken.* To shrink up one's shoulders at s.b.: *Jemandem mit einem Achselzucken begegnen.* To shrink up: *Aufschrecken.*

shrivel To shrivel (away, up): *Verschrumpeln.*

shroud To shroud a corpse: *Die Leiche in ein Leichentuch wickeln.*

shrug To shrug one's shoulders: *Mit den Achseln zucken.* To shrug off a proposal: *Einen Vorschlag abtun.* To shrug up (USA): *Einen Ruck tun.*

shudder To shudder with cold, with fear: *Vor Kälte, Angst zittern.* I shudder when I think of it, at the mere thought (of it): *Ich zittere beim bloßen Gedanken daran.*

shuffle (1) To shuffle the cards: *Die Karten mischen.* To shuffle one's feet: *Schlurfen (mit den Füßen).* To shuffle a (dance) step: *Einen Tanzschritt machen; einen Schlenker beim Tanzen machen.* To shuffle about: *Durch die Gegend schlendern, schlurfen.* To shuffle in goods: *Waren hineinschmuggeln (ins Land).* To shuffle into one's clothes: *Sich in die Kleider zwängen.* To shuffle into a situation: *Sich in eine Situation hineinzwängen.* To shuffle off one's duty, one's obligations:

Pflichten, Verpflichtungen abstreifen. He shuffled off the blame (the responsibility) from himself (from his own shoulders) on (upon) his friend: *Er wälzte die Schuld (die Verantwortung) von sich (seinen Schultern) auf seinen Freund ab.* To shuffle off: *Davonschlurfen, sich davonschleppen.* He shuffled out of the consequences by accusing his partner: *Er wand sich um die Folgen herum, indem er seinen Partner beschuldigte.* To shuffle sideways: *Zur Seite davonschlurfen.* To shuffle through one's work: *Sich durch seine Arbeit durchwühlen.* He shuffled his things together: *Er kramte seine Sachen zusammen.*

shuffle (2) It's your shuffle: *Du musst geben (beim Kartenspiel).*

shun To shun a danger: *Eine Gefahr vermeiden, einer Gefahr ausweichen.*

shunt To shunt a train: *Einen Zug rangieren, umleiten.* To shunt a proposal: *Einen Vorschlag umgehen, beiseite schieben.*

shut To shut the books (comm.): *Die Bücher (Buchführung) abschließen.* To shut one's ears, one's eyes, one's mouth: *Seine Ohren, seine Augen, seinen Mund schließen.* To shut s.b.'s mouth: *Jemandem den Mund verschließen; jemanden zum Schweigen bringen.* Shut your muzzle: *Halt den Schnabel.* To shut the stable-door when the horse is stolen, has bolted (prov.): *Den Brunnen zudecken, wenn das Kind schon hineingefallen ist.* To shut one's purse against s.b.: *Sich weigern, jemandem zu helfen (mit Geld).* To shut down a factory: *Eine Fabrik schließen.* To shut down: *Schließen, den Betrieb einstellen.* To shut down the rolling-shutter: *Den Rolladen herunterlassen.* To shut s.th. from one's sight: *Etwas aus dem eigenen Blickfeld entfernen.* To shut in a flock of sheep: *Eine Herde Schafe einfangen, umzäunen.* To shut in the garden with a wall: *Den Garten mit einer Mauer umfassen.* To shut the door in s.b.'s face: *Jemandem die Tür vor der Nase zuschlagen.* He has shut his hands (he is shut) of that person: *Er hat sich von dieser Person entfernt.* To shut off a patrol from the main body of the army: *Eine Patrouille von ihrer Einheit abtrennen.* He shut the door on himself: *Er hat sich selber ausgeschlossen.* To shut the door on a proposal: *Einen Vorschlag ablehnen.* He shut his eyes on (to) her tricks: *Er verschloss seine Augen vor ihren Machenschaften.* To shut one's eyes on (to) the reality of facts: *Seine Augen vor den Tatsachen verschließen.* To shut out the rain: *Den Regen nicht hereinlassen (durch das Fenster).* To shut s.b. out of hope: *Jemandem die Hoffnung nehmen.* To shut hope out of one's heart: *Alle Hoffnung im Herzen aufgeben.* He was shut out from England: *Er wurde aus England ausgewiesen.* To shut one's heart to pity: *Sein Herz dem Mitleid verschließen.* To shut up house, shop: *Das Haus, den Laden* *schließen.* To shut up a prisoner: *Einen Gefangenen einsperren.* To shut up an entrance, a passage: *Einen Eingang, Durchgang schließen.* To shut up a flock of sheep in a pen: *Einen Sack voll Flöhe hüten.* To shut up a ship: *Die Schiffsluken schließen.* Shut up! (colloq.): *Halt den Mund! Sei still!* To shut oneself up: *Sich in die eigenen vier Wände zurückziehen.* He shut himself up in the house for three days: *Er zog sich drei Tage lang in das Haus zurück.* He shut himself (up) in his sorrow: *Er schloss sich in seine Trauer ein.* To shut the door upon s.b.: *Vor jemandem die Türe zuschlagen.*

shy (1) To shy at an offer: *Zögern, ein Angebot anzunehmen.* He shied a stone at the bull (colloq.): *Er warf einen Stein nach dem Bullen (Polizisten).* To shy off a danger: *Eine Gefahr verscheuchen.* To shy s.b. off: *Jemanden verscheuchen.* To shy off: *Verscheuchen.*

shy (2) He is shy about (of) accepting my offer: *Er zögert, mein Angebot anzunehmen.* He is shy of (on) money (pop.): *Er hat Geld verloren.*

sick He is sick at heart: *Er hat Kummer, Herzensleid.* I am sick for home: *Ich habe Heimweh.* He is sick of everything: *Er hat von allem genug; er hat von allem die Nase voll.* I am sick to death of this weather: *Ich habe endgültig genug von diesem Wetter.* He is sick with the flu (USA): *Er hat Grippe.*

sicken To sicken the air: *Die Luft verpesten.* To sicken s.b. of s.th.: *Jemandem etwas vermiesen.* This sickens me: *Das macht mich krank, das ekelt mich an.* I sickened at his crime: *Seine Tat (Verbrechen) ekelte mich an, machte mich krank.* He is sickening for bronchitis: *Er leidet an Bronchitis.* To sicken of s.th., of doing s.th.: *An etwas leiden, daran leiden, etwas tun zu müssen.* I was sickened of doing that work: *Ich war es leid, diese Arbeit zu tun.* To sicken of (with) the flu (USA): *An Grippe leiden.*

side (1) To side timber: *Bauholz zuschneiden.* To side with the conservative party: *Sich mit der konservativen Partei verbünden.* To side with a cause, with a person: *Sich mit einer Sache, einer Person verbünden.* To side away all suspicion: *Allen Verdacht aus dem Weg räumen.* To side-slip: *Ins Schleudern kommen (Auto), abschmieren (Flugzeug).* To side-track a train: *Einen Zug umleiten.*

side (2) Side by side: *Seite an Seite.* To let the side down (colloq.): *Jemanden blamieren, jemanden unmöglich machen.* On the side (colloq.): *Nebenbei, nebenher.* To pass by on the other side: *Jemanden oder etwas ignorieren.* To take sides: *Partei ergreifen.*

sidle He sidled to the door: *Er schlich zur Tür.* He sidled up to the manager: *Er schlich hinauf zum Direktor.*

sieve / sift To sieve (to sift) flour: *Mehl sieben.* To sift evidence: *Die Beweismaterialien sichten.* To sift the true from the false: *Das Wahre vom Falschen* *scheiden.* To sift down on the ground: *Fein (wie gesiebt) zu Boden fallen (Schnee, Licht).* To sift into a matter: *Einsicht in eine Sache nehmen.* To sift out a secret: *Ein Geheimnis durchsickern lassen.*

sieve To have a head (memory) like a sieve: *Ein Gedächtnis wie ein Sieb haben.*

sigh To sigh away one's time: *Die Zeit mit Jammern verbringen.* To sigh for peace: *Den Frieden herbeisehnen.* To sigh for s.b.'s death: *Den Tod einer Person beweinen.* To sigh (out) words: *Seufzend Worte ausstoßen.* To sigh with relief: *Einen erleichterten Seufzer ausstoßen.*

sight (1) To sight land: *Land sichten.* He sighted (the hare) with the greatest attention: *Er beobachtete (den Hasen) mit größter Aufmerksamkeit.*

sight (2) A sight for the gods, for sore eyes: *Ein erfreulicher Anblick, ein Anblick für die Götter, eine (wahre) Augenweide.* To have s.th. in one's sights: *Etwas im Auge haben oder behalten.* To know s.b. by sight: *Jemanden vom Sehen kennen.* To lose sight of s.b. or s.th.: *Jemanden oder etwas aus dem Auge verlieren.* Not by a long sight: *Bei weitem nicht.* Not to be able to stand the sight of s.b. (colloq.): *Jemanden nicht ausstehen können.* Out of sight, out of mind: *Aus den Augen, aus dem Sinn.*

sign To sign one's approval, one's assent: *Seine Zustimmung, Anerkennung zeigen.* To sign a contract, a document, a treaty: *Einen Vertrag, ein Dokument, ein Abkommen unterzeichnen.* To sign one's name: *Unterschreiben.* To sign the pledge: *Ein Begehren unterzeichnen.* To sign with a cross: *Mit einem Kreuz unterschreiben.* He signed himself (with the cross): *Er bekreuzigte sich.* To sign away a property: *Einen Besitz an jemand anderen (per Dokument) übertragen.* To sign on the dole: *Sich arbeitslos melden.* To sign on the dotted line: *Auf der gestrichelten Linie unterschreiben.* To sign on a workman: *Einen Arbeiter einstellen.* To sign over a property: *Einen Besitz auf jemand anderen überschreiben.* He signed to me to follow him: *Er gab mir ein Zeichen, ihm zu folgen.* To sign up soldiers (USA): *Soldaten anwerben.*

signify To signify one's approval: *Seine Zustimmung zum Ausdruck bringen.* It signifies little: *Es bedeutet wenig.*

silence (1) To silence one's feelings: *Seine Gefühle unterdrücken, beruhigen.* To silence a battery, a gun: *Die gegnerische Stellung, eine Kanone zum Schweigen bringen.*

silence (2) Silence gives (implies) consent (prov.): *Schweigen bedeutet Zustimmung.* Speech is silver, Silence is golden (prov.): *Reden ist Silber, Schweigen ist Gold.*

silt To silt up a channel: *Einen Kanal verstopfen.*

silver The silver key: *Der goldene Schlüssel, der Schlüssel, der alle Türen öffnet, das Sesam-öffne-dich.* To be born with a silver spoon in one's mouth (fig.): *Mit einem silbernen Löffel im Mund geboren sein.* (Every cloud has) a silver lining: *Ein Silberstreif am Horizont; ein Lichtblick; „auf Regen folgt Sonne".*

sin (1) To sin against God: *Gegen Gott sündigen.* He sinned in good company: *Er sündigte in guter Gesellschaft, er ist nicht der Einzige, der so etwas getan hat.* To sin one's mercies: *Undankbar gegen das eigene Glück sein.*

sin (2) As ugly as sin: *Hässlich wie die Nacht.* To live in sin (old): *In wilder Ehe leben.*

sinews The sinews of war: *Das nötige Kleingeld.*

sing To sing baritone: *Bariton singen.* To sing a false note: *Eine falsche Note singen.* To sing s.b.'s praises: *Jemandem ein Loblied singen.* To sing the same (one) song: *Immer das gleiche Lied anstimmen; eintönig sein.* To sing another song, a different tune: *Ein anderes Lied anstimmen.* To sing at the top of one's voice: *Mit aller Kraft der Stimme, aus voller Kehle singen.* To sing by ear: *Nach Gehör singen.* To sing flat: *Den Ton verfehlen.* To sing small: *Klein, unterlegen erscheinen; klein beigeben.* She sang her child to sleep: *Sie sang ihr Kind in den Schlaf.* She sang her throat sore: *Sie sang sich (ihre Kehle) heiser.* He sang himself into the room: *Er kam singend ins Zimmer.* He sings about his exploits: *Er rühmt sich seiner Heldentaten.* To sing in the New Year: *Das neue Jahr singend (mit Gesang) einleiten, begrüßen.* To sing out: *Frei hinaussingen.* To sing out the old year: *Das alte Jahr mit Gesang verabschieden, ausklingen lassen.* To sing to the piano: *Mit Klavierbegleitung singen.* To sing up: *Die Stimme (zum Singen) erheben.*

singe To singe one's feathers, one's wings: *Sich die Haare, die Flügel versengen; sich die Finger an etwas verbrennen.* To singe off the bristles of a pig: *Einem Schwein die Borsten absengen, es zum Schlachten vorbereiten.*

single To single off flowers: *Blumen pflücken.* To single out (forth) a deer: *Einen Hirsch auswählen, ausschauen (bei der Jagd).* He singled out the best of all: *Er suchte das Beste aus.* Not a single: *Kein(e) einzige(r).* single-minded: *Zielbewusst, zielstrebig, unbeirrbar.*

sink To sink (beneath the surface of the sea): *Untergehen (im Meer).* To sink in(to) the mire: *Im Schlamm versinken.* He sank into the sea: *Er versank im Meer.* To sink in the social scale: *Auf der sozialen Leiter einen Abstieg machen.* To sink in ruin: *In den Ruin versinken.* To sink into oblivion, into obscurity, into a deep sleep, into vice: *In Vergessenheit, in Obskure, in tiefen Schlaf, ins Laster geraten, sinken.* To sink into a decline: *In einen Abstieg geraten.* To sink into a rut: *In Totenstarre verfallen.* To sink in (colloq.): *Sich einprägen, zu Bewusstsein kommen, wirken.* To sink in(to) the mind: *Sich im Geist versenken.* He sank on his knees: *Er sank* *auf seine Knie.* To sink (down) to a whisper: *Zu einem Flüstern werden (die Stimme).* To sink under the waves: *In den Wellen untergehen.* To sink under sorrow: *In Trauer versinken.* To sink half up to one's knees: *Bis unter die Knie einsinken.* To sink away: *Absinken.* To sink down dead: *Tot umfallen.* To sink gradually: *Langsam absinken.* To sink low: *Tief sinken.* He is sinking rapidly: *Er sinkt schnell; es geht schnell mit ihm bergab.* I am sunk (colloq.): *Ich bin verstört, aufgewühlt.* Sink or swim: *Entweder es wird etwas, oder es wird nichts; friss, Vogel, oder stirb.* To sink a ship: *Ein Schiff versenken.* To sink prices, one's voice: *Preise, die Stimme senken.* To sink water: *Den Wasserpegel senken, Wasser ablassen.* To sink the foundation, a wall: *Das Fundament, eine Mauer einreißen.* To sink a debt: *Eine Schuld begleichen, tilgen.* To sink a matter: *Eine Sache ad acta legen.* To sink money: *Geld fest anlegen.* To sink shop: *Über etwas Stillschweigen bewahren; nicht übers Geschäft reden.* To sink a slope: *Einen Abhang hinuntersteigen.* To sink s.b.'s spirits: *Jemandem den Mut rauben.* He sank his teeth into the cutlet: *Er vergrub seine Zähne in das Kotelett.*

sip To sip (away at one's) coffee: *Seinen Kaffee schlürfen.*

sit To sit across the table: *An den Enden des Tisches sitzen.* To sit apart: *Getrennt sitzen.* To sit astride a chair: *Rittlings auf einem Stuhl sitzen.* To sit at the head (at the top) of the table: *Am Kopf des Tisches sitzen.* To sit at the back: *Auf der Rückseite sitzen.* To sit bodkin: *Zwischen zwei Personen eingeklemmt sitzen.* To sit by the fire: *Am Feuer sitzen.* To sit cross-legged: *Mit übergeschlagenen Beinen sitzen.* A sitting duck (target) (fig.): *Eine leichte Beute; ein leichtes Ziel.* To sit facing the engine: *In Fahrtrichtung sitzen.* To sit in Parliament: *Im Parlament sitzen, Parlamentsmitglied sein.* To sit in a draft (draught): *In Zugluft sitzen.* To sit in judgement: *Zu Gericht sitzen.* To sit with one's back to the engine: *Gegen Fahrtrichtung sitzen.* He is sitting pretty: *Ihm geht es (finanziell) gut.* To sit tight: *Fest im Sattel sitzen.* To sit above the salt: *Bei der Familie sitzen (nicht bei den Bediensteten).* To sit at home: *Zuhause sitzen (sein): ohne Arbeit sein.* To sit below (under) the salt: *Bei den Bediensteten sitzen.* Sit down, please: *Nehmen Sie Platz, bitte.* To sit down before a town: *Sich vor einer Stadt niederlassen.* To sit down in a town (USA): *Sich in einer Stadt niederlassen.* To sit in (colloq.): *Babysitten; ein Sit-in veranstalten.* To sit on eggs: *Etwas ausbrüten.* To sit on thorns: *Auf heißen Kohlen sitzen.* To sit on s.b. (colloq.): *Jemandem Vorwürfe machen; jemanden demütigen.* To sit on (upon) a matter: *Sich mit einer Sache beschäftigen; über etwas brüten.* To sit on (upon) a jury: *Einer Jury beisitzen.* To sit on the fence: *Sich in* *der Mitte halten; sich neutral verhalten.* To sit heavy on one's stomach: *Schwer im Magen liegen.* That sits loose on his conscience: *Das liegt ihm nicht schwer auf dem Gewissen.* To sit out: *Im Freien sitzen.* To sit out a lecture: *Bis zum Ende eines Vortrages bleiben.* To sit over the fire: *Nah beim Feuer sitzen.* To sit over a player: *Auf der linken Seite eines Spielers sitzen, nach ihm an der Reihe sein.* To sit to a painter: *Einem Maler Modell sitzen.* To sit under a preacher: *Einer Predigt zuhören, beiwohnen.* To sit up late, all night: *Lange, die ganze Nacht aufbleiben.* To sit up with a sick person: *Bei einer kranken Person (sitzen) bleiben.* To sit up and take notice (colloq.): *Aufwachen und Notiz von der Situation nehmen.*

situation The situation has improved: *Die Situation hat sich verbessert.*

six To be at sixes and sevens (colloq.): *Völlig auf den Kopf gestellt, völlig durcheinander sein.* To knock s.b. for six (colloq.): *Jemanden umhauen.* To give s.b. six of the best (old): *Jemandem den Hosenboden strammziehen.* It's six of one and half a dozen of the other: *Es bleibt sich völlig gleich; Jacke wie Hose; gehupft wie gesprungen.* He is six feet under: *Er ist tot.* A sixth sense. *Ein sechster Sinn.*

size (1) To size soldiers: *Soldaten der Größe nach aufstellen.* To size s.b. up (colloq.): *Jemanden einschätzen.* To size with s.b.: *Jemandem ebenbürtig sein.*

size (2) That's about the size of it (colloq.): *Das kann man wohl sagen; so wird es gemacht, das sind die Tatsachen.* To cut s.b. to size (colloq.): *Jemanden in die Schranken verweisen; jemanden auf seinen Platz verweisen.*

skate To skate over thin ice: *Sich auf dünnem Eis bewegen.* To get one's skates on (colloq.): *Sich beeilen.*

skeleton He is a skeleton at the feast: *Er ist ein Spielverderber.* A skeleton in the cupboard, in the family (fig.): *Eine Leiche im Keller; ein streng gehütetes Familiengeheimnis.*

sketch To sketch a figure: *Eine Gestalt, Zeichnung in Umrissen entwerfen, skizzieren.* To sketch (out) a plan: *Einen Plan in Umrissen entwerfen.*

skim To skim the milk, the cream of the milk: *Milch entrahmen.* To skim the scum of society: *Den Abschaum der Gesellschaft beseitigen.* To skim the land: *Das Land überstreichen.* To skim off the cream: *Den Rahm abschöpfen, sich das Beste nehmen.* To skim (over, through) the pages of a book: *Die Seiten eines Buches überfliegen, durchblättern.* To skim (over) the ground, a subject: *Den Boden überstreichen, eine Angelegenheit überfliegen.*

skimp To skimp on the food: *Beim Essen knausern.*

skin (1) To skin s.b. alive: *Jemandem bei lebendigem Leib die Haut abziehen.* To skin a customer (colloq.): *Einen Kunden über's Ohr hauen.* To skin a flint (colloq.): *Geizig, kleinlich* *sein.* To skin a pig: *Ein Schwein häuten.* To skin over: *Abdecken, bedecken.*

skin (2) He is skin and bones: *Er besteht nur aus Haut und Knochen.* The skin off your nose! (colloq.): *Hoch die Tassen!* Skin-deep: *Oberflächlich; nicht unter die Haut gehend.* By the skin of one's teeth: *Um Haaresbreite, nur ganz knapp, mit knapper Not.* To get under s.b.'s skin (colloq.): *Jemandem unter die Haut oder an die Nieren gehen.* To jump out of one's skin (colloq.): *Erschreckt hochfahren, aus der Haut fahren.* Something is no skin off one's nose (colloq.): *Etwas geht einen nichts an; etwas lässt einen völlig kalt.* To save one's skin: *Seine Haut retten.*

skip To skip a beat: *Einen Schlag aussetzen (Herz).* To skip a class, a meal: *Eine Klasse, eine Mahlzeit auslassen.* To skip one's country (USA): *Das Heimatland verlassen.* To skip school: *Von der Schule abgehen.* To skip about: *Herumhüpfen.* To skip for it (colloq.): *Sich vor etwas davonmachen, sich drücken.* To skip (over) a few pages: *Ein paar Seiten überspringen.* He skipped over to Milan: *Er machte einen Abstecher nach Mailand.* He skipped to his feet: *Er sprang auf seine Füße.* To skip with a rope: *Seilhüpfen.*

sky The sky is clearing up: *Der Himmel klärt sich auf.* To praise s.b. to the skies: *Jemanden über den grünen Klee loben.* The sky's the limit (colloq.): *Nach oben sind keine Grenzen gesetzt.*

slack To slack lime, one's thirst: *Kalk, Durst löschen.* To slack (off) a rope, a screw: *Ein Seil schießen lassen, eine Schraube lockern.* To slack up (off): *Lockern, drosseln, verlangsamen.*

slacken To slacken one's pace, speed: *Den Schritt, sein Tempo verlangsamen.* To slacken discipline, one's efforts: *In der Disziplin, der Anstrengung nachlassen.* To slacken one's hold, the reins, the strings of a violin: *Den Griff, die Zügel lockern, die Saiten einer Violine abspannen.* To slacken one's mind: *Sich geistig entspannen.*

slake To slake the fire, lime, one's thirst: *Feuer, Kalk, seinen Durst löschen.* He slaked his parched lips: *Er befeuchtete seine ausgetrockneten Lippen.*

slam To slam the door (to): *Die Türe (zu)schmeißen.* He slammed the door after him: *Er schmiss die Tür hinter sich zu.* To slam the door in s.b.'s face: *Jemandem die Tür ins Gesicht schmeißen.* He slammed the book down on the table: *Er schmiss das Buch auf den Tisch.* To slam down the brake pedal: *Das Bremspedal voll heruntertreten.*

slap (1) To slap s.b. (on the face), s.b.'s face: *Jemandem eine Ohrfeige geben.* To slap the door (to): *Die Türe zuknallen.* To slap s.b. on the back: *Jemandem (lobend) auf den Rücken klopfen.* He slapped his hand on (upon) the table: *Er schlug mit der flachen Hand auf den Tisch.*

He slapped the suit-case down on the floor: *Er ließ den Koffer auf den Boden fallen.* To slap one's hands together: *In die Hände klatschen.*

slap (2) A slap in the face: *Ein Schlag ins Gesicht (auch moralisch).* Slap and tickle (colloq.): *Ein kleines Techtelmechtel; eine kleine Affäre.* A slap on the wrist (pej.): *Eins auf die Finger, ein Anpfiff.*

slash To slash one's leg: *Sich eine Schnittwunde am Bein zuziehen.* To slash (at) s.b. till he bleeds: *Jemanden blutig schlagen, auspeitschen.* He slashed the whip: *Er schwang die Peitsche.* To slash expenses (USA): *Die Kosten drastisch senken.*

sleep To sleep like a dormouse, a log, a top: *Wie ein Murmeltier, ein Stein schlafen.* To sleep in the open (air): *Unter freiem Himmel schlafen.* To sleep with one eye open: *Mit einem wachen Auge schlafen.* To sleep double: *Zu zweit in einem Doppelbett schlafen.* To sleep the sleep of the just: *Den Schlaf der Gerechten schlafen.* To sleep one's last sleep: *Die letzte Ruhe, den Tod finden.* Not to sleep a wink: *Nicht ein Auge zutun.* To sleep a hundred people (colloq.): *In einer Herberge (etc.) mit vielen Leuten in einem Raum schlafen.* He slept himself sober: *Er schlief seinen Rausch aus.* To sleep away one's time: *Seine Zeit verschlafen.* To sleep away a sorrow: *Einen Kummer im Schlaf vergessen.* To sleep in the bed one has made: *Die Suppe auslöffeln, die man sich eingebrockt hat; wie man sich bettet, so liegt man.* To sleep off an illness: *Sich gesund schlafen.* He slept off his drunkenness: *Er schlief seinen Rausch aus.* I slept on it: *Ich habe die Sache überschlafen.* To sleep on: *Weiterschlafen.* To sleep out: *Auswärts übernachten.* To sleep out one's time: *Seine Zeit verschlafen.* To sleep the clock round: *Rund um die Uhr schlafen.*

sleepy I'm sleepy: *Ich bin schläfrig, müde.*

slice To slice (up) bread: *Brot aufschneiden, in Scheiben schneiden.* To slice the ball: *Einen Ball andrehen, anschneiden (Sport).*

slide To slide down a slope: *Einen Hang hinuntergleiten.* To slide into vice: *In ein Laster abgleiten.* He slid into the room: *Er kam in den Raum geschlittert.* To slide on the ice: *Auf dem Eis gleiten (zum Vergnügen).* To slide over a matter, a subject: *Eine Sache, Angelegenheit überfliegen, flüchtig behandeln.* To slide to the left, to the right: *Zwischen Links und Rechts pendeln (politisch).* To slide away: *Sich davonmachen, sich drücken.* To let s.th. slide (colloq.): *Etwas schleifen lassen.*

slime To slime out of (through) a difficulty (pop.): *Aus einer Schwierigkeit herauskommen, eine Schwierigkeit durchstehen (auf unlautere Weise).*

sling To sling a hammock: *Eine Hängematte aufhängen.* To sling one's hook (colloq.): *Sich davonmachen, sich drücken, sich absetzen.* To sling ink (pop.):

Schreiben (als Autor, Journalist). To sling prizes (pop.): *(Sieges)-preise verteilen.* To sling a rifle over one's shoulders: *Ein Gewehr schultern.* To sling stones: *Mit einer Schleuder Steine abschießen.* To sling out: *Schläge verteilen (beim Boxkampf).*

slink To slink a calf: *Ein Kalb verlieren (vor der Geburt).* To slink away (off): *Sich davonmachen, sich davonschleichen.* He slunk out of the room: *Er schlich sich aus dem Zimmer.*

slip To slip one's chain: *Sich von der Leine losmachen (Hund).* To slip a knot: *Einen Knoten lösen.* To slip an opportunity: *Eine Gelegenheit auslassen.* To slip one's skin: *Sich häuten (Schlange).* To slip the anchor: *Den Anker werfen.* To slip one's cable: *Sterben.* To slip a card: *Eine Karte aus dem Ärmel ziehen.* To slip a cog (USA): *Einen Fehler machen; einen Irrtum begehen.* To slip one's hand into one's pocket: *Die Hände in die Tasche stecken.* To slip off a glove, a ring: *Einen Handschuh, einen Ring abstreifen.* He slipped on his dressing-gown: *Er zog seinen Morgenmantel über.* He slipped his arm through the hole: *Er steckte seinen Arm durch das Loch.* To slip along: *Entlangsausen, -schlittern.* To slip away: *Sich davonmachen, sich drücken, sich aus dem Staub machen.* To slip by the board: *Über Bord gehen; von Bord fallen.* To slip down a slope: *Einen Hang hinunterrutschen.* To slip from one's mind (memory): *Aus dem Gedächtnis verschwinden, in Vergessenheit geraten.* To slip from (out of) one's hand(s): *Aus der Hand gleiten, fallen.* To slip in: *Hineinschlüpfen.* To slip into one's clothes, into bed: *In seine Kleider, ins Bett schlüpfen.* To slip into error: *In einen Irrtum verfallen.* To slip into vice: *Dem Laster verfallen.* To slip off: *Sich davonmachen, sich drücken.* He slipped on the ice and fell: *Er rutschte auf dem Eis aus und fiel hin.* To slip out of one's hand(s): *Einem aus der Hand gleiten.* He slipped out of the room: *Er schlüpfte aus dem Zimmer.* To slip out of one's clothes: *Aus den Kleidern schlüpfen.* It slipped through (between) my fingers: *Es zerrann mir zwischen den Fingern, es glitt mir durch die Finger.* To slip up (USA): *Einen Fehler machen, einen Irrtum begehen, ein Missgeschick erleiden.* A slip of the tongue: *Ein Versprecher.*

slit To slit iron, wood: *Eisen, Holz längs aufschneiden.* To slit plate into strips: *Eine Platte in Streifen schneiden.*

slobber To slobber one's bib: *Sein Lätzchen besabbern (Baby).* To slobber over s.b.: *Jemanden begeifern.*

slog To slog at a project: *Sich mit einem Vorhaben abplacken, abmühen, herumschlagen.* To slog away on one's books: *Sich mit seinen Büchern abmühen, büffeln.* He slogged on for another mile: *Er mühte sich eine weitere Meile ab.*

slop To slop (over) water on the tablecloth: *Wasser auf dem Tischtuch verschütten.* To slop along (on): *Über etwas hinwegschlappen.* To slop out on the floor: *Auf den Fußboden schwappen.* To slop over: *Überschwappen.*

slope To slope the rifle: *Das Gewehr schultern.* To slope down to the sea: *Zum Meer hin abfallen (ein Berg).* To slope off (colloq.): *Sich davonmachen, sich verdrücken.*

slouch To slouch one's hat over one's eyes: *Sich den Hut über den Kopf ziehen; die Augen vor etwas verschließen.*

slough To slough one's skin: *Sich pellen, sich häuten (Schlange).* To slough off a bad habit: *Schlechte Gewohnheiten ablegen.* To slough off cares: *Sorgen abschütteln.* To slough away (off): *Abfallen.*

slow (1) To slow (down, up) a train: *Einen Zug abbremsen.* To slow down (up): *Abbremsen.* To slow down: *Langsam machen, gemächlich werden.* To slow into the station: *Langsam in den Bahnhof einfahren.*

slow (2) He is slow of speech: *Er redet langsam.* He is slow in the uptake: *Er ist schwer von Begriff.* Slow speed ahead! (naut.): *Halbe Kraft voraus.* To go slow: *Einen Bummelstreik machen.* In slow motion: *In Zeitlupe.* Slow and steady wins the race, slow and sure (prov.): *Langsam aber gewiss kommt man ans Ziel; eile mit Weile.*

slumber To slumber away (out) one's time: *Seine Zeit verschlafen.*

slump To slump into the mud: *In den Schlamm einsinken.* He slumped down the suit-case: *Er ließ seinen Koffer niederfallen.*

slur To slur notes: *Noten verbinden, Töne halten.* To slur a wall (USA): *Eine Wand verschmieren.* He slurred over the details: *Er hat bei den Details geschlampt.* To slur through one's work: *Bei seiner Arbeit schlampen.*

smack (1) To smack of the cork: *Nach Kork schmecken (Wein).*

smack (2) To smack one's lips: *Schmatzen.* To smack the whip: *Mit der Peitsche knallen.* To smack s.b.'s face: *Jemandem eine Ohrfeige geben.* To smack wine: *Eine Weinprobe machen.* He smacked the book down on the table: *Er klatschte das Buch auf den Tisch.* To smack the door to: *Die Tür zuschmeißen.* To smack one's hands together: *In die Hände klatschen.* To smack calf-skin (pop.): *Heuchlerisch, übertrieben etwas versichern.*

smack (3) A smack in the eye, in the face: *Ein Schlag ins Gesicht.*

small To feel (look) small: *Sich ganz klein vorkommen; ziemlich schlecht dastehen.* The small hours: *Die frühen Morgenstunden.* Small-minded: *Engstirnig, beschränkt.* The small print: *Das Kleingedruckte.* The small talk: *Smalltalk, eine oberflächliche oder höfliche Konversation, ein Geplauder.* Small thanks to this: *Dafür vielen Dank!* Small things please small minds (pej.): *Das sind so die kleinen Freuden.* Small wonder that ...: *Kein Wunder, dass ...* It's a small world: *Die Welt ist klein.*

smart To smart s.b.'s eyes: *Jemandem die Augen vollräuchern.* He shall smart for it: *Dafür soll er büßen.* To smart under a rebuke: *Unter einem Verweis, einer Zurücksetzung leiden.* To look smart: *Sich beeilen.*

smarten To smarten oneself up: *Sich herausputzen.*

smash (1) To smash the ball (tennis): *Den Ball schlagen.* To smash an egg: *Ein Ei aufschlagen.* He has smashed his head: *Er hat sich den Kopf gestoßen.* To smash the sheets of a book: *Die Seiten eines Buches umschlagen.* To smash against (into) a wall: *Gegen eine Wand laufen.* To smash down a door: *Eine Tür einrennen.* To smash in a door: *Eine Tür ins Schloss schlagen.* I'll smash your face in (colloq.): *Ich schlag dir die Fresse ein.* To smash a bottle to atoms, to smithereens: *Eine Flasche in Scherben, in tausend Stücke zerschlagen.* To smash (up): *Bankrott gehen, pleite gehen.* To smash (oneself) up: *Sich ruinieren.* You are smashing! (colloq.): *Du bist umwerfend, toll, fantastisch.*

smash (2) Smash-and-grab raid (robbery): *Eine Blitzaktion, Schaufenstereinbruch.*

smear To smear a wound: *Eine Wunde verschmieren, schmutzig machen.* To smear out a word: *Ein Wort auskritzeln, unordentlich durchstreichen.* A smear campaign: *Eine Schmutzkampagne.*

smell To smell (at) a flower: *An einer Blume riechen.* I smell s.th. burning: *Ich rieche Angebranntes.* I smell gas: *Ich rieche Gas.* To smell a cheat (a rat): *Einen Betrug wittern.* To smell powder: *Pulver riechen, einen Kampf erwarten.* To smell one thing from another: *Zwei Dinge am Geruch unterscheiden.* To smell the ground: *Vor Grund laufen.* To smell good, nice: *Gut riechen.* It smells horribly: *Es riecht schrecklich.* To smell mouldy, old, sour, stuffy: *Schimmlig, alt, sauer, stickig riechen.* To smell of onion: *Nach Zwiebeln riechen.* To smell of treachery: *Nach Verrat riechen.* To smell of the candle, of the lamp: *Elaboriert sein (Schriftstück); die Mühe zeigen, die etwas gekostet hat.* To smell of the shop: *Geschäftsmäßig sein, technisch verspielt sein.* To smell out the truth: *Die Wahrheit aufspüren.* To smell round: *Herumschnüffeln.*

smile To be all smailes: *Über das ganze Gesicht strahlen.* To smile one's approval, one's consent: *Anerkennend, zustimmend lächeln.* To smile an ironical smile: *Ironisch lachen.* To smile bitterly, faintly: *Bitter lachen, kaum lachen.* She smiled at him sweetly: *Sie lächelte ihn süß an.* He smiled at my embarrassment: *Er lächelte über meine Verlegenheit.* To smile away one's reputation: *Sich seinen Ruf verscherzen.* To smile away one's cares: *Seine Sorgen, Voreingenommenheiten mit einem Lächeln beiseite schieben.* To smile back: *Zurücklächeln.* To smile on (upon) s.b.: *Jemandem gewogen sein.* To smile up one's tears:

Sich lächelnd die Tränen aus den Augen wischen. He smiled up at her: *Er lächelte sie an.*

smite To smite a blow at s.b.: *Jemandem einen Schlag verpassen.* To smite s.b.'s conscience: *Das Gewissen einer Person aufwühlen.* They smote the enemy hip and thigh: *Sie schlugen den Feind schonungslos.* To smite s.b. to the ground, to the earth: *Jemanden zu Boden schlagen.* To smite one's head against (on) the wall: *Mit dem Kopf an die Wand schlagen.* To smite one's hands against each other: *In die Hände schlagen, klatschen.* He smote down his opponent: *Er schlug seinen Gegner nieder.* To smite off s.b.'s head: *Jemandem den Kopf abschlagen.* To smite one's hands together: *Die Hände zusammenschlagen, -klatschen.* To smite s.b. under the fifth rib: *Jemanden töten.* He was smitten with leprosy: *Er war von der Lepra geplagt.* He was smitten with dread: *Er wurde von Furcht geplagt.*

smoke (1) To smoke the calumet of peace: *Die Friedenspfeife rauchen; Frieden schließen.* To smoke a pipe: *Eine Pfeife rauchen.* To smoke like a chimney: *Wie ein Schornstein, Kamin rauchen.* To smoke bacon, fish: *Schinken, Fisch räuchern.* He smoked himself sick: *Er hat sich krank geraucht.* To smoke (away) one's time: *Die Zeit mit Rauchen verbringen.* To smoke away bees: *Bienen mit Rauch vertreiben.* To smoke out insects: *Insekten ausräuchern.* To smoke an animal out of its hole: *Ein Tier in seinem Bau ausräuchern, so dass es herauskommt.* To smoke out a cigarette: *Eine Zigarette zu Ende rauchen.* To smoke along: *Sich mit großer Geschwindigkeit fortbewegen.*

smoke (2) To go up in smoke (colloq.): *Sich in Luft (oder in Wohlgefallen) auflösen.* There is no smoke without fire; *Kein Rauch ohne Feuer.* Smoke upsets me: *Rauch stört mich.*

smooth(e) To smooth (wrinkles in) one's brow: *Die Augenbrauen, die Stirn glätten.* To smooth one's feathers, one's hair: *Sich die Federn, die Haare glätten.* To smooth s.b.'s hair the wrong way: *Jemandem das Haar gegen den Strich kämmen.* To smooth s.b.'s mind: *Jemanden beruhigen, besänftigen.* To smooth the way for s.b.: *Den Weg für jemanden ebnen.* To smooth (away) all obstacles, all difficulties: *Alle Hindernisse, Schwierigkeiten aus dem Weg räumen.* To smooth (down) a dress, a shirt: *Ein Kleid, ein Hemd glätten, glattstreichen.* To smooth down a piece of wood with a plane: *Ein Stück Holz glatthobeln.* To smooth down: *Sich glätten (Wogen); sich legen (Schwierigkeiten).* To smooth over a mistake: *Einen Fehler ausbügeln.*

smother To smother the fire: *Das Feuer ersticken.* To smother one's grief: *Seinen Kummer verbergen, unterdrücken.* To smother a yawn: *Ein Gähnen unterdrücken.* To smother s.b. with kisses: *Jemanden mit Küssen überhäufen.* To smother up a matter: *Eine Sache verbergen, vernebeln.*

smoulder To smoulder under the ashes: *Unter der Asche schwelen.*

smudge To smudge s.b.'s reputation: *Den Ruf, das Ansehen einer Person in den Schmutz ziehen.*

smuggle To smuggle goods in (out): *Waren einschmuggeln, ausschmuggeln.* To smuggle off: *Sich davonschmuggeln, davonstehlen.*

snake A snake in the grass: *Eine hinterlistige Schlange, ein heimtückischer Kerl, eine versteckte Gefahr.*

snap To snap the door, one's mouth: *Die Tür, den Mund schließen.* To snap one's fingers, the whip: *Mit den Fingern schnippen; mit der Peitsche knallen.* To snap a rope: *Ein Seil zum Reißen bringen.* To snap a pistol at s.b.: *Die Pistole auf jemanden abfeuern.* To snap one's finger at s.b.: *Jemanden verachten.* He snapped (at) the opportunity: *Er ergriff die Gelegenheit.* He snapped at his brother: *Er sprach gereizt zu seinem Bruder.* To snap at an invitation, at an offer: *Mit Genugtuung, Freude eine Einladung, ein Angebot annehmen.* Snap into it USA)! *Greif zu!* To snap into splinters: *Zersplittern.* To snap off s.b.'s finger: *Jemandes Finger abbeißen.* To snap off s.b.'s head (nose): *Jemanden rüde und heftig unterbrechen.* He snapped out a refusal: *Er stieß eine Ablehnung aus.* To snap out of it (USA): *Sich schnell aus etwas zurückziehen.* To snap together: *Zusammenklappen.* He snapped me up (short): *Er unterbrach mich.* He snapped up his hat: *Er griff (hastig) nach seinem Hut.*

snatch To snatch at s.th.: *Nach etwas greifen.* To snatch (at) the opportunity: *Eine Gelegenheit ergreifen.* He snatched at their invitation: *Er nahm ihre Einladung hocherfreut an.* He was snatched away from his parents by premature death: *Er wurde seinen Eltern durch einen frühen Tod entrissen.* To snatch a promise from s.b.: *Jemandem ein Versprechen entlocken.* To snatch s.b. from danger, from death: *Jemanden der Gefahr, dem Tod entreißen.* To snatch off one's hat: *Sich den Hut vom Kopf reißen, den Hut abnehmen.* He snatched the baby out of her arms: *Er riss ihr das Baby aus den Armen.* He snatched up his hat: *Er griff (hastig) nach seinem Hut.*

sneak To sneak s.b. aside: *Jemanden zur Seite ziehen.* He sneaked away with all the money: *Er schlich sich mit dem ganzen Geld davon.* To sneak out of a room: *Aus einem Raum herausschleichen.* He sneaked through the crowd: *Er schlich durch die Menge.* To sneak through: *Durchsickern (Flüssigkeit).* He sneaks to rich people: *Er schleicht sich bei reichen Leuten ein.*

sneer To sneer words: *Etwas spöttelnd sagen.* To sneer at s.b.: *Jemanden verspotten, verhöhnen, über ihn spotten.* To sneer s.b. down: *Jemandes Hochmut demütigen.*

sneeze To sneeze (out) a curse: *Einen Fluch ausstoßen.* To sneeze at s.b.: *Jemanden verachten, geringschätzen.* It is not to be sneezed at: *Das ist nicht zu verachten.* To sneeze into a basket: *Enthauptet werden.*

sniff To sniff (at) a flower: *An einer Blume schnuppern.* To sniff a plot, treachery: *Eine Verschwörung, einen Verrat wittern.* He sniffed his scorn: *Er drückte sein Missfallen aus.* He sniffs all the time: *Er ist ständig verschnupft.* To sniff at s.th.: *Über etwas die Nase rümpfen.* To sniff (in) the air: *Die Luft schnuppern.* To sniff s.th. out (colloq.): *Etwas ausfindig machen.*

sniggle To sniggle for eels: *Versuchen, einen Aal zu ködern.*

snip To snip a hole: *Ein Loch ausschneiden.* To snip (at) a piece of cloth: *An einem Stück Stoff herumschnippeln.* To snip off the ends of s.b.'s hair: *Jemandem die Haarspitzen abschneiden.*

snipe To snipe away (out) one's time: *Dem Feind aus dem Hinterhalt auflauern.*

snore To snore away (out) one's time: *Seine Zeit, sein Leben schnarchend verbringen, verschlafen.*

snort To snort (out) one's ill humour: *Seine schlechte Laune ablegen, indem man sich ausschnaubt.*

snow It is snowing: *Es schneit.* To snow s.b.'s hair: *Jemandem graue Haare bescheren.* To snow gifts on (upon) s.b.: *Geschenke auf jemanden schneien, niederregnen lassen.* They were snowed under, up (USA): *Sie waren zugeschneit; völlig überhäuft; reichlich eingedeckt.* He was snowed under by his antagonists (USA): *Er ging zwischen seinen Widersachern unter (bei einer Wahl).* They were snowed up: *Sie waren eingeschneit.*

snuff To snuff a candle: *Den Docht einer Kerze abschneiden.* To snuff out a candle: *Eine Kerze auspusten.* To snuff out a rebellion: *Einen Aufstand niederschlagen, ersticken.* To snuff out, to snuff it (colloq.): *Jemanden umbringen; etwas, das Licht ausblasen.*

snug He was as snug as a bug in a rug: *Er fühlt sich so wohl wie eine Made im Speck.*

snuggle To snuggle a child: *Ein Kind knuddeln.* To snuggle down into bed: *Es sich kuschelig, gemütlich im Bett machen.*

so So? *Und?* So-and-so (colloq.): *(Der, die) Soundso, irgend jemand, dieses und jenes; und so weiter.* That's so: *So ist es!* So be it! *So soll es sein! So sei es!* So far: *So weit, bis hierhin, bis jetzt.* So far, so good: *So weit, so gut.* So long! (colloq.): *Bis dann.* So long as: *So lange, wie …; wenn nicht …* So many men, so many minds (prov.): *Jeder hat seinen eigenen Kopf.* So much the better: *Um so besser.* So much the less: *Um so weniger.* So much nonsense: *So eine Menge Unsinn.* So much the worse: *Um so schlimmer.* So much for that! *Das wär's.* So much so that …: *So sehr, dass …*

So much to the good: *So weit geht es ja noch.* So you say: *Das kann man wohl sagen! Du sagst es!* So to say, so to speak: *Sozusagen.* So it seems: *So scheint es.* So the story runs: *So sagt man.* So that: *So dass.* So there (colloq.): *Na also.* So there you are: *Da siehst du es. Da kannst du mal sehen.* So what? (colloq.): *Na und? Und? Was nun?* So you would, would you? *Das wirst du ja wohl machen, oder?*

soak To soak bread in wine: *Brot in Wein tunken.* To soak bread: *Brot in einer Flüssigkeit aufweichen.* To soak one's clay (colloq.): *Kräftig trinken, sich einen hinter die Binde kippen.* To soak it (USA): *Kräftig (zu)schlagen.* To soak the washing in warm water: *Die Wäsche in warmem Wasser einweichen.* To soak into the earth: *In der Erde versickern.* To soak out a stain: *Einen Fleck einweichen.* To soak (one's way) through the sand: *Durch den Sand sickern.* He was soaked through, to the skin: *Er war bis auf die Haut, die Knochen durchnässt.* To soak up the rain: *Den Regen aufsaugen.* To soak oneself in study: *Sich in seinen Studien ertränken, sich in seine Studien stürzen.*

sob To sob oneself to sleep: *Schluchzend in den Schlaf fallen.* To sob out a fervid entreaty to s.b.: *Unter Schluchzen eine dringende Bitte an jemanden richten.* To sob one's heart out: *Sich ausweinen.* To tell s.b. a sob-story (colloq.): *Jemandem eine rührselige Geschichte erzählen, etwas vorjammern.*

sober (1) As sober as a judge: *Vollkommen nüchtern.*

sober (2) To sober s.b. (down): *Jemanden ernüchtern, auf den Boden der Tatsachen bringen.* To sober down, up: *Wieder nüchtern werden; ernüchtern.*

social He is a social climber: *Er ist ein Aufsteiger.*

soften To soften s.b.'s anger: *Den Ärger einer Person besänftigen.* To soften the blow: *Den Schlag mildern.* To soften s.b.'s heart: *Das Herz einer Person erweichen.* To soften iron: *Eisen schmelzen.* To soften a pain: *Einen Schmerz lindern.* To soften s.b.'s spirit: *Die Begeisterung einer Person mildern.* To soften s.b. up: *Jemanden erweichen.*

soil To soil one's hands: *Sich die Hände schmutzig machen.* To soil s.b. with mud: *Jemanden mit Schlamm besudeln, beschmutzen.* To soil one's own reputation: *Das eigene Ansehen beschmutzen.* It soils easily: *Es verschmutzt leicht.*

sole To sole a pair of shoes: *Ein Paar Schuhe besohlen.* To sole the club (golf): *Mit dem Golfschläger zum Schlag ansetzen.*

solicit To solicit a favour of s.b.: *Jemanden um einen Gefallen ersuchen.* To solicit a woman: *Eine Prostituierte ansprechen.*

some Some day (time) or other: *Früher oder später, eines Tages.* It is some good: *Es ist zu etwas nütze.* Some more meat: *Etwas mehr Fleisch.* Some time or other: *Früher oder später, eines Tages.* Some way (somehow) or other: *Auf die eine oder andere Art und Weise.* Some thirty people: *Ungefähr dreißig Leute.* That was some party! (USA): *Das war ein Fest!*

somebody He is (a) somebody: *Er ist wer.*

something That's something! *Das ist was! Das ist ein Ding!* Something like that (of the sort): *So etwas, so etwa, so ungefähr.* This is something like business: *Endlich wird es ernst.* That was something like a party! (colloq.): *Das war ein Fest!* It was something like five o'clock: *Es war ungefähr fünf Uhr.* He is something of a scholar: *Er ist durchaus gebildet.* Something or other: *Das eine oder andere.* Something short (colloq.): *Ein Gläschen Schnaps (Hochprozentiges).* Something is up: *Es ist etwas im Gang.* Something is wrong with the engine: *Etwas stimmt mit dem Motor nicht.* Something tells me: *Ich habe das Gefühl.* He was something troubled: *Er war etwas beunruhigt.*

somewhat He was somewhat tired: *Er war einigermaßen müde.*

somewhere Somewhere about five o'clock: *Irgendwann um fünf Uhr herum.*

song Song and dance (colloq.): *Ein wildes Durcheinander; viel Getue, viel Aufhebens.* For a (mere) song (colloq.): *Für ein Butterbrot; für einen Apfel und ein Ei; spottbillig.*

soon Soon after: *Kurz danach.* As soon as: *Sobald.* As soon as possible: *Sobald wie möglich.* Sooner or later: *Früher oder später.* The sooner the better: *Je früher, desto besser; so bald wie möglich.* No sooner said than done: *Gesagt, getan; sofort erledigt werden.* To speak too soon: *Voreilig sein; sich zu früh freuen; nichts überstürzen (verneint).*

soothe To soothe a pain: *Einen Schmerz lindern.* To soothe a dog, the nerves: *Einen Hund, die Nerven beruhigen.*

sop To sop bread in wine: *Brot in Wein eintunken.* To sop s.b. with presents: *Jemanden mit Geschenken bestechen, erweichen.* To sop through the sand: *Durch den Sand sickern.* To sop up the rain: *Den Regen aufsaugen.*

sore He is sore about her death: *Er ist traurig über ihren Tod.* He was sore all over: *Er war am ganzen Körper wund, entzündet.* I am sore at heart: *Ich bin traurig.* He is sore at that woman: *Er ist verbittert über diese Frau.* It is his sore spot: *Es ist seine empfindliche Stelle, sein wunder Punkt.*

sorrow To sorrow at (about, over) s.th.: *Etwas beklagen.* More in sorrow than in anger: *Mit mehr Kummer als Zorn; eher betrübt als zornig.*

sorry Sorry! *Entschuldigung!* I am sorry to have to tell you that ...: *Ich bedaure, Ihnen mitteilen zu müssen ...* I am sorry I cannot come: *Leider kann ich nicht kommen.* I am sorry for you: *Es tut mir leid für dich.* He'll be sorry for it! *Es wird ihm leid tun.* He is sorry for (about) what has happened: *Er bedauert, was geschehen ist.* He is sorry for himself (colloq.): *Er bemitleidet sich selbst.*

sort of I'm sort of tired: *Ich bin ziemlich müde.*

sort It takes all sorts (to make a world): *Jedem das Seine: man muss die Menschen nehmen, wie sie sind.* To sort (out) the incoming mail: *Die eingegangene Post sortieren.* To sort out the good from the evil: *Die Spreu vom Weizen trennen.* To sort out goods according to their quality: *Waren nach ihrer Qualität sortieren.* To sort s.b. out (colloq.): *Jemanden bestrafen.*

sough To sough away (colloq.): *Das Leben aushauchen.*

soul He is the soul of honour: *Er ist die Ehre in Person.* She is the soul of truth: *Sie ist die Wahrheit in Person.*

sound (1) To sound the alarm, the (a) retreat (the retire): *Den Alarm auslösen, zum Rückzug blasen.* To sound the gong: *Den Gong schlagen.* To sound the horn, a trumpet: *Ins Horn stoßen, in die Trompete blasen.* To sound the reveille, the lightsout, the (a) tattoo: *Den Weckruf ertönen lassen, den Zapfenstreich blasen.* To sound peace: *Frieden ankündigen.* To sound a false note: *Einen falschen Ton anstimmen.* To sound a patient: *Einen Patienten abhören, untersuchen.* To sound s.b.'s praises: *Jemandem ein Loblied singen.* To sound to arms: *Zu den Waffen rufen.* It sounds like fun: *Das klingt unterhaltsam.* To sound in one's ears: *In den Ohren widerhallen.* To sound the bottom of the sea (with a plummet): *Den Grund des Meeres (mit einem Senkblei) ausloten.* I sounded the depth of his character: *Ich habe die Tiefe seines Charakters ausgelotet.* To sound a matter: *Einer Sache auf den Grund gehen.* To sound the gallbladder: *Die Gallenblase (mit einer Sonde) untersuchen.* To sound doff (colloq.): *(Laut) herumtönen.* To sound s.b. out (about): *Jemanden aushorchen oder ausfragen.*

sound (2) He is sound in life and limb: *Er ist gesund und munter.* He is as sound as a bell (fiddle, roach), he is sound in wind and limb: *Er ist kerngesund.*

sour To sour s.b.'s temper: *Jemandem die Laune verderben.* She has soured on that man: *Sie hat einen Widerwillen gegen diesen Mann entwickelt.*

sow To sow wheat, a field with wheat: *Weizen säen, ein Feld mit Weizen besäen.* To sow seeds: *Samen säen, aussäen.* To sow discord, dissension, dragon's teeth: *Zwietracht säen.* To sow the ground with flowers: *Die Erde mit Blumen bedecken.* To sow the sand: *Etwas in den Sand setzen.* To sow s.b.'s wild oats: *Sich die Hörner abstoßen.* Sow thin, shear thin (prov.): *Schlecht gesät, schlecht geerntet.* Sow the wind and reap the whirl-wind (prov.): *Wer Wind sät, wird Sturm ernten.*

space To space words: *Die Worte setzen (zum Druck).* In the space of a minute, hour: *Innerhalb einer Minute, Stunde.*

span To span s.b.'s wrist: *Jemandes Puls messen.* It spans many years: *Es zieht sich über mehrere Jahre hin.* To span a river: *Einen*

Fluss (mit einer Brücke) überspannen. To span horses: *Pferde anspannen.* To span from one place to another: *Sich von einem Ort zum anderen ausdehnen.*

spare To spare one's eyes: *Seine Augen schonen.* To spare s.b.'s life: *Jemandes Leben schonen.* He spares no expense: *Er scheut keine Ausgabe.* To spare no efforts, no pains (no trouble): *Sich keine Anstrengungen, keine Mühen ersparen.* To spare a sin: *Eine Sünde ungeschehen machen.* To spare time: *Zeit sparen, Zeit erübrigen.* To spare the time to do s.th.: *Zeit finden, etwas zu tun.* He has spared me the trouble: *Er hat mir die Mühe erspart.* To spare s.b. from a task: *Jemanden mit einer Aufgabe verschonen.* I spared him a cigarette: *Ich gab ihm eine Zigarette.* (Not) to spare oneself: *Sich (nicht) schonen, keine Mühe scheuen.* Spare the rod and spoil the child (prov.): *Wer sein Kind liebt, züchtigt es.*

spark To have a spark in one's throat (pop.): *Unerträglichen Durst haben.* As the sparks fly upward: *Mit größter Sicherheit.*

sparkle To sparkle (with) rage: *Mit den Augen vor Wut funkeln.* To sparkle fire: *Funken sprühen.*

spatter To spatter s.b. with mud: *Jemanden mit Dreck bespritzen.* To spatter against the window: *Gegen die Fensterscheibe prasseln.*

speak He speaks nineteen to the dozen: *Er redet am laufenden Band.* To speak plain English to s.b.: *Zu jemandem deutlich werden.* To speak (the Queen's) English: *Sehr gutes Englisch reden.* To speak a statement: *Eine Erklärung, Verlautbarung verkünden, vorlesen.* To speak affection: *Seine Zuneigung ausdrücken.* To speak double Dutch: *Chinesisch, unverständlich reden.* To speak a good word for s.b.: *Ein gutes Wort für jemanden einlegen.* To speak one's last: *Sein letztes Wort sprechen.* To speak one's mind: *Frei heraus, geradeheraus sprechen.* To speak a passing ship: *Zu einem vorbeifahrenden Schiff signalisieren.* To speak s.b.'s praises: *Jemandem ein Loblied singen.* To speak volumes: *Bände sprechen, viel Wichtiges aussagen.* To speak s.b. fair: *Freundlich über jemanden sprechen.* To speak like a book (a dictionary): *Sprechen wie ein Buch.* To speak well (ill) of s.b.: *Gut (schlecht) von jemandem sprechen.* To speak highly of s.b.: *In hohen Tönen von jemandem sprechen.* To speak aside: *Zur Seite sprechen.* To speak at random: *Nebenbei bemerken.* To speak by the book (by the card): *Etwas exakt und genau darlegen.* To speak for oneself: *Für sich selbst sprechen.* To speak for s.th.: *Für etwas sprechen.* It speaks for itself: *Es spricht für sich selbst.* To speak from experience: *Aus Erfahrung sprechen.* To speak from notes: *Ablesen (von Notizen).* To speak straight from one's heart: *Frei aus dem Herzen heraus sprechen.* To speak in one's own name: *Im eigenen Namen sprechen.* To speak in high terms of s.b.: *In hohen Tönen von jemandem sprechen.* I spoke in his favour: *Ich sprach zu seinen Gunsten.* This speaks in his favour: *Das spricht für ihn.* To speak in a halting way: *Auf eine verhaltene Weise sprechen.* We spoke of this and that (of odds and ends): *Wir sprachen von diesem und jenem.* Not to speak of: *Ganz zu schweigen von.* Speaking of: *A propos.* To speak off the cuff (colloq.): *Unvorbereitet sprechen, aus dem Stegreif reden.* He spoke on behalf of his colleagues: *Er sprach im Namen seiner Kollegen.* To speak out: *Etwas frei aussprechen.* To speak through one's nose: *Durch die Nase sprechen.* To speak through a hole in one's hat: *Unsinn reden, groß daherreden (ohne Hintergrund).* To speak privately (in private) to s.b.: *Vertraulich mit jemandem sprechen; unter vier Augen mit jemandem sprechen.* To speak to s.b. for help: *Jemanden um Hilfe ansprechen.* I spoke to his innocence: *Ich habe seine Unschuld beteuert.* I speak under correction: *Ich spreche unter Vorbehalt.* To speak with a prune in one's mouth: *Geziert reden.* To speak with a lisp: *Lispeln.* To speak with great heat: *Hitzig, erregt sprechen.* To speak with one's tongue in one's cheek: *Ironisieren, ironisch sprechen.*

spear To spear up: *Aufspießen.*

specialize To specialize in German literature: *Sich auf deutsche Literatur spezialisieren.*

speech Speech is silver, but silence is golden (prov.): *Reden ist Silber, Schweigen ist Gold.*

speed To speed a bill: *Eine Rechnung schicken; einen Gesetzesentwurf befördern.* To speed a machine: *Die Geschwindigkeit einer Maschine regulieren.* To speed time away: *Die Zeit vertreiben.* To speed up one's pace, the traffic: *Seine Schritte, den Verkehr beschleunigen.* To speed (up) the work: *Die Arbeit beschleunigen.* He sped to do it: *Er beeilte sich, es zu tun.* It has sped well (ill) with him: *Er hat sich gut (schlecht) entwickelt.* I am sped: *Ich bin geliefert.* To speed by: *Vorbeirasen.* To speed up: *Beschleunigen.*

spell (1) To spell a word: *Ein Wort buchstabieren.* To spell (out) a book: *Ein Buch Wort für Wort, mühsam durchlesen.* To spell out the truth: *Die Wahrheit aussprechen.* To spell incorrectly, badly: *Falsch schreiben, Rechtschreibfehler machen.* To spell s.b. down (USA): *Den Namen von jemandem verballhornen.* This spelled failure for him: *Dies bedeutete Misserfolg für ihn.* To spell for s.th.: *Etwas verlangen, fordern.* To spell able to do s.th. (USA): *In der Lage sein, etwas zu tun.*

spell (2) To spell a sentry (USA): *Wache wechseln.*

spend To spend money on books, on clothes: *Geld für Bücher, Kleidung ausgeben.* To spend money freely, profusely, like water, with a free hand: *Geld freizügig, verschwenderisch, leichtfertig ausgeben, mit Geld um sich werfen.* To spend one's ammunition, one's energies, one's resources: *Seine Munition, Energien, Vorräte verbrauchen.* They spent their holidays abroad: *Sie verbrachten ihren Urlaub im Ausland.* He spent two days in London: *Er verbrachte zwei Tage in London.* He spends his spare time on walks: *Er verbringt seine freie Zeit mit Spaziergängen, Wanderungen.* To spend one's life in idleness: *Sein Leben vertändeln, im Müßiggang verbringen.* To spend a sleepless night: *Eine schlaflose Nacht verbringen.* To spend one's breath: *Außer Atem kommen.* To spend a penny (colloq.): *Urinieren.* To spend oneself: *Sich erschöpfen.*

spike To spike s.b.'s guns: *Jemandem den Wind aus den Segeln nehmen.*

spill To spill s.b.'s blood: *Jemandes Blut vergießen.* To cry over spilt milk: *Über Dinge jammern, die passiert und nicht mehr zu ändern sind; über Vergangenes oder Versäumtes jammern.* He spilt the water on the tablecloth: *Er verschüttete das Wasser auf dem Tischtuch.* To spill a sail, to spill the wind from a sail (naut.): *Das Segel aus dem Wind nehmen.* To spill the beans, to spill it (USA): *Ein Geheimnis verraten.* To spill money (pop.): *Geld zum Fenster hinauswerfen.* He was spilt from the saddle: *Er wurde aus dem Sattel geworfen.*

spin To spin an article: *Einen Artikel in die Länge ziehen.* To spin cotton, wool: *Baumwolle, Wolle spinnen.* To spin a top: *Einen Kreisel andrehen.* To spin the web: *Ein Netz knüpfen.* To spin a yarn: *Seemannsgarn knüpfen, Geschichten zusammenspinnen.* To spin yarns (colloq.): *Seemannsgarn knüpfen.* To spin a candidate (pop.): *Einen Kandidaten aus dem Rennen werfen.* To spin a coin: *Eine Münze werfen.* To spin s.b.'s destiny: *Über das Schicksal einer Person entscheiden.* To spin a plane: *Ein Flugzeug trimmen.* To spin a plot: *Einen Plan aushecken.* To spin along: *Entlang wirbeln, sausen.* To spin s.th. away: *Etwas wegschleudern.* To spin out a debate: *Eine Debatte in die Länge ziehen.* To spin it out: *Etwas in die Länge ziehen.* To spin out money: *Jeden Groschen zweimal herumdrehen, mit Geld sparsam umgehen.* To spin round: *Im Kreis drehen, kurbeln.*

spirit (1) To spirit away (off) s.b.: *Jemanden vergraulen, verjagen, verschrecken.* To spirit s.b. on: *Jemanden begeistern.* I spirited him up: *Ich munterte ihn wieder auf.*

spirit (2) To be out of spirits: *Niedergeschlagen sein.* The spirit is willing (but the flesh is weak): *Der Geist ist willig (doch das Fleisch ist schwach).* To take s.th. in the right spirit: *Etwas richtig auffassen.*

spit (1) To spit an egg: *Ein Ei legen.* To spit a language: *Eine Sprache sprechen.* To spit venom: *Gift spucken, speien.* To spit at s.b., s.th.: *Etwas, jemanden anspucken.* To spit in s.b.'s face (teeth): *Jemandem ins Gesicht* *spucken (vor die Füße).* To spit on (upon) s.b., s.th.: *Jemanden, etwas anspucken, auf jemanden oder etwas pfeifen.* Spit it out! (pop.): *Spuck's aus! Heraus damit!* To spit up one's lungs (colloq.): *Sich die Lunge aus dem Hals schreien.*

spit (2) He is the spit and image, the very (the dead) spit of his father (colloq.): *Er ist das genaue Ebenbild seines Vaters, dem Vater wie aus dem Gesicht geschnitten.* Spit and polish: *Eine gründliche Putzaktion.*

splash To splash s.b. with mud: *Jemanden mit Schlamm, Dreck bewerfen.* To splash water about: *Mit Wasser herumspritzen.* To splash about: *Herumplantschen.* To splash a scandal all over the papers: *Einen Skandal in den Zeitungen breittreten.* He splashed into the water: *Er fiel platschend ins Wasser.* To splash out on s.th. (colloq.): *Tüchtig in die Tasche greifen; sich nicht lumpen lassen; etwas spendieren.* To splash one's way through the mud: *Durch den Schlamm waten.*

splice To splice cables, ropes (naut.): *Kabel. Seile spleißen (ineinander flechten).* To splice a knot: *Einen Knoten flechten.* To splice the mainbrace: *Saufen, bis es nicht mehr geht.*

split To split the atom: *Das Atom spalten.* To split a sail: *Ein Segel zerreißen (Wind).* To split a secret (pop.): *Ein Geheimnis verraten.* To split wood: *Holz spalten.* To split the difference: *Einen Mittelweg gehen, einen Kompromiss schließen.* To split easily: *Sich leicht teilen lassen.* To split a hair, hairs, straws, words: *Haare spalten, Haarspalterei betreiben.* Split me (my windpipe)! *Zum Teufel! Verflucht!* To split one's sides with laughter: *Sich die Seite halten vor Lachen.* They split the booty between the two of them, into two parts: *Sie teilten sich die Beute.* They split into several factions: *Sie splitterten in verschiedene Gruppierungen auf.* To split off: *Sich trennen, absplittern.* To split on a rock: *An einem Felsen zerschellen, auf unüberwindliche Hindernisse stoßen.* To split on s.b. (pop.): *Jemanden verraten, denunzieren.* They split up: *Sie trennten sich.* To split up a train: *Einen Zug teilen.* He has split with his fiancee: *Er hat sich von seiner Verlobten getrennt.*

splutter To splutter s.b. with ink: *Jemanden mit Tinte bespritzen, bekleckern.*

spoil (1) To spoil s.b.'s appetite, dinner: *Jemandem den Appetit, die Mahlzeit verderben.* To spoil a child: *Ein Kind verziehen, verwöhnen.* This has spoiled everything: *Das hat alles verdorben, zunichte gemacht.* To spoil s.b.'s (little) game: *Jemandem sein Spiel, kleines Vergnügen verderben.* He is spoiling for a fight: *Er sucht Streit.*

spoil (2) He is a spoil-sport: *Er ist ein Spielverderber.*

sponge To sponge the wash-basin: *Das Waschbecken auswischen.* To sponge a bruise with cold water: *Eine Beule mit kaltem Wasser befeuchten.* To sponge the offence: *Eine Anschuldigung zurückweisen.* To sponge a dinner: *Eine Mahlzeit erbetteln.* To sponge at one's mouth: *Schaum vor dem Mund haben.* To sponge on s.b.: *Auf jemandes Kosten leben, bei jemandem schmarotzen.* To sponge s.th. out of sight: *Etwas vom Tisch wischen, beseitigen.*

spoon, spoony To spoon the ball (cricket, etc.): *Einen Ball sanft spielen.* To spoon a woman, to be spoon (spoony) with (on) a woman: *Sich wegen einer Frau wie ein Narr benehmen.* To spoon-feed s.b. (colloq.): *Jemandem alles auf dem silbernen Tablett servieren.*

sport To sport one's jewels: *Sein Vermögen verspielen.* To sport money: *Geld zum Vergnügen ausgeben.* To sport one's oak: *Die Tür zum Zimmer verriegeln.* To sport away one's time: *Seine Zeit mit Scherzen, Vergnügungen verbringen.* To sport at (over, upon) s.b.: *Mit jemandem Spott treiben.* To sport with love: *Mit der Liebe scherzen.*

spot (1) To spot the ball (billiards): *Sich den Ball zurechtlegen.* To spot an enemy position (milit.): *Eine gegnerische Stellung entdecken.* To spot one's reputation: *Den eigenen Ruf beflecken.* To spot a tree (USA): *Einen Baum fällen.* To spot s.th.: *Etwas in den Blick bekommen, ausmachen.* To spot the winner in a race: *Den Gewinner eines Rennens ausmachen; erkennen, wer gewinnen wird.*

spot (2) In a spot (colloq.): *In Schwierigkeiten, in Verlegenheit, in der Klemme.* To knock spots off s.b. (colloq.): *Jemanden in den Schatten stellen.* On the spot (colloq.): *Auf der Stelle, sofort; zur Stelle, vor Ort, an Ort und Stelle.* To put s.b. on the spot (colloq.): *Jemanden in Schwierigkeiten oder in Verlegenheit bringen.* Rooted to the spot (colloq.): *Wie angewurzelt.*

spout To spout (out, up) water: *Wasser in die Höhe schießen lassen.* To spout (up) from a wound: *Aus einer Wunde herausschießen (Blut).* To spout French: *Französisch sprechen.* To spout one's watch (pop.): *Seine Uhr verpfänden.*

sprain To sprain one's ankle: *Sich den Knöchel verrenken.*

sprawl To sprawl (out) troops: *Truppen (in alle Richtungen) aussenden.* To sprawl (out) one's legs: *Die Beine ausstrecken.* To sprawl on the sand: *Sich auf dem Sand, am Strand räkeln.*

spray To spray an insecticide over a wall: *Eine Mauer mit Insektiziden besprühen.* To spray a car with bullets (Chic. sl.): *Ein Auto mit Schüssen durchsieben.*

spread To spread (abroad) false news: *Falsche Nachrichten verbreiten.* To spread a rumour far and wide: *Ein Gerücht in die Welt setzen.* To spread a disease, infection: *Eine Krankheit, Infektion verbreiten.* To spread the sails: *Die Segel ausrollen. ausbreiten.* To spread the table: *Den Tisch decken.* To spread one's wings: *Die Flügel ausbreiten (Vogel).* To spread (abroad) rapidly, like wildfire: *Sich schnell, wie ein Lauffeuer ver-*

breiten. To spread nice reports about s.b.: *Gut über jemanden reden.* He spread the butter on the slice of bread: *Er strich Butter auf sein Brot.* She spread the cloth over the table: *Sie breitete das Tischtuch aus.* To spread the floor with flowers: *Den Boden mit Blumen bedecken.* He spread out the newspaper: *Er breitete die Zeitung aus.* To spread away for miles and miles: *Sich kilometerweit hinziehen, erstrecken.* To spread out: *Verbreiten, sich ausbreiten.* To spread out like a fan: *Sich wie ein Fächer öffnen.* To spread oneself: *Sich über etwas ausbreiten.* To spread all over the country: *Sich über das ganze Land verteilen, ausbreiten.*

spring To spring an arch (archit.): *Einen Bogen stützen.* To spring (over) a fence: *Über einen Zaun springen.* To spring a leak, a mast (naut.): *Ein Leck haben, einen Mastbruch haben.* To spring a mine: *Einer Gefahr aus dem Weg gehen.* To spring a rattle: *Mit einer Schnarre rasseln.* To spring a sum of money (colloq.): *Eine Summe Geld leihen.* To spring a trap: *Eine Falle zuspringen lassen.* To spring a piece of news upon s.b.: *Jemandem überraschend eine Nachricht mitteilen.* To spring open: *Aufspringen.* To spring from (of) an old family: *Einer alten Familie entstammen.* This springs from ignorance: *Das ist Folge von Unwissenheit.* To spring s.th. on s.b. (colloq.): *Jemanden mit etwas überraschen oder konfrontieren.* He sprang to his feet: *Er sprang auf seine Füße.* To spring to (into) one's eyes, one's lips: *Einem in die Augen springen; einem von den Lippen springen.* To spring up to attention: *Sich aufmerksam aufrichten.* To spring up all over the country: *Überall im Land aus dem Boden sprießen.*

sprinkle To sprinkle water on s.b.'s face, to sprinkle s.b.'s face with water: *Jemandem Wasser ins Gesicht schütten, jemandem das Gesicht mit Wasser benetzen.*

sprout To sprout like mushrooms: *Wie Pilze aus dem Boden schießen.* To sprout (up): *Emporkeimen, aufschießen.*

spruce To spruce oneself: *Sich schmücken, herausputzen.*

spur (1) To spur a horse: *Einem Pferd die Sporen geben.* To spur s.b. to action: *Jemanden antreiben.* I spurred him to study harder: *Ich trieb ihn an, fleißiger zu studieren.* To spur a post: *Einen Pfosten zuspitzen.* To spur on: *Anstacheln, antreiben.*

spur (2) On the spur of the moment: *Ganz spontan.* To win one's spurs (fig.): *Sich die Sporen verdienen.*

spurn To spurn an offer: *Ein Angebot ausschlagen.* To spurn at danger: *Bei Gefahr um sich schlagen.*

sputter To sputter s.b. with ink: *Jemanden mit Tinte bekleckern, bespritzen.*

spy To spy into a matter: *In einer Sache herumspionieren.* To spy (up) on s.b.: *Jemanden bespitzeln, beobachten, ausspionieren.* To spy (out) a country (milit.): *Ein Land ausspionieren, auskundschaften.* To spy out a mistake: *Einen Fehler ausfindig machen, erspähen.* I spy strangers: *Ich behalte Fremde im Auge.*

squander To squander one's fortune (substance): *Seinen Reichtum, sein Vermögen verschwenden.*

square (1) We're square now: *Wir sind jetzt quitt.* A square deal: *Eine gerechte Lösung, ein faires Geschäft.* A square meal: *Eine anständige Mahlzeit.* He is a square peg in a round hole: *Er ist wie ein Fisch ohne Wasser, er ist völlig fehl am Platz.* He is a square: *Er ist altmodisch.* To go back to square one (colloq.): *Wieder von vorne anfangen; wieder da sein, wo man angefangen hat.*

square (2) To square the circle: *Den Kreis quadrieren; das Unmögliche vollbringen; Unmögliches versuchen.* To square a number: *Eine Zahl ins Quadrat erheben.* To square one's shoulders: *Die Schultern breit machen.* To square timber: *Bauholz (rechteckig) zuschneiden.* To square an account: *Ein Konto ausgleichen.* To square accounts with s.b.: *Mit jemandem die Konten begleichen, mit ihm ins Reine kommen.* To square a customs officer (colloq.): *Einen Zollbeamten bestechen.* To square a matter: *Eine Sache aufbereiten, in den Griff bekommen.* To square one's actions by (according to) one's principles: *In Übereinstimmung mit seinen Prinzipien handeln.* To square off (out) a sheet of paper: *Ein Blatt Papier in Kästchen einteilen.* He squared up to his adversary: *Er stellte sich seinem Widersacher entgegen.* This squares with what he said yesterday: *Das stimmt mit dem überein, was er gestern gesagt hat.*

squash To squash an orange: *Eine Orange auspressen.* To squash a rebellion: *Einen Aufstand unterdrücken.* To squash s.th. out: *Etwas auspressen, ausquetschen.*

squat He squatted down on the grass: *Er hockte sich, setze sich ins Gras nieder.*

squeeze To squeeze a tube: *Einen Schlauch abklemmen, eine Tube auspressen.* He squeezed her hand: *Er drückte ihre Hand.* He is a squeezed orange: *Er ist eine tote Hose; er ist ausgelutscht.* He was squeezed flat against the wall: *Er wurde platt an die Wand gedrückt.* He was squeezed into a corner of the room: *Er wurde in eine Ecke des Raumes gedrückt.* To squeeze s.b. dry: *Jemanden erdrücken.* To squeeze hard: *Heftig drücken.* To squeeze money from (out of) s.b.: *Geld aus jemandem herauspressen.* To squeeze (the juice out of) an orange: *Den Saft aus einer Orange auspressen.* To squeeze out a tear: *Eine Träne hervordrücken.* He squeezed (his way) through the crowd: *Er bahnte sich seinen Weg durch die Menge.* To squeeze one's hands together: *Die Hände zusammenpressen.* They squeezed up a little to let him pass: *Sie rückten etwas zusammen, damit er passieren konnte.*

squint To squint at (on, upon) s.b.: *Zu jemandem hinüberschielen, jemanden schief ansehen.* To squint towards fatalism: *Mit dem Fatalismus liebäugeln.*

squirt To squirt (out) water: *Wasser verspritzen.* To squirt away: *Davonspritzen.*

stab To stab s.b. in the back (fig.): *Jemanden in den Rücken fallen, jemanden hintergehen.* To stab a bundle of sheets: *Einen Stapel Blätter binden.* To stab a wall: *Den Verputz einer Wand abschlagen.*

stage To stage an incident: *Einen Vorfall darstellen, in Szene setzen.* To stage a play: *Ein Theaterstück aufführen.* To stage plants: *Pflanzen eintopfen, einpflanzen.* To stage a protest against s.th.: *Öffentlich gegen etwas protestieren.* To stage well, badly: *Gut, schlecht auftreten.*

stagger To stagger s.b.'s faith, s.b. in his faith: *Jemandes Glauben ins Wanken bringen.* To stagger working hours: *In Schichten arbeiten.* To stagger forward: *Vorwärts taumeln.* He staggered out of the room: *Er wankte aus dem Raum.* To stagger to one's feet (to stagger up): *Sich schwankend, taumelnd erheben.* To stagger under a heavy load: *Unter einer schweren Last wanken.*

stain To stain one's reputation: *Seinen Ruf, sein Ansehen beflecken.* To stain one's fingers with ink: *Sich die Finger mit Tinte färben.* To stain a fabrik: *Tuch, Stoff färben.*

stake To stake (off, out) a piece of ground: *Ein Stück Land abstecken (mit Pflöcken).* To stake a plant: *Eine Pflanze mit einem Stab stützen.* To stake (up) a prisoner: *Einen Gefangenen festsetzen.* To stake a large sum of money on a number: *Eine große Summe Geldes auf eine Zahl setzen, auf einmal riskieren.* Stake your money: *Bitte setzen! (Casino).* To stake one's all: *Alles auf eine Karte setzen.* To stake s.b. out: *Jemanden überwachen oder beschatten.* To stake out a claim: *Einen Anspruch anmelden.*

stalk To stalk game: *Verstecktes Spiel treiben.* To stalk a tract of country: *Sich durch ein Stück Land pirschen.* He was stalking up and down the room: *Er stolzierte im Raum auf und ab.*

stall To stall (off) a pickpocket: *Einem Taschendieb entgehen.* To stall off a creditor, a competitor: *Einem Gläubiger entgehen, einem Konkurrenten davonlaufen.* To stall s.b. up: *Jemanden umzingeln, umdrängen (um ihn zu berauben).*

stammer To stammer (out) an excuse: *Eine Entschuldigung stammeln.*

stamp To stamp a coin, a medal: *Eine Münze, eine Medaille prägen.* To stamp a device on s.th.: *Etwas mit einem Motto, Muster versehen.* To stamp an envelope: *Einen Umschlag stempeln.* To stamp (with) one's foot, to stamp the ground (with rage): *Mit dem Fuß stampfen, vor Wut* *mit dem Fuß auf den Boden stampfen.* To stamp a letter: *Einen Brief freimachen.* To stamp ore: *Erz gießen.* To stamp at s.b.: *Nach jemandem treten.* He stamped down the flowers: *Er trat die Blumen nieder.* To stamp s.th on one's memory: *Sich etwas ins Gedächtnis einprägen.* To stamp out a cigarette: *Eine Zigarette austreten.* To stamp out a heresy: *Eine Erbschaft ausschlagen.* To stamp out a rebellion: *Einen Aufstand ersticken, niederschlagen.* To stamp out one's enemies: *Seine Feinde auslöschen, vernichten.*

stand To stand one's chance: *Ein Risiko eingehen.* To stand the cold, the heat: *Kälte, Hitze aushalten.* He stands comparison with his friend: *Er hält einem Vergleich mit seinem Freund stand.* To stand competition: *An einem Wettbewerb teilnehmen.* I stood him a drink: *Ich gab ihm etwas zu trinken aus.* He stands a good chance of passing his exam: *Er hat gute Chancen, seine Prüfung zu bestehen.* To stand one's ground: *Seinen Standpunkt beibehalten.* To stand the racket: *Die Folgen tragen, die Verantwortung übernehmen.* To stand a round: *Eine Runde ausgeben.* To stand sam, shot, treat: *Einen ausgeben, die Bezahlung übernehmen.* To stand a siege: *Eine Belagerung überstehen.* To stand the strain, the test: *Die Anstrengung, den Test überstehen, bestehen.* To stand (one's) trail: *Vor Gericht stehen.* To stand (one's) watch: *Wache stehen; auf der Hut sein.* Stand! (mil.): *Stillgestanden!* To stand agape, open-mouthed: *Mit offenem Mund (staunend) dastehen.* To stand aghast, petrified: *Wie versteinert dastehen.* To stand alone: *Allein sein.* Stand clear! *Rührt euch!* To stand committed, pledged: *Von seinen eigenen Worten überführt worden sein.* He stand convicted as theft: *Er wurde des Diebstahls angeklagt.* I stand corrected (reproved): *Ich gebe es (meinen Irrtum) zu.* Stand easy (mil.)! *Steht bequem!* To stand erect: *Aufrecht stehen.* To stand fast, firm: *Fest, sicher stehen, standhalten.* He stands six feet: *Er ist sechs Fuß groß.* He stood gaping without saying a word: *Er stand mit offenem Mund da, er stand da, ohne ein Wort zu sagen.* To stand godfather (sponsor): *Taufpate stehen, Sponsor sein.* To stand good: *Von Wert sein.* To stand mute and malice: *Die Aussage (mutwillig) verweigern.* To stand neuter: *Neutral bleiben.* To stand pat: *Unbeweglich bleiben; nicht mehr weiter wissen; bedient sein.* Stand still! *Halt an!* To stand umpire: *Schiedsrichter sein.* Stand and deliver: *Geld her oder das Leben!* To stand or fall together: *Gemeinsam siegen oder untergehen.* To stand to win (to lose) s.th.: *So gut wie sicher sein, etwas zu gewinnen (zu verlieren).* To stand about: *Herumstehen.* He stands head and shoulders above his friend: *Er überragt seinen Freund um Haupteslänge.* To stand against the enemy: *Sich gegen den Feind* *stellen.* To stand astride: *Breitbeinig dastehen.* Stand at attention! (mil.): *Hab acht!* To stand at bay: *Mit dem Rücken zur Wand stehen.* To stand at a loose end: *Unbeschäftigt sein; mit den Händen in den Taschen herumstehen.* To stand away: *Sich fernhalten.* To stand away from the coast (naut.): *Sich von der Küste entfernt halten.* Stand back! *Zurückbleiben!* To stand by the anchor (naut.): *Bereitstehen, die Anker zu lichten.* They stood by each other: *Sie hielten zusammen.* To stand by one's word: *Zu seinem Wort stehen.* To stand by : *Warten, sich bereithalten, in Einsatzbereitschaft sein; unbeteiligt danebenstehen, tatenlos zusehen.* To stand by s.b. or s.th.: *Jemandem beistehen, zu jemandem halten; zu etwas stehen, etwas halten.* To stand down: *Abstand nehmen von etwas, zurücktreten, sich zurückziehen.* To stand or fall by s.th.: *Mit etwas stehen und fallen.* To stand for a cause: *Für eine Sache eintreten.* To stand surety for s.b.: *Für jemanden bürgen.* To stand for parliament: *Für das Parlament kandidieren.* To stand in awe of s.b.: *Vor jemandem Ehrfurcht haben.* To stand in the breach: *In die Bresche springen.* He stood in danger of death: *Er schwebte in Lebensgefahr.* He stood me in good stead: *Er machte sich mir sehr nützlich.* To stand in need of a loan: *Eine Anleihe, einen Kredit benötigen.* To stand in another person's place (shoes): *Den Platz eines anderen einnehmen.* To stand in a queue: *In einer Schlange stehen.* To stand knee-deep in water: *Bis zu den Knien im Wasser stehen.* To stand in fear, in terror of s.b.: *Angst, Furcht vor jemandem haben.* To stand in s.b.'s light: *Jemandem im Licht, im Weg stehen.* To stand in s.b.'s way: *Jemandem im Weg stehen.* To stand in a white sheet: *Mit einer weißen Weste dastehen; seine Fehler bekennen.* It stood me in a lot of money: *Es hat mich eine Menge Geld gekostet.* He stood in for the manager: *Er sprang für den Direktor ein; er hielt seinen Kopf für den Direktor hin.* To stand in with s.b. (colloq.): *Mit jemandem (die Kosten) teilen.* To stand off: *Abstand halten.* To stand s.b. off: *Jemanden auf Abstand halten.* It stands off the main road: *Es liegt abseits der Hauptstraße.* To stand on the tips of one's toes (on tiptoe), on one's head: *Auf den Zehenspitzen, auf dem Kopf stehen.* To stand on end: *Zu Berge stehen (die Haare).* To stand on (naut.): *Den Kurs beibehalten.* To stand on one's own feet (legs, bottom): *Auf eigenen Füßen (Beinen. eigenem Boden) stehen.* To stand on ceremony, on forms: *Sich förmlich benehmen, auf Förmlichkeiten stehen, bedacht sein.* To stand on (upon) one's dignity: *Auf seiner Ehre bestehen.* To stand on one's rights: *Auf seinen Rechten bestehen.* To stand (out) against s.b. *Sich jemandem widersetzen.* To stand out against a proposal: *Sich gegen einen Vorschlag stellen.* To stand out against the sky: *Sich gegen den Himmel abheben, abzeichnen (Berge).* He stands out from the other boys: *Er hebt sich von den anderen Jungen ab.* They stood out to the bitter end: *Sie hielten bis zum bitteren Ende durch.* To stand out to sea (naut.): *Sich auf See halten.* To stand over: *Aufgeschoben sein.* To stand over s.b.: *Jemanden beaufsichtigen.* To stand head over heels: *Auf dem Kopf stehen.* He stood drinks round: *Er gab eine Lokalrunde aus.* To stand to one's duty: *Zu seiner Pflicht stehen.* He stood to his promise, to his word: *Er stand zu seinem Versprechen, zu seinem Wort.* To stand to one's arms, to stand to (mil.): *Sich in Alarmbereitschaft befinden.* I stand to it that he is a liar: *Ich bleibe dabei, dass er ein Lügner ist.* To stand to one's guns (colours): *Standfest bleiben, die eigene Position behaupten.* To stand under arms (mil.): *In Alarmbereitschaft stehen.* To stand up and be counted: *Sich zu seiner Meinung oder zu seinen Überzeugungen bekennen.* To stand up on tiptoe: *Sich auf die Zehenspitzen stellen.* To stand up for one's rights: *Für seine Rechte einstehen.* He stood up for his friend: *Er stand für seinen Freund ein.* To stand up to s.b.: *Sich jemandem entgegenstellen.* To stand up to (against) labour: *Es mit der Arbeit aufnehmen.* He stands up well to every climate: *Er verträgt jedes Klima gut.* To stand upon thorns: *Auf heißen Kohlen sitzen.* To stand upon condition (terms): *Auf Bestimmungen, Vereinbarungen bestehen.* To stand upon a hare: *Einem Hasen nachjagen.* To stand upon points: *Sich bei Kleinigkeiten aufhalten.*

star To see stars (colloq.): *Sternchen sehen.*

stare To stare after s.b.: *Jemandem nachstarren.* To stare at s.b.: *Jemanden anstarren, anstaunen.* He stared her down, into silence: *Er starrte sie so lange an, bis sie wegschaute, bis sie still war.* To stare s.b. in the face: *Jemandem ins Gesicht starren.* It stares you in the face: *Es ist offensichtlich.* To stare s.b. out of countenance: *Jemanden durch Anstarren aus der Fassung bringen.* To stare s.b. up and down: *Jemanden von oben bis unten mustern.* He stared (with eyes wide open) when he saw the bill: *Er machte große Augen, als er die Rechnung sah.*

start To start conversation with s.b.: *Mit jemandem ein Gespräch beginnen.* To start a job, a shop: *Eine Arbeit beginnen, einen Laden eröffnen.* To start a new paragraph: *Einen neuen Absatz beginnen.* To start a newspaper: *Eine Zeitung gründen.* To start a new subject of discussion: *Ein neues Diskussionsthema aufwerfen.* To start a quarrel about the slightest reason: *Aus dem kleinsten Anlass einen Streit beginnen.* To start school again: *Wieder zur Schule gehen (nach den Ferien).* To start a ship: *Ein Schiff vom Stapel lassen, taufen.* To start the ball rolling: *Eine Kugel ins Rollen bringen; eine Sache ins Rollen, in Schwung bringen.* This starts me thinking: *Das stimmt mich nachdenklich.* He started convinced that I was a liar: *Zuerst war er davon überzeugt, dass ich ein Lügner sei.* To start fair: *Unter gleichen Voraussetzungen beginnen.* To start again (afresh, anew): *Von vorne beginnen.* To start at the beginning: *Am Anfang anfangen.* He started by saying that he was tired: *Er sagte sogleich, dass er müde sei.* To start from scratch: *Bei Null anfangen.* To start in (USA): *Anfangen.* To start off: *Losfahren.* To start on the lowest rung: *Auf der niedrigsten Stufe beginnen.* To start with: *Zunächst einmal.* To start with a clean slate: *Ein neues Leben beginnen.* To start aside: *Zur Seite springen.* She started at the sight of the stranger: *Sie erschrak beim Anblick des Fremden.* To start away: *Zurückschrecken.* He started back in fear: *Er fuhr vor Schreck zurück.* To start from (out of) one's sleep: *Aus dem Schlaf aufschrecken.* To start into identity: *Sich eine Identität zulegen.* To start out: *Fortfahren wie bisher.* To get started on s.th. (colloq.): *(Allmählich) mit etwas anfangen.* He started to his feet: *Er sprang auf die Füße.* To start to the eyes: *In die Augen springen.* To start up: *Aufschrecken.* To start with surprise: *Vor Überraschung aufschrecken.*

startle To startle s.b. from (out of) his sleep: *Jemanden aus dem Schlaf aufschrecken.* I was startled by his words: *Ich war erschrocken über seine Worte.*

starve To starve a disease: *Sich gesund fasten.* To starve s.b. into compliance, submission: *Jemanden durch Hunger unterwerfen.* To starve (s.b.) to death: *Jemanden zu Tode hungern.* To starve for affection: *Sich nach Zuneigung verzehren.* He was starving (colloq.): *Er war ausgehungert.*

state (1) To state a case: *Einen Fall darlegen, vorbringen.* To state one's case: *Seinen Fall darlegen.* To state one's ideas, one's opinion: *Seine Ideen, Meinungen zum Ausdruck bringen.* To state a question: *Eine Frage formulieren.* To state terms: *Die Bedingungen festsetzen.* He stated that he had seen her: *Er sagte, dass er sie gesehen habe.*

state (2) To get into a state (colloq.): *Zustände kriegen.*

station To station a sentinel (mil.): *Eine Schildwache aufstellen.* To station oneself: *Sich aufstellen.*

stave To stave a cask: *Ein Fass anzapfen.* To stave (a hole in) a boat: *Ein Loch in ein Boot machen.* To stave in a case: *Eine Kiste verbeulen.* To stave off a tiresome person: *Sich einer langweiligen Person entledigen.* To stave off hunger: *Den Hunger beruhigen.* To stave s.th. to pieces: *Etwas in Stücke zerschlagen.*

stay (1) To stay put: (colloq.): *Sich nicht von der Stelle rühren.* To stay that way: *So bleiben.* Stay where you are! *Bleib wo du* *bist!* To stay at a hotel: *In einem Hotel bleiben, wohnen.* To stay home from school: *Nicht zur Schule gehen.* To stay in the shade, in the sun: *Im Schatten, in der Sonne bleiben.* To stay in place: *An seiner Stelle bleiben.* To stay in: *Mitgehen (beim Kartenspiel).* To stay on: *Noch bleiben.* To stay on guard: *Auf Wache bleiben; auf der Hut bleiben.* To stay out: *Nicht mitgehen (beim Kartenspiel):* To stay out a lecture: *Eine Vorlesung bis zum Ende anhören.* To stay (to) dinner, tea: *Zum Essen, Tee bleiben.* To stay up late, all night: *Lange, die ganze Nacht aufbleiben.* To stay an action suit: *Ein Verfahren aussetzen.* To stay one's appetite, one's hunger (stomach): *Den Appetit, den Hunger beruhigen.* To stay the course: *Durchhalten; den Kurs durchstehen (Rennen, Wettlauf).* To stay a disease: *Eine Krankheit überstehen.* To stay one's hand: *Sich zurückhalten.*

stay (2) He is a stay-at-home: *Er ist ein Stubenhocker.*

steady (1) Steady! *Sachte! Langsam! Vorsichtig!*

steady (2) To steady one's hand: *Seine Hand ruhig halten.* To steady one's mind: *Sich beruhigen.* To steady a ship: *Ein Schiff auf Kurs halten.* To steady down: *Ruhig werden, standhaft werden.*

steal To steal s.b.'s money from s.b.: *Jemanden seines Geldes berauben.* To steal a kiss, a secret: *Einen Kuss, ein Geheimnis rauben.* He has stolen my job: *Er hat mir den Job weggenommen.* To steal s.b.'s life: *Jemandem das Leben rauben.* To steal s.b.'s thunder: *Jemandem die Pointe rauben, jemanden mit seinen eigenen Waffen schlagen.* To steal s.b.'s affection, heart: *Jemandes Zuneigung, Herz rauben.* To steal one's nest: *Sich in das gemachte Nest setzen.* To steal a ride: *Schwarzfahren.* To steal a sigh: *Jemandem einen Seufzer entlocken.* To steal across a room: *Sich quer durchs Zimmer schleichen.* To steal away: *Sich davonstehlen (Zeit); sich wegschleichen.* To steal downstairs: *Sich herunterschleichen.* He steals a lot of time from sleep. *Er raubt sich viel Zeit vom Schlaf.* He stole into the room: *Er stahl sich, schlich sich heimlich ins Zimmer.* To steal on (upon) s.b.: *Sich an jemanden heranschleichen.* To steal on: *Unbemerkt dahinfließen.* To steal a march on an opponent: *Einem Widersacher (heimlich) zuvorkommen.* To steal over (on) s.b.: *Jemanden nach und nach übermannen (Schlaf), in Besitz nehmen.* Stolen apples are the sweetest (prov.): *Die Kirschen in Nachbars Garten sind die süßesten.*

steam (1) To steam ahead (colloq.): *Vorwärts dampfen, sich schnell vorwärts bewegen.* To steam away: *Verdampfen.* To steam into the station: *In den Bahnhof einfahren (Dampflokomotive).* To steam up: *Aufheizen, in Fahrt kommen.*

steam (2) Full steam ahead: *Volle Kraft voraus; auf Hochtouren (fig.).* To get (to be) all steamed up (colloq.): *Sich aufregen,* *hochgehen.* To get up steam (fig.): *Kräfte sammeln, in Schwung kommen.* To let off steam (colloq.): *Dampf ablassen.* To run out of steam (fig., colloq.): *Jemandem geht die Puste aus.* Under one's own steam (colloq.): *Aus eigener Kraft, ohne fremde Hilfe, alleine.*

steep To steep bread in wine: *Brot in Wein tunken, stippen, tauchen.* To steep one's cares in wine: *Seine Sorgen im Wein ertränken.* He was steeped in the study of Greek: *Er war im Studium des Griechischen versunken.* It was steeped in light: *Es war in Licht getaucht.*

steer To steer a boat, a ship: *Ein Boot, ein Schiff steuern.* To steer a car: *Ein Auto lenken.* To steer middle course: *Einen mittleren Kurs steuern.* To steer easily (well, ill): *Sich leicht (schwer) lenken lassen, sich gut (schlecht) fahren.* To steer northwards (naut.): *Kurs nach Norden nehmen.* They steered for (towards) the harbour: *Sie steuerten auf den Hafen zu, den Hafen an.* To steer s.b. into doing s.th. (USA): *Jemanden dazu bringen, etwas zu tun.* To steer clear of s.b.: *Jemandem aus dem Weg gehen, einen Bogen um jemanden machen, jemanden meiden.* To steer off the rocks: *Die Felsen umschiffen, umsteuern.* To steer on the starboard tack, on the port tack (naut.): *Nach rechts, nach links steuern.* I steered him through the crowd: *Ich lotste ihn durch die Menge.*

stem To stem the tide: *Die Flut aufhalten.* To stem a leak: *Ein Leck dichten, sich gegen ein Leck stemmen.*

step (1) To step a dance: *Tanzschritte machen.* To step foot in a place (USA): *Seinen Fuß an einen Ort setzen, sich dorthin begeben.* To step high: *Weit ausschreiten.* To step lively (colloq.): *Sich beeilen, sich sputen.* To step short: *Etwas verfehlen; etwas nicht erreichen, was man erreichen wollte; einen zu kurzen Schritt machen.* Step here (this way)! *Kommen Sie hierher, diesen Weg!* He stepped across the road: *Er ging über die Straße.* To step aside, to one side: *Beiseite, zur Seite treten.* To step back: *Zurücktreten.* To step down from an office: *Von einem Posten, Amt zurücktreten.* To step forward: *Einen Schritt vorwärts machen.* To step in: *Hereintreten; einschreiten, eingreifen.* To step into the breach: *In die Bresche springen.* To step into a small fortune: *Ein kleines Vermögen erben.* To step into s.b.'s place (shoes): *In jemandes Fußstapfen treten.* He stepped on my foot: *Er trat mir auf den Fuß.* To step on the gas: *Aufs Gaspedal treten.* Step on it! (pop.): *Greif zu! Mach dich ran!* To step over a ditch: *Über einen Graben springen.* To step s.th. up: *Steigern, verstärken, erhöhen.* To step up to s.b.: *An jemanden herantreten, auf jemanden zutreten.*

step (2) Step by step: *Schritt für Schritt.* To take steps: *Maßnahmen ergreifen; etwas unternehmen.* To watch one's steps: *Aufpassen, vorsichtig sein.*

sterner The sterner sex: *Das stärkere Geschlecht.*

stick Stick no bills: *Keine Zettel ankleben, Plakate ankleben verboten.* To stick a pin in the pin-cushion: *Eine Nadel ins Nadelkissen stechen.* He stuck a dagger in(to) her chest: *Er stieß ihr einen Dolch in die Brust.* To stick a stamp on an envelope: *Eine Briefmarke auf einen Umschlag kleben.* To stick a nickname on (upon) s.b.: *Jemandem einen Spitznamen anhängen.* He was stuck with a counterfeit banknote: *Er blieb auf einer gefälschten Banknote sitzen.* To stick like a leech: *Kleben (an jemandem) wie eine Klette.* To stick well: *Gut haften.* I'll stick where I am (colloq.): *Ich bleibe, wo ich bin.* To stick (fast) in the mud: *Fest im Schlamm stecken; nicht vorankommen.* It stuck in his memory: *Es blieb in seinem Gedächtnis haften.* It has stuck in my gizzard (throat): *Es blieb mir im Hals stecken.* To stick at a difficulty: *In einer Schwierigkeit stecken.* He sticks at nothing: *Er ist ohne jeden Skrupel.* To stick down a burden (colloq.): *Eine Last abwerfen.* To stick s.th. down in writing (colloq.): *Etwas schriftlich festhalten.* To stick it in (pop.): *Eine gesalzene Rechnung schreiben.* To stick on (to) a horse: *Im Sattel bleiben.* To stick it on (pop.): *Den Mund voll nehmen, tüchtig angeben.* He is stuck on that woman (USA): *Er ist besessen von dieser Frau.* To stick out one's tongue: *Die Zunge herausstrecken.* To stick it out: *Dabeibleiben, nicht aufgeben, aushalten, durchhalten.* It sticks out that he is wrong: *Es ist klar, dass er Unrecht hat.* It sticks out like a sore thumb: *Es ist ein Dorn im Auge.* To stick out into the sea: *In See stechen.* To stick to one's colours: *Sich von einer Sache nicht abbringen lassen; seiner Sache treu bleiben.* To stick to one's word: *Zu seinem Wort stehen.* To stick to a place: *An einem Ort bleiben.* To stick to facts: *Bei den Tatsachen bleiben.* To stick to one's last: *Bis zum letzten gehen, durchhalten.* To stick to the point: *Bei der Sache bleiben.* To stick to one's work: *Bei seiner Arbeit bleiben.* To stick together: *Zusammenstecken.* To stick up one's hands: *Die Hände hochstrecken.* To stick up a bank (pop.): *Eine Bank überfallen.* To stick up: *Aufkleben, ankleben.* To stick up for a friend (colloq.): *Einen Freund verteidigen.* To stick up to s.b. (colloq.): *Zu jemandem halten.*

stickler He is a stickler for (he is sticky about) cleanliness: *Er ist ein Sauberkeitsfanatiker.*

stiffen To stiffen one's limbs: *Sich die Glieder versteifen.* To stiffen prices: *Die Preise einfrieren.* To stiffen to attention: *Vor Aufmerksamkeit erstarren.*

stifle To stifle the breath: *Den Atem anhalten.* To stifle a cry, a sob, a yawn: *Einen Schrei, einen Seufzer, ein Gähnen unterdrücken.* To stifle a fact, a letter, the truth: *Eine Tatsache, einen Brief, die Wahrheit unterschlagen.* To stifle a fire: *Ein Feuer er-*

sticken. To stifle a rebellion: *Einen Aufstand unterdrücken.* To stifle s.b. with kisses: *Jemanden mit Küssen erdrücken.* It's stifling in here: *Es ist stickig hier drinnen.*

still The still small voice: *Die leise Stimme des Gewissens.* Still waters run deep (prov.): *Stille Wasser sind tief.*

sting (1) To sting s.b.'s finger: *Jemandem in den Finger stechen.* He was stung by the nettles: *Er war wie von der Tarantel gestochen.* To sting s.b. to the quick: *Jemanden aufs tiefste verletzen.* To sting s.b. to (into) action: *Jemanden zur Tat anstacheln.* To sting s.b. to (into) a rage: *Jemanden aufstacheln.* To sting s.b. (pop.): *Jemanden betrügen.*

sting (2) To take the sting out of s.th.: *Etwas die Schärfe oder den Stachel nehmen; etwas mildern, etwas entschärfen.*

stink To stink a fox's earth: *Riechen wie im Hühnerstall.* To stink a fox out of its earth: *Jeden Hund aus seinem Loch treiben.* To stink in s.b.'s nostrils: *Jemandem unangenehm auffallen.* He stinks of money (pop.): *Er stinkt nach Geld.*

stint To stint food, money to s.b.: *Jemanden mit Essen, Geld knapp halten.* To stint oneself: *Sich beschränken.*

stir To stir s.b.'s anger, curiosity, imagination: *Jemandes Ärger, Neugier, Vorstellungskraft erregen.* To stir s.b.'s blood: *Jemandes Blut in Wallung versetzen.* To stir (a cup of) coffee: *Eine Tasse Kaffee umrühren.* To stir (up) the fire: *Das Feuer schüren.* To stir (up) hatred, a riot: *Hass, Unruhe schüren.* To stir the heart: *Das Herz anrühren.* Not to stir a finger to help s.b.: *Nicht einen Finger rühren, um jemandem zu helfen.* Not to stir a foot, a limb: *Keinen Fuß von der Stelle rühren, kein Glied bewegen.* To stir oneself: *Sich rühren, bewegen.* He isn't stirring yet: *Er ist noch nicht aufgestanden.* To stir one's stumps (colloq.): *Die müden Knochen bewegen.* To stir s.b. to action, to revolt: *Jemanden zur Tat, zum Aufstand antreiben.* To stir up a hornets' nest: *In ein Hornissennest stechen.*

stitch (1) To stitch (up) a dress: *Ein Kleid nähen, reparieren.* To stitch (up) a wound: *Eine Wunde vernähen.*

stitch (2) A stitch in time saves nine (prov.): *Ein Griff zur rechten Zeit spart viel Müh' und Leid; was du heute kannst besorgen, das verschiebe nicht auf morgen.* To be in stitches (colloq.): *Sich schieflachen.* Not to be wearing a stitch (colloq.): *Splitterfasernackt sein.* Not to have a stitch to wear (colloq.): *Überhaupt nichts anzuziehen haben.*

stock To stock a cellar with wine, a warehouse with goods: *Einen Keller mit Wein, ein Lager mit Waren bestücken.* To stock a farm: *Eine Farm mit Vieh bestücken.* To stock (up) goods: *Waren lagern, seinen Vorrat auffüllen.* To stock a gun: *Ein Gewehr laden.* To stock a pond: *Fische in einem Teich aus-*

setzen. To stock trees, weeds: *Bäume fällen, Unkraut jäten.* To stock the ground: *Den Grund säubern.* To stock (down) the land: *Das Land roden.* To stock playing-cards: *Spielkarten mischen.* To stock to (naut.): *Den Anker lichten.*

stomach (1) To stomach an offence: *Eine Beleidigung schlucken.*

stomach (2) My stomach turns (heaves, rises) at the mere thought of it: *Schon bei dem Gedanken daran dreht sich mir der Magen um.* To have no stomach for s.th.: *Jemandem ist etwas zuwider, jemandem ist nicht nach etwas zumute.*

stone To stone s.b. to death: *Jemanden (zu Tode) steinigen.* To stone a plum: *Eine Pflaume entkernen.* To stone a road: *Eine Straße pflastern.*

stones Stones will cry out: *Das rührt selbst einen Stein.* To leave no stone unturned: *Nichts unversucht lassen.* Stone-cold sober (colloq.): *Stocknüchtern.* A stone's throw away from (of) s.th.: *Nur einen Katzensprung von etwas (entfernt).*

stoop To stoop one's head: *Den Kopf (betreten) senken.* To stoop one's thoughts to trifles: *Sich mit Kleinigkeiten abgeben, sich verzetteln.* To stoop a dog: *Einen Hund (auf Wild) abrichten.* To stoop at (on) one's prey: *Auf seine Beute herabstürzen (Adler u.a.).* He stooped (down) to pick up his hat (he stooped for his hat): *Er bückte sich, um seinen Hut aufzuheben.* To stoop in walking: *Einen Bogen laufen.* She stooped over the table: *Sie bückte sich über den Tisch.* To stoop to one's fate: *Sich seinem Schicksal beugen.* To stoop to an unworthy action: *Sich zu einer unwürdigen Handlung herabwürdigen.* To stoop to conquer: *Sich dem Eroberer unterwerfen.*

stop (1) To stop a bleeding: *Eine Blutung stillen, stoppen.* To stop a cheque (comm.): *Einen Scheck sperren.* To stop one's ears: *Sich die Ohren verstopfen.* To stop a gap, a leak: *Ein Loch, Leck stopfen, eine Lücke füllen.* To stop s.b.'s mouth: *Jemandem den Mund stopfen.* To stop payment: *Die Zahlungen einstellen.* To stop a tooth: *Einen Zahn füllen.* To stop a bird: *Einen Vogel ausstopfen.* To stop the breath: *Den Atem, die Luft anhalten.* To stop a bullet: *Eine Kugel einfangen, erschossen werden.* To stop a stroke: *Einen Schlag abwehren.* To stop a sum of money: *Eine Summe Geldes einbehalten.* Stop thief! *Haltet den Dieb!* To stop the tide (naut.): *Ein Schiff gegen die Gezeitenströmung sichern.* To stop dead (short): *Mit einem Schlag aufhören.* Stop a moment: *Moment mal! Einen Moment!* He stops at nothing: *Ihn hält nichts auf, er macht vor nichts halt.* To stop down a lens: *Ein Objekt abblenden.* They stopped off (over) in Milan for lunch: *Sie unterbrachen ihre Fahrt in Mailand, um Mittag zu essen.* To stop on one's way: *Auf dem Weg halten.* To stop on: *Wie verwurzelt stehenbleiben.* To stop with friends: *Bei Freunden Station machen.*

stop (2) To come to a full stop: *Zu einem Ende kommen, ein Ende finden; zum Erliegen kommen.* To put a stop to s.th.: *Einer Sache ein Ende setzen oder einen Riegel vorschieben.* To pull out all the stops: *Alle oder sämtliche Register ziehen.*

stopper To stopper (down) a bottle: *Eine Flasche entstöpseln, entkorken.*

store (1) To store (up) furniture, goods: *Möbel, Waren lagern.* To store (up) money: *Geld anhäufen.* To store one's mind with facts: *Seinen Kopf mit Tatsachen anfüllen.*

store (2) In (into) cold storage: *Auf Eis (auch fig.).* To be in store for s.b.: *Jemandem bevorstehen; auf jemanden warten; jemanden erwarten.* To set great (much) store by s.th.: *Großen Wert auf etwas legen, viel von etwas halten oder auf etwas geben.*

storm (1) To storm a town: *Eine Stadt stürmen, im Sturm nehmen.* He stormed me with questions: *Er bestürmte mich mit Fragen.* To storm at (against) s.b.: *Jemanden bestürmen.* To storm into (out of) a room: *In einen, aus einem Raum stürmen.*

storm (2) A storm in a teacup: *Ein Sturm im Wasserglas.* To take s.b. or s.th. by storm: *Jemanden oder etwas im Sturm erobern.* To weather the storm: *Dem Unwetter (Gewitter, Sturm) trotzen; das Gewitter über sich ergehen lassen (auch fig.).*

story To cut a long story short: *Es kurz machen.* The story goes (runs) that ...: *Es wird gesagt, man sagt, es heißt, es kursiert das Gerücht, dass ....; angeblich.* The same old story: *Immer wieder dieselbe Geschichte, immer wieder dasselbe, das alte Lied, die alte Leier.*

stow To stow the cargo (naut.): *Die Ladung verstauen.* To stow clothes in a trunk: *Kleidung in einem Koffer verstauen.* To stow the sails (naut.): *Die Segel verstauen.* To stow a ship (naut.): *Ein Schiff beladen.* Stow your gab (the chatter)! *Halt den Mund! Hör auf mit dem Geschnatter!* Stow that nonsense! *Red nicht so einen Unsinn.* To stow s.th. away: *Etwas verstauen, wegpacken.* He stowed away the meat: *Er verpackte das Fleisch.*

straddle To straddle a chair: *Sich breitbeinig auf einen Stuhl setzen.* To straddle a horse: *Auf ein Pferd steigen.* To straddle one's legs: *Die Beine spreizen.* To straddle a question: *Eine unbestimmte Antwort geben.* He straddled the stake (poker): *Er verdoppelte den Einsatz.*

straggle To straggle from the right path: *Vom rechten Weg abirren.*

straight He is as straight as a die: *Er ist aufrichtig, ehrlich.* Straight ahead (on): *Immer geradeaus, geradewegs.* Straight away (off, out, up): *Sofort, ohne Zögern.* Straight from the horse's mouth: *Aus erster Hand (eine Information).* Straight from the shoulder: *Geradeheraus, direkt.*

To get s.th. straight: *Etwas klarstellen.* To go straight (colloq.): *Ein anständiges Leben führen, keine krummen Touren machen.* On the straight and narrow path: *Auf dem Pfad der Tugend.*

straighten To straighten (out) a piece of wire: *Ein Stück Draht glätten, geradeziehen.* To straighten things: *Dinge in Ordnung bringen.* To straighten a room: *Einen Raum in Ordnung bringen.* To straighten out a sheet: *Ein Laken, Bettuch glattstreichen.* To straighten up: *Sich aufrichten.*

strain To strain one's ear: *Seine Ohren spitzen.* To strain an elastic: *Ein Gummiband überdehnen.* To strain every nerve: *Jeden Nerv anspannen.* To strain one's eyes, one's voice: *Seine Augen, seine Stimme anstrengen.* To strain the law, an oath: *Das Gesetz beugen; einen Schwur brechen.* To strain a muscle: *Einen Muskel überdehnen.* To strain a point: *Eine Ausnahme von der Regel machen.* To strain one's prerogatives, one's powers: *Seine Vorrechte, seine Möglichkeiten missbrauchen.* To strain one's resources: *Seine Reserven beanspruchen.* To strain the tea with the strainer: *Tee im Teesieb filtern.* To strain the truth: *Die Wahrheit überdehnen.* To strain a word: *Ein Wort in seiner Bedeutung überdehnen.* They strained to win: *Sie bemühten sich nach Kräften, zu gewinnen.* To strain after novelty: *Um jeden Preis auf Neuheiten aus sein.* To strain against tyranny: *Sich gegen Tyrannei auflehnen.* To strain at a leash, at a rope: *An einem Zügel, an einem Seil reißen.* He is straining at the leash: *Er zieht kräftig an den Zügeln.* To strain at a gnat: *Haarspalterei betreiben; aus einer Mücke einen Elefanten machen.* To strain at an insult: *Von einer Beleidigung betroffen sein.* To strain at an evil deed: *Vor einer schlechten Tat zurückschrecken.* To strain through the sand: *Durch den Sand sickern (Wasser).*

straiten To straiten s.b.'s rights: *Jemandem die Rechte beschneiden.* They were straitened for provisions: *Sie hatten nur eingeschränkten Proviant.*

strange Strange but true: *Seltsam aber wahr.* Strange to say: *Es ist merkwürdig, dass ….*

strangle To strangle s.b.'s neck: *Jemanden (mit etwas) erwürgen.* To strangle a laugh, a yawn: *Ein Lachen, ein Gähnen unterdrücken.* To strangle an insurrection in the birth: *Einen Aufstand im Keim ersticken.*

straw To clutch at straws: *Sich an einen Strohhalm klammern.* A straw in the wind: *Ein erster Hinweis, ein erstes Anzeichen, ein Vorzeichen.* Not to be worth a straw (colloq.): *Keinen Pfifferling wert sein.* Not to care a straw (colloq.): *Sich nicht die Bohne für etwas interessieren; etwas ist jemandem völlig egal.* A straw poll: *Eine Meinungsumfrage.*

stray To stray from the right path: *Vom rechten Weg abkommen.*

stream To stream (forth) blood:

Blut verströmen. To stream the buoy (naut.): *Die Ankerkette auswerfen.* To stream a flag, a handkerchief: *Eine Fahne, ein Taschentuch schwenken.* To stream down s.b.'s cheeks: *Jemandem die Wangen hinunterlaufen.* To stream from a wound: *Aus einer Wunde strömen.* To stream in: *Einströmen.* To stream in the wind: *Im Wind wehen.* To stream out light: *Licht ausströmen.* He was streaming with sweat: *Er war schweißüberströmt.* To stream with light: *Mit Licht überströmt sein, von Licht widerscheinen.*

street He is streets ahead of his brother (colloq.): *Er ist seinem Bruder haushoch überlegen.* To be on the street (colloq.): *Obdachlos sein; auf der Straße stehen.* To be right up s.b.'s street (colloq.): *Genau oder ganz jemandes Fall sein.* To go on the streets (colloq.): *Auf den Strich gehen.* Not to be in the same street as s.b. or s.th. *Zwischen zwei Personen oder Dingen liegt ein himmelweiter Unterschied.*

strength His strength failed him: *Seine Kraft verließ ihn.* To go from strength to strength: *Einen Erfolg nach dem anderen erzielen.* In strength: *In großer Zahl, zahlreich (vertreten).* To have s.b. or s.th. on the strength: *Jemanden oder etwas zu bieten haben; mit jemandem oder etwas aufwarten können.* On the strength of s.th.: *Aufgrund einer Sache, auf der Basis von …*

strengthen To strengthen s.b.'s hands: *Jemanden bestärken, etwas zu tun.* To strengthen one's hold: *Seinen Griff verstärken.* To strengthen one's muscles: *Seine Muskeln kräftigen.* To strengthen one's reasons: *Seinen Verstand stärken.* To strengthen a town: *Eine Stadt befestigen.*

stress To stress a syllable: *Eine Silbe betonen.* He stressed the fact that he had no money: *Er betonte, dass er kein Geld hatte.*

stretch (1) To stretch an elastic: *Ein Gummiband auseinanderziehen.* To stretch one's eyes, one's mouth: *Die Augen, den Mund aufreißen.* To stretch one's legs: *Die Beine ausstrecken, sich die Beine vertreten.* To stretch a muscle: *Einen Muskel dehnen.* To stretch one's neck: *Den Hals recken, strecken.* To stretch s.b.'s neck: *Jemanden erhängen.* To stretch a point: *Ein Auge zudrücken, eine Ausnahme machen, es nicht allzu genau nehmen.* To stretch the point: *Übertreiben; den Punkt aus den Augen verlieren.* To stretch one's power: *Seine Macht missbrauchen.* To stretch a spring: *Eine Feder (über)dehnen.* To stretch the truth: *Die Wahrheit überdehnen, lügen.* To stretch one's wings: *Seine Flügel ausbreiten.* To stretch a word: *Eine Aussage bekräftigen.* To stretch as far as the eye can see: *Sich so weit ausdehnen, erstrecken, wie das Auge reicht.* To stretch it too far: *Eine Sache zu weit treiben.* To stretch out one's hand to s.b.: *Jemandem die Hand reichen.*

stretch (2) At a stretch: *An einem Stück, ohne Unterbrechung.* At full stretch: *Mit aller Kraft; auf Hochtouren.*

strew To strew gravel: *Kies (aus)streuen.* To strew a bed with a coverlet: *Ein Bett mit einer Überdecke bedecken.* To strew flowers over a grave, a grave with flowers: *Blumen auf ein Grab streuen, ein Grab mit Blumen bestreuen.*

strictly Strictly speaking: *Genau genommen.*

stride To stride a chair: *Auf einem Stuhl wie auf einem Pferd sitzen.* To stride a horse: *Auf ein Pferd steigen.* To stride a room: *Mit großen Schritten durch ein Zimmer schreiten.* He strode (over, across) the ditch: *Er schritt über den Graben hinweg.* He strode away (off): *Er schritt davon.*

strike To strike the hours: *Die Stunde schlagen.* To strike a nail with a hammer: *Einen Nagel mit einem Hammer (ein)schlagen.* To strike s.b.'s eye: *Jemandes Aufmerksamkeit erregen.* To strike s.b.'s imagination: *Jemandes Vorstellungskraft erregen.* To strike a match (a light): *Ein Streichholz, ein Licht anzünden.* To strike the strings of a violin: *Die Saiten einer Geige streichen.* He struck the table a blow: *Er schlug (mit der Faust) auf den Tisch.* To strike a coin, a medal: *Eine Münze, eine Medaille prägen.* To strike fire, sparks: *Feuer, Funken schlagen.* To strike a sound, a note: *Einen Ton, eine Note anschlagen.* To strike a warning note: *Eine Warnung aussprechen.* To strike an average: *Das Mittel ziehen. den Durchschnitt bilden.* To strike a balance: *Einen Mittelweg finden.* To strike a bargain: *Handelseinig werden, ein Geschäft machen.* To strike the beam: *Zuviel Gewicht tragen (eine Waage bzw. ein Waagebalken); besiegt werden.* To strike a device upon a medal: *Einen Wahlspruch, ein Motto auf eine Münze prägen.* To strike gold (a bonanza), oil: *Auf Gold, Öl stoßen.* To strike a jury: *Eine Jury bilden.* To strike the right path (track): *Den richtigen, den rechten Weg einschlagen.* To strike a treaty: *Einen Vertrag abschließen.* To strike a bad patch (colloq.): *Eine schlechte Zeit überstehen.* To strike a battle: *Eine Schlacht schlagen.* To strike bottom, ground: *Auf Grund laufen, den Grund berühren.* To strike a circle: *Einen Bogen, Zirkel schlagen.* To strike a fish: *Einen Fisch harpunieren.* To strike hands with s.b.: *Mit jemandem etwas per Handschlag besiegeln.* To strike a pose, an attitude: *Eine Pose, eine Haltung einnehmen, annehmen.* To strike root: *Wurzeln schlagen.* To strike a ship: *Ein Schiff rammen.* To strike the spur: *Die Sporen geben.* To strike s.b. all of a heap (colloq.): *Jemanden überraschen.* Strike me blind (dead) if it isn't true: *Ich will blind (tot) sein, wenn's nicht stimmt.* To strike s.b. dead: *Jemanden totschlagen.* He was struck dumb with surprise: *Es verschlug ihm die Sprache vor Überraschung.* It struck me that he was dead: *Es wurde mir schlagartig klar, dass er tot war.* To strike chill, cold: *Kühle, Kälte bringen (Wind).* To strike hard: *Kräftig zuschlagen.* To strike home: *Genau ins Ziel treffen.* They struck in a body: *Sie streikten wie ein Mann (alle zusammen).* To strike it rich: *Auf eine Goldader stoßen.* To strike (at) s.b. with a stick: *Auf jemanden mit einem Stock einschlagen.* To strike back: *Zurückschlagen, sich wehren.* To strike a ship down the slipway (naut.): *Ein Schiff vom Stapel lassen.* To strike down: *Niederschlagen, zu Boden schlagen.* To strike for freedom: *Für die Freiheit kämpfen.* To strike s.b. for a loan: *Jemanden um ein Darlehen angehen, anbetteln.* I struck the pistol from his hand: *Ich schlug ihm die Pistole aus der Hand.* To strike into a path: *Einen Pfad einschlagen.* To strike into a quarrel: *In einen Streit hineingeraten.* He struck into an important subject: *Er sprach ein wichtiges Thema an.* To strike terror into s.b.: *Jemandem Angst machen.* To strike in: *Einschlagen, unterbrechen.* To strike off a speech: *Eine unvorbereitete Rede halten.* To strike off a word: *Ein Wort ausstreichen.* They struck off his name from the list: *Sie strichen seinen Namen aus der Liste.* To strike out a new method: *Eine neue Methode einführen.* To strike out a plan: *Einen Plan ausdenken, entwerfen.* To strike out of a path: *Von einem Pfad abweichen.* To strike out goods (naut.): *Die Ladung löschen.* To strike through the darkness of the night: *Durch die nächtliche Dunkelheit streifen.* To strike s.b. to the quick: *Jemanden überraschen.* To strike to one's marrow: *Einen bis aufs Mark durchdringen (Kälte, Feuchtigkeit).* To strike the bells together: *Die Glocken schlagen.* He struck upon a brilliant idea: *Er ist auf eine brillante Idee gestoßen.* To strike s.b. with awe, with terror: *Jemandem Ehrfurcht, Angst einflößen.* Strike while the iron is hot (prov.): *Das Eisen schmieden, solange es heiß ist.*

string (1) To string s.b. along (colloq.): *Jemanden hinhalten.* To string a violin: *Saiten auf eine Geige ziehen.* To string a bow: *Eine Sehne auf einen Bogen spannen.* To string beads: *Perlen auf eine Kette ziehen.* To string french beans: *Bohnen putzen.* To string lies: *Lügen stricken.* To string one's nerves: *An den Nerven zerren, die Nerven anspannen.* To string along with s.b. (colloq.): *Jemanden begleiten.* She strung the pupils (out, up): *Sie stellte die Schüler in einer Reihe auf.* To string out: *Aufreihen.* To string s.b. up (colloq.): *Jemanden aufhängen.* They strung him up to do it: *Sie hielten ihn davon ab, es zu tun.*

string (2) To have s.b. on a string (colloq.): *Jemanden am Gängelband haben, jemanden in der Gewalt haben.* To pull strings (colloq.): *Seine Beziehungen spielen lassen.* To pull the strings: *Die Fäden in der Hand halten.* With no strings attached (colloq.):: *Ohne Bedingungen.*

strip To strip s.b. (of his

clothes): *Jemanden entkleiden.* They stripped him naked, to the skin, from head to toe: *Sie zogen ihn nackt, bis auf die Haut, von Kopf bis Fuß aus.* To strip a bed: *Ein Bett abziehen.* To strip a cow: *Eine Kuh (ab)melken.* He stripped the shirt from his back: *Er zog sich das Hemd über den Rücken.* To strip a tree of its bark, of its leaves: *Einem Baum die Rinde abschälen, ihn entlauben.* They stripped him of all authority: *Sie entrissen ihm alle Zuständigkeit.* To strip a room of furniture: *Ein Zimmer leerräumen.* He stripped himself (he was stripped) of all he had (of all his possessions): *Er entledigte sich seines ganzen Besitzes, (er wurde seines ganzen Besitzes beraubt).* He stripped off his gloves: *Er zog seine Handschuhe ab.* He stripped (off) the petals from the flower: *Er zupfte die Blütenblätter der Blume ab.* To strip gold: *Gold waschen.* To strip a rifle: *Ein Gewehr auf der Schulter tragen.* To strip tobacco: *Tabak ernten.*

strive To strive against temptations, tyranny: *Sich gegen Versuchungen, gegen Tyrannei auflehnen.* To strive for (after) truth: *Nach der Wahrheit streben.* To strive through the crowd: *Sich durch die Menge arbeiten.* To strive with an illness: *Sich gegen eine Krankheit auflehnen.* He strove to keep his self-control: *Er kämpfte um seine Selbstbeherrschung.* To strive one's hardest: *Nichts unversucht lassen.*

stroke (1) To stroke one's beard: *Sich über den Bart streichen.* To stroke a cow: *Eine Kuh abmelken.* To stroke a horse: *Über ein Pferd streichen.* To stroke s.b. against the hair, the wrong way (of the hair): *Jemanden gegen den Strich bürsten; jemanden vor den Kopf stoßen.* To stroke s.b. down: *Jemanden beruhigen.*

stroke (2) To stroke a crew: *Die Schlagzahl eines Ruderbootes angeben.*

stroke (3) At a stroke: *Auf Anhieb, mit einem Schlag.* To put s.b. off his (etc.) stroke: *Jemanden aus dem Takt oder aus dem Konzept bringen.* Stroke of luck: *Ein Glücksfall, glücklicher Zufall.*

stroll We strolled away from the gate: *Wir schlenderten vom Tor weg.*

strong He is as strong as a horse: *Er hat Kräfte wie ein Pferd.* That's his strong point (suit): *Das ist seine Stärke.* To be still going strong (colloq.): *Gut in Form oder in Schuss sein; in Schwung sein, gut laufen.* To have a strong stomach (fig.): *Allerhand verkraften können.* Strong language: *Kraftausdrücke.*

strongly He is strongly constituted: *Er hat eine starke physische Konstitution.*

strop To strop a razor: *Ein Rasiermesser wetzen.*

struggle To struggle about (over) a trifle: *Sich über eine Lappalie streiten.* To struggle against (with) life's adversities: *Gegen die Widrigkeiten des Lebens kämpfen.* To struggle against the stream: *Gegen den*

Strom schwimmen (ankämpfen). To struggle for breath: *Nach Atem ringen.* To struggle for freedom and liberty: *Für Bürgerrechte und Freiheit kämpfen.* To struggle on (along): *Sich weiter durchkämpfen.* He struggled out of the room: *Er kämpfte sich aus dem Raum.* To struggle over a difficult concept: *Mit einem schwierigen Konzept kämpfen.* He struggled through the crowd: *Er kämpfte sich durch die Menge.* To struggle under difficulties: *Mit Schwierigkeiten kämpfen.* To struggle up: *Sich müde kämpfen, abkämpfen.* To struggle with one's tears: *Mit den Tränen ringen.* He struggled to keep his self-control: *Er kämpfte um seine Beherrschung.*

strum To strum (on, upon) a guitar, the piano: *Auf einer Gitarre, dem Klavier klimpern.*

strut To strut about, along (ostentatiously): *Herumstolzieren (demonstrativ).*

stub To stub (up) roots, weeds: *Wurzeln ausroden, Unkraut ausrupfen.* To stub (up) the land: *Das Land roden.* He stubbed his toe against a stone: *Er stieß sich die Zehe an einem Stein.* To stub (out) one's cigarette: *Seine Zigarette ausdrücken.*

stubborn He is as stubborn as a mule: *Er ist so störrisch wie ein Maulesel.*

study To study the piano, the violin: *Klavier, Geige studieren.* To study a part: *Eine Rolle studieren, lernen.* He is studying law at Milan University: *Er studiert Rechtswissenschaft an der Mailänder Universität.* To study s.b.'s face: *Das Gesicht von jemandem eingehend betrachten.* To study a problem, a phenomenon: *Ein Problem, ein Phänomen studieren.* He studied the situation very carefully: *Er studierte die Situation sehr genau.* He studied the best way of doing his work: *Er fand den besten Weg heraus, seine Arbeit zu tun.* He studied his own interest first: *Er erwägte zunächst seine eigenen Interessen.* To study for the bar: *Das Recht studieren, Rechtsanwalt werden wollen.* To study for an examination: *Für eine Prüfung lernen.* To study out a plan: *Einen Plan entwerfen.* To study hard: *Fleißig studieren.* He studied too little: *Er lernte zu wenig.*

stuff (1) To stuff a mattress, a pillow with hair: *Eine Matratze, ein Kissen mit Haar füllen.* To stuff one's ears with cotton: *Sich die Ohren mit Baumwolle verstopfen.* She has stuffed (up) his head with nonsense, nonsense into his head: *Sie hat seinen Kopf mit Blödsinn angefüllt.* To stuff a bird with straw: *Einen Vogel mit Stroh ausstopfen.* To stuff a chicken, a turkey with forcemeat: *Ein Huhn, einen Truthahn mit Hackfleisch füllen.* To stuff a ballot-box (USA): *Eine Wahlurne mit falschen Stimmen füllen.* To stuff a disease: *Eine Krankheit durch gute Ernährung des Patienten vertreiben.* To stuff a goose: *Eine Gans stopfen.* To stuff (down) food: *Essen in sich hineinstopfen.* He stuffed his clothes into a trunk: *Er stopfte seine Kleider in einen Koffer.* To stuff s.b. (up): *Jemanden hinters Licht führen.* He stuffed himself with sweets: *Er stopfte sich mit Süßigkeiten voll.* He is a stuffed shirt (USA): *Er ist ein aufgeblasener, hochmütiger Mensch.*

stuff (2) He is the stuff of which actors are made: *Er ist der geborene Schauspieler.* That's the stuff to give them, to give the troops: *Das ist genau die richtige Vorgehensweise.* Stuff and nonsense! *Alles Quatsch und Unsinn.* To do one's stuff (well) (colloq.): *Seine Nummer abziehen; seine Sache gut machen.* To knock the stuffing out of s.b. (colloq.): *Jemanden völlig fertigmachen.* To know one's stuff (colloq.): *(Sich auf) seinen Kram verstehen.* A stuffed shirt (colloq.): *Ein Stockfisch, ein furchtbar steifer Mensch, ein aufgeblasener Wichtigtuer.* That's the stuff! (colloq.): *Ja, genau! So ist's richtig! Weiter so!*

stultify To stultify oneself: *Sich widersprechen, sich lächerlich machen.*

stumble He stumbled across his cousin: *Er stolperte über seinen Cousin.* To stumble against a chair: *Gegen einen Stuhl stolpern.* To stumble along (on, away): *Entlangstolpern, -straucheln.* To stumble at a difficulty: *Über eine Schwierigkeit stolpern, vor einer Schwierigkeit zaudern.* To stumble at (on) the threshold: *Über die Schwelle stolpern; schon zu Beginn über ein Hindernis stolpern.* I stumbled into the kitchen: *Ich stolperte in die Küche.* To stumble on (upon) a discovery: *Über eine Entdeckung stolpern.* To stumble over a stone: *Über einen Stein stolpern.* To stumble over one's words: *Über die eigenen Worte stolpern.* He stumbled through his speech: *Er stotterte sich durch seine Rede.*

stump To stump the land: *Die Erde von Baumstümpfen befreien; im ganzen Land herumziehen, um politische Reden zu halten.* To stump a district (USA): *Einen Bezirk bereisen, um Wahlreden zu halten.* He stumped me altogether: *Er hat mich völlig aus den Angeln gehoben.* To stump a drawing: *Eine Zeichnung mit dem Wischer bearbeiten.* To stump it (pop.): *Losziehen, -gehen.* He stumped his toe against a stone: *Er stieß seinen Zeh an einen Stein.* To stump (out) a batsman (cricket): *Den Schlagmann beim Kricket aus dem Spiel bringen.* To stump up (colloq.): *Blechen, etwas springen lassen, etwas locker machen.* To stump up a tree: *Einen Baum ausroden.* To stump up a horse: *Für ein Pferd bar bezahlen (sl.); ein Pferd abmergeln lassen.* To stump along: *Mit schweren Schritten gehen.* To stump in: *Hereintappen, hineinstampfen.*

stun To stun a stone: *Einen Stein behauen.* They stunned him into unconsciousness: *Sie schlugen ihn bewusstlos.* He was stunned with his success: *Er war völlig verblüfft über seinen Erfolg.* To stun s.b.'s ears: *Jemanden (durch Lärm) betäuben.*

stutter To stutter (out) an excuse: *Eine Entschuldigung stammeln.*

subdue To subdue a country, a people: *Ein Land, ein Volk unterwerfen.* To subdue land: *Ein Land bebaubar, urbar machen.* To subdue colour, light: *Farbe, Licht dämpfen.* To subdue one's passions: *Die Leidenschaft dämpfen.*

subject (1) To subject a people (to one's rule): *Ein Volk (seiner Herrschaft) unterwerfen.* To subject s.b. to hard toil, to a treatment: *Jemanden harter Arbeit, einer Behandlung unterwerfen.* He subjected himself to criticism, to ridicule: *Er gab sich der Kritik, der Lächerlichkeit preis.*

subject (2) I am subject to colds: *Ich erkälte mich leicht.* Subject to sale, to goods being unsold (comm.): *Zu Verkauf stehen, zu unverkaufter Ware gehören.* Subject to wear and tear: *Vergänglich.* He is a subject for pity: *Er ist zu bemitleiden.*

submit To submit s.b. to privation: *Jemanden einem Entzug unterwerfen.* To submit oneself to medical examination: *Sich einer medizinischen Untersuchung unterziehen.* He submitted the question to my approval: *Er legte mir die Angelegenheit zur Entscheidung vor.* To submit a case to the court: *Einen Fall vor Gericht bringen, dem Gericht überlassen.* We have submitted your samples to our customers (comm.): *Wir haben unseren Kunden Ihre Muster vorgelegt.* I submitted to his judgement: *Ich unterwarf mich seinem Urteil.* He submitted to staying at home: *Er willigte ein, zuhause zu bleiben.* To submit oneself to authority: *Sich einer Autorität unterwerfen.* To submit oneself to God's will: *Sich Gottes Wille unterwerfen.*

subscribe To subscribe a sum of money to a good cause: *Geld für einen guten Zweck spenden.* To subscribe a will: *Ein Testament unterzeichnen.* To subscribe (for) copies of a book, shares: *Ein Buch, Aktien subskribieren.* He has subscribed to the Times: *Er hat die „Times" abonniert.* To subscribe to a loan: *Einen Kredit aufnehmen.* To subscribe to an opinion, to a proposal, to a statement: *Eine Meinung, einen Vorschlag, eine Aussage unterstützen.* To subscribe to a club: *Mitglied in einem Verein werden.*

subside To subside gradually: *Langsam nachlassen.* He subsided into (on to) an armchair: *Er sank in einen Sessel.*

subsist To subsist a family: *Eine Familie unterhalten, ernähren.* To subsist troops: *Truppen versorgen.* He subsists on (upon) milk and eggs: *Er lebt von Milch und Eiern.* He subsists by writing novels: *Er lebt davon, Romane zu schreiben.*

substitute To substitute (for) s.b.: *Jemanden ersetzen.* To substitute one thing for another: *Eine Sache durch eine andere ersetzen.*

succeed To succeed in one's object (purpose): *Sein Ziel, seine Absicht erreichen.* To succeed in business, in life: *Im Geschäft, im Leben erfolgreich sein.* He succeeded in doing it: *Es gelang ihm, es zu tun.* It succeeded to perfection: *Es gelang vollkommen.* To succeed to the crown, to the throne: *Thronfolger sein.* He succeeded his father to (in) the position of legal adviser: *Er wurde als Rechtsberater der Nachfolger seines Vaters.*

success A success story: *Eine Erfolgsgeschichte.*

successful He was successful as a teacher: *Er war als Lehrer erfolgreich.*

succumb To succumb to curiosity, to temptation: *Der Neugier, der Versuchung nachgeben.* To succumb to an operation, to fever: *Einer Operation, einem Fieber unterliegen.*

such Such-and-such: *So und so, dies und das, dieses und jenes.* Such as to ..., such that: *So dass ..., um zu.* Such as: *So wie.* Such as? *Wie zum Beispiel?* Such as it is: *Sogenannt.* Such is life: *So ist das Leben.* Such master such servant (prov.): *Wie der Herr, so das Gescherr.*

suck To suck (milk from) one's mother's breast, one's mother's milk: *An der Mutterbrust saugen, Muttermilch einsaugen.* To suck one's fingers: *An den Fingern nuckeln.* To suck an orange dry: *Eine Orange auslutschen.* To suck s.b.'s blood, the blood out of s.b.: *Jemandem das Blut aussaugen.* To suck nectar from flowers: *Nektar aus den Blumen aussaugen.* To suck information from s.b.: *Aus jemandem Informationen heraussaugen.* He sucked his orangeade through a straw: *Er trank seine Orangeade mit einem Strohhalm.* To suck the monkey (colloq.): *Maßlos trinken, abschlucken.* To suck at one's pipe: *An seiner Pfeife ziehen, schmocken.* To suck in the air: *Tief einatmen.* He has sucked me in (USA): *Er hat mich an der Nase herumgeführt.* To suck up the rain: *Den Regen aufsaugen.* To suck up to s.b.: *Sich bei jemandem einschmeicheln.*

sucker He is a sucker for women: *Er kann keiner Frau widerstehen.*

suckle To suckle a baby: *Ein Baby stillen.*

sue To sue s.b. at law: *Jemanden verklagen.* I sued him for damages: *Ich verklagte ihn auf Schadenersatz.* To sue for peace: *Um Frieden flehen.* To sue for a debt: *Die Begleichung einer Schuld einfordern.* To sue out a pardon for s.b.: *Ein Gnadengesuch für jemanden einreichen.*

suffer To suffer (from) the cold, (from) the heat: *Unter der Kälte, der Hitze leiden.* Not to suffer fools gladly: *Keine Geduld mit dummen oder ungeschickten Menschen haben.* To suffer from indigestion: *An Magenverstimmung, Verdauungsstörung leiden.* To suffer from sea-sickness: *An Seekrankheit leiden.* To suffer in silence: *Still leiden.* To suffer in one's pocket: *Im stillen Kämmerlein leiden.* To suffer a defeat, great damage, heavy losses: *Eine Niederlage, großen Schaden, schwere Verluste erleiden.* To suffer martyrdom:

Als Märtyrer sterben. To suffer hell on earth, the torments of hell: *Die Hölle auf Erden erleiden, erfahren.* They suffered the same fate: *Sie erlitten das gleiche Schicksal.* To suffer troublesome people: *Anstrengende, schwierige Menschen ertragen.* You'll suffer for it! *Dafür wirst du bezahlen!*

sufferings His sufferings are at an end: *Seine Leiden haben ein Ende gefunden.*

suffice Suffice it to say that ...: *Es soll genügen, zu sagen, dass ...*

suffocating It is suffocating in here: *Es ist stickig hier drin.*

sugar To sugar one's tea: *Seinen Tee zuckern.* To sugar the pill: *Die bittere Medizin versüßen.* A sugar daddy (old): *Ein (reicher) alter Liebhaber, ein (reicher) alter Knacker.*

suggest To suggest a remedy, a solution, a theory: *Ein Heilmittel, eine Lösung, eine Theorie vorschlagen.* He suggested a good idea to me: *Er schlug mir eine gute Idee vor.* I suggested leaving at once: *Ich schlug vor, sofort zu gehen.* I suggest you write (that you should write) to him at once: *Ich empfehle dir, sofort an ihn zu schreiben.* To suggest s.th. to the mind: *Sich etwas wieder in Erinnerung rufen.*

suit To suit s.b.'s complexion: *Zu jemandes Teint, Hautfarbe passen.* That suits his disposition: *Das passt zu seinem Plan.* That suits my book: *Das passt mir prima, sehr gut.* It suits him admirably, nicely, to a „t": *Das steht ihm wunderbar, bestens.* It suits me very well, fine, down to the ground (colloq.): *Es passt mir sehr gut.* To suit the action to the words: *So handeln, wie man es gesagt hat, den Worten Taten folgen lassen.* Suit yourself: *Tu, was du für richtig hältst, ganz wie du willst, mach, was du willst.* He isn't suited to be a lawyer: *Er ist nicht als Rechtsanwalt geeignet.*

sully To sully one's reputation: *Seinen guten Ruf beschmutzen.*

sum To sum up two numbers: *Zwei Zahlen addieren.* To sum up a passage: *Einen Abschnitt zusammenfassen.* To sum up the evidence: *Die Beweise zusammenfassen.* Summing things up: *Alles in allem.*

summon To summon parliament: *Das Parlament einberufen.* To summon s.b. as a witness: *Jemanden als Zeugen vorladen.* He was summoned (to appear in court): *Er wurde (vor Gericht) vorgeladen.* They were summoned to table: *Sie wurden zu Tisch gerufen.* To summon a town to surrender: *Eine Stadt zur Aufgabe, Kapitulation zwingen.* To summon (up) one's courage, one's energy: *Seinen ganzen Mut, seine ganze Energie zusammennehmen.* To summon s.th. into existence: *Etwas schaffen.*

sun (1) To sun oneself: *Sich sonnen.*

sun (2) His sun is set: *Sein Glück, sein Leben ist vorbei.* He was sun-struck: *Er hatte einen Sonnenstich.* Under the sun (colloq.): *Auf der Welt, unter Gottes Sonne.*

sup To sup off (up) broth: *Die Suppe auslöffeln.* To sup sorrow: *Den Schmerz auskosten.*

supply To supply a proof: *Einen Beweis liefern.* To supply goods to s.b., to supply s.b. with goods: *Jemanden mit Gütern versorgen.* To supply a defect, a loss: *Einen Defekt beseitigen, einen Verlust ersetzen.* To supply a gap: *Eine Lücke füllen.* To supply a need, a want: *Ein Bedürfnis, einen Wunsch befriedigen.* They supplied themselves with water and food: *Sie versorgten sich mit Wasser und Essen.*

support To support a cause, a motion, a party: *Einen Fall, eine Bewegung, eine Partei unterstützen.* To support one's family: *Seine Familie unterstützen.* To support a part, a role: *Eine Rolle spielen.* To support a weight: *Ein Gewicht stützen.* To support life: *Am Leben erhalten.* To support oneself: *Sich auf den Beinen halten.*

suppose I suppose so, not: *Ich glaube schon; glaub ich nicht.* Suppose A equals B: *Angenommen, A ist gleich B.* Suppose we go to the pictures: *Wie wäre es, ins Kino zu gehen?* He is supposed to be here at six o'clock: *Er wollte um sechs Uhr hier sein.* It is supposed that ...: *Es wird angenommen, dass ...; es wird vorausgesetzt, dass ...* He isn't supposed to disobey his mother: *Er soll nicht ungehorsam gegenüber seiner Mutter sein.*

suppress To suppress a newspaper: *Eine Zeitung unterdrücken.* To suppress a desire, a feeling, a revolt: *Einen Wunsch, ein Gefühl, eine Revolte unterdrücken.* To suppress a bleeding: *Eine Blutung unterdrücken.* To suppress a fire: *Ein Feuer unterdrücken.* To suppress the truth: *Die Wahrheit unterdrücken.*

sure Sure (thing), sure enough: *Sicher, klar.* As sure as death (as fate, as a gun, as eggs is eggs): *Todsicher; so sicher wie das Amen in der Kirche.* I am sure of it: *Ich bin mir dessen ganz sicher.* He is sure of himself: *Er ist selbstsicher, seiner selbst sicher.* He is sure to come: *Er wird sicher kommen.* It's sure to rain: *Es wird gewiss regnen.* It is a sure bet that ...: *Man kann darauf wetten, dass ...* It is a sure draw: *Es ist ein sicherer Treffer.* To be sure: *Sicher sein; um sicher zu sein.* To feel sure of oneself: *Selbstsicher sein.* For sure: *Mit Sicherheit.* To make sure: *Sich vergewissern, sichergehen, kontrollieren.*

surfeit To surfeit (oneself) with sweets: *Sich an Süßigkeiten überessen.*

surge To surge at anchor: *Vor Anker liegen.* To surge up: *Auftauchen (aus der Erinnerung).* To surge the capstan (naut.): *Ein Gangspill aufwinden.*

surmount To surmount a difficulty, an obstacle: *Eine Schwierigkeit, ein Hindernis überwinden.*

surpass To surpass all limits: *Alle Hindernisse überwinden.* To surpass s.b. in courage: *Jemanden an Mut übertreffen.*

surprise To surprise the enemy: *Den Feind überraschen.* I surprised him in the act of stealing: *Ich überraschte ihn beim Stehlen.* I was surprised to see (at seeing) him at the theatre: *Ich war überrascht, ihn im Theater anzutreffen.* I am surprised at you! *Das hätte ich nicht von dir gedacht! Ich wundere mich über dich!*

surrender To surrender an estate: *Einen Besitz abtreten.* To surrender a territory to the enemy: *Dem Gegner ein Gebiet überlassen.* To surrender oneself to justice: *Sich der Gerechtigkeit übergeben, stellen.* She surrendered herself to despair: *Sie gab sich der Verzweiflung hin.* To surrender to one's bail: *Wieder vor Gericht erscheinen, nachdem man auf Kaution freigelassen worden war.*

surround To surround a town with walls: *Eine Stadt mit Mauern umgeben.* They surrounded the enemy patrol: *Sie umzingelten die feindliche Patrouille.* He surrounded himself with faithful friends: *Er umgab sich mit treuen Freunden.*

survive To survive a disease, a disaster: *Eine Krankheit, Katastrophe überleben.* He survived his children: *Er überlebte seine Kinder.*

suspect To suspect a danger, a plot: *Eine Gefahr, eine Verschwörung vermuten.* They suspect him of murder: *Er wird des Mordes verdächtigt.* I suspect him to be (that he is) a cheat: *Ich verdächtige ihn, ein Betrüger zu sein.*

suspend To suspend one's consent: *Seine Zustimmung zurücknehmen.* To suspend payment (comm.): *Die Zahlung zurückhalten, einstellen.* To suspend hostilities: *Die Feindseligkeiten einstellen.* To suspend a student: *Einen Studenten (zeitweilig) vom Studium ausschließen.* To suspend s.b. from an office: *Jemanden vom Amt, Dienst suspendieren.* To suspend a chandelier from the ceiling: *Einen Kronleuchter an der Decke befestigen.*

suspicion To be above suspicion: *Über jeden Verdacht erhaben sein.*

sustain To sustain an attack, a conflict, a siege: *Einen Angriff, einen Konflikt, eine Belagerung unterstützen.* To sustain a defeat, a loss: *Eine Niederlage, einen Verlust erleiden.* To sustain life: *(Sein) Leben unterhalten.* To sustain a note: *Einen Ton, eine Note aushalten.* To sustain a part, a role: *Eine Rolle angemessen spielen.* To sustain a weight: *Ein Gewicht halten.* To sustain oneself: *Den eigenen Lebensunterhalt bestreiten.* To sustain comparison with s.b.: *Dem Vergleich mit jemandem standhalten.*

swab To swab a floor: *Einen Boden abschrubben.* To swab out a wound: *Eine Wunde austupfen.* She swabbed up the water: *Sie wischte das Wasser auf.*

swaddle To swaddle a baby: *Ein Baby wickeln.*

swagger To swagger about: *Angeben.* To swagger s.b. into doing s.th.: *Jemanden durch Übertreibung überreden, etwas zu tun.*

swallow To swallow s.th. whole, at one gulp: *Etwas als Ganzes hinunterschlucken.* To swallow an insult, the leek, a lie: *Eine Beleidigung, eine Erniedrigung, eine Lüge schlucken.* To swallow a bitter pill, one's medicine: *Eine bittere Pille, die Medizin hinunterschlucken.* To swallow one's anger, one's resentment: *Seinen Ärger, seinen Widerwillen hinunterschlucken.* To swallow the hook, the bait: *Jemandem auf den Leim gehen, anbeißen.* He has swallowed all his words: *Er hat alle seine Worte verschluckt, unterdrückt.* They swallowed up the way in half an hour: *Sie legten den Weg in einer halben Stunde zurück.* He was swallowed up by darkness: *Er wurde von der Dunkelheit verschluckt.* To swallow hard: *Schwer an etwas zu kauen haben.*

swarm (1) To swarm in s.b.'s mind: *In jemandes Geist herumschwirren.* To swarm with people: *Von Menschen wimmeln.*

swarm (2) To swarm (up) a pole, a tree: *Einen Pfahl, einen Baum hinaufklettern.*

swash To swash water: *Wasser verspritzen.* To swash about: *(Über den Rand) spritzen; herumwirbeln.* To swash out: *Auswaschen.*

sway To sway the sceptre: *Das Zepter schwingen; regieren.* To sway s.b.'s thoughts: *Jemandes Gedanken beeinflussen.* They swayed him from his purpose: *Sie brachten ihn von seiner Ansicht ab.* To sway in the wind: *Im Wind drehen, schwingen.* To sway oneself backwards and forwards in one's chair: *Mit dem Stuhl schaukeln.* To sway up a yard (naut.): *Die Rahe aufrichten.*

swear To swear to tell (to speak) the truth: *Schwören, die Wahrheit zu sagen.* To swear falsely: *Einen Meineid leisten.* To swear like a lord (a trooper, anything), through a two-inch board: *Wie ein Fuhrmann fluchen.* To swear allegiance to the republic: *Der Republik Treue schwören.* To swear hatred, love: *Hass, Liebe schwören.* To swear on oath: *Einen Eid leisten.* They are sworn enemies: *Sie sind eingeschworene Feinde.* To swear the peace against s.b.: *Sich von jemandem bedroht fühlen.* To swear at s.b.: *Auf jemanden fluchen.* To swear at one another: *Sich beschimpfen.* To swear before (by) God: *Bei Gott schwören.* He swears by her honesty (colloq.): *Er schwört auf (glaubt fest an) ihre Ehrlichkeit.* To swear (in) a jury: *Ein Gericht vereidigen.* To swear off bad habits (colloq.): *Schlechten Gewohnheiten abschwören.* To swear on the book: *Auf die Bibel schwören.* He swore it on his mother's tomb-stone: *Er schwor beim Grab seiner Mutter.* To swear s.b. to secrecy: *Jemanden schwören lassen, dass er schweigen wird.* He swore to his statement: *Er beschwor seine Aussage.*

sweat To sweat blood: *Blut schwitzen.* To sweat money (pop.): *Geld ausgeben.* To sweat a prisoner (USA): *Einen Gefan-*

genen verhören. To sweat a sail (naut.): *Ein Segel hissen.* To sweat a worker: *Einen Arbeiter antreiben.* To sweat one's guts out (pop.): *Sich sehr anstrengen.* To sweat out a cold: *Eine Erkältung ausschwitzen.* To sweat (out) moisture: *Feuchtigkeit ausschwitzen.* To sweat out: *Ausschwitzen, triefen.* To sweat over one's books: *Über seinen Büchern schwitzen, büffeln.* To sweat with the heat: *Vor Hitze schwitzen.* To sweat profusely: *Übermäßig schwitzen.*

sweep To sweep the horizon: *Den Horizont mit den Augen überfliegen.* To sweep a territory: *Ein Gebiet durchstreifen.* To sweep the board, the stakes: *Alle Karten, alles Geld gewinnen, die Bank sprengen.* To sweep a constituency, the election: *Einen Wahlkreis, eine Wahl überragend gewinnen.* To sweep a curve, a line: *Eine Kurve, eine Linie ziehen.* To sweep the decks of a ship: *Das Schiffsdeck schrubben.* To sweep it: *Königlich einherschreiten.* To sweep the masses along: *Die Massen vorantreiben.* To sweep along: *Sich heftig bewegen.* To sweep away the snow: *Den Schnee wegkehren.* To sweep s.b. off the face of the earth: *Jemanden umbringen.* He was swept off his feet: *Er war wie von den Socken.* To sweep over a country: *Über ein Land hinwegfegen.* He was swept overboard: *Er wurde über Bord gespült.* To sweep up everything: *Alles mitnehmen; reinen Tisch machen.*

sweet He is sweet on (upon) that girl (colloq.): *Er ist in das Mädchen verliebt.* To have a sweet tooth (colloq.): *Gerne naschen, gern Süßes essen, Süßigkeiten mögen.* sweet nothings (old): *Zärtlichkeiten.* The sweets of s.th.: *Die Freuden, die Annehmlichkeiten.*

swell To swell the sails: *Die Segel aufblähen.* To swell the sea, a river: *Den See, einen Fluss anschwellen lassen.* To swell about (pop.): *Sich brüsten.* This swells (out, up) the importance of the matter: *Das steigert die Bedeutung der Sache.* To swell out (up): *Ansteigen, größer werden, wachsen.* He swells (he is swollen) with pride: *Er hat eine stolzgeschwellte Brust.*

swerve To swerve a ball: *Einen Ball ablenken.* To swerve from the right path: *Vom rechten Weg abkommen.* He swerved suddenly to the left: *Er wich plötzlich nach links aus.*

swill To swill (out) a bottle: *Eine Flasche spülen.* To swill oneself with wine: *Sich mit Wein betrinken.*

swim To swim a race: *An einem Schwimmwettkampf teilnehmen.* He swam a few strokes: *Er schwamm einige Züge.* To swim like a fish, like a stone (a tailor's goose): *Wie ein Fisch, wie ein Stein (eine bleierne Ente) schwimmen.* Swim or drown: *Friss oder stirb.* To swim against the stream: *Gegen den Strom schwimmen.* To swim away: *Wegschwimmen, davonschwimmen.* To swim between two waters: *Zwischen zwei Stühlen sitzen.* He swam for his life, for it:

Er schwamm um sein Leben. To swim in blood: *Mit Blut bedeckt sein.* To swim in money: *In Geld schwimmen.* To swim in deep waters: *Sich in Schwierigkeiten befinden.* To swim under water: *Tauchen.* To swim with (down) the stream, the tide: *Mit dem Strom schwimmen; sich der großen Masse anpassen.* Swimming with tears: *In Tränen ertrinken.*

swindle To swindle s.b. out of his money, money out of s.b.: *Jemanden um sein Geld betrügen.*

swing (1) To swing one's arms, one's legs: *Mit den Armen, den Beinen schaukeln.* To swing a sword, a tool: *Ein Schwert führen, mit einem Werkzeug hantieren.* To swing the market (comm.): *Den Markt erschüttern.* To swing at anchor: *Vor Anker liegen.* To swing (backwards and forwards): *Schwingen (vor und zurück).* To swing down a sack: *Einen Sack absetzen.* To swing for a crime (colloq.): *Für ein Verbrechen baumeln.* To swing from the ceiling: *Von der Decke hängen.* To swing into line (milit.): *In Formation schwenken.* He swung himself into the saddle: *Er schwang sich in den Sattel.* To swing out: *Ausschwingen (Glocke).* He swung out of the room: *Er verließ schnell den Raum.* To swing round: *Sich schnell herumdrehen.* To swing to: *Zuschwingen, zufallen (Tür).* To swing to windward (naut.): *In den Wind drehen.* To swing up a load by the crane: *Eine Ladung mit dem Kran hieven.* To swing upon one's hinges: *In den Angeln schwingen (Tür).* To swing the lead: *Sich krank stellen, simulieren, sich drücken.*

swing (2) In full swing: *In vollem Gang oder in Schwung sein.* To get into the swing (of things) (colloq.): *Den Bogen rauskriegen, sich (wieder) hineinfinden.*

swish (switch) To swish (to switch) one's tail: *Mit dem Schwanz die Luft peitschen (Drache).*

switch To switch a train (USA): *Einen Zug umleiten.* To switch a hedge, a tree: *Eine Hecke, einen Baum umsetzen.* To switch one's mind back to s.th.: *Im Geist etwas zurückkehren.* He switched the conversation (off) to another subject: *Er brachte das Gespräch auf ein anderes Thema.* To switch off (USA): *Etwas unterbrechen, abstellen.* To switch on the light, the radio, the television: *Das Licht, das Radio, den Fernseher einschalten.* To switch over to s.th: *Sich auf etwas umstellen.*

swoop To swoop (down) upon one's prey: *Auf seine Beute herabstoßen.*

sword To cross swords: *Die Klingen kreuzen; sich streiten.* The sword of Damocles: *Ein Damokles-Schwert.*

swot (swat) To swot (to swat) up a subject (pop.): *Für ein Fach lernen, büffeln.*

sympathize To sympathize with s.b.: *Mit jemandem übereinstimmen; mit jemandem mitfühlen.* I sympathize with his plan: *Ich unterstütze seinen Plan.* He sympathizes with my point of view: *Er teilt meine Ansicht.*

T

table (1) To table a bill (USA): *Eine Gesetzesvorlage ruhen lassen.* To table a card: *Eine Karte ausspielen.* To table money: *Bar bezahlen.* To table a proposal: *Einen Vorschlag einbringen.*

table (2) The tables are turned: *Das Blatt hat sich gewendet.* To drink s.b. under the table (colloq.): *Jemanden unter den Tisch trinken.* To turn the tables (on s.b.): *Den Spieß herumdrehen.*

tack To tack a ship (naut.): *Ein Schiff lavieren, wenden.* She keeps on tacking: *Sie ändert ständig ihr Verhalten.*

tackle To tackle a difficulty: *Eine Schwierigkeit angehen, anpacken.* To tackle a horse: *Ein Pferd anschirren.* To tackle an opponent (sport): *Den Gegner (im Ballbesitz) angehen, stoppen.* To tackle a problem: *Ein Problem anpacken, lösen.* To tackle s.b. on a subject: *Mit jemandem über ein Thema zu diskutieren (zu streiten) beginnen.* He tackled the chicken: *Er begann, das Hühnchen zu essen, zu verzehren.*

tag He tagged a few remarks to his speech: *Er ergänzte seine Rede mit einigen Bemerkungen.* To tag (after) s.b.: *Jemandem wie ein Schatten folgen.*

tail (1) To tail a dog: *Einem Hund den Schwanz stutzen.* To tail a kite: *Einen (Flug-)Drachen mit einem Schwanz versehen.* To tail a procession: *Am Ende einer Prozession herlaufen.* To tail after s.b.: *Jemandem nachlaufen, beschatten.* To tail aground (naut.): *Mit dem Heck auflaufen.* To tail away (off): *Dünner werden, abnehmen, sich verringern, schwächer werden.* To tail off (out) a competitor: *Einen Gegner zurücklassen, hinter sich lassen (bei einem Wettlauf).* He tailed a few remarks on to this speech: *Er ergänzte seine Rede mit einigen Bemerkungen.* To tail on (up): *Sich dranhängen, hinten anschließen.*

tail (2) A tail-end Charlie (colloq.): *Ein Nachzügler, das Schlusslicht.* With one's tail between one's legs: *Mit eingezogenem Schwanz, ganz kleinlaut.*

tailor To tailor a suit: *Einen Anzug schneidern.*

take To take action: *Handeln, Handlungen einleiten, aktiv werden.* Take my advice: *Nimm meinen Rat, höre auf meinen Rat.* To take aim: *Zielen, ein Ziel anvisieren.* To take the air: *Luft holen, frische Luft schnappen.* To take alarm at: *Sich in einen Alarmzustand versetzen; sich beunruhigen über.* To take a back seat: *In den Hintergrund treten, sich im Hintergrund halten.* To take the bad with the good: *Schlechtes und Gutes gemeinsam hinnehmen.* To be taken bad (colloq.): *Krank werden, erkranken.* To take one's bearings: *Sich orientieren.* To take the blame: *Die Schuld auf sich nehmen.* To take breath: *Luft holen, Atem schöpfen.* To take a brief: *Als Anwalt einen Fall übernehmen, einen Fall vor Gericht vertreten.* To take the cake (the biscuit): *Den Sieg davontragen.* Take care not to break it: *Pass auf, dass du es nicht zerbrichst.* To take a chair: *Sich setzen, Platz nehmen.* To take the chair: *Den Vorsitz übernehmen.* To take one's chance: *Das Glück beim Schopf packen.* To take one's choice: *Etwas nach seiner Wahl durchführen, gestalten.* To take comfort: *Sich trösten.* To take the consequence: *Die Konsequenzen tragen.* To take courage: *Sich Mut machen; all seinen Mut zusammennehmen.* To take courage again: *Wieder Mut fassen.* To take cover: *In Deckung gehen.* To take cover for goods (comm.): *Waren versichern.* To take the cowl: *Mönch werden.* To take a dangerous course: *Einen gefährlichen Kurs einschlagen.* To take a decision: *Eine Entscheidung treffen.* To take one's degree: *Sein Diplom in Empfang nehmen.* To take one's departure: *Weggehen, abreisen.* To take a different meaning: *Eine andere Bedeutung erlangen.* To take a different view: *Sich eine neue Meinung bilden.* To take a dip: *Ein Bad nehmen.* To take a drive: *Eine Ausfahrt machen.* To take one's ease: *Sich 'ganz wie zuhause' fühlen, entspannen.* Take it easy: *Nimm's leicht; sieh es nicht so eng.* To take effect: *In Wirkung treten, wirksam werden (Gesetz z.B.).* He takes everything literally: *Er nimmt alles wörtlich.* To take an examination: *An einer Prüfung teilnehmen.* To take (some) exercise: *Sich bewegen, sich sportlich betätigen.* To take extreme measures: *Extreme Maßnahmen ergreifen.* To take a false step: *Einen falschen Schritt machen; eine falsche Entscheidung treffen.* To take one's finals: *Seine Abschlussprüfungen ablegen.* They took his finger-prints: *Sie nahmen seine Fingerabdrücke auf.* To take fire: *Feuer fangen, zu brennen beginnen.* To take (to) flight: *Davonlaufen, abhauen.* To take the floor: *Das Wort ergreifen (in einer Versammlung).* To take form: *Form annehmen, konkret werden.* To take French leave: *Fortgehen, ohne sich zu verabschieden; sich verdrücken.* To take s.b.'s gauge: *Jemanden gut durchschauen, analysieren.* To take great strides: *Große Schritte machen.* To take ground: *Auf Grund laufen (Schiff).* To take one's gruel: *Bestraft werden.* To take one's guard: *Vorsichtig sein, auf der Hut sein.* To take a hard line: *Eine harte, kompromisslose Linie einschlagen, verfolgen (Politik).* To take a header (sport): *Einen Kopfsprung (ins Wasser) machen.* To take heart: *Sich Mut machen, Mut fassen.* To take holy orders: *Priester werden.* To take one's hook (pop.): *Sich davonmachen, sich aus dem Staub machen.* To take huff: *Zürnen, wütend sein.* To take the initiative: *Die Initiative ergreifen.* He took it amiss (badly): *Er hat es missverstanden.* To take it (colloq.): *Es einstecken, ertragen, schweigend erdulden.* Take it or leave it! *Nimm's hin oder lass es!* To take a journey: *Eine Reise unternehmen.* To take the knock (pop.): *Einen Schlag, Stoß einstecken.* To take the lead: *Die Führung übernehmen.* To take legal advice: *Rechtlichen Rat einholen.* To take legal measures (steps): *Rechtliche Schritte einleiten.* To take the liberty to do (of doing) s.th.: *Sich die Freiheit nehmen, so frei sein, etwas zu tun.* To take life easily, as it is: *Das Leben leicht nehmen; das Leben so nehmen, wie es ist.* To take s.b.'s life: *Jemanden töten; jemandem das Leben nehmen.* To take one's life in one's hand: *Sein Leben in die Hand nehmen; beginnen, sein Leben selbst zu bestimmen.* To take one's own line: *Es auf seine Art und Weise machen.* To take the line of least resistance: *Den Weg des geringsten Widerstandes nehmen.* To take the lion's share: *Den Löwenanteil für sich beanspruchen.* To take a long chance (shot): *Alles aufs Spiel setzen.* To take s.b.'s measure: *Jemandes Fähigkeiten beurteilen, abschätzen, abwägen.* To take a middle course (way): *Den (goldenen) Mittelweg einschlagen; zu einem Kompromiss kommen.* To take a nap: *Ein Nickerchen, Schläfchen machen.* To take no chances: *Keine Risiken eingehen.* To take no refusal: *Keine Ablehnung akzeptieren.* To take notes: *Notizen machen, niederschreiben.* To take an oath: *Einen Eid ablegen.* To take offence: *Sich beleidigt fühlen.* To take (the) pet at a thing: *Etwas übelnehmen.* To take place: *Stattfinden.* To take the pledge: *Schwören, nie wieder Alkohol anzurühren; sich zur Abstinenz verpflichten.* To take the plunge: *Sich auf ein riskantes Unternehmen einlassen; sich auf ein Abenteuer einlassen.* To take pot-luck: *Mit dem vorliebnehmen, was es zu essen gibt.* To take a pot-shot: *Ein leichter Schuss aus nächster Nähe; ein Zufallstreffer.* To take a powder: *Sich aus dem Staub machen.* To take the Queen's shilling: *Sich als Soldat anwerben lassen.* To take the rap (pop.): *Die Strafe auf sich nehmen, einen Angriff einstecken.* To take the ribbons (colloq.): *Die Zügel in die Hand nehmen; die Führung übernehmen.* To take a risk: *Ein Risiko eingehen.* To take the road: *Sich auf den Weg machen.* To take root: *Wurzeln schlagen (auch i.ü.S.); Fuß fassen.* To take the rough with the smooth: *Die rauhen und die angenehmen Seiten des Lebens genießen.* To take a run: *Laufen, das Weite suchen.* To take sanctuary: *Zuflucht nehmen, Asyl suchen.* To take a seat: *Platz nehmen, sich setzen.* Take your seats! *Nehmen Sie Platz! Alles einsteigen, bitte!* To take shape: *Form annehmen, konkret werden.* To take ship: *Sich einschiffen.* To take a short cut: *Eine Abkürzung nehmen.* To take sick (colloq.): *Erkranken.* Not to take sides: *Neutral, unparteiisch bleiben.* To take snuff: *Tabak schnupfen.* To take a step: *Einen*

Schritt machen, unternehmen (auch i.ü.S.). To take stock (comm.) *Inventur machen.* She took her son's temperature: *Sie maß die (Körper-)Temperatur ihres Sohnes.* He takes his time: *Er lässt sich Zeit.* To take a trick: *Die Hand einstreichen (Kartenspiel), einen Stich machen.* To take a trip: *Eine Reise, einen Ausflug machen.* To take the veil: *Nonne werden.* To take a walk: *Einen Spaziergang machen.* Take warning: *Sei auf der Hut, sei vorsichtig.* Taken all in all: *Alles in allem gesehen.* I take him to be an honest man: *Ich halte ihn für einen ehrlichen Mann.* To take s.b. unawares: *Jemanden (in einem unerwarteten Moment) überraschen.* He was taken aback: *Er war verblüfft, überrascht.* He takes after his father: *Er schlägt (ganz) nach seinem Vater; er ähnelt seinem Vater.* To take the field against s.b.: *Sich gegen jemanden stellen; jemanden herausfordern.* To take a pique against s.b.: *Auf jemanden böse sein; sich mit jemandem anlegen.* To take a machine apart: *Eine Maschine auseinandernehmen.* He took me aside: *Er nahm mich zur Seite.* He took aim at the lion: *Er legte auf den Löwen an; er zielte auf den Löwen.* To take a glance at s.th.: *Einen flüchtigen Blick auf etwas werfen.* To take s.b. at his face value: *Etwas anhand seines Äußeren bewerten.* To take a peep at s.b., s.th.: *Einen schnellen, verstohlenen Blick auf jemanden, etwas werfen.* Take a smell at this egg: *Rieche einmal an diesem Ei.* To take away the appetite: *Den Appetit verderben.* To take s.b.'s breath away: *Jemandem den Atem nehmen.* He was taken away in his prime: *Er starb in den besten Jahren, er starb in der Blüte seines Lebens.* To take a step back: *Einen Schritt zurück machen; einen Rückschritt machen (auch i.ü.S.).* To take the can back (pop.): *Die Verantwortung für etwas übernehmen.* To take the ball before the bound: *Etwas überstürzt, übereilt tun.* To take the bit between one's teeth: *Störrisch, aufsässig werden.* To take a horse by the bridle, a person by the throat: *Ein Pferd an den Zügeln nehmen; jemanden am Kragen packen.* To take s.b. by the button: *Sich jemanden vorknöpfen; jemanden zum Zuhören zwingen.* He took the favourable occasion by the forelock: *Er ergriff die günstige Gelegenheit beim Schopf.* To take the bull by the horns: *Den Stier bei den Hörnern packen (i.ü.S.).* To take a town (the audience) by storm: *Eine Stadt, ein Publikum im Sturm erobern.* To take s.b. by surprise: *Jemanden überraschen.* To take down a machine: *Eine Maschine demontieren.* She takes his letters down in shorthand: *Sie notiert seine Briefe in Kurzschrift, in Steno.* To take s.b. down a peg or two: *Jemanden demütigen.* He took it lying down: *Er erduldete die Situation ohne zu reagieren; er steckte den Kopf in den Sand.* I took her for her sister: *Ich verwechselte sie mit ihrer Schwes-*

ter; ich hielt sie für ihre Schwester. To take s.th. for gospel: *Etwas für die absolute Wahrheit halten.* To take a turn for the better (for the worse): *Sich zum Besseren (zum Schlechteren) wenden.* To take credit for s.th.: *Sich eine Leistung anrechnen lassen; eine Leistung für sich beanspruchen.* To take a dislike for s.b.: *Eine Aversion gegenüber jemandem empfinden.* To take a fancy (a liking) for s.b.: *Eine Schwäche für jemanden haben.* Take my word for it: *Glaube mir. Mein Wort darauf.* He took the children for a walk: *Er nahm die Kinder auf einen Spaziergang mit.* To take giant steps forward: *Mit gewaltigen Schritten voranschreiten (i.ü.S.).* To take a number from another: *Eine Zahl von einer anderen subtrahieren.* You have taken the words from my mouth: *Du hast mir das Wort aus dem Mund genommen.* To take example from s.b.: *Sich an jemandem ein Beispiel nehmen.* To take in boarders (lodgers): *Hausgäste, Mieter beherbergen.* To take in political refugees: *Politische Flüchtlinge aufnehmen.* To take in a daily paper: *Eine Tageszeitung abonniert haben.* They took him into custody: *Sie nahmen ihn in Gewahrsam.* He was taken in by a sharper: *Er wurde von einem Schwindler betrogen.* To take an interest in s.th.: *Sich für etwas interessieren.* He was taken in a trap: *Er ging in eine Falle; er wurde durch eine Falle gefangen.* To take a leap in the dark: *Einen Sprung ins Ungewisse machen.* To take s.th. in the wrong spirit: *Etwas falsch verstehen; etwas in die falsche Kehle bekommen, etwas missverstehen.* To take s.th. into account: *Etwas berücksichtigen.* To take s.th. into consideration: *Etwas in Betracht ziehen.* He took it into his head to go abroad: *Er setzte es sich in den Kopf, ins Ausland zu gehen.* To take pride in s.th.: *Auf etwas stolz sein.* To take part (a hand) in s.th.: *An etwas teilnehmen.* To take one's courage in both hands: *Allen Mut zusammennehmen.* To take the law into one's own hands: *Das Gesetz selbst in die Hand nehmen.* To take advantage of an occasion: *Eine Situation, Gelegenheit zu seinem Vorteil nutzen, ausnutzen.* To take one's farewell of s.b.: *Von jemandem Abschied nehmen.* They took leave of each other: *Sie trennten sich voneinander; sie verabschiedeten sich voneinander.* To take leave of one's senses: *Durchdrehen, verrückt werden.* To take care of s.b.: *Sich um jemanden kümmern, jemanden umsorgen.* To take care of number one (colloq.): *Zuerst an sich selbst denken.* Take care of the pence, and the pounds will take care of themselves (prov.): *Wer den Pfennig nicht ehrt, ist des Talers nicht wert.* To take note of s.th.: *Etwas bemerken, registrieren.* To take no notice of s.b., s.th.: *Keine Notiz von jemandem, von etwas nehmen.* To take precedence of s.b.: *Den Vorrang vor jemandem einnehmen.* Take heed of what I say: *Höre auf meine Worte, beachte, was ich sage.* I'd take it kindly of you if ...: *Ich wäre dir sehr verbunden, wenn ...* To take counsel of one's pillow: *Eine Sache überschlafen (bevor man eine Entscheidung trifft).* To take possession of s.th.: *Von etwas Besitz ergreifen.* To take a photograph of s.b.: *Jemanden photographieren.* To take one's hat off to s.b.: *Vor jemandem den Hut ziehen (aus Respekt).* Take off your claws! *Pfoten weg! Finger weg!* To take a day off: *Sich einen Tag frei nehmen.* Take yourself off! *Zieh Leine! Hau ab!* To take off: *Abheben, starten (Flugzeug).* To take the gilt of the gingerbread: *Einer Sache den Glanz, die Anziehungskraft nehmen.* To take s.b.'s name off the books: *Jemanden von einer Liste streichen (i.ü.S.: jemanden aus der guten Gesellschaft ausschließen).* He has taken a big load (a great weight) off my mind: *Er hat mir eine große Last vom Gewissen, von der Seele genommen.* To take on airs: *Hochmütig, überheblich werden.* He took on an air of indifference: *Er nahm eine gleichgültige Haltung an; er setzte eine gleichgültige Miene auf.* To take pity on s.b.: *Mit jemandem Mitleid haben.* To take s.b.'s words on faith: *Den Worten einer Person glauben.* To take a grip on s.th.: *Etwas in den Griff bekommen (auch i.ü.S.).* I took him on at chess: *Ich nahm es im Schachspiel mit ihm auf.* To take one's finger out (pop.): *Sich ernsthaft an eine Arbeit heranmachen; ernsthaft eine Arbeit anpacken.* He took that nonsense out of her: *Er trieb ihr diesen Unsinn aus.* To take it out of s.b.: *Jemanden erschöpfen; sich an jemandem rächen.* To take out a subscription to a daily paper: *Eine Tageszeitung abonnieren.* To take the bread out of s.b.'s mouth: *Jemandem das Brot vor der Nase wegschnappen.* To take one's chance out of s.b.: *Sich an jemandem rächen.* To take a leaf out of s.b.'s book: *Dem Beispiel einer Person folgen, jemanden nachahmen.* To take it out (pop.): *Sich abreagieren, sich Luft machen.* To take the heart of s.b.: *Jemanden entmutigen.* To take s.b. out of the gutter: *Jemanden aus der Gosse holen (i.ü.S.).* To take a rise out of s.b.: *Jemanden reizen, jemanden lächerlich machen.* To take the wind out of s.b.'s sails: *Jemandem den Wind aus den Segeln nehmen.* To take the shine out of s.b.: *Jemanden in den Schatten stellen.* To take pains over s.th.: *Sich wegen etwas viele Gedanken machen; sich große Mühe geben.* He took me round London: *Er zeigte mir London; er fuhr mit mir in London herum.* To take s.b. through a difficult passage: *Jemandem beim Verständnis einer schwierigen Textstelle helfen.* To take to the bent, to the bush: *In die Wildnis gehen, in den Busch gehen.* To take to business: *Geschäftsmann werden.* To take to one's heels (legs): *Davonlaufen, sich aus dem Staub machen.* He took to running: *Er suchte sein Heil in der Flucht; er begann zu rennen.* To take objection to s.th.: *Einspruch gegen etwas erheben.* To take to s.th. like a duck to water: *Etwas mit großer Leichtigkeit bewältigen.* To take the cattle to graze: *Vieh auf die Weide führen.* To take s.b. to one's bosom: *Jemanden heiraten.* To take s.th. to heart: *Sich etwas zu Herzen nehmen.* To take kindly of s.b.: *Jemanden sympathisch finden.* To take up the ball: *Die Unterhaltung in die Hand nehmen.* To take up the gauntlet: *Die Herausforderung (zum Streit) annehmen.* He took up the challenge: *Er nahm die Herausforderung an.* He took up the cudgels for his friend: *Er verteidigte (verbal) seinen Freund; er ergriff für seinen Freund Partei.* She took him up: *Sie korrigierte ihn, sie wies ihn zurecht.* To take up the hatchet: *Das Kriegsbeil ausgraben.* To take up s.b.'s quarrel: *Jemandes Position in einem Streit verteidigen, übernehmen.* He took me up short: *Er unterbrach mich jäh.* He was taken up with his work: *Er wurde ganz von seiner Arbeit in Anspruch genommen.* To take counsel with s.b.: *Sich von jemandem beraten lassen.* To take too many liberties (freedoms) with s.b.: *Sich zuviele Freiheiten mit jemandem (heraus)nehmen.* To take issue with s.b. on s.th.: *Mit jemandem einen Streit über etwas beginnen.* To take sides with s.b.: *Sich auf jemandes Seite schlagen.*

talk (1) To talk at large: *Unbestimmt, zu allgemein sprechen, reden.* To talk big, large: *Angeben, prahlen.* To talk business, politics: *Über Geschäftliches, Politik sprechen.* To talk double-dutch (Greek, Hebrew, gibberish): *Unsinn erzählen, sich unverständlich ausdrücken.* To talk fine (colloq.): *Sich ordentlich, anständig ausdrücken.* He talks like a book: *Er redet wie ein Buch.* To talk nineteen to the dozen: *Unaufhörlich schwatzen, das Blaue von Himmel herunterschwatzen.* To talk nonsense, rubbish: *Unsinn, Quatsch erzählen.* To talk plain English: *Ehrlich, aufrichtig, verständlich sprechen.* To talk scandal: *Klatschen, sich den Mund (über etwas, jemanden) zerreißen.* To talk sense: *Etwas Sinnvolles sagen.* To talk shop: *Fachsimpeln.* To talk slang: *Sich umgangssprachlich unterhalten.* To talk tall: *Angeben, den Mund voll nehmen.* To talk (cold) turkey (colloq.): *Die nackte, ungeschminkte Wahrheit sagen, kein Blatt vor den Mund nehmen.* He talked himself hoarse: *Er redete sich heiser.* To talk at s.b.: *Auf jemanden in einem Gespräch anspielen.* To talk away: *Ununterbrochen reden.* To talk away one's time: *Die Zeit verplaudern.* To talk back: *Eine freche Antwort geben.* To talk by signs: *Sich mit Hilfe von Zeichen, Gesten unterhalten.* To talk s.b. down: *Jemanden unter den Tisch reden; jemanden niederschreien.* To talk down to s.b.: *Herablassend mit jemandem sprechen.* Talking of: *Wo* *wir gerade davon reden, à propos ...* Talk of the devil, and he is sure to appear: *Wenn man vom Teufel spricht, erscheint er.* To talk the hind leg off a donkey, off a horse, off one's favourite dog: *Jemanden dusselig, tot reden.* To talk s.b. over: *Jemanden überreden.* He talks over (above) her head: *Er spricht zu kompliziert für sie; sie versteht ihn bei seinem hohen Sprachniveau nicht.* To talk round a subject: *Um den heißen Brei herumreden.* To talk through (the back of) one's neck (pop.): *Dümmlich, fade reden.* To talk through one's hat (colloq.): *Unsinn reden.* To talk to oneself: *Selbstgespräche führen.* To talk to s.b. like a Dutch uncle (colloq.): *Jemanden gehörig ausschimpfen, anmeckern.* To talk to the wall: *Gegen die Wand reden.* To talk up a subject: *Ein Thema auf interessante Art und Weise besprechen.*

talk (2) She is the talk of the town: *Sie ist in aller Munde; sie ist das Stadtgespräch.*

tame To tame a lion: *Einen Löwen zähmen, einen Löwen abrichten, dressieren.* To tame down a statement: *Eine Aussage abmildern, einschränken.*

tamper To tamper for power: *Um der Macht willen intrigieren.* To tamper in a plot: *An einer Verschwörung teilnehmen.* To tamper with a document: *Ein Dokument verfälschen, betrügerisch ändern.* To tamper with a witness: *Einen Zeugen zu bestechen versuchen.* To tamper with a ballot-box: *An einer Wahlurne herumpfuschen.* To tamper with food: *Nahrungsmittel verderben, verpfuschen.*

tampon To tampon a wound: *Eine Wunde tamponieren; mit einem Watte-, Mullbausch abtupfen.*

tan To tan hides: *Felle gerben.* To tan s.b.'s hide (colloq.): *Jemanden verprügeln; jemandem das Fell über die Ohren ziehen.*

tangle To tangle a skein, threads: *Einen Strang, einen Faden verwirren, verwickeln, durcheinanderbringen.* To tangle birds: *Vögel mit einem Netz fangen.*

tap (1) To tap a cask: *Ein Fass anzapfen.* To tap wine: *Wein abzapfen.* To tap s.b.'s claret (colloq.): *Jemandem die Nase blutig schlagen.* He has tapped me for a lot of money: *Er hat sich eine Menge Geld bei mir gepumpt.* To tap a tumour: *Einen Tumor, ein Krebsgeschwür punktieren.* To tap a telegraphic message: *Eine telegraphische Nachricht abfangen, anzapfen.*

tap (2) To tap the keys of a typewriter: *Die Tasten einer Schreibmaschine anschlagen.* He tapped gently at (on) the door: *Er klopfte behutsam an die Tür.* To tap s.b. on the shoulder: *Jemandem auf die Schulter klopfen.* To tap one's hand on the table: *Mit der Hand (leicht) auf den Tisch schlagen.* To tap off a message: *Eine Nachricht morsen.* To tap a pair of shoes (USA): *Ein Paar Schuhe flicken.*

tap (3) This tap runs: *Dieser Wasserhahn tropft.*

taper To taper off: *(Produktion)*

auslaufen lassen; spitz zulaufen, sich verjüngen.

tar To tar and feather s.b.'s body: *Jemanden teeren und federn.* They are tarred with the same brush: *Sie haben beide die gleichen Fehler.*

tarnish To tarnish one's reputation: *Seinen guten Ruf besudeln, beflecken.*

taste (1) To taste food, wine: *Essen, Wein (ab)schmecken.* To taste revenge, success: *Rache, Erfolg (aus)kosten.* To taste good (nice), bitter, sweet: *Gut, (angenehm), bitter, süß schmecken.* To taste burnt, stale (mouldy), sour: *Verbrannt, fade, (schimmelig), sauer schmecken.* It tastes of onions: *Es schmeckt nach Ziebeln.*

taste (2) Tastes differ (prov.): *Die Geschmäcker sind verschieden.* To one's taste: *Nach jemandes Geschmack; nach jemandes Vorstellungen.*

tax To tax the citizens: *Bürger besteuern.* To tax one's strength: *Seine Kräfte abschätzen.* To tax s.b. with theft: *Jemanden des Diebstahls bezichtigen.*

teach To teach English: *Englisch unterrichten, beibringen.* To teach school (USA): *An einer Schule unterrichten.* To teach s.b. good manners: *Jemandem gute Manieren beibringen.* To teach s.b. his place: *Jemandem seinen Platz zuweisen, auf seinen Platz zurückweisen.* I taught him (how) to read: *Ich brachte ihm das Lesen bei.* I'll teach you to be too clever: *Ich werde es dir schon austreiben, hier den Klugscheißer zu spielen.* To teach s.b. a lesson: *Jemandem eine Lektion erteilen.* To teach one's grandmother to suck eggs: *Ratschläge an jemanden geben, der sie nicht nötig hat.* That'll teach him: *Das wird ihm eine Lehre sein.*

team To team oxen: *Ochsen zusammen anspannen.* To team up with s.b. (USA): *Sich mit jemandem zusammentun.*

tear To tear one's dress: *Sein Kleid aufreißen.* To tear a sheet of paper asunder, in two, in half: *Ein Blatt Papier auseinander, entzwei, in Hälften zerreißen.* To tear s.th. to (in) pieces, to ribbons, to shreds: *Etwas in Stücke, in Fetzen reißen.* To tear s.b.'s character (reputation) to pieces (to shreds). *Über jemanden herziehen.* To tear s.b.'s feelings: *Jemandes Gefühle verletzen.* She tore her hair in despair: *Sie raufte sich die Haare vor Verzweiflung.* To tear s.b.'s heart: *Jemandem das Herz brechen, zerreißen.* To tear a hole: *Ein Loch reißen.* To tear along: *Dahinrasen; sich schnell fortbewegen.* To tear oneself away: *Sich (mühsam) von etwas losreißen, trennen.* To tear back: *Zurückrasen.* To tear down a building: *Ein Gebäude niederreißen.* He tore down the street: *Er raste, eilte die Straße hinab.* He tore into the room: *Er stürzte in das Zimmer.* To tear a page out of a book: *Eine Seite aus einem Buch reißen.* To tear up a tree (by the roots): *Einen Baum entwurzeln.*

tee To tee off (golf): *Abschlagen, das Spiel eröffnen.*

teem To teem with people: *Von Leuten wimmeln; voll sein mit Leuten.*

tell To tell one's beads: *Den Rosenkranz aufsagen.* To tell s.b.'s fortune: *Jemandem wahrsagen.* To tell a lie, the truth: *Eine Lüge erzählen, die Wahrheit sagen.* To tell the long and the short of it: *Um es kurz zu machen, …* I told him plump, point-blank, roundly: *Ich sagte ihm klipp und klar, ohne große Umschweife.* I told you so! *Hab ich es dir nicht gesagt?* To tell tales: *Märchen erzählen.* It tells its own tale: *Es spricht für sich selbst.* Tell that to the marines: *Das kannst du deiner Oma erzählen!* I'll tell you what: *Nun hör mal zu! Pass nun mal auf! Ich werde dir jetzt was sagen.* To tell against s.b.: *Gegen jemanden aussagen.* Tell him from me that …: *Richte ihm von mir aus, dass …* To tell one thing from another: *Eine Sache von einer anderen unterscheiden können.* She told off her son (colloq.): *Sie hielt ihrem Sohn eine Standpauke.* To tell on (upon) s.b.'s health: *Sich schlecht auf jemandes Gesundheit auswirken.* To tell on s.b. (pop.) : *Jemanden verpfeifen, verraten, denunzieren.* I told him (so) to his face: *Ich habe es ihm ins Gesicht gesagt.*

temper To temper glass, steel: *Stahl härten, anlassen; Glas rasch abkühlen.* To temper clay with water: *Lehm mit Wasser mischen, anmachen.* To temper a musical instrument: *Ein Musikinstrument stimmen.*

tempt To tempt s.b. to (do) evil: *Jemanden dazu verführen, Böses zu tun.* To tempt fate, God, providence: *Das Schicksal, Gott, die Vorsehung herausfordern.* I am tempted to tell him everything: *Ich bin versucht, ihm alles zu sagen.* To tempt a woman back: *Durch Schmeicheleien versuchen, eine Frau zurückzugewinnen.*

ten Ten to one he will not come: *Zehn zu eins, dass er nicht kommt.*

tend (1) To tend a flock: *Eine Herde hüten.* To tend a plant: *Sich um eine Pflanze kümmern.* To tend a sick person: *Einen Kranken pflegen.* To tend on (upon) s.b.: *Jemanden bedienen (bei Tisch).*

tend (2) To tend to (towards) generosity, pessimism: *Zur Großzügigkeit, zum Pessimismus hin tendieren.* To tend upwards: *Nach oben, in die Höhe streben (Preise z.B.).* He tends to exaggerate: *Er neigt zu Übertreibungen.*

tender (1) To tender one's services: *Seine Dienste anbieten.* To tender one's resignation: *Seinen Rücktritt, seine Kündigung einreichen.* To tender an oath to s.b.: *Jemandem einen Eid zuschieben.* To tender for a contract: *Ein Angebot machen, um einen Vertrag zu erhalten.*

tender (2) A tender spot: *Ein wunder Punkt, ein heikles Thema.* To leave s.b. to s.b.'s tender mercies: *Jemanden jemandes liebevollen Händen anvertrauen; jemanden jemandem ausliefern.*

test To test a car: *Einen Wagen testen, ausprobieren.* To test gold, silver: *Gold, Silber auf Echtheit prüfen.* To test s.b.'s patience: *Jemandes Geduld auf die Probe stellen.* To test s.b.'s statements: *Jemandes Aussagen überprüfen.*

testify To testify against s.b., in s.b.'s favour: *Gegen jemanden, für jemanden aussagen, in den Zeugenstand gehen.* To testify (of) a statement: *Die Wahrhaftigkeit, Wahrheit einer Aussage bezeugen.* He testified that the accused was a liar: *Er sagte (vor Gericht) aus, er bezeugte, dass der Angeklagte ein Lügner war.*

thank To thank s.b. for s.th.: *Jemandem für etwas danken.* Thank you for coming: *Vielen Dank, dass du gekommen bist.* Thank your for nothing! *Danke, nein! Nein, vielen Dank.* To thank s.b. from the bottom of one's heart: *Jemandem aus tiefstem Herzen danken.* Thanking you in advance, in anticipation, beforehand (comm.): *Wir bedanken uns, ich bedanke mich im Vorraus, in Erwartung ... (Brief)* I will thank you to shut the door: *Machen Sie gefälligst die Tür zu.* You may thank your lucky star that he came: *Du kannst von Glück reden, dass er gekommen ist.* Thank you very much (ever so much): *Vielen herzlichen Dank. Danke vielmals!* Thank God, goodness (heaven): *Gott sei Dank.* Thanks to heaven, to your help: *Dank göttlicher Vorsehung; dank deiner Hilfe.* To have only oneself to thank for s.th.: *Sich etwas selbst zuzuschreiben haben.*

that And all that (colloq.): *Und so weiter, und so fort, und den ganzen Kram.* At that (colloq.): *Und zwar, (noch) dazu, im Grunde, im Prinzip.* That is: *Das heißt, d.h.* That's it: *Das ist es! Das ist die Lösung! Das ist alles!* That's that! *Das wäre erledigt; und damit hat sich's, und damit basta, und Feierabend, das wär's dann wohl.* Is that you, Charles? *Bist du es, Charles?* Is that John over there? *Ist das John dort drüben?* I was that tired that ... (colloq.): *Ich war so müde, dass ...* That much, that many (colloq.): *So viel, so viele.* That ever I was born! *Verflucht sei der Tag meiner Geburt!* That's what it comes (burns down) to: *Darauf läuft es hinaus; so verhält es sich.*

thaw To thaw ice, snow: *Eis, Schnee auftauen, schmelzen.* It is thawing: *Es taut.* To thaw out the radiator (autom.): *Den Kühler entfrosten.*

then Now and then: *Dann und wann, hin und wieder.* Then and there (there and then) (colloq.): *Auf der Stelle, sofort.*

there There you are! *Bitte sehr, bitte schön; da siehst du! Da hast du's! Na endlich!* There arises the question: *Es stellt sich die Frage, ob ...* There's an art in it: *Es ist eine Kunst (es zu machen).* There he is: *Da ist er ja.* There (it is done)! *Fertig.* There goes the bell, the train: *Darum geht es also; daher weht also der Wind.* There you go again! *Na, nun schon wieder! Jetzt machst du* *das schon wieder!* There are very few left: *Es sind nur noch sehr wenige übrig.* There is little to do about it: *Da kann man wenig machen.* There is a long way to go: *Vor uns liegt noch ein weiter Weg (i.ü.S.).* There is never a lack of tiresome persons: *Wo man auch hinkommt, überall findet man langweilige Leute.* There is no denying the fact that ...: *Man kann nicht leugnen, dass ...* There is no doubt (whatever) about that: *Darüber gibt es keinen (nicht den geringsten) Zweifel.* There was no end to it: *Es nahm einfach kein Ende.* There are no flies on her: *Sie ist auf Draht.* There is no harm in that, in doing that: *Das schadet doch nichts! Was soll das schon schaden.* There's no help for it: *Es gibt keinen Ausweg; es ist aussichtslos, hoffnungslos.* There's no holding him: *Er lässt sich nicht zurückhalten.* There is no joking with him: *Er lässt nicht mit sich scherzen.* There is no knowing where he is: *Es gibt keine Möglichkeit herauszufinden, wo er sich befindet.* There is no need for me to tell you that ...: *Ich brauche dir wohl nicht zu sagen, dass ...* There's no offence in that, in doing that: *Da ist doch nichts Schlimmes, nichts Beleidigendes dabei.* There is no point in doing it: *Es hat keinen Sinn, es zu tun; es ist nutzlos.* There is no saying: *Es ist unmöglich, es vorherzusehen, es einzuschätzen.* There are no two ways about it: *Die Sache ist glasklar.* There's nothing to laugh: *Da gibt es nichts zu lachen.* There is nothing like a hearty meal: *Nichts geht über ein herzhaftes Essen.* There is nothing I can do about it: *Da kann ich nichts machen; mir sind die Hände gebunden.* There now! *Na also! Da hast du's!* There's the rub: *Da steckt der Haken der Sache.* There is something brooding: *Da braut sich etwas zusammen.* There is something nice about him. *Er hat irgendwie eine nette Art.* There is something in what you say: *An dem was du sagst, ist was dran.* There was not a soul about, in the street: *Die Straßen waren völlig leer, wie leergefegt.* There and then: *Auf der Stelle, sofort.* There, there, don't cry! *Weine nicht! Jetzt ist ja alles gut!* There will be trouble: *Es wird Ärger geben.* There is honour among thieves (prov.): *Eine Krähe hackt der anderen kein Auge aus.* There's many a slip between the cup and the lip (prov.): *Bis dahin fließt noch viel Wasser ins Meer.* There's no accounting for tastes (prov.): *Über Geschmäcker lässt sich nicht streiten.* There is no harm in trying (prov.): *Versuchen kostet nichts.* There is no smoke without fire (prov.): *Kein Rauch ohne Feuer (Sprichwort).* There is safety in numbers (prov.): *Einigkeit macht stark.* There is a time for everything (prov.): *Alles hat seine Zeit.*

thick Thick on the ground: *Zahlreich, in großen Mengen.* They are as thick as thieves: *Sie sind dicke Freunde.* A bit thick (colloq.): *Ein starkes Stück; ein* *dicker Hund.* To give s.b. a thick ear (colloq.): *Jemandem ein paar hinter die Ohren hauen.* To lay it on thick: *(Zu) dick auftragen, übertreiben.* Thick and fast: *Dicht auf dicht, in schneller Folge.* Through thick and thin (colloq.): *Durch dick und dünn.*

thin (1) To thin (out) the branches of a tree: *Einem Baum die Äste herausschneiden.* He has thinned in the belly: *Er hat abgenommen, abgespeckt (am Bauch).* His hair is thinning: *Sein Haar wird spärlicher.* To thin away (out): *Dünner werden; sich verringern; sich lichten; abnehmen.*

thin (2) Thin air: *Das Nichts.* He is as thin as a lath: *Er ist dünn wie eine Bohnenstange, spindeldürr.* Thin on the ground: *Wenige, dünn gesät.* Thin-skinned: *Dünnhäutig, empfindlich.* He is thin on top: *Er hat fast schon eine Glatze, es lichtet sich oben schon ein wenig.* To get in the thin end of the wedge: *Den ersten Schritt tun; einen schwachen Anfang machen.*

things To be all things to all men: *Sein Mäntelchen nach dem Wind hängen; sich anpassen, allen recht geben, allen nach dem Mund reden.* As things are: *Wie die Dinge stehen.* Things have come to a strange (pretty) pass: *Die Dinge haben sich schlecht, zum Schlechteren hin entwickelt.* Things are getting worse and worse, are going from bad to worse: *Alles wird immer schlimmer.* Things have gone better than I expected: *Es lief alles besser, als ich erwartet hatte.* These things happen: *Solche Dinge, Sachen passieren halt.* Things look bad for him: *Es sieht schlecht für ihn aus.* No such thing: *Nichts dergleichen; weit gefehlt.* Things prosper when the master keeps an eye on them himself (prov.): *Wenn der Besitzer, der Chef sich um die Dinge kümmert, laufen sie immer am besten.*

think To think again: *Etwas noch einmal überdenken.* To think aloud: *Laut (vor sich hin) denken.* I thought as much! *Das hatte ich erwartet!* To think big: *Hoch hinaus wollen, große Ziele haben.* I thought him dead: *Ich hielt ihn für tot.* To think hard: *Angestrengt (über etwas) nachdenken.* I think it likely: *Ich halte es für wahrscheinlich.* I think not: *ich glaube nicht, ich denke nicht.* To think otherwise: *Anderer Meinung sein; andere Ansichten haben.* I think so: *Ich glaube schon, ja.* To think that ...: *Sich vorzustellen, dass ...* To think twice: *Sich etwas zweimal (gut) überlegen.* I thought I was dreaming: *Ich dachte, ich würde träumen.* To think back to the past: *An die Vergangenheit zurückdenken.* To think badly (ill) of s.b.: *Wenig von jemandem halten; böse von jemandem denken.* Think of the consequences! *Bedenke die Folgen!* To think scorn of s.b.: *Jemanden verachten, verschmähen.* To think on (upon) the immortality of the soul: *Über die Unsterblichkeit der Seele nachdenken.* To think out a plan: *Einen Plan (in Gedan-*

ken) entwerfen, durchdenken. To think things out: *Über etwas sorgfältig nachdenken.* To think over and over again: *Etwas immer wieder überdenken.* To think through a problem: *Ein Problem durchdenken und lösen.* To think to oneself: *Bei sich selber denken; für sich denken.* To think up an excuse: *Eine Entschuldigung erfinden.* I think with him: *Ich bin seiner Meinung.*

thirst To thirst for glory, for revenge: *Nach Ruhm, Rache dürsten.*

thirsty I'm thirsty: *Ich habe Durst.* He is a thirsty mortal: *Er ist ein Trunkenbold.*

this This is Mr. Brown speaking: *Hier spricht Herr Brown; Herr Brown am Apparat.* This and that (this, that and the other): *Dies und das, alles mögliche.*

thorn A thorn in one's flesh (side): *Ein Dorn im Auge.* To sit on thorns: *Wie auf heißen (glühenden) Kohlen sitzen.*

thoroughly He was thoroughly stoned (USA): *Er war total besoffen; er war auf dem totalen Drogentrip; er war völlig zugekifft.*

thought The thought alone makes my legs shake: *Der Gedanke allein lässt mich erzittern.*

thousand The thousand and one small worries of life: *Die unzähligen kleinen Sorgen des Lebens.* It is a thousand times easier: *Es ist tausendmal einfacher.* It's a thousand pities he did not come: *Es ist sehr, sehr schade, dass er nicht kam.*

thrash (thresh) To thrash (to thresh) wheat, straw: *Weizen, Stroh dreschen.* To thrash a horse: *Ein Pferd (vorwärts-) prügeln.* He has thrashed me at tennis (colloq.): *Er hat mich im Tennis haushoch geschlagen.* To thrash a ship (naut.): *Sich mit einem Schiff vorwärtsarbeiten.* To thrash about: *Sich (im Bett z.B.) hin- und herwerfen.* To thrash out a subject, a question: *Ein Thema, eine Frage eingehend erörtern.* He thrashed out the truth: *Er enthüllte die Wahrheit.*

thread (1) To thread a needle, beads: *Eine Nadel einfädeln; Perlen aufreihen.* To thread a film camera: *Einen Film in eine Kamera einlegen.* To thread a screw (mech.): *Einer Schraube das Gewinde schneiden.* I threaded my way through the crowd: *Ich schlängelte mich durch die Menge.* Threaded with silver: *Mit Silber durchdrungen; von Silber durchzogen.*

thread (2) His life hung by a slender thread: *Sein Leben hing an einem seidenen Faden.* To take up the thread of a tale: *Den Faden einer Erzählung wieder aufnehmen.*

threaten To threaten revenge: *Rache androhen.* To threaten s.b. with death: *Jemandem mit dem Tod drohen.* It threatens to rain: *Es droht zu regnen; es sieht nach Regen aus.*

three He is three sheets in the wind (pop.): *Er ist betrunken.*

thrill To be thrilled to bits: *Ganz aus dem Häuschen sein.* To thrill the audience, the crowd: *Die Zuschauer, die Menge packen, begeistern, entzü-*

cken. To thrill with horror: *Vor Entsetzen erschauern.* To thrill through s.b.'s veins: *Jemandem das Blut in den Adern gefrieren lassen.*

throttle To throttle a revolt: *Eine Revolte unterdrücken, ersticken.* To throttle down an engine: *Einen Motor abdrosseln.*

through Through fair and foul (thick and thin): *Durch dick und dünn; durch gute und schlechte Zeiten.* Through your fault: *Durch deine Schuld; von dir verschuldet.* Through ignorance: *Infolge von Dummheit, aus Unwissen.* I am through with the affair: *Ich will mit der Sache nichts mehr zu tun haben.* I'm through: *Ich hab' die Nase voll.* He is through (USA): *Er ist geliefert; er ist unten durch.* He has been through it (colloq.): *Er hat es schon einmal durchgemacht.* He was through with him (colloq.): *Er hatte von ihm die Nase voll; er wollte von ihm nichts mehr wissen.* Through and through: *Durch und durch, völlig, komplett.*

throughout Throughout the world: *In der ganzen Welt.*

throw To throw the dice: *Die Würfel werfen.* To throw the discus, the hammer, the javelin: *Den Diskus, den Hammer, den Speer werfen (Sport).* To throw the nets: *Die Netze auswerfen (zum Fischen).* To throw a card: *Eine (Spiel-)Karte ins Spiel werfen, abwerfen.* To throw a fit (USA): *Einen hysterischen Anfall haben; einen Wutanfall haben.* To throw a foal: *Ein Fohlen werfen, zur Welt bringen.* To throw the hatchet: *Übertreiben, flunkern.* To throw open a door, a window: *Eine Tür, ein Fenster aufreißen.* They threw open their doors to the stranger: *Sie empfingen den Fremden mit großer Gastfreundschaft.* To throw a party (colloq.): *Eine Party, ein Fest veranstalten.* To throw a rider: *Einen Reiter abwerfen (vom Pferd).* To throw a shoe: *Ein Hufeisen verlieren (Pferd).* To throw one's skin: *Sich häuten (Schlange z.B.).* To throw a sprat to catch a herring (a mackerel, a whale): *Mit der Wurst nach dem Schinken werfen.* To throw about one's hands: *Mit den Händen gestikulieren.* To throw about one's money: *Sein Geld zum Fenster hinauswerfen.* To throw the helve after the hatchet: *Das Kind mit dem Bade ausschütten.* To throw the book at s.b.: *Jemanden vehement angreifen.* To throw a stone at s.b.: *Auf jemanden einen Stein werfen.* To throw stones at s.b.: *Jemanden kritisieren, anklagen, beschuldigen.* She threw herself at his feet: *Sie warf sich ihm zu Füßen.* To throw oneself at the head of s.b.: *Versuchen, jemandes Aufmerksamkeit zu erregen.* To throw mud (dirt) at s.b.: *Jemanden schlechtmachen, jemandem übel nachreden.* To throw away one's money: *Sein Geld aus dem Fenster werfen.* To throw back a charge: *Eine Anschuldigung erwidern.* To throw back one's departure: *Seine Abreise verlegen, aufschieben.* To throw back one's head: *Den Kopf zurück-*

werfen. To throw back light: *Licht reflektieren.* To throw back: *Zurückwerfen (zeitlich, in der Entwicklung).* It throws back to the tenth century: *Es geht auf das zehnte Jahrhundert zurück.* To throw down one's tools: *Streiken.* To throw down the gage (a challenge, the gauntlet, the glove) to s.b.: *Jemanden herausfordern, beleidigen.* To throw down an officer: *Einen Offizier degradieren.* To throw s.b. down into the dust: *Jemanden demütigen, niedermachen.* To throw in the towel: *Das Handtuch werfen; aufgeben.* To throw in one's lot with s.b.: *Jemandes Schicksal (freiwillig) teilen.* To throw dust in s.b.'s eyes: *Jemandem Staub in die Augen werfen; jemanden in die Irre führen.* To throw a charge in s.b.'s teeth: *Jemandem eine Anschuldigung ins Gesicht werfen.* To throw difficulties (obstacles) in s.b.'s way: *Jemandem Hindernisse in den Weg legen; jemandem Schwierigkeiten machen.* To throw s.b. in the shade: *Jemanden in den Schatten stellen.* To throw off the yoke: *Sich von seinem Joch befreien. (i.ü.S.).* To throw off the mask: *Sich die Maske vom Gesicht reißen (i.ü.S.).* To throw off a disease: *Eine Krankheit überstehen.* To throw s.b. off his balance: *Jemanden aus dem Gleichgewicht bringen.* To throw s.b. off the scent: *Jemanden von der (richtigen) Spur abbringen.* To throw a picture on the screen: *Ein Bild auf eine Leinwand werfen, projizieren.* It throws new (fresh) light on the matter: *Das wirft ein ganz neues Licht auf die Angelegenheit; das lässt die Sache in neuem Licht erscheinen.* To throw light on a crime: *Ein Verbrechen aufklären.* To throw discredit on s.b.'s words: *Jemandes Worte in Frage stellen.* To throw lustre on (over) one's name: *Seinem Namen Glanz verleihen.* To throw cold water on s.b.'s enthusiasm: *Jemandes Begeisterung abkühlen, ernüchtern.* To throw a shadow on (over) s.b.'s reputation: *Einen Schatten auf jemandes Ruf werfen.* They threw all the blame on him: *Sie gaben ihm alle Schuld.* I threw myself on (upon) his clemency: *Ich unterwarf mich seiner Gnade; ich lieferte mich seiner Gnade aus.* To throw one's money out of the window: *Sein Geld aus dem Fenster werfen.* To throw out a feeler: *Einen Fühler ausfahren; etwas sondieren.* To throw out one's chest (pop.) : *Sich in die Brust werfen, sich aufplustern.* To throw out a bill: *Eine Gesetzesvorlage ablehnen.* To throw out buds: *Knospen treiben (Pflanzen).* To throw out an idea: *Einen Vorschlag machen, eine Idee vorbringen.* To throw a bridge over a river: *Eine Brücke über einen Fluß (rasch) bauen, konstruieren.* To throw a damp (a chill, a gloom) over s.b.'s happiness: *Jemandes Glück einen Dämpfer geben.* To throw one's cap over the windmill: *Jede Vorsicht, Vernunft außer Acht lassen.* To throw a project over (board): *Ein Projekt verwerfen.* To throw s.th. to the dogs: *Etwas wegwerfen.* To throw up (colloq.): *Sich übergeben, erbrechen.* Throw up your hands! *Hände hoch!* To throw up one's hands: *Verzweifeln.* To throw up the sponge: *Sich für besiegt erklären, sich geschlagen geben (Boxsport).* To throw a ship up in (into) the wind (naut.) *Ein Schiff vor den Wind legen.*

thrum To thrum (on) the piano: *Auf dem Klavier klimpern.* He was thrumming with his fingers on the table: *Er trommelte mit den Fingern auf dem Tisch.*

thrust To thrust an attack home: *Einen Angriff mit aller Kraft, bis zum letzten durchführen.* To thrust aside all authority: *Jegliche Autorität übergehen, verwerfen.* He thrust at me with a dagger: *Er stieß mit einem Dolch nach mir.* He thrust me away without saying a word: *Er wies mich von sich, ohne ein Wort zu sagen.* To thrust back the crowd: *Die Menge zurückdrängen.* To thrust one's opinions down s.b.'s throat: *Jemandem seine Ansichten aufdrängen.* To thrust oneself forward: *Sich vorwärts werfen.* To thrust one's nose into other people's business: *Seine Nase in anderer Leute Angelegenheiten stecken.* He thrust himself in between them: *Er warf sich zwischen sie.* To thrust s.b. on: *Jemanden stoßen, drängen, treiben; jemanden (ins Gefängnis) werfen.* I thrust the disturber out of the room: *Ich setzte den Störenfried vor die Tür.* To thrust one's way through the crowd: *Sich seinen Weg durch die Menge bahnen.* To thrust oneself upon s.b.: *Sich (seine Gegenwart) jemandem aufdrängen.*

thumb To thumb a book: *Ein Buch beschmutzen (mit dreckigen Fingerabdrücken), durchblättern.* To thumb a lift (USA): *Per Anhalter fahren.* To thumb one's nose at someone (USA): *Jemandem eine lange Nase zeigen.* To thumb down the tobacco in one's pipe: *Seine Pfeife mit Tabak stopfen.*

thumbs Thumbs down, up! *Schief gegangen, war wohl nichts! Ausgezeichnet, prima!* Her fingers are all thumbs: *Sie hat zwei linke Hände.* He is under his wife's thumb: *Er steht unter dem Pantoffel, unter der Fuchtel seiner Frau.* To twiddle one's thumbs (colloq., fig.): *Däumchen drehen.*

thump To thump the ground: *Dumpf auf dem Boden aufschlagen.* He has thumped me without reason: *Er hat mich grundlos geschlagen.* To thump a cushion flat: *Ein Kissen aufschütteln.* He told you a thumping lie: *Da hat er dir eine faustdicke Lüge aufgetischt.*

thunder To thunder invectives, threats: *Ermunterungen, Drohungen brüllen, donnern.* He thundered against his adversaries: *Er wetterte gegen seine Gegner.* It thundered all night: *Es donnerte die ganze Nacht.* To thunder in one's ears: *Jemandem in den Ohren dröhnen.*

thwart To thwart s.b.'s plans: *Jemandem einen Strich durch die Rechnung machen.*

tick To tick away (out) time: *Den Fortgang der Zeit mit einem tickenden Geräusch begleiten (Uhr).* To tick off an item in a list: *Einen Posten auf einer Liste abhaken.* He ticked off his son (pop.) : *Er schnauzte seinen Sohn an, er stieg seinem Sohn aufs Dach, er wusch seinem Sohn den Kopf.* To tick over: *Mit kleinster, minimaler Kraft laufen (Motor).*

ticket That's the ticket! (colloq.): *Genau das wollte ich! Genau danach habe ich gesucht! Famos!* He is on the Republican ticket: *Er steht auf der Wahlliste der Republikanischen Partei (USA).* To get one's ticket: *Seinen Entlassungsschein von den Streitkräften erhalten.*

tickle To tickle s.b. with a straw: *Jemanden mit einem Strohhalm kitzeln.* To tickle s.b.'s curiosity, vanity: *Jemandes Neugier, Eitelkeit reizen.* To tickle s.b.'s ears: *Jemandem schmeicheln.* To tickle the palate: *Den Gaumen kitzeln (Essen).* To tickle the strings of a guitar: *Die Saiten einer Gitarre zupfen.* To tickle the fire: *Das Feuer schüren.* To tickle fish: *Fische mit der bloßen Hand fangen.* To tickle s.b.'s palm: *Jemandem ein Trinkgeld geben.* I am tickled to death: *Ich könnte mich totlachen.* To tickle s.b. up: *Jemanden aufmuntern, anregen.*

ticklish He is ticklish: *Er ist kitzlig*

tide The tide is at the flood, at the ebb: *Es herrscht Flut, Ebbe.* The tide ran out (went out) two hours ago: *Die Ebbe begann vor zwei Stunden.* The tide serves: *Die Gezeiten sind günstig.*

tidy To tidy (up) a room: *Ein Zimmer säubern, aufräumen.* She tidied herself (up) a bit before going out: *Sie machte sich ein wenig zurecht, bevor sie ausging.*

tie To tie a knot: *Einen Knoten binden.* To tie a rope in a knot: *Ein Seil verknoten.* To tie the knot: *Heiraten.* To tie one's shoe-strings: *Sich die Schuhe binden.* To tie s.b. down to silence: *Jemandem Schweigen auferlegen.* To tie a label on to a trunk: *Ein Etikett an einer Kiste befestigen.* He is tied to his mother's apronstrings: *Er ist ein Muttersöhnchen.* I am tied to (for) time: *Mir steht nur wenig (freie) Zeit zur Verfügung.* To tie sticks together: *Stöcke aneinanderbinden.* To tie (up) a horse to a tree: *Ein Pferd an einen Baum binden.* To tie up one's capital (comm.): *Sein Kapital, Geld festlegen.* To tie up a boat, a ship (naut.): *Ein Boot, Schiff vertäuen, anbinden.* To tie all the ends up: *Eine Handlung gut enden lassen (eines Buches); eine Theorie überzeugend darstellen.* To tie oneself (up) in knots: *Sich in Schwierigkeiten verstricken.* To tie up with s.b. (USA): *Sich mit jemandem zusammentun, zusammenschließen.* To tie with an opponent (sport): *Die gleiche Anzahl von Punkten wie der Gegner machen (Sport); unentschieden spielen.*

tighten To tighten a screw, a nut: *Eine Schraube, eine Mutter festziehen.* To tighten a rope, the strings of a violin: *Ein Seil festzurren, die Saiten einer Violine befestigen.* To tighten the reins: *Seine Führungsposition festigen; die Zügel fester anziehen (i.ü.S.).* To tighten one's belt: *Seinen Gürtel enger schnallen; fasten, hungern.* To tighten one's lips: *Die Lippen aufeinanderpressen.* To tighten the purse-strings: *Weniger freigiebig mit seinem Geld umgehen.*

till Till the end: *Bis zum Ende, bis zum Schluss.* Till further notice: *Bis auf weitere Nachricht.* Till the last: *Bis zum letzten.* Till late, till all hours: *Bis spät (in die Nacht z.B.).* Till now: *Bis jetzt, bis heute.* Till then: *Bis dann.*

tilt To tilt (back) one's hat: *Den Hut schräg aufsetzen, nach hinten kippen.* To tilt stones from a cart: *Steine aus einem Wagen auskippen.* To tilt the water out of a bucket: *Wasser aus einem Eimer ausschütten.* To tilt up a bucket : *Einen Eimer umwerfen, umstoßen.* To tilt the lance: *Mit der Lanze (nach jemandem) stechen.* To tilt at s.b.: *(Historisch: bei Tunierkämpfen) gegen jemanden anreiten; jemanden angreifen.* To tilt at windmills: *Gegen Windmühlen ankämpfen.* To tilt with s.b.: *Mit jemandem wetteifern, kämpfen.*

time (1) To time an engine: *Einen Motor einstellen, tunen.* He timed his remark accurately: *Er machte die Bemerkung zur rechten Zeit.* He timed the speed of each runner: *Er nahm, stoppte die Zeit jedes Läufers.* To time a train: *Die Ankunftzeit eines Zuges festlegen.* To time a watch: *Eine Uhr stellen.* To time to a piece of music: *Bei einem Musikstück den Takt angeben.*

time (2) To be ahead of one's time: *Seiner Zeit voraus sein.* Behind the times: *Rückständig.* The big time (colloq.): *Der Durchbruch, Erfolg.* The time has come to go: *Es ist Zeit zu gehen.* Time is getting (running) short: *Die Zeit wird knapp.* Time presses: *Die Zeit drängt.* Time is up: *Die Zeit ist um, vorbei.* It's time for dinner: *Es ist Zeit, zu Abend zu essen.* It's time for school: *Es ist Zeit, in die Schule zu gehen.* His time is drawing near, is almost over: *Seine Zeit ist gekommen; seine Zeit ist fast schon vorbei.* Time after time: *Immer fortdauernd, lange Zeit, wieder und wieder, immer wieder.* Time and again: *Immer wieder, oft, viele Male.* Time enough (colloq.): *Zeit genug; es besteht kein Grund zur Eile.* Time flies (prov.): *Die Zeit vergeht wie im Flug.* For the time being: *Im Augenblick, vorläufig.* To kill time (colloq.): *Die Zeit totschlagen.* To mark time: *Auf der Stelle treten.* There is no time like the present: *Was du heute kannst besorgen, das verschiebe nicht auf morgen.* Time is money: *Zeit ist Geld.* From time out of mind, immemorial: *Seit undenklichen Zeiten.* From time to time: *Von Zeit zu Zeit.* To have the time of one's life (colloq.): *Die ganze Zeit der Welt haben, sich glänzend amüsieren, eine herrliche Zeit verbringen.* In one's time: *Seinerzeit, früher einmal.* Time will show, will tell (prov.): *Es wird sich mit der Zeit zeigen; die Zeit wird es zeigen.* To give a servant time off: *Einem Bediensteten Freizeit gewähren.* Time and tide wait for no man: *Das Rad der Zeit lässt sich nicht aufhalten.*

tinker To tinker about: *Herumtrödeln.* To tinker up a dress: *Ein Kleid flicken, ausbessern.* To tinker at a thing: *An etwas herumpfuschen.* Not to give a tinker's curse for s.b. (colloq.): *Sich einen feuchten Dreck um jemanden scheren.*

tip (1) To tip a barrel: *Ein Fass ausschütten.* To tip a cart, rubbish: *Einen Wagen abladen; Müll abladen.* To tip the elbow (colloq.): *Einen heben, etwas trinken.* To tip the scales: *Den Ausschlag geben.* To tip (up) one's hat: *Den Hut (zum Gruß) abnehmen.* To tip over: *Umkippen.* Tip me your fin! *Reich mir die Flosse! Gib mir deine Hand!* To tip the waiter: *Dem Ober ein Trinkgeld geben.* To tip s.b. a (the) wink: *Jemandem einen Wink geben.* To tip s.b. on the shoulder: *Jemandem an, auf die Schulter tippen.* To tip someone off: *Jemanden warnen.* To tip off a glass of wine: *Ein Glas Wein hinunterstürzen.* He tipped out of the room: *Er stürzte aus dem Zimmer.*

tip (2) To be on the tip of one's tongue: *Jemandem auf der Zunge liegen.*

tipsy He was tipsy: *Er war beschwipst.*

tire To tire one's eyes with reading: *Seine Augen durch Lesen ermüden.* He has tired me with his long tale: *Er hat mich mit seiner langen Geschichte gelangweilt, ermüdet.* To tire s.b.'s patience: *Jemandes Geduld erschöpfen.* To tire down the quarry: *(Bei der Jagd) die Beute müdehetzen.* He tired of his job: *Er wurde seiner Arbeit müde.* I am tired of him: *Ich habe ihn satt; ich kann ihn nicht mehr sehen.* I am tired of it: *Ich habe davon genug; ich habe davon die Nase voll.* To tire s.b. out, to death: *Jemanden erschöpfen, entkräften.* I am tired out: *Ich bin todmüde, völlig erschöpft.*

tit Tit for tat: *Auge um Auge, Zahn um Zahn; wie du mir, so ich dir.*

to To all appearance: *Allem Anschein nach.* To all intents and purposes: *Bei allem, was recht ist.* To arms! *Zu den Waffen!* To the backbone: *Bis ins Mark.* To one's beard: *Ins Gesicht, offen.* To the best advantage: *Auf bestmögliche Art und Weise.* To the best of my belief (of my knowledge), of my memory: *Soweit ich weiß, soweit ich mich erinnere; nach bestem Wissen und Gewissen.* To the bitter end: *Bis zum bitteren Ende.* To boot: *Außerdem, überdies.* To a certain degree (extent): *Bis zu einem gewissen Grad.* To (a) certainty: *Mit Sicherheit.* To the contrary: *Im Gegenteil.* To the core: *Zum Kern (der Sache).* To date, to this day: *Bis heute, bis zum heutigen Tag.* To a day: *Bis auf einen Tag genau (bei der Bestimmung eines Zeitpunktes der Vergangenheit).* To each saint his candle: *Ehre wem Ehre gebührt.* To the echo: *Mit lauter Stimme.* To the effect that …: *Mit dem Sinn, mit der Bedeutung, dass …* To the end (of the chapter): *Bis zum Ende (des Kapitels).* To one's face: *Ins Gesicht, offen.* To a fault: *Übertrieben, allzu.* To and fro: *Hin und zurück; hin und her.* To the full: *Völlig, ganz und gar.* To a great measure: *In großem Ausmaß.* To the ground: *Völlig, ganz und gar.* To hand: *In der Nähe, zur Hand.* To everyone's heart's content: *Zu allgemeiner Zufriedenheit; nach aller Wünsche.* To a high degree: *In großem Ausmaß; zu einem hohen Grad.* To horse! *Auf die Pferde!* To a large measure: *In großem Ausmaß.* To the last: *Bis zum Letzen.* To the last man: *Bis auf den letzten Mann.* To the letter: *Auf den Buchstaben genau.* It is to my liking: *Es ist nach meinem Geschmack.* To little avail (purpose): *Nutzlos, sinnlos.* To a man: *Alle, ohne Ausnahme.* To my mind: *Meiner Meinung nach.* To the minute: *Auf die Minute genau.* To the naked eye: *Mit dem bloßen Auge.* To a nicety: *Exakt, genau.* To no avail (end, purpose): *Sinnlos, nutzlos.* To perfection: *Bis zur Perfektion.* To the point: *Passend.* To the present day: *Bis zum heutigen Tage.* To schedule: *Nach Plan; planmäßig.* To some degree: *Bis zu einem gewissen Grad.* To my surprise: *Zu meiner Überraschung.* It is to my taste: *Es ist nach meinem Geschmack.* To the tick: *Auf die Sekunde genau, pünktlich.* To the tune of fifty pounds: *Für das hübsche Sümmchen von fünfzig Pfund.* To a turn: *Perfekt; bis zur Perfektion.* To the utmost: *Bis zum äußersten.* To what degree (extent)? *In welchem Ausmaß?*

today Today week, in a fortnight: *Heute in einer Woche, heute in vierzehn Tagen.*

toddle To toddle off: *Tappen, watscheln, abhauen.*

toe (1) To toe the ball (golf): *Den Ball mit dem Löffel schlagen (Golf).* To toe the crack, the line, the mark, the scratch: *Sich zum Wettlauf am Start aufstellen.* To toe the line: *Sich gleichschalten, einfügen.* To toe and heel (it): *Tanzen.* To toe a stocking: *Strümpfe mit neuen Spitzen versehen.* To toe in, out: *Beim Gehen die Füße nach innen, außen setzen.*

toe (2) To be on one's toe: *Startklar sein, auf Zack sein.* To tread on s.b.'s toes (colloq.): *Jemandem auf die Zehen treten.*

tog To tog up: *Sich herausputzen.*

toil To toil and moil: *Sich abschuften, abmühen.* To toil along: *Sich mühsam fortbewegen.* To toil out a task: *Eine Aufgabe unter großen Mühen erledigen.* To toil one's way through the crowd: *Sich mühsam seinen Weg durch die Menge bahnen.* To toil game: *Wild in einer Falle fangen.*

toll To toll the passing-bell, a knell, s.b.'s death: *Die Totenglocke läuten, erschallen lassen.* To toll the hours: *Die Stunden schlagen.*

tone To tone down a colour: *Eine Farbe abtönen, dämpfen.* To tone down a sound: *Ein Geräusch dämpfen.* To tone down: *Sich abregen, seinen Ärger mildern.* To tone up the nervous system: *Das Nervensystem stärken.*

tongue Tongue in cheek: *Ironisch, unaufrichtig, mit Hintergedanken.* To hold one's tongue: *Den Mund halten.* The tongue is sharper than any sword (prov.): *Die Zunge ist schärfer als jedes Schwert.* Tongues will wag: *Darüber wird man sich die Mäuler zerreißen, klatschen.* To keep a civil tongue in one's head: *Höflich, freundlich bleiben.*

too (That's) too bad! *Wie schade! Zu schade! Das ist schlimm!* Too clever by half: *Sehr gut; ausgezeichnet; vorzüglich.* That's too much! *Das ist zuviel.* That's too rich! *Wie schön dies ist!* That's too good to be true! *Das ist zu schön, um wahr zu sein.* Too much breaks the bag (is as bad as none at all), too much of a good thing is good for nothing (prov.): *Zuviel des Guten schadet nur.* Too many cooks spoil the broth (prov.): *Zuviele Köche verderben den Brei.*

toot To toot the horn: *Ins Horn blasen, hupen.*

top (1) To top a bottle: *Eine Flasche mit einem Deckel versehen.* He tops his father by a head: *Er überragt seinen Vater um einen Kopf.* He tops six feet: *Er ist über sechs Fuß groß.* To top one's part: *Seine Rolle sehr gut wiedergeben, rezitieren.* To top a tree: *Einen Baum stutzen.* To top and lop (and tail): *Beschneiden, stutzen.* To top the ball, one's drive (golf): *(Beim Golf) den Ball oben schlagen.* He topped his boom (pop.): *Reißaus nehmen, sich aus dem Staub machen.* He tops the list: *Er steht an der Spitze, am Anfang der Liste.* To top a mountain: *Den Gipfel eines Berges erklimmen.* To top off one's career: *Seine Karriere beenden.* He topped off (up) with a cup of coffee (colloq.): *Er beschloss, beendete das Essen mit einer Tasse Kaffee.* To top up a glass: *Ein Glas bis zum Rand (auf-)füllen.*

top (2) To be top dog (colloq.): *Das Sagen haben.* To blow one's top (colloq.): *In die Luft gehen.* Over the top: *Übertrieben.* To sleep like a top: *Wie ein Klotz oder wie ein Murmeltier schlafen.* The top of the ladder (tree) (colloq.): *Die oberste Sprosse der Erfolgsleiter; der Gipfel des Erfolgs.*

topple To topple (down, over): *Umkippen, umstürzen, niederstürzen.*

toss To toss (up) a coin: *Eine Münze werfen; den Zufall entscheiden lassen.* To toss one's head: *Den Kopf hochwerfen.* To toss a pancake: *Einen Pfannkuchen in die Luft schleudern (um ihn zu wenden).* To toss a rider: *Einen Reiter abwerfen (Pferd).* I was tossed by (with) the news: *Die Nachricht warf mich um.* We were tossed by (with) the waves: *Wir wurden von den Wellen hin- und hergeworfen.* To toss (about) a question: *Eine*

Frage diskutieren. To toss about (away) one's money: *Sein Geld verschleudern; mit Geld um sich werfen.* To toss s.b. from pillar to post: *Jemanden von Pontius zu Pilatus schicken.* He tossed off the glass of wine: *Er stürzte, schüttete, goss das Glas Wein hinunter.* She tossed him a note through the window: *Sie warf ihm eine Nachricht durch das Fenster zu.*

tot To tot up two numbers (colloq.): *Zwei Zahlen zusammenzählen.*

totter To totter away: *Torkelnd, wankend davongehen.* He tottered out of the room: *Er torkelte, wankte aus dem Zimmer.*

touch (1) To touch bottom: *Auf Grund laufen (auch i.ü.S.)* To touch glasses: *Zu den Gläsern greifen (bei einem Toast).* To touch ground: *Auf Grund laufen (Schiff); zur Sache kommen.* Not to touch a hair of s.b.'s head: *Jemandem kein Haar krümmen.* To touch the right chord: *Den richtigen Ton treffen; den Geschmack treffen.* To touch the spot (colloq.): *Etwas erraten.* To touch the strings of a violin: *Die Saiten einer Violine zupfen, berühren.* To touch wood: *Auf Holz klopfen (aus Aberglauben).* To touch a bell, a button: *Ein Glöckchen erklingen lassen.* To touch money (colloq.): *Geld kassieren, einnehmen.* No one can touch him: *Ihm kommt keiner gleich.* This touches me nearly: *Dies betrifft, berührt mich ganz persönlich.* It was touch-and-go whether I won the race: *Es stand auf des Messers Schneide, ob ich das Rennen gewinnen würde.* He has touched me for money (pop.) : *Er hat mich um Geld angepumpt.* To touch off mines: *Minen auslösen, hochgehen lassen.* To touch off a cannon: *Eine Kanone abfeuern.* To touch on (upon) a subject: *Ein Thema berühren.* To touch s.b. on a sore (tender) place (spot), on the raw, to the quick: *Jemanden an einem wunden Punkt berühren, angreifen.* To touch up a photograph, a picture: *Eine Photographie, ein Bild retuschieren.* To touch up s.b.'s memory: *Jemandes Gedächnis auffrischen.*

touch In touch: *In Verbindung.* It's touch-and-go (colloq.): *Auf Messers Schneide stehen.* To have lost touch: *Keinen Kontakt mehr haben, den Kontakt verlieren.*

tough He is a tough customer: *Er ist ein schwieriger Kerl; mit ihm ist nicht gut Kirschen essen.*

tour To tour (all over, through) the world: *Die ganze Welt bereisen.* To tour the provinces: *Durch die Provinz reisen, touren.*

tow To tow a car, a ship: *Einen Wagen abschleppen; ein Schiff ins Schlepptau nehmen.*

trace To trace out a drawing: *Eine Zeichnung sorgfältig entwerfen.* To trace game: *Wild verfolgen, aufspüren.* To trace hieroglyphs: *Hieroglyphen entziffern.* To trace a path: *Einem Pfad folgen.* To trace a road: *(Auf einer Landkarte) den Verlauf einer Straße nachvollziehen.* To trace a runaway: *Einen*

Flüchtling, entlaufenen Gefangenen aufspüren, auffinden. To trace a disease back to its origins: *Eine Krankheit bis zu ihrem Anfang zurückverfolgen.* It traces back to the eleventh century: *Es geht auf das elfte Jahrhundert zurück.* To trace out the plan of a house: *Den Plan eines Hauses aufzeichnen, entwerfen.*

track (1) To track a path: *Einen Pfad erforschen.* He tracked the fox to its earth: *Er spürte dem Fuchs bis in seinen Bau nach.* They tracked down (out) the thief: *Sie nahmen den Dieb fest.*

track (2) To be on the track of s.b.: *Jemandem auf der Spur sein, hinter jemandem her sein.* To keep track of s.b. (colloq.): *Jemanden nicht aus den Augen verlieren.* To be on the right track: *Auf der richtigen Spur sein.*

trade To trade s.th. in: *Etwas in Zahlung geben.* To trade in cotton: *Mit Baumwolle handeln.* To trade with foreign countries: *Mit fremden Nationen, dem Ausland handeln.* To trade furs for gold: *Felle, Pelze gegen Gold tauschen.* To trade in an old car (USA): *Einen gebrauchten, alten Wagen in Zahlung geben.* He traded on (upon) her good nature and generosity: *Er nutzte ihre Gutmütigkeit und Großzügigkeit aus.*

traffic To traffic in drugs: *Mit Drogen handeln.* To traffic with foreign merchants: *Mit ausländischen Waren handeln.* He trafficked with the enemy to gain his ends: *Er konspirierte mit dem Feind, um seine Ziele zu erreichen.*

trail (1) To trail one's feet, one's legs: *Schlurfen; sich dahinschleppen.* To trail game: *Wild verfolgen.* To trail a path: *Einem Pfad folgen.* To trail a rifle: *Ein Gewehr im Anschlag haben.* I trailed him along with me (behind me) by force: *Ich zerrte ihn mit Gewalt mit mir (hinter mir her).* To trail along (on) the ground: *Auf dem Boden schleifen (langes Kleid).* They trailed away from the village: *Sie entfernten sich langsam, schleppend von dem Dorf.* He trailed himself to the gate: *Er schleppte sich zum Tor.*

trail (2) To blaze a trail: *Wegweisend oder bahnbrechend sein.*

train To train one's brain, one's eye: *Sein Gehirn trainieren, sein Auge üben.* To train monkeys, seals: *Affen, Seehunde dressieren.* To train a plant against a wall: *Eine Pflanze entlang einer Mauer wachsen lassen.* To train down (sport): *Sich Gewicht abtrainieren.* To train an athlete for running: *Einen Athleten im Laufen trainieren.* He is training for the next race: *Er trainiert für das nächste Rennen.* To train on (sport): *Sich durch Training verbessern.* To train a machine-gun on s.b.: *Eine Maschinenpistole gegen jemanden richten.* To train soldiers to the use of firearms: *Soldaten mit der Benutzung von Schusswaffen vertraut machen.* She is trained to obedience, to obey: *Sie ist daran gewöhnt, zu gehorchen.* To train up a child: *Ein Kind großziehen,* *ausbilden.* To train a gold vein: *Eine Goldader entdecken.*

tramp To tramp it: *Zu Fuß gehen; ein Vagabundenleben führen.* He tramped the whole island: *Er durchwanderte die ganze Insel.*

trample To trample (down, on) a flower-bed: *Ein Blumenbeet niedertrampeln.* To trample on (upon, over) s.b.: *Auf jemandem herumtrampeln; jemanden tyrannisieren.* To trample s.b. under foot: *Jemanden mit Füßen treten.*

transact To transact business: *Geschäfte abwickeln.*

transfer To transfer a clerk, an office: *Einen Angestellten versetzen; einen Betrieb verlegen.*

transgress To transgress the law: *Das Gesetz übertreten.*

translate To translate a bishop: *Einen Bischof versetzen.* To translate an idea into action: *Eine Idee in die Tat umsetzen.* To translate from English into German: *Aus dem Englischen ins Deutsche übersetzen.* To translate well, easily: *Sich gut, leicht übersetzen lassen.*

trap To trap a mouse: *Eine Maus (mit einer Mausefalle) fangen.* To trap a wood: *In einem Wald Fallen aufstellen.*

travel To travel all over the world, the whole world (over), round the world: *Durch die ganze Welt reisen, um die Welt reisen.* To travel by land and by sea: *Über Land und über den Seeweg reisen.* To travel by car (plane, train): *Mit dem Auto (dem Flugzeug, dem Zug) (ver)reisen.* To travel first, second class: *Erster, zweiter Klasse reisen.* To travel for pleasure: *Aus Vergnügen verreisen, privat verreisen.* To travel incognito: *Unter falschem Namen reisen; inkognito reisen.* To travel light: *Ohne schweres Gepäck reisen.* To travel on foot, on horseback: *Zu Fuß, zu Pferd reisen.* To travel on business: *Geschäftlich verreisen.* To travel a path: *Einem Pfad folgen.* To travel a road: *Einer Straße folgend reisen.*

traverse To traverse a region, a river: *Eine Gegend, einen Fluss durchqueren.* To traverse a subject: *Ein Thema in allen Einzelheiten besprechen.* To traverse a treatise: *Eine Abhandlung ganz durchlesen.* To traverse an indictment (leg.): *Einspruch gegen eine Klage erheben.*

tread To tread a dangerous path: *Einen gefährlichen Weg beschreiten, einschlagen.* To tread the deck: *Zur See gehen.* To tread this earth, shoe-leather: *Leben, am Leben sein.* To tread grapes: *Trauben keltern.* To tread the ground: *Marschieren, gehen, laufen.* To tread a hen: *Eine Henne begatten (Hahn).* To tread to measure: *Tanzen.* To tread the stage, the boards: *Schauspieler(in) sein.* To tread water: *Wasser treten.* To tread light(ly): *Leise auftreten; vorsichtig zu Werke gehen.* To tread in s.b.'s footsteps: *In jemandes Fußstapfen treten; jemandes Beispiel folgen.* To tread on eggs: *Auf rohen Eiern tanzen (i.ü.S.).* To tread on air: *Im siebten Himmel sein.* To tread on (upon) s.b.'s corns (kibes, toes): *Jemandem auf die Hühneraugen (auf die Zehen) treten (auch i.ü.S.).* To tread on the neck of s.b.: *Jemanden in Abhängigkeit halten.* To tread on the heels of s.b.: *Jemandem auf die Hacken treten.* To tread out a path, a track: *Einen Pfad, Weg austrampeln, freitrampeln.* To tread out a fire: *Ein Feuer austrampeln, austreten.* To tread out a revolt: *Eine Revolte niederwerfen.* To tread s.th. to pieces: *Etwas in Stücke treten.* To tread s.b. under foot: *Jemanden unterdrücken; jemanden mit den Füßen treten.*

treasure To treasure (up) money: *Geld aufhäufen.* To treasure s.b.'s advice: *Jemandes Ratschlag hoch einschätzen.*

treat To treat a subject: *Ein Thema behandeln, abhandeln.* To treat s.b. fairly (with justice): *Jemanden fair, gerecht behandeln.* To treat s.b. badly (ill), like dirt: *Jemanden schlecht, wie Dreck behandeln.* To treat s.b. rough: *Mit jemandem rauh umspringen.* To treat s.b. with (kid) gloves: *Übervorsichtig mit jemandem umgehen; jemanden mit Samthandschuhen anfassen.* He treated me for insomnia: *Er behandelte mich wegen Schlaflosigkeit.* It treats of the main events of the last century: *Es handelt von den wichtigsten Ereignissen, es behandelt die wichtigsten Ereignisse des vergangenen Jahrhunderts.* They treated with the enemy for peace: *Sie führten Friedensverhandlungen mit dem Feind.* I'll treat you all! *Ihr seid alle eingeladen! Alles geht auf meine Rechnung!* To treat s.b. to a drink: *Jemanden zu einem Drink einladen.* He treated himself to a long holiday: *Er gönnte sich einen langen Urlaub.*

tree A tree is known by its fruits (prov.): *An ihren Früchten sollt ihr sie erkennen.* Such as the tree is, such is the fruit: *Der Apfel fällt nicht weit vom Stamm.* To bark up the wrong tree: *Auf der falschen Fährte sein; die falsche Spur verfolgen.* He is up a tree: *Er sitzt in der Klemme.*

tremble To tremble like a leaf (in all one's body, in every limb): *Zittern wie Espenlaub (am ganzen Körper).* I tremble to think (at the thought) of what might happen: *Ich erschaudere bei dem Gedanken, was passieren könnte.* I tremble for my friend's safety: *Ich bange um meines Freundes Sicherheit.* To tremble in the breeze: *Im Wind zittern, flattern.* To tremble in the balance: *Unsicher sein, schwanken.* To tremble with anger, with fear: *Vor Wut, vor Angst zittern, beben.*

trench To trench the ground: *Gräben in den Boden graben.* To trench one's way through the undergrowth: *Sich seinen Weg durchs Unterholz graben.* To trench a position about (milit.): *Eine Stellung verschanzen.* To trench on (upon) other people's land: *Ein Gebiet illegal besetzen.* To trench on (upon) s.b.'s rights: *In jemandes Rechte eingreifen.* This trenches on (upon) treason: *Das grenzt (hart) an Verrat.*

trend To trend northwards, to the north: *Gen Norden streben.*

trespass To trespass against the law: *Ein Gesetz übertreten.* To trespass on (upon) other people's land: *Widerrechtlich fremdes Land, Eigentum betreten.* To trespass on (upon) s.b.'s patience, time: *Jemandes Geduld, Zeit über Gebühr in Anspruch nehmen.* To trespass on (upon) s.b.'s rights: *Sich in jemandes Rechte einmischen.*

trick (1) To trick s.b. into doing s.th.: *Jemanden überlisten, durch Betrug dazu bringen, etwas zu tun.* She was tricked out (up) for the occasion: *Sie war für den Anlass herausgeputzt, zurechtgemacht.*

trick (2) Never to miss a trick (colloq.): *Sich nichts entgehen lassen; nichts anbrennen lassen.* The tricks of the trade: *Die besonderen Tricks, Kniffe, Kunstgriffe des Geschäfts.* You can't teach an old dog new tricks: *Was Hänschen nicht lernt, lernt Hans nimmermehr.* The tricks of memory: *Die Tücken des Gedächtnisses.* To be up to a person's tricks: *Jemandes Ränke, Schliche durchschauen.*

trickle To trickle (with) blood, tears: *Tröpfelnd bluten, weinen.* To trickle down s.b.'s cheeks: *Jemandes Wangen benetzen (Tränen).* To trickle out: *Durchsickern (i.ü.S.).*

trifle (1) To trifle with s.b.'s feelings: *Mit jemandes Gefühlen spielen.* To trifle with death: *Mit dem Tod spielen; den Tod herausfordern.* He was trifling with his hat: *Er spielte mit seinem Hut.* To trifle away one's money, one's time: *Sein Geld, seine Zeit verschwenden.*

trifle (2) It's a trifle too heavy: *Es ist ein bisschen, ein klein wenig zu schwer.*

trig To trig a wheel: *Ein Rad hemmen.* To trig (up) a wall: *Eine Mauer, Wand stützen.*

trim To trim the cargo (naut.): *Die Ladung (richtig) verstauen (meist auf einem Schiff).* To trim a customer (pop.): *Einen Kunden zusammenstauchen, herunterputzen.* To trim a dress with ribbons: *Ein Kleid mit Schleifchen herausputzen.* To trim the fire: *Das Feuer anschüren.* To trim a hedge, a tree: *Eine Hecke, einen Baum schneiden, trimmen.* To trim one's sails according to the wind: *Sein Mäntelchen nach dem Wind hängen (i.ü.S.).* To trim a ship: *Ein Schiff in die richtige Lage bringen, in Ordnung bringen, trimmen.* He has trimmed his son (his son's jacket): *Er hat seinem Sohn eine Tracht Prügel verpasst.* To trim with the times: *Sich den Zeiten anpassen; Opportunitätspolitik treiben.* To trim in a spare part: *Ein Ersatzteil einfügen.* To trim oneself up: *Sich herausputzen, ausstaffieren, schönmachen.*

trip To trip (up) a footballer: *Einem Fußballer ein Bein stellen, foulen.* To trip the anchor (naut.): *Den Anker lichten.* To catch a person tripping: *Jemanden bei einem Fehler erwischen.* To trip over a stone: *Über einen Stein stolpern.* To trip over one's words: *Sich versprechen.*

triumph To triumph over one's

enemies: *Über seine Feinde triumphieren.*

troop To troop the colour(s): *Fahnenparade abhalten.* To troop away (off): *Abziehen; sich davonmachen.* To troop in, out: *(Mit Truppen) einmarschieren, abziehen.* To troop together: *Sich vereinigen; sich zusammenfinden.*

trot To trot a horse: *Ein Pferd traben lassen.* To trot along (away, off): *Abziehen; losziehen; sich trollen.* He trotted his son off his legs: *Er hetzte seinen Sohn zu Tode.* To trot s.th. out (colloq.): *Mit etwas aufwarten.* To trot out a horse: *Ein Pferd vorreiten, vorführen.* To trot out one's learning (colloq.): *Mit seiner Bildung, Kultur angeben.* I trotted him to his destination: *Ich begleitete ihn zu seinem Ziel.*

trouble (1) To trouble s.b.'s sleep: *Jemandes Schlaf stören.* To pour oil on troubled water: *Die Gemüter beruhigen; Öl auf die Wogen gießen.* To trouble one's head about s.th.: *Sich Sorgen machen wegen etwas.* He is troubled about (with) a splitting headache: *Er quält sich mit starken Kopfschmerzen.* To trouble s.b. with a question: *Jemanden mit einer Frage ärgern, in Verlegenheit bringen.* He troubled (himself) to tell her everything: *Er machte sich die Mühe, ihr alles zu erzählen.* He troubled his friend for some money: *Er ging seinen Freund um Geld an (und verärgerte ihn).*

trouble (2) The trouble is that …: *Der Ärger, das Problem ist (nur), dass …* The trouble lies in the engine: *Das Problem liegt am, im Motor.* The trouble lies in this: *Das Problem besteht darin, dass …*

true (1) To true (up) a wheel (mechanical expression): *Ein Rad richtig einstellen, genau einpassen (mechanischer Fachausdruck).*

true (2) To come to true: *Wahr werden.* He is true to his word: *Er hält sein Wort; er ist ein Ehrenmann.* He is as true as a die: *Er ist ehrlich, aufrichtig, loyal.*

trump To play one's trump card: *Seinen Trumpf ausspielen.* To turn up trumps (colloq.): *Sich als unbezahlbar erweisen, Gold wert sein.* To trump up a story: *Eine Geschichte zusammenschwindeln, erdichten.*

trumpet To blow one's own trumpet (colloq.): *Sein eigenes Loblied singen, sich selbst loben.*

trundle To trundle a hoop: *Ein Fass trudeln, rollen.*

truss To truss a cask: *Ein Fass mit Stahlklammern absteifen.* To truss a fowl: *Geflügel zum Braten aufzäumen.* To truss a sail (naut.): *Ein Segel hissen.*

trust To trust one's legs: *Zu Fuß gehen.* Trust me: *Glaube mir; habe Vertrauen in mich.* To trust a statement: *Einer Aussage Glauben schenken.* To trust s.b.'s word: *Jemandes (Ehren-) Wort glauben.* We trust to hear from you soon: *Wir hoffen, bald von Ihnen zu hören.* I trust he will come: *Ich hoffe, nehme stark an, dass er kommt.* To trust for better times: *Auf bessere Zeiten hoffen.* Trust him for coming! *Sei versichert, dass er kommen wird! (ironisch).* To trust in God, in providence: *Auf Gott, auf die Vorsehung vertrauen.* I trusted the documents to him, I trusted him with the documents: *Ich vertraute ihm die Dokumente an.* I trusted to his skill: *Ich verließ mich auf seine Fähigkeiten.* To trust to one's memory: *Sich auf sein Gedächtnis verlassen.* To trust s.b. with money: *Jemandem Geld anvertrauen, ausleihen.*

truth Truth to tell (to say) (to tell the truth): *Um die Wahrheit zu sagen ...; ehrlich gesagt, um ehrlich zu sein.* Truth lies at the bottom of a well (prov.): *Die Wahrheit liegt (oft) im Verborgenen.* Truth will out (prov.): *Die Wahrheit kommt immer ans Licht.*

try To try one's best, one's hardest: *Sein Bestes versuchen, geben.* To try a case, an accused person (leg.): *Über eine Sache, über eine Person zu Gericht sitzen.* To try a door, a window: *Versuchen, ob eine Tür, ein Fenster offen ist.* To try an experiment: *Ein Experiment durchführen.* To try one's eyes: *Seine Augen ermüden, überanstrengen.* To try one's fortune (luck): *Sein Glück versuchen.* To try s.b.'s patience: *Jemandes Geduld auf die Probe stellen.* To try one's strength: *Seine Kraft messen.* I tried in vain to convince him: *Ich versuchte vergeblich, ihn zu überzeugen.* (Just) try and you'll see! *Probiere es doch einfach mal aus, du wirst schon sehen!* Try and see (prov.): *Probieren geht über studieren.* To try (and try) again (and again), over and over again: *Es immer wieder versuchen.* To try to draw blood from a stone, to put a quart into a print pot: *Unmögliches versuchen.* To try by the board: *Einen Annäherungsversuch machen.* To try for a job: *Sich um eine Arbeit bemühen.* He tried for the shore: *Er versuchte, (schwimmend) das Ufer zu erreichen.* He tried for the chair of English: *Er bewarb sich für den englischen Lehrstuhl (an einer Universität).* To try it on the dog: *Ein Experiment, einen Versuch auf Kosten eines Untergebenen machen; ein Theaterstück testen, indem man es in der Provinz aufführt.* He tried it on with me: *Er versuchte mich in die Irre zu führen, reinzulegen.* To try over a piece of music: *Ein Stück Musik zum ersten Mal durchspielen.* To try a fall: *Sich im Ringen messen.*

tuck To tuck a suit: *An einem Anzug etwas einschlagen, einnähen.* He tucked it away in a corner: *Er verstaute, versteckte es in einer Ecke.* To tuck away, to tuck in (pop.): *Gierig, heißhungrig essen.* He tucked back his feet under the chair: *Er streckte seine Füße wieder unter den Stuhl.* To tuck (up) the blankets, the sheets: *Die Decken, Bettlaken abnähen, raffen.* She tucked the dress in(to) the suitcase: *Sie verstaute das Kleid im Koffer.* He tucked his wife's arm under his own: *Er hakte den Arm seiner Frau unter.* He tucked up his shirt-sleeves: *Er* *krempelte die Hemdsärmel hoch.* She tucked her son up in bed: *Sie steckte ihren Sohn ins Bett.* To tuck oneself up: *Sich warm zudecken, behaglich einpacken.* To tuck up one's legs turkish fashion: *Seine Beine anziehen und sich im Schneidersitz setzen.* To tuck up a criminal (sl.): *Einen Verbrecher einsperren.*

tug (1) To tug a ship: *Ein Schiff schleppen, ins Schlepptau nehmen.* To tug s.b. along (colloq.): *Jemanden mit sich zerren, hinter sich herzerren.* To tug at a rope: *An einem Seil zerren, ziehen.* I tugged at his ears: *Ich zog ihn an den Ohren.* To tug at the (an) oar: *Auf einer Galeere rudern; (i.ü.S.:) sich abmühen, schuften ohne Unterlass.*

tug (2) It was a tug at his heartstrings to leave his son: *Es hat ihm das Herz zerrissen, seinen Sohn zu verlassen.*

tumble To tumble one's dress: *Sein Kleid zerknittern.* To tumble s.b.'s hair: *Jemandes Haar zerzausen.* They were tumbled (about) by the waves: *Sie wurden von den Wellen durcheinandergeschüttelt.* To tumble (about) in bed: *Sich unruhig im Bett hin- und herwälzen.* To tumble down a bird: *Einen Vogel abschießen.* He tumbled down the stairs: *Er fiel, purzelte die Stufen hinunter.* To tumble down (over): *Umkippen, umfallen, hinabfallen, hinstürzen.* He tumbled into bed (colloq.): *Er warf sich aufs Bett, er fiel (todmüde) ins Bett.* He tumbled off his horse: *Er fiel von seinem Pferd.* To tumble on (upon) a discovery: *Zufällig eine Entdeckung machen.* They tumbled him out of the window: *Sie warfen, schmissen ihn aus dem Fenster.* To tumble out of bed: *Aus dem Bett fallen, jäh aufwachen.* To tumble over a stone: *Über einen Stein stolpern.* He tumbled to it with great difficulty (pop.): *Er begriff es nur unter sehr großen Schwierigkeiten.* To tumble different things together: *Unterschiedliche Dinge durcheinanderwerfen.* To tumble up s.b.'s heels: *Jemanden umbringen, vernichten, zu Boden werfen.* To tumble up (colloq.): *Aufstehen, aus dem Bett taumeln.*

tune (1) To tune (up) a musical instrument: *Ein Musikinstrument stimmen.* To tune one's voice: *Seine Stimme intonieren.* To tune in (off, out) an illicit station: *Das Radio einstellen, abstimmen auf einen heimlichen, illegalen Sender.* To tune up a machine: *Eine Maschine einstellen, justieren.* To tune up: *(Hinauf)stimmen; (Motor) startbereit machen; die Leistung des Motors erhöhen; in Schwung bringen.* To tune a person to a mood: *Jemanden in eine (bestimmte) Stimmung bringen.*

tune (2) The tune goes like this: *Die Melodie geht (ist) wie folgt.* To call the tune (colloq.): *Den Ton angeben.* To change one's tune (colloq.): *Einen anderen Ton anschlagen.* To be in tune with s.b.: *Ganz mit jemandem im Einklang sein, übereinstimmen oder harmonieren.*

turn (1) To turn one's coat (the cat in the pan): *Abtrünnig werden; sich auf die andere Seite schlagen.* To turn the corner: *Um die Ecke gehen.* To turn the (one's) back: *Fortgehen, fliehen.* To turn the balance (the beam, the scale): *Den Ausschlag geben.* To turn s.b.'s brain: *Jemanden verrückt machen, jemanden den Kopf verdrehen.* To turn bridle: *Die Zügel herumreißen; zurückkehren.* To turn (one's) colour: *Seine Farbe ändern, überlaufen.* To turn a deaf ear: *Jemandem nicht zuhören; vor jemandem sein Ohr verschließen.* To turn the dice (the tide): *Das Blatt wenden (i.ü.S.).* To turn the edge of a remark: *Eine Bemerkung abschwächen.* To turn King's (Queen's) evidence: *Kronzeuge werden; gegen die Komplizen aussagen.* To turn away one's eyes, one's glance: *Seine Augen, seinen Blick abwenden.* To turn the fortunes of the day, the tables: *In einer Situation eine Wende herbeiführen; das Glück wenden.* Not to turn a hair: *Nicht mit der Wimper zucken.* To turn an honest penny: *Sich sein Geld ehrlich verdienen.* To turn the other cheek: *Die andere Wange hinhalten (Zitat aus der Bibel).* To turn the screw(s): *Jemanden zwingen, drängen, die Schulden zu bezahlen.* To turn a somersault: *Einen Salto machen; Kapriolen schlagen; einen Purzelbaum schlagen.* To turn s.b.'s stomach: *Jemandem den Magen verderben, umdrehen.* To turn the tables on a person: *Den Spieß (gegen jemanden) umdrehen.* To turn tail: *Reißaus nehmen, abhauen.* To turn tail on (upon) s.b.: *Jemandem den Rücken zuwenden.* He has turned thirty: *Er ist dreißig geworden.* To turn bad (foul, nasty), fine: *Schlecht (mies, übel), schön werden (Wetter).* To turn mad: *Verrückt werden.* To turn pale (green, white), red: *Blaß, (grün, weiß), rot werden (im Gesicht)* It was the turning point of his career: *Es war der Wendepunkt seiner Karriere.* He turned protestant: *Er konvertierte zum Protestantismus.* To turn sharp(ly): *Jäh abbiegen, scharf wenden (Kurve).* He has turned traitor: *Er ist zum Verräter geworden.* To turn turtle (pop.) *Kentern (Schiff).* Turn this way: *Gehe hier entlang.* To turn everything topsy-turvy: *Alles auf den Kopf stellen.* To turn s.b.'s hair white: *Jemandes Haar erbleichen lassen (vor Schreck).* To turn aside a danger: *Eine Gefahr abwenden.* To turn aside from the right path: *Vom rechten Pfad abkommen.* To turn away a calamity: *Eine Tragödie verhindern.* To turn one's sleeves: *Die Hemdsärmel zurückkrempeln.* To turn back: *Umkehren.* To turn down the gas, the radio: *Das Gas herunterstellen, das Radio leiser stellen.* To turn down a page: *Eine Seite umblättern.* To turn down one's collar: *Seinen Kragen umschlagen.* To turn in one's grave: *Sich im Grab umdrehen.* To turn in (colloq.): *In die Falle, ins Bett gehen.* To turn water into wine: *Wasser in Wein* *verwandeln.* To turn a thing into money: *Etwas zu Geld machen.* To turn one's pockets inside out: *Seine (Hosen-)Taschen umkehren, ausstülpen.* To turn everything inside out: *Alles auf den Kopf stellen.* To turn s.th. in(to) ridicule: *Etwas ins Lächerliche ziehen.* To turn s.th. into a joke: *Sich über etwas lustig machen.* To turn night into day: *Die Nacht zum Tage machen.* To turn s.b. into the streets: *Jemanden auf die Straße setzen; jemanden ins Elend stürzen.* We turned off to London: *Wir bogen in Richtung London ab.* To turn off the runway: *Von der Landebahn abkommen (Flugzeug).* To turn on the tap, the waterworks (colloq.): *In Tränen ausbrechen.* To turn (round) on (upon) one's heel: *Auf der Stelle kehrt machen, umkehren.* To turn a blind eye on s.b. on s.th.: *Ein Auge bei jemandem (bei etwas) zudrücken.* To turn out butter, cars: *Butter, Wagen produzieren.* It turned out that he was (he turned out to be) innocent: *Er stellte sich heraus, dass er unschuldig war.* To turn out badly, well: *Sich als gut, schlecht herausstellen; gut, schlecht enden.* It turned out for the best: *Es wendete sich zum Besten.* To turn over a stone: *Einen Stein umdrehen.* To turn over a new leaf: *Sein Leben ändern, ein neues Leben beginnen.* To turn over the leaves of a book: *Ein Buch durchblättern.* Turn over the page: *Die Seite (eines Buches) umschlagen.* To turn over: *Umkippen, umschlagen, umsetzen.* To turn round: *Umschwenken; seinen Sinn ändern.* To turn round the situation: *Das Blatt wenden (i.ü.S.).* To turn s.b. round one's (little) finger: *Jemanden um den kleinen Finger wickeln.* To turn to God, to religion, to studying: *Zuflucht suchen bei Gott, in der Religion; sich in seinen Studien vergraben.* To turn to drink, to drinking: *Zu trinken anfangen.* To turn the (a) cold shoulder to s.b.: *Jemandem die kalte Schulter zeigen.* To turn one's face towards s.b.: *Jemandem sein Gesicht zuwenden, jemanden anblicken.* To turn up the radio, the gas: *Das Radio lauter machen, das Gas aufdrehen.* He turned up his shirt-sleeves: *Er krempelte seine Hemdsärmel hoch.* He turned up his collar: *Er schlug seinen Kragen hoch.* The sight turned me up: *Bei dem Anblick wurde mir übel.* The entire crew turned up: *Die gesamte Mannschaft erschien.* He turned up his nose at my proposal: *Er rümpfte die Nase über meinen Vorschlag.* To turn up one's heels, one's toes (pop.) : *Ins Gras beißen, sterben.* To turn up trumps: *Alle Erwartungen übertreffen.* To turn up again like a bad halfpenny: *Wie Stehaufmännchen immer wieder auf die Beine kommen.*

turn (2) At every turn: *Auf Schritt und Tritt.* To do s.b. a good turn: *Jemandem einen Gefallen tun; jemandem einen guten Dienst erweisen.* In turn (by turns): *Abwechselnd, nacheinander.* Out of turn: *Außer der*

Reihe. To serve its turn: *Seinen Zweck erfüllen.* To take a turn for the better: *Sich zum Besseren wenden.* It's your turn (to deal, to move): *Du bist dran.* Turn and turn about: *Abwechselnd.* Turn for turn: *Ich werde mich, wir werden uns erkenntlich zeigen.*

twang To twang (on) a violin: *Auf einer Violine zupfen.*

tweak To tweak s.b.'s ears: *Jemanden ins Ohr kneifen.*

twice Twice as much: *Doppelt soviel.* Think twice: *Gründlich über etwas nachdenken; sich etwas zweimal überlegen.*

twiddle To twiddle one's moustache: *Mit seinem Schnurrbart spielen, den Schnurrbart drehen, zwirbeln.* To twiddle one's thumbs (one's fingers): *Däumchen drehen, die Hände in den Schoß legen.*

twig To hop the twig: *Sterben, abkratzen.* To work the twig: *Mit der Wünschelrute arbeiten.*

twinkle To twinkle one's eyes: *Mit den Augen zwinkern, blinzeln.* In the twinkle of an eye: *Augenblicklich, im Nu.*

twist To twist s.b.'s arm: *Jemanden unter Druck setzen.* To twist one's face, one's mouth: *Sein Gesicht, seinen Mund verziehen.* To twist a wire: *Einen Draht aufwickeln.* You have twisted (the meaning of) my words: *Du hast mir die Worte im Mund umgedreht.* He has twisted his wrist: *Er hat sich das Handgelenk verrenkt.* To twist s.b.'s tail: *Jemanden belästigen, ärgern.* To twist and turn: *Sich drehen und winden; sich schlängeln.* He was twisting about in pain: *Er krümmte sich vor Schmerz.* To twist food down (pop.) : *Essen herunterschlingen.* To twist flowers into a wreath: *Blumen zu einem Kranz flechten.* He has a twisted mind: *Er hat erschreckende, verrückte, widerliche Ansichten.* He twisted the rope round (on) the tree: *Er wickelte das Seil um den Baum.* To twist s.b. round one's (little) finger: *Jemanden um den kleinen Finger wickeln.* He twisted (himself) through the crowd: *Er drängte, schlängelte sich durch die Menge*

twister He is a twister: *Er ist ein Schwindler.*

twitch To twitch s.b.'s sleeve: *Jemanden am Ärmel zupfen, zerren.* To twitch a muscle: *Einen Muskel zucken lassen, kontrahieren.* Not to twitch an eyebrow: *Keine Miene verziehen.* Twitched with anger, with fear: *Vor Ärger, Angst verzerrt (Gesicht).*

two Two a penny: *Eine wertlose, billige Sache.* Two can play at that game: *Das kann ich auch; da hätt ich auch noch ein Wörtchen mitzureden.* Two of a kind: *Zwei vom gleichen Schlag.* Two blacks do not make a white (prov.): *Zwei schlechte Dinge machen noch lange kein Gutes.* Two heads are better than one (prov.): *Vier Augen sehen mehr als zwei; frage lieber mal um Rat.* Two is a company; three is none (a crowd) (prov.): *Zwei machen ein Paar, drei machen Schwierigkeiten.* Two wrongs do not make a right (prov.):

Zwei falsche Dinge machen kein richtiges. To put two and two together (colloq.): *Zwei und zwei zusammenzählen.*

typewrite To typewrite a letter: *Einen Brief tippen, mit der Schreibmaschine schreiben.*

U

unbend To unbend a bow: *Einen Bogen entspannen.* To unbend one's bow, one's face: *Seine Augenbraue, sein Gesicht entspannen, glätten.* To unbend one's mind: *Seinen Geist entspannen.* To unbend a sail (naut.): *Ein Segel abschlagen.*

unbind To unbind one's hair: *Das Haar lösen.*

unbosom To unbosom one's feelings: *Seine Gefühle offenbaren, enthüllen.*

unburden To unburden one's conscience: *Sein Gewissen erleichtern.*

uncalled An uncalled-for remark: *Eine unerwünschte, unerbetene Bemerkung.*

under He is under age: *Er ist minderjährig.* You are under arrest: *Sie sind verhaftet.* Under the auspices of: *Unter der Schirmherrschaft von.* Under bare poles (naut.): *Mit eingeholten Segeln.* Under one's breath: *Leise, halblaut.* Under the circumstances: *Unter den Umständen.* Under the cloak of friendship: *Unter Freunden; unter dem Deckmantel der Verschwiegenheit.* He is under a cloud: *Er steht unter Verdacht; er ist übel beleumdet.* Under consideration: *Unter Berücksichtigung.* Under construction: *Im Bau begriffen; in der Konstruktion begriffen.* Under cover of night: *Im Schutz der Nacht.* Under the direction of: *Unter der Leitung von.* Under discussion: *Im Gespräch; darüber wird noch diskutiert.* Under examination: *Unter Ermittlung; in Untersuchung.* Under s.b.'s eyes: *Unter jemandes Augen.* Under favour of night: *Im Schutz der Nacht.* They were under fire: *Sie waren unter Beschuss.* Under the form of: *In Form von.* He is under full age: *Er ist minderjährig.* Under the guidance of: *Unter Führung von.* Under the guise of friendship: *Unter der Maske der Freundschaft; mit vorgetäuschter Freundschaft.* Under one's hand: *In Reichweite; in Rufweite.* Under the harrow: *In großer Not.* Under one's hat: *Heimlich.* Under here: *Hier drunter.* I am under the impression that he knows the truth: *Ich habe den Eindruck, dass er die Wahrheit kennt.* He is under the influence of his brother: *Er steht unter dem Einfluss seines Bruders.* Under lock and key: *Hinter Schloss und Riegel.* He is under medical treatment: *Er ist in medizinischer Behandlung.* He is under a misapprehension: *Er befindet sich im Irrtum.* Under the name of: *Unter dem Namen von.* I am under no obligation to anybody: *Ich bin niemandem verpflichtet.* Under s.b.'s nose: *Unter jemandes Nase.* Under oath: *Unter Eid.* He is under observation: *Er wird beobachtet; er steht unter Beobachtung.* Under the open sky: *Unter offenem Himmel.* Under the orders of: *Unter der Befehlsgewalt von.* Under pain of death: *Unter Todesstrafe.* Under the patronage of: *Unter der Protektion von.* He is under petticoat government: *Er wird von seiner Frau tyrannisiert.* Under poles (naut.): *Mit eingeholten Segeln.* Under the pretence (pretext) that, of ...: *Unter dem Vorwand, dass ...* Under repair: *In Reparatur.* Under the rose: *Im Vertrauen.* He is under a sense of wrong: *Er hat das Gefühl, dass ihm Unrecht getan wurde.* Under separate cover (comm.): *Mit getrennter Post.* Under the sod: *Tot und begraben.* Under the strain: *Unter Druck, Stress.* Under stress of weather (naut.): *In schlechtem, stürmischem Wetter.* Under such circumstances: *Unter diesen Umständen.* Under the table: *Betrunken (unter dem Tisch).* Under today's date (comm.): *Mit dem heutigen Datum.* He is under the weather (colloq.): *Er ist nicht ganz auf der Höhe.*

undergo To undergo a change, an inspection, an operation: *Sich einer Veränderung, einer Inspektion, einer Operation unterziehen.* To undergo medical examination: *Sich einer medizinischen Untersuchung unterziehen.* To undergo severe privations: *Schwere Entbehrungen erdulden.*

undermine To undermine s.b.'s health: *Jemandes Gesundheit ruinieren.*

understand To understand a question: *Eine Frage verstehen.* To understand the implication: *Die Bedeutung, Andeutung verstehen.* To understand each other, one another: *Sich (mit jemandem) verstehen.* I understand that ...: *Wie ich höre, ...* It is understood that ... *Es wird davon ausgegangen, dass ...; es ist selbstverständlich, dass ...*

undertake To undertake a journey: *Eine Reise unternehmen.* To undertake a new career: *Eine neue Karriere beginnen, starten.* To undertake a difficult task, a heavy responsibility: *Eine schwierige Aufgabe anpacken; eine schwere Verantwortung übernehmen.* He undertook to do that work: *Er ging daran, diese Arbeit zu tun.* I'll undertake for his honesty: *Ich verbürge mich für seine Ehrlichkeit.*

undo To undo a knot: *Einen Knoten lösen.* To undo a parcel: *Ein Paket öffnen.* This has undone our work: *Dies hat unsere Arbeit zunichte gemacht.*

unfold To unfold a sheet of paper: *Ein Blatt Papier entfalten, ausbreiten.* To unfold a gate, one's eyes: *Ein Tor, seine Augen öffnen.* To unfold a scheme: *Einen Plan enthüllen, darlegen.* To unfold one's wings: *Seine Flügel entfalten; flügge werden.* To unfold oneself: *Sich entfalten.*

unfurl To unfurl the sails: *Die Segel losmachen.*

unhang To unhang a picture from the wall (old): *Ein Bild von der Wand abhängen, nehmen.*

unhinge To unhinge a door: *Eine Tür aus den Angeln heben.* To unhinge s.b.'s mind, nerves: *Jemandes Geist, Nerven zerrütten; jemanden aus dem Gleichgewicht bringen.*

union Union is strength (prov.): *Einigkeit ist Stärke.*

unknown Unknown to me: *Mir unbekannt.*

unless Unless I'm mistaken: *Wenn ich mich nicht irre.* Unless I hear to the contrary: *Wenn ich nicht vom Gegenteil, das Gegenteil höre.*

unlike It's unlike him to tell lies: *Es sieht ihm nicht ähnlich, zu lügen.*

unload To unload a cargo, a ship: *Eine Ladung ausladen; ein Schiff entladen.* To unload a gun: *Ein Gewehr entladen.*

unpack To unpack the suitcases: *Die Koffer auspacken.*

unroll To unroll a piece of cloth: *Ein Stück Stoff entfalten.*

unsettle To unsettle s.b.'s mind: *Jemandes Geist aus der Ruhe bringen, erschüttern, ins Wanken bringen.*

unstring To unstring a bow: *Einen Bogen entspannen.*

untie To untie oneself: *Sich losbinden.*

until Until the end: *Bis zum Ende.* Until further orders: *Bis weitere Befehle kommen.*

unwind To unwind a ball of wool: *Ein Wollknäuel aufwickeln.*

unwrap To unwrap a parcel: *Ein Paket auspacken.*

up (1) We were up (till) late: *Wir blieben lange, bis spät in die Nacht auf.* He isn't up yet: *Er ist noch nicht aufgestanden (aus dem Bett); er ist noch nicht wach.* He is up and about: *Er ist wieder auf den Beinen (nach einer Krankheit z.B.).* He is up a gum tree: *Er sitzt in der Klemme; er weiß nicht ein noch aus.* Up hill and down dale: *Über Berge und Täler.* Up the pole (pop.): *In Schwierigkeiten; betrunken.* Up (the) river: *Flussaufwärts.* He is up the river (colloq.): *Er sitzt im Gefängnis.* Up one's sleeve: *In Verwahrung, in Aufbewahrung.* Up the spout: *Versetzt, im Pfandhaus.* Up one's street (colloq.): *Gewohnt, akzeptabel.* Up there: *Dort oben.* He is up a tree: *Er befindet sich in Schwierigkeiten.* He is up a trick or two: *Er ist mit allen Wassern gewaschen; er hat es faustdick hinter den Ohren.* He is up in the air: *Er ist erregt, erzürnt.* They are up in arms: *Sie stehen unter Waffen; sie sind bewaffnet.* Up to a certain point: *Bis zu einem gewissen Punkt; bis zu einem gewissen Grad.* Up-to-date: *Modern, auf dem neuesten Stand.* He is up his elbows: *Er ist sehr beschäftigt.* Up to the hilt: *Bis aufs letzte; völlig.* Up to the knocker (pop.): *Perfekt.* He is up to the mark: Er ist in Form. It isn't up to me to decide: *Die Entscheidung liegt nicht bei mir.* Up to the minute: *Auf dem Laufenden; auf dem neuesten Stand.* Up to this moment, up to now: *Bis jetzt; bis heute.* He is up to no good, he is up to one of his tricks: *Er führt nichts Gutes im Schild.* Up to sample (comm.): *Dem Muster entsprechend.* He is up to snuff (pop.): *Er ist schlau, gewitzt; er ist mit allen Wassern gewaschen.* He is up to some mischief: *Er führt irgend etwas im Schild.* It is up to you to help him: *Es liegt an dir, ihm zu helfen.* Up with you! *Auf mit dir!* Up with it! *Auf damit!*

up (2) The up train: *Der Zug nach London.*

ups The ups and downs of life: *Die Höhen und Tiefen des Lebens; das Auf und Ab des Lebens; gute und schlechte Zeiten.*

uphold To uphold a candidate: *Einen Kandidaten unterstützen, billigen.* I upheld his decision: *Ich unterstützte, billigte seine Entscheidung.*

upon Upon my soul (my word)! *Bei meiner Seele! Bei meinem Wort!* Upon my honour (my life, my word)! *Bei meiner Ehre!*

uproot To uproot a tree, heresy: *Einen Baum entwurzeln; Ketzerei ausmerzen.*

upset To upset a boat, a glass: *Ein Boot zum Kentern bringen; ein Glas umstoßen, umkippen, umwerfen.* To upset one's stomach: *Sich den Magen verderben.* To upset s.b.'s plans (applecart): *Jemandes Pläne über den Haufen werfen.*

upside To turn s.th. upside down: *Etwas auf den Kopf stellen; etwas völlig durcheinanderbringen, das Unterste zuoberst kehren.*

urge To urge an enterprise: *Ein Unternehmen forcieren.* He urged the necessity for immediate action: *Er drängte auf sofortige Maßnahmen.* To urge one's pace: *Seinen Schritt beschleunigen.* To urge (for) peace: *Auf Frieden drängen.* He urged several reasons for his behaviour: *Er machte mehrere Gründe für sein Verhalten geltend.* To urge one's way: *Seinen Weg freikämpfen.* I urged him to do his duty: *Ich drängte ihn, bat ihn dringend, seine Pflicht zu tun, zu erfüllen.* To urge s.b. to action: *Jemanden zum Handeln drängen.* To urge a horse on: *Einem Pferd die Sporen geben.*

use To use bad language: *Vulgärsprache benutzen.* To use one's brains, one's head, one's wits: *Sein Gehirn, seinen Kopf, seinen Scharfsinn einsetzen, nutzen.* Use your loaf! *Überleg mal! Köpfchen!* To use cunning, force: *List, Gewalt anwenden.* He used every means to gain his ends: *Ihm war jedes Mittel recht, sein Ziel zu erreichen.* We have used very good material: *Wir haben sehr gutes Material verwendet.* To use first names: *Sich beim Vornamen ansprechen.* We have used too much petrol: *Wir haben zuviel Benzin verbraucht.* To use s.b. well (ill): *Jemanden gut (schlecht) behandeln.* To use up one's energies: *Seine Energien verbrauchen.* I used to go to the theatre once a week: *Ich pflegte einmal in der Woche ins Theater zu gehen.* He is used to it: *Er ist daran gewöhnt.*

usher To usher a visitor in, out: *Einen Besucher herein-, hinaus-*

geleiten. He ushered me into the drawing-room: *Er geleitete mich ins Gesellschaftszimmer.* He ushered in his speech by saying that he was no orator: *Er leitete seine Ansprache mit den Worten ein, dass er eigentlich kein Redner sei.* To usher in a long period of peace: *Eine lange Epoche des Friedens einleiten.*

usual The usual, my usual: *Das übliche; wie immer für mich.*

utter To utter a cry: *Einen Schrei ausstoßen.* To utter one's feelings: *Seine Gefühle ausdrücken.* To utter forged notes: *Gefälschte Banknoten in Umlauf bringen.* To utter one's joy: *Seiner Freude Ausdruck geben.* To utter a sigh: *Einen Seufzer ausstoßen, seufzen.* Not to utter a single word: *Kein einziges Wort hervorbringen, äußern.* To utter croak (USA): *Sterben.*

V

vacate To vacate a post: *Eine Stelle aufgeben.* To vacate an office, the chair: *Aus einem Amt scheiden.* To vacate a contract (leg.): *Einen Vertrag aufheben.*

value To value s.b. highly: *Jemanden sehr schätzen.* He values money more than honour: *Ihm ist Geld wichtiger als (seine) Ehre.* They have valued his car at twenty thousend pounds: *Sie haben seinen Wagen (den Wert seines Wagens) auf zwanzigtausend Pfund geschätzt.* Not to value one's life at a bootlace: *Keinen Pfifferling für sein eigenes Leben mehr geben.* She values herself on her beauty (old): *Sie bildet sich viel auf ihre Schönheit ein.*

vanish To vanish into thin air: *Sich in Luft auflösen; verschwinden.*

variety Variety is the spice of life: *Vielfalt ist die Würze des Lebens; öfter mal was Neues.*

vary To vary one's diet: *Sich abwechslungsreich ernähren.* To vary one's plans: *Seine Pläne (ab)ändern.* It varies from the other: *Es unterscheidet sich von den anderen.*

vault To vault (over) a fence: *Über einen Zaun springen, setzen.* To vault into the saddle: *In den Sattel springen.*

veer To veer a ship (naut.): *Ein Schiff abdrehen, wenden.* To veer and haul: *Fieren und holen (Seefahrt); zögern.* To veer about like a weathercock: *Wetterwendisch, flatterhaft sein.*

veil (1) To veil one's face: *Sein Gesicht verschleiern.* To veil oneself: *Sich verschleiern, verstellen.*

veil (2) To draw a veil over s.th.: *Den Schleier des Vergessens über etwas breiten.*

vent To vent one's feelings: *Seinen Gefühlen Luft machen.* To vent one's heart: *Sein Herz ausschütten.* To vent a sigh: *Einen Seufzer ausstoßen.* He vented his anger on (upon) me: *Er ließ seinen Zorn an mir aus.* To vent well: *Gut ziehen (Kamin,*

Schornstein). To vent oneself: *Sich abreagieren; sich Luft machen.*

ventilate To ventilate blood: *Dem Blut Sauerstoff zuführen.* To ventilate corn: *Getreide lüften, trocknen.* To ventilate a room: *Ein Zimmer durchlüften.* To ventilate a subject, a question: *Ein Thema, eine Frage diskutieren, erörtern, zur Sprache bringen.*

venture To venture one's life: *Sein Leben aufs Spiel setzen.* To venture a joke, an opinion, a question, a statement: *Sich einen Witz, eine Meinung, eine Frage, eine Aussage erlauben; (das alles) wagen.* I ventured to say that he was wrong: *Ich wagte zu sagen, dass er Unrecht hatte.* I ventured at her age: *Ich bemühte mich, ihr Alter zu erraten.* To venture on a risky undertaking: *Sich an ein riskantes Unternehmen heranwagen.*

verge This verges on (upon) insanity, the ludicrous: *Dies grenzt an Wahnsinn, an Lächerlichkeit.*

very The very idea! *Das ist es! Das ist überhaupt die Idee!* Very nearly: *Fast, um ein Haar.* He is the very spit of his brother: *Er ist seinem Bruder wie aus dem Gesicht geschnitten.* In the very act: *Auf frischer Tat.* A very fool: *Ein ausgemachter Narr.* The very thing: *Gerade richtig, genau das Richtige.*

vest To vest an altar: *Einen Altar bedecken.* To vest s.b. with full powers: *Jemanden bevollmächtigen; mit allen Vollmachten ausstatten.* To vest in one's heirs: *Seine Erben einsetzen.* To vest oneself: *Sich bekleiden (kirchlicher Ausdruck).*

view To view the body (leg.): *Leichenbeschauung halten.* In view of s.th.: *Angesichts von etwas.* He views my proposal favourably: *Er betrachtet meinen Vorschlag mit Wohlwollen.* They viewed away the fox: *Sie sahen den Fuchs aus seinem Bau kriechen.* To view the world through rose-coloured spectacles: *Die Welt durch rosarote Brillengläser betrachten.* With a view to s.th.: *Im Hinblick auf etwas.*

vindicate To vindicate one's rights: *Sein Recht beanspruchen, geltend machen.* To vindicate one's conduct: *Sein Betragen rechtfertigen.* To vindicate one's honour: *Seine Ehre verteidigen.*

violate To violate the law: *Das Gesetz brechen; gegen das Gesetz verstoßen.* To violate faith: *Sein Wort brechen; sein Versprechen nicht einhalten.*

virtue Virtue is its own reward (prov.): *Die Tugend ist ihr eigener Lohn.* By virtue of s.th.: *Kraft oder aufgrund einer Sache.*

visit To visit a church, a friend, a town: *Eine Kirche, einen Freund, eine Stadt besuchen.* To visit an offence, a wrong: *Eine Straftat, eine Missetat bestrafen, vergelten.* To visit to the doctor: *Einen Arzt besuchen, konsultieren.* To visit a ship: *Ein Schiff inspizieren.*

voice (1) To voice a few words: *Einige Worte sagen.* To voice one's own opinion: *Seine Mei-*

nung sagen; seiner Meinung Gehör verschaffen.

voice (2) At the top of one's voice: *Aus vollem Hals, aus Leibeskräften; in den höchsten Tönen; in voller Lautstärke.* To be in good voice: *Gut bei Stimme sein.* To lose one's voice: *Keine Stimme mehr haben.* To raise one's voice: *Die Stimme erheben, laut werden.* With one voice: *Einstimmig.*

volley To volley the ball (tennis): *Den Ball aus der Luft annehmen, als Flugball schlagen (Tennis).* To volley bullets: *Gewehrkugeln abschießen.* To volley forth (off, out) words: *Einen Schwall von Worten ausstoßen.*

volunteer To volunteer one's services: *Seine Dienste freiwillig zur Verfügung stellen.* He volunteered to help them: *Er stellte sich freiwillig zur Verfügung, ihnen zu helfen.*

vote (1) To vote against, for s.b.: *Gegen, für jemanden stimmen.* To vote by secret ballot, by show of hands: *Geheim abstimmen; mit Handzeichen abstimmen.* He voted in favour of my proposal: *Er stimmte für meinen Vorschlag.* To vote plump: *Abstimmen, wenn nur ein einziger Kandidat aufgestellt ist.* To vote down an opponent: *Einen Gegner überstimmen.* To vote a candidate in (out): *Einen Kandidaten wählen (für ein Amt); einen Kandidaten abwählen.* To vote a bill through: *Einem Gesetzesentwurf durch Abstimmung zustimmen.* To vote with one's feet: *Orte, Organisationen etc. aus Protest verlassen; statt Worte Taten folgen lassen.*

vote (2) To put s.th. to the vote: *Über etwas abstimmen.* To split the vote: *Völlig freie Kandidatenwahl zulassen; die Stimmen für eine Partei aufspalten.* A vote of confidence: *Ein Vertrauensvotum.* A vote of thanks: *Danksagung.*

vouch To vouch for s.b.'s honesty: *Sich für jemandes Ehrlichkeit verbürgen.*

vow To vow to our lady: *Der heiligen Jungfrau ein Gelübde ablegen.* She vowed him eternal love: *Sie schwor ihm ewige Liebe.* He has vowed to give up smoking: *Er hat versprochen (geschworen, ein Gelübde abgelegt), mit dem Rauchen aufzuhören.*

W

wade To wade a horse: *Mit einem Pferd durch ein Gewässer reiten.* To wade (across) a river: *Durch einen Fluß waten.* To wade ashore: *Ans Ufer waten.* To wade in: *Einen Feind angehen, angreifen.* To wade into s.th. (colloq.): *(In etwas) einsteigen; sich einmischen.* He waded into that piece of work: *Er packte diese Arbeit an; er ging diese Arbeit an.* To wade out: *Den festen Boden unter den Füßen verlassen; auf See fahren.* To wade through a book: *Ein Buch mühsam zu Ende lesen.*

waft To waft a sound, a smell: *Ein Geräusch, einen Geruch verbreiten.* To waft a kiss to s.b.: *Jemandem einen Kuss zuwerfen (Kusshand).*

wag (waggle) To wag (to waggle) one's head: *Den Kopf schütteln (verneinend).* To wag (to waggle) one's tail: *Mit seinem Schwanz wedeln.* To wag one's tongue: *Lästern, übel nachreden.* Not to wag a finger (colloq.): *Keinen Finger rühren.* Not to wag a limb (colloq.): *Unbeweglich bleiben, regungslos bleiben.*

wage To wage battle, war: *Einen Feldzug unternehmen; Krieg führen.*

wager To wager a sum of money on a horse: *Geld auf ein Pferd setzen.*

wail To wail for bread: *Nach Brot jammern.*

wait Wait a moment, a minute: *Einen Moment. Warte einen Augenblick.* Wait and see! *Warte nur ab! Nur die Ruhe! Abwarten und Tee trinken!* He is waiting his chance, his opportunity, his time: *Er wartet auf seine Chance, seine Gelegenheit, seine Zeit.* We waited dinner for him (colloq.): *Wir warteten mit dem Essen auf ihn.* Wait your turn: *Warte, bis du dran bist.* To wait at table: *Bei Tisch bedienen.* To wait for the cat to jump, to wait to see which way the cat jumps: *Sehen, wie der Hase läuft.* To wait for death: *Auf den Tod warten; den Tod erwarten.* To wait for the right moment: *Den richtigen Zeitpunkt abpassen.* Wait for me: *Warte auf mich.* To wait for an answer: *Auf eine Antwort warten.* To wait for dead men's shoes: *Auf eine Erbschaft lauern.* To wait on (upon) s.b.: *Jemandem dienen, jemandem aufwarten, jemanden bedienen.* To wait on s.b. hand and foot: *Jemandem ergeben sein; alles für jemanden tun.* We waited up for him: *Wir blieben wach und warteten auf ihn.* To wait till the cows come home (prov.): *Bis auf den Sankt Nimmerleinstag warten.*

waive To waive one's rights: *Auf seine Rechte verzichten.*

wake (1) To wake s.b. (up): *Jemanden aufwecken.* Wake up: *Wach auf.* I woke (up) with a start: *Ich fuhr aus dem Schlaf hoch.* That woke up my memory: *Das weckte meine Erinnerung.* To wake passions: *Leidenschaften erwecken.* To wake a riot: *Einen Aufruhr schüren.* To wake a corpse: *Viel Krach, Lärm machen.*

wake (2) In the wake of s.th.: *Unmittelbar nach etwas, im Anschluss an oder im Gefolge von etwas.* In s.b.'s wake: *In jemandes Kielwasser; im Gefolge.*

walk To walk all over s.b. (colloq.): *Jemanden unterbuttern oder fertigmachen; auf jemandem herumtrampeln.* To walk one's bicycle: *Sein Fahrrad schieben.* To walk the boards: *Schauspieler(in) sein.* To walk the chalk (pop.): *Nüchtern sein; auf dem Kreidestrich gehen können.* To walk a dog: *Einen Hund Gassi führen.* To walk a horse: *Ein Pferd im Schritt führen, reiten.* To walk a hospital: *Als Medizinstudent die klinischen Semester absolvieren.* To walk the plank: *Über die Planke gejagt werden (von Seeräubern).* To walk a road: *Eine Straße entlanggehen.* To walk one's round: *Die Runde machen.* To walk the streets: *Auf den Strich gehen, Prostituierte sein.* He walked it: *Er ist zu Fuß gegangen.* He walked himself tired: *Er lief sich müde.* To walk crabwise: *Rückwärts, im Krebsgang laufen.* To walk tall: *Großartig, großmütig, stolz, eindrucksvoll sein.* We walked for hours: *Wir gingen stundenlang zu Fuß.* To walk in one's sleep: *Schlafwandeln.* To walk about: *Herumspazieren, im Kreis spazieren.* To walk after s.b.'s advice: *Sich an jemandes Ratschlag halten.* To walk ahead of the line: *An der Spitze der Kolonne gehen.* To walk along: *Vorwärtsgehen.* To walk a good pace: *Mit einem ordentlichen Tempo gehen.* To walk away: *Weggehen, davongehen.* To walk by a rule: *Sich an eine Regel halten.* She walked into her son (pop.): *Sie stolperte über ihren Sohn, traf ihn zufällig.* He was walked into his savings (colloq.): *Er griff notgedrungen auf seine Ersparnisse zurück.* He walked his legs off: *Er lief sich die Füße wund; er lief sich die Beine müde.* To walk off with a prize (colloq.): *Einen Preis gewinnen, abstauben, davontragen.* To walk on air: *Im siebten Himmel sein.* To walk on all fours: *Auf allen Vieren gehen, kriechen.* To walk on crutches: *Auf Krücken gehen.* To walk on a razor's edge: *Auf des Messers Schneide stehen; ein sehr gefährliches Unternehmen mit knappem Ausgang durchführen.* To walk on the tips of one's toes, on tiptoe: *Auf Zehenspitzen gehen.* To walk out: *Streiken, verlassen, stehen lassen, sitzen lassen.* To walk out of one job into another: *Eine Arbeit nach der anderen hinschmeißen.* He has walked out on me (colloq.): *Er hat mich im Stich gelassen.* To walk over: *Mit Leichtigkeit gewinnen.* To walk round s.b. (USA): *Jemanden mit Leichtigkeit besiegen.* To walk up game: *Das Wild aufstöbern (bei der Jagd).* To walk with God: *Ein gottgefälliges Leben führen.* He is a walking library: *Er ist eine wandelnde Bibliothek.*

wall (1) To wall up a window: *Ein Fenster zumauern.*

wall (2) The wall was crumbling (mouldering): *Die Wand war brüchig, kurz vor dem Zusammenbrechen.* Walls have ears (prov.): *Die Wände haben Ohren.* To go up the wall: *Die Wände hochgehen.* To send s.b. up the wall (colloq.): *Jemanden auf die Palme bringen; jemanden wahnsinnig machen.*

wallow To wallow in mire, in mud: *Sich im Schlamm wälzen, suhlen (auch i.ü.S.).* To wallow in money: *Im Geld schwimmen.*

wander To wander (around, over, through) the world: *Durch die Welt ziehen, wandern, streifen.* To wander about: *Umherwandern, umherziehen, -irren,*

-schweifen. To wander (away) from the point, from the subject: *Vom Thema abkommen.* Her mind is wandering: *Sie faselt, redet irre.*

want I want his advice: *Ich möchte mich mit ihm beraten.* He wants (he is wanting in) courage: *Es fehlt ihm an Mut.* He wants you: *Er will dich (sprechen).* I want it badly: *Ich möchte es sehr gerne haben.* It wants washing: *Es müsste gewaschen werden.* He wants it all his own way: *Er möchte immer, dass alles so läuft, wie er es will.* I want you to go with him: *Ich möchte, dass du mit ihm gehst.* I want this furniture sold: *Ich möchte, dass diese Möbel verkauft werden.* I want a shave and haircut: *Haare schneiden und rasieren bitte.* It wants twenty minutes to dinner: *Es sind noch zwanzig Minuten bis zum Essen (Hauptmahlzeit).* To want one's bread buttered on both sides: *Den Mund nicht voll kriegen können.* To want s.b.'s life: *Jemandem nach dem Leben trachten.* He is wanted by the police: *Er wird von der Polizei gesucht.* He wants for nothing: *Es fehlt ihm (an) nichts.* You are wanted on the telephone: *Du wirst am Telefon verlangt.*

war To carry the war into the enemy's camp (fig.): *Den Spieß umdrehen.* To have been in the wars (colloq.): *Ziemlich ramponiert oder mitgenommen aussehen.* War to the knife: *Krieg bis aufs Messer.* On the warpath (colloq.): *Auf dem Kriegspfad.*

ward To ward off a blow: *Einen Schlag parieren, abwehren.* To ward off danger: *Eine Gefahr abwenden.*

warm (1) To warm a room: *Ein Zimmer (auf)wärmen, heizen.* To warm (up) some water: *Wasser erhitzen.* To warm up (over) some soup: *Etwas Suppe aufwärmen.* To warm (up) to one's work: *Sich auf seine Arbeit vorbereiten; sich für seine Arbeit aufwärmen.* To warm up: *Warm werden; sich erwärmen für etwas (auch i.ü.S.).* He warmed himself by the fire: *Er wärmte sich am Feuer.* It warmed his heart to see his friends again: *Ihm wurde warm ums Herz, als er seine Freunde wiedersah.* To warm the cockles of s.b.'s heart: *Jemanden erfreuen.* To warm s.b.'s jacket (pop.): *Jemanden verprügeln, ihm die Jacke vollhauen.* To warm a snake in one's bosom: *Eine Schlange am Busen nähren; böse Absichten, Gefühle hegen.*

warm (2) I'm warm: *Mir ist heiß.* It's warm: *Es ist heiß.* A warm coat: *Ein warmer Mantel.*

warn I warned him against swindlers: *Ich warnte ihn vor Betrügern.* To warn s.b. away (leg.): *Jemanden verwarnen, dazu verpflichten, sich zu entfernen.* I warned him of the impending danger: *Ich warnte ihn vor der drohenden Gefahr.* To warn s.b. off: *Jemanden verwarnen, auffordern wegzugehen.*

warrant To warrant a payment: *Eine Zahlung autorisieren, garantieren.* To warrant a statement: *Eine Aussage bestätigen.* I('ll) warrant you! (old): *Mein*

Wort darauf! Ich könnte schwören. It is warranted for one year: *Es hat eine Einjahresgarantie.*

warts Warts and all: *Ohne die Fehler, unschönen Seiten zu verbergen.*

wash I wash my hands of it: *Ich wasche meine Hände in Unschuld; ich habe damit nichts zu tun.* It washes well (easily): *Es lässt sich gut (ab)waschen (Stoff z.B.).* She washes for a living: *Sie verdient sich ihren Lebensunterhalt als Waschfrau.* That argument won't wash: *Das Argument ist nicht stichhaltig.* To wash an ass's head (ears), an Ethiop, a blackamoor (white): *Sich für nichts und wieder nichts anstrengen.* To wash against the rocks: *Gegen die Felsen spülen, schwemmen (Meereswellen).* To wash s.b. ashore: *Jemanden ans Ufer spülen.* To wash away a tree trunk: *Einen Baumstumpf mitreißen, mitschwemmen (Wasserwellen).* To wash the dishes: *Spülen; den Abwasch machen.* To wash down a car: *Ein Auto gründlich waschen.* To wash down a house: *Ein Haus zum Einsturz bringen (durch Wasser, Überflutung).* He washed down the chicken with a few glasses of wine: *Er spülte das Hühnchen mit einigen Gläsern Wein hinunter.* To wash off (out) a stain: *Einen Schmutzfleck auswaschen.* To wash out: *Sich auswaschen, verblassen (als Folge des Waschens).* I'm washed out (up): *Ich bin erledigt; ich bin 'fertig'; ich bin gescheitert.* To wash s.b. overboard: *Jemanden über Bord, ins Meer spülen, reißen (Welle).* To wash up: *(Geschirr) spülen.*

waste (1) To waste one's breath (one's words), one's money, one's time: *In den Wind reden; (seine Worte), sein Geld, seine Zeit verschwenden.* To waste a good opportunity: *Eine gute Möglichkeit ungenutzt verstreichen lassen.* To waste powder and shot: *Seine Zeit mit etwas, an etwas verschwenden, dass nicht der Mühe wert ist.* To waste a territory: *Eine Region verwüsten, verheeren.* To waste away: *Abnehmen, schwinden.* To be wasted on s.b.: *An jemanden verschwendet, vergeudet sein (Vertrauen z.B.).* Waste not, want not (prov.): *Spare in der Zeit, so hast du in der Not.*

waste (2) It is a waste of breath: *Es ist verlorene Liebesmüh.* To go to waste: *Brachliegen, verkommen.*

watch (1) To watch television: *Fernsehen.* To watch a prisoner: *Einen Gefangenen überwachen.* I watched him come out of the room: *Ich beobachtete, wie er aus dem Zimmer kam.* Watch your pockets! *Achten Sie auf Ihre Taschen, Brieftaschen (Warnung vor Taschendieben).* Watch your step (colloq.): *Vorsicht Stufe; passen Sie auf, wo Sie hintreten.* To watch one's time: *Den richtigen Augenblick abwarten.* To watch for the favourable occasion: *Auf einen günstigen Moment warten.* Watch out! *Vorsicht! Pass auf!* To watch over one's children, a sick man: *Auf seine Kinder aufpassen; am Bett eines Kranken* *wachen.* A watched pot (kettle) never boils (is long in boiling) (prov.): *Immer Geduld! Nur nicht aufregen! (Das Wasser im Kessel wird nicht kochen, wenn man darauf wartet).* Watch your words! *Pass auf, was du sagst!*

watch (2) My watch doesn't go, is right (is wrong), is fast (is slow): *Meine Uhr geht nicht; geht richtig (falsch), geht vor, (geht nach).* My watch is five minutes fast (slow): *Meine Uhr geht fünf Minuten vor (nach).* To be on the watch: *Ausschau (nach jemandem) halten.*

water (1) To water a horse: *Ein Pferd tränken.* To water the land: *Das Land bewässern.* To water a plant: *Eine Pflanze wässern, gießen.* To water one's clay: *Trinken.* To water down milk, wine: *Milch, Wein verwässern, verdünnen.* To water down one's language: *Seine Sprache, Ausdrucksweise mäßigen.* To water down a statement: *Eine Aussage verwässern, teilweise zurücknehmen.*

water (2) To be in deep water: *In Not sein.* Much water has flowed under the bridges: *Eine geraume Zeit ist vergangen, es ist schon lange her.* To be like water off a duck's back: *An jemandem abgleiten oder abprallen.* To hold water: *Wasserdicht sein; hieb- und stichfest sein.* To pour oil on troubled water: *Öl auf die Wogen gießen.*

wave To wave one's hair: *Sich die Haare in Wellen legen lassen, wellen.* To wave one's handkerchief: *Mit dem Taschentuch (zum Abschied) winken.* To wave one's hand, one's arms: *Mit der Hand, mit den Armen winken, herumfuchteln.* To wave a sword: *Ein Schwert schwingen.* To wave in the wind: *Im Wind flattern, wehen.* To wave aside an offer, a proposal: *Ein Angebot, einen Vorschlag beiseiteschieben, ablehnen.* I waved him away (off), on: *Ich machte ihm ein Zeichen wegzugehen, aufzuhören, weiterzumachen.* He waved a gay greeting to me: *Er winkte mir fröhlich zur Begrüßung zu.* I waved him silent: *Ich gab ihm ein Zeichen zu schweigen.* To be on the same wavelength: *Auf derselben Wellenlänge sein, dieselbe Wellenlänge haben.*

waver To waver between two different solutions: *Zwischen zwei unterschiedlichen Lösungen schwanken.*

way By the way: *Übrigens, nebenbei bemerkt.* In a big way (colloq.): *In großem Stil, mit Schwung oder Begeisterung.* On the way: *Unterwegs.* This way: *Hier entlang.* The way in, the way out: *Der Eingang, der Ausgang.* Way of life: *Lebensstil.* To look the other way (fig.): *Wegsehen; über etwas hinwegsehen.* The way of all flesh: *Der Tod; der Weg allen Fleisches.* Ways and means: *Mittel und Wege.* One way and another (colloq.): *In verschiedener Hinsicht.* To have one's own way: *Seinen Willen oder seinen Kopf durchsetzen.* To go one's own way: *Seinen eigenen Weg gehen.* There are no two ways about it:

Es steht außer Frage, da gibt es nichts zu diskutieren, daran gibt es nichts zu rütteln. That's the way with him: *So ist er halt; das ist so seine Gewohnheit.*

weak A weak moment: *Ein schwacher Moment, ein Moment der Schwäche.* That's his weak point (spot): *Das ist sein schwacher, sein wunder Punkt.* He is weak in German: *Er ist sehr schwach in Deutsch; er spricht nicht sehr gut Deutsch.* He is weak in the head: *Er kapiert nicht besonders schnell; er ist schwer von Begriff.* The weaker sex: *Das zarte (schwache) Geschlecht, die Frauen.*

wean To wean a baby: *Einen Säugling entwöhnen.* He weaned himself from his bad habits: *Er gewöhnte sich seine schlechten Gewohnheiten ab.*

wear (1) To wear the crown: *Die Krone tragen; König sein.* To wear a double face: *Doppelzüngig, heuchlerisch, falsch sein.* To wear the ermine, the gown: *Richter sein, die Richterwürde innehaben.* To wear a face of joy, a long face: *Fröhlich sein, ein fröhliches Gesicht machen; traurig sein, ein langes Gesicht machen.* To wear a fringe: *Einen Pony (Frisur) tragen.* To wear one's hair over the shoulders: *Sein Haar über den Schultern tragen.* To wear one's hat atilt, at a jaunty angle, on one side: *Seinen Hut schräg tragen, auf der Seite tragen.* To wear one's head high: *Mit erhobenem Kopf gehen (auch i.ü.S.); stolz sein.* To wear the motley: *Den Narren spielen; der Hofnarr sein.* To wear mourning, the livery of grief: *Trauer tragen.* To wear the purple: *Kardinal sein.* To wear the Queen's coat: *Soldat sein.* To wear a sad expression: *Ein trauriges Gesicht machen.* To wear two hats: *Sich auf zwei verschiedene Arten darstellen; sich von verschiedenen Seiten präsentieren.* To wear (the) willow, the willow garland: *Den Verlust einer nahestehenden Person beweinen.* To wear well, badly (ill): *(Das Kleidungsstück) lässt sich gut (schlecht) tragen.* To wear away one's clothes, one's shoes: *Seine Kleider abtragen, seine Schuhe abtragen, auslatschen.* To wear away one's time: *Seine Zeit verschwenden, vergeuden.* To wear down the heels of one's shoes: *Die Absätze seiner Schuhe ablaufen, plattlaufen.* To wear one's arm in a sling: *Den Arm in einer Schlinge tragen.* To wear off: *Sich abtragen, abnutzen, verschleißen.* To wear on: *Sich hinziehen (Zeit).* To wear one's heart on one's sleeve: *Das Herz auf der Zunge haben; seine Gefühle nicht verheimlichen.* He was worn out: *Er war erschöpft.* To wear out: *Sich abnutzen, verbrauchen, verschleißen.* To wear out one's welcome: *Durch häufigen und zu langen Besuch unwillkommen werden.* To wear oneself to rags: *Sich herunterwirtschaften; sich verkommen lassen.*

wear (2) Wear and tear: *Ständige Abnutzung.*

weather (1) To weather on (upon) s.b.: *Sich einen Vorteil über jemanden verschaffen.* He weathered out that hard winter: *Er hielt diesen harten Winter durch; er überstand diesen harten Winter.* To weather a gale: *Schwierigkeiten überwinden; einen Sturm durchstehen.*

weather (2) To feel under the weather (colloq.): *Sich unwohl fühlen, angeschlagen sein.* Weather permitting: *Wenn es das Wetter erlaubt.* The weather is quite settled: *Das Wetter hat sich beruhigt, ist auf dem Weg der Besserung.* To keep one's weather eye open: *Auf etwas achten, gut aufpassen, Ausschau nach etwas halten.*

weathercock He is a weathercock: *Er ist ein wetterwendischer Mensch.*

weave To weave a basket, a wreath: *Einen Korb, einen Kranz flechten.* To weave cotton, wool: *Baumwolle, Wolle weben.* To weave a plot: *Ein Komplott schmieden.* To weave the plot of a novel: *Die Handlung eines Romanes ersinnen, erfinden.* To weave one's web: *Sein Netz weben (Netz der Listigkeit, des Hinterhaltes).* To weave closely, loosely: *Eng, lose weben.* He wove (his way) through the crowd: *Er schlängelte sich durch die Menge.* To get weaving (colloq.): *In die Gänge kommen, sich beeilen.*

wedge To wedge a door open: *Eine Tür mit Hilfe eines Keiles öffnen.* He wedged himself into the crowd: *Er zwängte sich in die Menschenmenge hinein.* To wedge off a piece of wood: *Ein Stück Holz mit einem Keil loslösen.*

wee Give me just a wee bit: *Gib mir nur ein klein wenig.*

weed To weed the land: *Unkraut jäten.* To weed out trees: *Bäume ausreißen.* To weed out errors, prejudices: *Irrtümer, Vorurteile ausmerzen.*

weep To weep bitter tears: *Bittere Tränen weinen.* To weep crocodile tears: *Krokodilstränen weinen.* To weep one's fill: *Sein ganzes Herz ausweinen.* To weep (tears of) blood: *Blutige Tränen weinen.* To weep for company: *Vor Sehnsucht nach Freunden weinen.* To weep for joy: *Vor Freude weinen, schluchzen.* To weep over the past: *Die Vergangenheit beweinen.* She wept herself to sleep: *Sie weinte, schluchzte sich in den Schlaf.* To weep away one's time: *Seine Zeit weinend verbringen, vertrödeln.* To weep one's eyes (one's heart, oneself) out: *Sich die Augen, das Herz ausweinen; sich ausweinen.*

weigh To weigh one's words: *Seine Worte abwägen.* He weighed the pros and cons of his plan: *Er wägte die Argumente für und gegen seinen Plan ab.* To weigh anchor: *Den Anker lichten.* To weigh evidence (leg.): *Beweise sorgsam abwägen, erwägen.* To weigh down the balance, the scale: *Die Waage auf einer Seite heruntersinken lassen (auch i.ü.S.); den Ausschlag geben.* They were weighed down by taxes: *Sie wurden von den Steuern erdrückt.* He was weighed down with grief: *Er war vor Kummer niedergedrückt.* It weighs on (upon) his conscience: *Es lastet ihm auf dem Gewissen.* To weigh (up) a sunken ship: *Ein gesunkenes Schiff heben.* I weighed him up (colloq.): *Ich bildete mir ein Urteil über ihn.*

welcome (1) Welcome back! *Willkommen daheim!* You're welcome! (USA): *Keine Ursache! Bitte, gern geschehen! (Als Antwort auf ein 'Dankeschön'.)*

welcome (2) To welcome s.b. with open arms (into one's home): *Jemanden mit offenen Armen (bei sich zuhause) empfangen.* I welcomed his suggestion: *Ich begrüßte seinen Vorschlag.*

well (1) All very well: *(Alles) schön und gut.* I'm well: *Es geht mir gut.* Well and good! *Das ist in Ordnung! Einverstanden! Gut und schön!* Well and truly: *Entschieden, klar, unzweideutig, abgeschlossen.* He is well-bred (behaved): *Er ist wohlerzogen.* He is well connected: *Er hat gute (hochgestellte) Beziehungen.* Well done! *Gut gemacht! Gratuliere!* Well, don't eat me! *Nun, friss mich nicht gleich!* He is well left: *Er hat eine hübsche Erbschaft erhalten.* Well, I must say! *Nun, ich muss schon sagen, (dass ...).* He is well oiled: *Er ist stockbetrunken.* He is a well-read person: *Er ist eine belesene Person.* Well timed: *Gut (vom Zeitpunkt her) abgepasst.* He is well away: *Er ist schon weit; er ist schon lange fort; schon weit weg.* He is well in with us: *Wir unterhalten gute Beziehungen zu ihm.* He is well-off: *Er ist wohlhabend.* He is well on in life: *Er ist schon gesetzteren Alters.* He is well on to the way of success: *Er ist auf dem besten Weg, erfolgreich zu sein.* He is well out of it: *Er hat sich geschickt aus der Affäre gezogen.* He is well over forty: *Er ist schon weit über vierzig (Jahre alt).* He is well up in German: *Er spricht gut Deutsch.* Well begun is half done (prov.): *Frisch gewagt ist halb gewonnen.*

well (2) He is a well of learning: *Er ist ein (ungemein) gebildeter Mensch.*

wet (1) I'm wet through, to the skin: *Ich bin durch und durch nass, nass bis auf die Haut.* He was as wet as a drowned rat: *Er war nass wie ein begossener Pudel.* He is a wet blanket: *Er ist ein Spielverderber, ein Miesmacher.* He is wet behind the ears: *Er ist (noch) feucht, grün hinter den Ohren; er ist noch unerfahren.*

wet (2) To wet one's clay, one's whistle, one's weasand (colloq.): *Trinken, sich einen hinter die Binde gießen.* To wet one's line: *Beginnen zu fischen.* To wet the other eye: *Ein zweites Gläschen trinken.* He wetted his promotion: *Er trank auf seine Beförderung.* To wet up (colloq.): *Sich betrinken.* To wet oneself: *Sich baden.*

whacked I am whacked to the wide (pop.): *Ich bin erschöpft, fertig.* To get a good whacking. *Eine gehörige Tracht Prügel bekommen.*

whale He is a whale at (for, on) Latin: *Er ist sehr gut in Latein; er ist ein Latein-As.*

what What about you? *Und du? Wie wär's mit dir?* What is it all about? *Worum handelt es sich? Was ist der Sinn?* What's all this about English climate being terrible? *Was soll dieser Unsinn über das angeblich schreckliche englische Wetter?* What are you? *Was ist Ihr Beruf? Was machen Sie beruflich?* What a bore! *Was für eine Langeweile! So ein Langweiler!* What a bother! *Wie lästig!* What can I do for you? *Was kann ich für Sie tun?* What cheek! *Was für eine Unverschämtheit!* What cheer? *Was gibt's? Wie geht's?* That's what comes of being dishonest: *Das hat man, hast du nun davon, unehrlich zu sein.* What's the damage? (jokingly): *Wo brennt's? (scherzhaft).* What's the date today? *Welches Datum haben wir heute?* What the deuce (the devil, the dickens) are you doing here? *Was zum Teufel machst du hier?* What's the difference? *Was soll's? Ist doch ohnehin alles egal!* What do you call it? *Wie nennt es sich? Wie nennt ihr es?* What is done cannot be undone (prov.): *Geschehen ist geschehen; vorbei ist vorbei.* What does that come to? *Wieviel macht das zusammen? (Im Restaurant).* What does he do for a living? *Was macht er beruflich?* What does it matter? *Was macht das schon? Was soll's?* What (ever) do you mean (intend) by that? *Was um Himmels willen meinst du damit?* What do you think you're doing? *Was zum Teufel machst du eigentlich?* What are you driving at? *Worauf willst du hinaus? Worauf spielst du an?* What's eating you? (colloq.): *Was plagt dich? Was quält dich? Was beschäftigt dich?* What else could I say? *Was könnte ich sonst sagen (hätte ich sonst sagen können)?* What the eye doesn't see, the heart does not grieve over (prov.): *Fern den Blicken, fern dem Herzen; aus den Augen aus dem Sinn; was ich nicht weiß, macht mich nicht heiß.* What for? *Warum? Wozu? Wozu soll das gut sein.* What for you, Sir? *Sie wünschen, mein Herr?* What's the game? *Wie steht's? Was liegt an?* What are you getting at? *Worauf wollen Sie hinaus? Worauf spielen Sie an?* What has that got to do with …: *Was hat das zu tun mit…* What's going on? *Was ist los? Was geht hier vor sich?* What harm can it do to you? *Was kann es dir schon schaden?* What have I to do with it? *Was geht mich denn die Sache an?* What the hell are you doing here? *Was zum Teufel machst du hier?* What's the hurry? *Was soll die Eile, die Hetze?* What's the idea? *Also, worum geht es?* What an idea! *Welch grandiose Idee, unübertrefflicher Vorschlag! (ironisch)* What if it is true? *Was aber, wenn es der Wahrheit entspricht?* What impudence! *Wie unklug! Welche Unvorsichtigkeit!* What an infliction! *Was für eine Last, Plage, Heimsuchung.* What is it you want? *Was zum Teufel wollen Sie?* What's the joke? *Was gibt es da zu lachen?* What a lark I had last night! *Gestern Abend habe ich mich wieder königlich amüsiert.* What is he like? *Wie ist er? Welche Persönlichkeit hat er, ist er?* What a lot of nonsense! *Was für ein Unsinn!* What matter? *Was soll's?* What is the matter? *Was ist los?* What is the matter with you? *Was hast du? Was ist los mit dir? Wo drückt dich der Schuh?* What a mess! *Was für ein Durcheinander, Chaos!* What is more: *Das Wichtigere.* What's the news? *Was gibt's Neues?* What next? *Was nun? Was geschieht als nächstes?* What a nuisance! *Wie unangenehm, peinlich!* What's on at the Odeon? *Was läuft im Odeon (Kino)?* What on earth are you doing here? *Was um alles in der Welt machst du hier?* What a one he is to cheat people! *Was für ein Halunke, andere Leute übers Ohr zu hauen.* What a pity! *Wie schade!* What's your point in doing it? *Warum tust du es? Was bezweckst du damit?* What's your poison? (colloq.): *Was möchtest du trinken?* What's the row? *Was geschieht? Was passiert?* What a score! (pop.): *Was für ein Glück!* What a shame! *Welche Schande!* What though he is poor? *Was macht es schon, dass er arm ist?* What time do you make it? *Was glaubst du, wie spät es ist?* What's up? *Was gibt's? Was ist los?* What's up with you? *Was ist los mit dir?* What are you up to? *Was hast du vor?* What will become of him? *Was wird aus ihm werden?* What would you like to follow the soup? *Was wünschen Sie nach der Suppe?* What's wrong with you? *Was hast du? Was ist los mit dir?*

whatever Whatever happens (may happen), don't desert him: *Was immer auch geschehen mag, verlass ihn nicht!*

wheedle To wheedle s.b. into doing s.th.: *Jemanden beschwätzen, etwas zu tun; jemanden zu etwas überreden.* She wheedled money out of him: *Sie schmeichelte ihm Geld ab.*

wheel (1) To wheel a barrow, a car: *Einen Karren schieben, einen Wagen fahren.* To be wheeling and dealing: *Geschäftemacherei, Machenschaften betreiben.* To wheel round: *Sich (rasch) umwenden, umdrehen.*

wheel (2) To set the wheels in motion: *Die Dinge in Gang oder in Bewegung setzen.* (There are) wheels within wheels: *Gewisse (komplizierte) Verbindungen, Verflechtungen oder Beziehungen.*

when When the cat's away, the mice will play (prov.): *Ist die Katze aus dem Haus, tanzen die Mäuse über Tische und Bänke.* When the chips are down: *Wenn die Rechnungen beglichen sind.* When the fancy takes him: *Wenn die Laune ihn packt.* When the fit is on him, he is very nice: *Wenn er gut gelaunt ist, kann er sehr sympathisch sein.* When God will, all winds bring rain (prov.): *So Gott will, ist alles möglich.* When in Rome, do as the Romans do (prov.): *Andere Länder, andere Sitten (an die man sich anpassen sollte); wenn man in Rom ist, sollte man* *sich wie die Römer benehmen.* When man and wife squabble it's wise not to meddle (prov.): *Wenn sich Eheleute streiten, sollte man sich lieber nicht einmischen.* When the occasion (the opportunity) arises, offers (itself): *Wenn sich die Möglichkeit ergibt, anbietet.*

where Where are your eyes? *Wo hast du (wieder) deine Augen? Wohin blickst du wieder?* Where do you come from? *Woher kommst du (aus welcher Gegend, welchem Land)?* Where the deuce (the devil) is he? *Wo zum Teufel ist er?* Where do I come in? *Was genau ist nun meine Aufgabe?* Where is it all going to end? *Wo, wie wird das alles enden?* Where's the harm in doing that? *Was soll das schon schaden?* Where the mischief is he? *Wo, verflixt nochmal, ist er?* Where there's muck there's money (prov.): *Wo es Arbeit gibt, gibt es Wohlstand.* Where there's reek, there's heat (prov.): *Wo es raucht, gibt es auch Feuer.* Where there's a will there's a way (prov.): *Wo ein Wille ist, ist auch ein Weg.*

whet To whet one's appetite: *Den Appetit anregen.* To whet a knife: *Ein Messer wetzen, schärfen.*

whether Whether you like it or not: *Ob du es nun magst oder nicht.* Whether or no (not): *In jedem Fall, auf jeden Fall.*

which Which is the best bus for Oxford street? *Welchen Bus nimmt man am besten, um zur Oxford street zu kommen?* Which is which? *Welches ist nun was; was ist nun was; wer ist nun wer?*

while (1) To while away the time: *Sich die Zeit vertreiben.*

while (2) While we're about it ...: *Wo wir gerade dabei sind, ...* While the grass is growing the horse starveth (prov.): *Solange das Gras wächst, verhungert das Pferd; zu lange Vorbereitungen schaden nur der eigentlichen Angelegenheit.* While there's life there's hope (prov.): *Solange es Leben gibt, gibt es Hoffnung.* The while: *Inzwischen, unterdessen.*

whip To whip the cream: *Sahne (schaumig) schlagen.* To whip (up) an egg: *Ein Ei schaumig schlagen.* To whip a horse: *Ein Pferd schlagen, peitschen.* To whip the cat (colloq.): *Blauen Montag machen; sich betrinken.* To thip the devil (the old gentleman) round the post (around the stump): *Etwas auf Umwegen erreichen; etwas auf unehrliche Art und Weise erreichen.* To whip away: *Weglaufen, davonlaufen, sich aus dem Staub machen.* He whipped away her hand-bag: *Er riss ihr die Handtasche aus der Hand.* To whip in the hounds: *Die Hunde (bei der Jagd) zusammentreiben.* He whipped into the room: *Er stürmte in das Zimmer.* He whipped off the glass of wine: *Er spülte das Glas Wein hinunter; er trank das Glas Wein in einem Zug.* To whip on a horse: *Ein Pferd (mit der Peitsche) antreiben.* He whipped out a knife: *Er zückte (plötzlich) ein Messer.* To whip out an oath: *Er stieß einen Fluch aus.* He whipped out of the room: *Er schoss aus dem Zimmer.* To whip up a list: *Eine Liste in großer Eile erstellen.* To whip up s.b.'s enthusiasm: *Jemandes Begeisterung beleben, aufpeitschen.*

whirl To whirl (round): *Herum wirbeln.* To whirl one's arms: *Mit seinen Armen herumwirbeln.*

whisk To whisk the cream: *Die Sahne schlagen.* To whisk an egg: *Ein Ei schaumig schlagen.* To whisk one's tail: *Mit dem Schwanz wedeln.* To whisk flies away: *Fliegen fortwedeln.*

whisper He whispered some words in her ear: *Er flüsterte einige Worte in ihr Ohr.* It is whispered that ...: *Man sagt, dass ...; es sind Gerüchte im Umlauf, dass ...*

whistle (1) To whistle a tune: *Eine Melodie pfeifen.* To whistle one's time away: *Seine Zeit pfeifend verbringen.* To whistle away (off) a bad habit: *Eine schlechte Gewohnheit fröhlich ablegen.* He whistled back his dog: *Er pfiff seinen Hund zurück.* To whistle down the wind: *Unbeachtet lassen; in den Wind schlagen.* To whistle for a wind: *Vergeblich auf etwas warten.* He whistled for a taxi: *Er pfiff, winkte nach einem Taxi.* To let a person go whistle: *Jemandes Wünsche nicht berücksichtigen.*

whistle (2) As clean as a whistle: *Blitzsauber.* To blow the whistle on s.b. (colloq.): *Jemanden verpfeifen, jemanden auffliegen lassen.* To wet one's whistle (colloq.): *Sich die Kehle anfeuchten, einen trinken oder heben.*

white He was as white as a sheet: *Er war so weiß wie ein Leintuch.* A white elephant: *Ein kostspieliger, lästiger Besitz.* A white lie: *Eine kleine Unwahrheit, eine Notlüge.*

whitewash To whitewash a wall: *Eine Wand, Mauer tünchen, weißen.* To whitewash one's opponents (USA): *Einem Gegner eine gehörige Abreibung verpassen, ihn überlegen besiegen, ihm keine Chance lassen.*

whittle To whittle a stick: *Einen Stock schnitzen.* To whittle (down) a salary: *Ein Gehalt verringern, stutzen.*

who Who cares? *Wen interessiert das schon?* Who comes next? *Wer ist der nächste?* Who are you getting at? *Auf wen willst du hinaus, spielst du an?* Who is (goes) there? (milit.): *Wer ist dort?* Who knows! *Wer weiß (das schon)!* Who may you be? *Und du, wer bist du?* Who is it? *Wer ist es? Wer ist da?* Who breaks pays (prov.): *Wer aufgibt, muss bezahlen.* Who eats most eats least (prov.): *Wer am meisten isst, isst am schlechtesten.* Who sows the wind will reap the whirl-wind (prov.): *Wer Wind sät, wird Sturm ernten.* Who will not eat has already been eating (prov.): *Wer nicht essen will, hat schon gegessen; wer von etwas nichts wissen will, hat es meistens schon einmal selbst gemacht.*

whoever Whoever he may be: *Wer immer er auch sein mag.*

whole The whole of it: *Das Ganze; alles.* The whole bag of tricks: *Alle Listigkeiten und Tricks.* The whole kit and caboodle (colloq.): *Der ganze Krempel, die ganze Gesellschaft.*

whose Whose fault is it? *Wessen Schuld ist das? Wer trägt die Verantwortung?* Whose idea was that? *Wer hatte diese Idee? Wessen Idee war das?* Whose deal (lead) is it? *Wer muss geben? (Kartenspiel).*

why Why so (why is that, why on earth)? *Warum (warum um alles in der Welt)?* Why not? *Warum nicht?* That's why I didn't go there: *Deshalb ging ich dort nicht hin.* Why, I assure you! *Nun, ich gebe dir mein Wort drauf!* The whys and the wherefores (colloq.): *Das Warum und Weshalb.*

wide Wide off the mark: *Weit verfehlt, weit am Ziel vorbei.*

wield To wield the pen, the sword: *Die Feder führen; das Schwert schwingen.* To wield a (the) sceptre: *Das Zepter führen, herrschen.* To wield authority, power: *Autorität, Macht ausüben.*

wiggle To wiggle one's hips: *Mit den Hüften wackeln.*

wild He was wild with anger: *Er war sehr aufgebracht; er tobte vor Zorn.* A wild-goose chase: *Ein fruchtloses Unternehmen, Unterfangen; eine vergebliche Mühe.* To sow one's wild oats: *Sich die Hörner abstoßen.* Wild horses would not get or drag s.b. somewhere: *Keine Macht der Welt könnte jemanden zu etwas bewegen; keine zehn Pferde bekämen jemanden an einen bestimmten Ort.*

will Will that be all, Sir? *Wäre das alles, mein Herr?* That will be the day: *Dies wird niemals geschehen, soweit kommt's noch.* Will that do? *Wird dies genügen, ausreichen?* That will do: *Das genügt, das reicht.* He will have his own way: *Er wird seine eigenen Vorstellungen durchsetzen.* He will have none of it: *Er wird davon nichts hören wollen.* He will have his joke: *Er ist immer zu Scherzen aufgelegt.* I will never darken his door again! *Mich hat er zum letzten Mal gesehen!* He will not take no for an answer: *Er wird 'nein' nicht als Antwort akzeptieren.* With the best will in the world: *Beim besten Willen.*

willy Willy-nilly: *Wohl oder übel.* To get the willies (colloq.): *Zustände kriegen, das kalte Grausen kriegen.*

win To win a battle, a bet: *Eine Schlacht, eine Wette gewinnen.* He has won his blue: *Er ist für den Wettkampf ausgewählt worden.* To win the day, the field: *Siegreich sein.* To win a draughtsman: *(Beim Damespiel) einen Spielstein gewinnen.* To win s.b.'s ear: *Sich bei jemandem Gehör verschaffen.* To win the election by a few votes: *Die Wahl mit einigen Stimmen Vorsprung gewinnen.* To win fame: *Ruhm erwerben.* To win s.b.'s favour: *Jemandes Wohlwollen gewinnen, erwerben.* He won the game in two hands (rounds): *Er gewann das Spiel in zwei Durchgängen.* To win a young lady's hand: *Erfolgreich um die Hand einer jungen Frau an-*

halten. To win s.b.'s heart, all hearts: *Jemandes Herz für sich gewinnen; alle Herzen erobern.* He won honour in battle: *Er erwarb sich Ehre (und Ruhm) in der Schlacht.* To win laurels: *Siegeslorbeeren gewinnen.* To win a law-suit: *Einen Prozess gewinnen.* To win one's spurs: *Sich seine Sporen verdienen.* To win the (a) victory: *Den Sieg erringen.* To win one's way: *Sich durchsetzen.* To win back s.b.'s esteem: *Jemandes Wertschätzung wiedererlangen, wiedergewinnen.* To win by a fluke: *Durch Glück, einen Glücksfall gewinnen.* To win by three goals to nil (football): *Mit drei zu null Toren gewinnen (Fußball).* To win hands down (colloq.): *Mit Leichtigkeit gewinnen, den Sieg davontragen.* He has won a name for himself: *Er hat sich einen Namen gemacht.* To win out: *Sich befreien; sein Ziel erreichen.* I won him over to my side: *Ich gewann ihn für meine Sache.* To win through: *Sich befreien; sein Ziel erreichen.* They won through to a strategic position: *Sie eroberten einen strategisch wichtigen Punkt.* To win up: *Sich aufrichten; aufs Pferd steigen.*

wind (1) To wind game: *Wild wittern (Hunde auf der Jagd).* To wind out a plot: *Eine Verschwörung aufdecken.* To wind down (colloq.): *Wieder Mut bekommen; sich erholen.* I was winded: *Ich war völlig außer Atem.*

wind (2) To wind the horn: *Das Horn blasen (Instrument).*

wind (3) To wind a bobbin: *Eine Spule aufwinden.* To wind a ship: *Ein Schiff drehen, wenden.* To wind one's way: *Einen Umweg machen.* To wind along a path: *Einem sich schlängelnden Pfad folgen.* To wind back a tape: *Eine Kassette zurückspulen.* To wind oneself into s.b.'s heart, confidence: *Sich in jemandes Herzen, Vertrauen einschleichen.* To wind off a ball of wool: *Ein Wollknäuel abwickeln.* To wind a rope round (about) a tree: *Ein Seil um einen Baum schlingen.* To wind s.b. round one's (little) finger: *Jemanden um den kleinen Finger wickeln.* The government needs winding up: *Die Regierung muss aufgemuntert, aufgerüttelt werden.* To wind (up) a watch: *Eine Uhr aufziehen.* Suspense was wound up to the highest pitch: *Die Spannung war aufs Höchste gestiegen.* To wind up a skein of wool into a ball: *Einen Wollstrang zu einem Knäuel aufwickeln.* He wound up his speech: *Er schloss seine Rede.*

wind (4) The wind is abating (is dropping, is falling), is rising: *Der Wind lässt nach, frischt auf.* To cast (throw) caution to the wind(s): *Alle Bedenken oder alle Vorsicht in den Wind schlagen* To be full of wind: *Viel Wind machen.* To be in the wind: *In der Luft liegen, sich anbahnen.* To put the wind up s.b. (colloq.): *Jemandem Angst machen; jemandem ins Bockshorn jagen.* To sail close to the wind: *Sich hart an der Grenze (des Erlaubten) bewegen; sich hart an der*

Grenze der Legalität bewegen. To see which way (how) the wind blows: *Sehen, woher der Wind bläst.* To take the wind out of s.b.'s sails: *Jemandem den Wind aus den Segeln nehmen.*

windy It is windy: *Es ist windig.*

wing Fear winged his steps: *Angst beflügelte seine Schritte.* To wing a bird: *Einen Vogel flügellahm schießen.* To clip s.b.'s wings: *Jemandem die Flügel stutzen; jemandem einen Dämpfer aufsetzen.* To spread one's wings (fig.): *Flügge werden.* To take s.b. under one's wings (fig.): *Jemanden unter seine Fittiche nehmen.*

wink To wink one's eyes: *Mit den Augen blinzeln, zwinkern.* To wink signals: *Zeichen zuzwinkern.* To wink at s.b.: *Jemandem zublinzeln.* To wink (an eye) at a fault, at an error: *Bei einem Fehler, einem Irrtum ein Auge zudrücken.* To wink (an eye) at an offence: *Gegenüber einer Straftat ein Auge zudrücken.* To wink away tears: *Tränen fortblinzeln.*

winnow To winnow wheat: *Getreide schwingen, worfeln.* To winnow the chaff from the grain: *Die Spreu vom Weizen trennen.* To winnow out the good from the evil: *Die Guten von den Bösen trennen, unterscheiden.* To winnow the air, one's wings: *Die Luft (mit den Flügeln) schlagen; die Flügel schlagen.*

wipe To wipe one's eyes, one's lips: *Seine Augen wischen, seine Lippen abwischen.* To wipe (away) one's sweat, one's tears: *Sich den Schweiß weg-, abwischen; seine Tränen fortwischen.* To wipe one's boots on s.b. (pop.): *Jemanden (grob) beleidigen, demütigen.* To wipe s.b.'s eye (pop.): *Jemandem zuvorkommen; jemanden übervorteilen, über's Ohr hauen, beschummeln.* To wipe the floor with s.b. (pop.): *Jemandem eine demütigende Niederlage beibringen.* To wipe off a debt: *Schulden tilgen.* To wipe s.b. off the face of the earth: *Jemanden auslöschen, vom Erdboden wegfegen, ausrotten.* To wipe s.b., s.th. off the map (colloq.): *Etwas, jemanden auf, von der Landkarte auslöschen, vernichten, ausrotten.* To wipe out a jug: *Einen Krug, eine Kanne auswischen, sauber machen.* To wipe out the blackboard, an affront: *Die Tafel abwischen; eine Beleidigung wegwischen.* To wipe out an army: *Eine Armee völlig auslöschen, vernichtend schlagen.* He wiped up the wine: *Er wischte den (vergossenen) Wein auf.*

wire To wire in (pop.): *Loslegen, sich reinknien (Arbeit).* He wired into the chicken (pop.): *Er begann, das Hühnchen mit großem Eifer zu verschlingen.* He wired her the results: *Er teilte ihr die Ergebnisse telegraphisch mit.* To have one's wires crossed: *Aneinander vorbeireden.*

wise Wise man: *Ein kluger Mann; er hat weise gehandelt.* Wise man of Gotham: *Ein Dummkopf, ein Narr.* Where ignorance is bliss, it's folly to be wise (Thomas Gray): *Wo Dummheit ein Segen ist, ist es* *töricht, weise zu sein.* He is wise to it (pop.): *Er ist darüber informiert, er ist auf dem laufenden.* To be wise after the event: *Hinterher den Klugen spielen; „hinterher ist man immer klüger".* None the wiser: *Nicht klüger als zuvor.* To put s.b. wise (colloq.): *Jemanden aufklären oder ins Bild setzen.*

wish (1) To wish for s.th.: *Sich etwas herbeiwünschen.* I wish him to leave at once: *Ich möchte, dass er sofort abreist, fortgeht.* I wish it (to be) done: *Ich wünsche, dass es getan wird.* To wish s.b. good luck, happiness, success, well: *Jemandem Glück, Erfolg, alles Gute wünschen.* To wish s.b. godspeed: *Jemandem eine glückliche Reise wünschen.* To wish s.b. good morning, good night: *Jemandem einen guten Morgen, eine gute Nacht wünschen.* I wish he may succeed: *Ich wünschte mir, er würde Erfolg haben.* I wish I were (I wish he were) rich: *Ich wünschte, ich wäre (er wäre) reich.* I wish I could stay: *Ich wünschte, ich könnte (hier)bleiben.* To wish s.b. dead, ill: *Jemandem den Tod, eine Krankheit wünschen.* I wish myself dead: *Ich wünschte ich wäre tot.* To wish s.b. further (colloq.): *Jemanden weit fort wünschen.* Wishful thinking: *Wunschdenken.*

wish (2) The wish is father to the thought (prov.): *Der Wunsch ist der Vater des Gedankens.*

with With all my heart: *Mit all meiner Seele, mit ganzem Herzen.* With all the pleasure in life: *Mit größtem Vergnügen.* He is with his back to the wall: *Er steht mit dem Rücken zur Wand.* With bated breath: *Mit verhaltenem Atem; in quälender Spannung.* With care: *Mit Sorgfalt.* She is with child: *Sie ist schwanger.* He is with clean hands: *Er hat saubere Hände; er hat keinen Dreck am Stecken,er hat eine reine Weste.* He is with the colours: *Er ist in der Armee.* With a difference: *Auf besondere Art und Weise.* With the exception of: *Mit der Ausnahme von.* With an eye to details: *Mit dem Blick für Details.* With the gloves off: *Ernsthaft, ohne Erbarmen.* With good cheer: *Auf freundliche Art.* With his hackles rising, up: *Bereit, sich zu schlagen; zum Kampf bereit.* With a high hand: *Mit Arroganz.* With an ill grace: *Feindlich gesinnt.* He is with it: *Er geht mit der Zeit, er ist modern.* With knobs on! (pop.): *Aber feste! Und wie!* With your leave: *Mit ihrer Erlaubnis.* With a loose rein: *Mit Nachsicht.* With luck: *Mit Glück.* With might and main: *Mit aller Kraft.* With mincing steps: *Schrittchen für Schrittchen; mit kleinen Schritten.* With him money is everything: *Für ihn ist Geld alles.* With the naked eye: *Mit dem bloßen Auge, mit dem unbewaffneten Auge.* With one accord (consent): *Mit allgemeiner Übereinstimmung.* With one voice: *Einstimmig (bei Abstimmung).* With one's pants (down) (pop.): *In einer peinlichen Lage.* With a run: *Schlag auf Schlag, schnell.* With short steps: *Mit* *kleinen Schritten.* With a start: *Mit einem plötzlichen Satz, Sprung (hochfahren).* To differ with a person: *Anderer Meinung sein als jemand.* To part with a thing: *Sich von etwas trennen.* With a whole skin: *Unversehrt, mit heiler Haut.* I am with you there: *Da bin ich ganz deiner Meinung; in dieser Sache sind wir einer Meinung.*

withdraw To withdraw a proposal, a charge, an offer, a promise: *Einen Vorschlag, eine Anklage, ein Angebot, ein Versprechen zurücknehmen, zurückziehen.* To withdraw a confession, a statement: *Ein Geständnis, eine Aussage zurücknehmen.* He withdrew his hand: *Er nahm, zog seine Hand zurück.* To withdraw coins from circulation: *Geldmünzen aus dem Verkehr ziehen.* He withdrew some money from the bank: *Er hob Geld von der Bank ab.* To withdraw the troops from an advanced position: *Die Truppen von einer vorgeschobenen Stellung zurückziehen.* She withdrew her custom from that shop: *Sie nahm davon Abstand, in diesem Laden einzukaufen.* To withdraw from an examination, from school: *Einen Test nicht absolvieren; die Schule verlassen.* To withdraw into oneself, into one's own soul: *Sich in sich selbst zurückziehen.* He withdrew upon a threat of revenge: *Er zog sich Rache schwörend zurück.*

withers My withers are unwrung: *Das geht mich nichts an; ich wasche meine Hände in Unschuld.*

withhold To withhold one's consent: *Seine Zustimmung verweigern, nicht erteilen.* To withhold oneself from s.th.: *Sich einer Sache enthalten.*

within I was within an ace (a hair's breadth, an inch) of being run over: *Um ein Haar wäre ich überfahren worden (von einem Auto).* Within call (cry, hail): *In Rufweite.* Within call of the station: *Nahe, in der Nähe des Bahnhofs.* Within hearing (earshot): *In Hörweite.* Within an hour, a week: *Innerhalb einer Stunde, einer Woche.* It is within my ken: *Das ist mir klar; das kann ich verstehen.* Within living memory, within the memory of living men: *In der Erinnerung der Menschen; im Gedächtnis der Menschheit.* It isn't within my power to help you: *Es liegt nicht in meiner Macht, Ihnen zu helfen.* Within reach: *In Reichweite.* It is within everyone's reach: *Es ist jedem zugänglich; es steht jedem zur Verfügung, offen.* Within reason: *In vernünftigem Rahmen.* Within rifle range (shot): *In Schussweite.* I am within my rights: *Ich bewege mich im Rahmen meiner Rechte; ich verhalte mich völlig legal.* We were within sight of the French coast: *Wir waren in Sichtweite der französischen Küste.* Within a stone's throw: *Ganz in der Nähe; nur einen Steinwurf entfernt.*

without Without any fuss: *Ohne Umschweife, ohne Umstände zu machen.* Without avail: *Nutzlos, umsonst.* Without cease: *Unaufhörlich.* Without ceremony: *Ohne größere Umstände.* Without fail: *Ohne Zweifel, gewiss, unfehlbar.* Without fear or favour: *Unparteiisch, neutral.* Without more bones: *Ohne viel Federlesen, ohne große Umstände.* Without number: *Unzählige.* He left without so much as saying goodbye: *Er verabschiedete sich nicht einmal, als er fortging.* Without striking a blow: *Ohne Blutvergießen.* Without a „with your leave", a „by your leave" (colloq.): *Ohne um Erlaubnis gebeten zu haben.*

withstand To withstand a siege, temptation: *Einer Belagerung, einer Versuchung widerstehen.* To withstand a scheme: *Sich einem Projekt entgegenstellen; gegen ein Projekt sein.*

witness To witness an accident, a transaction: *Zeuge eines Unfalls werden; bei einem Geschäftsabschluß zugegen sein.* To witness a fact, a statement: *Eine Tatsache, eine Aussage bezeugen, bestätigen.* To witness a document: *Die Echtheit eines Dokuments bezeugen.* This witnesses his learning: *Dies lässt seine Bildung durchscheinen.* To witness against, for s.b.: *Gegen jemanden, für jemanden (im Zeugenstand, vor Gericht) aussagen.*

wobble To wobble between two opinions: *Zwischen zwei Meinungen schwanken.*

woe Woe to the vanquished! *Wehe dem Besiegten!* Woe worth the day! *Verflucht sei der Tag!* Woe betide you! *Wehe dir!*

wolf To cry wolf: *Wolf schreien; falschen Alarm geben; die Pferde scheu machen.* To keep the wolf from the door: *Sich über Wasser halten; sich durchschlagen.* A wolf in sheep's clothing: *Ein Wolf im Schafspelz.*

woman Woman of the streets: *Prostituierte.*

wonder I wonder at him: *Ich bin über ihn erstaunt, verwundert.* I wonder at him doing such a thing: *Ich bin erstaunt darüber, dass er so etwas getan hat.* I wonder! *Das möchte ich (auch) gerne wissen! Ich bin gespannt, ...* I wonder why he hasn't come: *Ich frage mich, warum er nicht gekommen ist.* No wonder: *Kein Wunder.*

wonders Wonders will never cease! *Was für eine Überraschung! Na so etwas!*

won't I won't have such behaviour: *Ich werde ein solches Verhalten nicht dulden.* He won't hear of such a thing, of it: *Er will davon nichts wissen, nichts hören.* That won't do: *Das wird nicht klappen; das reicht nicht aus; das ist nutzlos.* This won't wash (colloq.): *Das wird nicht, niemanden überzeugen.*

woo To woo a woman: *Einer Frau den Hof machen.* To woo fame: *Nach Ruhm streben.*

wood This wood cuts easily: *Dieses Holz lässt sich gut schneiden.* I can't see the wood for all the trees: *Ich sehe den Wald vor lauter Bäumen nicht.* Touch wood! *Dreimal auf Holz klopfen; toi, toi, toi! Unberufen!* Wine from the wood: *Wein vom Fass.* Don't halloo till you are out of the wood: *Freue dich* *nicht zu früh; man soll den Tag nicht vor dem Abend loben.*

word By words of mouth: *Durch mündliche Überlieferung.* His word is as good as his bond: *Er ist ein Ehrenmann; er hält sein Wort.* To eat one's words: *Zurücknehmen, was man gesagt hat.* Words failed him: *Ihm fehlten die Worte.* To get a word in edgeways (colloq.): *Kaum zu Wort kommen.* To have a word in s.b.'s ear: *Jemanden unter vier Augen sprechen.* To put words into s.b.'s mouth: *Jemandem das Wort im Mund herumdrehen.* To take s.b. at his word: *Jemanden beim Wort nehmen.* Word goes round that …: *Es sind Gerüchte im Umlauf, dass …; man sagt, dass …* Words meant for effect: *Wörter, die ihrer Wirkung wegen eingesetzt werden.* Word by (for) word: *Wortwörtlich, Wort für Wort.* A word in season: *Ein (rechtes) Wort im richtigen Moment, zur rechten Zeit.* My word upon it: *Mein Wort darauf.* No words passed between them: *Sie sprachen kein einziges Wort miteinander.* Words are but wind (prov.): *Worte sind Schall und Rauch.* To suit the action to the words: *Den Worten Taten folgen lassen.*

work (1) To work one's memory: *Sein Gedächnis üben.* To work a farm: *Eine Farm, einen Bauernhof betreiben.* To work miracles, wonders: *Wunder bewirken.* To work the orakle, the ropes: *Versteckt für seinen eigenen Vorteil arbeiten; betrügen.* He works like a dog (a devil, fury, hell, a horse, a nailer, a tiger): *Er arbeitet wie ein Pferd, wie ein Verrückter, wie ein Brunnenputzer.* To work double tides: *Tag und Nacht arbeiten.* To work extra, overtime: *Überstunden machen.* To work loose: *In der Arbeit nachlassen, langsamer werden.* To work well, smoothly: *Gut funktionieren (Maschine).* To work slowly, quickly: *Schnelle, langsame Wirkung zeigen (Medikament).* To work against time: *Gegen die Zeit arbeiten; arbeiten, um zu einem bestimmten Zeitpunkt fertig zu sein.* To work at high pressure: *Unter großem Druck arbeiten.* To work at (on, upon) a novel, a machine: *An einem Roman , an einer Maschine arbeiten, eine Maschine entwerfen.* To work away: *Immer weiter arbeiten.* It works by itself: *Es funktioniert ganz von alleine.* To work by hand: *Von Hand arbeiten.* Worked-for money: *(Hart) erarbeitetes, ehrlich erworbenes Geld.* This works in with my plans: *Das ergänzt sich mit meinen Plänen; das lässt sich in meine Pläne einfügen.* To work in shifts: *In Schichten arbeiten.* He worked himself into a rage: *Er steigerte sich in Wut hinein; er wurde wütend.* To work off goods (comm.): *Waren ausverkaufen.* To work off a criminal (pop.): *Einen Verbrecher aufhängen.* To work off one's anger on someone: *Seinen Ärger an jemandem auslassen.* To work off steam: *Dampf ablassen, sich abreagieren.* To work on (upon) s.b.: *Jemanden* *bearbeiten (i.ü.S.); jemanden beeinflussen.* To work a change on (upon) s.b.: *Jemanden dazu bringen, (sich) seine Meinung zu ändern.* To work out a mine: *Ein Bergwerk ausbeuten.* To work off a debt: *Schulden abarbeiten.* To work one's guts out (colloq.): *Hart arbeiten, wie ein Verrückter schuften.* To work out a plan: *Einen Plan ausarbeiten.* To work out a problem, a question: *Ein Problem lösen; eine Frage beantworten.* To work out one's own salvation: *Die Rettung der eigenen Seele bewirken.* It worked out badly: *Es ging schief; es lief schlecht.* It works out at ten thousand dollars: *Es beläuft sich auf zehntausend Dollar.* He worked his way through the crowd: *Er arbeitete, drängte sich durch die Menge.* To work (one's way) through college: *Sich sein Studium erarbeiten.* To work oneself to death: *Sich zu Tode arbeiten.* To work one's fingers to the bone: *Hart arbeiten.* To work underground: *Im Untergrund arbeiten, schwarz arbeiten.* To work up a revolt: *Eine Revolte aufhetzen.* To work up an appetite: *Den Appetit anregen.* To work up a subject: *Ein Thema aufarbeiten, lernen.* To work up s.b.'s feelings: *Jemandes Gefühle erregen, aufhetzen.* To work up a reputation: *Sich einen Namen machen.* I worked him up to come to my house: *Ich überredete ihn, mich zu besuchen.* To work one's way up: *Karriere machen, sich seinen Weg nach oben erarbeiten.* They worked up the river, upstream: *Sie arbeiteten sich flussaufwärts.* To work up to climax: *Den Höhepunkt erreichen.*

work (2) A work of art: *Ein Kunstwerk.* The work commends the workman (prov.): *Die Arbeit, die Leistung macht den Meister.* This work is the devil: *Dies ist eine teuflisch schwierige Arbeit.* Many hands make light work (prov.): *Viele Hände machen schnell ein Ende.*

world All the world and his wife (colloq., old): *Gott und die Welt.* For all the world: *In jeder Hinsicht; haargenau.* For all the world to see: *Vor aller Augen.* It's a world too large: *Es ist zu groß.* On top of the world: *Überglücklich.* Out of this world (colloq.): *Himmlisch, sagenhaft, göttlich.* The world won't come to an end if …: *Die Welt wird schon nicht untergehen, wenn …* The world over: *In der ganzen Welt.* World without end: *Ewig, ewiglich.*

worm To worm a dog: *Einen Hund entwurmen.* To worm tobacco: *Die Blätter der Tabakpflanze entwurmen.* To worm (oneself) into s.b.'s confidence, favour: *Sich jemandes Vertrauen, Zuneigung erschleichen.* To worm out an adversary: *Sich eines Gegners durch hinterhältiges Verhalten entledigen.* He wormed the secret out of her: *Er entlockte ihr das Geheimnis; er zog ihr das Geheimnis aus der Nase.* He wormed (his way) through the wood: *Er schlängelte sich durch den Wald.* Even a worm will turn (fig.): *Auch der*

Wurm krümmt sich, wenn er getreten wird; es geschehen noch Zeichen und Wunder.

worry To worry s.b. with foolish questions: *Jemanden mit unsinnigen Fragen nerven, ärgern.* To worry oneself to death: *Sich zu Tode sorgen, ärgern.* This worries me very much: *Dies beunruhigt mich sehr.* To worry (at) the quarry: *Bei der Jagd den Hunden die Beute abnehmen.* To worry about s.th.: *Sich über etwas Sorgen machen.* He is worried about (over) the political situation: *Er ist wegen der politischen Situation besorgt, beunruhigt.* To worry along: *Sich mit knapper Not durchschlagen.* To worry out a difficult problem: *Ein schwieriges Problem lösen.* He worried his way through the wood: *Er schlug sich mühsam seinen Weg durch den Wald.* To worry through a piece of work: *Sich durch eine Arbeit quälen.*

worse Worse and worse: *Immer schlimmer; schlechter und schlechter.* They are worse off than we: *Es geht ihnen schlechter als uns.* Worse than ever: *Schlechter denn je, als je zuvor.* He was worse than his word: *Er hielt nicht Wort, er brach sein Versprechen.* He is the worse for drink (for liquor): *Er ist betrunken.* It is the worse for wear: *Es ist abgetragen, abgenutzt.*

worst (1) To worst an adversary: *Einen Gegner überwältigen, schlagen.*

worst (2) The worst is yet to come, is over: *Das Schlimmste kommt noch, ist überstanden.* If the worst comes to the worst: *Wenn alle Stricke reißen; im schlimmsten Fall.* To get the worst of s.th.: *Den kürzeren ziehen.* To be prepared for the worst: *Aufs Schlimmste gefasst sein.*

worth He is worth ten others: *Er ist soviel wert wie zehn andere.* He is worth his weight in gold: *Er ist Gold wert.* He is worth a lot of money: *Er besitzt viel Geld, er ist reich.* It is worth a great deal, a fortune, a king's ransom: *Es ist ein Vermögen wert.* That's worth knowing: *Das sollte man wissen.* It is worth nothing: *Es ist wertlos, nichts wert.* It is worth seeing: *Es ist sehenswert; man sollte es gesehen haben.* It isn't worth a bean, a brass farthing, a continental, a dam, a curse, a fig, a fillip, a rush, shucks, a thing, two hoots: *Es ist keine Bohne, keinen Pfifferling, kein bisschen wert.* He isn't worth his salt: *Er taugt nichts; er ist seinen Lohn nicht wert.* It isn't worth the trouble; it isn't worth-while (powder and shot): *Es lohnt sich nicht; es ist keinen Schuss Pulver wert.*

would I would as lief go as stay: *Es ist mir egal, ob ich bleibe oder gehe.* You would (do a thing like that)! *Du würdest so etwas fertigbringen!* He would have none of it, he wouldn't have (hear of) it: *Er wollte davon nichts wissen, nichts hören.* He wouldn't hear reason: *Er wollte nicht vernünftig werden, nicht der Stimme der Vernunft lauschen.* Would you mind opening the window? *Würde es dir etwas ausmachen, das Fenster zu öffnen? Würdest du bitte das Fenster öffnen?* I would rather go: *Ich würde lieber gehen.* I would rather you went alone: *Mir wäre es lieber, du gingest alleine.* I would rather not do it: *Ich würde es lieber nicht tun.* Would you say so? *Wirklich? Meinst du wirklich, ernsthaft?*

wound To wound s.b.'s feelings: *Jemandes Gefühle verletzen.* To wound s.b. mortally: *Jemanden tödlich verwunden.* He was wounded in the arm: *Er wurde am Arm verletzt.* To get wound up (colloq.): *Sich sehr aufregen.*

wrap To wrap (up) a baby (to wrap oneself up) in a shawl: *Einen Säugling in einen Schal einwickeln.* To wrap a packet in paper: *Ein Päckchen in Papier einwickeln.* Wrapped in mist, in mystery: *Undurchsichtig, mysteriös, geheimnisvoll, rätselhaft.* He wrapped the rope round (on) the tree: *Er schlang das Seil um den Baum.* Wrap it all up for me, please: *Verpacken Sie es bitte alles für mich.* To wrap up one's talent in a napkin: *Seine Begabungen nicht ausnutzen.* He is wrapped up in his work: *Er ist in seine Arbeit vertieft.*

wreak To wreak a blow: *Einen Schlag austeilen.* To wreak a wrong: *Eine Ungerechtigkeit rächen.* To wreak one's vengeance on (upon) s.b.: *Rache an jemandem üben.* He wreaked his anger on (upon) his son: *Er ließ seinen Zorn an seinem Sohn aus.*

wreathe To wreathe (flowers into) a garland: *Eine Girlande winden.* To wreathe one's body: *Sich winden, sich krümmen.* He wreathed the rope round the tree: *Er wickelte das Seil um den Baum.* To wreathe one's arms round (about) s.b.: *Jemanden mit den Armen umschlingen; umarmen.*

wreck To wreck a building: *Ein Gebäude zerstören, zertrümmern.* To wreck s.b.'s plans: *Jemandes Pläne zunichte machen.* They were wrecked in a storm: *Sie erlitten Schiffbruch in einem Sturm.*

wrench (wrest) To wrench one's ankle: *Sich den Knöchel verstauchen.* To wrench (to wrest) s.b.'s arm: *Jemandes Arm verdrehen.* To wrench (to wrest) s.b.'s words, the truth: *Jemandes Worte verdrehen, sinnentfremden; die Wahrheit verdrehen, verfälschen.* To wrench (to wrest) a confession, a secret from (out of) s.b.: *Jemandem ein Geständnis, ein Geheimnis entreißen.* To wrench open a box: *Eine Kiste, Schachtel aufreißen.*

wrestle To wrestle with (against) death, difficulties, temptations: *Mit dem Tod ringen; mit Schwierigkeiten, gegen Versuchungen kämpfen.* To wrestle down a rebellion: *Einen Aufstand niederkämpfen, niederzwingen.* To wrestle for fame: *Nach Ruhm streben.* To wrestle in prayer: *Mit Hingabe, Inbrunst beten.* To wrestle out a piece of work: *Eine Arbeit mühsam beenden.* He wrestled out of the room: *Er verließ mühsam das Zimmer.* To wrestle with a subject: *Mit einem Thema ringen.* To wrestle with God: *Mit Hingabe, mit Inbrunst beten.*

wriggle To wriggle one's body: *Sich winden, sich krümmen.* To wriggle one's tail: *Mit dem Schwanz wedeln.* To wriggle along, to wriggle one's way (forward): *Sich dahinschlängeln, vorwärtsschlängeln.* To wriggle (oneself) into s.b.'s favour: *Sich in jemandes Gunst einschmeicheln.* He wriggled his son into an important position: *Er verschaffte seinem Sohn auf Umwegen (mit Beziehungen) eine wichtige Stellung.* To wriggle (oneself) out of a difficult situation: *Sich aus einer schwierigen Situation herauswinden.*

wring To wring a lemon, a wet cloth: *Eine Zitrone auspressen; ein nasses Tuch auswringen.* To wring s.b.'s arm: *Jemandes Arm verdrehen.* To wring a chicken's neck: *Einem Huhn den Hals umdrehen.* I'll wring your neck! *Ich dreh dir den Hals um! Ich brech dir den Hals!* To wring one's hands: *Die Hände (verzweifelt) ringen.* To wring s.b.'s hand: *Jemandem die Hand (kräftig) drücken, schütteln.* To wring s.b.'s heart: *Jemandem sehr zu Herzen gehen.* To wring a confession, a promise, a secret from (out of) s.b.: *Jemandem ein Geständnis, ein Versprechen, ein Geheimnis abringen, entwinden.* To wring water from a flint: *Wunder vollbringen.* She wrung the water our of the sheet: *Sie wrang das Wasser aus dem Bettuch.* To wring out a concept: *Ein Konzept mühsam erläutern.* To wring money out of s.b.: *Von jemandem Geld erpressen.* To wring with pain: *Vor Schmerz verzerrt sein; sich vor Schmerzen krümmen.* Wringing wet: *Triefend nass, patschnass.*

wrinkle To wrinkle one's forehead: *Seine Stirn in Falten legen, runzeln.* To wrinkle one's nose: *Die Nase rümpfen.*

write To write music, poetry: *Musik komponieren; Gedichte schreiben.* To write one's name: *Seinen Namen schreiben.* To write the Queen's English: *Beispielhaftes, perfektes Englisch schreiben.* To write a cheque: *Einen Scheck ausstellen.* He writes a good hand: *Er hat eine schöne, leserliche Handschrift.* To write by hand, in ink, in pencil: *Von Hand schreiben; mit Tinte, mit Bleistift schreiben.* To write for money: *Für Geld schreiben; mit dem Schreiben Geld verdienen.* To write for the stage: *Für die Bühne schreiben, Theaterstücke schreiben.* To write from (at) dictation: *Nach Diktat schreiben.* To write in verse and prose: *In Versen und in Prosa schreiben.* He has written it in his own hand: *Er hat es eigenhändig geschrieben.* To write a speech in shorthand: *Eine Rede stenografisch aufzeichnen.* Written in the dust, in sand, in water, in the wind: *Flüchtig, vergänglich, kurzlebig.* He wrote himself silly: *Er schrieb sich dumm und dämlich.* To write oneself man: *Zum Mann werden.* To write down an account: *Von einem Konto Geld abheben, abziehen.* To write s.b. down as a fool: *Je-*

manden für einen Idioten, Narren halten. To write off an applicant (colloq.): *Die Anfrage eines Bewerbers zurückweisen.* To write off a letter: *Einen Brief in Eile niederschreiben.* To write a composition out fair: *Eine Komposition ins Reine schreiben.* He wrote himself out: *Er erschöpfte seine Phantasie, indem er zuviel schrieb.* To write over a letter: *Einen Brief nochmals schreiben.* To write up a product (comm.): *Ein Produkt anpreisen, hervorheben.*

writhe To writhe one's body: *Seinen Körper krümmen, winden.* To writhe one's mouth: *Den Mund verziehen.* To writhe a piece of iron: *Ein Stück Eisen biegen.* He writhed himself free: *Er wand sich frei.* To writhe one's way (forward): *Sich vorwärtswinden, vorwärtsschlängeln.* He writhed out a few words: *Er stieß unter Krümmungen einige Worte aus.* He was writhing in (with) pain: *Er krümmte sich vor Schmerz.* To write with hatred: *Vor Hass zittern.*

wrong To wrong s.b. of his money: *Jemanden durch Betrug um sein Geld bringen.* To wrong another ship (naut.): *Ein anderes Schiff überholen.* To get on the wrong side of s.b.: *Jemanden verärgern; es sich mit jemandem verscherzen.* To get s.th. wrong: *Etwas falsch verstehen.* In the wrong: *Im Unrecht.* To wrongfoot s.b.: *Jemanden auf dem falschen Fuß erwischen.*

Y

yearn To yearn after (for, towards) liberty, wealth: *Sich nach Freiheit, nach Reichtum sehnen.* To yearn for home: *Sich nach zuhause sehnen; Heimweh haben.* He was yearning to get a better job: *Er ersehnte sich, er erhoffte sich einen besseren Arbeitsplatz.* To spin a yearn: *Seemannsgarn spinnen; eine abenteuerliche oder phantastische Geschichte erzählen.*

yell To yell at s.b.: *Jemanden anschreien.* To yell s.b. down: *Jemanden niederschreien.* To yell one's head off: *Wie ein Ochse brüllen; wie ein Verrückter schreien.* To yell out an order: *Einen Befehl ausrufen.* To yell with laughter: *Kreischend, lärmend lachen.*

yellow The yellow leaf: *Das Greisenalter.* To wear yellow stockings: *Eifersüchtig sein.* The yellow press: *Die chauvinistische Hetzpresse.*

yield To yield fruit: *Früchte, Frucht tragen.* To yield an abundant crop: *Eine reichhaltige Ernte produzieren, hervorbringen.* To yield one's consent: *Seine Zustimmung geben.* To yield a territory to the enemy: *Ein Gebiet dem Feind überlassen.* To yield the palm to s.b.: *Sich (gegenüber jemandem) für geschlagen geben; sich fügen; sich ergeben.* To yield to force: *Der Gewalt nachgeben.* He yielded to her entreaties: *Er gab ihren* *dringenden Bitten, ihrem Begehren nach.* Not to yield an inch: *Keinen Zentimeter weichen; starr auf seiner Meinung, Stellung beharren.* To yield up the ghost, life: *Den Geist aufgeben, sterben.*

you You, there! *Heh, du da!* You three (people): *Ihr drei.* You can't eat your cake and have it (prov.): *Man kann nicht alles haben; man kann den Kuchen nicht gleichzeitig haben und essen.* You can't touch pitch and not be defiled (prov.): *Man kann Pech nicht anfassen, ohne sich zu besudeln; wer sich mit unsauberen Geschäften abgibt, macht sich dabei die Hände schmutzig.* You may go further and fare worse (prov.): *Man soll sich mit dem zufrieden geben, was man hat.*

young He is young as eleven years of age: *Er ist nur elf Jahre alt.* Young saint old devil (prov.): *Wer als Junger ein Heiliger ist, wird als Alter ein Teufel.*

yours Yours to command: *Ihnen zu Diensten; (es steht) ganz zu Ihrer Verfügung.* Yours faithfully, Yours sincerely, Yours (very) truly (comm.): *Hochachtungsvoll (Briefschluss, Geschäftsbrief).*

Z

zero zero hour (colloq.): *Die Stunde X.*